David Baguley enseigne dans le département de français de l'University of Western Ontario, London, Ontario. Il a publié *'Fécondité' d'Emile Zola: roman à thèse, évangile, mythe.*

Depuis longtemps, les spécialistes de Zola ainsi que tous ceux qui, par leurs recherches, qu'elles soient d'ordre littéraire, historique, sociologique ou artistique, s'intéressent à Zola, ont éprouvé le besoin d'avoir à leur disposition un répertoire de l'immense corpus d'écrits relatifs à un écrivain majeur que le grand public lit encore.

Cette bibliographie, remarquablement complète et intelligemment organisée, met à notre disposition un tel répertoire. Avec l'aide de plusieurs collaborateurs et avec le concours de bibliothèques de nombreux pays, David Baguley a recueilli environ 8000 titres pour la période qui s'étend des premiers comptes rendus des ouvrages de jeunesse de Zola jusqu'à l'an 1970. Bien que son livre ne prétende pas être exhaustif, l'auteur a répertorié de façon extrêmement détaillée la critique française ainsi que la critique anglaise, allemande, espagnole et polonaise et il a inclu les études principales dans d'autres langues. Les titres sont disposés chronologiquement par années. Pour chaque année, la classification suit l'ordre alphabétique des auteurs. L'introduction met en relief les buts et les critères poursuivis par l'auteur. D'autre part, les chercheurs trouveront fort utile la liste des thèses inédites qui ont été rédigées sur Zola dans divers pays. Ils trouveront aussi un index des auteurs et des noms qui figurent dans les titres et dans les notes ainsi qu'un index des sujets qui, par l'emploi des numéros attribués aux titres, permet de retrouver rapidement les matériaux relatifs à un sujet donné, que ce soit les études sur *Germinal*, sur Zola et le théâtre, sur l'Affaire Dreyfus, etc. Chaque fois que le besoin s'en fait sentir, de brèves annotations portent sur la langue, le contenu, l'importance ou le point de vue critique de l'étude.

Cet ouvrage constitue un instrument de travail indispensable aux études zoliennes.

David Baguley is a member of the department of French at the University of Western Ontario, London, Ontario. He is the author of *'Fécondité' d'Emile Zola: roman à thèse, évangile, mythe.*

Zola scholars and those whose work in other fields – literary historical, sociological, or artistic – brings them into contact. with Zola and his works have long felt the need for a survey of the large corpus of writings on this important, widely read author. This bibliography provides just such a survey, admirably complete and intelligently organized. Aided in his research by several collaborators and by a number of libraries throughout the world, David Baguley has compiled some 8000 items covering the period from the first reviews of Zola's early works to 1970. Although his work does not pretend to be exhaustive, it contains extensive coverage of studies in English, German, Polish, and Spanish, as well as French, and essential items in many other languages. The entries are arranged chronologically by years and, within each year, alphabetically by author. An introduction outlines aims, principles, and uses. Researchers will also find helpful the list of unpublished theses on Zola from various countries, the index of authors' names and names appearing in titles and notes, and the index of themes. The latter uses the number assigned to each of the entries to facilitate speedy location of materials on particular topics – e.g. *Germinal* studies, Zola and the theatre, the Dreyfus case, and so on. Wherever appropriate, annotation has been provided that indicates the language, content, importance, and viewpoint of the items. This bibliography will be an indispensable reference guide for Zola scholarship.

DAVID BAGULEY

Bibliographie de la critique sur EMILE ZOLA

1864-1970

UNIVERSITY OF TORONTO PRESS

Toronto and Buffalo

⊙ University of Toronto Press 1976
Toronto and Buffalo
Printed in Canada

Library of Congress Cataloging in Publication Data

Baguley, David
  Bibliographie de la critique sur Emile Zola.

  Includes indexes.
  I. Zola, Emile, 1840-1902--Bibliography. I. Title.
  Z8998.5.B33 [PQ2528] 016.843'8 76-23320
  ISBN 0-8020-5369-6

L'auteur de cette bibliographie tient à reconnaître
particulièrement la précieuse collaboration de Clayton
Alcorn Jr, B.H. Bakker, Yves Chevrel, Gifford Davis,
Wolfgang Hillen, Florence Montreynaud, Kazuo Ozaki, et
Lynne Seshagiri.

BIBLIOGRAPHIE

DE LA CRITIQUE SUR

EMILE ZOLA

1 8 6 4 – 1 9 7 0

INTRODUCTION

L'idée première de cette bibliographie remonte à décembre
1971, date de la création, à l'Université de Toronto, d'un
centre de recherches sur Zola et le naturalisme. Nous tentons
ici, tout simplement, de fournir une documentation de base,
destinée non seulement aux spécialistes de l'œuvre de Zola,
mais aussi à tous ceux qui mènent des recherches dans les
divers domaines littéraire, historique, social, artistique,
sur lesquels Zola a laissé son empreinte.

Ce but général et cette circonstance particulière ont dé-
terminé, en grande partie, le type de bibliographie que nous
voulons établir. Parmi les possibilités du genre, nous pen-
chons pour l'inventaire d'un maximum de données bibliographiques plutôt que pour le relevé sélectif, descriptif et
critique. Réduire au minimum l'appareil descriptif et critique, ainsi que nous le faisons, dessert le lecteur moyen et
le débutant dans les recherches zoliennes, qui auraient
préféré, sans doute, un travail plus fouillé. Pourtant, deux
publications récentes pourvoient admirablement à leurs
besoins: un choix de textes critiques présentés par Colette
Becker *Les Critiques de notre temps et Zola* (Paris, Garnier,
1972) et l'ouvrage d'Auguste Dezalay *Lectures de Zola* (Paris,
Armand Colin, 1973). Toutefois, dans le présent ouvrage, il
reste certaines traces de la bibliographie critique et des-
criptive. Ainsi nous avons tenu à dénoter les éléments les
plus importants, par les signes suivants: # pour les études
interprétatives les plus notables; * pour les plus remarquables
études historiques, soit les essais d'histoire littéraire et
les écrits qui ont fait date dans l'évolution de la critique
française et étrangère sur Zola. On trouvera aussi, dans notre
bibliographie, de fréquentes notules qui, pour brèves qu'elles
soient, donnent des précisions supplémentaires, ainsi que
notre index des sujets qui regroupe tous les éléments de la
bibliographie selon leur(s) sujet(s) dominant(s): autant de
mesures pour introduire et classer des renseignements dans
un travail qui vise davantage à être exhaustif que sélectif.

Malgré nos ambitions, nous nous gardons, bien entendu, de
la prétention absurde d'avoir atteint l'exhaustivité. On ne
pourra jamais terminer ce genre de recherches, mais il arrive
un temps où, malgré les lacunes, il faut s'arrêter pour

rendre accessible aux autres le recueil déjà accumulé. Par
ailleurs, il est nécessaire de fixer des limites. Ainsi,
nous avons exclu, en général, les matériaux qui relèvent
nettement de la bibliographie de l'œuvre de Zola (éditions,
éditions critiques*, traductions, interviews), de même que
les écrits d'un intérêt tout à fait marginal (poèmes et chan-
sons sur Zola, parodies de son œuvre; histoires de la littérature, encyclopédies et œuvres fictives dans lesquelles il
figure; comptes rendus d'ouvrages sur Zola). Nous nous sommes
astreint, dans la mesure du possible, à ne recenser que des
textes de critique et de commentaire sur la vie et l'œuvre
du romancier.

Les sources de cette somme d'informations sont nombreuses
et variées. Nous en avons dressé une liste ci-après, dans la
table des abréviations des sources. Ces abréviations-là,
placées entre crochets à la fin de certains titres dans le
texte, servent à désigner les renseignements puisés directement dans ces sources ou qui nous ont été fournis par nos
collaborateurs, dont les noms figurent aussi sur la liste.
Dans les autres cas, nous avons essayé de tout vérifier sur
les textes originaux. Parmi les sources imprimées consultées,
deux essais bibliographiques nous semblent mériter un traite-
ment spécial. Dans l'index de Maurice Le Blond: "Emile Zola
dans la presse parisienne de l'entre deux guerres ... Présentation de Jean-Claude Le Blond" (*Les Cahiers naturalistes,*
nos 29-35 et 38, 1965-1969), nous avons procédé à une sé-
lection des éléments les plus importants pour les contrôler,
reclasser et intégrer à notre bibliographie. Par contre,
pour ce qui est de l'excellent ouvrage de Gian Carlo Menichelli: *Bibliographie de Zola en Italie*, publié en 1960
(voir ci-dessous n° 7009), nous avons agi autrement: sans
rien en tirer à notre compte, nous nous contentons de ren-
voyer à cet ouvrage le lecteur qui s'intéresse à la critique
italienne et n'avons inclus que quelques rares titres italiens qui n'y figurent pas. Il aurait été superflu et im-

* * *

*Signalons, cependant, les principales éditions de l'œuvre de
Zola (voir ci-dessous, dans la première liste d'abréviations,
Bern., *O.C.* et *RM*), auxquelles nous renvoyons très souvent
dans les notes et auxquelles il faudrait joindre l'édition des
Rougon-Macquart, avec présentation et notes de Pierre Cogny,
dans la série "l'Intégrale" (Paris, Seuil, 1969-1970), ainsi
que les diverses éditions de textes de Zola, qui sortent
actuellement chez Garnier-Flammarion. Voir aussi *Emile Zola:
Contes et nouvelles*. Ed. Roger Ripoll. Paris, Gallimard,
(Bibliothèque de la Pléiade), 1976. xxvi,1624p.

praticable de reproduire en partie ou en totalité ce travail
tout à fait équivalent au nôtre.

Outre de tels ouvrages, les bibliographies usuelles que
nous avons consultées et les index, périodiques et tables de
journaux que nous avons dépouillés, deux collections parti-
culières se sont montrées des sources très riches: (1) la
collection théâtrale Auguste Rondel à la Bibliothèque de
l'Arsenal, qui contient des dossiers de coupures de presse
sur le théâtre de Zola et sur les adaptations cinématogra-
phiques de ses œuvres; (2) la collection Alphonse Ochs de
la Bibliothèque Historique de la Ville de Paris, qui com-
porte des livres, des journaux, des pamphlets et des documents, français et étrangers, sur l'Affaire Dreyfus et sur
la mort de Zola, collection d'autant plus utile qu'elle rend
accessibles aux chercheurs des matériaux sur ces deux événe-
ments d'un retentissement mondial que, malgré l'abondance
des titres des années 1898 et 1902, nous n'avons pu que
partiellement présenter. De temps à autre, nous renvoyons
directement à ces deux collections (sous les mentions Rf...
et D...) quand il s'agit d'éléments que nous n'avons pu
trouver ailleurs.

Enfin, il y a une dernière catégorie de sources, non moins
indispensables et fécondes, car il nous a fallu essayer de
bien présenter dans cet ouvrage la critique mondiale, autant
que faire se peut. Nous avons donc lancé, en 1973, une
enquête sur les fonds Zola de quelques 400 bibliothèques
nationales et universitaires dont certains ont eu la bien-
veillance de nous répondre et de nous fournir des renseignements (voir ci-dessous la liste des abréviations des sources).
Notre bibliographie a été surtout enrichie par la partici-
pation d'un nombre de collaborateurs qui nous ont fait profiter des fruits de leurs recherches dans certains domaines
spécifiques. Chaque contribution est signalée dans le texte
par les initiales du collaborateur (voir aussi la liste des
abréviations des sources). Ainsi Yves Chevrel a contribué à
notre travail par sa très importante bibliographie intégrale
de la critique allemande portant, avant tout, sur la période
1873-1893; Wolfgang Hillen a ajouté bien des titres allemands
pour les années subséquentes. La plupart des détails sur la
critique hollandaise viennent de notre collègue B.H. Bakker.
Florence Montreynaud a eu l'amabilité de fournir et de tran-
scrire des titres russes. Kazuo Ozaki a fait de même pour les
travaux de la critique japonaise. Clayton Alcorn Jr. a pris
en charge la partie espagnole, avec le concours de Gifford
Davis. Enfin, dans un domaine différent, Lynne Seshagiri a
récolté un grand nombre d'articles sur Zola et le cinéma.

Autant d'apports des plus précieux!

Tout au long de la bibliographie, nous avons cru plus pratique d'adopter un classement par année. A l'intérieur de chaque année, les titres sont disposés par ordre alphabétique d'auteurs d'après les subdivisions suivantes: (1) ouvrages divers; (2) ouvrages et articles portant sur un même sujet ou sur une même œuvre de Zola, là où les groupements sont possibles - ceci pour éviter la répétition des mêmes notes; (3) articles divers dans des périodiques et des journaux. Les titres anonymes sont placés à la fin de la subdivision à laquelle ils appartiennent. Dans la description des ouvrages, nous avons économisé les détails purement bibliophiliques, nous contentant de donner les détails essentiels: auteur, titre, lieu de publication, date (en tête de la page), pagination. Là, comme ailleurs, nous ajoutons, s'il y a lieu, les particularités de réimpression, tout en proposant, dans certains cas, une traduction des titres susceptibles de poser un problème au lecteur. Quant aux périodiques, les chiffres romains indiquent la tomaison de la revue ou, là où ceci manque, le millésime.

Enfin, quelques dernières précisions. Un souci d'économie a rendu nécessaire l'emploi d'un certain nombre d'abréviations dans la présentation des menus détails et des notes; on en trouvera la liste ci-après. D'autre part, les modalités de publication de cet ouvrage ont nécessité certains procédés "typographiques" assez singuliers; d'où, par exemple, l'absence de tout accent sur les majuscules dans toutes les langues et l'emploi systématique de guillemets anglais. Notons, finalement, que la bibliographie est complétée par trois sections: (1) une liste de thèses inédites sur Zola, que nous avons dressée au cours de nos recherches; (2) un index qui permet de trouver rapidement la totalité des titres portant sur tel ou tel sujet; (3) un index des auteurs et des personnes qui figurent dans les titres et dans les notes.

La bibliographie elle-même se divise d'une façon naturelle en trois parties distinctes, qui correspondent aux trois principales phases de l'évolution de la critique de l'œuvre de Zola.* La première période, du vivant de l'écrivain, offre

* * *

*Pour une étude détaillée de cette question, voir l'ouvrage d'Auguste Dezalay: *Lectures de Zola*. Paris, Armand Colin, 1973. 295p.

6

pour la plupart une critique "partiale, passionnée", souvent
"politique", où se mêlent polémiques, injures et, plus rare-
ment, éloges, et qu'Anatole France résumait ainsi dans son
discours aux obsèques du romancier: "Lorsqu'on la voyait s'éle-
ver pierre par pierre, cette œuvre, on en mesurait la grandeur avec surprise. On admirait, on s'étonnait, on louait, on
blâmait. Louanges et blâmes étaient poussés avec une égale
véhémence. On fit parfois au puissant écrivain (je le sais par
moi-même), des reproches sincères, et pourtant injustes. Les
invectives et les apologies s'entremêlaient. Et l'œuvre
allait grandissant." S'ensuit, pendant un demi-siècle après
la mort de l'écrivain, une période indéterminée, sorte de
purgatoire littéraire, où, face à l'indifférence des nouvelles générations, on sent constamment le besoin de procla-
mer sa gloire. Bien que, pendant cette période, le Septième
Art vienne accorder une nouvelle actualité à l'œuvre de Zola,
celle-ci reste, selon Albert Thibaudet, "une grande œuvre"
"qu'on ne lit plus" (voir ci-dessous n° 4334). C'est que,
comme l'écrit Auguste Dezalay, "l'entre-deux-guerres est aussi
un entre-deux lectures critiques de Zola. Le peuple achète
toujours les *Rougon-Macquart*, mais, dans le monde des lettres
il est de bon ton de mépriser un écrivain trop vulgaire parce
que trop vulgarisé" (p. 62). Pourtant, en 1952, le cinquantenaire de la mort de Zola coïncide avec la publication des
premières grandes études universitaires sur son œuvre. Ainsi
que le romancier l'avait prévu ("j'ai comme l'idée que vingt
ans, ou cinquante ans après ma mort, on me découvrira", écri
vit-il à Paul Brulat), la critique zolienne prend tout son
essor. De nous jours, cet essor ne donne aucun signe de re-
lâchement, car, de plus en plus, les critiques viennent com-
pléter les solides acquis de la tradition historique en appli-
quant à l'œuvre du maître de Médan les nouvelles approches,
qu'elles soient thématiques, psychanalytiques, sociologiques,
structuralistes.

*Notre répertoire s'arrête à l'année 1970 pour se prolonger
dans les bibliographies courantes publiées annuellement, sous
l'égide du "Programme Zola", dans "Les Cahiers naturalistes"
(à partir du n° 47, 1974).* N'empêche qu'à l'avenir, nous
pourrons profiter d'une nouvelle mise à jour pour pallier les
insuffisances du présent ouvrage. Ainsi serions-nous très
reconnaissants aux lecteurs de bien vouloir nous signaler les
lacunes, les omissions et les erreurs qui, malgré nos soins,
se seraient glissées dans ce travail.

Pour terminer, il nous reste à exprimer nos sincères remerciements à tous ceux qui ont contribué à l'établissement de cette bibliographie: avant tout, aux collaborateurs dont nous avons déjà indiqué l'appoint inestimable et auxquels il faudrait joindre les noms de G. Botez, Jaro Dolar, L. Gavrilescu, F.W.J. Hemmings, Boris Hlynsky, Birgitte Hvidt, E. Knih, Jacques Lemaire, Radmila Nikolić, Jessica Routley, Sven Sjöberg, Bolesław Swiderski, Clive Thomson, Radojka Vrančič, Hanna Zasadowa; aux collègues et aux amis qui nous ont fourni des renseignements et des conseils et qui nous ont aidé à traduire des titres et à éliminer des erreurs; aux bibliothécaires qui ont rendu possible la consultation et la vérification de tant de matériaux - nous pensons surtout à Danielle Le Nan et au personnel du Département des Périodiques de la Bibliothèque Nationale. Cet ouvrage a été publié d'une part grâce à une subvention accordée par le Conseil Canadien de Recherches sur les Humanités et provenant de fonds fournis par le Conseil des Arts du Canada, et d'autre part grâce au concours des Fonds de publication de l'University of Toronto Press. Qu'ils trouvent ici nos remerciements. Enfin, *last but by no means least*, nous tenons à signaler l'aide indispensable que nous a apportée notre femme, Kathleen.

SIGLES ET ABREVIATIONS GENERALES

*	Etude importante dans une perspective historique (histoire littéraire, correspondance, sources, Zola à l'étranger, etc.)
#	Etude importante pour l'interprétation de l'œuvre de Zola

ALC	*Allgemeine literarische Correspondenz* (Leipzig)
APL	*Les Annales politiques et littéraires* (Paris)

BAEZ	*Bulletin de l'Association Emile Zola*
Bern.	*Emile Zola: Les Œuvres complètes.* Notes et commentaires de Maurice Le Blond. Texte de l'édition Fasquelle. Paris, Bernouard, 1927–1929. 50 vol.
BSL	*Bulletin de la Société littéraire des "Amis de Zola"*

chap.	chapitre
CN	*Les Cahiers naturalistes* (Paris)
coll.	collection
c.r.	compte rendu

DA	*Dissertation Abstracts.* Ann Arbor, Michigan, 1952–1971
d.e.s.	diplôme d'études supérieures
dir.	directeur/direction
DM	*Deutsche Monatsblätter* (Brême)
DR	*Deutsche Rundschau* (Berlin)

EC	*L'Esprit créateur* (Minneapolis)
éd.	éditeur(s)/édition(s)/édité(s)
ext.	extrait(s)

FB	*Freie Bühne für modernes Leben* (Berlin), 1890–1891; devenu *Freie Bühne für Entwickelungskampf der Zeit*, 1892–1893
FG	*Gallia* (Leipzig), 1882–1883; devenu *Franco-Gallia* (Wolfenbüttel), 1884–1897
FL	*Le Figaro littéraire*
FM	*Le Français moderne* (Paris)
FR	*The French Review* (New York-Champaign, Illinois)
FS	*French Studies* (Oxford)
FZ	*Frankfurter Zeitung*

GB	*Gazette des Beaux-Arts* (Paris)

ICC	*L'Intermédiaire des Chercheurs et Curieux* (Paris)
intr.	introduction

LF	*Les Lettres françaises* (Paris)

LR   *Les Lettres romanes* (Louvain)
LW   *The Literary World* (Boston)

Mag.   *Magazin für die Literatur des Auslandes,* 1832–1880;
           devenu *Magazin für die Literatur des In- und Auslandes,*
           1881–sept. 1890; devenu *Magazin für Literatur,* oct.
           1890–1904 (Berlin-Leipzig)
MF   *Mercure de France* (Paris)
MFS   *Modern Fiction Studies* (West Lafayette, Indiana)
MLN   *Modern Language Notes* (Baltimore)
MLQ   *Modern Language Quarterly* (Seattle)
MLR   *Modern Language Review* (Cambridge)
MP   *Modern Philology* (Chicago)
ms.   manuscrit

NFS   *Nottingham French Studies* (Nottingham)
NL   *Les Nouvelles littéraires, artistiques et scientifiques*
           (Paris)
NR   *La Nouvelle Revue* (Paris)
NRF   *La Nouvelle Revue française* (Paris)
NRI   *Nouvelle Revue internationale* (Madrid-Paris)
n.s.   nouvelle série
NYT   *The New York Times*
NZ   *Die Neue Zeit* (Stuttgart)

O.C.   *Emile Zola: Œuvres complètes.* Ed. Henri Mitterand. Paris,
           Cercle du Livre Précieux, 1966–1970. 15 vol.

P.   Paris
PMLA   *Publications of the Modern Language Association of America*
           (Baltimore)
pr.   préface [de]
PR   *La Petite République (socialiste)*
PT   *Przegląd tygodniowy* (Varsovie)
P.U.F.   Presses Universitaires de France

RB   *La Revue blanche* (Paris)
RBl   *La Revue politique et littéraire: Revue bleue* (Paris)
RC   *Revista contemporánea* (Madrid)
RDM   *Revue des Deux Mondes* (Paris)
RE   *Revista de España* (Madrid)
REn   *Revue encyclopédique,* 1891–1900; devenu *Revue universelle,*
           1901–1905 (Paris)
RF   *Romanische Forschungen* (Erlangen-Leipzig)
RHLF   *Revue d'Histoire littéraire de la France* (Paris)
RI   *La Revue indépendante* (Paris)
RLC   *Revue de littérature comparée* (Paris)
RLMC   *Rivista di letterature moderne e comparate* (Florence)
RM   *Emile Zola: Les Rougon-Macquart.* Ed. A. Lanoux et H.
           Mitterand. Paris, Gallimard, 1960–1967. 5 vol.

RMN	*Revue moderne et naturaliste* (Etampes)
rp.	reproduit
RP	*La Revue de Paris*
RR	*The Romanic Review* (Lancaster-New York)
RS	*La Revue socialiste* (Paris)
RSH	*Revue des Sciences humaines* (Lille-Paris)
s.d.	sans date
s.éd.	sans éditeur
s.p.	sans pagination
SP	*Studies in Philology* (Chapel Hill, Caroline du Nord)
Sym	*Symposium* (Syracuse)
TI	*Tygodnik ilustrowany* (Varsovie)
TLS	*The Times Literary Supplement* (Londres)
tr.	traduction/traducteur/traduit
YFS	*Yale French Studies* (New Haven, Conn.)
Z.	Zola

ABREVIATIONS DES SOURCES

AML Catalogue des Archives du Musée de la Littérature, Bibliothèque Royale, Bruxelles

ASLIB *Index to Theses Accepted for Higher Degrees in the Universities of Great Britain and Ireland*, I-XXI. Londres, Aslib, 1953-1973

BA *Bulletin analytique de Bibliographie hellénique*, VIII-XXX. L'Institut français d'Athènes, 1947-1969

BB B.H. Bakker, York University, Toronto

BH Boris Hlynsky, Lafayette College, Pennsylvania, U.S.A.

BNC Bibliothèque Nationale, Copenhague

BU... Bibliothèque Universitaire de ...

BUKB Bibliothèque Universitaire Univerzitná Knižnica, Bratislava

BUSM Bibliothèque Universitaire "Svetozar Marković", Belgrade

CA Clayton Alcorn Jr., College at Cortland, State University of New York

CAT *Canadian Theses/Thèses canadiennes*. Ottawa, Bibliothèque Nationale du Canada, 1947-1970. Voir aussi *Canadian Graduate Theses in the Humanities and Social Sciences 1921-1946*. Ottawa, Canadian Bibliographic Centre, [1948?]; et Antoine Naaman: *Guide bibliographique des thèses littéraires canadiennes de 1921 à 1969*. Montréal-Sherbrooke, Editions Cosmos, 1970. 338p.

CN *Les Cahiers naturalistes*, chroniques bibliographiques

CT *Catalogue des thèses et écrits académiques/Catalogue des thèses de doctorat soutenues devant les universités françaises*. Paris, Cercle de la Librairie-Ministère de l'Education Nationale, 1885-1966

CTA Carey Taylor, A.: *Bibliography of Unpublished Theses on French Subjects Deposited in University Libraries of the United Kingdom (1905-1950)*. Oxford, Blackwell, [1964]. 45p.

D... cote de la collection Alphonse Ochs, Bibliothèque Historique de la Ville de Paris

IBL Institut Badań Literackich, Varsovie

JBG Gilbert, Judson Bennett: *Disease and Destiny. A Bibliography of Medical References to the Famous*. Londres, Dawsons, 1962. 535p.

KDM Muratova, K.D. (éd.): *Istorija russkoj literatury XIX veka: Bibliografičeskij ukazatel'*. Moscou-Leningrad,

AN SSSR, 1962

KL   Klapp, Otto: *Bibliographie d'histoire littéraire fran-çaise/Bibliographie der französischen Literaturwissen-schaft, I-VIII.* Francfort, Klostermann, 1960-1970

KO   Kazuo Ozaki, Université Seijo, Tokyo

LIP   Lipschutz, Léon: *Une Bibliographie dreyfusienne.* Paris, 1970 (voir ci-dessous 7767); aussi in *Les Cahiers naturalistes,* n°s 35-8, 1968-1969

LS   Lynne Seshagiri, University of Toronto

MLB   Le Blond, Maurice: "Emile Zola dans la presse parisienne de l'entre deux guerres. Index chronologique. Présen-tation de Jean-Claude Le Blond", *Les Cahiers natura-listes,* XI-XV, n°s 29-35 et 38, 1965-1969

MS   Savkovitch, Miloch: *Bibliographie des réalistes français dans la littérature serbocroate.* Paris, 1935 (voir ci-dessous 5424)

OL   Lorenz, Otto: *Catalogue général de la librairie française depuis 1840.* Paris, 1867-1945. 34 vol.

PD   Desachy, Paul: *Bibliographie de l'Affaire Dreyfus.* Paris, Cornély, 1905. 71p.

Rf... cote de la collection théâtrale Auguste Rondel, Biblio-thèque de l'Arsenal, Paris

RM   *Emile Zola: Les Rougon-Macquart.* Ed. A. Lanoux et H. Mitterand. Paris, Gallimard, 1960-1967. 5 vol. (voir les bibliographies à la suite des études de chaque roman de la série)

RR   Rancœur, René: *Bibliographie de la littérature française du Moyen Age à nos jours.* Paris, Colin, 1953-1971

RV   Radojka Vrančič, Bibliothèque Nationale et Universitaire, Ljubljana

VII   *French VII Bibliography* [à partir du n° 21, 1969, intitulé *French XX Bibliography. Critical and Biographical References for French Literature since 1885*]. Ed. Douglas W. Alden, Ruth-Elaine Tussing et Peter C. Hoy. New York, French Institute, 1949-1975

TH   Thieme, Hugo P.: *Bibliographie de la littérature française de 1880 à 1930, II.* Paris, Droz, 1933

WH   Wolfgang Hillen, Bibliothèque Universitaire, Bonn

YC   Yves Chevrel, Université de Nantes

*

Sources additionnelles:

(1) Voir ci-dessous les n°s 2146, 4195, 4337, 4390 (pp. 262-90), 7201, 7392, T26, T108

(2) Les tables des journaux suivants: *The New York Times, Le Temps, The Times* (Londres)

(3) Les bibliothèques suivantes ont contribué à l'établissement de cette bibliographie: Les bibliothèques universitaires de Belgrade, Bergen, Berne, Le Cap, Caracas, Chili, Constance, Costa Rica, Dakar, Dublin, Erlangen-Nürnberg, Francfort-sur-le-Main, Fribourg, Gênes, Genève, Graz, Greifswald, Jérusalem, Jordanie, Kyôto, Lausanne, Leyde, Łódź, Lund, Michigan, Modène, Munster, Otago, Pennsylvanie, Pise, Pittsburgh, Rostock, Skopje, Stuttgart, Tai-Pei, Tasmanie, Thessalonique, Tübingen, Tunis, Waikato, Wurtzbourg; L'Université Libre de Bruxelles; les bibliothèques municipales de Bordeaux, Toulouse, Troyes, Marseille; la Bibliothèque Méjanes d'Aix-en-Provence; la Bibliothèque Główna, Poznań; les ambassades tchèque et yougoslave à Londres

(4) Voir aussi *Emile Zola journaliste. Bibliographie chronologique et analytique: I. (1859-1881)* par Henri Mitterand et Halina Suwala (voir ci-dessous n° 7564); *II. (Le Sémaphore de Marseille, 1871-1877)* par Roger Ripoll. Paris, Les Belles Lettres, 1968 et 1972. Annales littéraires de l'Université de Besançon, vol. 87 et 136

15

PREMIERE PARTIE

1 8 6 4 - 1 9 0 2

ZOLA DEVANT SES CONTEMPORAINS: 1864-1902

1864

Sur les "Contes à Ninon":

1   CLARETIE, Jules: "Echos de Paris", *Le Figaro*, 15 déc.

2   DURANTY [Louis-Edmond]: "Correspondance littéraire II", *Le Progrès de Lyon*, 16 déc.

3   LE FRANÇOIS, A.: "Lettres, sciences et beaux-arts", *Le Temps*, 28 nov.

1865

Sur les "Contes à Ninon":

4   VAPEREAU, G.: "Roman", in *L'Année littéraire et dramatique. Septième année (1864)*. P., Hachette, pp. 82-3.
    [Ext. in Bern. *Contes à Ninon*, pp. 474-5]

5   LOCK, Frédéric: "Bibliographie", *Le Temps*, 31 janv.

6   C. P.: "Bibliographie", *La Gazette des Etrangers*, 22 janv.
    [Ext. in *O.C.*, IX, p. 190 - peut-être de Z. lui-même]

7   VALLES, Jules: "Variétés. Les livres nouveaux", *Le Progrès de Lyon*, 3 janv. Rp. in *Littérature et Révolution. Recueil de textes littéraires*. Pr. et notes de Roger Bellet. P., Les Editeurs Français Réunis, 1969, pp. 137-41.

8   G. V. [G. VAPEREAU]: "Bibliographie", *Revue française*, 5e année, X, no 51, 1er janv., pp. 155-6.
    [Ext. in *O.C.*, IX, p. 191]

Sur "La Confession de Claude":

9   BARBEY D'AUREVILLY, J.: "A Monsieur Grégory Ganesco, directeur du *Nain Jaune*", *Le Nain jaune*, 30 déc. Rp. in *Polémiques d'hier*. P., Savine, 1889, pp. 23-36.
    [Voir la réponse de Z. et une réplique de Barbey dans *Le Nain jaune* du 6 janv. 1866]

10 BELL, Georges: "Semaine bibliographique", *La Presse*, 27 nov.

11 CLARETIE, Jules: "Echos de Paris", *Le Figaro*, 19 nov.
   [Voir la lettre de Z. du 14 nov.]

12 ---: "Echos de Paris", *Le Figaro*, 26 nov.

13 CLAVEAU, A.: "Chronique littéraire", *Revue contemporaine*,
   14e année, XLVIII, 1er déc., pp. 578-9.
   [Du talent, mais un sujet maladif]

14 LACROIX, Octave: "Lettres d'un spectateur", *Le Moniteur
   universel du Soir*, 7 déc.
   [Voir aussi 6715]

15 LAVOIX, Henri: "Revue littéraire", *Le Moniteur universel*,
   11 déc.
   ["Du Berquin licencieux" - Ext. in Bern. *La Confession
   de Claude*, pp. 148-9.]

16 LEMOINE, E.: "Lettres, sciences et beaux-arts", *Le Temps*,
   18 nov.
   ["un écrivain d'une rare énergie"]

17 LOCK, Frédéric: "Bibliographie", *Le Temps*, 24 déc.
   ["œuvre malsaine" - Voir 6414]

18 ANONYME: "Faits divers", *Journal des Débats*, 21 nov.
   ["Prière d'insérer"]

19 ---: "Faits divers", *Le Temps*, 18 nov.
   [Cf. 18]

1866

20 VERMERSCH, Eugène: "Emile Zola", in *Les Hommes du jour.
   Première série (130 portraits)*. P., Madre, p. 11.
   [Dialogue satirique imaginaire]

Sur "La Confession de Claude":

21 VAPEREAU, G.: "Roman", in *L'Année littéraire et dramatique. Huitième année*. P., Hachette, pp. 95-6.
   [Ext. in Bern. *La Confession de Claude*, p. 147]

22 CREPET, Eugène: "Chronique littéraire", *Revue moderne*,
   XXXVI, no 2, 1er févr., p. 389.
   ["un réalisme malsain"]

23 LEFEVRE, André: "Revue littéraire. Romanciers", *L'Illustration*, 24e année, XLVII, no 1196, 27 janv., p. 55.
   [Ext. in Bern. *La Confession de Claude*, p. 148]

24 ULBACH, Louis: "Revue théâtrale", *Le Temps*, 5 mars.
   ["livre cru, honnête"]

25   WERNER, Georges [Henry HOUSSAYE]: "Critique", *L'Artiste*,
       I, 1er janv., p. 17.

                            *

26   A. L. [André LEFEVRE]: "Publications nouvelles", *L'Illu-*
       stration, XLVII, n° 1217, 23 juin, pp. 395-6.
       [Ext. in Bern. *Mes Haines*, p. 286]

1867

27   VAPEREAU, G.: "Roman", in *L'Année littéraire et drama-*
       tique. Neuvième année (1866). P., Hachette, pp. 106-8.
       [Sur *Mes Haines* et *Le Vœu d'une morte*]

28   MAURIS, H.: "Causerie dramatique", *Le Mémorial d'Aix*,
       XXXI, n° 41, 13 oct., p. 2.
       [*Les Mystères de Marseille* au théâtre]

1868

Sur "Thérèse Raquin" (roman):

29   VAPEREAU, G.: "Roman", in *L'Année littéraire et drama-*
       tique. Dixième année (1867). P., Hachette, pp. 45-9.
       [Ext. in Bern. *Thérèse Raquin*, pp. 248-50]

30   VERMERSCH, Eugène: *La Chronique scandaleuse*. P., Imp.
       de Vallée, [1868]. 32p.
       [Voir pp. 19-20 - Z. est "l'homme de Paris qui entend
       le mieux la réclame"]

31   FERRAGUS [Louis ULBACH]: "La littérature putride", *Le*
       Figaro, 23 janv.
       ["une flaque de boue et de sang" - Voir la réponse
       de Z. dans *Le Figaro* du 31 janv. - In Bern. *Thérèse*
       Raquin, pp. 242-8, et in *O.C.*, I, pp. 673-80]

32   PELLERIN, H.: "Revue littéraire. *Thérèse Raquin*, par
       Emile Zola", *Le Pays*, 5 janv.
       [Ext. in Bern. *Thérèse Raquin*, p. 240]

33   M. R. [Marius ROUX?]: *"Thérèse Raquin"*, *Le Mémorial*
       d'Aix, XXXII, n° 2, 12 janv., p. 3.

Sur "Madeleine Férat":

34   FEYRNET, X.: "Chronique", *Le Temps*, 1er déc.

35   MAGNARD, Francis: "Paris au jour le jour", *Le Figaro*,
       15 déc.

[Ext. in Bern. *Madeleine Férat*, pp. 304-5]

1869

Sur "Madeleine Férat":

36   VAPEREAU, G.: "Roman", in *L'Année littéraire et drama-
     tique. Onzième année (1868)*. P., Hachette, pp. 50-1.
     [Ext. in Bern. *Madeleine Férat*, pp. 303-4]

37   GUIBERT, Louis: *"Madeleine Férat"*, *Le Gaulois*, 11 févr.
     [Ext. in Bern., p. 305]

1870

38   ANONYME: "Délits de presse", *Le Temps*, 25 août.
     [Sur les poursuites de *La Cloche*]

1871

39   MAGNARD, Francis: "Paris au jour le jour", *Le Figaro*,
     9 nov.
     [Sur la suppression du feuilleton de *La Curée*]

40   RODAYS, Fernand de: "Gazette littéraire. *La Fortune
     des Rougon*, par M. Emile Zola", *Le Figaro*, 29 oct.

1872

#41   ALEXIS, Paul: *"La Curée"*, *La Cloche*, 24 oct.

42   [BOBORYKIN, P.D.]: "Emil' Zolja", *Nedelja* (Saint-
     Pétersbourg), n°s 15-16.

43   CLARETIE, J.: "Revue littéraire. Un paquet de livres",
     L'Illustration, LIX, n° 1512, 17 févr., p. 107.
     [Sur *La Curée*]

44   CUJKO, V.V.: "Emil' Zolja", *Vestnik Evropy*, VII.   [?]
     [En russe]

45   ANONYME: "Bulletin du jour", *Le Temps*, 30 déc.
     [Sur la suppression du *Corsaire* et les articles de Z.]

1873

Sur "Thérèse Raquin" au Théâtre de la Renaissance:

46   ABRAHAM, Emile: "Théâtres", *Le Petit Journal*, 14 juill.

47   AUBRYET, Xavier: "Premières représentations. Théâtre de la Renaissance", *Paris-Journal*, 14 juill.
[Ext. in Bern. *Théâtre II*, p. 687]

*48   BANVILLE, Théodore de: "Revue dramatique", *Le National*, 14 et 15 juill.

49   BERNARD, Daniel: "Théâtres", *L'Union*, 14 juill.

50   BIART, Lucien: "Le mouvement dramatique et littéraire", *La France*, 14 juill.

51   BIEVILLE, E.-D. de: "Revue des théâtres", *Le Siècle*, 14 juill.
["C'est le succès le plus complet obtenu jusqu'ici par le théâtre de la Renaissance"]

52   CHABRILLAT, Henri: "Critique dramatique", *L'Evénement*, 15 juill.

53   CLAUDIN, Gustave: "Théâtres", *Le Petit Moniteur universel*, 15 juill.

54   DORE, Louis: "Théâtres et spectacles", *L'Avenir national*, 14 juill.

55   FOUCHER, Paul: "Théâtres", *L'Opinion nationale*, 14 et 21 juill.

56   FOURNIER, Edouard: "Revue dramatique et littéraire", *La Patrie*, 14 juill.

57   GUILLEMOT, Jules: "Revue dramatique", *Le Soleil*, 15 juill.

58   HOSTEIN, Hippolyte: "Théâtres", *Le Constitutionnel*, 14 juill.

59   JOUVIN, B.: "Théâtres", *La Presse*, 14 juill.
[Ext. in Bern. *Théâtre II*, p. 686]

60   LA COMBE, Leguevel de: "Le théâtre", *L'Ordre (de Paris)*, 22 juill.

61   LAFORET, L.-P.: "Revue dramatique", *La Liberté*, 14 juill.

62   LA MOUZELLE, Ch. de: "Revue dramatique", *Le Pays*, 22 juill.

63   LAPOMMERAYE, Henri de: "Théâtres. Théâtre de la Renaissance. *Thérèse Raquin*, par M. Zola", *Le Bien Public*, 14 juill.
[Ext. in Bern. *Théâtre II*, pp. 688-9]

64   OSWALD, François: "Théâtres – Renaissance – *Thérèse
      Raquin*", *Le Gaulois*, 13 juill.
      [Ext. in Bern. *Théâtre II*, p. 688]

65   PELLETAN, Camille: *"Thérèse Raquin"*, *La Renaissance
      littéraire et artistique*, II, n° 24, 20 juill.,
      pp. 186-7.

66   RACOT, Adolphe: "Chronique", *La Gazette de France*, 12
      juill.

67   SAINT-VICTOR, Paul de: "Revue dramatique", *Le Moniteur
      universel*, 14 juill.
      ["une longue et triviale horreur"]

68   SARCEY, Francisque: "Chronique théâtrale", *Le Temps*,
      14 juill.
      [Ext. in Bern. *Théâtre II*, pp. 685-6]

69   TRIANON, Henry: "Théâtres", *L'Assemblée Nationale*, 13
      juill.
      ["répugnant et vulgaire, rien de plus"]

70   VITU, Auguste: "Premières représentations", *Le Figaro*,
      14 juill.
      [Ext. in Bern. *Théâtre II*, p. 688]

71   ANONYME: "Nouvelles de France", *L'Indépendance belge*
      (Bruxelles), 15 juill.

72   ---: "Théâtres", *La République française*, 20 juill.

      [Voir aussi *Le XIXe Siècle* du 15 juill. et *Le Soir*
      des 14 juill. et 18 août]

      Sur "Le Ventre de Paris":

73   BARBEY D'AUREVILLY, Jules: "*Le Ventre de Paris*, par M.
      Emile Zola", *Le Constitutionnel*, 14 juill. Rp. in
      "Emile Zola", *Les Œuvres et les hommes XVIII*. P.,
      Lemerre, 1902, pp. 197-213; in *Le XIXe Siècle. Des
      Œuvres et des hommes*. Choix de textes critiques
      établi par Jacques Petit. P., Mercure de France,
      1966, pp. 214-22.
      [c.r. venimeux]

74   BOISSIN, Firmin: "Romans, contes et nouvelles", *Poly-
      biblion*, X, n° 2, août, pp. 79-80.

75   BOURGET, Paul: "Le roman réaliste et le roman piétiste",
      RDM, 43e année, 2e période, CVI, 15 juill., pp. 454-69.
      [Voir pp. 456-60 – c.r. négatif des trois premiers
      romans de la série des *Rougon-Macquart*]

76   MAGNARD, Francis: "Paris au jour le jour", *Le Figaro*,
      18 janv.

*

77   ANONYME: "Ausländische Literatur", *Blätter für liter-
      arische Unterhaltung* (Leipzig), n° 30, 24 juill.,
      p. 478.   [YC]
      [Sur *La Curée* - 1er article allemand sur Z.]

1874

Sur "Les Héritiers Rabourdin" au Théâtre de Cluny:

78   BANVILLE, Théodore de: "Revue dramatique et littéraire",
      Le National, 9 nov.

79   BIEVILLE, E.D. de: "Revue des théâtres", *Le Siècle*,
      9 nov.

80   DAUDET, Alphonse: "Revue dramatique", *Le Journal
      officiel*, 9 nov.
      [Ext. in Bern. *Théâtre II*, pp. 697-8]

81   P.F. [Paul FOUCHER?]: "Les Premières", *La Presse*, 5
      nov.
      [Ext. in Bern. *Théâtre II*, p. 695]

82   UN MONSIEUR DE L'ORCHESTRE: "La soirée théâtrale", *Lo
      Figaro*, 5 nov.
      [Ext. in Bern. *Théâtre II*, pp. 693-5]

83   SARCEY, Francisque: "Chronique théâtrale", *Le Temps*,
      9 nov.
      [Ext. in Bern. *Théâtre II*, pp. 696-7, et in *O.C.*,
      XV, p. 319]

84   ---: "Chronique théâtrale", *Le Temps*, 23 nov.
      ["Je ne crois pas que M. Emile Zola soit né pour le
      théâtre"]

85   ---: "Chronique théâtrale", *Le Temps*, 21 déc.
      [Réponse à la préface de l'édition de la pièce]

86   VALTER, Jehan: "Premières représentations. Théâtre
      Cluny", *Paris-Journal*, 5 nov.
      [Ext. in Bern. *Théâtre II*, p. 696]

87   VITU, Auguste: "Premières représentations", *Le Figaro*,
      6 nov.
      [Ext. in Bern. *Théâtre II*, p. 696]

*

88 GAUCHER, Maxime: "Causerie littéraire", *RBl*, XIV (2ᵉ
série), n° 22, 28 nov., pp. 522-3.
[Sur les *Nouveaux Contes à Ninon*]

1875

Sur "La Faute de l'abbé Mouret":

89 BARBEY D'AUREVILLY, Jules: "*La Faute de l'abbé Mouret,*
par M. Emile Zola", *Le Constitutionnel*, 19 avril.
Rp. in "Emile Zola", *Les Œuvres et les hommes XVIII.*
P., Lemerre, 1902, pp. 227-39; in *Le XIXᵉ siècle. Des
Œuvres et des hommes.* Choix de textes critiques établi
par Jacques Petit. P., Mercure de France, 1966, pp.
253-9.
[Dénonce le "monstrueux physiologisme" du roman]

90 BOISSIN, Firmin: "Romans, contes et nouvelles", *Polybiblion*, II, (XIV de la coll.), n° 1, juill., pp. 13-14.
[Et sur *La Conquête de Plassans*]

91 BRUNETIERE, Ferdinand: "Le roman réaliste en 1875", *RDM*,
45ᵉ année, 3ᵉ série, VIII, 1ᵉʳ avril, pp. 700-13. Rp.
in 544, pp. 1-29.
[Et sur *La Conquête de Plassans* - dénonce les "crudites
révoltantes" des romans de Z.]

92 B. E.: "Notices bibliographiques", *Revue de France*, 5ᵉ
année, XIV, avril, pp. 335-6.
["Cette nouvelle *faute* de M. Zola est un péché mortel" -
Ext. in Bern. *La Faute...*, pp. 438-9]

93 GAUCHER, Maxime: "Causerie littéraire", *RBl*, XV (2ᵉ série),
n° 41, 10 avril, p. 976.
[Ext. in Bern. *La Faute...*, pp. 439-40]

94 GILLE, Philippe: "Revue bibliographique", *Le Figaro*, 28
mars. Rp. in *La Bataille littéraire (1875-1878)*. P.,
Victor-Havard, 1889, pp. 16-23.

95 LE REBOULLET, Ad.: "Revue des livres français", *Le Temps*,
10 mai.

1876

IN, Marius: "M. Emile Zola", in *Romanciers contemporains.*
., Charpentier, pp. 241-82.

"Son Excellence Eugène Rougon":

.: "Notices bibliographiques", *Revue de France*, 6ᵉ
ée, XVIII, avril, pp. 336-7.

98   FABRICE, W.: "Nouveautés littéraires", *La Vie litté-raire*, 23 mars.

99   GAUCHER, Maxime: "Causerie littéraire", *RBl*, XVII (2e série), n° 39, 25 mars, p. 308.

100   JAMES, Henry: "Parisian Festivity", *The New York Tribune*, 13 mai. Rp. in *Parisian Sketches. Letters to The New York Tribune 1875-1876*. Ed. Leon Edel et Ilse Dusoir Lind. New York University Press, 1957, pp. 126-37. [Voir p. 135]

101   JUST, Albert: "Chronique. M. Zola devant M. Sarcey. I. *Les Rougon-Macquart*" et "II. *Son Excellence Eugène Rougon*", *Le Bien Public*, 22 et 29 avril. [Sur les conférences de Sarcey, boulevard des Capucines]

Sur "L'Assommoir" (feuilleton):

102   DANCOURT: "Courrier de Paris", *Gazette de France*, 20 avril.

103   FOURCAUD: "*L'Assommoir* de M. Zola", *Le Gaulois*, 21 sept. ["un scandale sans excuse" - Voir la réponse de Z. dans *Le Gaulois* du 26 sept. - In *RM II*, pp. 1558-9]

104   GILLE, Philippe: "Revue bibliographique", *Le Figaro*, 12 oct., pp. 5-6. Rp. in *La Bataille littéraire (1875-1878)*. P., Victor Havard, 1889, pp. 56-66.

105   MILLAUD, Albert: "Lettres fantaisistes sur Paris. M. Emile Zola", *Le Figaro*, 1er sept. ["malpropreté", "pornographie" - Voir la réponse de Z. dans *Le Figaro* du 7 sept. - Ext. in *O.C.*, *XV*, p. 1389]

106   ---: "Lettres fantaisistes sur Paris", *Le Figaro*, 7 sept. [Cf. 105 - réponse à la lettre de Z., rp. ici]

*

107   BIGOT, Charles: "Correspondencia literaria de Paris", *RC*, 30 avril. [C

108   LAUJOL, Henry: "M. Emile Zola et la critique", *La République des Lettres*, 1re série, n° 7, 20 juin, pp. 216-22.

109   SAULIERE, Auguste: "Les romanciers nouveaux. I. Emil Zola", *ibid.*, n° 5, 20 avril, pp. 157-62. [Exagération et manque d'organisation]

110 TEN BRINK, Jan: "De jongste romantische school in
Frankryk", *Nederland,* n⁰ 3, pp. 3-43. Rp. in *Litera-
rische Schetsen en Kritieken X,* pp. 59-97.   [BB]
[En hollandais: "La jeune école romantique en France"]

111 ANONYME: "Emil Zola i jego utwory", *PT,* nᵒˢ 45, 49, 51,
52.   [BU Główna, Poznań]
[En polonais - "Emile Zola et son œuvre" - Voir
aussi nᵒˢ 11, 13, 15, 45, 49, 51 et nᵒˢ 19, 24 de
1877, sur le réalisme français]

1877

112 VENDRYES, Ch.: "E. Zola", in *Galerie contemporaine
littéraire, artistique.* 2ᵉ année, 1ᵉʳ semestre, 1ʳᵉ
série. Ed. Gaston Schéfer. P., Baschet. s.p.

Sur "L'Assommoir":

*113 HUYSMANS, J.-K.: *Emile Zola et "L'Assommoir".* Articles
de *L'Actualité* de Bruxelles des 11, 18, 25 mars et du
1ᵉʳ avril. Voir aussi *L'Artiste* de Bruxelles des 18
et 27 mars. Tirage à part: Bruxelles, s.d. 10p.
Rp. in *En Marge.* Ed. Lucien Descaves. P., Lesage,
1927, pp. 7-40. In *Œuvres complètes.* P., Crès, 1928,
pp. 151-92. In 7203, en anglais.

114 MONTAGNAC, Elizé de: *A propos de "L'Assommoir". Mon-
seigneur Mermillod et Monsieur Zola. Etude contemporaine.* Charleville, Pouillard. 36p.   [Rf 49085]
[Articles du *Courrier des Ardennes* et de *La Défense*]

R. [Arthur RANC]: *M. Emile Zola et "L'Assommoir".*
Bruxelles, Lefèvre, s.d. 26p.
[Voir aussi 456]

SECONDIGNE, Achille: *Les Kerney-Séverol, histoire
d'une famille française au XIXᵉ siècle. L'Assommé.*
P., Sagnier. xviii,410p.
[Voir l'avant-propos de cette parodie qui vise à
refaire et à corriger *L'Assommoir*]

A.: "*L'Assommoir,* par Emile Zola", *L'Artiste*
Bruxelles), 4 mars.

[Paul ALEXIS]: "Emile Zola", *Le Ralliement,* 4 févr.

Y D'AUREVILLY, Jules: "*L'Assommoir,* par M. Emile
a", *Le Constitutionnel,* 29 janv. Rp. in "Emile

Zola", *Les Œuvres et les hommes XVIII.* P., Lemerre,
1902, pp. 213-27; in *Le XIXe siècle. Des Œuvres et
des hommes.* Choix de textes critiques établi par
Jacques Petit. P., Mercure de France, 1966, pp. 277-9.

120 BIGOT, Charles: "Correspondencia literaria de Paris",
RC, 15 févr. [CA]

121 ---: [Chronique sur Z. et Daudet], *RC*, 15 août. [CA]

122 BOISSIN, Firmin: "Romans, contes et nouvelles", *Polybiblion*, VI, juill., pp. 6-8.

123 BOUBEE, Simon: "Théâtres", *Gazette de France*, 15 sept.

124 BRUNET, Georges: "Les romanciers contemporains. M.
Emile Zola. *L'Assommoir*", *La Vie littéraire*, III,
n° 8, 22 févr. [pp. 1-2].
[Ext. in Bern. *L'Assommoir*, pp. 482-3]

125 L. D.: "Emile Zola: *L'Assommoir*", *Mag.*, XCI, n° 11, 17
mars, pp. 156-7. [YC]

126 DANCOURT: "Courrier de Paris", *Gazette de France*, 26
janv.

127 DOMMARTIN, Léon: "La dernière expression du roman.
L'Assommoir, de M. Emile Zola", *Revue de Belgique*,
9e année, XXV, 15 avril, pp. 381-97.

128 DUBREUIL, J.: "La moralité dans l'art", *L'Actualité*
(Bruxelles), 4 mars.

*129 [DUMONT, Auguste]: "Un scandale littéraire", *Le Télé-
graphe*, 17 mars.
[Célèbre accusation de plagiat - rapproche des
extraits du roman et du *Sublime* de Denis Poulot -
réponse de Z. le lendemain - Voir *RM II*, pp. 1561-2]

130 GAUCHER, Maxime: "Causerie littéraire", *RBl*, XIX (2^e
série), n° 32, 3 févr., pp. 758-9.

*131 HOUSSAYE, Henry: "Le vin bleu littéraire. *L'Assommoir*
par M. Emile Zola", *Journal des Débats*, 14 mars. Rp.
in *Les Hommes et les idées*. P., Calmann Lévy, 1886,
pp. 118-33.

132 JACQUET, Eugène: "Chronique. *L'Assommoir*", *Le Bien
Public*, 7 févr.

133 KRASZEWSKI, Józef Ignacy: "Kronika Zagraniczna. *L'As-
sommoir*, powieść Emila Zoli", *TI*, n° 65. Rp. in St.
BURKOT: *Kraszewski o powieściopisarzach i powieści*.
Varsovie, 1962, pp. 198-9. [BU Głowna]

134   J. P. [Catulle MENDES]: "La ville et le théâtre", *La
       République des Lettres*, 2e série, III, 28 janv.,
       p. 183.

135   PICO DE LA MIRANDOLA: "Cartas parisienses", *Ilustración
       Española y Americana*, 22 mars.   [CA]

136   PONTMARTIN, A. de: "M. Emile Zola, *L'Assommoir*",
       Gazette de France, 18 févr. Rp. in *Nouveaux Samedis.
       Quinzième série*. P., Calmann Lévy, 1877, pp. 320-36.

137   SARCEY, Francisque: "Chronique théâtrale", *Le Temps*,
       17 sept.

138   SWINBURNE, A.C.: "Note on a Question of the Hour", *The
       Athenaeum* (Londres), n° 2590, 16 juin, p. 768.

139   TROUBAT, Jules: "M. Emile Zola", *La République du
       Midi*, 6 et 13 févr. Rp. in *Plume et pinceau. Etudes
       de littérature et d'art*. P., Liseux, 1878, pp. 58-65,
       68-76.

140   WOLFF, Albert: "Gazette de Paris", *Le Figaro*, 5 févr.
       [Rare c.r. positif - Ext. in Bern. *L'Assommoir*, pp.
       481-2]

141   ANONYME: *"L'Assommoir"*, *Gazette anecdotique*, 2e année,
       I, n° 3, 15 févr., pp. 89-91.

142   ---: "Cartas de Asmodeo", *La Epoca*, 30 juin.   [CA]
       [Comparaison entre *L'Assommoir* et *La Fille Elisa*]

143   ---: "Chronique", *Le Temps*, 25 mars.
       [A propos de 129]

144   ---: "The Contributors' Club", *The Atlantic Monthly*
       (Boston), XXXIX, mai, pp. 610-2.

145   ---: "French Literature", *The Saturday Review* (Londres),
       XLIII, n° 1119, 7 avril, p. 431.

146   ---: "The Latest Specimen of French Popular Literature",
       The Nation (New York), XXIV, n° 611, 15 mars, pp.
       160-2.

147   ---: "M. Zola au Théâtre-Français", *Gazette anecdotique*,
       2e année, I, n° 11, 15 juin, pp. 338-40.
       [Sur la possibilité d'une adaptation théâtrale]

148   ---: "M. Zola plagiaire", *ibid.*, n° 6, 31 mars, pp.
       161-5.

149   ---: "Novels of the Week", *The Athenaeum* (Londres),
       n° 2571, 3 févr., p. 153.

150 ANONYME: "Recent Literature", *The Atlantic Monthly*
     (Boston), XXXIX, n⁰ 236, juin, pp. 761-3.

                              *

151 ABREST, Paul d': "Emile Zola", *Die Gegenwart*, XI, n⁰ 7,
     17 févr., pp. 105-7.   [YC]

152 BOISSIN, Firmin: "Romans, contes et nouvelles", *Poly-
     biblion*, V, janv., pp. 10-11.
     [Sur *Son Excellence Eugène Rougon*]

153 BREITINGER, Heinrich: "Die Entwicklung des Realismus
     in der französischen Dichtung des 19. Jahrhunderts",
     Nord und Süd, III, déc., pp. 328-52. Rp. in *Aus
     neuern Literaturen*. Zurich, Schulthess, 1879,
     pp. 84-128.   [YC]

154 W. CH.: "Kronika paryska", *TI*, n⁰ 68, p. 233.
     [En polonais - "Chronique de Paris"]   [BU Varsovie]

155 FRANCE, Anatole: "Variétés. Les romanciers contem-
     porains. M. Emile Zola", *Le Temps*, 27 juin.
     [Ext. in Bern. *L'Assommoir*, p. 484 - Z. un "génie
     immodéré" avec un style "brutal"]

156 HENNIQUE, Léon: "Le Réalisme", *Le Gaulois*, 15 févr.

157 HUYSMANS, J.-K.: "Intérieurs d'hommes de lettres. Emile
     Zola", *La Vie littéraire*, 26 avril.

158 LEPELLETIER, E.: "Le naturalisme et Emile Zola", *Le
     Bien Public*, 10, 12 et 19 déc.
     [Cf. 175]

*159 PETERSSEN, Friedrich Karl: "Jüngere französische
     Romanschriftsteller. II. Emile Zola", *Unsere Zeit*,
     n.s. XIII, n⁰ 6, 15 mars, pp. 401-34   [YC]

160 TEN BRINK, Jan: "Een letterkundige Herkules",
     Nederland (Amsterdam), II, pp. 113-44, 241-72,
     391-430; III, pp. 270-98.
     ["Un Hercule littéraire" - Cf. 228]

161 Voir aussi *Correspondance de C.-A. Sainte-Beuve
     (1822-1865)*. P., Calmann Lévy, 1877. Rp. in *Le
     Temps*, 23 avril 1878.
     [Lettre du 10 juin 1868 sur *Thérèse Raquin*, pp. 314-6
     - voir 7446]

162   CHAMPSAUR, Félicien: *Les Hommes d'aujourd'hui, n° 4.*
      Emile Zola. P., Cinqualbre. 4p.

163   SCHMIDT, Julian: "Emile Zola", in *Portraits aus dem*
      neunzehnten Jahrhundert. Berlin, Hertz, pp. 382–
      427.   [YC]
      [Sur les premiers *Rougon-Macquart*]

      Sur "Une Page d'amour":

164   ASSE, Eugène: *"Une Page d'amour,* par Emile Zola",
      Revue de France, 8e année, 2e période, XXIX,
      mai–juin, pp. 230–1.

165   BARINE, Arvède: "Le mouvement littéraire à l'étranger",
      RBl, XXI (2e série), n° 47, 25 mai, pp. 1113–5.
      [Et sur l'article d'avril de Z. dans *Le Messager*
      de l'Europe]

166   BIGOT, Cárlos [Charles]: "Correspondencia de Paris",
      RC, XIV, n° 58, 30 avril, pp. 497–504.   [CA]

167   ———: "Correspondencia de Paris", *RC,* XV, 15 juin,
      pp. 357–64.   [CA]

168   BOISSIN, Firmin: "Romans, contes et nouvelles", *Poly-*
      biblion, VIII, n° 1, juill., pp. 13–15.

169   CHUQUET, A.: "Zola's neuester Roman", *Mag.,* XCIII,
      n° 23, 8 juin, pp. 349–50.   [YC]

170   FABRICE, W.: "Nouveautés littéraires", *La Vie*
      littéraire, 25 avril.

171   FOURCAUD: *"Une Page d'amour",* Le Gaulois, 27 avril.
      [Ext. in Bern. *Une Page d'amour,* pp. 369–71]

172   GAUCHER, Maxime: "Causerie littéraire", *RBl,* XXI
      (2e série), n° 43, 27 avril, p. 1024.

173   GILLE, Philippe: *"Une Page d'amour,* par Emile Zola",
      Le Figaro (supplément littéraire), 21 avril, p. 1.

174   KRASZEWSKI, Józef Ignacy: "Listy J.I. Kraszewskie.
      Une Page d'amour, powieść Emila Zoli", *Kłosy,*
      n° 673. Rp. in St. BURKOT: *Kraszewski o powieścio-*
      pisarzach i powieści. Varsovie, 1962, pp. 208–9.
      [En polonais]   [BU Głowna, Poznań]

175   LEPELLETIER, E.: "Le naturalisme et Emile Zola", *Le*
      Bien Public, 27 et 28 avril.
      [Ext. in Bern. *Une Page d'amour,* pp. 371–2 – Cf. 158]

176   PONTMARTIN, Armand de: "Le roman contemporain. Emile
       Zola, *Une Page d'amour*", *Gazette de France*, 12 mai.
       Rp. in *Nouveaux Samedis. Dix-septième série*. P.,
       Calmann Lévy, 1879, pp. 155-70.

177   ANONYME: "Emile Zola, *Une Page d'amour*", *Nederland*,
       n° 2, pp. 360-1.   [BB]
       [En hollandais]

178   ---: [Article], *Hrvatski Svetozor* (Zagreb), n° 29,
       13 janv.   [MS]
       [En croate]

179   ---: "Livres nouveaux. *Une Page d'amour*, par Emile
       Zola", *Le Siècle*, 5 mai.
       [Ext. in Bern. *Une Page d'amour*, pp. 373-4]

180   ---: "*Une Page d'amour*", *The Nation* (New York), XXVI,
       n° 674, 30 mai, pp. 361-2.

       Sur "Le Bouton de Rose" au Palais-Royal:

181   DAUDET, Alphonse: "Revue dramatique. Palais-Royal:
       Bouton de Rose", *Le Journal officiel*, 13 mai. Rp.
       in *Pages inédites de critique dramatique, 1874-1880*.
       P., Flammarion, [1923], pp. 100-5; in *Œuvres
       Complètes Illustrées, XVIII*. P., Librairie de
       France, 1930, pp. 85-9.

182   GAUCHER, Maxime: "Causerie littéraire", *RBl*, XXI
       (2e série), n° 45, 11 mai, p. 1072.

183   LEPELLETIER, E.: "Premières représentations", *Le
       Bien Public*, 8 mai.
       [Ext. in Bern. *Théâtre II*, pp. 702-3]

184   MASSIAC, Théodore: "Critique dramatique", *RMN*, I,
       1878-1879, pp. 153-4.

185   OSWALD, François: "Théâtres. Palais-Royal - *Le
       Bouton de Rose*", *Le Gaulois*, 8 mai.

186   PARISINE: "La soirée parisienne. La première de Zola
       au Palais-Royal", *Le Gaulois*, 8 mai.
       [Ext. in Bern. *Théâtre II*, pp. 699-701]

187   PONTMARTIN, Armand de: "Le roman contemporain",
       Gazette de France, 19 mai.

188   SAINT-VICTOR, Paul de: "Revue dramatique", *Le
       Moniteur universel*, 13 mai.

189   SARCEY, Francisque: "Chronique théâtrale", *Le Temps*,
       13 mai.

190   THIERRY, Edouard: "Chronique. Quinzaine dramatique",
      Revue de France, 8e année, 2e période, XXIX, mai-
      juin, pp. 417-9.

191   ANONYME: "Théâtres. *Bouton de Rose*, *Gazette anec-
      dotique*, 3e année, I, n° 9, 15 mai, p. 273.

      Sur l'édition du "Théâtre" de Zola ("Thérèse Raquin",
      "Les Héritiers Rabourdin", "Le Bouton de Rose"):

192   GAUCHER, Maxime: "Causerie littéraire", *RBl*, XXII
      (2e série), n° 15, 12 oct., p. 357.

193   HELWIGK: "Zola als Dramatiker", *Mag.*, XCIV, n° 51,
      21 déc., pp. 762-4.   [YC]

194   SARCEY, Francisque: "Chronique théâtrale. Le théâtre
      et les préfaces de Zola", *Le Temps*, 21 oct. Rp. in
      Quarante Ans de théâtre (feuilletons dramatiques)
      VII. P., Bibliothèque des Annales politiques et
      littéraires, 1902, pp. 1-12.

195   TEN BRINK, J.: "Het naturalisme op het tonel",
      Zondagsblad (Het Nieuws van den Dag), 24 nov. [BB]

196   ANONYME: "Le théâtre de M. Zola", *Gazette anecdotique*,
      3e année, II, n° 18, 30 sept., pp. 168-70.

      Sur l'article "Les Romanciers contemporains":

197   UN REFRACTAIRE [Jules VALLES]: "Notes d'un absent",
      Le Voltaire, 22 et 26 déc. Rp. in Jules VALLES:
      Littérature et Révolution. Recueil de textes
      littéraires. Pr. et notes de Roger Bellet. P.,
      Les Editeurs Français Réunis, 1969, pp. 367-74,
      375-81. Voir aussi "A propos de Zola", in *Les*
      Francs-parleurs. Ed. Roger Bellet. P., Jean-Jacques
      Pauvert, 1965, pp. 159-61.

198   UN ROMANCIER: "Zola critique", *Le Figaro*, 15 déc.

199   ULBACH, Louis: "Notes et impressions", *RBl*, XXII
      (2e série), n° 26, 28 déc., pp. 612-3.

200   VINDEX [Charles BUET]: "Du naturalisme. A M. Emile
      Zola", *Paris-Journal*, 30 déc. Rp. in 831, pp. 213-25.

201   WOLFF, Albert: "Le rêve d'Emile Zola", *Le Figaro*,
      22 déc.
      [Cf. 963]

202   ANONYME: "M. Zola et les romanciers", *Gazette anec-
      dotique*, 3e année, II, n° 24, 31 déc., pp. 353-7.

                            *

203 ALIS, Harry: "Le Naturalisme", *RMN*, I, 1878-1879,
pp. 225-30.

204 BARINE, Arvède: "Les revues étrangères. *Le Messager
d'Europe*. Lettres Parisiennes de M. Emile Zola. -
Programme poétique de l'école réaliste", *RBl*, XXI
(2e série), no 36, 9 mars, pp. 849-53.

205 CHAMPSAUR, Félicien: "Emile Zola", *RMN*, I, 1878-1879,
pp. 295-302.

206 DE SANCTIS, F.: "Emile Zola", *La Réforme*, n.s. I,
no 4, 15 nov., pp. 408-28.

207 FRANKO, Ivan: "Emil' Zola i jego utwory", *Tydzień
literacki, artystyczny, naukowy i społeczny*, no 44,
30 juin, pp. 123-4.   [BH]
[En polonais - "Emile Zola et son œuvre"]

208 GILLE, Philippe: "*L'Assommoir*. Edition illustrée",
Le Figaro (supplément littéraire), 21 avril, pp. 1-4.

209 MASSIAC, Théodore: "Le théâtre moderne", *RMN*, I,
1878-1879, pp. 598-604.
[*L'Assommoir* au théâtre]

210 MONTJOYEUX: "Chroniques parisiennes. Messieurs Zola",
Le Gaulois, 27 déc.

211 PICON, J.O.: "Paris", *Los Lunes de El Imparcial*,
9 sept.   [CA]

212 SARCEY, Francisque: "Chronique théâtrale", *Le Temps*,
4 févr.
[A propos de l'article de Z. sur les décors - voir
Le Naturalisme au théâtre]

213 SCHMIDT, Julian: "Emile Zola", *Nær og fjern*, VII,
nos 312-4, pp. 1-4, 6-11, 5-9.   [BNC]
[En danois]

214 SCHUTZ WILSON, H.: "*L'Assommoir*", *The Gentleman's
Magazine* (Londres), CCXLIII, déc., pp. 737-49.

215 TEN BRINK, J.: "Parijs van het Trocadéro gezien",
Zondagsblad (Het Nieuws van den Dag), 12 mai. Rp.
in *Literarische Schetsen en Kritieken XI*, pp. 165-71.
[En hollandais]   [BB]

216 ANONYME: "A travers Paris", *Le Figaro*, 22 déc.

217 ---: "Chronique", *Le Temps*, 25 janv.
[A propos d'un article de Z. sur Saint-Simon et le
17e siècle]

218   ANONYME: "M. Zola et la critique", *Gazette anecdotique,*
       3e année, I, n° 10, 31 mai, pp. 301-2.
       [Cf. 196]

       [Voir aussi 4374]

219   BANG, Herman: "Emile Zola", in *Realisme og realister.*
       Copenhague, Schubothe, pp. 153-9.   [BNC]

220   BUS, François de: *Naturalisme ou réalisme. Etude
       littéraire et philosophique sur l'œuvre de M. Emile
       Zola.* P., Amyot. 107p.

221   ERBS, Frédéric: *M. E. Zola et son "Assommoir". Etude
       critique.* P., Librairie Gauloise. 98p.

222   FRANKO, Ivan: Préface à la traduction par O. Roškevyč
       de deux chap. de *L'Assommoir* - parue dans la série
       Dribna biblioteka, XVIII, Lvov.   [BH]
       [En ukrainien]

223   UN LITTERATEUR REPUBLICAIN [Mme ARNAULT?]: *M. Zola.
       Pape et César.* P., Balitout-Questroy. 53p.
       [Contre *L'Assommoir* et le naturalisme]

224   NUS, Eugène: *La République naturaliste. Lettre à M.
       Emile Zola.* P., Dentu. 16p.
       [Réponse à *La République et la littérature*]

225   PAPA-CADET: *Monsieur Zola!* P., Ghio. 15p.
       [Poème satirique]

226   PONS, A.J.: "M. Zola", in *Coups de plume indépendants.*
       Rouen, Rouveyre, pp. 53-9. 2e éd.: P., Rouveyre/
       Boston, Schönhof, 1880.

*227   ROD, Edouard: *A propos de "L'Assommoir".* P., Marpon
       et Flammarion. 106p.

*228   TEN BRINK, Jan: *Emile Zola. Letterkundige Studie.*
       Nijmegen, Blomhert & Timmerman, [1879]. iv,258p.
       [Reprend 160 - Voir aussi A.G. Van Hamel: "Over
       Zola", *De Gids,* XLIV, févr. 1880, pp. 326-59]

229   ZIESING, Theodor: *Charles Baudelaire. Ein Essay.*
       Zurich, [Ebell]. 98p.   [YC]
       [*L'Ivrogne* et *L'Assommoir*]

       Sur "L'Assommoir" au théâtre:

230   BIGOT, Charles: [Chronique], *RC,* 15 avril.   [CA]

231   CLARETIE, Jules: "Revue théâtrale", *La Presse*, 20
       janv.

232   DANCOURT, G.: "M. E. Zola et son école. *L'Assommoir*
       au théâtre", *Revue générale*, XXIX, n° 2, févr.,
       pp. 276-86.

233   DAUDET, Alphonse: "Revue dramatique. Théâtre de 1'Am-
       bigu. - *L'Assommoir*", *Le Journal officiel*, 27 janv.
       Rp. in *Pages inédites de critique dramatique, 1874-
       1880*. P., Flammarion, 1923, pp. 106-11; in *Œuvres
       Complètes Illustrées*, XVIII. P., Librairie de France,
       1930, pp. 90-4.

234   FERNANDEZ DE LOS RIOS: "La Quincena parisiense",
       Ilustración Española y Americana, 20 janv.   [CA]

235   FOUQUIER, Henry: "Causerie dramatique", *Le XIXe Siècle*,
       21 janv.
       [Ext. in Bern. *L'Assommoir*, p. 491]

236   GAUCHER, Maxime: "Causerie littéraire", *RBl*, XXIII
       (2e série), n° 30, 25 janv., pp. 708-11.

237   HELWIGK: "Von den Pariser Theatern. I. *L'Assommoir*",
       Mag., XCV, n° 8, 22 févr., pp. 114-6.   [YC]

238   UN MONSIEUR DE L'ORCHESTRE: "La soirée théâtrale.
       L'Assommoir", *Le Figaro*, 19 janv.

239   OSWALD, François: "La représentation", *Le Gaulois*, 20
       janv.

240   PENE, H. de: "Ambigu-Comique", *Paris-Journal*, 21 janv.

241   SAINT-VICTOR, Paul de: "Revue dramatique", *Le Moniteur
       universel*, 27 janv.

242   SARCEY, Francisque: "Chronique théâtrale", *Le Temps*,
       20 janv. Rp. in *Quarante Ans de théâtre (feuilletons
       dramatiques) VII*. P., Bibliothèque des Annales poli-
       tiques et littéraires, 1902, pp. 13-20.

243   ---: "Chronique théâtrale", *Le Temps*, 30 juin.
       [A Londres et à Anvers]

244   ---: "Chronique théâtrale", *Le Temps*, 1er sept.

245   VITU, Auguste: "Premières représentations", *Le Figaro*,
       20 janv.

246   WEDMORE, Frederick: "The Comédie Française and Monsieur
       Zola", *The Gentleman's Magazine* (Londres), CCXLVII,
       juill., pp. 60-72.

247 A. X.: "Les grandes premières. Théâtre de l'Ambigu-
     Comique. *L'Assommoir* ...", *Le Gaulois*, 20 janv.

248 ZZ.: "*L'Assommoir* à l'Ambigu", *Le Figaro*, 18 janv.

249 ANONYME: "Paris", *Los Lunes de El Imparcial*, 27 janv.
                                                        [CA]

     [Voir aussi Rf 49094]

     Sur "Nana" (feuilleton):

250 ALEXIS, Paul: *"Nana"*, *La Réforme (politique, litté-
     raire, philosophique, scientifique et économique)*,
     3e série, I, no 1, 1er nov., pp. 47-51.

251 CHAPRON, Léon: "Chronique de Paris", *L'Evénement*,
     30 oct.
     [Réponse à l'article de Z. dans *Le Voltaire* du 28
     oct.]

252 ---: "Chronique de Paris. M. Zola", *L'Evénement*, 3
     nov.

253 ---: "Chronique de Paris. Ça et là", *L'Evénement*,
     24 nov.
     [Cite la lettre d'une actrice sur les erreurs dans
     Nana]

254 CONRAD, M.G.: "Literarische Plauderei", *FZ*, 22 nov.
     [Cf. 3385]   [YC]

255 E. E. [Eduard ENGEL]: "*Nana* von Emile Zola", *Mag.*,
     XCVI, no 43, 25 oct., pp. 667-8.   [YC]

256 FERNANDEZ DE LOS RIOS, Angel: "La Quincena parisiense",
     Ilustración Española y Americana, 30 oct.   [CA]

257 GLINSKI, Henryk: "Korespondencya tygodnika ilustro-
     wanego", *TI*, no 203, pp. 308-10.   [BU Varsovie]
     [En polonais]

258 A. H.: "Revue de la presse", *L'Estafette*, 15 oct.

259 MELGAR, Francisco Martín: "Crónica de Paris", *Ilu-
     stración Católica*, 28 nov.   [CA]
     [*Nana* et *Les Rois en exil* de Daudet]

260 PONTMARTIN, Armand de: *"Nana* partout. *L'Assommoir* à
     Athènes", *Gazette de France*, 26 oct. Rp. in
     Nouveaux Samedis. Dix-neuvième Série. P., Calmann
     Lévy, 1880, pp. 362-77.

261 SCHOLL, Aurélien: "Littérature expérimentale",
     L'Evénement, 24 oct.

262 SCHOLL, Aurélien: "Courrier de Paris", *L'Evénement*, 31 oct.
[Cf. 251]

263 WOLFF, Albert: *"Nana"*, *Le Figaro*, 12 oct.

264 ---: "Courrier de Paris", *Le Figaro*, 21 nov.

265 ANONYME: "Bibliographie. *Nana"*, *Gazette anecdotique*, 4e année, II, n° 20, 31 oct., pp. 237-9.

266 ---: "M. Zola et la critique", *ibid.*, n° 21, 15 nov., pp. 279-82.

267 ---: "Zola's New Story", *NYT*, 27 oct., p. 5.
[Cf. *The Parisian*, 16 oct.]

*

268 ABREST, Paul d': "Aus Paris", *Die Gegenwart*, XV, n° 21, 24 mai, pp. 329-30.   [YC]

269 [ALEXIS, Paul]: "Zola à Médan", *Le Gaulois*, 15 oct.

270 ALEXIS, Paul: "Variété littéraire. Emile Zola à l'étranger", *Le Voltaire*, 30 oct. ("En Allemagne"); 1er nov. ("En Angleterre et en Amérique"); 4, 6, 10 nov. ("En Italie"); 26 nov. ("En Russie. En Suède. En Hollande. En Belgique. Conclusion").   [BB]

271 DES ROCHES, J.: "M. Edmond de Amicis chez M. Zola", *Bibliothèque universelle et Revue suisse*, 84e année, II, n° 4, avril, pp. 82-103. Voir Edmondo DE AMICIS: "Emile Zola", in *Souvenirs de Paris et de Londres*. P., Hachette, 1880, pp. 162-220; tr. de *Ricordi di Parigi*. Milan, pp. 213-90. En allemand in *DM*, III, pp. 629-32; en serbo-croate in *Vijenac*, XIV, n°s 14-16, 1882, pp. 218-20.

272 BIGOT, Charles: "Notes et études. Lettres parisiennes", *L'Athenæum belge*, II, n° 9, 1er mai, pp. 95-6.
[Sur *La République et la littérature*]

273 ---: "L'esthétique naturaliste", *RDM*, XXV, 15 sept., pp. 415-32.

274 BUSKEN HUET, Conrad: "Emile Zola als recensent", *Nederland*, n° 3, pp. 38-46. Rp. in *Litterarische Fantasien en Kritieken*, XXI.   [BB]
["Emile Zola comme critique" - Sur *Mes Haines*]

275 CHAMPSAUR, Félicien: "Les Disciples de M. Zola", *Le Figaro*, 20 oct.

276 CHRISTOPHE, Jules: "Emile Zola", *La Fédération artistique* (Bruxelles), 15 et 22 mars.

277 DUMAS, Alexandre [fils]: "*L'Etrangère,* préface inédite", *Le Gaulois,* supplément du 12 nov. Rp. in *Théâtre complet VI.* P., Calmann-Lévy, 1880, pp. 163-213. Voir aussi l'article de J.-J. Weiss dans *Le Gaulois* du même jour, rp. in *Le Théâtre et les moeurs.* P., Calmann-Lévy, 1889, pp. 237-43. [Contre le théâtre naturaliste]

278 FERNANDEZ DE LOS RIOS, Angel: "La Quincena parisiense", *Ilustración Española y Americana,* 15 févr. [CA]

279 ---: "La Quincena parisiense", *ibid.,* 15 avril. [CA]

280 ---: "La Quincena parisiense", *ibid.,* 30 avril. [Contre le naturalisme] [CA]

281 ---: "La Quincena parisiense", *ibid.,* 15 oct. [CA]

282 FOURCAUD: "Les nouveaux légionnaires et M. Zola", *Le Gaulois,* 18 janv. [Z. ne figure pas parmi eux à cause de son article sur les romanciers contemporains]

283 [FRANKO, Ivan]: *"Dovbnja"*, *Pravda,* (Lvov), VII, pp. 457-60. Rp. in *Tvory XVIII.* Kiev, 1955, pp. 466-8. [BH] [En ukrainien - *"L'Assommoir"*]

284 GAUCHER, Maxime: "Causerie littéraire", *RBl,* XXIII (2e série), n° 43, 26 avril, pp. 1024-5. [Sur *La République et la littérature*]

285 HELLER, O.: "Emile Zola und die naturalistische Schule", *Mag.,* XCVI, n° 50, 13 déc., pp. 763-7. [Z. un "génie fourvoyé"] [YC]

286 KRASZEWSKI, Józef Ignacy: "Kronika Zagraniczna. O Zoli i naturalistach", *TI,* n°s 173 et 178, pp. 245-6, 331. Rp. in St. BURKOT: *Kraszewski o powieściopisarzach i powieści.* Varsovie, 1962, pp. 213-4. [BU Głowna, Poznań]

287 ---: "Kronika Zagraniczna. Realizm we Francji i pan Zola", *ibid.,* n°s 186-187. Rp. in *ibid.* [voir 286], pp. 217-9. [BU Głowna, Poznań]

288 B.L. [Bolesław LIMANOWSKI]: "Listy o spółczesnej literaturze francuzkiej", *PT,* n° 22, pp. 269-70; n° 27, pp. 330-1. [BU Varsovie] [En polonais - "Lettres sur la littérature fran-

çaise contemporaine"]

289 LINDAU, Paul: "Emile Zola über den französischen
Roman", *Die Gegenwart*, XV, n°s 2-3, 11 et 18 janv.,
pp. 24-7, 42-4. Rp. in *Aus dem literarischen
Frankreich*. Breslau, 1882, pp. 299-322. En danois
in *Nær og fjern*, VIII, n°s 342-3, 1879, pp. 12-14,
7-9.   [YC]

290 LORM, H.: "Literarische Ideen", *FZ*, 30 août.   [YC]

291 MARCELLUS [Dr HOLTHOF]: "Emil Zola", *Die kleine
Chronik*, II, 16 nov.   [YC]
[Appréciation mesurée de Z. - En allemand]

292 MARTIN, C.B.: "Emile Zola as a Critic", *The Atlantic
Monthly* (Boston), XLIII, mai, pp. 650-6.

293 MELGAR, Francisco Martín: "Crónica de Paris", *Ilustración católica*, 21 mars.   [CA]

294 MOJA Y BOLÍVAR, Federico: "Novela naturalista de
Emilio Zola, *L'Assommoir*", *Revista Europea*, 22 juin,
pp. 807-9.   [CA]

295 [NIJHOFF, D.-C.]: [c.r. d'une conférence sur Z. par
D.-C. Nijhoff], *De Portefeuille*, 29 nov.   [BB]
[En hollandais]

296 PERRET, Paul: "Un mot sur le naturalisme", *Revue de
France*, 9^c année, 2e période, XXXIII, janv., pp.
316-32.
[Cf. *Le Moniteur universel*, 19 janv.]

297 REVILLA, Manuel de la: "El naturalismo en el arte",
RE, LXVIII, n° 270, mai, pp. 164-84.   [CA]

298 RIVET, Gustave: "Emile Zola et le naturalisme", *La
Jeune France*, 2e année, I, n° 10, 1er févr., pp.
379-85.
[Hostile - Voir la réponse de Z. dans le n^o du 1er
mars, p. 420.]

*299 RODENBERG, Julius: "Der Verfasser des *Assommoir*", *DR*,
XX, n° 12, sept., pp. 480-7. Rp. en danois in *Nær
og fjern*, VIII, 1879, pp. 1-5.   [YC]
[Etude de l'auteur de *L'Assommoir*]

300 SARCEY, Francisque: "Chronique théâtrale", *Le Temps*,
5 mai.
[Sur une préface de Z.]

301 SCHERER, Ed.: "Le manifeste du roman naturaliste",
Le Temps, 1er janv. Rp. in 547, pp. 165-76.

302   SECOND, Albéric: "Zola échenillé", *L'Estafette,* 20
      oct.
      [Sur *Thérèse Raquin*]

303   A.W.S. [Antoni SYGIETYNSKI]: "Kronika paryska", *PT*,
      n° 3, pp. 47-8.   [BU Varsovie]
      [En polonais]

304   SYGIETYNSKI, Antoni: "Z obcej niwy", *Nowiny,* n° 320,
      pp. 2-3.   [BU Varsovie]
      [En polonais - chronique étrangère]

305   TEN BRINK, J.: "Letterkundige Nuffigheid", *Zondagsblad*
      (Het Nieuws van den Dag), 23 mars.   [BB]
      [En hollandais - "Pruderie littéraire"]

306   TOUT-PARIS: "Zola embêté par Floquet", *Le Gaulois,*
      24 nov.
      [A propos d'une conférence sur *L'Assommoir*]

307   VAN SANTEN KOLFF, J.: "Post festum", *Nederlandsche*
      Kunstbode, I, n° 32, 25 oct., pp. 249-53.   [BB]

308   WACHT, Gustav: "Emile Zola und der literarische
      Nihilismus", *ALC,* IV, n° 44, 1er juill., pp. 121-4.
                                                       [YC]

309   WIESNER, A.C.: "Zur literarisch-realistischen
      Bewegung in Frankreich", *Mag.,* XCV, n° 24, 14 juin,
      pp. 367-8.   [YC]

310   WOLFF, Albert: "Emile Zola", *Le Figaro,* 23 janv.
      [Avec une lettre de Z. du 23 déc. 1878]

311   C.T.Z.: "Z Francyi", *Nowiny,* n° 313, pp. 2-3.
      [En polonais]   [BU Varsovie]

312   ANONYME: [Annonce], *Mehr Licht!* I, n° 36, 7 juin,
      p. 579.   [YC]
      [*La République et la littérature*]

313   ---: "The Author of *Assommoir*", *NYT,* 9 mars, p. 2.
      [Article du *London World* du 26 févr.]

314   ---: "Chronique", *Le Temps,* 15 janv.

315   ---: "Chronique", *Le Temps,* 13 avril.

316   ---: "Chronique", *Le Temps,* 20 avril.
      [Sur *La République et la littérature*]

317   ---: "Chronique", *Le Temps,* 29 avril.
      [Cf. 300]

318 ANONYME: "Chronique", *Le Temps*, 19 mai.
     [A propos de l'article de Z. sur Daudet dans *La
     Réforme* du 15 mai – voir *Les Romanciers naturalistes*]

319 ———: "Chronique", *Le Temps*, 11 juill.
     [Sur *Mes Haines*]

320 ———: "Current Fiction", *LW*, X, n° 19, 13 sept., p. 294.
     [Sur la tr. américaine de *La Fortune des Rougon*]

321 ———: "Current Fiction", *LW*, X, n° 21, 11 oct., p. 326.
     [Sur la tr. américaine de *La Conquête de Plassans*]

322 ———: "Current Fiction", *LW*, X, n° 23, 8 nov., pp. 359-
     60.
     [Sur la tr. du *Ventre de Paris*]

323 ———: "Emil Zola", *Srpska Zora*, p. 178.   [BUSM]
     [En serbo-croate]

324 ———: "Encore M. Zola", *Gazette anecdotique*, 4e année,
     I, n° 3, 15 févr., pp. 70-3.
     [Cf. 310]

325 ———: "L'esprit des morts", *Le Moniteur universel*, 19
     janv.
     [Marc Fournier sur *L'Assommoir*]

326 ———: "Fiction", *LW*, X, n° 13, 21 juin, p. 202.
     [Les tr. de *L'Assommoir* et de *La Faute de l'abbé
     Mouret*]

327 ———: "French Novels", *Blackwood's (Edinburgh)
     Magazine*, CXXX, juin, pp. 678-703.

328 ———: "Hugo et Zola", *Gazette anecdotique*, 4e année,
     I, n° 7, 15 avril, pp. 196-200.

329 ———: "M. Zola et *Les Mystères de Marseille*", *Gazette
     anecdotique*, 4e année, I, n° 12, 30 juin, pp. 360-2.

330 ———: "M. Zola in Italy", *The Times* (Londres), 9 oct.,
     p. 9.
     [*Thérèse Raquin* et *L'Assommoir* au théâtre en Italie]

331 ———: "M. Zola's Conceit", *NYT*, 3 août, p. 7.
     [Infériorité du roman anglais, selon Z.]

332 ———: "MM. Zola, Claretie, et *L'Assommoir*", *Gazette
     anecdotique*, 4e année, I, n° 1, 15 janv., pp. 47-50.

333 ———: "Le naturalisme au théâtre", *Gazette anecdotique*,
     4e année, I, n° 9, 15 mai, pp. 262-5.

334 ———: "Recent Novels", *The Nation*, XXIX, 10 juill.,
     p. 30.
     [*La Faute de l'abbé Mouret*]

335   ANONYME: "Recent Novels", *The Nation* (New York), XXIX,
      25 sept., p. 213.
      [*La Fortune des Rougon*]

336   ---: "Richard Wagner und Emile Zola", *Allgemeine Zeitung
      des Judenthums* (Berlin-Leipzig), XLIII, n° 32, 5 août,
      p. 508.   [YC]
      [Z. est la négation de l'art]

337   ---: [*Le Roman expérimental*], *Srpska Zora* (Vienne), n°
      9, sept., p. 177; n° 10, oct. 1880, p. 198.   [MS]
      [En serbe]

338   ---: "Zola on French Republicans. He Objects to the
      Noise and Bustle of Politics", *NYT*, 4 mai, p. 2.
      [Sur *La République et la littérature*]

339   ---: "Zola on Victor Hugo", *NYT*, 25 avril, p. 5.

340   ---: "The Zola School. Depravity of French Literature
      of the Day", *NYT*, 29 avril, p. 3.
      [Ext. d'un article d'Edmond About]

[Voir aussi 547]

1880

341   B[ERRIAT], Camille, & Albert H[EIMANN]: *Petit Traité
      de littérature naturaliste (d'après les maîtres)*.
      P., Vanier. 205p.
      [Etude ironique]

342   BARBOU, Alfred: *Victor Hugo, sa vie, ses œuvres*. P.,
      Duquesne. 304p.
      [Opinion de Victor Hugo sur *L'Assommoir* - Voir aussi
      Victor Hugo et son temps: P., Charpentier, 1881, pp.
      402-3, et *Victor Hugo et son siècle*: P., Gedalge,
      1889 - les noms de Z. et de son roman sont supprimés
      - "Vous n'avez pas le *droit de nudité sur le malheur*"
      - Cf. 5166, p. 99]

343   CAREL, A.: *Biographies contemporaines. N° 2. Emile Zola*.
      P., Campiomont-Calvet, [1880]. 4p.

344   CONRAD, M.G.: *Parisiana. Plaudereien über die neueste
      Literatur und Kunst der Franzosen*. Breslau-Leipzig,
      Schottlaender. 356p.
      [Voir surtout le chap. V: "Der Grossmeister des
      Naturalismus, Emile Zola", pp. 191-238]

345   NORDAU, Max: "Zola und der Naturalismus", in *Paris
      unter der dritten Republik*. Leipzig, Nachfolger, pp.
      146-75. 4ᵉ éd.: Elischer, 1890.   [YC]

346 SALA, George Augustus: "At the *Assommoir*", in *Paris Herself Again in 1878-9*, *Vol. II*. Londres, Remington/New York, Scribner's, pp. 297-307.

347 VAN DOORSLAER, Hector: *Théorie et pratique "naturaliste"*. *"Le Roman expérimental" et "Nana" de M. Emile Zola*. Bruxelles, *La Paix*. 45p.

348 XAU, Fernand: *Emile Zola*. P., Marpon et Flammarion. 68p.

Sur "Nana":

349 ABOUT, Edmond: "Notes from Paris", *The Athenæum* (Londres), n° 2731, 28 févr., pp. 282-3.

350 ABREST, Paul d': *"Nana og Daniel Rochat"*, *Naer og fjern*, IX, n° 400, pp. 1-2.   [BNC] [En danois]

351 ALEXIS, Paul: "Une "première" en librairie", *Le Figaro* (supplément littéraire), 15 févr.

352 ARNOULD, V.: *"Nana"*, *La Fédération artistique* (Bruxelles), VII, n°s 20-21, 13 et 20 mars, pp. 159-60, 168-9.

353 BASARDIN [L.I. MECNIKOV]: "Novejšij "Nana"-turalizm", *Delo*, n°s 3 et 5, pp. 36-65, 71-100   [KDM] [En russe - sur *Nana* et le "Nana-turalisme"]

354 BERGERAT, Emile: "Chronique. *Nana*", *La Vie moderne*, II, n° 8, 21 févr., pp. 114-5. [Ext. in Bern. *Nana*, pp. 455-6]

355 CHAPRON, Léon: "Ça et là", *L'Evénement*, 26 févr.

356 FILE-O-SOF: *"Nana for ever"*, *L'Etudiant* (Bruxelles), 18 avril.

357 FISKE, A.K.: "Profligacy in Fiction", *The North American Review*, CXXXI, n° 284, juill., pp. 79-88.

358 GAUCHER, Maxime: "Causerie littéraire", *RBl*, XXV (2e série), n° 36, 6 mars, p. 854.

359 GILET ROUGE: *"Nana"*, *L'Etudiant* (Bruxelles), 11 avril.

360 GOTTSCHALL, Rudolf von: "Ein französischer Sensationsroman", *Unsere Zeit* (Leipzig), n.s. XIV, n° 1, mai, pp. 661-9.   [YC]

361 P. H.: *"Nana par Emile Zola"*, *La Réforme (politique, littéraire, philosophique, scientifique et économique)*, II, n° 5, 1er mars, pp. 292-6.

362   JAMES, Henry: *"Nana"*, *The Parisian*, 26 févr. Rp. in
       *The Future of the Novel. Essays on the Art of
       Fiction*. New York, Vintage Books, 1956, pp. 89–96;
       in *The House of Fiction*. Ed. Leon Edel. Londres,
       Hart-Davis, 1957, pp. 274–80; in 7203, pp. 236–43.

363   KRASZEWSKI, Józef Ignacy: *"Nana* Emila Zoli", *TI*,
       no 221. Rp. in St. BURKOT: *Kraszewski o powieścio-
       pisarzach i powieści*. Varsovie, 1962, pp. 222–4.
                                        [BU Głowna, Poznań]

364   J. L. [J. LAFFITTE]: "La fin de Nana", *Le Voltaire*,
       5 févr.

365   LINDAU, Paul: "Die naturalistische Schule in
       Frankreich und *Nana* von Emile Zola", *Die Gegenwart*,
       XVII, nos 10–12, 6, 13, 20 mars, pp. 150–3, 168–71,
       182–5. Rp. in *Aus dem literarischen Frankreich*.
       Breslau, 1882, pp. 323–67.   [YC]

366   N. N. [L.E. OBOLENSKIJ]: *"Nana*. Roman E. Zolja", *Mysl'*,
       no 6, pp. 150–60.   [KDM]
       [En russe]

367   PERRY, Thomas Sergeant: "Zola's Last Novel", *The
       Atlantic Monthly* (Boston), XLV, no 271, mai,
       pp. 693–9.
       ["détestable"]

368   RUDE, Jacques: "Livres naturalistes", *RMN*, 3e année,
       II, pp. 141–3.

369   SCHOLL, Aurélien: "Propos de ville et de théâtre",
       L'Evénement, 14 mars.

370   ULBACH, Louis: "A propos de *Nana*", *Gil Blas*, 24 févr.
       [Ext. in Bern. *Nana*, pp. 453–4]

371   ---: *"Nana* par M. Emile Zola", *Le Livre*, I, no 3, 10
       mars, pp. 199–201.

372   ANONYME: [Chronique], *Ilustración Española y Americana*,
       30 sept.   [CA]
       [Sur l'édition espagnole]

373   ---: "Current Fiction", *LW*, XI, no 4, 14 févr.,
       pp. 58–9.

374   ---: "Novels of the Week", *The Athenæum* (Londres),
       no 2730, 21 févr., p. 245.

375   ---: "Quelques erreurs de *Nana*", *La Vie parisienne*,
       XVIII, 28 févr., p. 125.

376 ANONYME: "La Quinzaine", *Gazette anecdotique*, 5^e
année, I, n° 3, 15 févr., pp. 67-8.

377 ---: "Recent Novels", *The Nation* (New York), XXX,
19 févr., p. 141.

378 ---: "Recent Novels", *The Nation*, XXX, 22 avril,
pp. 311-2.

379 ---: "Zola and His Romance. The Methods and Merits
of the Author of *Nana*", *NYT*, 12 mars, p. 3.

380 ---: "Zola's *Nana*", *NYT*, 17 mars, p. 2.

Sur "Les Soirées de Médan":

381 BANVILLE, Théodore de: "Revue dramatique et littéraire", *Le National*, 3 mai.

382 DONCIEUX, Georges: "M. Zola et ses élèves",
Paris-Journal, 22 juill.

383 J.-B. G.: "Bibliographie", *Le Mémorial d'Aix*, 22
août.

384 GAUCHER, Maxime: "Causerie littéraire", *RBl*, XXV
(2e série), n° 43, 24 avril, pp. 1023-4.

385 LEVALLOIS, Jules: *"Les Soirées de Médan"*, *Le Télégraphe*, 26 avril.

386 MAUPASSANT, Guy de: *"Les Soirées de Médan*, comment
ce livre a été fait", *Le Gaulois*, 17 avril. Rp. in
*Chroniques, études, correspondance de Guy de
Maupassant, recueillies, préfacées et annotées
par René Dumesnil avec la collaboration de Jean
Loize.* P., Gründ, [1938], pp. 20-23. Rp. aussi in
Les Marges, n° 9, 1930, pp. 49-56; in *L'Ordre*, 3
mai 1930. Voir aussi *Le Temps*, 8 juill. 1893.
[Histoire fantaisiste sur les origines des *Soirées
de Médan*]

387 PELLERIN, H.: "Revue littéraire: *Les Soirées de
Médan*", *Le Pays*, 7 mai.

388 PLESSIS, Frédéric: "Causerie littéraire", *La Presse*,
6 sept.

389 PRADELLE, J.: "Revue littéraire: *Les Soirées de
Médan*", *Le Sémaphore de Marseille*, 9-10 mai.

390 RICHEPIN, Jean: "Portraits à l'encre. Les six
naturalistes", *Gil Blas*, 21 avril. Rp. in *Les
Marges*, n° 9, 1930, pp. 25-36.

391 ROD, Edouard: *"Les Soirées de Médan"*, *Le Voltaire*,
20 avril. Voir aussi AURIANT, article in *MF*, CCXX,
15 mai 1930, pp. 248-50.

392 RUDE, Jacques: "Revue des livres", *RMN*, 3e année, II,
pp. 237-9.

393 TEN BRINK, J.: "Het oude leger et het nieuwe leger",
Zondagsblad (Het Nieuwe van den Dag), 25 juill. Rp.
in *Litterarische Schetsen en Kritieken*, *XIV*, pp. 74-9.
[En hollandais - "L'ancienne armée et la nouvelle
armée"]   [BB]

394 WOLFF, Albert: "Courrier de Paris", *Le Figaro*, 19
avril.
[Sauf la nouvelle de Z., "la dernière médiocrité"]

395 ANONYME: "Bibliographie. *Les Soirées de Médan*", *Gazette
anecdotique*, 5e année, I, n° 9, 15 mai, pp. 268-70.

396 ---: "Chronique. *Les Soirées de Médan*", *Le Globe*, 30
avril.

Sur "Le Roman expérimental":

397 ALIS, Harry: "L'argent dans la littérature", *RMN*, 3^e
année, II, pp. 337-42.
[Sur l'article de Z. du même titre]

398 S. B.: "Belles-Lettres", *Le Livre*, I, n° 12, 15 déc.,
pp. 373-4.
[Ext. in Bern. *Le Roman expérimental*, pp. 343-4]

399 BRUNETIERE, Ferdinand: *"Le Roman expérimental"*, *RDM*,
50e année, 3e série, XXXVII, 15 févr., pp. 935-48.
Rp. in 544, pp. 105-35.
[Z. "ne sait pas ce que c'est qu'expérimenter" -
"mélange de paradoxes et de banalités"]

400 GAUCHER, Maxime: "Causerie littéraire", *RBl*, 2e série,
10e année, n° 18, 30 oct., pp. 427-8.

401 GOTTSCHALL, R. von: "Literarische Unterhaltungen",
Blätter für literarische Unterhaltung, n° 50, 9
déc., pp. 785-6.   [YC]
[Dangers, pour l'Allemagne, de l'esthétique de Z.]

402 HELLER, O.: "Emile Zola *Le Roman expérimental*", *Mag.*,
XCVIII, n° 48, 27 nov., pp. 675-6.   [YC]

403 LINDAU, Paul: "Geld und Schriftstellerei", *Die Gegenwart*, XVIII, n° 46, 13 nov., pp. 314-5.   [YC]

404 PONTMARTIN, Armand de: "M. Emile Zola. *Le Roman expérimental*", *Gazette de France*, 7 nov. Voir aussi "A Monsieur Emile Zola", *ibid.*, 9 janv. 1881. Rp. in *Souvenirs d'un vieux critique. Première série*. P., Calmann Lévy, 1881, pp. 367-81. [Répond à l'article de Z. dans *Le Figaro* du 27 déc.]

405 TRETIAK, Józef: "Romans eksperymentalny", *Gazeta Lwowska*, nos 41-42. Rp. in *Szkice literackie. Seria I*. Cracovie, Spółka Wydawnicza Polska, 1896, pp. 316-31.   [BU Głowna, Poznań]

*

406 A [Eva BRAG]: "Ett blåd ur kärlekens bok. Sedemålning ur parisiska medelklassens lif", *Götesborgs Handels- och Sjöfartstidning*, 26 févr., p. 3.   [BU Lund] [En suédois - sur la tr. suédoise d'un roman de Zola]

407 ALIS, Harry: "Comme dit Zola...", *RMN*, III, n° 1, janv., pp. 19-21.

408 A. BM.: "Die Zukunft des französischen Theaters", *Im neuen Reich*, X, juill.-déc., p. 745.   [YC]

409 BARBEY D'AUREVILLY, Jules: "Lettre à propos de Zola", *Le Triboulet*, 1er déc. Rp. in *Dernières Polémiques*. P., Savine, 1891, p. 205; in *Le XIXe Siècle. Des Œuvres et des hommes*. Choix de textes critiques établi par Jacques Petit. P., Mercure de France, 1966, pp. 318-9. [Sur le c.r. de *Gœthe et Diderot* dans *Le Figaro* du 29 nov.]

410 BAZIRE, Edmond: "Menus propos", *L'Intransigeant*, 23 sept. [Sur *Jacques Damour* - Selon lui, Z. a calomnié l'homme politique]

411 BETTELHEIM, Anton: "Smudsbladene og Zola", *Nær og fjern*, IX, n° 429, pp. 5-6.   [BNC] [En danois]

412 COLANI, Timothée: "*Les Rougon-Macquart*, par Emile Zola", *NR*, III, 1er et 15 mars, pp. 133-64, 378-400. Rp. in *Essais de critique historique, philosophique et littéraire*. P., Chailley, 1895, pp. 161-226.

413 ESCOBAR, Alfredo: "Crónica de Lunes", *La Epoca*, 5 avril.   [CA] [Z. et Pereda: comparaison]

414   FRANCESCO [Dr]: "Zola en Daudet", *De Banier*, I,
       pp. 54–62.
       [En hollandais]

415   GOTTSCHALL, Rudolf von: "Literarische Unterhaltungen",
       Blätter für literarische Unterhaltung, no 17, 22
       avril, pp. 257–8.   [YC]
       ["Entretiens littéraires" - anti-Zola]

416   GRODDECK, Karl: "Rare et curieux", *Die Gegenwart*,
       XVIII, no 31, 31 juill., pp. 68–71.   [YC]
       [En allemand]

417   GROSS, F.: "Der Realismus", *FZ*, 9 mai.   [YC]

418   GUILLEMOT, Maurice: "Emile Zola", *RMN*, III, no 2,
       févr., pp. 49–53.

419   HELLER, O.: "Der Volksroman in Frankreich", *Mag.*,
       XCVII, no 20, 15 mai, pp. 280–2.   [YC]
       ["Le roman populaire en France"]

420   HELWIGK: *"Der Nabab* von Alphonse Daudet", *Mag.*, XCVII,
       no 12, 20 mars, pp. 163–4.   [YC]
       [Et l'article de Z. sur *Le Nabab*]

421   HODI, J.T. [Józef TOKARZEWICZ]: "Z życia", *PT*, no 42,
       pp. 504–6.   [BU Varsovie]
       [En polonais - "De la vie"]

422   ———: "Realizm w powieści. Studium", *Dodatek do*
       Przeglądu tygodniowego, pp. 275ff.
       [En polonais - "Réalisme dans le roman"]
                         [BU Głowna, Poznań]

423   KALISCH, Ludwig: "Aus der französischen Schrift-
       stellerwelt", *Die Gartenlaube*, no 8, pp. 131–4.
       Rp. in *Pariser Leben. Bilder und Skizzen*. Mayence,
       Zabern, pp. 168–9.   [YC]

424   KRASZEWSKI, Józef Ignacy: "Kronika zagraniczna", *TI*,
       no 226, p. 270; no 260, pp. 387–8.   [BU Varsovie]
       [En polonais]

425   B. L. [Bolesław LIMANOWSKI]: "Listy o spółczesnej
       literaturze francuzkiej", *PT*, no 14, pp. 169–70;
       no 34, pp. 407–8.   [BU Varsovie]
       [En polonais - "Lettres sur la littérature
       française contemporaine"]

426   LITWOS [Henryk SIENKIEWICZ]: "Przeciw Zoli", *Niwa*,
       XVII, no 132, pp. 929–37. Rp. in *Dzieła L.* Varsovie,
       1950, pp. 80–90.   [BU Varsovie]
       [En polonais - "Contre Zola"]

427 MENENDEZ Y PELAYO, Marcelino: [Article], *Ilustración
     Española y Americana*, 8 avril, p. 226.   [CA]
     [Z. et Pereda: comparaison]

428 NAVARRO, F.B.: [Article], *RE*, LXXV, pp. 113-24.   [CA]
     [Cf. 427]

429 PFAU, Ludwig: "Emile Zola", *Nord und Süd* (Breslau),
     XIII, avril, pp. 32-81. Rp. in *Kunst und Kritik.
     Aesthetische Schriften. 6. Band. Literarische und
     historische Skizzen.* Stuttgart-Leipzig-Berlin,
     Anstalt, 1888, pp. 1-106.   [YC]

430 ---: "Naturalismen i kunsten (om Zola)", *Naer og
     fjern*, IX, n° 406, pp. 1-4.   [BNC]
     [En danois - Cf. 429]

431 PICON, Jacinto Octavio: "Quincena parisiense", *Ilu-
     stración Española y Americana*, 15 juin, pp. 380-2.
     [Z. imitateur de Flaubert]   [CA]

432 POLO Y PEYROLON: "El naturalismo", *Discursos aca-
     démicos*, pp. 254-7.   [CA]

433 PROELSS, Johannes: "Emile Zola als Mitarbeiter einer
     deutschen Zeitschrift", *ALC*, VI, n° 63, 15 avril,
     pp. 20-2.   [YC]
     ["Emile Zola collaborateur d'une revue allemande" -
     article sur Balzac dans *Nord und Süd*, avril 1880]

434 J. R.: "Belles-Lettres. Romans", *Le Livre*, I, n° 11,
     10 nov., p. 313.
     [c.r. de la 2e éd. de *La Confession de Claude* -
     Ext. in Bern., p. 149]

435 REDING, V.: "Emile Zola, *Une Page d'amour*", *La Fédé-
     ration artistique* (Bruxelles), 17 janv.

436 RICHEPIN, Jean: "Portraits à l'encre. M. Zola,
     critique", *Gil Blas*, 17 mars.
     [Z. sur Banville et Barbey]

437 SARCEY, Francisque: "Chronique théâtrale", *Le Temps*,
     16 févr.

438 SYGIETYNSKI, Antoni: "Z obcej niwy", *Nowiny*, supplé-
     ment au n° 273, pp. 2-3.   [BU Varsovie]
     [En polonais]

439 TEMLINSKIJ, S. [V.A. GRINGMUT]: "Zolaizm v Rosii",
     Krugozor, n°s 9-17. Tirage à part: Moscou, 1880.
     145p.   [KDM]
     ["Le zolaïsme en Russie"]

440 VALETTE, G.: "Zola's kunstleer en werken", *De Banier*,
I, pp. 150-77. [BB]
[En hollandais - sur l'œuvre et l'esthétique de Z.]

441 VIEHOFF, Heinrich: "Ueber den Pessimismus der
Gegenwart", *Deutsche Revue*, août, pp. 241-52. [YC]
[Les êtres mauvais dans l'œuvre de Z.]

442 VINGTRAS [Jules VALLES]: "Notes d'un absent. Dickens
et Zola", *Le Voltaire*, 11 févr. Rp. in *Jules Vallès:
Littérature et Révolution. Recueil de textes
littéraires*. Pr. et notes de Roger Bellet. P., Les
Editeurs Français Réunis, 1969, pp. 391-7.
[Sur une conversation avec Z.]

443 ANONYME: "Bibliographie. Emile Zola. Der *Assommoir*",
Nord und Süd, XV, nov., p. 275. [YC]
[c.r. de la tr. allemande]

444 ---: "Les contradictions de M. Zola", *Gazette anecdotique*, 5e année, II, n° 18, 30 sept., pp. 178-80.
[A propos de Ranc]

445 ---: "Current Fiction", *LW*, XI, n° 18, 28 août, p. 295.
[c.r. de la tr. américaine de *Son Excellence Eugène
Rougon*]

446 ---: "Current Fiction", *LW*, XI, n° 23, 6 nov., p. 395.
[Sur la tr. de *Madeleine Férat*]

447 ---: "Ett blad ur karlekens bok. Sedemålning ur
parisiska medelklassens lif", *Nya Dagligt Allehanda*,
12 janv., p. 3. [BU Lund]
[En suédois - sur la tr. suédoise d'un roman de Z.]

448 ---: "*Fällan*, Södra teatern", c.r. du 1er avril in
*Aftonbladet, Dagens Nyheter, Post och Inrikes
Tidningar, Stockholms Dagblad;* du 2 avril in
Göteborgs Handels- och Sjöfartstidning. Voir aussi
Stockholms Dagblad, 8 avril, et *Nya Dagligt Alle-
handa*, 21 avril.
[En suédois - *L'Assommoir* au théâtre]

449 ---: "A Great Loss to Literature", *NYT*, 16 oct., p. 2.

450 ---: "Une lettre de M. Zola", *RMN*, 3e année, II,
pp. 357-60.

451 ---: "M. Zola et le théâtre d'Anvers", *Le Temps*, 21
mai.
[Un procès]

452　ANONYME: "M. Zola plagiaire", *Gazette anecdotique*,
　　　5ᵉ année, I, nᵒ 4, 29 févr., pp. 111-2.
　　　[Sur 399]

453　---: "Odczyty na rzecz Towarzystwa Dobroczynności.
　　　Polemika z odpowiedzią Sienkiewicza "O naturalizmie
　　　w powieści"," *PT*, nᵒ 51, pp. 608-9.　　[BU Varsovie]
　　　[En polonais - conférence polémique - Cf. 426]

1881

454　CONRAD, Michael Georg: *Französische Charakterköpfe.
　　　Studien nach der Natur*. Leipzig, Reissner. 2 vol.
　　　[Voir surtout I, pp. 91-143: "Alphonse Daudet."; rp.
　　　in *Die Gesellschaft*, I, nᵒˢ 40-2, 3 et 24 oct.
　　　1885, pp. 746-50, 800-5]　　　　　　　　　　[YC]

455　FERDAS, Dʳ René: *La Physiologie expérimentale et le
　　　"Roman expérimental". Claude Bernard & Monsieur
　　　Zola*. P., Hurtau. 23p.
　　　[Un ancien élève de Claude Bernard sur le ridicule
　　　des idées de Z.]

456　GAUTIER, Léon: "Zola et son école. Lettre à M. R***",
　　　in *Portraits littéraires. 2ᵉ édition augmentée*. P.,
　　　Victor Palmé/Bruxelles, Joseph Albanel, pp. 493-508.
　　　Rp. in *Portraits du XIXᵉ siècle. I. Poètes et roman-
　　　ciers*. P., Sanard et Derangeon, 1894, pp. 303-10.
　　　[Cf. 115 et 2316]

457　GROSS, Ferdinand: *Mit dem Bleistift. Geschichten und
　　　Skizzen*. Leipzig, Reissner. 328p.　　　　　　[YC]
　　　[Voir surtout "Der Realismus", pp. 182-92]

458　MULLER, S.: "Emile Zola", in *Omrids af verdens-litte-
　　　raturens historie*. Copenhague, Schubothe, p. 68. [BNC]
　　　[En danois]

459　SCHMIDT-WEISSENFELS, [Eduard]: "Emil Zola", in *Por-
　　　traits aus Frankreich*. Berlin, Joël, pp. 221-39.　[YC]
　　　[Z., Wolff et V. Hugo]

460　SERRE, A.: *Religion de Gœthe et de l'abbé Moigno. M.
　　　Zola*. P., Gervais. 70p.
　　　[Voir pp. 39-70: "M. Zola et le réalisme. Religion -
　　　politique - littérature"]

461　TEMLINSKIJ, S.: *Zolaizm. Kritičeskij etjud*. 2ᵉ éd.
　　　revue et augmentée. Moscou, Lang.
　　　[En russe - *Zolaïsme. Etude critique*]

Sur "Nana" au théâtre:

462 ALEXIS, Paul: *"Nana* et l'œuvre d'Emile Zola", *Le Figaro* (supplément littéraire), 12 mars.

463 CARAGUEL, Clément: "La semaine dramatique", *Journal des Débats,* 30 mai.

464 CHAPRON, Léon: "La première de *Nana", Gil Blas,* 31 janv.

465 CONRAD, M.G.: "Frankreich. Drei neue Dramen: *Jack, Nana* und *Die Prinzessin von Bagdad", Mag.,* n⁰ 9, 26 févr., pp. 134-6.   [YC]

466 FARQUHAR, Alfred: *"Nana", The Theatre* (Londres), III, 1ᵉʳ mars, pp. 140-4.

467 FREDERIX, Gustave: *"Nana", L'Indépendance belge,* 6 mai. Rp. in *Trente ans de critique, II.* P., Hetzel/Bruxelles, Lebègue, 1900, pp. 273-8.

468 GAUCHER, Maxime: "Causerie littéraire", *RBl,* 3ᵉ série, I, n⁰ 6, 5 févr., pp. 186-7.

469 HODI, T. [Józef TOKARZEWICZ]: "Po trzech pierwszych przedstawieniach *Nany.* Z obcego świata", *Nowiny,* n⁰ 39, pp. 1-2.   [BU Varsovie] [En polonais]

470 UN MONSIEUR DE L'ORCHESTRE: *"Nana", Le Figaro,* 30 janv. [Ext. in Bern. *Nana,* p. 444]

471 REDING, V.: "Causerie théâtrale", *La Fédération artistique* (Bruxelles), 14 mai.

472 SARCEY, Francisque: "Chronique théâtrale", *Le Temps,* 31 janv.

473 ---: "Chronique théâtrale", *Le Temps,* 24 oct.

474 SCIPION: "Soirée parisienne. *Nana", Gil Blas,* 31 janv.

475 SYGIETYNSKI, Antoni: *"Nana* na scenie", *Prawda,* n⁰ 7, pp. 77-8.   [BU Varsovie] [En polonais]

476 ULBACH, Louis: "Notes et impressions", *RBl,* XXVII (3ᵉ série), n⁰ 6, 5 févr., pp. 186-7.

477 VITU, Auguste: "Premières représentations", *Le Figaro,* 30 janv. [Ext. in Bern. *Nana,* pp. 443-4]

478   ANONYME: "Drei neue Dramen", *Mag.*, XCIX, n° 9, 26
févr., pp. 134-6.   [YC]

479   ---: "The Latest Paris Plays. A Scene That Was Not on
the Bill", *NYT*, 14 févr., p. 2.

480   ---: *"Nana"*, *L'Art moderne* (Bruxelles), 15 mai.

481   ---: "La Quinzaine", *Gazette anecdotique*, 5e année,
I, n° 3, 15 févr., pp. 65-7.

482   ---: "The Realistic Drama", *NYT*, 12 févr., p. 2.

483   ---: "Spectacles et concerts", *Le Temps*, 2 févr.

484   ---: "Zola as a Playwright. A Discouraging Record
of Failures", *NYT*, 13 févr., p. 10.
[*L'Assommoir*, *Nana*, et l'immoralité du théâtre
français]

Sur l'œuvre critique de Zola: "Les Romanciers
naturalistes", "Le Naturalisme au théâtre", "Nos
Auteurs dramatiques", "Documents littéraires":

485   A. D'A.: "Théâtre", *Le Livre*, II, n° 4, 10 avril,
p. 228.

486   ALEXIS, Paul: "Zola critique", *Le Clairon*, 26 avril.
                                   [BB]

487   BOURGET, Paul: *"Le Naturalisme au théâtre"*, *Le*
Parlement, 28 févr. Rp. in *Etudes et portraits I.*
P., Lemerre, [1888], pp. 340-9.

488   BRUNETIERE, Ferdinand: "Les origines du roman naturaliste", *RDM*, 51e année, 3e série, XLVII, 15 sept.,
pp. 438-50. Rp. in 544, pp. 243-70.
[c.r. des *Romanciers naturalistes* - dénonce la
naïveté et les prétentions de Z.]

489   CONRAD, M.G.: "Zola als Kritiker", *Mag.*, C, n° 40,
1er oct., pp. 586-8.   [YC]
[Cf. 647]

490   DEROME, L.: "Questions du jour", *Le Livre*, II, n° 7,
10 juill., pp. 460-2.
[Sur *Les Romanciers naturalistes*]

491   ---: "Théâtre", *ibid.*, pp. 487-8.

492   GAUCHER, Maxime: "Causerie littéraire", *RBl*, XXVII
(3e série), n° 11, 12 mars, pp. 345-6.

493   ---: "Causerie littéraire", *RBl*, XXVII (3e série),
n° 19, 7 mai, pp. 603-4. Rp. in *Causeries litté-*
raires 1872-1888. P., Armand Colin, 1890, pp. 94-9.

494 GAUCHER, Maxime: "Causerie littéraire", *RBl*, XXVIII
3e série), n° 2, 9 juill., pp. 57-8. Rp. in *Causeries
littéraires 1872-1888*. P., Armand Colin, 1890, pp.
100-2.

495 G.E.M.: "A Theatre of the Future. Emile Zola upon the
Naturalism of the Stage", *NYT*, 23 janv., p. 10.

496 ---: "Dramatists in France. Old and New Ideas and
the Progress of Realism", *NYT*, 16 oct., p. 6.

497 MONSELET, Charles: "Chronique", *L'Evénement*, 18 juin.

498 P.: "Mélanges", *Le Livre*, II, n° 12, 10 déc., p. 755.
[Sur *Documents littéraires*]

499 PROELSS, Johannes: "Zola und der Naturalismus auf
dem Theater", *Die Grenzboten*, XL, oct.-déc., pp.
290-6, 307-22.   [YC]

500 ANONYME: "Emile Zola. *Documents littéraires*", *Le
Journal des Gens de Lettres belges*, 15 déc.

501 ---: "*Le Naturalisme au théâtre*", *Stockholms Dagblad*,
3 juin, p. 4.   [BU Lund]
[En suédois]

502 ---: "Zola, Littré, and Hugo", *NYT*, 27 juin, p. 2.
[Z. sur Hugo - article de la *Pall Mall Gazette*]

                              *

503 ALEXIS, Paul: "Les suites d'une conversation", *La
Revue littéraire et artistique*, IV, 1er avril, pp.
145-7.
[Chez Z. - Voir 530 et 7800]

504 ---: "Les Cinq", *Gil Blas*, 22 avril.
[Les origines du Groupe de Médan]

505 ---: "Chronique naturaliste: Zola sous-préfet", *Le
Henri IV*, 11 mai.

506 ALFONSO, Luis: "Crónica de Lunes", *Hoja de la Epoca*,
7 nov.   [CA]
[Z. et Galdós]

507 ASIS PACHECO, Francisco de: [Article], *RE*, LXXXI, pp.
282-5.   [CA]
[Sur *Thérèse Raquin*]

508 UN AUTRE: "Silhouette. Emile Zola", *Le Papillon*, 22 mai.

*509 BOURGET, Paul: "M. Emile Zola", *Le Parlement*, 27 janv.
[Ext. in Bern. *Nana*, pp. 457-8 - Voir la lettre de
Z. du 7 févr., in *O.C.*, XV, p. 1412]

*510 BOURGET, Paul: "Chronique. Dîners de gens de lettres",
Le Parlement, 24 nov.
[Sur le *Bœuf-Nature*]

511 C.: "Movimiento literario en el extranjero", *Revista
Hispano-Americana*, I, 16 août, pp. 668ff.   [CA]

512 CAMACHO, Simón: "Sobre Zola y el naturalismo en
Hispanoamérica", *La Opinión national* (Caracas), 4
nov.   [BU Caracas]

513 CHLEBOWSKI, Bronisław: "Przegląd piśmienniczy.
Czasopisma nasze", *TI*, n° 279, pp. 283-4; n° 280,
pp. 303-4; n° 281, pp. 318-20.   [BU Varsovie]
[En polonais - Z. dans les revues polonaises]

514 CLARETIE, Jules: "La jeunesse de M. Zola", *Le Temps*,
8 févr. Rp. in *La Vie à Paris 1881*. P., Fasquelle,
[1882], pp. 61-6.

515 DE AMICIS, [Edmondo]. "Emile Zola polémiste", *Le
Figaro* (supplément littéraire), 24 sept.
[Ext. de *Ritratti letterari*, Milan - sur une visite
chez Z.]

516 FRANKO, Ivan: "Emil' Zolja. Zytjepys", in *Svit* (Lvov),
n° 2, 10 févr., pp. 34-6.   [BH]
[En ukrainien - "Emile Zola. Sa vie"]

517 GOTTSCHALL, R. von: "Der poetische Naturalismus in
Frankreich", *Unsere Zeit*, janv., pp. 50-66.   [YC]

518 ---: "Literarische Unterhaltungen. Sittlichkeit und
Sinnlichkeit im Roman", *Blätter für literarische
Unterhaltung*, n° 25, 23 juin, pp. 385-7.   [YC]
[En allemand - "Moralité et sensualité dans le roman"]

519 ---: "Literarische Unterhaltungen. Die Delicatesse
in der Kunst", *Blätter für literarische Unterhaltung*,
n° 29, 21 juill., pp. 449-50.   [YC]

520 HELLER, O.: "E. Zola's *Assommoir* verdeutsch von
Willibald König", *Mag.*, XCIX, n° 12, 9 mars, pp.
180-1.   [YC]
[c.r. de la tr. allemande]

521 LEMMERMEYER, Fritz: "Emile Zola in deutscher Sprache",
ALC, VIII, n° 45, 15 août, pp. 145-8.   [YC]
[Cf. 520 - Z. "apoétique" - tr. "monstrueuse"]

522 LINDAU, Paul: "*Nana* in deutschem Gewande", *Die
Gegenwart*, XX, n° 37, 10 sept., pp. 170-2.   [YC]
[Sur la tr. allemande]

523 MATTHEWS, J. Brander: "Present Tendencies of the French Drama", *Lippincott's Magazine* (Philadelphie), XXVII, n.s. I, avril, pp. 383-90. Cf. chap. XI de *French Dramatists of the 19th Century*. New York, Scribner, 1881, pp. 264-84. (Ed. revues et augmentées: 1891, 1901, 1909, 1919).

524 MAUSBACH, Erwin: "Literarische Unterhaltungen", *Blätter für literarische Unterhaltung*, n° 5, 3 févr., pp. 65-7.   [YC]

525 MENDES, Catulle: "Discours à *Nana*", *Beaumarchais*, II, n° 17, 30 janv., pp. 1-2.
[Satirique]

526 MIEN, J.: "Obraz współczesnej literatury francuskiej. I.- Romans naturalistyczny", *Biblioteka Warszawska*, XLI, pp. 29-44.   [BU Varsovie]
[En polonais]

527 NESTOR [Henry FOUQUIER]: "Les grands hommes en robe de chambre. M. Emile Zola", *Gil Blas*, 1er févr.

528 PERRY, Thomas Sergeant: "M. Zola as a Critic", *The International Review* (New York), X, n° 2, févr., pp. 144-53.
[Sur *Le Roman expérimental*]

529 PIERRE ET JEAN [J.-J. WEISS]: "Notes et impressions", *RBl*, 3e série, I, n° 3, 15 janv., pp. 93-5. Rp. in J.-J. WEISS: *Le Théâtre et les mœurs*. P., Calmann Lévy, 1889, pp. 244-54.
[Z. sur le théâtre d'Augier]

530 ROD, Edouard: "L'Idéal de Zola", *Le National*, 21 mars.
[Voir 503 et 7800]

531 SCHERER, Edmond: "M. Zola, son œuvre critique", *Le Temps*, 26 mai.
[Sur l'article de Z. "Protestantisme" - Voir la lettre de Z. à Céard du 27 mai]

532 SIENKIEWICZ, Henryk: "O naturalizmie w powieści", *Niwa*, XX, n°s 159-60, pp. 157-72, 273-86. Rp. in *Dzieła*, *XLV*. Varsovie, Państwowy Institut Wydawniczy, 1951, pp. 59-101.
[En polonais - "Le naturalisme dans le roman"]

533 ZOLLING, Theophil: "Emile Zola und der Naturalismus", *Neue Freie Presse*, 7 et 8 oct. Rp. in *Reise um die Pariser Welt*, *II*. Stuttgart, Spemann, [1881], pp. 103-18.   [YC]

534 ANONYME: "Berättelser och skizzer", *Nya Dagligt Allehanda*, 14 mai, p. 3. Voir aussi *Aftonbladet*, 24 sept.   [BU Lund]
     [En suédois - sur les contes et nouvelles de Z.]

535 ---: "Bulletin de l'Etranger", *Le Temps*, 4 juill.
     [*Nana* saisi par la police à Berlin - Voir aussi *ibid.*, 13 sept.]

536 ---: "Faits divers", *Le Temps*, 26 janv.
     [Z. écrit pour le catalogue d'une vente]

537 ---: "Faits divers", *Le Temps*, 20 juill.
     [Z., Alexis et Delpit]

538 ---: "Nana in Others Hands than Zola's", *The Critic* (New York), I, n° 14, 16 juill., p. 189.
     [Roman en anglais sur la fille de Nana!]

539 ---: "La Quinzaine", *Gazette anecdotique*, 5e année, I, n° 7, 15 avril, pp. 193-7.
     [Sur la campagne de Z. dans *Le Figaro*]

540 ---: "Romans", *Le Livre*, III, n° 6, 10 juin, p. 364.

541 ---: "Zola as a Critic", *NYT*, 29 mai, p. 2.
     [Z. et l'Ecole Normale]

542 ---: "Zola's Essays", *The Atlantic Monthly* (Boston), XLVII, janv., pp. 116-9.

     [Voir aussi 4374]

1882

*543 ALEXIS, Paul: *Emile Zola, notes d'un ami*. P., Charpentier. 338p. Tr. espagnole: *Emilio Zola, su vida y sus obras*. Valence, 1902. 199p.

*544 BRUNETIERE, Ferdinand: *Le Roman naturaliste*. P., Calmann Lévy. 371p. Nouvelle éd. remaniée: 1892. iv,420p.; 5e éd. corrigée: 1896. v,393p.

545 ENGEL, Eduard: "Emile Zola", in *Geschichte der französischen Literatur von ihren Anfängen bis auf die neueste Zeit*. Leipzig, Friedrich, pp. 506-8.   [YC]

546 GOMEZ ORTIZ, E.: *El Naturalismo en el arte*. Madrid. [CA]

547 SCHERER, Edmond: "Emile Zola", in *Etudes sur la littérature contemporaine, VII*. P., Calmann Lévy, pp. 176-89.
     [Cf. 301 - 2 articles de 1879]

Sur "Pot-Bouille" (et l'affaire Duverdy):

548   ALEXIS, Paul: *"Pot-Bouille"*, *Le Réveil*, 15 avril.
[Ext. in Bern. *Pot-Bouille*, pp. 429-30, 453]

549   ARNOUX, Jacques: "*Pot-Bouille* et *l'Abbé Constantin*",
La Jeune Belgique (Bruxelles), II, n⁰ 9, 1ᵉʳ
avril, pp. 134-7.

550   J.B.: "Duverdy contra Zola", *Die Grenzboten*, XL, 1ᵉʳ
trimestre, pp. 558-63.   [YC]

551   BOISSIN, Firmin: "Romans, contes et nouvelles",
Polybiblion, XV, n⁰ 1, juill., pp. 5-7.

552   BRUNETIERE, Ferdinand: "A propos de *Pot-Bouille*",
RDM, 52ᵉ année, 3ᵉ série, LI, 15 mai, pp. 454-65.
Rp. in 544, pp. 347-68.
[c.r. plein de reproches]

#553   CEARD, Henry: "*Pot-Bouille*, d'Emile Zola", *La Vie
moderne*, 1ᵉʳ juill., pp. 407-10. Rp. in *L'Express*,
3 août.
[Souligne l'aspect symphonique de l'œuvre de Z.]

554   COLOMBINE: *"Pot-Bouille"*, *Gil Blas*, 6 févr.

555   DANCOURT: "Courrier de Paris", *Gazette de France*,
11 févr.
[Ext. in Bern., pp. 451-2]

556   DUVAL, Georges: "Une fête à Médan", *L'Evénement*,
27 avril.
[Publication du roman]

557   ENGEL, Eduard: "Emile Zola's neuester Roman.
Pot-Bouille", *Mag.*, CI, n⁰ 20, 13 mai, pp. 274-8.
              [YC]

558   GENDRE, B.: "*Pot-Bouille* et la bourgeoisie française.
I. Le naturalisme et M. Zola", *La Justice*, 21
sept. Voir aussi "II. Pathologie sociale", *ibid.*,
26 sept.

559   GRAVEZ, Henry: "Bibliographie", *Le Journal des Gens
de Lettres belges*, 15 mai.

560   KRASZEWSKI, Józef Ignacy: "Kronika Zagraniczna.
Pot-Bouille Emila Zoli", *TI*, n⁰ 335. Rp. in St.
BURKOT: *Kraszewski o powieściopisarzach i powieści*.
Varsovie, 1962, pp. 230-2.   [BU Głowna, Poznań]

561   LAURENT, Ch.: *"Pot-Bouille"*, *Paris*, 10 févr.
["le suicide du naturalisme" - Ext. in Bern., p. 451]

562   LINDAU, Paul: "Das neueste Werk des Naturalismus. *Pot-Bouille* von Emil Zola", *Nord und Süd* (Breslau), XXI, juin, pp. 389-416.   [YC]

563   LOISE, Ferdinand: "L'égout de la littérature", *Le Journal des Gens de Lettres belges,* 1er mars. [Cf. 652]

564   ---: "A propos de la moralité dans l'art", *ibid.,* 1er juin.

565   MAUPASSANT, Guy de: "L'adultère", *Le Gaulois,* 23 janv.

566   NESTOR [Henry FOUQUIER]: *"Pot-Bouille",* Gil Blas, 17 févr.

567   ---: "Documents humains", *ibid.,* 24 févr.

568   ---: *"Pot-Bouille", ibid.,* 27 avril. [31 observations sur le roman - Voir la réponse de Z. in *RM III,* pp. 1631-3]

569   PRESSENSE, Francis de: "France", *The Athenæum* (Londres), n° 2879, 30 déc., pp. 874-9.

570   SCHOLL, Aurélien: "Courrier de Paris", *L'Evénement,* 2 avril.

571   TEN BRINK, J.: "Moderne romans. III. *Pot-Bouille",* *Nederland,* n° 2, pp. 168-200. Rp. in 655, pp. 83-112.   [BB]

572   ULBACH, Louis: "Notes et impressions", *RBl,* XXIX (3e série), n° 7, 18 févr., p. 219.

*573   VAN DEYSSEL, L.: "Over het laatste werk van Zola", *De Amsterdammer,* 7 mai.   [BB]

574   VILLEMOT, Emile: "Adultère naturaliste", *Gil Blas,* 4 avril. [Ext. in Bern., p. 452]

575   WOLFF, Albert: "Courrier de Paris", *Le Figaro,* 22 avril.

576   ZOLLING, Theophil: "Emile Zolas *Pot-Bouille",* Die *Gegenwart,* XXII, n° 32, 12 août, pp. 101-3.   [YC]

577   ANONYME: "Chronique littéraire", *Le Journal des Gens de Lettres belges,* 1er févr.

578   ---: "Faits divers", *Le Temps,* 20 févr.

579   ---: "A Filthy Book", *The Critic* (New York), II, n° 36, 20 mai, p. 140.

580   ANONYME: "La fin d'un roman", *Gazette anecdotique*,
       7e année, I, n° 8, 30 avril, pp. 234-7.

581   ---: "Glossaire de *Pot-Bouille*", *ibid.*, n° 9, 15 mai,
       pp. 267-72.
       [Cf. dans la même revue, "Le roman zoliste", 30
       avril 1891, pp. 244-6]

582   ---: "Minor Notices", *The Critic* (New York), II, n°
       35, 6 mai, p. 127.

583   ---: "Nouvelles de France", *Le Journal des Gens de
       Lettres belges*, 15 févr.

584   ---: "Our Literary Table", *The Athenaeum* (Londres),
       n° 2843, 22 avril, p. 507.

585   ---: "Phases of Parisian Life. Zola's New Novel, The
       Panic and Miss Hooper's Appearance", *NYT*, 13 févr.,
       p. 5.

586   ---: *"Pot-Bouille"*, *L'Art moderne* (Bruxelles), 14 mai.

587   ---: [*Pot-Bouille*], *FG*, I, juill., p. 25.   [YC]
       [En allemand - c.r. très dur]

588   ---: "La Quinzaine", *Gazette anecdotique*, 7e année,
       I, n° 4, 28 févr., pp. 99-104.

589   ---: "Les tribulations de M. Zola", *Le Temps*, 24 févr.

590   ---: "Tribunaux", *Le Temps*, 29 janv.

591   ---: "Tribunaux", *Le Temps*, 10 févr.
       [Voir aussi *ibid.*, 16 févr.]

592   ---: "Zola's Names and Dickens's", *NYT*, 19 mars, p. 6.
       [Voir aussi *ibid.*, 17 févr. et 3 mars]

593   ---: "Zola's Stink-Pot", *LW*, XIII, n° 11, 3 juin, p.
       175.

       Sur "Une Campagne":

594   A. D'A.: "Romans", *Le Livre*, III, n° 5, 10 mai,
       pp. 299-300.

595   GRAVEZ, Henri: "Emile Zola. *Une Campagne*", *Le Journal
       des Gens de Lettres belges*, 1er avril.

596   C.D.W. [Carl David af WIRSEN]: *"Une Campagne"*, *Post
       och Inrikes Tidningar*, 22 et 24 avril, p. 3. [BU Lund]
       [En suédois]

       Sur "Le Capitaine Burle":

597   ALEXIS, Paul: *"Le Capitaine Burle"*, *Le Réveil*, 12 nov.

598   GAUCHER, Maxime: "Causerie littéraire", *RBl,* XXX
       (3ᵉ série), nᵒ 23, 2 déc., p. 731.

599   J... z: "Kronika paryska", *PT,* nᵒ 49, pp. 630-1.
       [En polonais]   [BU Varsovie]

*

600   ALCAZAR HERNANDEZ, José: "Del naturalismo en nuestra
       novela contemporánea", *RE,* LXXXIV, nᵒ 333,
       pp. 106-16.   [CA]

601   BRAHM, Otto: "Wilhelm Theater: *Der Todschläger* von
       Emile Zola", *Vossische Zeitung,* 6 juin.   [YC]
       [*L'Assommoir* au théâtre - Voir 7368]

602   C.: "Movimiento literario en el extranjero", *Revista
       Hispano-Americana,* VIII, 16 sept.   [CA]

603   CHOINSKI, Teodor J.: "Źródło i pochód naturalizmu
       w beletrystyce francuzkiej. Szkic literacki", *Niwa,*
       XXII, nᵒ 185, pp. 321-46; nᵒ 186, pp. 414-30.
       [En polonais - sur le naturalisme français]
                            [BU Varsovie]

604   COLBAN, Maria: "Indtryk og erindringer", *NYT
       Tidsskrift* (Oslo), I, pp. 305-20.
       [En norvégien - "Impressions et souvenirs"]

605   CONRAD, M.C.: "Französische Literaturbriefe. I.",
       Mag., nᵒ 12, 18 mars, pp. 155-7.   [YC]

606   ---: "Französische Literaturbriefe II.", *ibid.,*
       nᵒ 41, 6 oct., pp. 557-9.   [YC]
       [Zola et la Société des Gens de Lettres]

607   DOUANE, Alfred: "Maison Zola et Cᶦᵉ", *Gil Blas,*
       19 déc.

608   GIRAUD, Albert: "Zola romantique", *La Jeune Belgique*
       (Bruxelles), 2ᵉ année, I, nᵒ 4, 15 janv., pp. 49-52.
       ["le grand poète de la sève"]

609   GONZALEZ SERRANO, Urbano: "El Naturalismo artístico.
       La Preceptiva de Mr. Emile Zola y la Estética
       moderna", *Revista Hispano-Americana* (Madrid), V,
       16 mars et 16 avril, pp. 232-50, 526-45.

610   GOTTSCHALL, R. von: "Der photographische Zeitroman
       in Frankreich", *Unsere Zeit,* juin, pp. 824-52. [YC]
       [En allemand - "Le roman photographique en France"
       - Z. et Daudet]

*611 HART, Heinrich und Julius: "Für und gegen Zola",
      Kritische Waffengänge, n° 2, pp. 47-55.
      [Cf. 7203]

 612 HODI, J.T. [Józef TOKARZEWICZ]: "Z życia", *PT*, n° 8,
      pp. 112-5.   [BU Varsovie]
      [En polonais]

 613 JACOBY, Isidor: *"Une Page d'amour"*, *Archiv für das
      Studium der neueren Sprachen*, LXVIII, pp. 473-5.
                                                      [YC]

 614 JEANNE: "Les femmes d'Emile Zola", *Gil Blas*, 16 déc.
      [Ext. in *RM III*, p. 1700]

 615 LANG, Andrew: "Emile Zola", *The Fortnightly Review*,
      XXXVII, avril, pp. 439-52. Rp. in *The Eclectic
      Magazine*, juin, pp. 825-35.

 616 LEMONNIER, Camille: "Le naturalisme", *Le Journal des
      Gens de Lettres belges*, 15 févr.

 617 ---: "Le dernier mot de Camille Lemonnier sur Emile
      Zola", *ibid.*, 15 juill.

 618 LOISE, Ferdinand: "Toujours à propos de la moralité
      dans l'art", *ibid.*, 15 juill.

 619 G.E.M.: "Zola's Famous Criticisms. His Frank Opinions
      of Living and Dead French Authors", *NYT*, 21 mai,
      p. 11.
      [c.r. des *Documents littéraires*]

 620 MAUPASSANT, Guy de: "Emile Zola", *Le Gaulois*, 14 janv.
      Voir aussi *Emile Zola*. P., Quantin, 1883. 32p.
      Série: Célébrités contemporaines (tirage à part).
      Rp. in *RBl*, XXXI, 10 mars 1883, pp. 289-94; in *APL*,
      XI, 21 et 28 oct. 1888, pp. 259-60, 275-6; in *BSL*,
      n° 9, 1926, pp. 23-5; in *Chroniques, études,
      correspondance de Guy de Maupassant, recueillies,
      préfacées et annotées par René Dumesnil avec la
      collaboration de Jean Loize*. P., Gründ, 1938,
      pp. 76-88. En allemand in *Die Zukunft*, XXII, févr.
      1898, pp. 267-73; en polonais in *Wędrowiec*, n°^{os}
      33-5, 1885, pp. 394-5, 405-6, 415-7; en russe in
      Polnoe sobranie sočinenij II. Moscou, 1950, pp. 121-
      36; en serbo-croate in *Prijegled Male Biblioteke*,
      I, 1902, pp. 265-71, 289-91, 301-2, 316-24.

 621 MEISSNER, Alfred: "Literarische Gespräche III",
      Heimgarten, VII, n° 3, déc., pp. 218-20.   [YC]

622 NAUTET, Francis: "Une visite à Médan", *Do mi sol*, 1er oct. Rp. in 6825.

623 NORDAU, Max: "Zolas Rougon-Macquart Cyklus", *Mag.*, CI, n° 2, 7 janv., pp. 20-1. [YC]

624 PEREIRA, Aureliano J., et Luis VIDART: "Dos cartas acerca del naturalismo en el arte literario: A propósito de *Un Viaje de Novios* (Pereira); *Naturalismo y realismo* (Vidart)", *RE*, LXXXVIII, pp. 509-29. [CA]

625 SYGIETYNSKI, Antoni: "Współczesna powieść we Francyi. Emil Zola", *Ateneum*, IV, n° 1, pp. 112-54. Rp. in *Pisma krytyczne wybrane*. Varsovie, 1932, pp. 203-66. Autre éd.: Cracovie, 1951, pp. 135-208. [BU Varsovie]

626 TENTOR, Ante: "Emile Zola. Po Edmondu De Amicisu", *Vienac* (Zagreb), XIV, 7-22 avril, n° 14, pp. 218-20; n° 15, pp. 237-8; n° 16, pp. 248-50. [BUSM] [En serbo-croate]

627 TERREL, J.: "Le roman naturaliste", *La Revue lyonnaise*, III, 15 févr., pp. 142-8.

628 VIDART, Luis: "El naturalismo en el arte literario y la novela de costumbres - *Un viaje de Novios* por Emilia Pardo Bazán", *RE*, LXXXV, pp. 181-97. [CA] [Z. n'est pas pessimiste]

629 WALLER, Max: "Le naturalisme", *Le Journal des Gens de Lettres belges*, 1er sept.

630 Z. [Theophil ZOLLING]: *"Der Todschläger (L'Assommoir)"*, *Die Gegenwart*, XXI, n° 23, 10 juin, p. 366. [YC]

631 ANONYME: "Bättre slödder. Sedeskildringar från parisiska borgarkretsar", *Aftonbladet*, 22 avril, p. 3. [BU Lund] [En suédois - sur les contes et nouvelles de Z.]

632 ---: "Current Fiction", *LW*, XIII, n° 16, 12 août, p. 268. [Tr. des *Mystères de Marseille*]

633 ---: "Current Fiction", *ibid.*, 4 nov., p. 373. [Tr. de *La Fortune des Rougon*]

634 ---: "Current Fiction", *ibid.*, 18 nov., p. 401. [Tr. de *La Confession de Claude*]

635 ---: "Eksperimentalni roman", *Misao* (Belgrade), 17 oct. [MS]

636   ANONYME: "Emil Zola", *Srpske Ilustrovane Novine*,
       p. 32.   [BUSM]
       [En serbo-croate]

637   ---: "Emile Zola as "Chef d'Ecole"," *The Critic* (New
       York), II, n⁰ 42, 12 août, p. 215.

638   ---: [Feuilleton], *Blätter für literarische Unter-
       haltung*, n⁰ 2, 12 janv., p. 31.   [YC]
       [Sur les *Documents littéraires*]

639   ---: "Indecent French Fiction", *The Critic*, II,
       n⁰ 42, 12 août, p. 215.
       [Cf. 637]

640   ---: "Literarische Revue", *Unsere Zeit*, juill.,
       p. 145.   [YC]
       [Importance du succès de *Nana* et son influence sur
       la littérature allemande]

641   ---: "Neue Romane", *Blätter für literarische Unter-
       haltung*, n⁰ 9, 2 mars, pp. 138-9.   [YC]
       [Tr. allemande d'*Une Page d'amour*]

642   ---: "Paris", *Los Lunes de El Imparcial*, 30 janv.
                                                          [CA]

643   --: "Recent Fiction", *The Critic* (New York), II,
       n⁰ 52, 30 déc., p. 354.
       [Tr. de *La Confession de Claude*]

644   ---: "Sobre Zolaísmo; nuevo manual del perfecto
       novelista", *La Opinión nacional* (Caracas), 23 août.
                                                   [BU Caracas]

645   ---: "Zola as a Critic", *The Nation*, XXXIV, n⁰ 872,
       16 mars, pp. 233-4.

646   ---: "Zola's Advice to a Namesake", *NYT*, 23 oct.,
       p. 8.
       [Sur une lettre de Z. à D.O. White]

                            1883

647   CONRAD, M.G.: *Madame Lutetia! Neue Pariser Studien.*
       Leipzig, Friedrich. 465p.   [YC]
       [Voir surtout le chap. 2, "Kritische Zola-Studien",
       pp. 11-43, et pp. 43-66, 416-51 - Cf. 489]

648   GERSTMANN, Adolf: *Alphonse Daudet, sein Leben und
       seine Werke bis zum Jahre 1883.* Berlin, Auerbach.
       2 vol.   [YC]
       [Cite Z. souvent pour l'opposer à Daudet]

649   GROSS, Ferdinand: "Alphonse Daudet und Emile Zola",
in *Aus der Bücherei. Vorträge und Studien*. Vienne,
Konegan, pp. 212-66.   [YC]

650   HAZELTINE, Mayo Williamson: "Zola", in *Chats about
Books. Poets and Novelists*. New York, Scribner's,
pp. 188-211.

651   HOCHE, Jules: "Emile Zola", in *Les Parisiens chez
eux*. P., Dentu, pp. 399-413.

652   LOISE, Ferdinand: *Une Campagne contre le naturalisme*.
Bruxelles, Lebègue. xviii,117p.
[Cf. 563, 564 et 618]

653   MACROBE, Ambroise [Antoine LAPORTE]: *La Flore
pornographique. Glossaire de l'Ecole Naturaliste
extrait des œuvres de M. Emile Zola et de ses
disciples*. P., Doublelzévir. 226p.

*654   PARDO BAZAN, Emilia: *La Cuestión palpitante*. Madrid.
Rp. in *Obras completas I*. Madrid, Pérez Dubrull,
1891. 299p. (pr. de la 4e éd., prologue de l'éd.
française et lettre de Z. au tr.).
[Voir 962]

*655   TEN BRINK, J.: *Nieuwe Romans*. Haarlem, Tjeenk
Willink. 198p.   [BB]
[Cf. 571 et 678]

*656   WELTEN, Oskar: *Zola-Abende bei Frau von S. Eine
kritische Studie in Gesprächen*. Berlin, Auerbach.
303p. (Charakterbilder aus der Weltliteratur der
Gegenwart, IV.).   [YC]
[Etude critique en dialogues - Ext. in *Die Gesellschaft*, I, 7 janv. 1885, pp. 31-4]

Sur "Au Bonheur des Dames":

657   ALEXIS, Paul: *"Au Bonheur des Dames", Le Réveil*,
4 mars.
[Ext. in Bern., pp. 482-3]

658   BAUER, Henry: "Chronique. Le livre d'hier", *Le
Réveil*, 6 mars.

659   BOISSIN, Firmin: "Romans, contes et nouvelles",
Polybiblion, XVIII, n° 1, juill., pp. 5-8.

660   CIM, Albert: "Les livres. *Au Bonheur des Dames*, par
Emile Zola", *Le Radical*, 14 mars.

661   L.D.: "Romans", *Le Livre*, IV, n° 4, 10 avril, pp. 240-
2.

662 DRUMONT, Ed.: "Hommes et choses", *La Liberté*, 23 mars.
[Ext. in Bern., p. 485]

663 ENGEL, Eduard: "Ein tugendhafter Roman von Emile
Zola: *Au Bonheur des Dames*", *Mag.*, CIII, n⁰ 14,
7 avril, pp. 200-3.   [YC]
["Un roman vertueux d'Emile Zola:..."]

664 J.L.F.: "Paris", *LW*, XIV, n⁰ 7, 7 avril, p. 108.
[Voir aussi n⁰ 14, 14 juill., p. 228]

665 GAUCHER, Maxime: "Causerie littéraire", *RBl*, XXXI
(3ᵉ série), n⁰ 11, 17 mars, pp. 343-4.

666 GIRAUD, Albert: "Revue des livres", *La Jeune Belgique*
(Bruxelles), 3ᵉ année, II, n⁰ 5, 5 avril, pp. 195-7.

667 GRAVEZ, Henri: "Bibliographie", *Le Journal des Gens
de Lettres belges*, 1ᵉʳ avril.

668 HAILLY, Gaston d': "Chronique", *La Revue des Livres
nouveaux*, V, pp. 223-9.

669 HEARN, Lafcadio: *"Au Bonheur des Dames"*, *The New
Orleans Times-Democrat*, 13 mai. Rp. in *Essays in
European and Oriental Literature*. Ed. Albert
Mordell. New York, Dodd-Mead, 1923, pp. 113-20.

670 Kr. [A. KRESSNER]: *"Au Bonheur des Dames"*, *FG*, I,
mai-juin, pp. 352-3.   [YC]

671 LEROY, Albert: "Chronique parisienne. *Au Bonheur des
Dames*", *Le Mot d'Ordre*, 6 mars.
[Ext. in Bern., p. 483]

672 LINDAU, Paul: *"Au Bonheur des Dames*. Roman von Emile
Zola", *Nord und Süd*, XXV, n⁰ 73, avril, pp. 107-25.
[YC]

673 MARR, Jenny: *"Zum Glück der Damen"*, *Auf der Höhe*,
VIII, juill., pp. 140-2.   [YC]

674 NIVELLE, Jean de: *"Au Bonheur des Dames"*, *Le Soleil*,
31 mars.
[Ext. in Bern., p. 486]

675 SARRAZIN, Joseph: *"Au Bonheur des Dames"*, *Archiv für
das Studium der neueren Sprachen*, LXX, pp. 448-9.
[YC]

676 SPIRIDION [Frantz JOURDAIN]: "Lettre parisienne",
Le Phare de la Loire, 19 mars.

677 SYLVIN, Edouard: "Le dernier roman de M. Zola", *Le
Siècle*, 7 avril.

678 TEN BRINK, J.: "Moderne romans. VII. *Au Bonheur des Dames*", *Nederland*, nᵒ 2, pp. 208-39. Rp. in 655, pp. 113-42.   [BB]

679 VAN DEYSSEL, L.: *"Au Bonheur des Dames"*, *De Amsterdammer*, 6 mai.   [BB]
[En hollandais]

680 ZOLLING, Theophil: "Emile Zolas neuer Roman", *Die Gegenwart*, XXIII, nᵒ 12, 24 mars, pp. 185-7.   [YC]

681 ANONYME: *"Damernas paradis"*, *Dagens Nyheter*, 8 mai, p. 2.   [BU Lund]
[En suédois - sur la tr. suédoise]

682 ---: "Feuilleton. Ausländische Literatur", *Blätter für literarische Unterhaltung*, nᵒ 21, 24 mai, pp. 334-5.   [YC]

683 ---: "Kronika paryzka", *TI*, nᵒ 14, pp. 213-4.
[En polonais]   [BU Varsovie]

684 ---: "Notes of the Week", *The Athenaeum* (Londres), nᵒ 2889, 10 mars, p. 310.

685 ---: "Quincena parisiense", *Ilustración Española y Americana*, 30 mars.   [CA]

686 ---: "Romance in Great Shops. M. Zola's Forthcoming Work, the *Bonheur des Dames*", *NYT*, 14 janv., p. 10.

687 ---: "Zola's New Novel", *The Critic* (New York), III, nᵒ 62, 10 mars, p. 104.

Sur "Pot-Bouille" au Théâtre de l'Ambigu:

688 GAUCHER, Maxime: "Causerie littéraire", *RBl*, XXXII (3ᵉ série), nᵒ 25, 22 déc., pp. 793-4.

689 GEROME [Anatole FRANCE]: "Courrier de Paris", *L'Univers illustré*, 26ᵉ année, nᵒ 1500, 22 déc., p. 803.
[Très sévère]

690 HEPP, Alexandre: "Trubloteries variées", *Le Voltaire*, 24 déc.

691 UN MONSIEUR DE L'ORCHESTRE: *"Pot-Bouille"*, *Le Figaro*, 14 déc.

692 SARCEY, Francisque: "Chronique théâtrale", *Le Temps*, 17 déc. Rp. in *Quarante Ans de théâtre (feuilletons dramatiques) VII*. P., Bibliothèque des Annales politiques et littéraires, 1902, pp. 21-38.
[*Pot-Bouille* au théâtre]

693 VITU, Auguste: "Premières représentations", *Le Figaro*, 14 déc.

694 ANONYME: *"Pot-Bouille*, (W. Busnach)", *Dagens Nyheter*, 19 déc., p. 2.   [BU Lund]
[En suédois]

695 —-: *"Pot-Bouille*, (W. Busnach)", *Post och Inrikes Tidningar*, 31 déc., p. 3.   [BU Lund]
[En suédois]

[Voir aussi Rf 49114: collection d'articles sur la pièce]

*

696 ABREST, Paul d': "Das französische Theater im letzten Jahrzehnt", *Unsere Zeit*, n° 2, pp. 904-27.
[Voir pp. 919-22 sur *L'Assommoir* au théâtre]   [YC]

697 AD. B. [Adolphe BRISSON]: "Livres et revues", *APL*, I, n° 24, 9 déc., p. 379.
[c.r. de *Naïs Micoulin*]

698 BAUER, Henry: "La violence en littérature", *Le Réveil*, 3 févr.

699 CANOVAS DEL CASTILLO: "El Naturalismo y el Solitario", *La Epoca*, 8 oct. Ext. du livre *El Solitario y su Tiempo*.   [CA]

700 CENIC, Mita: "Beleška o Emilu Zoli i njegovom romani *Nana*", *Istina*, I, n° 2, p. 15.   [BUSM]
[En serbo-croate - "Notes sur Emile Zola et sur son roman *Nana*"]

701 CLARETIE, Jules: "La vie à Paris", *Le Temps*, 27 oct.
[A propos de 738]

702 FRENDENSOHN, J.: "Naturalizm powieściowy wobec anarchii warszawskiej", *Prawda*, n° 23.
[En polonais - sur le naturalisme français]
                    [BU Główna, Poznań]

703 GIRAUD, Albert: "Revue des livres", *La Jeune Belgique* (Bruxelles), 3e année, II, n° 2, 5 janv., pp. 76-7.
[Voir aussi le 1er janv. sur *Pot-Bouille*]

704 GOTTSCHALL, Rudolf von: "Streitfragen der modernen Poetik. I. Auf dem Gebiete des Romans", *Unsere Zeit*, avril, pp. 533-50.   [YC]

705 GRAN, Gerhard: "Emile Zola (Biografisk skisse)", *NYT Tidsskrift* (Oslo), II, pp. 296-318.

706 ISING, Arnold: "Twee bundels schetsen", *De Neder-landsche Spectator*, 27 janv., pp. 27-9.   [BB]
[En hollandais - sur *Le Capitaine Burle*]

707 JENIO SISOLSKI [Eugenije KUMICIC]: "O romanu", *Hrvatska Vila* (Zagreb), II, n° 8, pp. 143ff.   [MS]
[En croate - défend Z. et le naturalisme]

708 MIRBEAU, Octave: "L'ordure", *Le Gaulois*, 13 avril.

709 NIEMANN, August: "Emile Zola", *Die Grenzboten*, XLII, n° 4, pp. 614-23.   [YC]

710 NORMAN, Henry: "Theories and Practice of Modern Fiction", *The Fortnightly Review*, n.s. XXXIV, n° 204, 1er déc., pp. 870-86.
[Sur la méthode naturalista]

711 OBLACIC: *"Nana"*, *Srbadija* (Belgrade), III, n° 5, pp. 233-5.   [BUSM]
[En serbo-croate - sur la tr.: Belgrade, 1883]

712 A. P.: "Romans", *Le Livre*, IV, n° 1, 10 janv., pp. 18-19.

713 PASARIC, Josip: "Hocémo li naturalismu?", *Vienac* (Zagreb), n° 52, 29 déc., pp. 846ff.   [MS]
["Voulons-nous du naturalisme?"]

714 PERFALL, K. von: "Neue Romane und Novellen", *Blätter für literarische Unterhaltung*, n° 43, 25 oct., pp. 683-4.   [YC]
[Sur la tr. allemande du *Ventre de Paris*]

715 PICON, J.O.: "Critique: *A la Dicha de las Damas*", *Los Lunes de El Imparcial*, 19 mars.   [CA]

716 POINCARE, Raymond: "La littérature physiologique", *La Revue libérale*, II, n° 1, 1er janv., pp. 57-75.
[Ext. in *BSL*, n° 1, 1922, pp. 26-32; in Bern. *Le Roman expérimental*, pp. 347-51]

717 POTVIN, Ch.: "La vieille querelle", *Revue de Belgique*, 15e année, XLIV, 15 mai, pp. 58-80.

718 SCHANDORPH, S.: "Hos Emile Zola", *Ude og hjemme*, 1883-1884, pp. 98-9.   [BNC]
[En danois]

719 SCHUBERT, Friedrich Karl: "Romane, Novellen und Märchen", *Blätter für literarische Unterhaltung*, n° 18, 3 mai, pp. 272-4.   [YC]
[Tr. allemande du *Vœu d'une morte*]

720   SIGOGNE, Emile: "Emile Zola", *Revue internationale*
       (Florence), I, n° 3, [1883-]1884, pp. 425-36.

721   TEN BRINK, J.: "Nieuwe Boeken in aantocht",
       Zondagsblad (Het Nieuws van den Dag), 14 janv.
       Rp. in *Litterarische Schetsen en Kritieken*, XVI,
       pp. 129-34.   [BB]
       [En hollandais - sur *Le Capitaine Burle* et *Au
       Bonheur des Dames*]

722   TEN BRINK, J.: *"Nanno - Nana"*, *ibid.*, 28 janv. Rp.
       in *ibid.* (Cf. 721), pp. 134-9.   [BB]
       [En hollandais - comparaison entre *Nana* et *Nanno*,
       roman de C. Vosmaer]

723   TERREL, J.: "Le roman naturaliste, L'œuvre de M.
       Zola", *La Revue lyonnaise*, 3e année, VI, 15
       juill., pp. 44-56.
       [Voir aussi 816]

724   VAN DEYSSEL, L.: "Het Amsterdamsch toneel", *De
       Amsterdammer*, 28 janv.   [BB]

725   C.D.W. [Carl David af WIRSEN]: *"Le Capitaine Burle"*,
       Post och Inrikes Tidningar, 2 mars, p. 3.
       [En suédois]   [BU Lund]

726   K.W. [Kazimierz WALISZEWSKI]: "Perły w rynsztoku",
       Kurier Warszawski, n° 231^b, pp. 5-7.
       [En polonais - "Perles dans l'égout"]
                                                   [BU Varsovie]

*727   ZADECK, J.: "Emile Zola. Eine literarische Studie",
       NZ, I, n° 11, nov., pp. 496-505.   [YC]

728   ANONYME: "Baštinljivost i Emil Zola", *Dragoljub*
       (Zagreb), n° 3.   [MS]
       ["L'hérédité et Emile Zola"]

729   ---: "Bulletin de l'étranger", *Le Temps*, 23 sept.
       [Les tr. de *Pot-Bouille* et de *Nana* saisies par
       les autorités allemandes]

730   ---: "Current Fiction", *LW*, XIV, n° 3, 10 févr.,
       p. 39.
       [Tr. de *La Curée*]

731   ---: "Current Fiction", *LW*, XIV, n° 5, 10 mars,
       p. 79.
       [Tr. du *Capitaine Burle*]

732   ---: "Emil Zola u književnom negližeu", *Javor*, X,
       n° 1, pp. 29-30.   [BUSM]
       [En serbo-croate - négligence de l'œuvre de Z.]

733 ANONYME: *"Fällan,* Mindre Teatern", *Göteborgs Handelsoch Sjöfartstidning,* 22 oct., p. 3.   [BU Lund]
[En suédois - sur *L'Assommoir* au théâtre]

734 ---: "Književnost", *Istina* (Belgrade), n° 2, 7 août,
p. 15.   [MS]
["La littérature" - c.r. d'une tr. de *Nana*]

735 ---: "Novels of the Week", *The Athenæum* (Londres),
n° 2925, 17 nov., p. 632.

736 ---: "Le tirage des romans de Zola", *Gazette anecdotique,* 8ᵉ année, I, n° 5, 15 mars, pp. 142-4.

737 ---: *"Uppkomlingarne",* *Dagens Nyheter,* 13 déc., p. 2.
Cf. *Stockholms Dagblad,* même jour, p. 5.   [BU Lund]
[En suédois - sur *La Fortune des Rougon*]

738 ---: "Zola's Parisian Middle Classes", *The Scottish
Review,* II, n° 4, sept., pp. 301-34.

1884

*739 DESPREZ, Louis: *L'Evolution naturaliste.* P., Tresse.
374p.
[Voir surtout livre IV: "M. Emile Zola", pp. 177-
261]

740 ENGEL, Eduard: "Emile Zola", in *Psychologie der
französischen Literatur.* Vienne et Teschen,
pp. 296-310. 3ᵉ éd.: Berlin, 1904.   [YC]

741 NORDAU, Max: *Ausgewählte Pariser Briefe. Kulturbilder.*
Leipzig, Wartig. 2ᵉ éd. revue: Leipzig, 1887. 350p.
[Voir sur *Pot-Bouille* pp. 325-37 - article de
1882]   [YC]

*742 TEN BRINK, Jan: *Emile Zola.* Leiden, Sijthoff.
viii,236p. *Litterarische Schetsen en Kritieken,
XVI.* Tr. allemande de Georg Rahstede: *Emile Zola
und seine Werke.* Braunschweig, 1887. xi,306p.
[Ed. augmentée de 228]

743 VIBE, Johan: *Nogle Bemærkninger i anledning af
naturalismen.* Christiania (Oslo), Malling. 83p.
[En norvégien - *Quelques observations sur le
naturalisme* - articles parus dans *Aftenposten*]

Sur "La Joie de vivre":

744 ALEXIS, Paul: *"La Joie de vivre",* Le Réveil, 17 févr.
[Voir aussi *Le Cri du Peuple* du même jour]

745   BOISSIN, Firmin: "Romans, contes et nouvelles", *Polybiblion*, XVIII, n° 4, avril, pp. 292-5.

746   AD. B. [Adolphe BRISSON]: "Livres et revues", *APL*, II, n° 35, 24 févr., pp. 123-4.

747   CH. C. [Charles CANIVET?]: "Variétés", *Le Soleil*, 24 mars.
[Ext. in Bern., pp. 380-1]

#748   DESPREZ, Louis: "Chronique. *La Joie de vivre*", *Le Mot d'Ordre*, 14 mars.
[Ext. in Bern., p. 380]

749   DOBERT, P.: "Neueste französische Romane", *Mag.*, CVI, n° 29, 19 juill., pp. 451-3.   [YC]

750   DRUMONT, Ed.: "Causerie. *La Joie de vivre*", *La Liberté*, 18 févr.
[Ext. in Bern., pp. 376-7]

751   ---: "Le mouvement littéraire. Chronique du mois", *Le Livre*, V, n° 51, 10 mars, p. 143.

752   O.H.D. [O.H. DUMRATH]: "*Livets glädje*", *Nya Dagligt Allehanda*, 18 avril, p. 3.   [BU Lund]
[En suédois - sur la tr. suédoise de *La Joie de vivre*]

753   GEFFROY, Gustave: "Chronique. Le roman - M. Emile Zola", *La Justice*, 2 mai.
[Ext. in Bern., pp. 382-3]

754   GILLE, Philippe: "Romans", *Le Figaro*, 20 févr. Rp. in *La Bataille littéraire, 3e série (1883-1886)*. P., Victor-Havard, 1890, pp. 22-5.

755   HEARN, Lafcadio: "Idealism and Naturalism", *The New Orleans Times-Democrat*, 25 mai. Rp. in *Essays in European and Oriental Literature*. Ed. Albert Mordell. New York, Dodd-Mead, 1923, pp. 10-15.

756   JAGOW, E. von: "*Prinz Zilah:* Ein Roman von Jules Claretie", *Mag.*, CVI, n° 37, 13 sept., pp. 563-4.
[Influence de Z.]   [YC]

757   Kr. [A. KRESSNER]: "*La Joie de vivre*", *FG*, I, mai, pp. 124-30.   [YC]

758   O.L. [O. LEVERTIN]: "*La Joie de vivre*", *Aftonbladet*, 14 oct., p. 3.   [BU Lund]
[En suédois]

759   LINDAU, Paul: "Die neuesten Romane von Daudet und

Zola. II. *La Joie de vivre* von Emil Zola", *Nord und Süd*, XXX, nº 90, sept., pp. 371-90.　　　[YC]

760　MARR, Jenny: *"La Joie de vivre"*, *Auf der Höhe*, XI, mai, pp. 300-2.　　　[YC]

761　MAUPASSANT, Guy de: "La jeune fille", *Le Gaulois*, 27 avril.
[Ext. in Bern., p. 381]

762　NEMO: "Memento", *La Jeune Belgique* (Bruxelles), 4e année, III, nº 3, 15 févr., pp. 209-11.
[Voir aussi nº 11, 15 oct.: c.r. des *Mystères de Marseille*]

763　PONTMARTIN, Armand de: "Le roman contemporain. M. Emile Zola. *La Joie de vivre"*, *Gazette de France*, 2 mars. Rp. in *Souvenirs d'un vieux critique. Cinquième série*. P., Calmann Lévy, pp. 289-304.

764　POTVIN, Ch.: "Chronique littéraire", *Revue de Belgique*, 16e année, XLVI, 15 mars, pp. 329-31.

765　PRESSENSE, Francis de: "France", *The Athenaeum* (Londres), nº 2983, 27 déc., p. 834.
[Sur *Germinal* aussi]

766　ROD, Edouard: *"La Joie de vivre"*, *Fanfulla della Domenica*, 9 mars.
[Voir 7009, p. 62]

767　T.: "Kronika paryzka", *TI*, nº 59, pp. 107-10.
[En polonais]　　　[BU Varsovie]

768　TEN BRINK, Jan: "Letterkundige teleurstellingen", *Zondagsblad (Het Nieuws van den Dag)*, 3 févr. Rp. in *Litterarische Schetsen en Kritieken*, XX, pp. 111-5.　　　[BB]
[En hollandais - "Déceptions littéraires"]

769　---: "Moderne romans. XII. *La Joie de vivre"*, *Nederland*, nº 2, pp. 3-34. Rp. in *Causeriën over moderne romans*. Leiden, Sythoff, 1885, pp. 170-200.
　　　[BB]

770　VAN DEYSSEL, L.: "De vreugde van te leven", *De Amsterdammer*, 23 mars.　　　[BB]

771　ZOLLING, Theophil: "Der neue Roman von Zola (*La Joie de vivre)"*, *Die Gegenwart*, XXV, nº 14, 5 avril, pp. 217-9.　　　[YC]

772　ANONYME: "A propos de *La Joie de vivre"*, *Le Journal des Gens de Lettres belges*, 1er déc.

773   ANONYME: "Chronique littéraire", *Le Temps*, 13 mars.
      [c.r. ironique]

774   ---: *"La Joie de vivre"*, *L'Art moderne* (Bruxelles),
      30 mars.

775   ---: *"La Joie de vivre"*, *RE*, XCVII, pp. 150-1.   [CA]

776   ---: *"Livets glädje"*, *Aftonbladet*, 12 avril, p. 3.
      [En suédois - sur la tr. suédoise]   [BU Lund]

777   ---: *"Die Lust am Leben* von Emile Zola", *NZ*, II,
      n⁰ 9, sept., pp. 412-5.   [YC]
      [Critique les prétentions scientifiques de Z.]

778   ---: "Novels of the Week", *The Athenæum* (Londres),
      n⁰ 2939, 23 févr., p. 248.

779   ---: "Zola on the Joys of Life", *LW*, XV, n⁰ 8, 19
      avril, p. 127.

                           *

780   ALBERTI, Conrad: *"Nana* und - Aristoteles. Zur
      Geschichte des Naturalismus", *Auf der Höhe*, XIII,
      oct., pp. 129-36.   [YC]

781   AMYNTOR, Gerhard von: "Zur Orientierung über den
      Zolaismus", *Mag.*, CV, n⁰ 22, 31 mai, pp. 339-42;
      n⁰ 23, 7 juin, pp. 358-60.   [YC]

782   ARNOUX, Jacques: "Chronique littéraire", *La Jeune
      Belgique* (Bruxelles), 4ᵉ année, III, n⁰ 2, 15
      janv., pp. 143-4.

783   ATIENZA Y MEDRANO, Antonio: "Los amigos de Zola",
      Ilustración Española y Americana, 15 nov.   [CA]

784   BRAHM, Otto: "Ibsens *Gespenster"*, *FZ*, 13 août.   [YC]
      [En allemand - *"Les Revenants* d'Ibsen" - oppose
      Ibsen et Z.]

785   BRUNETIERE, Ferdinand: "Les petits naturalistes",
      RDM, 54ᵉ année, 3ᵉ série, LXIV, 1ᵉʳ août, pp.
      693-704. Rp. in 544, éd. de 1892, pp. 321-44;
      celle de 1896, pp. 301-22.

786   DIAZ CARMONA, F.: "La novela naturalista", *Ciencia
      christiana* (Madrid).   [CA]

787   B.H.G.: "Romans - Contes et nouvelles", *Le Livre*,
      V, n⁰ 49, 10 janv., pp. 28-9.

788   GALAC, Gjuro: "O romanu", *Hrvatska Vila* (Sušak-Zagreb),
      n⁰ˢ 41-2, 9-16 août, pp. 652ff.   [MS]
      ["Du roman" - en croate]

789   GANDERAX, Louis: "Revue dramatique", *RDM*, LXI, 15
      janv., pp. 455-7.
      [*Pot-Bouille* à l'Ambigu]

790   GOTTSCHALL, Rudolf von: "Literarische Unterhaltungen.
      Ueber Scandalliteratur", *Blätter für literarische
      Unterhaltung*, n⁰ 7, 14 févr., pp. 97-8.   [YC]
      [Cite *Nana*, par exemple]

791   GROSS, F.: "Zur Entwicklung des französischen
      Romans", *Mag.*, CV, n⁰ 7, 16 févr., pp. 99-101.   [YC]

792   HAILLY, Gaston d': "Chronique", *La Revue des Livres
      nouveaux*, IX, pp. 204-8.
      [Sur les *Nouveaux Contes à Ninon*]

*793 HART: "Friedrich Spielhagen und der deutsche Roman
      der Gegenwart", *Kritische Waffengänge*, VI, pp. 3-74.
      [Cur Z. et Spielhagen: comparaison]   [YC]

794   HELLER, H.J.: *"Naïs Micoulin"*, *FG*, I, juin, pp. 150 9.
                                                        [YC]

795   ---: "Der Naturalismus in der Romandichtung Frank-
      reichs und Deutschlands", *Zeitschrift für neu-
      französische Sprache und Literatur*, VI, pp. 297-318.
                                                        [YC]

796   HILLEBRAND, Karl: "Vom alten und vom neuen Roman",
      DR, XXXVIII, janv., pp. 422-35.   [YC]

797   HOUSSAYE, Henry: "Le roman contemporain", *Journal
      des Débats*, 22 et 26 avril. Rp. in *Les Hommes et
      les idées*. P., Calmann Lévy, 1886, pp. 356-90.

798   JAMES, Henry: "The Art of Fiction", *Longman's Mag-
      azine*, IV, n⁰ 23, sept., pp. 502-21. Rp. in Walter
      BESANT et Henry JAMES: *The Art of Fiction*. Boston,
      Cupples-Hurd, 1884, pp. 49-85; in *Partial Portraits*.
      Londres, MacMillan, 1888, pp. 375-408 (réimpression:
      New York, 1968; Westport, Conn., 1970); in *American
      Critical Essays*. Ed. Norman Foerster. Londres, 1930;
      in *The Art of Fiction and Other Essays*. New York,
      Oxford University Press, 1948, pp. 3-23; in *The
      House of Fiction. Essays on the Novel*. Ed. Leon
      Edel. Londres, Hart-Davis, 1957, pp. 23-45.
      [Quelques remarques sur Z. à la fin de l'article]

799   JEZ, Tomasz Teodor: "O naturalizmie", *Prawda*, n⁰ 12,
      pp. 136-7.   [BU Varsovie]
      [En polonais]

800 O.L.[O. LEVERTIN]: *"Thérèse Raquin"*, *Aftonbladet*,
22 nov., p. 3. [BU Lund]
[En suédois - sur la tr. suédoise]

801 MANE Y FLAQUER, Juan: "El materialismo en literatura",
La Opinión nacional (Caracas), 29 sept.
[BU Caracas]

802 MOORE, George: "Topics of the Day by the Heroes
of the Hour", *Pall Mall Gazette* (Londres), 3 mai,
p. 6.

803 MUNILLA, Ortega: [Chronique], *Los Lunes de El
Imparcial*, 14 janv. [CA]

804 NAUTET, F.: "L'évolution naturaliste. M. Emile Zola",
La Jeune Belgique (Bruxelles), 4e année, III,
nos 6-7, 15 mai au 15 juill., pp. 293-302, 340-5.
Rp. in 834.

805 PAILLERON, Edouard: "Chronique", *Le Temps*, 6 avril.
[Réponse de Z. à une enquête sur le théâtre]

806 PRAT, Pedro de: "Quincena parisiense", *Ilustración
Española y Americana*, 22 févr. [CA]

807 QUIDAM [Anatole CLAVEAU]: "La morale au théâtre",
Le Figaro, 21 janv.
[A propos de *Pot-Bouille* au théâtre]

808 RENARD, Georges: "Le Naturalisme contemporain", *NR*,
XXVIII, mai-juin, pp. 41-85.

809 RICHTHOFEN, K. von: "Romane und Novellen", *Blätter
für literarische Unterhaltung*, n° 35, 28 août,
pp. 553-4. [YC]
[c.r. de la tr. allemande de *Son Excellence Eugène
Rougon*]

810 SARCEY, Francisque: "Chronique théâtrale. Quelques
mots rétrospectifs sur *Pot-Bouille*", *Le Temps*,
7 janv. Rp. in *Quarante Ans de théâtre (feuilletons
dramatiques)*, VII. P., Bibliothèque des Annales
politiques et littéraires, 1902, pp. 38-42.
[Cf. 692]

811 ---: "Chronique théâtrale", *Le Temps*, 11 févr.
[On attend une pièce de Z., sans collaborateur]

812 SARRAZIN, J.: "Zur neuesten französischen Literatur",
Mag., CVI, n° 46, 15 nov., pp. 710-11. [YC]
[Sur les premiers romans de Z.]

813 SUTU, Alexandru Gr.: "Studiu asupra romanului realist din zilele noastre", *Convorbiri literare*, XVIII, nº 6, 1er sept., pp. 231-47. [BU Iasi]
[En roumain - "Etudes sur un réaliste roumain de nos jours"]

814 T.: "Kronika paryzka", *TI*, nº 53, pp. 15-16.
[En polonais - sur *Pot-Bouille*] [BU Varsovie]

815 TEN BRINK, J.: "Eugène Rouher en Eugène Rougon", *Zondagsblad (Het Nieuws van den Dag)*, 17 févr. Rp. in *Litterarische Schetsen en Kritieken*, XX, pp. 115-9. [BB]

816 TERREL, J.: "Le roman naturaliste. L'œuvre de M. Zola", *La Revue lyonnaise*, 4e année, VIII, 15 sept., pp. 258-93.
[Suite de 723 - l'œuvre de Z. "funeste et dangereuse pour la morale publique"]

817 C.D.W. [Carl David af WIRSEN]: *"Naïs Micoulin"*, *Post och Inrikes Tidningar*, 5 janv., p. 3.
[En suédois] [BU Lund]

818 WEDGWOOD, Julia: "Fiction", *The Contemporary Review* (Londres), XLV, mars, pp. 449-55.
[Voir pp. 454-5 sur la tr. anglaise d'*Au Bonheur des Dames*]

819 ANONYME: "Aus Zola's Anfängen", *Die kleine Chronik*, VI, nº 46, 11 mai, pp. 1-3. [YC]
[Z. est au fond un écrivain moral]

820 ---: "Discurso de Andueza Palacios sobre el materialismo", *La Opinión nacional* (Caracas), 24 déc. [BU Caracas]

821 ---: "Emil Zola", *Préodnica*, I, pp. 221-4. [BUSM]

822 ---: "Fiction", *LW*, XV, nº 24, 29 nov., p. 420.

823 ---: "Lettre de M. Emile Zola", *L'Evénement*, 25 nov.
[A Louis Desprez, sur *Autour d'un clocher*]

824 ---: *"Nana"*, *Javor* (Novi Sad), nº 8, 19 févr., pp. 254ff. [MS]
[Cf. *Vienac*, nº 10, 8 mars, pp. 164ff.]

825 ---: *"Nana"*, *Préodnica* (Belgrade), nº 14, 30 août, pp. 221ff. Cf. 821. [MS]

826 ---: *"Nana*. Roman Emila Zole", *Javor*, XI, nº 8, pp. 254-6. [BUSM]
[En serbo-croate]

827 ANONYME: *"Thérèse Raquin"*, *Nya Dagligt Allehanda*,
18 nov., p. 3. [BU Lund]
[En suédois - sur la tr. suédoise du roman]

828 ---: "Zola à Anzin", *Le Matin*, 1er mars.

829 ---: "Zola's Early Life", *NYT*, 21 mars, p. 2.
["La jeunesse de Zola" - article de la *Pall Mall
Gazette*]

1885

830 BONNIERES, Robert de: "M. Emile Zola", in *Mémoires
d'aujourd'hui. IIe série*. P., Ollendorff, pp.
275-91.

831 BUET, Charles: *Médaillons et camées*. P., Giraud.
iv,348p. "Emile Zola. Du Naturalisme", pp. 213-25;
"Réalisme et réalistes", pp. 226-33; "Triomphe
de "Mes Bottes"," pp. 234-40.
[Articles de *Paris-Journal* - Cf. 200]

832 GONCOURT, Edmond de (éd.): *Lettres de Jules de
Goncourt*. (Avec une introduction de Henry Céard).
P., Charpentier. 328p.

833 HUBERT, Louis: *Le Roman naturaliste ou "L'Assommoir"
moral*. Le Puy, Prades-Freydier. 15p.

834 NAUTET, Francis: "Le mouvement naturaliste", in
Notes sur la littérature moderne. 1re série.
Verviers, Vinche, pp. 51-86.

835 NORDAU, Max: *Paradoxe*. Leipzig, Elischer. v,414p.
[Voir pp. 258-72] [YC]

836 SAVINE, Albert: *Le Naturalisme en Espagne. Simples
notes*. P., Giraud. 56p.

837 STERN, Adolf: *Geschichte der neuern Literatur*. [*VII*].
Realismus und Pessimismus. Leipzig, Bibliograph-
isches Institut. 599p. [YC]
[Voir surtout pp. 418-35 sur Z. et le naturalisme]

Sur "Germinal":

838 ALLARD, Léon: *"Germinal"*, *La Vie moderne*, VII,
no 11, 14 mars, p. 171.

839 BLEIBTREU, Karl: "Zola und die Berliner Kritik",
Die Gesellschaft, I, no 25, 23 juin, pp. 463-71.
[Cf. 955] [YC]

840   BOISSIN, Firmin: "Romans, contes et nouvelles",
Polybiblion, XXI, n° 4, avril, pp. 289-92.

841   BORDE, Frédéric: *"Germinal* et la presse", *La Société
nouvelle* (Bruxelles), 1re année, I, n° 6, 20
avril, pp. 385-9.

842   BOUGIER, Louis: "Causerie littéraire. *Germinal*, par
Emile Zola", *Le National*, 8 mars.
[Ext. in Bern., p. 572]

843   BRISSON, Adolphe: "Livres et revues", *APL*, III,
n° 89, 8 mars, pp. 156-7.
[Ext. in Bern., p. 572.]

844   BUSKEN HUET, Conrad: "Emile Zola, *Germinal*", *Nederland*, I, pp. 512-8. Rp. in *Litterarische Fantasien
en Kritieken*, XXI.   [BB]

845   CÉARD, Henry: "Paris en America. Mr. Emilio Zola y
Germinal", *Sud-America* (Buenos Aires), 16-18 avril.
Voir Albert J. SALVAN (éd.): "Un document retrouvé.
"M. Emile Zola et *Germinal*" de Henry Céard,
retraduit de l'espagnol, présenté et annoté par
Albert J. Salvan", *CN*, n° 35, 1968, pp. 42-60.

846   CHAINAYE, Hector: *"Germinal"*, *La Basoche* (Bruxelles),
I, n° 6, avril, pp. 205-10.   [AML]

*847   COOPLANDT, A. [A. PRINS]: "*Germinal* van Emile Zola",
De Amsterdammer, 12 et 19 avril.   [BB]

848   CRISTALLER, G.: "Zolaismus, an *Germinal* erklärt",
Die Gesellschaft, I, n° 35, 29 août, pp. 647-50.

849   DESCHAUMES, Edmond: *"Germinal"*, *L'Evénement*, 2 mars.
["un lyrisme puissant, grossier et sauvage" - Ext.
in Bern., pp. 570-1]

850   DESPREZ, Louis: "Grévin littéraire, M. Emile Zola",
L'Evénement, 8 mai.
[Ext. in Bern., pp. 579-80]

851   DOBERT, P.: *"Germinal"*, *Mag.*, CVII, n° 17, 25 avril,
p. 265.   [YC]

852   DUHAMEL, Henry: "Emile Zola et les mineurs", *Le
Figaro*, 4 avril.
[Voir la lettre de Z. à Francis Magnard du 4 avril]

853   FOUQUIER, Marcel: *"Germinal* de M. E. Zola", *La
France*, 23 mars.

854   FOURNEL, Victor: "Variétés. *Germinal* par Emile Zola",

Le Moniteur universel, 14 avril.
[Z. est la "Mouquette de la littérature"]

855 FOURNIER, Hippolyte: "Critique littéraire. *Germinal,*
par Emile Zola", *La Patrie,* 6 mars.

#856 GEFFROY, Gustave: *"Germinal",* La Justice, 14 juill.
Rp. in *Notes d'un journaliste.* P., Charpentier,
1887, pp. 185-99.
[Z. "poète panthéiste" - voir la lettre de Z. du
22 juill. - in *RM III,* pp. 1863-4]

857 GILLE, Philippe: "Revue bibliographique. Littérature,
romans", *Le Figaro,* 4 mars. Rp. in *La Bataille
littéraire, 3e série (1883-1886).* P., Victor-Havard,
1890, pp. 71-6.

858 GINISTY, Paul: *"Germinal,* par Emile Zola", *Gil Blas,*
1er mars. Rp. in *L'Année littéraire 1885.* P.,
Giraud, 1886, pp. 47-50.

859 GRAVEZ, Henri: *"Germinal",* Le Journal des Gens de
Lettres belges, 1er avril.

860 KRASZEWSKI, Józef Ignacy: "Listy z Magdeburga.
Germinal, powieść Emila Zoli", *Bluszcz,* n° 21. Rp.
in St. BURKOT: *Kraszewski o powieściopisarzach i
powieści.* Varsovie, 1962, pp. 248-51.
[En polonais]   [BU Główna, Poznań]

861 Kr. [A. KRESSNER]: *"Germinal",* FG, II, mai, pp. 135-9.
[YC]

#862 LEMAITRE, Jules: "M. Emile Zola. A propos de *Germinal",*
RBl, XXXV (3e série), n° 11, 14 mars, pp. 321-30.
Rp. in *Les Contemporains: études et portraits
littéraires. 1re série.* P., Société Française
d'Imprimerie et de Librairie, 1886, pp. 249-84.
[Etude célèbre qui souligne l'aspect épique de
l'œuvre de Z. - voir *RM III,* pp. 1865-6]

863 MARCELLUS: "Le *Germinal* de M. Zola", *La République
française,* 28 févr.

864 MIRBEAU, Octave: "Emile Zola et le naturalisme", *La
France,* 11 mars.

865 MORI, André: *"Germinal,* par Emile Zola", *Journal des
Débats,* 17 mars.
["sensualité obsédante" - Ext. in Bern., p. 577]

866 MORIN, Jean: "A travers les livres", *Le Gaulois,*
9 mars.

867 NATHAN, P.: "Ueber Emile Zola und seinen neusten
Roman", *Die Nation*, II, n°s 28-29, 11-18 avril,
pp. 408-9, 425-7.   [YC]

868 ORLANDO: "Zola y su novela *Germinal*", *RE*, avril,
pp. 623-35.   [CA]

869 E.P. [Edward PRZEWOSKI]: "*Germinal*. Ostatnia powieść
Zoli", *Prawda*, n° 12, pp. 138-9.
[En polonais]   [BU Varsovie]

870 G.P.: "*Vårbrodd*", *Tiden*, 20 mai, p. 4.   [BU Lund]
[En suédois - sur la tr. suédoise]

871 POTVIN, Ch.: "Chronique littéraire", *Revue de
Belgique*, 17ᵉ année, XLIX, 15 avril, pp. 437-42.

872 QUIDAM [Anatole CLAVEAU]: "*Germinal*", *Le Figaro*,
14 mars. Rp. in *Contre le flot*. P., Ollendorff,
1886, pp. 235-44.
["une fanfaronnade de cochonnerie"]

873 ROD, Edouard: "Littérature française. Romans,
nouvelles", *La Revue contemporaine*, I, n° 3, 25
mars, pp. 454-7.

874 SARCEY, Francisque: "Causerie littéraire", *Le XIXᵉ
Siècle*, 10 mars.
[*Germinal* et *La Joie de vivre*]

875 SCHWEICHEL, Robert: "*Germinal*", *NE*, III, n° 8, août,
pp. 361-70.   [YC]

876 STRITAR, Josip: "Pogovori. IV", *Ljubljanski zvon*,
n° 6, pp. 362-8.   [RV]
[En slovène]

877 T.: "Kronika paryska", *TI*, n° 150, pp. 307-8.
[En polonais]   [BU Varsovie]

878 G.T.: "Romans-contes-nouvelles-facéties", *Le Livre*,
V, n° 64, 10 avril, pp. 172-4.

879 VALJEAN, Jean: "*Germinal*", *La Bataille*, 7 mars.

880 C.D.W. [Carl David af WIRSEN]: "*Germinal*", *Post och
Inrikes Tidningar*, 8 avril, p. 3.   [BU Lund]
[En suédois]

881 A.Z.: "Livres nouveaux. *Germinal*", *Le Siècle*, 18
avril.
[Ext. in Bern., pp. 578-9]

882 ZOLLING, Theophil: "Zola's neuer Roman", *Die
Gegenwart*, XXVII, n° 14, 4 avril, pp. 217-9.

[Etude inspirée par 862; voir J. van Santen Kolff: "Zeitschriften aus dem Leserkreis", *Die Gesellschaft*, I, n° 20, 19 mai, pp. 382-3.]

883 ANONYME: "Emile Zola. Une conversation avec l'auteur de *Germinal*", *Le Matin*, 7 mars.

884 ---: "Fiction", *LW*, XVI, n° 7, 4 avril, p. 113. [c.r. de la tr. anglaise]

885 ---: "Une figure farouche", *Gazette anecdotique*, 10ᵉ année, I, n° 1, 15 janv., pp. 51-2.

886 ---: "French Literature", *The Saturday Review* (Londres), LIX, n° 1537, 11 avril, pp. 487-8.

887 ---: *"Germinal"*, *Zondagsblad (Het Nieuws van den Dag)*, 15 mars.   [BB]
    [En hollandais]

888 ---: "Kronika paryska", *TI*, n° 117, pp. 196-7.
    [En polonais]   [BU Varsovie]

889 ---: "Livres nouveaux", *Le Télégraphe*, 11 mars.

890 ---: "Novels of the Week", *The Athenæum* (Londres), n° 2996, 28 mars, p. 406.

891 ---: "Recent Novels", *The Nation*, XL, n° 1031, 2 avril, pp. 286-7.

892 ---: "Les terres noires", *La Liberté*, 5 mars.

893 ---: *"Vårbrodd"*, *Dagens Nyheter*, 28 avril, p. 2.
    [En suédois - sur la tr. suédoise]   [BU Lund]

Sur l'interdiction de "Germinal" au théâtre:

894 DUC-QUERCY, A.: "Pas de trève", *Le Cri du Peuple*, 6 nov.

895 DUMAS fils, Alexandre: "Encore la censure", *Le Figaro*, 9 nov.
    [Réponse à l'article de Z. dans *Le Figaro* du 7 nov. sur la censure]

896 GEFFROY, Gustave: *"Germinal* interdit", *La Justice*, 28 oct. Rp. in *Notes d'un journaliste*. P., Charpentier, 1887, pp. 385-8.

897 ---: "Pourquoi", *La Justice*, 30 oct. Rp. in *Notes d'un journaliste*, pp. 389-91. Cf. 896.

898 LABRUYERE [Jules VALLES]: "Chez Zola", *Le Cri du Peuple*, 1ᵉʳ nov.
    [Voir aussi *La Vie parisienne*, 7 oct. 1893]

899 LAUMANN, Sutter: "M. Alexandre Dumas et la censure",
     La Justice, 12 nov.
     [Voir 895]

900 MAGNARD, Francis: "Echos de Paris. La politique",
     Le Figaro, 27 oct.

901 MIRBEAU, Octave: "Emile Zola", *Le Matin*, 6 nov.
     [Ext. in Bern., pp. 581-2]

902 PRAT, Pedro de: "Quincena parisiense", *Ilustración
     Española y Americana*, 15 nov.   [CA]

903 SARCEY, Francisque: "Chronique théâtrale", *Le Temps*,
     9 nov.
     [Voir aussi *Le Temps* du 10 nov.]

904 ---: "Chronique (A propos de la censure)", *La Revue
     des Journaux et des Livres*, II, n° 55, 8-14 nov.,
     pp. 42-4.

905 TRUBLOT [Paul ALEXIS]: "Germinal et la presse", *Le
     Cri du Peuple*, 1er nov.

906 ANONYME: "Dernières nouvelles", *Le Temps*, 28 oct.

907 ---: *"Germinal"*, *Sydsvenska Dagbladet Snällposten*,
     31 oct., p. 2.   [BU Lund]
     [En suédois]

908 ---: "La Quinzaine. La censure", *Gazette anecdotique*,
     10e année, II, n° 21, 15 nov., pp. 257-61.

909 ---: "Spectacles et concerts", *Le Temps*, 29 oct.

910 ---: "Zola contre Goblet. L'interdiction de *Germinal*",
     Le Matin, 31 oct.

                              *

911 ARAGON, Eugen: "Eine Erklärung des Herrn Zola und
     eine Gegenerklärung des gesunden Menschenver-
     standes", *NZ*, III, n° 3, mars, pp. 116-9.   [YC]
     [En allemand - "Une déclaration de M. Zola et une
     contre-déclaration du bon sens" - lettre ouverte
     aux naturalistes - Voir 949]

912 BUCHNER, A.: "Französische Neologismen", *Mag.*, CVIII,
     n° 41, 10 oct., pp. 641-2.   [YC]

913 BUCHWALD: "Das Unerquickliche", *Die Gegenwart*,
     XXVIII, n° 37, 12 sept., pp. 164-6.   [YC]
     ["Le désagréable"]

914   BUNAND, Antonin: "Naturalisme", *ICC*, XVIII, n° 34,
      25 mai, pp. 314-6.
      [Définition - Cf. 915]

915   H. C. [Henry CEARD]: "Naturalisme", *ibid.*, n° 33, 10
      mai, pp. 281-2.
      [Cf. 914]

916   CONRADI, H.: "Ein neuer Roman aus der Gegenwart",
      Die Gesellschaft, I, n° 22, 2 juin, pp. 410-2.   [YC]

917   CRISTALLER, G.: "Gedanken über die schöne Kunst. II.
      Naturalismus, Realismus und Idealismus", *Die
      Gesellschaft*, I, n° 16, 21 avril, pp. 300-3.   [YC]

918   DUCARME, Ch.: "Les héritiers littéraires de Victor
      Hugo", *Revue générale*, 21e année, XLII, déc.,
      pp. 856-80.
      [Voir surtout pp. 873-80]

919   ENGEL, E.: "Ist Zola immoralisch?", *Die Gesellschaft*,
      I, n° 13, 31 mars, pp. 238-9. Rp. en serbo-croate in
      Zastava, XX, p. 160; in *Beogradski dnevnik*, III,
      1921, p. 2.   [YC] [BUSM]

920   FREDERIX, Gustave: *"Thérèse Raquin"*, *L'Indépendance
      belge* [?], 12 oct. Rp. in *Trente Ans de critique*,
      II. P., Hetzel/Bruxelles, Lebègue, 1900, pp. 279-86.

921   B-H. G.: "Romans-contes-nouvelles-facéties", *Le Livre*,
      V, n° 61, 10 janv., p. 9.
      [Sur la réédition des *Mystères de Marseille*]

922   GONZALEZ SERRANO, Urbano: "El arte naturalista", *RE*,
      juill., pp. 30-45.   [CA]

923   GOTTSCHALL, Rudolf von: "Ueber Romancyklen", *Blätter
      für literarische Unterhaltung*, n° 15, 9 avril, pp.
      225-6.   [YC]

924   ---: "Studien zur neuesten französischen Literatur,
      II: Romane", *Unsere Zeit*, n° 1, juill., pp. 823-41.
      [Cf. 925]   [YC]

925   ---: "Die Klinik in der Poesie", *Blätter für litera-
      rische Unterhaltung*, n° 37, 10 sept., pp. 577-9.   [YC]
      [Cf. 924]

926   HART, Heinrich: "Ein- und Ausfälle", *Berliner Monats-
      hefte*, I, pp. 108-9.   [WH]
      [Sur la revue *Die Gesellschaft* propageant Z. et le
      naturalisme]

927 HENNEQUIN, Emile: "Emile Zola", *RI*, III, 1er au 15
mai, pp. 13-16.
[Cf. 1513]

928 HONEGGER, J.J.: "Ein Kapitel aus der Literatur der
Decadence", *Blätter für literarische Unterhaltung*,
n° 27, 1er juill., pp. 428-30. [YC]
[Sur la tr. allemande de *Madeleine Férat*]

929 ILIC, Dragutin J.: "Kritički pregled", *Novi Beogradski
dnevnik* (Belgrade), IV, janv.-févr., pp. 20-5.
[En serbo-croate - "Survol critique" - sur le
naturalisme de Z. dans *Nana*] [BUSM]

930 KAPFF-ESSENTHER, Fr. von: "Wahrheit und Wirklichkeit",
Berliner Monatshefte, I, n° 2, mai, pp. 176-80.
["Vérité et réalité"] [YC]

931 ---: "Romanhelden von Einst und Jetzt", *Mag.*, CVII,
n° 20, 16 mai, pp. 304-9. [YC]
[En allemand - "Héros de roman d'hier et d'aujour-
d'hui"]

932 LEHNSMANN, Ernst H.: "Die Kunst und der Sozialismus",
Berliner Monatshefte, I, n°s 4-5, juill.-août,
pp. 370-80, 462-80. [YC]

933 O. L. [O. LEVERTIN]: *"Vackra Lisa"*, *Aftonbladet*,
13 janv., p. 3. [BU Lund]
[En suédois - sur la tr. suédoise du *Ventre de
Paris*]

934 LILLY, W.S.: "The New Naturalism: *Nana* of Zola", *The
Fortnightly Review*, XLIV, 1er août, pp. 240-56.

935 MAS Y PRAT, Benito: "Tres cuadros realistas",
Ilustración Española y Americana, 30 août, pp.
118-39. [CA]
[Sur Z. et ses disciples]

936 [MOORE, George]: "M. Zola's New Work", *The Bat*
(Londres), I, n° 33, 10 nov., p. 482.
[Annonce *L'Œuvre* et résume le sujet du roman bien
avant la publication]

937 MUNOZ PENA, Pedro: "La Novela contemporánea", *RC*,
LVII, 15 et 30 juin, pp. 257-76, 404-22.

*938 NETSCHER, Frans: "Wat wil het naturalisme?", *Neder-
land*, II, pp. 433-62; III, pp. 63-98. [BB]
[En hollandais - "Que veut le naturalisme?"]

939 ORLANDO: [Chronique], *RE*, mai, pp. 294-303. [CA]

940 PARISIS [Emile BLAVET]: "La vie parisienne: *L'Œuvre*",
Le Figaro, 22 juill.
[Voir la lettre de Z. du 22 juill. et *O.C. XIV*,
p. 1443]

941 PESCHKAU, E.: "Was ist wahr?", *Mag.*, CVII, n° 19, 9
mai, pp. 289-90.   [YC]

942 SACHER-MASOCH, Leopold von: "Vorrede zu dem *Goldesel*",
Auf der Höhe, XIV, janv., pp. 132-4.   [YC]
[Pr. à *L'Ane d'or* d'Apulée - plusieurs allusions
à *Nana*]

943 SARCEY, Francisque: "Chronique théâtrale", *Le Temps*,
22 juin.
[Reprise de *L'Assommoir* au Châtelet]

944 SCHMETTERMAUL, A. [W. KIRCHBACH]: "Roman und Dichtung",
Mag., CVII, n°s 3-5, 17, 24, 31 janv., pp. 33-6,
49-52, 66-70.   [YC]

945 SEVERINE: "Lettre à Zola", *Le Cri du Peuple*, 1er nov.
[Sur la nécessité de l'engagement]

946 STRITAR, Josip: "Pogovori. III", *Ljubljanski zvon*,
n° 5, pp. 283-92.   [RV]
[En slovène - sur le naturalisme de Z.]

947 ---: "Pogovori. VI", *Ljubljanski zvon*, n° 8, pp.
476-83.   [RV]
[En slovène - étude générale de Z.]

948 VAN SANTEN KOLFF, J.: "Over Zola en zijn eerst
volgenden roman", *De Portefeuille*, VII, 19 sept.,
pp. 394-9.   [BB]
[En hollandais - "Sur Zola et son prochain roman"]

949 ZADECK, J.: "Noch einmal Zola", *NZ*, III, n° 4,
pp. 175-9.   [YC]
[Réponse à 911]

950 ZOLLING, Theophil: "Ein deutscher Zola", *Die
Gegenwart*, XXVIII, n° 39, 26 sept., pp. 200-2.
[Sur Georg Dolezal]

951 ANONYME: "At Home with Emile Zola", *NYT*, 19 avril,
p. 6.
[Une visite chez Z.]

952 ---: "Belles Lettres", *The Westminster Review*
(Londres), CXXIV, n.s. LXVIII, oct., p. 598.
[c.r. de la tr. de *L'Assommoir*]

953 ANONYME: "Claude Lantier. Note inédite d'Emile Zóla", *La Vie moderne*, VII, n° 25, 20 juin, p. 423.

954 ---: "An English Disciple of Zola", *The Spectator* (Londres), LVIII, n° 2951, 17 janv., pp. 83-5. [c.r. de George Moore: *A Mummer's Wife*]

1886

955 BLEIBTREU, Karl: *Revolution der Literatur*. Leipzig, Friedrich, [1886]. vi,101p. 2e éd. revue et augmentée: 1886, xxxiv,95p. [YC]

956 BUSKEN HUET, Conrad: *"L'Œuvre"*, in *Litterarische Fantasien en Kritieken, XXIII*. Haarlem, Tjeenk Willink, s.d., pp. 173-81. [BB] [Voir aussi vol. XXV, pp. 172-6: article d'oct. 1873 sur *Les Rougon-Macquart*]

957 CLAVEAU, A.: "L'ilote ivre", in *Contre le flot*. P., Ollendorff, pp. 56-62. [Sur *Pot-Bouille*]

958 DAUDET, Alphonse: "Préface" à *Les Morts heureuses* d'Edmond Lepelletier. P., Tresse et Stock, pp. i-vii. [Contre l'esthétique de Z.]

959 HERRMANN, Klaus: *Der Naturalismus und die Gesell-schaft von heute. Briefe eines Modernen an Jungdeutschland*. Hambourg, Grüning. 50p. [WH] [Défend Z.]

960 NOEL, Edouard, et Edmond STOULLIG: "Théâtre du Châtelet. Reprise de *L'Assommoir*", in *Les Annales du Théâtre et de la Musique, onzième année (1885)*. P., Charpentier, pp. 361-6.

961 PANOS ALEXAKIS: *"Germinal" de M. Emile Zola et la question sociale. Réponse à une conférence de M. Clovis Hugues. Conférence faite à la Salle du Boulevard des Capucines*. P., Dentu. 61p.

*962 PARDO BAZAN, Emilia: *Le Naturalisme*. Tr. et intr. par Albert Savine. P., Giraud. ix,319p. [Tr. de 654 - voir surtout les chap. X-XII]

963 WOLFF, Albert: "Emile Zola", in *Mémoires d'un parisien. La Gloire à Paris*. P., Victor-Havard, pp. 45-59. [Voir aussi sur Z., Daudet et l'école naturaliste:

"Alphonse Daudet", pp. 94-103 - contient une lettre
de Z. du 23 déc. 1878, réponse à 201]

Sur "L'Œuvre":

964 ARMON, Paul d': "Emile Zola. *L'Œuvre*, *La France
libre*, 16 et 24 avril.
[Repond à 990]

965 A.B.: "Littérature française. *L'Œuvre*, par Emile
Zola", *La Revue moderne*, III, n° 28, 20 avril,
pp. 254-6.

966 BAIGNERES, Arthur: "Zola's neuster Roman", *Die Nation*,
III, n° 32, 8 mai, pp. 474-6.   [YC]

967 BAUER, Henry: "Autour d'un livre", *L'Echo de Paris*,
6 avril.

968 BERNIER, Robert: "Emile Zola et *L'Œuvre*", *La Revue
moderne*, III, n° 29, 20 mai, pp. 265-75.

969 BIGOT, Charles: *"L'Œuvre"*, *Le Gagne-Petit*, 5 avril.

970 BOISSIN, Firmin: "Romans, contes et nouvelles",
Polybiblion, XXIV, n° 1, juill., pp. 6-9.

971 BRISSON, Adolphe: "Livres et revues", *APL*, 4e année,
n° 146, 11 avril, pp. 236-8.

972 CHARVAY, Robert: "Zola et Diderot", *L'Evénement*, 6
mai.
[Ext. in *RM IV*, pp. 1394-5]

973 DANCOURT: "Lettre de Paris", *Revue générale*, XLIII,
n° 5, mai, pp. 760-3.
[Ext. in *RM IV*, p. 1392]

974 DESCHAUMES, Edmond: "Chronique. *L'Œuvre*", *L'Evénement*, 31 mars.

975 DETHEZ, Albert: "Chronique. *L'Œuvre*", *Le Siècle*,
18 avril.
[Ext. in Bern., p. 430]

976 EVREHAILLES: "Livres nouveaux", *La Basoche* (Bruxelles),
II, n° 4, avril, pp. 238-43.   [AML]

977 FOUQUIER, Marcel: *"L'Œuvre* par M. E. Zola", *La
France*, 2 mai.
[Ext. in *RM IV*, pp. 1392-3]

978 FOURNEL, Victor: "Les romans", *Le Moniteur universel*,
30 août.

979 FRANÇAIS, Maurice: "Un nouveau plagiat. Chez M.
     Emile Zola", *Le Voltaire*, 3 mai.
     [Ext. in *RM IV*, p. 1396 – voir aussi *L'Autorité*
     du même jour]

980 GEFFROY, Gustave: *"L'Œuvre"*, *La Justice*, 12 mai.
     Rp. in *Notes d'un journaliste*. P., Charpentier,
     1887, pp. 199-205.

981 GILLE, Philippe: "A propos de *L'Œuvre*", *Le Figaro*,
     5 avril. Rp. in *La Bataille littéraire, 3e série
     (1883-1886)*. P., Victor-Havard, 1890, pp. 112-22.

982 GOTTSCHALL, Rudolf von: "Studien zur neuern franzö-
     sischen Literatur", *Unsere Zeit*, juill., pp. 721-
     46.   [YC]

983 HEARN, Lafcadio: *"L'Œuvre"*, *The New Orleans Times-
     Democrat*, 20 juin. Rp. in *Essays in European
     and Oriental Literature*, Ed. Albert Mordell. New
     York, Dodd-Mead, 1923, pp. 121-4.

984 HENNEQUIN, Emile: *"L'Œuvre* par Emile Zola", *La
     Revue contemporaine*, IV-V, avril-mai, pp. 565-8.
     Rp. in *Etudes de critique scientifique. Quelques
     Ecrivains français*. P., Perrin, 1890, pp. 98-104.
     Réimpression: New York, Johnson Reprints, 1970.
     [Réponse de Z. dans une lettre du 29 juin]

985 ISING, Arnold: "Zola's *L'Œuvre*", *De Nederlandsche
     Spectator*, n° 19, 8 mai, pp. 160-3.
     [En hollandais]

986 A. K.: *"Konstnärslif*, Pariserroman", *Göteborgs-Posten*,
     15 mai.   [BU Lund]
     [En suédois - sur la tr. suédoise]

987 KLEIN, James: "Emile Zola: *L'Œuvre*", *Mag.*, CIX,
     n° 18, 4 mai, p. 280.   [YC]

988 KRESSNER, A.: *"L'Œuvre"*, *FG*, III, juill., pp. 231-5.
                                                        [YC]

989 LARIVIERE, Charles de: "Chronique littéraire",
     *La Revue générale (Revue libérale), littéraire,
     politique et artistique*, 4e année, III, n° 61,
     15 mai, pp. 205-8.

#990 LEMAITRE, Jules: "M. Emile Zola: *L'Œuvre*", *RBl*,
     XXXVII (3e série), n° 16, 17 avril, pp. 481-5.
     Rp. in *Les Contemporains: études et portraits
     littéraires. Quatrième série*. P., Lecène et

Oudin, 1889, pp. 263-78.
["Il y a du Michel-Ange dans M. Zola" - voir 964]

991   LE ROUX, Hugues: "Chronique", *La République française,*
28 avril.
[Ext. in Bern., p. 431]

992   MARRENE, Waleria: *"Dzieła (L'OEuvre)* Emila Zoli",
Swit, n° 108, pp. 126-7; n° 109, pp. 132-5.
[En polonais]   [BU Varsovie]

993   NENADOVIC, Ljuboslav: "Najnovije Zolino djelo",
Hrvatska (Zagreb), I, n° 69, 24 avril, p. 5.   [MS]
[En croate - "La dernière œuvre de Zola"]

994   E.P. [Edward PRZEWOSKI]: "Krytyka szkoły natural-
istycznej. *L'Œuvre* Zoli", *Prawda,* n° 4, pp. 43-4.
[En polonais]   [BU Varsovie]

995   UN PARISIEN: "Bavardage", *Le Mot d'Ordre,* 31 mars.

996   PARISIS: *"L'Œuvre",* *Svenska Dagbladet,* 8 avril.
[En suédois]   [BU Lund]

997   PHILINTE: "Causerie. Plagiats", *L'Autorité,* 5 mai.

998   PONTMARTIN, Armand de: *"L'Œuvre* par M. Emile Zola",
Gazette de France, 16 mai. Rp. in *Souvenirs d'un
vieux critique. Septième série.* P., Calmann Lévy,
pp. 375-91.

999   S.: "Chronique littéraire", *L'Elan littéraire* (Liège),
II, n° 4, 15 mai, pp. 135-6.   [AML]

1000   SCHOLL, Aurélien: "Courrier de Paris", *Le Matin,* 10
avril.

1001   G.T.: "Romans-contes-nouvelles-facéties", *Le Livre,*
VII, n° 77, 10 mai, pp. 227-8.

1002   TEN BRINK, J.: "De veertiende der *Rougon-Macquart",*
De Amsterdammer, 18 avril.   [BB]

1003   L. V. D. [L. VAN DEYSSEL]: "Losse stukjens litera-
tuurbeschouwing (I. *L'Œuvre)",* *De Nieuwe Gids*
(Amsterdam), I, juin, pp. 256-61. Rp. in *Verzamelde
Opstellen,* I. Amsterdam, 1894, pp. 99-107.

#1004   VAN SANTEN KOLFF, J.: "Musikalisches in den Dichtungen
Zola's", *Musikalisches Wochenblatt* (Leipzig), XVII,
n° 23, 4 juin, p. 289; n°s 24-25, 17 juin, p. 305;
n° 27, 1er juill., pp. 334-5; n° 28, 8 juill.,
pp. 347-8; n° 29, 15 juill., pp. 359-60.   [YC]
[En allemand - "La musique dans les œuvres de Zola"]

1005   VINCENT: *"L'OEuvre"*, *Le XIXe Siècle*, 17 avril.
[Ext. in *RM IV*, pp. 1395-6]

1006   C.D.W. [Carl David af WIRSEN]: *"L'Œuvre"*, *Post och Inrikes Tidningar*, 15 mai, p. 3.   [BU Lund]
[En suédois]

1007   WALLER, Max: "Chronique littéraire", *La Jeune Belgique* (Bruxelles), 6e année, V, n° 4, 5 avril, pp. 211-3.

1008   ZOLLING, Th.: "Zola's Künstlersroman", *Die Gegenwart*, XXIX, n° 20, 15 mai, pp. 309a-312b.   [YC]

1009   ANONYME: "Ausländische Literatur", *Blätter für literarische Unterhaltung*, n° 31, 5 août, p. 494.
[YC]

1010   ---: "Belles Lettres", *The Westminster Review* (Londres), CXL, oct., pp. 561-2.
[c.r. de la tr. anglaise]

1011   ---: "Causerie littéraire. A propos de *L'Œuvre* par M. Zola", *Le Français*, 21 mai.

1012   ---: "Het jongste werk van Emile Zola", *Zondagsblad (Het Nieuws van den Dag)*, 25 avril.   [BB]
[En hollandais]

1013   ---: *"Konstnärslif*, Pariserroman", *Nya Dagligt Allehanda*, 10 août, p. 3.   [BU Lund]
[En suédois - sur la tr. suédoise]

1014   ---: *"Konstnärslif*, Pariserroman", *Svenska Dagbladet*, 1er sept., p. 3.   [BU Lund]
[Cf. 1013]

1015   ---: "Kronika paryzka", *TI*, n° 172, pp. 247-51.
[En polonais]   [BU Varsovie]

1016   ---: "Novels of the Week", *The Athenæum* (Londres), n° 3074, 25 sept., p. 397.

1017   ---: "La Quinzaine", *Gazette anecdotique*, 11e année, I, n° 8, 30 avril, p. 171.

1018   ---: "Zola et Diderot", *L'Evénement*, 6 mai. [Cf. 972]

[Voir aussi 1066]

*

1019   AVENARIUS, Ferdinand: "Der Naturalismus und die Gesellschaft von heute", *Die Gesellschaft*, II, n° 4, 15 avril, pp. 237-9.   [YC]
[Attaque très ironique]

1020 BESSON, Louis: "*Germinal* en Amérique", *L'Evénement*,
      17 févr.
      [La pièce - Cf. 1055]

1021 BLEIBTREU, Karl: "*Drei Weiber* von Max Kretzer. Eine
      Studie über den deutschen und französischen Zola",
      Mag., CIX, n° 20, 15 mai, pp. 308-10.   [YC]
      [Comparaison]

1022 BLOS, Wilhelm: "Der soziale Roman, eine Kritische
      Studie", *NZ*, IV, n° 9, août, pp. 424-8.   [YC]
      [Sur *Germinal*]

1023 FANOR: "Literatura venezolana; realismo y naturalismo",
      La Opinión nacional (Caracas), 12 nov. [BU Caracas]

1024 FRANÇAIS, Maurice: "L'alcoolisme dans l'atelier
      Chez M. Denis Poulot", *Le Voltaire*, 2 juin.
      [Interview]

1025 GOSCHE, R.: "Zola", *Mag.*, CIX, n° 14, 3 avril, pp.
      214-6.   [YC]

*1026 HART, Julius: "Der Zolaismus in Deutschland", *Die
      Gegenwart*, XXX, n° 40, 2 oct., pp. 214-6.   [YC]
      [Faiblesse des imitateurs de Z. - annonce la fin
      du naturalisme]

1027 HILLEBRAND, Julius: "Naturalismus schlechtweg", *Die
      Gesellschaft*, II, n° 4, 15 avril, pp. 232-7.   [YC]
      ["Le naturalisme, tout simplement"]

1028 JONAS, Emil: "Ueber die Dichtungen der Gegenwart
      und ihre Vorliebe für Krankheitsschilderungen",
      Mag., CIX, n°s 19-20, 8 et 15 mai, pp. 289-93,
      313-6.   [YC]
      ["Sur la littérature contemporaine et sa prédi-
      lection pour les descriptions maladives"]

1029 KAPFF-ESSENTHER, Franziska von: "Nationaler Realis-
      mus in der neuern Literatur", *Mag.*, CIX, n°s 12-13,
      20-27 mars, pp. 177-81, 197-200.   [YC]

1030 ---: "Der Anfang vom Ende des Romans", *Die Gesell-
      schaft*, II, n° 4, 15 avril, pp. 226-9.   [YC]

1031 KLEIN, J.: "Rückblicke auf das französische Litera-
      turjahr 85", *Mag.*, CIX, 6 mars, pp. 149-50.   [YC]

1032 LEBEL, Bernard: "Ueber das Romanwesen in Deutschland
      und in Frankreich", *Mag.*, CX, n° 33, 14 août,
      pp. 516-8.   [YC]

1033 MARTHOLD, Jules de: "Emile Zola", *The Dramatic Review* (New York), I, n° 5, juin, pp. 1-5.

1034 NECKER, Moritz: "Ein realistischer Roman", *Die Grenzboten*, 1er trimestre, pp. 352-60. [YC]

1035 PODOLSKI, Emil: "O književnom naturalizmu", *Hrvatska* (Zagreb), nos 63, 69, 74, 98, 103, 109, des 17 et 24 avril, 1er et 29 mai, 5 et 12 juin. [MS] ["Sur le naturalisme littéraire"]

1036 PRESSENSE, Francis de: "France", *The Athenaeum* (Londres), n° 3036, 2 janv., pp. 10-14.

1037 PRIGL, Josip: "Emile Zola kano idealista", *Balkan* (Zagreb), nos 1-2, 10-20 janv., pp. 12-14, 27-30. [En serbo-croate - "Emile Zola idéaliste" - à propos des *Contes à Ninon* et des *Nouveaux Contes à Ninon*] [BUSM]

1038 SILVESTRE, Armand: "Souvenirs littéraires. Le Café Guerbois", *La Revue générale (Revue libérale), littéraire, politique et artistique*, 4e année, III, n° 66, 1er août, pp. 293-5. [Voir aussi nos 69-70, pp. 357-9, 383-5 - Cf. 1488]

1039 STERN, A.: "Ein Berliner Sittenroman", *Die Gegenwart*, XXX, n° 36, 4 sept., pp. 155-6. [YC] [c.i. de *Drei Weiber*]

1040 STRAJANU, M.: "Realismul în literatura contemporană", *Convorbiri literare*, XX, n° 7, oct., pp. 528-54. [En roumain] [BU Iasi]

1041 SULZBACH, A.: "Ein neuer Zola-Cultus", *Blätter für literarische Unterhaltung*, n° 13, 1er avril, pp. 193-4. [YC]

1042 TROLL-BOROSTYANI, Irma von: "Der französische Naturalismus", *Die Gesellschaft*, II, n° 4, 15 avril, pp. 215-26. [YC]

1043 O.U.: "Petite gazette du bibliophile", *Le Livre*, VII, n° 75, 10 mars, p. 141. [*Nouveaux Contes à Ninon*]

1044 VEDEL, Valdemar: "Emile Zola", *Tilskueren*, pp. 528-48. [BNC] [En danois]

1045 WALISZEWSKI, Kazimierz: "Powieść spółczesna we Francyi", *Ateneum*, I, pp. 60-92. [BU Varsovie] [En polonais]

1046 WIKTOR, José [Stanisław RZEWUSKI]: "Pogadanki o
      literaturze francuzkiej", *PT*, nᵒ 2, pp. 25-6.
      [En polonais]   [BU Varsovie]

1047 ANONYME: "Belles Lettres", *The Westminster Review*
      (Londres), CXXV, n.s. LXIX, avril, pp. 599-600.

1048 ---: "Chronique de l'art et des livres", *La Basoche*
      (Bruxelles), II, nᵒ 1, janv., pp. 63-4.   [AML]

1049 ---: "Concord Philosophy and Zola", *LW*, XVII, 7
      août, p. 264.
      [Sur une conférence de Thomas Davidson qui range
      Z. parmi les plus grands bienfaiteurs de l'humanité
      - fit sensation aux Etats-Unis - voir *The Boston
      Daily Advertiser* du 29 juill.]

1050 ---: "Une conférence sur *Germinal* par M. Clovis
      Hugues", *Le Temps*, 24 nov.
      [Cf. 961]

1051 ---: "Emil Zola plagijator", *Javor*, XIII, nᵒ 18,
      pp. 575-6.   [BUSM]
      [En serbo-croate - Sur Z. et Balzac]

1052 ---: "Emile Zola. Comment il travaille et ce que
      sera son prochain livre", *Le Matin*, 17 mai.

1053 ---: "How Zola Torments Printers", *NYT*, 23 janv.,
      p. 3.

1054 ---: "Književni pabirci", *Iskra* (Zadar), nᵒ 1, 8
      janv., p. 4.   [MS]
      ["La glane littéraire" - anti-Zola]

1055 ---: "A Letter from Emile Zola", *NYT*, 7 mars, p. 14.
      [A M. Mons - lettre du 14 févr. - autorise une
      représentation de *Germinal* - voir aussi 1020]

1056 ---: "Literarische Neuigkeiten", *Mag.*, CX, nᵒ 36,
      4 sept., p. 571.   [YC]

1057 ---: "Literarische Notizen", *Westermanns illustrierte
      deutsche Monatshefte*, XXXI, déc., p. 428.   [YC]
      [Cf. 1039]

1058 ---: "Die naturalistische Schule in Deutschland",
      Die Grenzboten, 2ᵉ trimestre, pp. 66-76, 120-7,
      177-84, 313-21, 418-26.   [YC]

1059 ---: *"Toljaga"*, *Narodne Novine* (Zagreb), nᵒˢ 95,
      106, 279, 27 avril, 10 mai, 6 déc.; *Balkan* (Zagreb),
      nᵒ 9, 1ᵉʳ mai, p. 144; *Vienac* (Zagreb), nᵒ 18,
      1ᵉʳ mai, p. 288.
      [En serbo-croate - *L'Assommoir* au théâtre de Zagreb]

1060 ANONYME: "U Zoli", *PT*, n° 21, p. 271.   [BU Varsovie]
[En polonais - "Chez Zola"]

1061 ---: "Zola and the Stage Censorship", *The Critic*,
IX, n° 140, 4 sept., p. 118.
[*Germinal* et la censure]

1062 ---: "Zolin *Zerminal*", *Novosti*, 1er mars.   [BUSM]
[En serbo-croate]

1887

1063 BERGERAT, Emile: *Le Livre de Caliban*. P., Lemerre.
xvi,361p.
[Opinion de Flaubert sur *La Curée*, p. 73]

1064 BOLSCHE, Wilhelm: *Die naturwissenschaftlichen
Grundlagen der Poesie. Prolegomena einer realistischen Aesthetik*. Leipzig, Reissner. 93p.   [YC]

1065 BUCHANAN, Robert: "A Note on Emile Zola (1886)", in
A Look around Literature. Londres, Ward-Downey,
pp. 303-7.

1066 GINISTY, Paul: "*L'Œuvre*, par M. Emile Zola", in
L'Année littéraire 1886. P., Charpentier, pp. 68-74.
[Article du 1er avril 1886]

1067 HENRY, Fernand: "*L'Œuvre* par Emile Zola", in
Critique au jour le jour. P., Savine, pp. 87-102.

1068 MAUTHNER, Fritz: "Daudet und Zola", in *Von Keller
zu Zola. Kritische Aufsätze*. Berlin, Heines,
pp. 110-43.   [YC]

1069 TILMAN, Charles: *Du Réalisme dans la littérature
contemporaine. Lettres sur la Jeune-Belgique*.
Bruxelles, Larcier. 327p.

1070 TYSSANDIER, Léon: "Emile Zola", in *Figures parisiennes*. P., Ollendorff, pp. 163-82.
[Sur Z. et *Thérèse Raquin*]

1071 VALERA, Juan: *Apuntes sobre el nuevo arte de
escribir novelas*. Madrid, Alemana. Rp. in *Obras
completas XXVI*. Madrid, Alemana, 1910. xxiii,298p.

Sur "*Le Ventre de Paris*" au Théâtre de Paris:

1072 GANDERAX, Louis: "Revue dramatique", *RDM*, LXXX, 15
mars, pp. 453-64.

1073　GRAMONT: "Dramaturges et romanciers. Le théâtre de
　　　　M. Zola", *La Revue d'Art dramatique*, V, n° 28,
　　　　15 févr., pp. 197-204; VI, n° 32, 15 avril, pp.
　　　　66-73.

1074　LAPOMMERAYE, Henri de: "Critique dramatique", *Paris*,
　　　　21 févr.
　　　　[Voir la réponse de Z. dans *Le Gaulois* du 25 févr.
　　　　et celle de Lapommeraye le 28 - voir aussi 1095
　　　　et 4749]

1075　MALLARME, Stéphane: "Notes sur le théâtre", *RI*,
　　　　n.s. II, n° 5, mars, pp. 389-91. Rp. in *Œuvres
　　　　complètes*. Ed. Henri Mondor et G. Jean-Aubry. P.,
　　　　Gallimard (Bibliothèque de la Pléiade), 1945, pp.
　　　　344-5.

1076　UN MONSIEUR DE L'ORCHESTRE: "La Soirée théâtrale.
　　　　Le Ventre de Paris", *Le Figaro*, 19 févr.

1077　SARCEY, Francisque: "Chronique théâtrale", *Le Temps*,
　　　　28 févr. Rp. in *Quarante Ans de théâtre (feuilletons
　　　　dramatiques) VII*. P., Bibliothèque des Annales
　　　　politiques et littéraires, 1902, pp. 42-53.
　　　　["un assez vulgaire mélodrame" - voir la réponse
　　　　de Z. in *O.C. XV*, pp. 815-20 - Cf. 1078]

1078　---: "Chronique théâtrale. Réponse à M. Emile Zola",
　　　　Le Temps, 7 mars. Rp. in *ibid.* (voir 1077), pp.
　　　　53-68.

1079　VITU, Auguste: "Premières représentations. Théâtre
　　　　de Paris. - *Le Ventre de Paris*", *Le Figaro*, 19
　　　　févr.

1080　ANONYME: "La Quinzaine", *Gazette anecdotique*, 12e
　　　　année, I, n° 5, 15 mars, pp. 133-4.
　　　　[Sur 1078-9]

1081　---: "Théâtres", *ibid.*, n° 4, 28 févr., pp. 117-9.

1082　---: "*Le Ventre de Paris*", *Nya Dagligt Allehanda*,
　　　　22 févr., p. 2.　　　　　　　　　　　　　[BU Lund]
　　　　[En suédois]

1083　---: "*Le Ventre de Paris*", *Dagens Nyheter*, 23 févr.,
　　　　p. 2.　　　　　　　　　　　　　　　　　　[BU Lund]
　　　　[En suédois]

1084　---: "*Le Ventre de Paris*", *Svenska Dagbladet*, 12
　　　　mars, p. 3.　　　　　　　　　　　　　　　[BU Lund]
　　　　[En suédois]

Sur "Renée" au Théâtre du Vaudeville:

1085 L'AMATEUR DES SPECTACLES: "Les soirs de premières. Vaudeville. *Renée*", *Le Moniteur universel*, 18 avril.

1086 BERGE, Jean: "La littérature et les arts", *La Fédération artistique* (Bruxelles), 7 mai.

1087 BERNARD-DEROSNE, Léon: "Premières représentations", *Gil Blas*, 18 avril.
[Ext. in Bern., *Théâtre II*, pp. 705-6]

1088 BIGOT, Charles: "Revue des théâtres. Vaudeville: *Renée*", *Le Siècle*, 18 avril.
[Ext. in Bern., *Théâtre II*, pp. 706-7]

1089 CLAUDIN, Gustave: "Théâtres", *Le Petit Moniteur universel*, 19 avril.

1090 DANCOURT: "Lettre de Paris", *Revue générale*, 23e année, XLV, mai, pp. 752 6.

1091 DELPIT, Albert: "Les premières. *Renée*", *Le Gaulois*, 17 avril.

1092 FRIMOUSSE: "La soirée parisienne. *Renée*", *Le Gaulois*, 17 avril.

1093 GANDERAX, Louis: "Revue dramatique: *Renée*, de M. Emile Zola", *RDM*, 57e année, LXXXI, 1er mai, pp. 215-27.

1094 LAFABRIE, P.: "Racine et Zola", *Le Monde*, 19 avril.

1095 LAPOMMERAYE, Henri de: "Critique dramatique", *Paris*, 28 févr.
[Cf. 1074]

1096 LAZARILLE: "La soirée parisienne. *Renée*", *Gil Blas*, 18 avril.

1097 LEFRANC, F.: "La Nouvelle Phèdre", *La Revue d'Art dramatique*, VI, 1er mai, pp. 153-61.

1098 LE ROUX, Hugues: "Théâtres. Vaudeville", *RBl*, XXXIX (3e série), n° 17, 23 avril, pp. 538-40.

1099 MALLARME, Stéphane: "Notes sur le théâtre", *RI*, n.s. III, n° 7, mai, pp. 244-8. Voir aussi *Œuvres complètes*. Ed. Henri Mondor et G. Jean-Aubry. P., Gallimard (Bibliothèque de la Pléiade), 1945, pp. 320-1, 338-9. Ext. in *La Griffe*, VIII, 10 nov. 1927, p. 3.
[Sur *Jacques Damour* au théâtre aussi]

1100   MARHOLM, L.: "Zola auf dem Theater", *Die Gegenwart*, XXXI, n° 20, 14 mai, pp. 311-3.   [YC]

1101   MORLOT, Emile: "Critique dramatique", *La Revue d'Art dramatique*, VI, 1er mai, pp. 170-7.

1102   PRAT, Pedro de: "Quincena parisiense", *Ilustración Española y Americana*, 30 avril, p. 283.   [CA]

1103   RACOT, Adolphe: "Théâtres", *La Gazette de France*, 18 avril.

1104   SARCEY, Francisque: "Chronique théâtrale", *Le Temps*, 18 avril. Rp. in *Quarante Ans de théâtre (feuilletons dramatiques) VII*. P., Bibliothèque des Annales politiques et littéraires, 1902, pp. 69-78. [Réponse de Z. dans *Le Figaro* du 22 avril - Cf. 1105]

1105   ---: "Chronique théâtrale. A M. Emile Zola", *Le Temps*, 25 avril. Rp. in *ibid.*, pp. 78-84. Cf. 1104.

1106   SPADA [J.K. JANZON]: *"Renée"*, *Stockholms Dagblad*, 28 avril, p. 5.   [BU Lund]
[En suédois]

1107   THIERRY, Edouard: "Théâtres", *Le Moniteur universel*, 25 avril.

1108   VANDRUNEN, James: "Le théâtre naturaliste", *L'Artiste* (Bruxelles), I, n° 4, 24 avril, pp. 1-3.   [AML]

1109   C.D.W. [Carl David af WIRSEN]: *"Renée"*, *Post och Inrikes Tidningar*, 27 juin, p. 3.   [BU Lund]
[En suédois]

1110   WOLFF, Albert: "Courrier de Paris", *Le Figaro*, 23 avril.
[Voir l'article de Z.: *"Renée* et la critique", *Le Figaro*, 22 avril]

1111   ---: "Courrier de Paris", *Le Figaro*, 19 déc.

1112   ANONYME: "La grande colère d'Emile Zola", *Le Moniteur universel*, 24 avril.
[Cf. 1110]

1113   ---: *"Renée"*, *Göteborgs Handels- och Sjöfartstidning*, 28 avril, p. 1.   [BU Lund]
[En suédois]

1114   ---: *"Renée"*, *Nya Dagligt Allehanda*, 20 avril, p. 3.
[En suédois]   [BU Lund]

1115   ANONYME: "Théâtres", *Gazette anecdotique*, 12e année, I, n° 7, 15 avril, pp. 232-3.

Sur "La Terre" et le "Manifeste des Cinq":

1116   ALEXANDRE, Arsène: "Chronique de Paris. M. Zola et *La Terre*", *L'Evénement*, 8 janv.

1117   ---: "Les juges de Zola", *Paris*, 20 août.

1118   ALEXANDRE, Arsène (Saint): "La Passion de N.S. Zola", *Paris*, 31 août.
[Article satirique]

1119   ALEXANDRE, Arsène: "Critique des critiques", *Paris*, 4 déc.
[Avec une lettre de Z.]

1120   ALEXIS, Paul: *"La Terre"*, *Le Cri du Peuple*, 1er juin.

1121   ---: "Tartufe venge Jésus-Christ" et "Les cinq cornichons", *Le Cri du Peuple*, 22 et 23 août. [BB]
[Réponse spirituelle à 1126]

1122   ARENE, Emmanuel: "Courrier de Paris", *La République française*, 21 août.

1123   ---: "La fin de *La Terre*", *La République française*, 19 sept.
["avilissement", "bassesse"]

1124   BAUER, Henry: "L'Excommunication d'Emile Zola", *Le Réveil-Matin*, 21 août.

1125   BERNIER, Robert: "Chronique littéraire", *La Revue moderne politique et littéraire*, 4e année, II, n° 45, 20 sept., pp. 181-3.

*1126   BONNETAIN, Paul, J.-H. ROSNY, Lucien DESCAVES, Paul MARGUERITTE, Gustave GUICHES: *"La Terre. A Emile Zola"*, *Le Figaro*, 18 août. Rp. le lendemain dans *L'Echo de Paris* et, partiellement, dans plusieurs journaux parisiens. In *Le Voltaire*, *L'Autorité*, le 20 août. Voir aussi *RM IV*, pp. 1525-9. Voir surtout 6086.
[Le fameux "Manifeste des Cinq", répudiation de Z. par cinq "disciples" - voir la réponse de Z. dans *Gil Blas* du 21 août - Cf. 1127 et 1160]

*1127   BONNETAIN, Paul: "Explication", *Le Figaro*, 22 août.
[Répond à Z.; voir 1126 note - justifie le "Manifeste" - cite un ext. d'une lettre de Z. du 6 févr. 1883]

1128 BOUBEE, Simon: "Théâtres. Réouvertures", *Gazette de France*, 5 sept.
[*La Terre* et *Claudie*, drame de George Sand]

1129 BOUCHERON, Maxime: "Saine diversion", *L'Echo de Paris*, 17 nov.

1130 BRISSON, Adolphe: "Livres et revues. *La Terre*, par M. Emile Zola", *APL*, 5e année, no 231, 27 nov., pp. 347-8.

1131 BRUNETIERE, Ferdinand: "La banqueroute du naturalisme", *RDM*, 57e année, 3e série, LXXXIII, 1er sept., pp. 213-24. Rp. in 544, éd. de 1892, pp. 345-68.
[Les "cinq" ont raison; Z. "a passé toutes les bornes"]

1132 BRUSCAMBILLE: "Courrier de Paris. Les Cinq", *L'Evénement*, 22 août.

1133 BUQUET, Paul: "A Emile Zola", *Le Cri du Peuple*, 20 août.
[Défend Z.]

1134 CAPUS, Alfred: "Le dernier feuilleton de *La Terre*", *Le Gaulois*, 15 sept.

1135 V. CH.: "La pensée de M. Emile Zola", *Le Moniteur universel*, 21 août.

1136 CHAMPSAUR, Félicien: "D'après la vie. Notes sur Zola", *L'Evénement*, 17 juill.

1137 CHEVASSU, Francis: "M. Zola et Mes X...", *Le National*, 22 juill.

1138 CHINCHOLLE, Charles: *"La Terre"*, *Le Figaro*, 4 janv.

1139 CORNELY, J.: "Une promenade", *Le Gaulois*, 21 déc.

1140 CORRA, Emile: "Le paysan", *L'Evénement*, 7 sept.

1141 DEROME, L.: *"La Terre* et le roman naturaliste", *Le Moniteur universel*, 4 oct.
["un dossier d'horreurs"]

1142 DESCHAUMES, Edmond: "Jésus-Christ selon Zola", *Le National*, 3 août.

1143 DESJARDINS, Paul: "Notes et impressions", *RBl*, 24e année, 3e série, XIII, no 9, 27 août, p. 281. Voir aussi l'article de Maxime Gaucher dans le no 10, 3 sept., pp. 311-2.

1144   DETHEZ, Albert: "Chronique", *Le Siècle*, 21 août.
       [Ext. in Bern., p. 543.]

1145   ---: "Chronique. Le paysan", *Le Siècle*, 24 nov.

1146   DEVERTUS, Edouard: "Les paysans. A Monsieur Octave
       Mirbeau", *Le Cri du Peuple*, 2 oct.
       [Réponse à 1172]

1147   DUVAL, Georges: "Chronique du lundi. Pile ou face",
       L'Evénement, 23 août.

1148   FOUQUIER, Henry: "La vie de Paris", *Le XIXe Siècle*,
       22 août.

1149   FOURNEL, Victor: "Les œuvres et les hommes", *Le
       Correspondant*, CXLVIII, n° 5, 10 sept., pp. 935-40.

1150   FOURNIER, Hippolyte: "Critique littéraire", *La Patrie*,
       26 août.

1151   ---: "Critique littéraire. *La Terre*, par Emile Zola",
       La Patrie, 25 nov.

1152   FRANCE, Anatole: *"La Terre"*, *Le Temps*, 28 août. Rp.
       in *La Vie littéraire*. [1re série]. P., Calmann
       Lévy, 1889, pp. 225-38.
       [Très dur: "M. Zola est digne d'une grande pitié" -
       Cf. 4585]

1153   ---: "La vie littéraire. A propos de *La Terre* de M.
       Zola", *Le Temps*, 4 sept.

1154   GEFFROY, Gustave: "Chronique. Bataille littéraire",
       La Justice, 20 août.

1155   GEROME [Anatole FRANCE]: "Courrier de Paris",
       L'Univers illustré, 30e année, n° 1694, 10 sept.,
       pp. 578-9.
       [Cf. n° 1693, 3 sept., p. 562]

1156   GILLE, Philippe: *"La Terre* et Emile Zola", *Le Figaro*,
       16 nov. Rp. in *La Bataille littéraire, quatrième
       série (1887-1888)*. P., Victor-Havard, 1891, pp.
       46-56.

1157   GINISTY, Paul: "Chez M. Emile Zola", *Gil Blas*, 12
       janv.

1158   GOTTSCHALL, Rudolf von: "Emile Zola und die *Revue
       des deux mondes*", *Blätter für literarische
       Unterhaltung*, n° 42, 20 oct., pp. 657-9.   [YC]
       [A propos de 1131]

1159 HALLAYS, André: *"La Terre* par M. Emile Zola", *Journal des Débats,* 24 nov.

1160 HAREL, Maurice: "Paris qui passe. Chez M. Emile Zola", *Le Parti National,* 22 août.

1161 HUGONNET, Léon: "Patriotisme et littérature", *La France,* 24 août.
[Honte pour la France]

1162 JOZE-DOBRSKI, W.: "Pogadanki o literaturze francuzkiej", *PT,* n⁰ 43, pp. 519-20.   [BU Varsovie]
[En polonais]

1163 RICH. K. [R. KAUFMANN]: *"La Terre", Göteborgs Handelsoch Sjöfartstidning,* 14 sept.   [BU Lund]
[En suédois]

1164 KING, Edward: "Zola and His Followers", *The Critic* (New York), VIII, n⁰ 193, 10 sept., pp. 132-3.

1165 LEPELLETIER, E.: "Charlot s'ennuie", *L'Echo de Paris,* 25 août.

1166 ---: "Chronique des livres. I. *La Terre,* par Emile Zola", *L'Echo de Paris,* 28 nov.

1167 MAUTHNER, Fritz: *"La Terre* von Zola", *Die Nation,* V, n⁰ 10, 3 déc., pp. 135-8.   [YC]
[Très sévère]

1168 MENIPPE: "Causerie", *Le Français,* 22 août.

1169 MICHEL, Adolphe: "Chronique. Un maître renié par ses disciples", *Le Siècle,* 19 août.
[Ext. in Bern., p. 542]

1170 MICHELET, Emile: "Lettre parisienne", *Revue générale,* 23ᵉ année, XLVI, sept., pp. 507-9.

1171 ---: "Lettre parisienne", *ibid.,* déc., pp. 1021-3.

1172 MIRBEAU, Octave: "Le paysan", *Le Gaulois,* 21 sept.
["un mauvais ouvrage" - Ext. in Bern., p. 545 - voir la lettre de Z. du 23 sept.]

1173 MONTJOYEUX: "Les cinq", *Gil Blas,* 20 août.

1174 MONTORGUEIL, Georges: "Sans maître", *Paris,* 22 août.

1175 NAUTET, Francis: "Lettre de Bruxelles", *Revue générale,* 23ᵉ année, XLVI, sept., pp. 524-8.

1176 NESTOR [Henry FOUQUIER]: "Les mœurs des lettrés", *Gil Blas,* 24 août.

1177 NIVELLE, Jean de: "Schisme d'hier", *Le Soleil*, 26 août.

1178 ---: "Le paysan", *Le Soleil*, 24 nov.

1179 ORDINAIRE, Dionys: "Les Paysans", *Le National*, 29 août.

1180 PENE, H. de: "Contre le fumier", *Le Gaulois*, 26 nov.

1181 PERGAMENI, H.: "*La Terre*, par M. Emile Zola", *Revue de Belgique*, 19e année, LVII, 15 déc., pp. 418-27.

1182 PERIER, Gustave: "Causerie parisienne. M. Zola et ses disciples", *Le Parti National*, 22 août.

1183 PEYROUTON, Abel: "Chronique parisienne. Nos Naturalistes", *Le Mot d'Ordre*, 26 août.

1184 QUISAIT: "Le paysan patriote", *Le Gaulois*, 12 janv.

1185 ROBINSON: "*La Terre*", *Le Petit Moniteur universel*, 9 sept.

1186 ROD, Edouard: "Naturalisme", *Gazette de Lausanne*, 27 août.

1187 ROGAT, Albert: "Chronique", *L'Autorité*, 20 août.

1188 ---: "Chronique", *ibid.*, 18 sept.

1189 SARCEY, Francisque: "Chronique. Maîtres et disciples", *La République française*, 23 août.   [RM IV]

1190 ---: "Notes de la semaine", *APL*, 5e année, n° 218, 28 août, pp. 130-1.

1191 SARCEY, Francisque [Alphonse ALLAIS?]: "*La Terre*", *Le Chat noir*, 6e année, n° 295, 3 sept., p. 1.

1192 SARCEY, Francisque: "Chronique", *La France*, 3 déc. [Ext. in Bern., pp. 546-7]

1193 SCHOLL, Aurélien: "Courrier de Paris", *Le Matin*, 13 et 27 août.
["immondes récits du vautrement des truies et des idiots"]

1194 SIMMIAS: "Sans Dieu", *La Gazette de France*, 5 sept.

1195 G.T.: "Romans-contes-nouvelles-facéties", *Le Livre*, VIII, n° 96, 10 juill., pp. 637-8.

1196 TALMEYR, Maurice: "Chronique. *La Terre*", *Le National*, 13 sept.

1197   TEN BRINK, J.: "Het rumoer over *La Terre*", *De Amster-dammer*, 18 sept. Rp. in 1288.   [BB]

1198   ---: *"La Terre"*, *De Amsterdammer*, 11 et 18 déc. Rp. in 1288.   [BB]

1199   TRUBLOT [Paul ALEXIS]: *"La Terre"*, *Le Cri du Peuple*, 6 janv.

1200   UN VIEUX PROFESSEUR: "Les livres", *L'Estafette*, 22 nov.

1201   VIGNIER, Charles: "La jeunesse en révolte", *L'Evéne-ment*, 20 août.

1202   ---: *"La Terre"*, *L'Evénement*, 19 nov.

1203   WALISZEWSKI, Kazimierz: "Ze stolicy świata", *Kurier Warszawski*, n° 280, pp. 1-2; n° 281, pp. 1-3. [En polonais]   [BU Varsovie]

1204   WYZEWA, Teodor de: "Les paysans de M. Zola", *RI*, n.s. V, n° 14, déc., pp. 371-403.

1205   X...: *"La Terre* de M. Zola", *Gazette de France*, 10 juin. [Les bévues du roman]

1206   ---: "Encore *La Terre*", *Gazette de France*, 24 juin.

1207   ZOLLING, Theophil: "Zola's neuer Roman *(La Terre)*", *Die Gegenwart*, XXXII, n° 48, 26 nov., pp. 345-7.   [YC]

1208   ANONYME: "A propos de *La Terre*", *L'Autorité*, 23 sept.

1209   ---: "Boletín bibliográfico", *RC*, 15 nov.   [CA]

1210   ---: [Chronique], *Le Réveil*, 20 août.

1211   ---: "Chronique", *Le Réveil*, 26 août.

1212   ---: "Comment M. Zola opère lui-même", *La Patrie*, 31 août.

1213   ---: "Emil Zola", *Zastava*, XXII, p. 168.   [BUSM] [En serbo-croate]

1214   ---: "France. Courrier de Paris", *L'Etoile belge* (Bruxelles), 22 août. [Cf. 1127]

1215   ---: "Minor Notes and News", *NYT*, 21 août, p. 1.

1216   ---: "Le naturalisme de Zola", *Le Français*, 22 août et 22 nov.

1217   ANONYME: "Nog eens: *La Terre*", *De Amsterdammer*, 4
        sept.   [BB]

1218   ---: "Un nouveau rythme", *Gazette anecdotique*, 12^e
        année, I, n° 11, 15 juin, pp. 342-3. Cf. 5571.

1219   ---: "La presse au jour le jour", *Le XIXe Siècle*,
        19 août.

1220   ---: "La Quinzaine", *Gazette anecdotique*, 12e année,
        II, n° 16, 31 août, pp. 106-8.

1221   ---: [Article], *Le Temps*, 20 août.

1222   ---: "*La Terre*. Emile Zola socialiste", *Le Cri du
        Peuple*, 9 janv.

1223   ---: "*La Tierra*", "Notes bibliograficas", *RE*, oct.
                                                          [CA]

1224   ---: "Zola socialiste", *La Lanterne*, 8 janv.

1225   ---: "Zola's *La Terre*", *De Amsterdammer*, 28 août.
        [En hollandais]   [BB]

        [Voir aussi 1291-310]

                        *

1226   ADAM, Paul: "Le Maître du Néant", *La Grande Revue*
        (Paris et Saint-Pétersbourg), I, n° 1, 15 oct.,
        pp. 172-8.

1227   AUBERT, Henri: "L'école naturaliste en Allemagne",
        La Revue moderne, 4e année, II, n° 45, 20 sept.,
        pp. 163-8.

1228   BERG, Leo: "Berliner Theater-Quartal", *Die Gesell-
        schaft*, III, août, pp. 657-65.   [YC]
        ["Le trimestre dramatique à Berlin" - sur *Thérèse
        Raquin* - voir aussi *ibid.*, janv. 1888, pp. 83-4]

1229   [BLEIBTREU, K.]: "Literarische Neuigkeiten", *Mag.*,
        CXI, n° 7, 12 févr., pp. 97-8. Rp. in 955, 3e éd.,
        pp. vii-viii.   [YC]

1230   BLEIBTREU, Karl: "Ueber Realismus", *Mag.*, CXII,
        n° 27, 2 juill., pp. 385-7.   [YC]

1231   BOGUSŁAWSKI, Władysław: "Przegląd artystyczny",
        Kurier Warszawski, n° 118, pp. 1-2, 5; n° 119,
        pp. 1-3.   [BU Varsovie]
        [En polonais]

1232   BRAHM, Otto: "Zolas *Thérèse Raquin*", *Die Nation*,
        IV, n° 38, 18 juin.   [YC]

1233 BRANDES, Georg: "Virkeligheden og Temperamentet hos
      Emile Zola", *Tilskueren*, IV, sept., pp. 657-79.

1234 ---: "Umjetnički realizam Emila Zole", *Hrvatska*
      (Zagreb), nos 238-42, 19-24 oct.   [BNC]
      [En croate: "Le réalisme artistique de Zola" -
      conférence prononcée en Russie et publiée dans
      Le Messager de l'Europe, V, pp. 733-49]

1235 ---: "Zola", *Illustreret Tidende*, 1887-1888, pp.
      381-2.   [BNC]
      [En danois]

1236 CASE, Jules: "Chronique. Le prophète de Médan",
      L'Estafette, 22 nov.

*1237 CEARD, Henry: "Zola intime", *La Revue illustrée*,
      III, no 29, 15 févr., pp. 141-8. Rp. in *BSL*, no 6,
      1925, pp. 40-5. Ext. in *APL*, 20 févr. 1887, pp.
      125-6; in *L'Eclair*, 5 oct. 1924; in *La Renaissance
      politique, littéraire et artistique*, XV, 27 août
      1927, pp. 8-9.

1238 CONRADI, H.: *"Moderne Ideale"*, *Mag.*, CXI, no 11,
      12 mars, pp. 152-5.   [YC]
      [Roman de K. Telmann opposé à *L'Œuvre*]

1239 DU FOUR, A.: "Zola's Idealism", *The Nation* (New
      York), XLV, no 1169, 24 nov., p. 417. Voir aussi
      nos 1173-4, 22 et 29 déc., pp. 505, 525-6.

1240 ERNST, Otto: "Die moderne Literaturspaltung und
      Zola", *Mag.*, CXI, no 24, 11 juin, pp. 341-3;
      no 25, 18 juin, pp. 365-7; no 26, 25 juin, pp.
      380-3.   [YC]

1241 FOKKE, Arnold: "Die realistische Strömung in unserer
      Literatur", *Die Gegenwart*, XXXII, nos 31-2, 30
      juill. et 6 août, pp. 69-71, 89-92.   [YC]
      ["Le courant réaliste dans notre littérature"]

1242 FOUQUET, Fernand: "M. Emile Zola, auteur dramatique",
      La Revue littéraire et artistique, V, no 50, mai,
      pp. 382-90.

1243 FOUQUIER, Henry: "Querelles d'écoles", *La Revue
      d'Art dramatique*, 2e année, VI, no 31, 1er avril,
      pp. 1-11.
      [Sur la critique dramatique de Z.]

1244 GEROME [Anatole FRANCE]: "Courrier de Paris", *L'Uni-
      vers illustré*, 30e année, no 1663, 5 févr., pp. 82-3.
      [Sur Z. et la censure]

1245   GIL FORTOUL, José: "El naturalismo literario", *La*
       Opinión nacional (Caracas), 14 et 15 févr.
                                              [BU Caracas]

1246   HESSEN, R.: *"Thérèse Raquin", Die Grenzboten,* XLVI,
       juill., pp. 136-40.   [YC]
       [Sur la pièce de théâtre]

*1247 HOCHE, Jules: "Le premier roman d'Emile Zola", *La*
       Revue illustrée, 2e année, IV, n° 46, 1er nov.,
       pp. 289-98. Rp. in *APL,* XI, 12 août 1888, pp.
       99-100; in *L'Opinion,* I, 28 mars 1908, p. 17.
       Voir aussi *APL,* 25 juin 1893, pp. 403-4.
       [Z. et le "petit chapeau rose"]

1248   LE ROUX, Hugues: "Théâtres. Odéon", *RBl,* 24e année,
       2e semestre, XL, n° 14, 1er oct., pp. 442-4.
       [*Jacques Damour* au théâtre]

1249   LINDAU, P.: "Im Banne des Naturalismus. *Ein Verhält-*
       nis. Roman von Karl Perfall", *Nord und Süd,* XLIII,
       déc., pp. 353-66.   [YC]

1250   MAHLY, Jakob: "Die literarische Kritik", *Kritisches*
       Jahrbuch, LIX, févr., pp. 136-59.   [YC]

1251   MAHRENHOLTZ, R.: "Emile Zola's Selbstbekenntnisse
       im *Roman expérimental", Zeitschrift für neufran-*
       zösische Sprache und Literatur, IX, n° 7, pp.
       314-25.   [YC]

1252   MARZIALS, Frank T.: "M. Zola as a Critic", *The Con-*
       temporary Review, LI, janv., pp. 57-70.

1253   MILLAUD, Albert: "Le duel Sarcey-Zola", *Le Figaro,*
       26 avril.

1254   MILLE, Constantin: "Naturalismul şi pornografia",
       Lupta (Bucarest), IV, n° 360, 30 sept., pp. 2-3.
                                              [BU Iasi]

1255   MUNILLA, Ortega: [Chronique], *Los Lunes de El Im-*
       parcial, 26 sept.   [CA]

1256   PARDO BAZAN, Emilia: "Literatura u otras hierbas",
       RE, juill.   [CA]

1257   PESCHKAU, Emil: "Bahnen der Zukunft", *Mag.,* CXI,
       n° 14, 2 avril, pp. 193-6.   [YC]
       [En allemand - "Voies de l'avenir"]

1258   POPOVIC, Bogdan: "Suvremeni roman", *Otadžbina* (Bel-
       grade), XVI, pp. 313ff. et 491ff.   [MS]
       ["Le roman contemporain"]

1259   RIDER HAGGARD, H.: "About Fiction", *The Contemporary Review* (Londres), LI, févr., pp. 172-80.
[Contre le naturalisme]

1260   SAINT-CERE, Jacques: "Un poëte du Nord. Enrick Ibsen", *La Revue d'Art dramatique*, 2e année, VI, n° 31, 1er avril, p. 24.
[*Thérèse Raquin* au théâtre en Norvège]

1261   SARCEY, Francisque: "Chronique théâtrale. La censure", *Le Temps*, 31 janv.

1262   ---: "Chronique. Turlutaines", *La France*, 17 août.
[Voir aussi Adrien Decourcelle: "Zola et le docteur Grégoire", *ibid.*, 23 août - sur *Turlutaines*, dictionnaire satirique par le docteur Grégoire où il est question de Z. et le naturalisme]

1263   SARRAZIN, J.: "Ausländische Literatur", *Blätter für literarische Unterhaltung*, n° 11, 7 mars, p. 75.
[YC]

1264   SCHWEICHEL, Robert: "Der naturalistische Roman bei den Russen und den Franzosen IV", *NZ*, V, déc., pp. 545-54.   [YC]

1265   TALMEYR, Maurice: "Chronique. Zohugola", *Le National*, 19 avril.
[Z. imitateur de Hugo - le romantisme de Z.]

1266   TRAUTNER, Max: "Ist Zola Sozialist?", *Mag.*, CXI, n° 5, 29 janv., pp. 57-8.   [YC]

1267   X...: "Notes sur l'auteur de *La Terre*", *La Revue moderne, politique et littéraire*, 4e année, II, 20 oct., pp. 280-6.

1268   ZABEL, Eugen: "Balzac und der französische Naturalismus. I. Honoré de Balzac. II. Die Naturalisten", *Westermanns illustrierte deutsche Monatshefte*, XXXI, févr.-mars, pp. 619-31, 794-806.   [YC]

1269   Z. [Theophil ZOLLING]: "Aus der Hauptstadt. Dramatische Aufführungen: *Thérèse Raquin*", *Die Gegenwart*, XXXI, n° 25, 18 juill., pp. 397-8.   [YC]

1270   ZOLLING, Theophil: "Deutsche Naturalisten", *Die Gegenwart*, XXXII, n° 47, 19 nov., pp. 324-7.   [YC]
[Influence de Z. en Allemagne]

1271   ANONYME: "Da li je Zola socijalist", *Vienac*, XIX, p. 320.   [BUSM]
[En serbo-croate - "Zola, est-il socialiste?"]

1272   ANONYME: "Gazette parlementaire. La Chambre", *Gil*
        Blas, 30 janv.
        [*Germinal* et la censure]

1273   ---: "Naturalisme", *Le Petit Journal*, 19 sept.

1274   ---: "Les premières", *Le Réveil*, 25 sept.
        [*Jacques Damour* au théâtre]

1275   ---: "*Thérèse Raquin*, Malmö, W. Fought sällskap",
        Sydsvenska Dagbladet Snällposten, 12 sept., p. 2.
        [En suédois]   [BU Lund]

1276   ---: "Zur Aesthetik des Naturalismus", *Die Grenzboten*,
        juill.-sept., pp. 372-9.   [YC]

        [Voir aussi 3400]

                            1888

1277   BERG, Leo: *Haben wir überhaupt noch eine Literatur?*
        Grossenhain-Leipzig, Baumert & Ronge. 80p.   [YC]
        [Sur la littérature allemande par rapport à la
        littérature française]

1278   BLEIBTREU, Karl: *Der Kampf um's Dasein der Litera-*
        tur... Leipzig, [Friedrich]. xxx,116p.   [YC]
        [*La Lutte pour la vie de la littérature* - la
        couverture donne 1889]

1279   BOISSIN, Firmin: *Le Paysan dans la littérature*
        contemporaine. P., Société d'Economie sociale.
        30p.
        [Voir pp. 11-20: "Le paysan d'après M. Zola" -
        La Terre est "un long blasphème"]

1280   DAUDET, Alphonse: *Trente Ans de Paris. A travers*
        ma vie et mes livres. P., Marpon et Flammarion.
        344p.
        [Sur le "dîner des auteurs sifflés", pp. 335-43]

1281   DERAISMES, Maria: *Epidémie naturaliste*. P., Dentu,
        [1888]. 93p.
        [Dénonce Z. et *La Terre* - voir pp. 47-93: "Emile
        Zola et la science", discours de 1880]

1282   GONCOURT, Edmond et Jules de: *Journal des Goncourt.*
        Mémoires de la vie littéraire. P., Charpentier
        [à partir du volume 6: Charpentier-Fasquelle],
        1888-1896. 9 vol. Voir surtout: *Journal. Mémoires*
        de la vie littéraire. Ed. Robert Ricatte. Monaco,
        Les Editions de l'Imprimerie Nationale de Monaco/

Fasquelle et Flammarion, 1956. 22 vol.; P., Fasquelle et Flammarion, 1956. 4 vol.

1283 GOUDEAU, Emile: *Dix Ans de bohème*. P., Librairie Illustrée, s.d. [1888]. 286p.
[Voir pp. 70-2 sur la publication de *L'Assommoir*]

1284 KIRCHBACH, Wolfgang: *Was kann die Dichtung für die moderne Welt noch bedeuten?* Berlin, Eckstein. 42p. *Literarische Volkshefte*, n° 6. [YC]
[*Quelle signification la littérature peut-elle encore avoir pour le monde moderne?*]

1285 MERIAN, Hans: *Die sogenannten "Jüngstdeutschen" in unserer zeitgenössischen Literatur*. Leipzig, Friedrich, [1888]. 41p. [YC]
[Influence de Z. en Allemagne]

1286 OERTEL, G.: *Die literarischen Strömungen der neuester Zeit, insbesondere die sogenannten "Jüngstdeutschen"*. Heilbronn. 59p. [YC]
[Attaque violente]

1287 SARRAZIN, Joseph: *Das moderne Drama der Franzosen in seinen Hauptvertretern*. Stuttgart, Frommann (Hauff). viii,325p. [YC]

1288 TEN BRINK, J.: *Verspreide Letterkundige Opstellen voor het jaar 1887*. La Haye, Morel. [BB]
[Cf. 1197-8]

1289 VIZETELLY, Henry (éd.): *Extracts, Principally from the English Classics, Showing that the Legal Suppression of M. Zola's Novels Would Logically Involve the Bowlderizing of Some of the Finest Works in English Literature*. Londres, Vizetelly. 86p.
[Lors de son procès, l'éditeur anglais de l'œuvre de Z. cherche à démontrer, par un recueil de citations classiques, que "l'immoralité" de l'œuvre de Z. n'est pas rare - Voir aussi William E. COLBURN: "The Vizetelly *Extracts*", *The Princeton University Library Chronicle*, XXIII, n° 2, 1961-1962, pp. 54-9]

1290 WOLFF, Eugen: *Die jüngste deutsche Literaturströmung und das Prinzip der Moderne*. Berlin, Eckstein. 48p. *Literarische Volkshefte*, n° 5. [YC]

Sur "La Terre" [Cf. 1116-1225]:

1291 GINISTY, Paul: "*La Terre*, par M. Emile Zola", Rp. in *L'Année littéraire 1887*. P., Charpentier,

[1888], pp. 378-84.
[Article du 15 nov. 1887]

1292 [BLEIBTREU, K.]: "Literarische Neuigkeiten", *Mag.*,
CXIII, n⁰ 1, 1ᵉʳ janv., p. 14. [YC]
[Le livre "le plus sale de la litterature sérieuse"]

1293 BOISSIN, Firmin: "Romans, contes et nouvelles", *Poly-biblion*, XXVII, n⁰ 1, janv., pp. 16-20.

1294 BROUEZ, F.: "Chronique littéraire", *La Société nou-velle* (Bruxelles), 4ᵉ année, I, pp. 79-81.

1295 BRUCK, Fritz von: "Zolas *La Terre*", *Die Gesellschaft*,
IV, janv., pp. 90-2. [YC]

1296 FULDA, Ludwig: "Das Verbot von Zolas *La Terre*", *Mag.*,
CXIII, n⁰ 3, 14 janv., pp. 41-3. [YC]
[Contre l'interdiction du roman]

1297 GROTH, Ernst Johann: "Zur Aesthetik des Hässlichen",
Die Grenzboten, XLVII, n⁰ 2, avril-juin, pp. 529-
34. [YC]
["A propos de l'esthétique du laid"]

1298 HESSEM, Louis de: "Zola's *La Terre*", *Mag.*, CXIII,
n⁰ 2, 7 janv., pp. 17-19. [YC]

1299 HOWELLS, W.D.: "Zola's Naturalism. *La Terre*", *Harper's
(New) Monthly*, LXXVI, mars, pp. 641-2. Voir aussi
Criticism and Fiction, and Other Essays, New York,
Harper, 1892, et New York University Press, 1959,
pp. 154-63.

1300 KRESSNER, A.: *"La Terre"*, *FG*, V, févr., pp. 49-52. [YC]

1301 KULLMANN, Wilhelm: "Emile Zola und seine Aufnahme",
Blätter für literarische Unterhaltung, n⁰ 2, 12
janv., pp. 25-7. [YC]

1302 MAHRENHOLTZ, R.: *"La Terre"*, *Zeitschrift für neu-französische Sprache und Literatur*, X, n⁰ 2, pp.
93-4. [YC]

1303 SCHMIDT, Erich: "Schöne Litteratur", *Deutsche
Litteraturzeitung*, IX, n⁰ 9, 3 mars, pp. 326-7.

1304 VAN DEYSSEL, L.: "Zolaas laatste werk: *La Terre*",
De Nieuwe Gids (Amsterdam), III, févr., pp.
434-58. Rp. in *Verzamelde Opstellen*, *I.* Amsterdam,
1894, pp. 115-42; in *Verzamelde Werken*, *IV.* Amsterdam, pp. 93-117.

1305   VAN SANTEN KOLFF, J.: "Zolaïana. *La Terre*, *De Nieuwe Gids*, III, n° 2, juin, pp. 311-21.
[Avec des extraits de lettres de Z. sur le roman]

1306   ZYZNA: "*Ziemia* ostatnia powieść Zoli", *Przegląd Literacki Kraju*, n°s 1-2, pp. 8-10.
[En polonais]   [BU Głowna, Poznań]

1307   ANONYME: "Belles Lettres", *The Westminster Review* (Londres), CXXIX, n° 5, avril, p. 537.
[c.r. de la tr. anglaise]

1308   ---: "French Book and Author. Works Now Talked About and in Preparation", *NYT*, 12 févr., p. 12.
[Le succès du roman]

1309   ---: "Zola's *La Terre*", *The Critic* (New York), XII, n° 230, 26 mai, pp. 255-6.

1310   ---: "Zola's Literary Future", *The Critic*, XIII, n° 241, 11 août, p. 71.

Sur "Germinal" au Théâtre du Châtelet:

1311   ALEXIS, Paul: "Les premières", *Le Cri du Peuple*, 24 avril.   [BB]

1312   BOURGEAT, Fernand: *"Germinal"*, *Gil Blas*, 23 avril.

1313   CORBINELLI: "*Germinal* au théâtre", *La Revue socialiste*, VII, n° 42, juin, pp. 638-9.

1314   DORSEL, Robert: "Causerie dramatique", *Le Moniteur universel*, 30 avril.

1315   FOUQUIER, Henry: "La pitié", *Le Figaro*, 23 avril.

1316   KAHN, Gustave: "Chronique de la littérature et de l'art", *RI*, n.s. VII, n° 19, mai, pp. 363-7.

1317   LAZARILLE: "La soirée parisienne. *Germinal*. *La Marchande de sourires*", *Gil Blas*, 23 avril.

1318   LORRAIN, Jean: "Une mauvaise action", *L'Evénement*, 28 avril.

1319   MILLAUD, Albert: "Les concessions de Zola ou les métamorphoses de *Germinal*", *Le Figaro*, 9 mai.
[Chronique fantaisiste]

1320   UN MONSIEUR DE L'ORCHESTRE: "La soirée théâtrale. *Germinal*", *Le Figaro*, 22 avril.

1321   SARCEY, Francisque: "Chronique théâtrale", *Le Temps*, 23 avril.

1322　SCHOLL, Aurélien: "Courrier de Paris", *L'Evénement*, 27 avril.

1323　VILLETARD, Edmond: "Causerie", *Le Moniteur universel*, 30 avril.

1324　VITU, Auguste: "Premières représentations", *Le Figaro*, 22 avril.

1325　WOLFF, Albert: "Courrier de Paris", *Le Figaro*, 24 avril.
　　　[Voir l'article de Z. dans *Le Figaro* du 25 avril et *O.C.*, *XV*, pp. 826-9]

1326　ANONYME: *"Germinal"*, *Nya Dagligt Allehanda*, 25 avril, p. 3.　　　　　　　　　　　　　　　　[BU Lund]
　　　[En suédois]

1327　---: *"Germinal"*, *Dagens Nyheter*, 30 avril, p. 2.
　　　[En suédois]　　　　　　　　　　　　　　　　[BU Lund]

1328　---: *"Germinal"*, *Arbetet*, 3 mai, p. 3.　　　[BU Lund]
　　　[En suédois]

1329　---: "Théâtres", *Gazette anecdotique*, 12e année, I, n° 8, 30 avril, pp. 236-7.
　　　[Voir aussi n° 9 du 15 mai, pp. 273-4]

Sur la candidature de Zola à l'Académie Française:

1330　A. B.: "M. Zola devant les Quarante", *ATL*, XI, n° 267, 5 août, p. 90.

1331　CHAMBRY: "M. Auguste Vacquerie et l'Académie française", *Le Figaro*, 8 août.

1332　FENOUIL, Marc: "Zola jugé par Goncourt", *Le Gaulois*, 30 juill.

1333　GEROME [Anatole FRANCE]: "Courrier de Paris", *L'Univers illustré*, 31e année, n° 1742, 11 août, pp. 498-9.

1334　MIRBEAU, Octave: "La fin d'un honnête homme", *Le Figaro*, 9 août.

1335　PARISIS [Emile BLAVET]: "L'Académie & M. Zola", *Le Figaro*, 29 juill.

1336　VAN DEYSSEL, L.: "Zola gedekoreerd en akademielid", *De Nieuwe Gids* (Amsterdam), IV, n° 1, 1er oct., pp. 144-6. Rp. in *Verzamelde Opstellen*, *I*. Amsterdam, 1894, pp. 247-52.

1337　WOLFF, Albert: "Courrier de Paris", *Le Figaro*, 2 août.

1338   ANONYME: "L'Académie rajeunie", *Le Temps*, 28 juill.

1339   ---: "La grande trahison d'Emile Zola", *Gazette
        anecdotique*, 13e année, II, n° 15, 15 août, pp.
        80-4.
        [Cf. 1335]

1340   ---: "Timely French Topics... Zola and the Academy",
        NYT, 5 août, p. 9.

1341   ---: "Zola, Daudet en de "Académie Française","
        Zondagsblad (Het Nieuws van den Dag), 5 août.   [BB]
        [En hollandais]

1342   ---: "Zola's Determined Ambition", *NYT*, p. 5.

        Sur "Le Rêve":

1343   ASSE, Eugène: "Le poète dans Emile Zola", *NRI*, n°
        21, 15 nov., pp. 39-41.

1344   BIGOT, Charles: "Causerie littéraire. *Le Rêve*", *La
        République française*, 22 oct.

1345   BRAHM, Otto: "Der neue Zola", *Die Nation*, VI, n° 8,
        24 nov., pp. 117-9. Rp. in *Kritische Schriften*,
        II. Berlin, 1915. Reprise abrégée in *Deutsche
        Revue*, LVIII, févr. 1889, pp. 307-11.   [YC]

1346   BRISSON, Adolphe: "Livres et revues. *Le Rêve*, par
        Emile Zola", *APL*, XI, n° 278, 21 oct., pp. 267-8.

1347   CHANTAVOINE, Henri: *"Le Rêve, par M. Emile Zola"*,
        Journal des Débats, 24 oct.
        [Ext. in *RM IV*, pp. 1652-3]

1348   P.E.: "Literatura francuska (M. inn. Emil Zola: *Le
        Rêve)*", *Prawda*, n° 47, pp. 559-60.
        [En polonais]   [BU Głowna, Poznań]

1349   FRANCE, Anatole: "La vie littéraire. *Le Rêve* par
        Emile Zola", *Le Temps*, 21 oct. Rp. in *La Vie
        littéraire. 2e série*. P., Calmann Lévy, 1890,
        pp. 284-91.
        [Raille la pureté de Z.]

1350   GILLE, Philippe: *"Le Rêve* par Emile Zola", *Le
        Figaro*, 13 oct. Rp. in *La Bataille littéraire,
        quatrième série (1887-1888)*. P., Victor-Havard,
        1891, pp. 111-22.

1351   GINISTY, Paul: *"Le Rêve"*, *Gil Blas*, 19 oct. Rp. in
        *L'Année littéraire. Pr. de Jules Claretie. Qua-
        trième année 1888*. P., Charpentier, [1889], pp.
        369-74.

1352　GROTH, Ernst Johann: "Streifzüge durch die französische Literatur der Gegenwart I", *Die Grenzboten*, XLVII, n° 4, oct.-déc., pp. 504-11.　　[YC]
[Condamne les excès de l'œuvre de Z.]

1353　KAHN, Gustave: "*Le Rêve* de M. Emile Zola", *RI*, n.s.
IX, n° 25, nov., pp. 295-308.

1354　[LARIVIERE, Charles de?]: "Bibliographie", *Revue
générale*, 24e année, XLVIII, n° 5, nov., pp.
xxxvii-xxxviii.
[Ext. in Bern., p. 252.]

1355　LEMAITRE, Jules: "Causerie littéraire", *RBl*, XLII
(3e série), n° 17, 27 oct., pp. 533-5. Rp. in
*Les Contemporains: études et portraits littéraires.
4e série*. P., Société Française d'Imprimerie et
de Librairie, 1889, pp. 279-89.

1356　Dr S.M.: "Emil Zola i najnoviji mu roman *Le Rêve*",
Naše Doba (Novi Sad), n° 69, 1er nov.　　[MS]
["Emile Zola et son dernier roman" - Cf. n° 73,
16 nov.]

1357　MALAGARRIGA, Carlos: "La última obra de Zola (*Le
Rêve*)", *Los Lunes de El Imparcial*, 10 sept.　[CA]

1358　MATAVULJ, Simo: ["Emile Zola et *Glas Crnogorca*"],
Glas Crnogorca (Cetinje), n° 19, 8 mai.　　[BUSM]
[Avec une lettre de Z. du 26 avril adressée au
traducteur serbe du roman]

*1359　MAURRAS, Charles: "A propos du *Rêve*", (*Les Matinées
Espagnoles*) *Nouvelle Revue internationale*, XX,
n° 21, 15 nov., pp. 42-4. Rp. in AURIANT: "Un
portrait inconnu d'Emile Zola, par Charles
Maurras", *MF*, CCLXXIII, n° 927, 1er févr. 1937,
pp. 665-7.
[Avec une étude générale de Z.]

1360　MILANIC, S.: "Emil Zola i najnoviji mu roman *Le
Rêve*", *Naše Doba*, IV, p. 69.　　[BUSM]
[En serbo-croate - "Emile Zola et son dernier
roman *Le Rêve*" - Cf. 1356]

1361　MOORE, George: "M. Zola on the Side of the Angels",
St. James's Gazette, 2 nov., p. 3. Rp. in *Impressions and Opinions*. Londres, David Nutt, 1891,
pp. 122-9.

1362　MOUREY, Gabrielle: "Chronique. *Le Rêve*", *Le Parisien*, 22 oct.
[Ext. in *RM IV*, pp. 1650-1]

1363 NETSCHER, F.: "Iets van en over Zola", *Het Vaderland*,
    10 et 13 mai.   [BB]
    [En hollandais - "Quelque chose de et sur Zola"]

1364 SCHROETER-GOTTINGEN, Adalbert: "Zolas keuscher Roman",
    Blätter für literarische Unterhaltung, n⁰ 47, nov.,
    pp. 752-4.   [YC]
    ["Un roman chaste de Zola" - c.r. de la tr. alle-
    mande]

1365 G.T.: "Romans-contes-nouvelles-facéties", *Le Livre*,
    IX, n⁰ 107, 10 nov., pp. 561-2.

1366 TEN BRINK, J.: "Twee droomen van Emile Zola", *De
    Amsterdammer*, 16 sept. Rp. in *Verspreide Letter-
    kundige Opstellen van het jaar 1888*. La Haye,
    Morel, 1889, pp. 46-57.   [BB]
    ["Deux rêves d'Emile Zola"]

1367 VAN DEYSSEL, L.: "Zolaas nieuwe boek", *De Nieuwe
    Gids* (Amsterdam), IV, n⁰ 1, déc., pp. 147-54. Rp.
    in *Verzamelde Opstellen, I.* Amsterdam, 1894, pp.
    253-65 et in *Verzamelde Werken, IV*, pp. 193-202.

1368 VAN SANTEN KOLFF, J.: "Over Zola's nieuwen roman.
    Authentieke documenten", *De Portefeuille*, X, 7 et
    14 juill., pp. 6-7, 19-20.   [BB]

1369 ---: "Nog een paar *Rêve* - documenten", *ibid.*, 20
    oct., pp. 242-3.   [BB]

1370 --: "Zolaïana. Authentieke documenten. III. Voor
    het laatst *Le Rêve*", *ibid.*, 15 déc., pp. 371-2. [BB]

1371 C.D.W. [Carl David af WIRSEN]: *"Le Rêve"*, *Post och
    Inrikes Tidningar*, 3 nov., p. 3.   [BU Lund]
    [En suédois]

1372 WALLER, Max: "Chronique littéraire", *La Jeune
    Belgique* (Bruxelles), 8ᵉ année, VII, n⁰ 11, 10
    nov., pp. 366-7.

1373 ZOLLING, Theophil: "Ein tugendhafter Roman von Zola",
    Die Gegenwart, XXXIV, n⁰ 45, 10 nov., pp. 296-9.
    ["Un roman vertueux de Zola"]   [YC]

1374 ANONYME: "Chronique. *Le Rêve*", *La Paix*, 23 oct.

1375 ---: "Discussing a Translation. Contending for the
    Right to Publish Zola's Latest Work", *NYT*, 25
    sept., p. 2.
    [Contestation sur le droit de publier une tr. du
    roman]

1376   ANONYME: "Een droom", *Zondagsblad (Het Nieuws van den Dag)*, 11 nov.   [BB]
[En hollandais]

1377   ---: "M. Zola in a New Character", *The Pall Mall Budget* (Londres), XXXVI, n° 1050, 8 nov., p. 25.

1378   ---: "Najnoviji roman Emila Zole", *Javor* (Novi Sad), XV, n° 43, 23 oct., pp. 684-6.   [BUSM]
[En serbo-croate]

1379   ---: *"Le Rêve"*, *Göteborgs Handels- och Sjöfartstidning*, 11 avril et 20 oct.   [BU Lund]
[En suédois]

1380   ---: *"Le Rêve"*, *Göteborgs-Posten*, 31 oct., p. 2.
[En suédois]   [BU Lund]

1381   ---: *"Le Rêve"*, *LW*, XIX, n° 25, 8 déc., p. 451.
[c.r. de la tr. anglaise]

1382   ---: "Zola's *Dream*", *The Critic* (New York), X, n° 257, 1er déc., p. 271.

1383   ---: "Zola's New Book for Young Girls", *NYT*, 1er avril, p. 5.

[Voir aussi 1438-45]

*

1384   R. A. [Rafael Alvarez SEREIX?]: *"Magdalena Férat"*, *RC*, LXIX, 30 mars, pp. 666-7.   [CA]

1385   ---: *"Los Misteriosos de Marsella"*, *RC*, LXX, 15 avril, p. 111.   [CA]

1386   A. B. [Anatole BAJU]: "M. Zola et l'Idéal", *Le Décadent*, 2e série, 3e année, n° 8, 1er-15 avril, pp. 13-15.
[Voir aussi n° 9, pp. 10-11 - réponse à des remarques de Z. sur l'école décadente]

1387   BAJU, Anatole: "M. Zola décoré", *ibid.*, n° 16, 1-15 août, pp. 1-3.
[Dénonce l'hypocrisie de Z.]

1388   ---: "M. Emile Zola", *ibid.*, n° 22, 1er-15 nov., pp. 1-2.
[Très polémique]

1389   BERTON, C. (née Sampson): "Le plagiat de M. E. Zola", *La Paix sociale*, 2 juin. Voir aussi le supplément littéraire du 9 juin.
[*Un Page d'amour* et *Les Amours d'un homme laid* - Réponse de Z. le 3 juin]

1390   BLEIBTREU, Karl: "Grössenwahn", *Mag.*, CXIII, n° 10,
       3 mars, pp. 148-51.   [YC]
       ["Folie des grandeurs"]

1391   BRAHM, Otto: "Pariser Theatereindrücke", *Die Nation*,
       V, n° 39, 23 juin.   [YC]
       [Le naturalisme au théâtre]

#1392   BRANDES, Georg: "Emile Zola", *DR*, LIV, janv., pp.
       27-44. Rp.: *Emile Zola*. Berlin, Eckstein, 1889.
       30p. *Literarische Volkshefte*, n° 10. In *Menschen
       und Werke. Essays*. Francfort, Rütten & Loening,
       1894, pp. 225-60.
       [Cf. 1234-5 et 3440]

1393   BULTHAUPT, Heinrich: ""Naturalistische" Dramen",
       Blätter für literarische Unterhaltung, 26 avril,
       pp. 261-6.   [YC]
       [Sur *Renée*]

1394   CALIBAN [Emile BERGERAT]: "De l'embêtement en litté-
       rature", *Le Figaro*, 6 mai.
       [Contre les ambitions dramatiques de Z.]

1395   CHMIELOWSKI, Pietr: "Młode siły. Analiza twórczości
       Zoli", *Ateneum*, I, n° 1.   [BU Głowna, Poznań]
       [En polonais]

1396   FRIEDLANDER, M.: "Zola und die Hellmalerei", *Die
       Gesellschaft*, IV, n° 1, mars, pp. 227-32.   [YC]

1397   HALPERINE-KAMINSKY, E.: "La *Puissance des ténèbres*
       sur la scène française", *NR*, 10e année, L, 1er
       févr., pp. 621-9.
       [Le rôle de Z. - une lettre de Z.]

1398   HERMANT, Abel: "Zola décoré", *Gil Blas*, 15 juill.

1399   ILIC, D.J.: "Pesnik i naučnik (Emil Zola)", *Pobra-
       timstvo*, I, pp. 636-43, 702-10.   [BUSM]
       [En serbo-croate - "Emile Zola, poète et homme
       de science"]

1400   JAGOW, Eugen von: "Zola über die Zukunft der Lite-
       ratur", *Mag.*, CXIV, n° 35, 25 août, pp. 550-2. [YC]

1401   LEFRANC, A.: "Naturalisme et réalisme. Etude sur
       le roman en France au XIXe siècle. VII", *Revue
       canadienne* (Montréal), 3e série, I, avril, pp.
       232-41.
       [Z. "avilit et la nature et l'amour"]

1402   LIENHARD, Fritz: "Reformation der Literatur", *Die*

Gesellschaft, IV, juin-juill., pp. 146-58, 224-38.
[Oppose Z. et Shakespeare]   [YC]

1403   LINTON, E. Lynn: "M. Zola's Idée Mère", *The Universal
       Review,* I, mai, pp. 27-40.
       [La famille des Rougon-Macquart]

1404   PARISIS [Emile BLAVET]: "Zola et les "Cinq"," *Le
       Figaro,* 22 mars.
       [Voir aussi le 23 mars]

1405   REDING, V.: "Causerie théâtrale", *La Fédération artis-
       tique* (Bruxelles), 28 janv.
       [Sur *Tout pour l'honneur,* adaptation théâtrale du
       "Capitaine Burle"]

1406   SACHER-MASOCH, L. von: "Das literarische Frankreich
       nach persönlichen Eindrücken von L. von Sacher-
       Masoch. II. Flaubert. III. Der Dreimännerbund",
       Mag., CXIV, n° 28, 7 juill., pp. 429-33.   [YC]
       [Sur Z., Daudet et Goncourt]

1407   ---: "Das literarische Frankreich... IV. Die geistige
       Epidemie. V. Zola", *ibid.,* CIV, n° 48, 24 nov.,
       pp. 752-7.   [YC]
       [Anti-Zola - Cf. 1406]

1408   SULZBERGER, Max: "La démocratie et l'art", *La Société
       nouvelle* (Bruxelles), 4e année, I, pp. 262-4.
       [Sur la pièce *Jacques Damour*]

1409   SVETIC, Franc: "Naturalizem", *Ljubljanski zvon,* n° 6,
       pp. 359-64; n° 7, pp. 402-11.   [RV]
       [En slovène]

1410   UZUN, Fran: "Emil Zola o novinarstvo", *Srpski Dnevnik,*
       IV, n° 145, p. 1.   [BUSM]
       [En serbo-croate - "Emile Zola sur le journalisme"]

1411   VIZETELLY, Henry: "To the Editor of *The Times*", *The
       Times* (Londres), 19 sept., p. 5.
       [A propos de son premier procès - Voir la réponse
       de l'éd., *ibid.,* 21 sept., p. 10]

1412   ANONYME: "Central Criminal Court", *The Times* (Londres),
       1er nov., pp. 9, 13.
       [c.r. du premier procès Vizetelly]

1413   ---: "Lettres inédites", *Gazette anecdotique,* 13e
       année, I, n° 4, 29 févr., pp. 106-7.
       [2 lettres de Z.]

1414   ---: "La liberté de la presse en Angleterre", *ibid.,*

II, n° 17, 15 sept., pp. 140-2.
[Voir aussi le n° 18 du 30 sept., p. 186, et le n°
20 du 31 oct., pp. 259-60]

1415   ANONYME: "The Literary Creed of Emile Zola", *Time*
(Londres), XVIII, n° 41, mai, pp. 563-71.

1416   ---: "M. Zola at Home. An Interview with the Novelist
on the Prosecution", *The Pall Mall Budget* (Londres),
XXXVI, n° 1049, 1er nov., p. 6. Voir aussi *ibid.*, 23
août.
[Z. indifférent au procès Vizetelly et à sa répu-
tation en Angleterre]

1417   ---: "M. Zola on His English Critics", *ibid.*, n° 1051,
15 nov., p. 18.
[Cf. 1416]

1418   ---: "M. Zola on the Vizetelly Prosecution", *ibid.*,
n° 1039, 23 août, p. 28. Voir aussi n° 1040, 30
août, p. 31.
[Cf. 1416-7]

1419   ---: "Mr. Vizetelly's Defense of M. Zola", *ibid.*,
n° 1044, 27 sept., p. 29.
[A propos de 1289]

1420   ---: "Nevolja. Pripovetke E. Zole. Tr. Dr. Jevta
Ugričić", *Male Novine*, I, n° 183, p. 3.   [BUSM]
[En serbo-croate - Sur les contes de Z.]

1421   ---: *"Nuevos Cuentos a Ninon"*, *La Epoca*, 21 avril. [CA]

1422   ---: "Paris Notes", *The Bookseller* (Londres), 7 nov.,
pp. 1237-8.
[Après une visite à Médan]

1423   ---: "The Sale of Zola's Novels in England", *The Pall
Mall Budget* (Londres), XXXVI, n° 1038, 16 août,
p. 29.
[Sur le procès Vizetelly]

1424   ---: "La trilogie ouvrière", *L'Art moderne*, 12 févr.
[*L'Assommoir, Germinal, La Terre*]

1425   ---: "Zola at the Théâtre Libre", *NYT*, 19 mai, p. 9.

1426   ---: "Zola on Novels and Novelists", *The Critic*, XII,
n° 233, 16 juin, p. 298.
[Z. sur l'importance du roman]

1427   ---: "Zur Geschichte des realistischen Romans", *Die
Grenzboten*, XLVII, n° 1, janv.-mars, pp. 297-306. [YC]

1428   BERNARD, Léopold: *Les Odeurs dans les romans de Zola.*
        Conférence faite au Cercle Artistique. Montpellier,
        Coulet. 29p.
        [Z. "symphoniste des odeurs" - Cf. 2332]

1429   BURGER, Emil: "Zola's Roman *L'Œuvre*", in *Emile Zola,*
        Alphonse Daudet und andere Naturalisten Frankreichs.
        Dresde-Leipzig, Pierson, pp. 3-42.   [YC]

1430   DUBOC, Julius: *Hundert Jahre Zeitgeist in Deutsch-*
        land. Geschichte und Kritik. Leipzig, Wigand.
        vi,324p.   [YC]
        [Voir surtout pp. 147-61]

1431   FRIEDMANN, Fritz: *Verbrechen und Krankheit im Roman*
        und auf der Bühne. Berlin, Wiesenthal, [1889]. 51p.
        [*Le Crime et la maladie dans le roman et sur la*
        scène]   [YC]

1432   JUNKER, Heinrich-Paul: *Grundriss der Geschichte der*
        französischen Literatur von ihren Anfängen bis zur
        Gegenwart. Münster, Schöningh. xx,436p.   [YC]
        [Voir surtout pp. 398-400]

1433   KREYSSIG, Friedrich A.T.: *Geschichte der französi-*
        schen Nationalliteratur von ihren Anfängen bis auf
        die neueste Zeit. II. 6e éd. revue par J. Sarrazin.
        Berlin, Nicolai. viii,402p.   [YC]
        [Voir pp. 212-3, 374-98]

1434   PELLISSIER, Georges: *Le Mouvement littéraire au XIXe*
        siècle. P., Hachette. 383p. Plusieurs éditions.
        Tr. anglaise: New York-Londres, Putnam, 1897. 504p.
        [Voir pp. 343-50]

1435   STEIGER, Edgar: *Der Kampf um die neue Dichtung.*
        Kritische Beiträge zur Geschichte der zeitgenössi-
        schen deutschen Litteratur. Leipzig, Friedrich,
        [1889]. v,146p.   [YC]
        [Importance de Z. pour le renouveau de la litté-
        rature allemande]

1436   THOM, Hermann: *Aus den Hexen-Küchen der Literatur.*
        Indiskretionen. Leipzig, Bouman. iv,54p.   [YC]
        [Pastiche de Z.]

1437   WALD, Carl: *Sozialdemokratie und Volksliteratur.*
        Berlin, Stauffer. 31p.   [YC]
        [Voit en Z. un écrivain socialiste]

Sur "Le Rêve" [*Cf. 1343-83*]:

1438 BOISSIN, Firmin: "Romans, contes et nouvelles", *Poly-biblion*, XXIX, n° 1, janv., pp. 11-16.

1439 BRAUSEWETTER, E.: "Zolas neuester Roman: *Le Rêve (Der Traum)*", *Mag.*, CXV, n° 2, 5 janv., pp. 23-5.
[YC]

1440 L. D. H. [Louis de HESSEM]: "Französische Literatur", *Die Gesellschaft*, V, n° 1, janv., pp. 139-42. [YC]

1441 HELLER, H.J.: *"Le Rêve"*, *FG*, VI, janv., pp. 24-9. [YC]

1442 PETERSSEN, C.F.: "Neuere französische Romane", *Unsere Zeit*, mai, pp. 364-78. [YC]

1443 RT.: "Z literatury powieściowej. *Le Rêve* par Emile Zola", *Przegląd Polski*, XCI, n° 271, pp. 202-4.
[En polonais] [BU Varsovie]

1444 SERVAES, Franz: "Schöne Litteratur", *Deutsche Litteraturzeitung*, X, n° 14, 6 avril, pp. 524-6.

1445 ANONYME: "Novels of the Week", *The Athenaeum* (Londres), n° 3198, 9 févr., p. 178.

Sur "Madeleine" au Théâtre-Libre:

1446 BAUER, Henry: "Les Premières Représentations. *Madeleine*", *L'Echo de Paris*, 4 mai.
[Ext. in *O.C.*, *XV*, p. 116]

1447 CEARD, Henry: "Les premières", *Le Siècle*, 3 mai.
[Ext. in *O.C.*, *XV*, p. 116]

1448 LE ROUX, Hugues: "Chronique théâtrale. Theâtre-Libre", *RBl*, XLIII (3e série), n° 19, 11 mai, pp. 601-3.

1449 NION, François de: "Théâtre", *RI*, n.s. XI, n° 30, mai, pp. 338-41.

1450 PARISIS: "La vie parisienne. *Madeleine*", *Le Figaro*, 2 mai.
[Ext. in Bern. *Théâtre II*, pp. 679-80]

1451 PESSARD, Hector: "Les premières", *Le Gaulois*, 3 mai.
[Ext. in Bern. *Théâtre II*, pp. 680-1]

1452 SARCEY, Francisque: "Chronique théâtrale", *Le Temps*, 6 mai.
[Ext. in *O.C.*, *XV*, pp. 116-7]

1453 VITU, Auguste: "Premières représentations", *Le Figaro*, 3 mai.

1454   ANONYME: "Théâtres", *Gazette anecdotique*, 14ᵉ année,
        I, nᵒ 9, 15 mai, p. 270.

                            *

1455   R. A. [Rafael Alvarez SEREIX?]: *"Le Voeu d'une morte"*,
        RC, LXXVI, 30 oct., p. 220.   [CA]

1456   BARK, Ernst: "Spanische Naturalisten", *Mag.*, CXV, 16
        févr., pp. 118-20.   [YC]
        [Sur le pessimisme de Z. et de son école]

1457   BASEDOW, Hans von: "Emile Zola und der Naturalismus",
        FG, VI, nᵒ 2, févr., pp. 43-52.   [YC]

1458   BORNHACK, G.: "Zola als Dramatiker", *Zeitschrift für
        französische Sprache und Litteratur*, XI, pp. 29-40.
                                                        [YC]

1459   G.: *"Thérèse Raquin*, Malmö, Agda Mayer, A. Collin,
        Collinska sällskapet", *Dagens Nyheter*, 14 oct.,
        p. 2.   [BU Lund]
        [En suédois]

1460   CHAMPION, V.: *"La Bête humaine.* Chez M. Zola", *Le
        Siècle*, 10 nov.
        [Cf. 1464]

1461   CLISSON, Eugène: "Un nouveau livre d'Emile Zola",
        L'Evénement, 8 mars.

1462   CRAWFORD, Emily: "Emile Zola", *The Contemporary
        Review* (Londres), LV, janv., pp. 94-113.

1463   DZ.: "Emil Zola - kandidat", *Domovina*, I, nᵒ 133,
        p. 4.   [BUSM]
        [En serbo-croate - Sur la candidature de Z. à
        l'Académie Française]

1464   DES RUELLES, Jehan: "Chez Zola", *Gil Blas*, 11 nov.
        [Sur *La Bête humaine* et sur Z. et l'Académie]

1465   ---: "Zola juré: ses impressions", *Gil Blas*, 22 nov.
        [Opinions de Z. sur l'affaire Cassan]

1466   DIEDERICH, Franz: "Kritische Rundschau", *Literarische
        Korrespondenz*, I, nᵒ 8, août, pp. 99-102.   [YC]

1467   ECKSTEIN, Ernst: "Irrtümer des Naturalismus", *Mag.*,
        CXVI, nᵒ 44, 26 oct., pp. 692-5.   [YC]
        [En allemand: "Erreurs du naturalisme"]

1468   FENOUIL, Mario: "Chez M. Zola", *Le Gaulois*, 1ᵉʳ oct.
        [Z. juré à la session de la cour d'assises de la
        Seine - impressions et opinions]

1469   FREDERIC, Harold: "Literature in Chains. Robert
        Buchanan's Plea for Vizitelly [*sic*]", *NYT*, 4
        août, p. 9.

1470   GAMUT, David: "Zola and the Academy", *NYT*, 8 déc.,
        p. 11.

1471   GEROME [Anatole FRANCE]: "Courrier de Paris", *L'Uni-*
        vers illustré, XXXII, n⁰ 1786, 15 juin, p. 370.
        [Jeu plaisant]

1472   ---: "Courrier de Paris", *ibid.*, n⁰ 1804, 19 oct.,
        pp. 658-9.
        [Voir aussi n⁰ 1803, 12 oct., pp. 642-4 - Cf. 1468]

1473   ---: "Courrier de Paris", *ibid.*, n⁰ 1808, 16 nov.,
        pp. 722-3.
        [Z. et l'Académie Goncourt]

1474   ---: "Courrier de Paris", *ibid.*, n⁰ 1810, 30 nov.,
        pp. 754-5.
        [Z. et l'Académie - publicité de *La Bête humaine*]

1475   GINISTY, Paul: "Causerie littéraire", *Gil Blas*, 18
        oct. Rp. in *L'Année littéraire. Préface de François*
        Coppée. Cinquième année 1889. P., Charpentier,
        1890, pp. 286-9.

1476   ---: *"La Bête humaine"*, *La Vie populaire*, n⁰ 90, 10
        nov., pp. 178-9.
        [Cf. 1535]

1477   GOMEZ DE BAQUERO, E.: "Zola y la Academia Francesa",
        La Epoca, 17 nov.

1478   HARDEN, Maximilian: "Der junge und der alte Zola",
        Die Nation (Berlin), VII, n⁰ 8, 23 nov., pp. 114-6.
        [YC]

1479   L. K.: "Three Parisian Topics... Zola and the
        Goncourt Plans", *NYT*, 6 déc., p. 6.
        [Z. et l'Académie]

1480   MOORE, George: "New Censorship of Literature", *The*
        New York Herald. London Edition, 28 juill.
        [Sur le deuxième procès Vizetelly: protestation]

1481   E. P. [Edward PRZEWOSKI]: "U Zoli", *Kurier Codzienny*,
        n⁰ 353, p. 2.   [BU Varsovie]
        [En polonais - Cf. 1464]

1482   RAYNAUD, Ernest: "Les écrivains de filles", *Le*
        Décadent, 4ᵉ année, 2ᵉ série, n⁰ 31, 15-31 mars,
        pp. 83-6. Rp. in *MF*, I, n⁰ 7, 1ᵉʳ juill. 1890, pp.
        231-8.

1483 REDING, V.: "Causerie théâtrale", *La Fédération
 artistique* (Bruxelles), 10 nov.
 [Sur *Germinal* au théâtre]

1484 SACHER-MASOCH, L. von: "Die naturalistische Epidemie",
 Die Gegenwart, XXXV, n° 25, 22 juin, pp. 390-3. [YC]

1485 SACHSE, J.E.: "Twee voorlopers (Turgénjew en Zola)",
 De Gids, LIII, n° 2, juin, pp. 435-70. [BB]
 [En hollandais: "Deux précurseurs (Tourgueniev
 et Zola)"]

1486 SCHUMANN, Const.: "Kritische Rundschau", *Literarische
 Korrespondenz*, I, n° 1, 15 avril, pp. 36-48. [YC]

1487 SCHWEICHEL, Robert: *"La Terre"*, *NZ*, VII, pp. 10-18.[YC]

1488 SILVESTRE, Armand: "Portraits et souvenirs. Un café
 d'artistes", *La Grande Revue* (Paris et Saint-
 Pétersbourg), II, n°s 6 et 8, 25 janv. et 25 févr.,
 pp. 130-9, 329-35.
 [Cf. 1038]

1489 VAN SANTEN KOLFF, J.: "Zolaïana. [...] IV. *La Terre*",
 De Portefeuille, X, 5 janv., pp. 418-20. [BB]

1490 ---: "Zolaïana. [...] V. *La Joie de vivre*", *De Portefeuille*, XI, 29 juin, pp. 164-6. [BB]

1491 ---: "Zolaïana. [...] VI. Het wordings- en ontwikkelingsproces der aanstaande zedenstudie", *ibid.*,
 27 juill. et 3 août, pp. 208-10, 220-1. [BB]

1492 ---: "Zolaïana. [...] VII. Emile Zola over George
 Eliot; zyn verdere werk - en scheppingsplannen",
 ibid., 16 nov., pp. 4-5. [BB]

1493 WEIGAND, Wilhelm: "Der Niedergang des Naturalismus
 in Frankreich", *Die Gegenwart*, XXXV, n° 15, 13
 avril, pp. 229-31. [YC]
 ["Le déclin du naturalisme en France"]

1494 ANONYME: "Bulletin du jour", *Journal des Débats*, 16
 nov.
 [Protestation contre la réclame pour *La Bête
 humaine* - voir la réponse de Z. dans *Gil Blas*
 du 19 nov.]

1495 ---: "Central Criminal Court", *The Times* (Londres),
 29 et 31 mai.
 [Sur le deuxième procès Vizetelly - voir aussi
 2 et 24 avril 1890]

1496 ANONYME: "Est-il boulangiste? M. Emile Zola et l'article du *Novoié Vrémia*", *Le Peuple*, 11 févr.
[Selon un article publié dans la revue russe, Z. converti au boulangisme - Cf. 7106]

1497 ---: "*Fällan*, Folkteatern", *Aftonbladet*, 25 janv., p. 3.   [BU Lund]
[En suédois - sur *L'Assommoir* au théâtre]

1498 ---: "Naturalism", *The Westminster Review* (Londres), CXXXII, n° 2, août, pp. 185-9.

1499 ---: "Police", *The Times* (Londres), 2 mai, p. 3. Voir aussi 3 mai.
[Cf. 1495]

1500 ---: "Sensational Literature and the National Vigilance Association", *The Bookseller* (Londres), 4 mai, p. 445. Voir aussi 5 juill., pp. 681, 684-5; 7 août, p. 774.
[Sur le procès Vizetelly]

1501 ---: "*Thérèse Raquin*, Helsingborgs Teater, Helsingborg, Collinska sällskapet", *Göteborgs-Posten*, 30 nov., p. 3.   [BU Lund]
[En suédois]

1502 ---: "*Thérèse Raquin*, Malmö, Agda Mayer, A. Collin, Collinska sällskapet", *Arbetet*, 12 oct., p. 3.
[En suédois]   [BU Lund]

1503 ---: "Zola-Pilate", *Gazette anecdotique*, 14e année, II, n° 21, 15 nov., pp. 305-6.
[Cf. 1494]

1504 ---: "Zola's Earliest Work", *The Spectator*, XLIII, n° 3206, 7 déc., pp. 810-11.
[*Le Vœu d'une morte*]

1505 ---: "Zola's Programme for the Future", *NYT*, 29 déc., p. 16.
[Les projets de Z.]

[Voir aussi 4410]

1890

1506 ALBERTI, Conrad [Konrad SITTENFELD]: *Natur und Kunst. Beiträge zur Untersuchung ihres gegenseitigen Verhältnisses.* Leipzig, Friedrich, [1890?]. 320p.

1507 BOYER D'AGEN, A.-J.: *Des Hommes. Zola.* P., Savine. [TH]

1508 BRUNETIÈRE, Charles: *"Le Rêve" de Zola jugé par un catholique.* P., Retaux. 16p. [TH]

1509 DAVID-SAUVAGEOT, A.: *Le Réalisme et le naturalisme dans la littérature et dans l'art.* P., Calmann Lévy. iv,407p.
[Esquisse historique et étude critique de l'esthétique réaliste et naturaliste]

1510 FAGUET, Emile "*Madeleine, drame en trois actes de M. Emile Zola*", in *Notes sur le théâtre contemporain. Deuxième série 1889.* P., Lecène et Oudin, pp. 134-40.
[Article du 7 mai 1889]

1511 FRIED, Alfred: *Der Naturalismus. Seine Entstehung und Berechtigung.* Leipzig et Vienne, Deuticke. 45p.
[YC]

1512 GOLDMANN, Karl: *Die Sünden des Naturalismus. Aesthetische Untersuchungen.* Berlin, Eckstein. iv,212p.[YC]

1513 HENNEQUIN, Emile: "Emile Zola", in *Etudes de critique scientifique. Quelques Ecrivains français.* P., Perrin, pp. 69-97.
[Cf. 984]

1514 KLINCKSIECK, Friedrich: *Beiträge zu einer Entwicklungsgeschichte des Realismus im französischen Roman des 19. Jahrhunderts.* Marburg, Elwert. 56p.
Autre éd.: P., Klincksieck, 1891. 56p.
[Voir surtout pp. 38-56] [YC]

1515 [LANGBEHN, Julius]: *Rembrandt als Erzieher. Von einem Deutschen.* Leipzig, Hirschfeld. vii,329p. [YC]
[Voir surtout pp. 43-4, 323-7]

1516 LE GOFFIC, Charles: "Les naturalistes I", in *Les Romanciers d'aujourd'hui.* P., Vanier, pp. 5-22.

1517 MIELKE, Hellmuth: *Der deutsche Roman des XIX. Jahrhunderts.* Braunschweig, Schwetschke. viii,351p.
Ed. augmentées à partir de 1897. [YC]
[Sur l'influence de Z., pp. 338ff.]

1518 Dr. Pascal [Leo BERG]: *Das sexuelle Problem in der modernen Literatur. Ein Beitrag zur Psychologie der modernen Literatur und Gesellschaft.* Berlin, Sallis. 48p. [YC]

Sur "La Bête humaine":

1519 BAHR, Hermann: "Von welschen Literaturen. I. *La Bête humaine*", *Moderne Dichtung,* I, n° 5, mai, pp. 322-5.
[YC]

1520   BETTELHEIM, A.: "Zola's *Bête humaine*", *Die Nation* (Berlin), VII, n° 24, 15 mars, pp. 355-7.   [YC]

1521   BIGOT, Charles: "Psychologie naturaliste", *RBl*, XLV, n° 14, 5 avril, pp. 425-7.

1522   BOISSIN, Firmin: "Romans, contes et nouvelles", *Polybiblion*, XXXI, n° 4, avril, pp. 290-3.

1523   BRANDES, Georg: "Dyret i mennesket. I anledning af Emile Zola: *Menneskedyret*", *Af dagens Krønike*, pp. 494-517. Rp. in *Samlede Skrifter*, *VII*. Copenhague, Gyldendalske Boghandels Forlag, 1901, pp. 216-20.   [BNC]

1524   BRISSON, Adolphe: "Livres et revues. *La Bête humaine*, par Emile Zola", *APL*, 8e année, XIV, n° 350, 9 mars, pp. 155-6. En polonais in *TI*, n° 15.

1525   BROUEZ, Fernand: "Chronique littéraire", *La Sociéte nouvelle* (Bruxelles), 6e année, I, pp. 337-41.

1526   C.: "La poetica del naturalismo. Emilio Zola, *La Bête humaine*", *Smotra Dalmatinska*, III, n° 25, pp. 1-2; n° 26, pp. 1-2.   [BUSM] [En serbo-croate]

1527   CALIBAN [Emile BERGERAT]: "L'atavisme", *Le Figaro*, 16 mars.

1528   CHAMPSAUR, Félicien: "La queue du romantisme", *L'Evénement*, 12 mars.

1529   COLOMBA: "Chronique", *L'Echo de Paris*, 11 mars.

1530   DOUMIC, René: "Causerie littéraire. M. Emile Zola: *La Bête humaine*", *Le Moniteur universel*, 14 mars. [Ext. in *RM*, *IV*, pp. 1748-9]

1531   FILON, Augustin: "Courrier littéraire", *RBl*, XLV, n° 12, 22 mars, pp. 378-81.

1532   FRANCE, Anatole: "Dialogue des vivants. *La Bête humaine*", *Le Temps*, 9 mars. Rp. in *La Vie littéraire*. *3e série*. P., Calmann Lévy, 1891, pp. 319-30. Voir aussi 4585. [Dialogue fantaisiste]

1533   ---: "A propos de *La Bête humaine*", *La Revue illustrée*, IX, n° 103, 15 mars, pp. 250-2. [Cf. 1532]

1534   GILLE, Philippe: "L'Académie Française et *La Bête humaine*", *Le Figaro*, 4 mars. Rp. in *La Bataille*

littéraire, 5ᵉ série (1889-1890). P., Victor-Havard, 1894, pp. 42-9.
[Interview]

1535 GINISTY, Paul: "Causerie littéraire. *La Bête humaine,* par Emile Zola", *Gil Blas,* 15 mars. Rp. in *L'Année littéraire. Sixième année 1890.* P., Charpentier, 1891, pp. 72-81.

1536 GROTH, Ernst Johann: "Streifzüge durch die französische Literatur der Gegenwart, 5", *Die Grenzboten,* XLIX, avril-juin, pp. 165-78. [YC]

1537 HAILLY, Gaston d': "Littérature, romans et nouvelles", *La Revue des Livres nouveaux,* XIX, pp. 164-7.

1538 HARDEN, Maximilian: "Zola und sein Menschenvieh", *Die Gegenwart,* XXXVII, n° 14, 5 avril, pp. 216-8. [YC]

1539 HELLER, H.J.: "E. Zola. *La Bête humaine*", *FG,* VII, n° 3, mai, pp. 70 3. [YC]
[En allemand - un livre faux, indigne de Z.]

1540 HERICOURT, Dʳ Jules: "*La Bête humaine* de M. Zola et la physiologie du criminel", *RBl,* XLV, n° 23, 7 juin, pp. 710-18.
[Voir aussi la lettre de Z. au Dʳ J. Héricourt dans *La Revue des Revues,* 1892, p. 329]

1541 JANUCZKIEWICZ, Jan: "Z krwi i nerwów. E. Zola. *La Bête humaine*", *PT,* n° 40, pp. 468-9; n° 41, pp. 480-1; n° 42, pp. 496-7. [BU Varsovie]
[En polonais]

1542 A.V.K.: "Literarische Neuigkeiten", *Mag.,* CXVII, n° 11, 15 mars, p. 174. [YC]
[Annonce la publication du roman]

1543 KULKA, Julius: "*La Bête humaine*", *Moderne Dichtung,* I, n° 5, mai, p. 328. [YC]

#1544 LEMAITRE, Jules: "*La Bête humaine*", *Le Figaro,* 8 mars.
["C'est une épopée préhistorique sous la forme d'une histoire d'aujourd'hui" - Voir la lettre de Z. du 9 mars et *RM IV,* pp. 1746-7, 1750]

1545 LEPELLETIER, E.: "Chronique des Livres. *La Bête humaine*", *L'Echo de Paris,* 11 mars.
[Ext. in Bern., pp. 397-8]

1546 LINDAU, Paul: "Ueber Mord in der Dichtung und in Wahrheit: Gelegentlich des Romans *La Bête humaine* von Emile Zola", *Nord und Süd*, LIII, n° 159, juin, pp. 343–404. [YC]

1547 F. M. [Fritz MAUTHNER]: "Zolas neuester Roman", *Deutschland*, I, n° 25, 22 mars, pp. 427–8. [YC]

1548 MERIAN: "Zolas neuester Roman", *Die Gesellschaft*, VI, avril, pp. 615–9. [YC]

1549 MOORE, George: *"The Human Animal"*, *The Hawk* (Londres), 18 mars.

1550 MUNILLA, Ortega: *"La Bestia Humana"*, *El Imparcial*, 7 avril. [CA]
[En espagnol]

1551 NEUMANN–HOFER, Otto: "Zolas *Bête humaine*", *Mag.*, CXVII, n° 18, 3 mai, pp. 273–6. [YC]

1552 NILHOC, Hyren: *"La Bête humaine"*, *La Plume*, II, n° 26, 15 mai, p. 88.

1553 L. P.: "Les livres nouveaux", *L'Illustration*, XLVIII, n° 2456, 22 mars, p. 256.

1554 PONTMARTIN, Armand de: *"La Bête humaine* par Emile Zola", *Gazette de France*, 23 mars. Rp. in *Derniers Samedis. Deuxième série*. P., Calmann Lévy, 1892, pp. 361–73.

1555 ROGER–MILES, L.: *"La Bête humaine* et Rétif de la Bretonne", *L'Evénement*, 7 mars.
[Ext. in Bern., p. 396]

1556 S.: *"La Bête humaine"*, *Journal des Débats*, 10 mars.

1557 SCHMIDT, Erich: "Schöne Litteratur", *Deutsche Litteraturzeitung*, XI, n° 35, 30 août, pp. 1285–7.

1558 SIGAUX, Jean: "M. Emile Zola", *L'Illustration*, XLVIII, n° 2454, 8 mars, p. 216.

1559 SOKAL, Clemens: "Ein pessimistischer Eisenbahnroman (Emile Zola, *La Bête humaine* – 1890)", *Nord und Süd*, LIII, n° 158, mai, pp. 270–6. [YC]

1560 TEN BRINK, J.: *"La Bête humaine* van Zola", *De Amsterdammer*, 23 mars. Voir aussi *De Oude Garde en de jongste school*, I. Amsterdam, Leendertz, 1891, pp. 148–56. [BB]

1561 D. V.: "Emil Zola *La Bête humaine*", *Bosanska Vila*, V, n° 51, p. 77. [BUSM]
[En serbo-croate]

1562   VAN DEYSSEL, L.: *"La Bête humaine"*, *De Nieuwe Gids*, V, n° 2, pp. 75-9. Rp. in *Verzamelde Opstellen*, I. Amsterdam, 1894, pp. 319-25; in *Verzamelde Werken*, *IV*. Amsterdam, pp. 224-8.

1563   VAN SANTEN KOLFF, J.: "Zolaïana. [...] VIII-IX. Nog eens *La Bête humaine"*, *De Portefeuille*, XI, n°s 46-7, 15 et 22 févr., pp. 4-5, 4.   [BB]

1564   ---: "Zolaïana. [...] X. Voor het laatst *La Bête humaine"*, *ibid.*, XII, 23 et 30 août, pp. 262-5, 278-9.   [BB]

1565   [VERHAEREN, Emile]: *"La Bête humaine"*, *L'Art moderne*, X, n° 17, 27 avril, pp. 129-31.

1566   C.D.W. [Carl David af WIRSEN]: *"La Bête humaine"*, *Post och Inrikes Tidningar*, 22 mars, p. 3. [En suédois]   [BU Lund]

1567   ANONYME: *"La Bête humaine"*, *Bosansku Vilu* (Sarajevo), n° 5, 15 mars, p. 77.   [MS]

1568   ---: *"La Bête humaine"*, *Obzor* (Zagreb), n° 73, 29 mars.   [MS] [En croate]

1569   ---: *"La Bête humaine"*, *Vårt Land*, 18 et 19 mars. [En suédois]   [BU Lund]

1570   ---: "Contemporary Literature. Belles Lettres", *The Westminster Review* (Londres), CXXXIV, juill., pp. 87-8.

1571   ---: "De jongste roman van Emile Zola", *Zondagsblad (Het Nieuws van den Dag)*, 23 mars.   [BB]

1572   ---: "Letterkundige Kroniek. *La Bête humaine* par Emile Zola", *De Gids*, 8e année, LIV, mai, pp. 355-64.

1573   ---: "Notes of the Week", *The Athenaeum* (Londres), n° 3256, 22 mars, p. 366.

1574   ---: "Razgovors Emilom Zolom", *Hrvatska*, V, n° 64, p. 3.   [BUSM] [En serbo-croate - interview]

1575   ---: "Tunel u poeziji", *Male Novine*, III, n° 92, pp. 2-3.   [BUSM] [En serbo-croate - "Tunnels dans la poésie"]

1576   ---: "Zola's New Novel", *The Bookseller* (Londres), 5 avril, p. 352.

Sur "L'Argent" (préparation et feuilleton):

1577 BRYOIS, Henri: "Les trois derniers livres des *Rougon-Macquart*", *Le Figaro*, 2 avril.

1578 FENOUIL, Mario: "Le prochain roman de Zola: *L'Argent*", *Gil Blas*, 8 avril.

1579 JEHAN DE PARIS: "Echos. Le dieu Zola et ses nombreux avatars", *La Petite Presse*, 20 avril.
[Z. à la Bourse]

1580 LAYA, Martin: "Chez Emile Zola. Un nouveau roman: *L'Argent*", *Le Siècle*, 3 déc.
[Interview]

1581 LE ROUX, Hugues: "Le roman de Zola", *Gil Blas*, 26 nov.

1582 MAUREL, André: "*L'Argent*, par Emile Zola", *Gil Blas*, 24 juill.

1583 PAN: "M. Zola à la Bourse", *Le Gaulois*, 19 avril.

1584 SANTILLANE: "Courrier de Paris", *Gil Blas*, 22 nov.

1585 LE SPHINX: "Echos de Paris", *L'Evénement*, 20 avril.
[Z. à la Bourse]

1586 ANONYME: "Chez M. Emile Zola", *Le Matin*, 24 avril.
[Cf. *Le Parti national*, même jour]

1587 ---: "Echos de partout", *Le Petit Journal*, 18 avril.
[Z. à la Bourse]

1588 ---: "*Das Geld*. Ein neuer Roman von Emile Zola", *Donau-Temes-Bote*, XXI, n° 97, pp. 1-2.   [BUSM]

1589 ---: "M. Zola à la Bourse", *Le Matin*, 18 avril.

1590 ---: "Poseta kod Zole", *Videlo* (Belgrade), n° 72, 14 déc.   [MS]
[En serbe - "Une visite chez Zola"]

1591 ---: "Zola prophète: chez M. Zola", *Le Gaulois*, 25 avril.
[Interview]

*

1592 -x-n [J.E.M. AXELSSON]: "*Thérèse Raquin*, Dramatiska Teatern", *Nya Dagligt Allehanda*, 10 juin, p. 3.
[En suédois]   [BU Lund]

1593 BAHR, Hermann: "Die Krisis des französischen Naturalismus", *Mag.*, CXVIII, n° 36, 6 sept., pp. 562-4.
[YC]

1594 BARDEEN, C.W.: "Zola's Rougon-Macquart Family", *The Overland Monthly* (San Francisco), XVI, n⁰ 94, oct., pp. 412-22.

1595 BASEDOW, Hans von: "Claude Bernard", *Mag.*, CXVII, n⁰ 24, 14 juin, pp. 371-3. [YC]

1596 BOLSCHE, Wilhelm: "Ziele und Wege der modernen Aesthetik", *Moderne Dichtung*, I, n⁰ 1, janv., pp. 29-34. ["Les buts et les voies de l'esthétique moderne"] [YC]

1597 ――: ""Hinaus über den Realismus." Ein Wort an die Siebenmeilenstiefler in der Kunst", *FB*, I, n⁰ 40, 5 nov., pp. 1047-50. [YC] [""Au-delà du réalisme." Un mot à ceux qui chaussent des bottes de sept lieues en littérature"]

1598 BRIEGER, Adolf: "Eine unbeantwortete Frage", *Blätter für literarische Unterhaltung*, n⁰ 21, 22 mai, pp. 321-2. [YC]

1599 CAINE, Hall: "The New Watchwords of Fiction", *The Contemporary Review* (Londres), LVII, avril, pp. 479-88.

*1600 CARRIERE, Moritz: "Natur und Kunst", *Nord und Süd*, LV, oct., pp. 90-102. [YC] [Le matérialisme de Z, étranger à l'Allemagne]

1601 CHILIANU, I.: "Naturalism şi pornografie", *Scoala Nous*, n⁰ˢ 13-14, janv.-févr., pp. 201-3, 233-8. [En roumain] [BU Iasi]

1602 CLISSON, Eugène: "La candidature de Zola", *L'Evénement*, 7 mars.

1603 CONRAD, M.G.: "Professor Volkelt und der deutsche Naturalismus", *Die Gesellschaft*, VI, mars, pp. 317-26. [YC]

1604 DOUMIC, René: "M. Emile Zola", *Le Correspondant*, CLIX (n.s. CXXIII), n⁰ 3, 10 mai, pp. 501-20. Rp. in *Portraits d'écrivains*. P., Delaplane, [1892], pp. 215-55. Nouvelle éd.: P., Perrin, 1897. Tr. anglaise: New York, Cromwell, 1899: *Contemporary French Novelists*.

1605 Eg.: "*Thérèse Raquin*, Dramatiska Teatern", *Sydsvenska Dagbladet Snällposten*, 14 juin, p. 2. [BU Lund]

1606 ERNST, Paul: "Das Absolute in der Kritik", *Moderne Dichtung*, I, n⁰ 5, mai, pp. 311-3. [YC]

1607 ERNST, Paul: *"Hundert Jahre Zeitgeist in Deutsch-land"*, *NZ*, VIII, pp. 271-9. [YC]

1608 ---: "Die neueste literarische Richtung in Deutsch-land", *NZ*, IX, n⁰ 16, 1890-1891, pp. 509-19. [YC]

1609 FELS, Friedr. M.: "Zur naturalistischen Literatur", *Die Gegenwart*, XXXVIII, n⁰ 29, 19 juill., pp. 38-40; n⁰ 30, 26 juill., pp. 57-9. [YC]

1610 ---: "Naturalistische Literatur in Deutschland", *ibid.*, n⁰ 42, 18 oct., pp. 244-7. [YC]

1611 FORSTER, Joseph: "Eugène Sue and Emile Zola", *Belgra-via*, LXXI, févr., pp. 130-43. Rp. in *Some French and Spanish Men of Genius*. Londres, Ellis-Elvey, 1891, pp. 245-67.
[Préfère Sue - Z. immoral]

1612 FREDERIX, G.: "Chronique dramatique", *L'Indépendance belge*, 6 janv.
[*Germinal* au théâtre]

1613 G. af G. [G. af GEIJERSTAM]: *"Thérèse Raquin*, Nya Teatern", *Dagens Nyheter*, 22 mai, p. 2. [BU Lund]
[En suédois]

1614 GEROME [Anatole FRANCE]: "Courrier de Paris", *L'Uni-vers illustré*, 33ᵉ année, n⁰ 1818, 25 janv., p. 51.
[Ext. d'une lettre de Z. à Ulbach du 27 mai 1870]

1615 ---: "Courrier de Paris", *ibid.*, 33ᵉ année, n⁰ 1833, 10 mai, p. 290.
[Z. et l'Académie Française]

1616 GOSSE, Edmund: "The Limits of Realism in Fiction", *Forum*, IX, juin, pp. 391-400. Rp. in *Questions at Issue*. Londres, Heinemann, 1893, pp. 137-54; in 7203, pp. 383-93.

1617 T. H. [T. GEDBERG]: *"Thérèse Raquin*, Dramatiska Teatern", *Dagens Nyheter*, 10 juin, p. 2. [BU Lund]
[En suédois]

1618 HANSSON, Ola: "Ueber Naturalismus", *Der Kunstwart*, III, n⁰ 15, 1ᵉʳ mai, pp. 225-7. [YC]

1619 HAPGOOD, Norman: "Zola's Attack on the Modern Drama", *The Harvard Monthly*, IX, n⁰ 4, janv., pp. 160-9.

1620 HARDEN, Maximilian: "Naturalismus", *Die Gegenwart*, XXXVII, n⁰ 22, 31 mai, pp. 339-43. [YC]

1621 HARDY, Arthur Sherburne: "Letters and Life", *The*

Andover Review (Boston), XIII, n⁰ 77, mai, pp. 570-1.
[L'idée du roman expérimental - insoutenable]

1622 HARRY: "Zola o *Krajcerovoj sonati*", *Videlo* (Belgrade), n⁰ 38, 26 sept.   [MS]
["Zola sur *La Sonate à Kreutzer*"]

#1623 HOLZ, Arno: "Zola als Theoretiker", *FB*, I, n⁰ 4, 26 févr., pp. 101-4. Rp. in *Die Kunst. Ihr Wesen und ihre Gesetze*. Berlin, Issleib, 1891. 156p.; in *Das Werk von Arno Holz, X*. Berlin, 1925, pp. 51-61. [YC]

1624 KAATZ, Hugo: "Ueber moderne Ideen in der Literatur", *Literarische Korrespondenz*, II, n⁰ 4, avril, pp. 197-205.   [YC]

1625 KUMMER, Friedrich: "Naturalistische Dramatiker. Emil Zola's *Naturalistische Dramen*", *Blätter für literarische Unterhaltung*, n⁰ 31, 31 juill., pp. 481-5.   [YC]

#1626 LEMAITRE, Jules: "Les candidats à l'Académie. VI. Emile Zola", *APL*, XIV, 8ᵉ année, n⁰ 349, 2 mars, pp. 131-3.
[L'œuvre de Z.: "une épopée pessimiste de l'animalité humaine"]

1627 LEMMERMEYER, Fritz: "Allerlei Bücher", *Blätter für literarische Unterhaltung*, n⁰ 40, 2 oct., p. 637.
                    [YC]

1628 MAUREL, André: "Dans le monde des lettres. Zola intime", *RBl*, XLV, n⁰ 11, 15 mars, pp. 346-7.

1629 MIKHAEL, E.: "Le naturalisme", *La Grande Revue* (Paris et Saint-Pétersbourg), III, n⁰ 13, 10 avril, pp. 5-14.

1630 PONTMARTIN, A. de: "Emile Zola", *APL*, 8ᵉ année, XIV, n⁰ 354, 6 avril, p. 216.
[Polémique]

1631 REDING, V.: "Causerie théâtrale", *La Fédération artistique* (Bruxelles), 16 févr.
[*Nana* au théâtre]

1632 REMBERG, Karl: "Der Niedergang der Lyrik", *Mag.*, CXVII, n⁰ 25, 21 juin, pp. 384-9.   [YC]
["La décadence de la poésie lyrique"]

1633 RENE: "*Thérèse Raquin*, Dramatiska Teatern", *Social-Demokraten*, 11 juin, p. 2.   [BU Lund]
[En suédois]

1634   SEIFFARTH, Ernst: "Das sexuelle Problem in der
        Kunst", *FB*, I, 24 déc., pp. 1220-3.   [YC]

1635   STREITMAN, Henri: "Zola şi Spielhagen", *Scoala Noua*,
        (Bucarest), I, n° 18, juin, pp. 353-8.   [BU Iasi]
        [En roumain]

1636   TOVOTE, Heinz: "Ein Jugendwerk von Emile Zola", *Die
        Gegenwart*, XXXVII, n° 6, 8 févr., pp. 90-1.   [YC]
        [Sur *Le Vœu d'une morte*]

1637   VAN SANTEN KOLFF, Jacques: "Aus Zola's Jugend", *FB*,
        I, 20 août, pp. 769-73.   [WH]
        [Sur la jeunesse de Z. et ses premières œuvres,
        jusqu'en 1862]

1638   ---: "Zolaïana. XI. Een genie in de kinderschoenen.
        Emile Zola's jongenswerk en jongelingsarbeid",
        De Portfeuille, XII, 6 et 13 sept., pp. 292-4,
        303-7.   [BB]
        [Cf. 1637]

1639   ---: "Zolaïana. XII. De genesis van den *Rougon-
        Macquart*-cyclus. Kiemen, schema's, schetsen,
        ontwerpen", *ibid.*, 8, 15 et 22 nov., pp. 405-7,
        418-21, 431-3.   [BB]

1640   ---: "Zolaïana. XIII. De *Paralipomena* van den cyclus.
        Plannen, embryo's, fragmenten", *ibid.*, 20 déc.,
        pp. 473-5.   [BB]

1641   K. W.-g. [K. WARBURG]: "*Thérèse Raquin*, Mindre
        Teatern", *Göteborgs Handels- och Sjöfartstidning*,
        10 janv., p. 3.   [BU Lund]
        [En suédois]

1642   W. W.: "Zola u siebie. Z odwiedzin osobistych", *PT*,
        n°s 30-1, pp. 367-8, 375-6.   [BU Główna, Poznań]
        [En polonais - "Zola chez lui. D'après une visite
        personnelle"]

1643   ANONYME: "Chez M. Ernest Renan. Causerie", *La Presse*,
        4 avril.
        [Indifférence à l'œuvre de Z. - Voir la réponse
        de Z. le 6 avril]

1644   ---: [Chronique], *LW*, XXI, n° 21, 11 oct., p. 358.
        [Z. sur Tolstoï et *La Sonate à Kreutzer*]

1645   ---: "Le grisou et *Germinal*. Les idées de M. Zola",
        Le Gaulois, 6 août.
        [Interview]

1646   ANONYME: "Program Zolina rada", *Male Novine*, 6 avril.
        [En serbo-croate - "Le programme de travail de
        Zola"]   [BUSM]

1647   ---: "Realism and Decadence in French Fiction", *The
        Quarterly Review* (Londres), CLXXI, n⁰ 341, juill.,
        pp. 57-90.

1648   ---: "Théâtres", *Gazette anecdotique*, 15ᵉ année, II,
        n⁰ 18, 30 sept., pp. 175-6.
        [Sur l'adaptation d'*Une Page d'amour* - lettre de Z.]

1649   ---: "*Thérèse Raquin*, Dramatiska Teatern", *Afton-
        bladet*, 10 juin. Voir aussi, le même jour, *Post
        och Inrikes Tidningar*, *Stockholms Dagblad*, *Svenska
        Dagbladet*, *Vårt Land*; *Göteborgs Handels- och
        Sjöfartstidning*, 11 juin; *Göteborgs-Posten*, 12
        juin.   [BU Lund]
        [En suédois]

1650   ---: "*Thérèse Raquin*, Mindre Teatern", *Göteborgs-
        Posten*, 10 janv., p. 2.   [BU Lund]
        [En suédois]

1651   ---: "Three Translations", *Literature* (Londres), VI,
        n⁰ 124, 3 mars, p. 190.
        [c.r. de la tr. de *La Faute de l'abbé Mouret*]

1652   ---: "Zola i Francuska Akademija", *Videlo* (Belgrade),
        n⁰ 72, 14 oct.   [MS]
        ["Zola et l'Académie Française"]

1653   ---: "Zola obscène", *Gazette anecdotique*, 15ᵉ année,
        II, n⁰ 13, 15 juill., pp. 20-3.
        [Sur une lettre de Z. à Ulbach du 9 sept. 1872]

                            1891

1654   ALBERTI, Conrad: "Besuch bei Zola", in *Bei Freund
        und Feind. Kulturbilder.* Leipzig, Friedrich, pp.
        239-46.   [YC]
        ["Visite chez Zola"]

*1655   BAHR, Hermann: *Die Ueberwindung des Naturalismus als
        zweite Reihe zur Kritik der Moderne.* Dresde-Leip-
        zig, Pierson. 323p.   [YC]
        [Voir pp. 173-84]

1656   BLOY, Léon: *Les Funérailles du naturalisme.* Copen-
        hague, G.E.C. Gad. 24p. Rp. in *La Plume*, n⁰ 50,
        15 mai, pp. 159-63; in *L'Œuvre complète de Léon*

Bloy (1846-1917). P., Bernouard, 1947. 24p; in
Œuvres de Léon Bloy IV. Ed. Joseph Bollery et
Jacques Petit. P., Mercure de France, 1965, pp.
103-16.

1657   DEMETRESCU, Traian: "Emile Zola", in *Profile literare*.
Craiova, Editura Tipogr. D.I. Benvenisti, pp.
77-83.   [BU Iasi]

1658   ESTLANDER, C.G.: *Naturalismen enligt Zola framstäld*
af C.G. Estlander. Helsingfors, Frenckell. 76p.

*1659 HURET, Jules: *Enquête sur l'évolution littéraire*.
P., Charpentier. xxi,455p.
[Recueil de réponses à l'enquête parues dans *L'Echo*
de Paris au cours de l'année 1891, du 3 mars au
5 juill. - Opinions de Renan, Goncourt, Z., Maupassant, Huysmans, A. France, Barrès, etc. - contient la dépêche célèbre d'Alexis: "Naturalisme
pas mort. Lettre suit" - la réponse de Z., pp.
169-76]

1660   WOLFF, Eugen: *Zola und die Grenzen von Poesie und*
Wissenschaft. Kiel-Leipzig, Lipsius. 40p. (*Deutsche*
Schriften für Literatur und Kunst. I. Reihe-Heft 6).
[*Zola et les limites entre la poésie et la science*]
                                                        [YC]

Sur "L'Argent" [*Cf. 1577-91*]:

1661   BAUER, Henry: *"L'Argent"*, *L'Echo de Paris*, 21 mars.
[Ext. in Bern., p. 453]

1662   BENJAMIN, Ernest: "Emile Zola", *La Gazette critique*,
VI, n° 64, avril, p. 2.

1663   BENOIST, Charles: "Causerie littéraire", *La Revue*
de Famille, 4ᵉ année, II, 15 avril, pp. 177-8.

1664   BERNARD-DEROSNE, L.: "Chronique. Un candidat", *La*
République française, 18 mars.
[Et sur Z. et l'Académie]

1665   BERNIER, Robert: "Le Socialisme et l'Art. *L'Argent*",
La Revue socialiste, XIII, n° 76, avril, pp.
454-60.

1666   BETTELHEIM, A.: "Ein Börsenroman von Emil Zola", *Die*
Nation, VIII, n° 26, 26 mars, pp. 403-5.   [YC]

1667   BIRE, Edmond: "M. Emile Zola et l'Académie Française",
Revue de France (et Samedi - Revue), III, n° 112,
23 mai, pp. 113-5.
[Très hostile]

1668   BOLSCHE, Wilhelm: "Zolas *L'Argent*", *FB*, II, pp.
       281-6.   [YC]

1669   ---: "Ein sozialistischer Kritiker Zola's", *ibid.*,
       pp. 1037-40.   [YC]
       [A propos de 1701]

1670   BOISSIN, Firmin: "Romans, contes et nouvelles",
       Polybiblion, XXXIV, n⁰ 1, juill., pp. 5-10.

1671   BRIEGER, Adolf: "Zola's *Geld*", *Blätter für litera-
       rische Unterhaltung*, n⁰ 37, 10 sept., pp. 577-8.
                                                             [YC]

1672   BRISSON, Adolphe: "Livres et revues. *L'Argent*, par
       Emile Zola", *APL*, 9ᵉ année, XVI, n⁰ 404, 22 mars,
       pp. 189-90.

1673   CANIVET, Charles: "Causerie littéraire. *L'Argent*",
       Le Soleil, 29 mars.

1674   CHARLIE, Robert: "Les livres", *Le National*, 19 mars.

1675   CHAUVIGNE, Auguste: "*L'Argent* par M. E. Zola", *Revue
       de la Littérature moderne*, 7ᵉ année, n⁰ 107, 15
       avril, pp. 120-1.

1676   CHEVASSU, Francis: "Chronique de Paris", *La Presse*,
       17 mars.

1677   CIM, Albert: "Les livres. *L'Argent*, par Emile Zola",
       Le Radical, 24 avril.

1678   F. D.: "Les livres nouveaux", *Journal des Débats*,
       7 avril.

1679   DELPIT, Albert: "*L'Argent*", *La République française*,
       7 avril.
       [Ext. in *RM V*, p. 1277]

1680   DOUMIC, René: "Causerie littéraire. M. Emile Zola:
       L'Argent", *Le Moniteur universel*, 27 mars.

1681   DUJARRIC, Gaston: "Les livres", *La Grande Revue*
       (Paris et Saint-Pétersbourg), 4ᵉ année, III, n⁰ 14,
       25 avril, pp. 215-6.

1682   DUPRAY, Paul: "*L'Argent*, le nouveau roman d'E. Zola",
       Le Siècle, 30 mars.

1683   FILON, Augustin: "Courrier littéraire", *RBl*, XLVI,
       n⁰ 11, 14 mars, pp. 347-51.
       [Ext. in *RM V*, p. 1278]

1684   FOUQUIER, Henry: "La vie de Paris", *Le XIXᵉ Siècle*,
       19 mars.

1685   FOURNEL, Victor: "Quinzaines littéraires. *L'Argent* par Emile Zola", *Gazette de France*, 14 avril. [Ext. in *RM*, V, pp. 1279-80]

1686   FOURNIER, Hippolyte: "Critique littéraire. *L'Argent*, par Emile Zola", *La Patrie*, 27 mars.

1687   FRANCE, Anatole: "*L'Argent*, par Emile Zola", *Le Temps*, 22 mars. Rp. in *L'Echo de la Semaine politique et littéraire*, IV, n° 130, 29 mars, pp. 412-3; in 7763, pp. 84-90. [Z. "apocalyptique"]

1688   E. G.: "*L'Argent*", *Revue bibliographique belge*, III, n° 3, 31 mars, pp. 98-9.

1689   G--TZE, A.: "Französische Literatur", *Die Gesellschaft*, VII, mai, pp. 701-3.   [YC]

1690   GAUTIER, Judith: "Les livres nouveaux. *L'Argent*, par Emile Zola", *Le Rappel*, 1er avril. [Ext. in *RM*, V, pp. 1278-9]

1691   GILLE, Philippe: "*L'Argent*, par Emile Zola", *Le Figaro*, 13 mars.

1692   GINISTY, Paul: "*L'Argent*", *L'Année littéraire*, 1er mars. Rp. in *L'Année littéraire. Septième année 1891*. Pr. Anatole France. P., Charpentier, 1892, pp. 59-61.

1693   HARDEN, Maximilian: "Ein neuer Zola", *FZ*, 1er avril.

1694   HELLER, H.J.: "E. Zola. *L'Argent*", *FG*, VIII, n° 6, juin, pp. 82-4.   [YC]

1695   JOLLIVET, Gaston: "L'Argent", *Le Gaulois*, 15 mars.

1696   A. K.: "*Penningen*", *Göteborgs-Posten*, 30 mai, p. 2. Voir aussi *Sydsvenska Dagbladet Snällposten*, 25 juill.   [BU Lund] [En suédois - sur la tr. suédoise]

1697   RICH. K. [R. KAUFMANN]: "Zola's nya roman", *Social-Demokraten*, 10-12 févr., p. 4. Voir aussi *Göteborgs Handels- och Sjöfartstidning*, 7 févr. et 20 avril. [En suédois]   [BU Lund]

1698   KRAINS, Hubert: "Chronique littéraire. *L'Argent*, par Emile Zola", *La Société nouvelle (Revue internationale)* (Bruxelles), 7e année, I, n° 76, 30 avril, pp. 502-6.

1699   KRESSNER, A.: "Zola. *Das Geld*", *FG*, VIII, n° 8, août,

p. 115.
[Une tr. modèle] [YC]

1700 LACOUR, Léopold: *"L'Argent"*, *L'Evénement*, 18 mars.

1701 LAFARGUE, Paul: *"Das Geld von Zola"*, *NZ*, X, n° 1,
1891-1892, pp. 4-10, 41-6, 76-86, 101-10. Rp. in
(en français) *Critiques littéraires*. Intr. Jean
Fréville. P., Editions Sociales Internationales,
1936, pp. 173-211. En russe: *"Den'gi Emilja Zolja"*,
Literaturnoe nasledstvo, n° 2, 1932, pp. 24-52; in
Literaturno-kritičeskie stat'i. Moscou, 1936.

1702 LANDERESSE, Adolphe: "Zolas neuer Roman", *Mag.*, CIX,
n° 9, 28 févr., pp. 132-4. [YC]

1703 "MONDAY": *"L'Argent"*, *El Imparcial*, 16 mars. [CA]

1704 G-g. N.: *"Penningen"*, *Aftonbladet*, 8 juill., p. 3.
[En suédois - sur la tr. suédoise] [BU Lund]

1705 NION, François de: "L'avenir du roman: *L'Argent*",
RI, n.s. XIX, n° 55, mai, pp. 154-64.

1706 P. P.: "A travers champs. *L'Argent*", *La Liberté*, 18
mars.

1707 PELLISSIER, Georges: *"L'Argent*, roman de M. Emile
Zola", *REn*, n° 9, 15 avril, pp. 261-5. Rp. in
Essaio do littérature contemporaine. P., Lecène-
Oudin, 1893, pp. 199-220.

1708 H. S.: *"Penningen"*, *Dagens Nyheter*, 13 juin, p. 2.
[En suédois - sur la tr. suédoise] [BU Lund]

1709 Hj. Sdg. [H. SANDBERG]: *"Penningen"*, *Svenska Dagbladet*, 27 juill., p. 3. [BU Lund]
[En suédois - sur la tr. suédoise]

1710 SARCEY, Francisque: "Chronique littéraire", *L'Estafette*, 22 mars.

1711 SAVARI, Pauline: *"L'Argent*. Préface au nouveau roman
d'Emile Zola", *(Les Matinées Espagnoles) Nouvelle
Revue internationale*, XXI, n° 1, 15 janv., pp.
23-30.
[Pr. satirique]

1712 SAXON: *"Penningen"*, *Arbetet*, 8 juin, p. 2. [BU Lund]
[En suédois - sur la tr. suédoise]

1713 SCHMIDT, Erich: "Schöne Litteratur", *Deutsche Litteraturzeitung*, XII, n° 27, 4 juill.. pp. 999-1001.

1714   SERVAES, Franz: "Zolas *L'Argent*", *Mag.*, CXIX, n⁰ 13,
28 mars, pp. 195-7.   [YC]

1715   SOKAL, Clemens: "Ein moderner Heldensang. *L'Argent*
von Emile Zola", *Nord und Süd*, LVII, n⁰ 170, mai,
pp. 170-6.   [YC]
[En allemand - "Une épopée moderne..."]

1716   LE SPHINX: "Echos de Paris", *L'Evénement*, 24 mars.
[Sur la vente du roman]

1717   TALMEYR, Maurice: *"L'Argent"*, *Gil Blas*, 14 mars.
[Ext. in *RM V*, p. 1279]

1718   [TEN BRINK, J.]: "Uit de studeereel der redactie",
Elsevier's Geïllustreerd Maandschrift, n⁰ 1, pp.
317-20.   [BB]

1719   VAN DEYSSEL, L.: "De dood van het naturalisme", *De
Nieuwe Gids* (Amsterdam), VI, n⁰ 2, avril, pp.
114-22. Rp. in *Verzamelde Opstellen*, *III*. Amsterdam,
1895, pp. 139-50; in *Verzamelde Werken*, *V*, pp. 86-95.
["La mort du naturalisme"]

1720   VAN SANTEN KOLFF, J.: "Zolaïana. [...] XIV. De
wording der nieuwe zeden- en karakterstudie. Een
ontwikkelingsproces", *De Portefeuille*, XII, 10,
17 et 24 janv., pp. 512-4, 525-7, 538-41.   [BB]
[En hollandais - sur la genèse du roman]

1721   ---: "Die Vorgeschichte von Emile Zola's *L'Argent*",
FB, II, févr., pp. 130-4, 161-4.   [YC]
[Cf. 1720]

1722   ---: "Blinde en doove kritici", *De Portefeuille*,
XIII, 4 et 11 juill., pp. 831-3, 841-3.   [BB]
[En hollandais: "Les critiques aveugles et muets"]

#1723   VERHAEREN, Emile: *"L'Argent"*, *La Nation*, 12 avril.
Rp. in *Impressions*, *IIe série*. P., Mercure de
France, 1927, pp. 195-202.
[Z. poète de Paris]

1724   VERVOORT, André: "Chronique. *L'Argent*", *L'Intransigeant*, 24 mars.

1725   C.D.W. [Carl David af WIRSEN]: *"L'Argent"*, *Post och
Inrikes Tidningar*, 23 mars, p. 3.   [BU Lund]
[En suédois]

1726   L. W. [Leon WINIARSKI]: *"Pieniądz Emila Zoli"*,
Prawda, n⁰ 22, pp. 258-9.   [BU Varsovie]
[En polonais]

1727   ZAJCIC, Kamilo: *"L'Argent,* par Emile Zola", *Narod,*
       p. 31.   [BUSM]
       [En serbo-croate]

1728   ZOLLING, Theophil: "Zolas *Geld", Die Gegenwart,* XXXIX,
       n° 20, 16 mai, pp. 311-3.   [YC]

1729   ANONYME: *"L'Argent", Social-Demokraten,* 10 févr.,
       p. 4.   [BU Lund]
       [En suédois]

1730   ---: *"L'Argent", Aftonbladet,* 17 mars, p. 3. [BU Lund]
       [En suédois]

1731   ---: *"L'Argent", Stockholms Dagblad,* 28 juin, p. 3.
       [En suédois]   [BU Lund]

1732   ---: *"L'Argent* por Emilio Zola", *RE,* CXXXIII, pp.
       156-7.   [CA]

1733   ---: "E. Zola's nya roman", *Arbotot,* 6 juin. [BU Lund]
       [En suédois]

1734   ---: "Französische Literatur. *L'Argent* par Emile
       Zola", *Die Gesellschaft,* VII, juin, pp. 844-5.   [YC]
       [Très laudatif]

1735   ---: "Letterkundige Kroniek. *L'Argent* par Emile Zola",
       De Gids, 4e série, LV, n° 2, avril, pp. 174-82.

1736   ---: "Lettres inédites d'Emile Zola sur son roman
       L'Argent", Le Livre moderne, III, n° 14, 10 févr.,
       pp. 90-4.
       [Lettres à J. Van Santen Kolff - Cf. 5765]

1737   ---: "Les Livres", *L'Eclair,* 24 mars.

1738   ---: "Les Livres. Chez Charpentier", *Le Matin,* 23
       mars.

1739   ---: "Les Livres du jour", *Le Pays,* 23 avril.

1740   ---: *"Money",* LW, XXII, n° 9, 25 avril, pp. 141-2.
       [c.r. de la tr. anglaise]

1741   ---: "Novels of the Week", *The Athenæum* (Londres),
       n° 3309, 28 mars, p. 406.

1742   ---: *"Penningen.* Zola's nya roman bedömd av honom
       sjelf", *Svenska Dagbladet,* 19 févr.   [BU Lund]
       [En suédois: "Le nouveau roman de Zola jugé par
       lui-même"]

1743   ---: "Recent Fiction", *The Critic* (New York), XVIII,
       n° 385, 16 mai, p. 262.

1744   ANONYME: "Recent French Novels", *Blackwood's (Edinburgh) Magazine*, CL, juill., pp. 36-42.

1745   ---: "*Les Rougon-Macquart. Le roman naturaliste. Une ère littéraire nouvelle. Chez M. Emile Zola*", *La Paix*, 10 avril.

1746   ---: "Zola's nieuwe roman", *Zondagsblad (Het Nieuws van den Dag)*, 12 avril.   [BB]
        [En hollandais]

        Sur "Le Rêve", drame lyrique, à l'Opéra-Comique:

1747   BAUER, Henry: "Les Grands Guignols. Autour du *Rêve*", *L'Echo de Paris*, 15 juin.

1748   ---: "*Le Rêve*", *ibid.*, 20 juin.

1749   BERGERAT, Emile: "Chronique parisienne. A l'Opéra-Comique", *ibid.*, 26 juin.

1750   BICOQUET: "La soirée parisienne. *Le Rêve*", *ibid.*, 20 juin.

1751   DARCOURS, Charles: "Les Théâtres", *Le Figaro*, 2 sept.

1752   FLEURY, Maurice de: "Au jour le jour. *Le Rêve* à l'Opéra-Comique", *Le Figaro*, 16 juin.

1753   "MONDAY": "*Le Rêve*", *El Imparcial*, 22 juin.   [CA]
        [En espagnol]

1754   UN MONSIEUR DE L'ORCHESTRE: "La soirée théâtrale. *Le Rêve*", *Le Figaro*, 19 juin.

1755   OSBORNE: "Zola's *Le Rêve* på Opéra-Comique", *Dagens Nyheter*, 18 et 25 juin.   [BU Lund]
        [En suédois]

1756   REMACLE, Adrien: "Musique", *La Plume*, III, n° 55, 1er août, pp. 263-4.

1757   SPADA [J.K. JANZON]: "*Le Rêve*", *Stockholms Dagblad*, 25 juin, p. 5.   [BU Lund]
        [En suédois]

1758   VAN SANTEN KOLFF, J.: "Zolaïana. [...] XVI. Een Ideaal-opera", *De Portefeuille*, XIII, 13, 20 et 27 juin, pp. 808-10, 824-8, 821-3 [*sic*].   [BB]

1759   ---: "De opvoering van Alfred Bruneau's *Rêve*-opera", *ibid.*, 25 juill., pp. 863-5.   [BB]

1760   ---: "Over de naaste toekomst van Bruneau's *Rêve*", *ibid.*, 29 août, pp. 912-3.   [BB]

1761   VITU, Auguste: "Premières représentations", *Le Figaro*,
        19 juin.

1762   ANONYME: *"Le Rêve"*, *Dagens Nyheter*, 22 juin. Voir aussi
        Nya Dagligt Allehanda, même jour; *Göteborgs Handels-
        och Sjöfartstidning*, 23 juin; *Post och Inrikes Tid-
        ningar*, 25 juin; *Sydsvenska Dagbladet Snällposten* et
        Vårt Land, 26 juin.   [BU Lund]
        [En suédois]

                              *

1763   BASEDOW, H. von: "Wahrheit und Unwahrheit", *Der Zeit-
        genosse*, I, n⁰ 8, 15 avril, pp. 412-4.   [YC]
        [Sur *Le Rêve*]

1764   BERG, Leo: "Zola als Politiker", *Die Gegenwart*, XL,
        n⁰ 47, 21 nov., pp. 323-5.   [YC]

1765   BRAUSEWETTER, Ernst: "Emil Zola als Dramatiker", *Die
        Gesellschaft*, VII, févr., pp. 249 55.   [YC]

1766   CALMETTE, Gaston: "Le livre de demain", *Le Figaro*, 2
        avril.
        [*La Débâcle*]

1767   ---: "Le voyage d'Emile Zola à Sedan", *Le Figaro*, 28
        avril.

1768   FOUQUIER, Henry: "La censure", *Le Figaro*, 12 mars.
        [Z. devant la Commission parlementaire chargée
        d'examiner un projet de loi sur la censure]

1769   GINISTY, Paul: "Les caricatures d'Emile Zola", *La
        Vie populaire*, III, n⁰ 63, 6 août, pp. 168-9.

1770   GOLDMANN, Karl: "Masochismus und Sadismus in der
        modernen Literatur", *Mag.*, CXX, n⁰ 48, 28 nov. [YC]

1771   GROTTEWITZ, Curt: "Die wissenschaftliche Methode in
        der modernen Dichtung", *Der Kunstwart*, IV, n⁰ 17,
        juin, pp. 257-9.   [YC]
        [En allemand: "La méthode scientifique dans la
        littérature moderne"]

1772   ---: "Die Ueberwindung des Milieus", *Mag.*, CXX, n⁰ 29,
        18 juill., pp. 455-7.   [YC]

1773   ---: "Vom naturalistischen Menschenverstand", *ibid.*,
        n⁰ 32, 8 août, pp. 519-22.   [YC]

1774   HELLER, H.J.: "Die schöngeistige Literatur des Jahres
        1890, mit Rückblicken auf 1888 und 1889", *Zeitschrift
        für neufranzösische Sprache und Literatur*, XIII, pp.
        241-304.   [YC]

["Les belles-lettres en 1890, avec une rétrospective
sur 1888 et 1889"]

1775   HORSTMANN Y VARONA, D. Enrique: "Naturaleza de las
        obras artisticos", *RE*, CXXXIX, pp. 327-46, 468-87.
        [En espagnol]   [CA]

1776   LE LISEUR: "Revue des journaux", *Le Figaro*, 22 juin.
        [Cf. 1786]

1777   MANN, L. Heinrich: "Verein Freie Bühne: Emile Zola,
        Thérèse Raquin", *Die Gesellschaft*, VII, juin,
        p. 837.   [YC]

1778   PARDO BAZAN, Emilia: "Zola y Tolstoy", *Nuevo Teatro
        crítico*, I, mai, pp. 35-73.   [CA]

1779   REGNIER, Henri de: "L'ordre règne dans Varsovie",
        Entretiens politiques et littéraires, III, n° 20,
        nov., pp. 165-9.
        [Contre les naturalistes - Voir la réponse de
        Lucien Muhlfeld, *ibid.*, n° 21, déc., pp. 189-95 -
        Voir aussi 7461]

1780   RELLS, Wilhelm: "Psychologie und Naturalismus in
        Frankreich", *Die Nation*, VIII, n° 34, 23 mai, pp.
        532-4. Rp. in *Kunstwart*, V, 14 avril 1892, pp.
        207-9.   [YC]

1781   ROD, Edouard: "Les idées morales du temps présent.
        M. Emile Zola", *RBl*, XLVII, n° 5, 31 janv., pp.
        136-42. Rp. in *Les Idées morales du temps présent*.
        P., Perrin, 1891, pp. 73-98. En norvégien in
        Samtiden (Oslo), II, 1891, pp. 148-60.

1782   ROHR, Julius: "Das Milieu in Kunst und Wissenschaft",
        FB, II, avril, pp. 341-5.   [YC]

1783   SERGINES: "Les échos de Paris", *APL*, 9e année, XVI,
        22 mars, p. 182.
        [Détails biographiques]

1784   SORIANO, Rodrigo: "Una conferencia con Emilio Zola",
        RE, CXXVII, pp. 226-39, 346-58, 413-24. Rp.:
        Madrid, Fortanet, 1892. 88p.   [CA]

1785   SYMONDS, J.A.: "*La Bête humaine*. A Study in Zola's
        Idealism", *The Fortnightly Review*, LVI, oct., pp.
        453-62. Rp. in *In the Key of Blue*. Londres, Elkin
        Mathews/New York, MacMillan, 1918, pp. 111-31.

1786   TABAR: "Lettre à Zola", *L'Echo de Paris*, 24 juin.

[Veut que Z. accepte la candidature à la Chambre
des députés - Z. a refusé pour se consacrer à son
travail - Voir l'interview du même jour: "Chez M.
Emile Zola"]

1787 VAN SANTEN KOLFF, J.: "Letterkundige bizonderheden.
Open brief", *De Portefeuille*, XII, 28 févr., pp.
604-5.   [BB]
[En hollandais: "Curiosités littéraires. Lettre
ouverte"]

1788 ---: "Een letterkundig Zola-gedenkteeken. Robert
Hamerling over Emile Zola", *ibid.*, 7 mars, pp.
616-7.   [BB]

1789 ---: "Zolaïana. [...] XV. *Thérèse Raquin*", *ibid.*,
21 mars, pp. 642-4; XIII, 4 avril, pp. 669-70. [BB]

1790 ---: "Emile Zola in zijn werken. Authentieke documenten. XVII. *La Curée*", *ibid.*, XIII, 5 et 12 sept.,
pp. 925-7, 932-3.   [BB]

1791 ---: "Emile Zola in zijn werken. [...] XVIII.
L'Œuvre", *ibid.*, 10 et 17 oct., pp. 981-3, 992-4.
                                      [BB]

1792 L. W. [Leon WINIARSKI]: "Literatura i sztuka", *Prawda*,
n° 10, pp. 115-6.   [BU Varsovie]
[En polonais - "Littérature et art"]

1793 WEISS, J.-J.: "Pages oubliées", *APL*, 9e année, XVI,
n° 414, p. 346.

1794 ANONYME: "Drama. The Week", *The Athenaeum* (Londres),
n° 3338, 17 oct., p. 525.
[*Thérèse Raquin* à Londres]

1795 ---: "Emile Zola et son roman *La Terre* d'après des
lettres inédites", *Le Livre moderne*, IV, n° 20, 10
août, pp. 81-90.

1796 ---: "Emile Zola om kriget", *Stockholms Dagblad*, 12
août, p. 5.   [BU Lund]
[En suédois - "Emile Zola sur la guerre"]

1797 ---: "Inocencia; sobre naturalismo", *La Opinión
nacional* (Caracas), 7 mars.   [BU Caracas]

1798 ---: "Lettres inedites d'Emile Zola sur *La Bête
humaine*", *Le Livre moderne*, III, n° 16, 10 avril,
pp. 207-12.
[Cf. 1736]

1799 ANONYME: "Lettres inédites d'Emile Zola sur la mise en œuvre de son roman *Le Rêve*", *ibid.*, n° 18, 10 juin, pp. 322-6. [BB]
[Cf. 1798]

1800 ---: "Lettres inédites d'Emile Zola sur ses romans *L'Œuvre, La Joie de vivre;* un projet de poème de Zola sur *La Douleur*", *ibid.*, IV, n° 21, 10 sept., pp. 144-50. [BB]
[Cf. 1799]

1801 ---: "M. Zola député", *L'Eclair* (soir), 22 juin.
[Z.: "A demain, l'action" - Cf. 1786]

1802 ---: "Zola Has Little Faith. He Does Not Believe the Copyright Law Will Be Passed", *NYT*, 22 févr., p. 6.

1803 ---: "Zola i socijaliste", *Narodni Dnevnik*, XL, n° 227, p. 2. [BUSM]
[En serbo-croate - "Zola et les socialistes"]

1804 ---: "Zola Talks of His Work. He Will Describe the Battle of Sedan, but Write No Dramas", *NYT*, 8 mars, p. 1.
[Z. parle de *La Débâcle*]

1892

1805 BERG, Leo: *Der Naturalismus. Zur Psychologie der modernen Kunst.* Munich, Poessel. viii,244p. [YC]

1806 BINDER-KRIEGLSTEIN, Karl Freiherr von: *Realismus und Naturalismus in der Dichtung. Ihre Ursachen und ihr Wert.* Leipzig, Duncker-Humblot. 56p. [YC]

1807 CLARIN [Leopoldo ALAS]: *Ensayos y revistas 1888-1892.* Madrid, Manuel Fernández y Lasanta.
["Zola. *La Terre*", pp. 31-55; "Zola y su última novela. *L'Argent*", pp. 57-79; "La juventud literaria", pp. 393-7]

1808 CORNUT, le père Etienne: *Les Malfaiteurs littéraires.* P., Rétaux. 347p.
[Voir pp. 73-82 - contre l'immoralité de l'œuvre de Z.]

1809 GROTTEWITZ, Curt: *Die Zukunft der deutschen Literatur im Urteil unseren Dichter und Denker. Eine Enquête.* Berlin, Hochsprung. 128p. [YC]
[Enquête sur l'avenir de la littérature allemande]

1810 HANSSON, Ola: *Der Materialismus in der Literatur.*

Stuttgart, Krabbe. 35p. [YC]

1811 LOTI, Pierre: *Discours de réception de Pierre Loti
à la séance de l'Académie française du 7 avril
1892.* P., Lévy. 92p. Rp. in *Œuvres complètes de
Pierre Loti I.* P., Calmann Lévy, 1893, pp. 3-53.
[Voir pp. 49-51 où Loti parle de la grossierté du
naturalisme - voir la réponse de Z. in 1977]

1812 MENSCH, Ella: *Neuland. Menschen und Bücher der modernen Welt.* Stuttgart, Levy & Müller, [1892]. 342p.
[Voir "Emile Zola", pp. 210-22] [YC]

1813 MONNIER, Adrien: *Les Parias. En réponse à "La Bête
humaine" de M. Emile Zola.* Aux Mureaux (S.-et-O.),
chez l'auteur. 175p.
[Remarques et un récit]

1814 NORDAU, Max: *Entartung.* Berlin, C. Duncker, 1892-
1893. 2 vol. Voir *Dógónóroooonoo.* Tr. Auguste
Dietrich. P., Alcan, 1894. 2 vol. Tr. anglaise:
Degeneration. New York, Appleton, 1895. xiii,560p.
[Voir livre IV, chap. 1: "Zola et son école" - Z.
un "dégénéré"]

1815 PARDO BAZAN, Emilia: *Obras completas VI. Polémicas
y estudios literarios.* Madrid, Agustín Avrial,
[1892]. 304p.
[Plusieurs remarques sur Z.]

1816 WEIGAND, Wilhelm: "Emile Zola", in *Essays.* Munich,
Merhoff, pp. 285-94.
[En allemand]

Sur "La Débâcle":

1817 ARNAUD, Jules: *La "Débâcle" de M. Zola.* P., Imp.
Lessertisseux, [1892]. 20p.
[Violente condamnation du roman]

1818 FRANC, Christian: *A refaire "La Débâcle".* P., Dentu.
91p.
[Hostile]

1819 URIEN, Carlos M.: *"La Débâcle" de Emilio Zola.*
Buenos Aires-La Plata, Rosario. ix,59p. Articles
des nos 6715-8 de *La Nación.*

1820 ALEXIS, Paul: *"La Débâcle", Gil Blas,* 21 juin. [BB]

1821 B.: "Literatura Francuska. Emil Zola: *La Débâcle*",
Prawda, no 29, pp. 343-4. [BU Głowna, Poznań]
[En polonais]

1822   BARTHELEMY, H.: *"La Débâcle*. La légende et l'histoire",
        L'Evénement, 12 août.
        [Réponse de Z. dans *Le Matin* du 22 août – voir *RM V*,
        pp. 1435-6]

1823   ---: *"La Débâcle*. Toujours la légende", *L'Evénement*,
        25 août.
        [Suite à 1822 – répond à Z.]

1824   BERNHARDT, Marcel: "Chronique parisienne. *La Débâcle*",
        Le Nouvel Echo, n° 16, 15 août, pp. 491-9.

1825   BLEIBTREU, Karl: "Zola's Kriegsroman", *Die Gesellschaft*,
        VIII, sept., pp. 1148-58.   [YC]

1826   BOIS-GLAVY, E.: "Un point d'histoire. Chez S. A. I.
        la princesse Mathilde", *Le Gaulois*, 7 sept.

1827   BOISSIN, Firmin: "Romans, contes et nouvelles", *Poly-*
        biblion, XXXVI, n° 4, oct., pp. 289-93.

1828   BONNAMOUR, George: "Critique littéraire. Roman. *La*
        Débâcle, par Emile Zola", *RI*, n.s. XXIV, n° 69,
        juill., pp. 82-91.

1829   BRISSON, Adolphe: "Livres et revues. *La Débâcle*, par
        Emile Zola", *APL*, 10e année, n° 470, 26 juin, pp.
        410-2. Rp. in *La Comédie littéraire*. P., Colin, 1895,
        pp. 275-90.

1830   CASSAGNAC, Paul de: "Petit point d'histoire", *L'Au-*
        torité, 6 sept.
        [Sur le fard de l'Empereur – Cf. 1826]

1831   CIVRY, Ulric de: "Napoléon III à Sedan", *Le Figaro*
        (supplément littéraire), 17 sept.
        [Cf. 1830]

1832   CLARIN [Leopoldo ALAS]: *"La Débâcle"*, *Los Lunes de El*
        Imparcial, 18 juill.   [CA]

1833   CLISSON, Eugène: "Le fard de Napoléon III", *L'Evénement*,
        7 sept.
        [Cf. 1831]

1834   CORNELY, J.: "La Débâcle", *Le Gaulois*, 22 juill.
        [Ext. in Bern. pp. 640-2]

1835   CORNUT, Et.: "Le dernier livre de M. Emile Zola",
        Etudes, LVII, sept., pp. 163-8.

1836   DAC, Henri: *"La Débâcle"*, *Le Monde*, 4 juill.

1837   DELMONT, l'abbé Théodore: *"La Débâcle*, causerie histo-
        rique et littéraire", *L'Université catholique*, n.s.

XI, 15 déc., pp. 584-614.
[Œuvre "malsaine"]

1838   DEMAILLY, Ch.: "Petit point d'histoire", *Le Gaulois*,
6 sept.
[A propos de 1830]

1839   ---: "Napoléon III et *La Débâcle*", *Le Gaulois*, 7
sept.
[Cf. 1833]

1840   DESCHAMPS, Gaston: "*La Débâcle* par Emile Zola", *Jour-*
nal des Débats, 1er juill.
[Ext. in *RM V*, pp. 1423-4]

1841   DUQUET, Alfred: "La vérité dans l'histoire par Zola",
Le Nouvel Echo, n° 17, 1er sept., pp. 513-7.

1842   FAGUET, Emile: "Courrier littéraire. M. Emile Zola:
La Débâcle", *RDl*, XLIX, n° 26, 25 juin, pp. 819-22.

1843   FOURNEL, Victor: "Les œuvres et les hommes", *Le*
Correspondant, CLXVIII, n° 6, 25 sept., pp. 1172-5.

1844   FRANCE, Anatole: "La vie littéraire. Emile Zola - *La*
Débâcle", *Le Temps*, 26 juin. Rp. in 7763.
[Ext. in *RM V*, pp. 1422-3]

1845   ---: "La vie littéraire. Note sur un passage de *La*
Débâcle, par M. Emile Zola", *Le Temps*, 3 juill. Rp.
in 7763.

1846   GILLE, Philippe: "*La Débâcle* par Emile Zola", *Le*
Figaro, 21 juin.

1847   GIRAUD, Albert: "Chronique littéraire", *La Jeune*
Belgique (Bruxelles), 12e année, XI, n° 9, sept.,
pp. 346-9.

1848   GROTH, Ernst: "Zola's neuester Roman", *Blätter für*
literarische Unterhaltung, n° 33, 18 août, pp.
513-5.   [YC]

1849   HELLER, H.J.: "Emile Zola. *La Débâcle*", *FG*, IX, n°
10, oct., pp. 149-50.   [YC]

1850   E. K-n.: "I grus och spillror. Skildring från fransk-
tyska kriget", *Dagens Nyheter*, 7 juill., p. 2.
[En suédois - sur la tr. suédoise]   [BU Lund]

1851   KAHN, Gustave: "A propos de *La Débâcle*", *La Société*
nouvelle, 8e année, II, n° 91, 30 juill., pp. 101-7.

1852   LEBRE, Gaston: "Napoléon a mis du rouge", *Le Figaro*

(supplément littéraire), 29 oct.
[Cf. 1830]

1853 LEDEBOUR, Georg: "Emile Zola's Kriegsroman", *FB*, III,
n⁰ 55, pp. 875-80. [YC]

1854 LEDRAIN, E.: "Opinions. Emile Zola", *L'Eclair*, 8
août.

1855 LESER, Charles: "La Clef de *la Débâcle*", *Gil Blas*,
25, 27 et 30 juill.
["L'histoire définitive" de la guerre - Ext. in
RM V, pp. 1436-7 - voir la lettre de Z. du 29 juill.
dans *Gil Blas* du 1ᵉʳ août]

1856 LE LISEUR: "Revue des journaux", *Le Figaro*, 24 oct.

1857 MAHRENHOLTZ, R.: "Zola, Emile. *La Débâcle*", *Zeitschrift für neufranzösische Sprache und Literatur*,
XIV, pp. 263-4. [YC]

1858 MAUTHNER, Fritz: "Das neueste Werk Zolas", *Mag.*,
CXXII, n⁰ 27, 2 juill., pp. 433-6. [YC]

1859 MONOD, G.: "A propos de *La Débâcle*", *Journal des
Débats*, 13 sept.
[Cf. 1830]

1860 MOORE, George: *"La Débâcle"*, *The Fortnightly Review*,
LVIII, 1ᵉʳ août, pp. 204-10. Ext. in *The Review
of Reviews* (Londres), VI, sept., p. 227.

1861 G-g. N.: "I grus och spillror. Skildring från fransk-
tyska kriget", *Aftonbladet*, 7 mai et 22 juin.
[En suédois - sur la tr. suédoise] [BU Lund]

1862 PARDO BAZAN, Emilia: "Critique: *El desastre*", *Nuevo
Teatro crítico*, sept. [CA]

1863 PAYNE, William Morton: "Recent Books of Fiction",
The Dial (Chicago), XIII, n⁰ 148, août, p. 105.
[c.r. de la tr. américaine]

1864 PELLISSIER, Georges: *"La Débâcle;* par Emile Zola",
REn, II, n⁰ 47, oct., pp. 1655-63. Rp. in 2326,
pp. 181-201.

1865 PONTCHALON, Henri de: "Revue des journaux", *Le
Figaro*, 24 oct.
[Cf. 1856 - contient la réponse de Z.]

1866 Hj. Sdg. [H. SANDBERG]: "I grus och spillror.
Skildring från fransk-tyska kriget", *Svenska
Dagbladet*, 12 mai et 3 nov. Voir aussi 22 avril

et *Sydsvenska Dagbladet Snällposten*, 2 sept.
[Sur la tr. suédoise] [BU Lund]

1867 SERVAES, Franz: "Zola's Kriegsroman", *Die Nation*, IX,
n° 41, 9 juill., pp. 621-3. [YC]

1868 SHARP, William: "New Novels", *The Academy* (Londres),
XLII, n° 1071, 12 nov., p. 432.

1869 SOKAL, Clemens: *"La Débâcle"*, *Nord und Süd*, LXII,
n° 186, sept., pp. 403-8. [YC]

*1870 TANERA, le capitaine: *"La Débâcle* jugée par un
officier allemand", *Le Figaro*, 19 sept. Tirage à
part: P., Lemerre, 1892. 8p. Rp. in *La Liberté* du
20 sept. et dans plusieurs journaux allemands.
Voir la réponse de Z. in *Le Figaro* du 10 oct.;
tirage à part: *Retour de voyage*. P., Lemerre. 10p.
[Les inexactitudes du roman – voir *RM V*, pp.
1450 60]

1871 TREGASTEL: *"La Débâcle* et le général du Barail", *Le
Figaro*, 19 juill.

1872 UZANNE, Octave (éd.): "Lettres inédites d'Emile Zola
sur son nouveau roman: *La Débâcle"*, *L'Art et l'Idée*,
I, n° 2, 20 févr., pp. 89-97. Voir aussi *APL*, 10e
année, n° 453, 28 févr., p. 133.

1873 J. V.: "I grus och spillror. Skildring från fransk-
tyska kriget", *Göteborgs-Posten*, 23 juill.
[En suédois – sur la tr. suédoise] [BU Lund]

1874 VAN SANTEN KOLFF, J.: "Emile Zola in zijn werken.
[...] XIX. Over de rol des oorlogs in Zola's
werken", *De Portefeuille*, XIII, 30 janv., pp.
1170-2. [BB]
[Sur le rôle de la guerre dans l'œuvre de Z.]

1875 ---: "Emile Zola in zijn werken. [...] XX. Hoe de
roman over den oorlog van '70 onstond", *ibid.*,
13 et 20 févr., pp. 1196-8, 1207-10. [BB]

1876 —-: "Zur Genesis des Zola'schen Kriegsroman", *FB*,
III, mars, pp. 280-96. [YC]

1877 ---: "Emile Zola in zijn werken. XXI. Een naschrift
bij XX (de oorlogsroman over 1870)", *De Portefeuille*, XIV, 25 juin, pp. 124-5. [BB]
[Post-scriptum à 1875]

1878 VEUILLOT, François: *"La Débâcle"*, *L'Univers*, 20 juill.

1879   VILLEGAS, D.F.F.: *"La Débâcle"*, *RE*, CXLII, pp. 338-54.   [CA]

*1880   VOGUE, Eugène-Melchior de: *"La Débâcle"*, *RDM*, 3e période, 62e année, CXII, 15 juill., pp. 443-59. Rp. in *Heures d'histoire*. P., Armand Colin, 1893, pp. 247-81. Pour une réponse, voir *Le Gaulois* du 20 juill.
[Voir *RM V*, pp. 1438-48]

1881   C.S.W.: "I grus och spillror. Skildring från fransk-tyska kriget", *Vårt Land*, 5 août, p. 2.
[En suédois - sur la tr. suédoise]   [BU Lund]

1882   Z., lieutenant-colonel: "A propos de *la Débâcle*. Le lieutenant-colonel Z... au capitaine Tanera, de l'armée bavaroise", *Gil Blas*, 21 sept.
[Réponse à 1870]

1883   ZOLLING, Th.: "Zola und der deutsch-französische Krieg", *Die Gegenwart*, XLII, n° 39, 24 sept., pp. 198-200.   [YC]

1884   ANONYME: "A propos de *La Débâcle*", *Le Figaro* (supplément littéraire), 3 sept.

1885   ---: "Belles Lettres", *The Westminster Review* (Londres), CXXXVIII, n° 2, août, pp. 225-6.

1886   ---: *"La Débâcle"*, *The Athenæum* (Londres), n° 3383, 27 août, pp. 278-9.

1887   --: *"La Débâcle"*, *TI*, n° 132, pp. 21-2.
[En polonais]   [BU Varsovie]

1888   ---: *"La Débâcle*. Par Emile Zola. Paris: Charpentier; New York: Westermann. *(The Downfall)"*, *The Nation* (New York), LV, n° 1414, 4 août, p. 93.

1889   ---: "Debatten om Zolas senaste roman", *Dagens Nyheter*, 19 oct., p. 2.   [BU Lund]
[En suédois]

1890   ---: *"The Downfall"*, *LW*, XXIII, n° 15, 16 juill., p. 245.
[c.r. de la tr. anglaise]

1891   ---: "E. Zola. *La Débâcle*", *Javor*, XIX, p. 416.
[En serbo-croate]   [BUSM]

1892   ---: "Editor's Study", *Harper's New Monthly Magazine* (New York), LXXXV, n° 509, oct., p. 802.

1893   ---: "Emile Zola", *Book News* (Philadelphie), X,

n° 120, août, pp. 504-5.

1894   ANONYME: "Le fard de Napoléon III", *Le Matin*, 9 sept.
        Voir *L'Echo de Paris*, 9 sept.
        [Cf. 1830]

1895   ---: "French Literature. *La Débâcle*", *The Saturday
        Review* (Londres), LXXIV, n° 1919, 6 août, pp.
        178-9.

1896   ---: "I grus och spillror. Skildring från fransk-
        tyska kriget", *Götesborgs Handels- och Sjöfarts-
        tidning*, 27 avril, p. 2. Voir aussi *Nya Dagligt
        Allehanda*, 20 mai et 9 juill.; *Stockholms Dagblad*,
        17 juill.   [BU Lund]
        [En suédois - sur la tr. suédoise]

1897   ---: "Letterkundige Kroniek. *La Débâcle* par Emile
        Zola", *De Gids*, 4ᵉ série, LVI, août, pp. 368-76.

1898   ---: "M. Zola and His Critics", *The Times* (Londres),
        11 oct., p. 3.
        [A propos de 1870]

1899   ---: "M. Zola on Sedan", *The Spectator* (Londres),
        LXIX, n° 3346, 13 août, pp. 228-30.

1900   ---: "Novel Notes", *The Bookman* (Londres), III, n°
        14, nov., p. 59.
        [c.r. de la tr. anglaise]

1901   ---: "Zola's *Downfall*", *The Critic* (New York), XXI,
        n° 548, 27 août, pp. 103-4.

1902   ---: "Zolas Kriegsroman *La Débâcle*", *Die Grenzboten*,
        LI, n° 3, pp. 353-67.

1903   ---: "Zola's Trouble from Realism. Many Persons
        Challenge the Truth of His Sedan Pictures", *NYT*,
        18 sept., p. 11.
        [Sur le fard de l'Empereur]

1904   ---: "Zolin roman *Débâcle*", *Javor*, XIX, p. 575.   [BUSM]
        [En serbo-croate]

        [Voir aussi *La Justice*, 2 sept.; les ext. de la
        presse étrangère sur *La Débâcle* in Bern., pp. 647-60;
        "*La Débâcle*. Réponse de M. Zola à ses critiques",
        Le Matin, 22 août]

        Sur le voyage de Zola à Lourdes:

1905   A.: "M. Zola à Lourdes", *Le Gaulois*, 23 et 26 août.

1906   A.: "Notre-Dame des Douleurs", *Le Gaulois*, 27 août.

1907   BOISSARIE, D^r: "Emile Zola à Lourdes", *Revue cana-
       dienne* (Montréal), 3e série, IV, juin-août, pp.
       388-403.

1908   ---: "M. Zola au milieu des médecins de Lourdes",
       L'Univers, 31 août.

1909   J. C.: "Un converti", *Le Gaulois*, 28 août.

1910   L. C.: "Emile Zola et le P. Marie-Antoine", *L'Univers*,
       25 août.

1911   CASE, Jules: "L'interview", *Le Figaro*, 2 sept.

1912   COLIN, Louis: "Le Pèlerinage National à Lourdes",
       L'Univers, 23 août.

1913   ---: "Coups d'œil divers", *L'Univers*, 27 août.

1914   ---: "Pèlerinage National de Lourdes", *L'Univers*,
       31 août.

1915   GAVROCHE: "Une lettre de M. Zola", *L'Echo de Paris*,
       26 août.
       [Lettre fantaisiste à W. Busnach]

1916   LACAZE, Félix: "Ce que Zola voudrait à Lourdes",
       Le Figaro, 5 sept.

1917   LACAZE, Ubald: "Revue de la presse", *Gil Blas*, 2
       sept.
       [Article de *La Dépêche de Toulouse*]

1918   LEPELLETIER, Edmond: "Zola thaumaturge", *L'Echo de
       Paris*, 28 août.

1919   MARTIN, H.: "Zola à Lourdes", *Etudes (religieuses,
       philosophiques, historiques et littéraires)*, 29^e
       année, LVII, 15 nov., pp. 421-41.

1920   THIERY, Armand: "Lourdes. Un romancier naturaliste
       dans la cité de la Vierge", *Le Magasin littéraire*
       (Gand-Lyon-Bruxelles), IX, n° 11, 15 nov., pp.
       401-28.

1921   TREGASTEL: "Notre-Dame de Lourdes défendue par M.
       Lasserre", *Le Figaro*, 6 août. Rp. in Henri
       LASSERRE: *Les Lettres de Henri Lasserre à l'occa-
       sion du roman de M. Zola*. P., Dentu, [1895], pp.
       5-13.

1922   VANDEREM, Fernand: "Notes et impressions. Le roi
       Zola", *RBl*, L, n° 9, 27 août, pp. 284-5.

1923   ANONYME: "Encore M. Zola à Lourdes", *Le Monde*, 28
        août.

1924   ---: "Impressions d'un profane", *L'Univers*, 27 et
        28 août.

1925   ---: "M. Zola à Lourdes", *Le Monde*, 24 août.

1926   ---: "M. Zola à Lourdes", *Le Temps*, 31 août.

1927   ---: "M. Zola à Notre-Dame de Lourdes", *Le Figaro*,
        19 juill.

1928   ---: "M. Zola et le pèlerinage de Lourdes", *Le Temps*,
        26 août.

1929   ---: "Le Pèlerinage National à Lourdes", *L'Univers*,
        22 août.

1930   ---: "Toujours M. Zola à Lourdes", *Le Monde*, 1er
        sept.

1931   ---: "Zola à Lourdes", *La Croix*, 28-29 août.

1932   ---: "Zola på pilgrimsfärd till Lourdes", *Goteborgs
        Handels- och Sjöfartstidning*, 5 sept. Voir aussi
        Arbetet, 7 sept.; *Stockholms Dagblad*, 8 sept.;
        Social-Demokraten, 10 sept.   [BU Lund]
        [En suédois]

1933   : "Zola w Lourdes", *PT*, no 41, pp. 458-60.
        [En polonais]   [BU Varsovie]

                            *

1934   ALEXANDRE, Arsène: "Opinions. Vieille lune", *L'Eclair*,
        23 oct.
        [Z. et l'Académie]

1935   ARNOLD, Sir Edwin: "The Best Book of the Year", *The
        North American Review*, CLIV, no 422, janv., pp.
        85-93.
        [*La Bête humaine*]

1936   ARVE, Stéphen d': "Le pèlerinage de M. Zola à Aix",
        Le Gaulois, 15 sept.

1937   ARZUBIALDE, L.: *"Thérèse Raquin"*, *Los Lunes de El
        Imparcial*, 23 mai.   [CA]
        [En espagnol]

1938   BENIME, E.: "Zola als dramatischer Dichter", *Zeit-
        schrift für lateinlose höhere Schulen* (Hambourg-
        Leipzig), VI, pp. 294-301, 326-33.   [TH?]

1939   BERDROW, Otto: "Wie heute Romane gemacht werden",
        NZ, XI, n° 15, 1892-1893, pp. 478-84.   [YC]
        ["L'art de faire aujourd'hui des romans"]

1940   BLAZE DE BURY, Yetta: "Emile Zola as an Evolution-
        ist", *The New Review* (Londres), VII, pp. 188-96.
        Rp. in *French Literature of To-Day*. Londres, Con-
        stable/Cambridge, Mass., 1898, pp. 37-52.

1941   BRANDES, Georg: "Emile Zola (efter: *L'Echo de la
        Semaine)*", *Højskolebladet,* pp. 583-5, 617-9.   [BNC]
        [En danois]

1942   BRULAT, Paul: "Un entretien avec Emile Zola", *Le
        Journal,* 10 oct.

1943   CALMETTE, Gaston: "Pierre Loti et l'Académie fran-
        çaise", *Le Figaro,* 8 avril.
        [A propos de 1811 - Voir aussi l'article de Barrès
        le lendemain et "Deux lettres", 10 avril: regrets
        de Loti et réponse de Z.]

1944   CEARD, Henry: "*Thérèse Raquin,* Théâtre du Vaudeville",
        L'Evénement, 21 mai.

1945   CHEVASSU, Francis: "Emile Zola", *Gil Blas,* 13 avril.
        [Z. et l'Académie]

1946   CHOINSKI, Teodor Jeske: "Emil Zola jako polemista i
        krytyk", *TI,* n° 138, pp. 123-4; n° 139, pp. 138-9;
        n° 140, pp. 154-5; n° 141, pp. 171-2; n° 142, pp.
        182-3; n° 144, pp. 215-8; n° 145, pp. 231-4; n°
        146, pp. 246-7; n° 147, pp. 270-1.   [BU Varsovie]
        [En polonais - "Emile Zola, polémiste et critique"]

1947   DAVENAY, G.: "Les bénéfices de Zola", *Le Figaro,* 9
        sept.

1948   DILTHEY, Wilhelm: "Die drei Epochen der modernen
        Aesthetik und ihre heutige Aufgabe", *DR,* XVIII,
        août, pp. 267-303. Rp. in *Die geistige Welt,* in
        Wilhelm Diltheys Gesammelte Werke, VI. Berlin-
        Leipzig, Teubner, 1924, pp. 242-87.   [YC]
        ["Les trois époques de l'esthétique moderne et la
        tâche qui lui incombe aujourd'hui"]

1949   DOMINGO MAMBRILLA, Clemente: "*Literaturas malsanas:
        Estudios de Patologia literia contemporanea,* por
        D. Pompeyo Genér de la Sociedad de Antropologia
        de Paris", *RE,* CXLVIII.   [CA]

1950   DU TILLET, J.: "Théâtres. Théâtre de M. Emile Zola",

RBl, L, n° 3, 16 juill., pp. 94-6.

1951 E.: *"Thérèse Raquin, Uppsala teater"*, *Upsala Nya Tidning*, 20 févr. [BU Lund]
[En suédois]

1952 Eg.: *"Fällan, Folkteatern"*, *Sydsvenska Dagbladet Snällposten*, 12 mars, p. 2. [BU Lund]
[En suédois - sur *L'Assommoir* au théâtre]

1953 FORMENTIN, Ch.: "M. Yves Guyot et Emile Zola", *L'Echo de Paris*, 13 sept.
[Sur la publication de *L'Assommoir*]

1954 ---: "La querelle Séverine-Zola", *L'Echo de Paris*, 13 nov.
[Cf. 1974]

1955 GALDEMAR, Ange: "Le prochain livre de M. Emile Zola", *Lo Gaulois*, 26 nov.
[Sur *Le Docteur Pascal*]

1956 GAUTHIER-VILLARS, Henry: "Zola corrigé par Zola. A propos de la dernière réimpression du *Vœu d'une morte"*, *RBl*, XLIX, n° 1, 2 janv. (supplément).

1957 GOSSE, Edmund: "The Tyranny of the Novel", *The National Review* (Londres), XIX, n° 110, avril, pp. 163-75.
[Admiratif]

1958 HURET, Jules: "Ce que rapportent les livres de M. Zola", *APL*, 10e année, n° 470, 26 juin, p. 408.

1959 LANSON, Gustave: "La littérature et la science", *RBl*, L, n°s 13-14, 24 sept. et 1er oct., pp. 385-91, 433-40.
[Sur l'esthétique de Z.]

1960 LAURENSTEIN, Alexander: "Die Aufgabe des Realismus", *Mag.*, CXXI, n° 26, 25 juin, pp. 409-11. Rp. in *Kunstwart*, V, n° 22, août, p. 337. [YC]

1961 LINDAU, Paul: "Ueber die Jüngsten und Neuesten im literarischen Frankreich", *Nord und Süd*, LX, mars, pp. 340-62. [YC]

1962 LOMBROSO, César: *"La Bête humaine* et l'anthropologie criminelle", *La Revue des Revues*, 3e année, IV, n° 23, juin, pp. 260-4.

1963 C. D. M.: "Zola und kein Ende", *Mag.*, CXXII, n° 40, 1er oct., pp. 645-7. [YC]

1964   C. D. M.: "Zola und die Akademie", *Mag.*, CXXII, nº
        45, 5 nov., pp. 731-2.   [YC]

1965   MACEDONSKI, A.: "In pragul secolului", *Literatorul*
        (Bucarest), XX, nº 1, 20 févr., p. 1.   [BU Iasi]
        [En roumain]

1966   MAHRENHOLTZ, R.: "Zola, Emile. *L'Argent*", *Zeitschrift*
        für neufranzösische Sprache und Literatur, XIV,
        pp. 119-21.   [YC]

1967   MORI, Ogaï: "Emīru Zora ga botsu risō", *Shigarami-*
        sōshi (Tokyo), nº 28.   [KO]
        [En japonais - "Emile Zola refuse l'idéal"]

1968   NOBLE, James Ashcroft: "New Novels", *The Academy*
        (Londres), XLII, nº 1067, 15 oct., p. 332.
        [c.r. de "L'Attaque du moulin"]

1969   ORTEGA MUNILLA, José: "El Teatro y la novela", *Los*
        Lunes de El Imparcial, 11 et 18 avril.   [CA]
        [En espagnol]

1970   REDARD, Emile: "La dernière "réimpression" de M.
        Emile Zola: *Le Voeu d'une morte*", *Bulletin de*
        l'Institut National Genevois, XXXI, pp. 253-76.
        [Etude lue dans la séance de la Section litté-
        raire de l'Institut genevois, le 22 janv. 1890]

1971   RENE: "*Fällan*, Folkteatern", *Social-Demokraten*, 4
        févr.   [BU Lund]
        [En suédois - sur *L'Assommoir* au théâtre]

1972   RIVIERE, Max: "Trois nouveaux romans d'Emile Zola.
        Le Docteur Pascal - Notre Dame de Lourdes - Le
        Déchet", *Gil Blas*, 22 juill.
        [Z. parle de ses romans]

1973   SERGINES: "Les échos de Paris", *APL*, 10e année, nº
        460, 17 avril, p. 244. Voir aussi nº 466, 29 mai,
        p. 342.
        [A propos de 1811]

1974   SEVERINE: "Lettre de Souvarine à M. Emile Zola",
        L'Echo de Paris, 11 nov.
        [Querelle sur les anarchistes - voir aussi 12
        nov., réponse à une lettre de Z.]

1975   SOSNOSKY, Th. von: "Aus der Erzählungsliteratur",
        Blätter für literarische Unterhaltung, nº 47, 24
        nov., p. 749.   [YC]
        [Sur la tr. allemande de *Nantas*]

1976   SPADA [J.K. JANZON]: "Pierre Loti mot Emile Zola",
        Stockholms Dagblad, 12 avril, p. 2.   [BU Lund]
        [En suédois - Cf. 1811]

1977   STIEGLER: "Entre Immortels. Zola et Pierre Loti",
        L'Echo de Paris, 9 avril.
        [Interview - réponse à 1811]

1978   TOURNIER, Albert: "M. Zola et les Félibres", *L'Evéne-*
        ment, 16 févr.
        [Z. président de la fête annuelle]

1979   TOUT-PARIS: "Bloc-Notes Parisien. *Thérèse Raquin*
        au Vaudeville", *Le Gaulois*, 18 mai.

1980   TYRELL, Henry: "Zola's Prices", *The Critic* (New York),
        XXI, n.s. XVIII, n⁰ 564, 10 déc., pp. 328-9.
        [Vente des romans de Z.]

1981   O.U. [Octave UZANNE] (éd.): "Emile Zola autobiblio-
        graphe. *Germinal*. Histoire d'un livre racontée par
        son auteur sous forme de lettres et documents
        divers", *L'Art et l'Idée*, II, n⁰ 11, 20 nov., pp.
        285-97.
        [Lettres et interviews]

1982   VAN SANTEN KOLFF, J.: "Een tweede Zola-opera in
        zicht!", *De Portefeuille*, XIV, 10 et 17 sept., pp.
        221-3, 228-9.   [BB]
        [En hollandais: "Un deuxième opéra de Zola à
        l'horizon!"]

1983   ——: "Emile Zola in zijn werken. XXII. De genesis
        der socialistiesche werkstakingstudie. Een ont-
        wikkelingsproces", *ibid.*, 8, 15 et 22 oct., pp.
        253-5, 260-3, 271-4.   [BB]
        [Sur la genèse de *Germinal*]

1984   W.: "Le jeu et les joueurs jugés par M. Zola", *Le*
        Gaulois, 7 oct.
        [Z. à Monte-Carlo]

1985   G.-Y.: "M. Zola's Short Stories", *The Bookman* (Lon-
        dres), III, n⁰ 13, oct., pp. 27-8.
        [Sur "L'Attaque du moulin", etc.]

1986   ANONYME: "Emile Zola om "Pängar och arbete", Förord
        til den franska översöttn", *Social-Demokraten*, 16
        févr., p. 1. Voir aussi *Arbetet*, 20 févr.
        [En suédois - "Emile Zola sur *L'Argent et le Travail*,
        préface à la traduction française"]   [BU Lund]

1987   ANONYME: *"Fällen*, Folketeatern", *Svenska Dagbladet*,
3 févr., p. 3. Voir aussi *Aftonbladet*, 4 févr.,
et *Dagens Nyheter*, 5 févr.   [BU Lund]
[En suédois - sur *L'Assommoir* au théâtre]

1988   ---: "An Interview with Zola", *The Critic* (New York),
XXI, n° 547, 13 août, p. 83.

1989   ---: "Literary Notes", *NYT*, 4 juill., p. 3. Cf. 14
mai 1894, p. 3, et 5 mars 1898, p. 160.
[Sur la vente des romans de Z.]

1990   ---: "Loti's Realism and Zola's", *The Critic*, XX,
n° 540, 25 juin, p. 358.

1991   ---: "M. Zola et le jeu", *Le Matin*, 4 oct.
[Cf. 1984]

1992   ---: "Our Literary Table", *The Athenaeum* (Londres),
n° 3388, 1er oct., p. 449.
[c.r. de "L'Attaque du moulin"]

1993   ---: "Renan et Zola", *Le Matin*, 15 avril.
[Opinions sur Z.]

1994   ---: "Zola on the Man Who Defeated Him", *NYT*, 20
juin, p. 5.
[Sur M. Lavisse, élu à l'Académie]

1995   ---: "Zola's Perpetual Candidacy", *The Critic*, XXI,
5 nov., pp. 256-7.
[Z. et l'Académie]

[Voir aussi 2148]

1893

1996   HERZFELD, Marie: "Literatur und Publikum", in
Menschen und Bücher. Literarische Studien. Vienne,
Weiss, pp. 1-8.   [YC]
[Z. parmi les auteurs les plus lus en Allemagne]

1997   KRAUS, Otto: *Der deutsche Büchermarkt 1893*. Stuttgart.
51p. *Zeitfragen des christlichen Volkslebens*, XIX,
cahier 3.   [YC]
[Voir surtout pp. 30-1 - le succès de Z. en
Allemagne]

1998   SHERARD, Robert H.: *Emile Zola, a Biographical and
Critical Study*. Londres, Chatto-Windus, [1893].
xii,288p.

1999   WAUTERNIAUX: *Zola*. Liège.   [Bibliothèque Royale,
Bruxelles]

Sur "La Débâcle" [*Cf. 1817–1904*]:

2000 GINISTY, Paul: *"La Débâcle,* par M. Emile Zola", in
L'Année littéraire. Huitième année 1892. Pr. de
Henrik Ibsen. P., Charpentier-Fasquelle, pp. 160-9.

2001 KOSCHWITZ, Eduard: *Die französische Novellistik und
Romanliteratur über den Krieg von 1870/1871*. Berlin,
Gronau. 220p. Long article paru dans *Zeitschrift
für französische Sprache und Literatur,* XV, pp.
73-292.   [YC]
[Voir pp. 30-1, 205-15]

2002 MOREL, le général [Louis]: *A propos de "La Débâcle".*
P.-Limoges, Charles-Lavauzelle. 40p.
[Une "opinion de patriote et de soldat"]

2003 SAUTOUR, Auguste: *L'Œuvre de Zola. Sa Valeur
scientifique, morale et sociale. Sa Valeur comme
étude de l'homme. A propoo du roman "La Débâcle".*
P., Fischbacher. 122p.
[Dénonce le matérialisme de Z. - pour un art qui
défend Dieu et la société]

2004 BOGUSŁAWSKI, Władysław: "Upadek Drugiego Cesarstwa
w romansie Zoli", *Biblioteka Warszawska,* I, pp.
141-60.   [BU Varsovie]
[En polonais]

2005 SCHMIDT, Erich: "Schöne Litteratur", *Deutsche
Litteraturzeitung,* XIV, n° 21, mai, pp. 665-6.

2006 VAN SANTEN KOLFF, J.: "Emile Zola in zijn werken.
XXV. Zola over *La Débâcle*. Verklarende en ver-
dedigende pro domo-oraties", *De Portefeuille,* XV,
13 et 27 mai, pp. 77-8, 100-2.   [BB]
[En hollandais]

2007 ---: "Emile Zola in zijn werken. XXVI. 's Meesters
theoriën over den oorlog", *ibid.,* 17 et 24 juin,
pp. 134-5, 145-6.   [BB]
["Les théories du Maître sur la guerre"]

2008 WELLS, B.W.: "Zola and Literary Naturalism", *The
Sewanee Review* (Sewanee, Tenn.), I, n° 4, août,
pp. 385-401.

2009 WILHELM, K.: "Emile Zola. *Der Zusammenbruch"*, *FG,*
X, n° 4, avril, pp. 54-8.   [YC]

Sur "Une Page d'amour", drame de Charles Samson, à l'Odéon:

2010 BAUCHERY, Charles: "Une page de critique théâtrale. A propos d'*Une Page d'amour*. Conversation avec Emile Zola", in Rf 49128.

2011 DU TILLET, Jacques: "Théâtres", *RBl*, LI, n° 11, 18 mars, pp. 346-8.
[Cf. 2322]

2012 PESSARD, Hector: "Les premières. Théâtre de l'Odéon: *Une Page d'amour*", *Le Gaulois*, 12 mars.

2013 SARCEY, Francisque: "Chronique théâtrale", *Le Temps*, 13 mars.

2014 ---: "Chronique théâtrale", *Le Temps*, 20 mars.

Sur "Le Docteur Pascal":

2015 FOURNIER, Docteur A.: *"Le Docteur Pascal", par Emile Zola*. Epinal, Fricotel. 8p.   [RM V]

2016 ARNAUD, Charles: "Romans, contes et nouvelles", *Polybiblion*, XXVIII, n° 4, oct., pp. 304-10.

2017 BADIN, Ad.: "Bulletin bibliographique", *NR*, 15e année, LXXXIII, 15 juill., p. 444.

2018 BOGUSŁAWSKI, Władysław: "Koniec epopei", *Biblioteka Warszawska*, IV, pp. 569-89.   [IBL]
[En polonais - "La fin d'une épopée"]

2019 BUGIEL, W.: "Literatura Francuska. Emil Zola, *Le Docteur Pascal (Doktôr Pascal)*", *Prawda*, n° 36, pp. 424-5.   [BU Głowna, Posnań]
[En polonais]

2020 COLLIN, Chr.: "Emile Zolas theologi", *NYT Tidsskrift* (Oslo), n.s. I, 1892-1893, pp. 714-31.

2021 FAGUET, Emile: "Courrier littéraire. M. Emile Zola: *Le Docteur Pascal*", *RBl*, LII, n° 1, 1er juill., pp. 22-5. Rp. in *Propos littéraires. Troisième série*. P., Société Française d'Imprimerie et de Librairie, 1905, pp. 235-48.

2022 FLEURY, Dr Maurice de: "Les idées scientifiques du docteur Pascal", *Le Figaro*, 17 juill.,
[Ext. in Bern., pp. 349-50]

2023 FREDERIX, Gustave: "Emile Zola: *Le Docteur Pascal*",

L'Indépendance belge [?], 22 juin. Rp. in *Trente Ans de critique*, I. P., Hetzel/Bruxelles, Lebègue, 1900, pp. 385-94.

2024 G--TZE, A.: "Französische Litteratur", *Die Gesell-schaft*, IX, sept., pp. 1219-24. [YC]

2025 GINISTY, Paul: *"Le docteur Pascal"*, *Gil Blas*, 30 juin. Rp. in *L'Année littéraire. Neuvième année 1893*. Pr. de Henry Houssaye. P., Charpentier-Fasquelle, 1894, pp. 149-57.

2026 GIRAUD, Albert: "Chronique littéraire", *La Jeune Belgique* (Bruxelles), 13e année, XII, nº 9, sept., pp. 350-3.

2027 HAILLY, Gaston d': "Chronique", *La Revue des Livres nouveaux*, XXVI, pp. 4-10.

2028 HELLER, H.J.: "Emile Zola. *Le Docteur Pascal*", *FG*, X, nº 10, oct., pp. 158-60. [YC]

2029 LAUTIER, Eug.: *"Le Docteur Pascal* par Emile Zola", *Le Temps*, 20 juin.

2030 LEDEBOUR, Georg: "Zola's *Doktor Pascal*", *FB*, IV, nº 67, pp. 1057-61. [YC]

2031 LEDRAIN, E.: "Opinions. *Le docteur Pascal*", *L'Eclair*, 2 août.
[Ext. in *RM V*, pp. 1616-7]

2032 PARDO BAZAN, Emilia: *"El Doctor Pascual.* Ultima novela de Emilio Zola", *La España Moderna*, 5e année, nº 57, sept., pp. 172-9.

2033 ---: "Critique: *El doctor Pascal*", *Nuevo Teatro crítico*, III, nov., pp. 118-36. [CA]
[Cf. 2032]

2034 PELLISSIER, Georges: "*Le Docteur Pascal;* par Emile Zola", *REn*, III, nº 65, 15 août, pp. 793-800. Rp. in 2326, pp. 201-3.

2035 RENARD, Georges: "A propos du *Docteur Pascal* d'Emile Zola", *La Petite République française*, 16 août. Rp. in *Critique de combat*. P., Dentu, 1894, pp. 23-32.

2036 ROBERT, Louis de: *"Le Docteur Pascal"*, *Le Journal*, 19 juin. Voir aussi *ibid.*, 24 juill.
[Ext. in Bern., pp. 348-9]

2037 Hj. Sdg. [H. SANDBERG]: *"Doktor Pascal"*, *Svenska Dagbladet*, 22 juill. [BU Lund]

[En suédois - sur la tr. suédoise du roman]

2038 Hj. Sdg. [H. SANDBERG]: *"Doktor Pascal"*, *Sydsvenska Dagbladet Snällposten*, 6 et 28 août. [BU Lund]
[En suédois - sur la tr. suédoise]

2039 SAINTSBURY, George: "New Novels", *The Academy* (Londres), XLIV, n° 1114, 9 sept., p. 208.
[c.r. de la tr. anglaise]

2040 SERVAES, Franz: "Der Schlussband von Zola's *Rougon-Macquart*", *Die Gegenwart*, XLIV, n° 28, 15 juill., pp. 42-4. [YC]
[En allemand: "Le dernier volume des *Rougon-Macquart* de Zola"]

2041 SIENKIEWICZ, Henryk: "Listy o Zoli. *(Le Docteur Pascal)*", article dans *Słowo*, rp. in *Dzieła*, XLV. Varsovie, Państwowy Instytut Wydawniczy, 1951, pp. 127-48. Voir aussi *Pisma*, XX. Varsovie, 1900, pp. 207-48. Tr. française: "Lettres sur Zola, *Le Docteur Pascal* et le cycle *Rougon-Macquart*", *Le Carnet historique et littéraire*, 4e année, n.s. IX, n° 7, juill. 1901, pp. 5-23 (tr. L. de Brockere et le comte Fleury); autre tr. du polonais par Victoria de Zabiello: "Lettre sur Zola", *La Revue hebdomadaire*, 11e année, III, févr. 1902, pp. 267-82. Tr. anglaise: "Zola", in *So Runs the World*. Londres-New York, Tennyson-Neely, 1898, pp. 43-85.
[Hostile - le livre le plus ennuyeux de la série]

2042 VAN SANTEN KOLFF, J.: "Emile Zola in zijn werken. XXIV. Hoe de slot-roman der *Rougon-Macquart*-serie onstond", *De Portefeuille*, XIV, 11 et 18 mars, pp. 480-3, 491-2. [BB]
[Sur la genèse du roman - Cf. 2043]

2043 ---: "La genèse du *Docteur Pascal*", *La Revue hebdomadaire*, 2e année, XIII, n° 56, 17 juin, pp. 432-43.
[Cf. 2042]

2044 ---: "Emile Zola in zijn werken. XXVII. In zake Antoine Macquart's zelfontbrandingdood *(Le Docteur Pascal)*", *De Portefeuille*, XV, 8 juill., pp. 162-4. Voir aussi 29 juill., p. 188. [BB]
[En hollandais - sur la combustion spontanée d'Antoine Macquart]

2045 ---: "Emile Zola in zijn werken. XXVIII. Nog eens *Le Docteur Pascal*", *ibid.*, 15 juill., pp. 174-6. [BB]

2046   C.D.W. [Carl David af WIRSEN]: *"Doktor Pascal"*, *Post och Inrikes Tidningar*, 27 juin, p. 3.   [BU Lund]
[En suédois – sur la tr. suédoise]

2047   X. X.: *"Le docteur Pascal"*, *Przegląd Polski* (Cracovie), CIX, n° 327, pp. 592–6.   [IBL]
[En polonais]

2048   G.-Y.: *"Le Docteur Pascal"*, *The Bookman* (Londres), IV, n° 23, août, pp. 151–2.

2049   ANONYME: "Belles Lettres", *The Westminster Review* (Londres), CXL, n° 4, oct., pp. 462–3.

2050   ---: *"Le Docteur Pascal"*, *The Critic* (New York), XXIII, n° 606, 30 sept., pp. 204–5.

2051   ---: *"Le Docteur Pascal"*, *The Nation* (New York), LVII, n° 1464, 20 juill., pp. 53–4.

2052   ---: *"Docteur Pascal"*, *I.W.*, XXIV, n° 16, 12 août, p. 253.

2053   ---: "Letterkundige kroniek", *De Gids*, LVII, août, pp. 358–62.
[En hollandais]

2054   ---: "Literature", *The Athenaeum* (Londres), n° 3432, 5 août, pp. 181–2.

2055   ---: "Notices of Books", *The Bookseller* (Londres), 5 août, p. 670.
[c.r. de la tr. anglaise]

2056   ---: "Zola's New Novel", *The Times* (Londres), 11 juill., p. 13.

[Voir aussi 4025]

Sur Zola au Congrès international de la presse à Londres et son discours:

2057   ALEXANDRE, Arsène: "Opinions. Port illégal...", *L'Eclair*, 28 sept.
[Objection à une phrase du discours de Z. – Z. ne représente pas la littérature française]

2058   BAUCHERY, Charles: "La littérature française représentée "tout entière" par M. Emile Zola", *Gil Blas*, 5 oct.
[A propos de 2057]

2059   FRANKO, Ivan : "Zola o bezimienności w prasie", *Kurjer Lwowski*, n° 267, 26 sept., p. 3, et n° 272,

1er oct., p. 7.   [BH]
[En polonais - "Zola sur l'anonymat dans la presse"]

2060   SOSIE: "Echos", *Paris*, 3 oct.

2061   WAUGH, Arthur: "London Letter", *The Critic* (New York),
       n°s 607-8, 7 et 14 oct., pp. 231, 242-3.

2062   ANONYME: "A "Delicious Celebrity","" *The Spectator*,
       LXXI, n° 3405, 30 sept., pp. 427-8.

2063   ---: "M. Zola at the Author's Club", *The Times* (Lon-
       dres), 29 sept., p. 8.

2064   ---: "M. Zola at the Press Club", *The Times* (Londres),
       2 oct., p. 3.
       [Z. à Fleet Street]

2065   ---: "M. Zola on England", *The Times* (Londres), 3 oct.,
       p. 3.
       [Impressions de Londres]

2066   ---: "M. Zola on Franco-German Relations", *The Times*,
       (Londres), 2 oct., p. 3.
       [Interview]

2067   ---: "M. Zola's Visit", *The Saturday Review* (Londres),
       LXXVI, n° 1979, 30 sept., p. 378.

2068   ---: "News Notes", *The Bookman* (Londres), V, n° 25,
       oct., p. 6.

2069   ---: "Realist and Ranter", *The National Observer*, n.s.
       X, n° 256, 14 oct., pp. 551-2.
       [Polémique avec J.E.C. Welldon, directeur de l'école
       de Harrow, sur la visite de Z.]

2070   ---: "Sham Realism", *ibid.*, n° 254, 30 sept., p. 499.

2071   ---: "Zola in London", *The Review of Reviews* (Londres),
       VI, sept., p. 360.

2072   ---: "Zola on Anonymity in Journalism", *The Critic*,
       XXIII, n° 606, 30 sept., p. 213.
       [Voir aussi dans le même volume pp. 231, 242, 258
       et 272]

2073   ---: "Zola's "Anonymous Journalism". Discussion of His
       Essay in Parisian Newspapers", *NYT*, 15 oct., p. 11.

       [Voir aussi 2313]

       *Sur "L'Attaque du moulin", drame lyrique, à l'Opéra-
       Comique:*

2074   DARCOURS, Charles: "Les théâtres", *Le Figaro*, 24 nov.

2075   FOURCAUD: "Musique", *Le Gaulois*, 24 nov.
        [Ext. in Bern. *Le Rêve*, pp. 265-6]

2076   FRIMOUSSE: "La soirée parisienne. *L'Attaque du moulin*",
        Le Gaulois, 24 nov. Voir aussi *Le Journal* du 25 nov.

2077   HURET, Jules (éd.): "A propos de l'*Attaque du moulin*",
        Le Figaro, 24 nov.
        [Opinions de Huysmans, Hennique, Céard et Alexis sur
        le drame lyrique, les idées de Z. et ses ambitions]

2078   L. K.: "A New Opera by Bruneau. Zola Sings His Praises
        anent "The Attack on the Mill"," *NYT*, 10 déc., p. 19.

2079   KERST, Léon: "Paris au théâtre", *Le Petit Journal*, 24
        nov.

2080   UN MONSIEUR DE L'ORCHESTRE: "La soirée théâtrale.
        L'Attaque du moulin", *Le Figaro*, 24 nov.

2081   VAN SANTEN KOLFF, J.: "Over Bruneau's nieuwe Zola-
        opera", *De Portefeuille*, XV, 2 déc., pp. 311-2; 3
        mars 1894, pp. 413-4.   [BB]

2082   WEBER, J.: "Critique musicale", *Le Temps*, 29 nov.
        [Ext. in Bern. *Le Rêve*, pp. 266-7]

                              *

2083   ALEXIS, Pablo [Paul]: *"Los Rougon-Macquart"*, *La España
        moderna* (Madrid), V, nos 55-6, juill.-août, pp.
        164-72, 143-58. Cf. article en français in Rf 49163.

2084   ---: *"Les Soirées de Médan"*, *Le Journal*, 30 nov.

2085   [COPPEE, François]: "Les félibres à Sceaux", *Le Temps*,
        20 juin.
        [Hommage à Z.]

2086   CORNELY, J.: "Bérenger et Zola", *Le Gaulois*, 18 juill.
        [Z. et la Légion d'honneur]

2087   DUMAS, Alexandre: "Le mysticisme à l'Ecole", *Le
        Gaulois*, 3 juin. Rp. in 2115 (l'ouvrage en français),
        pp. 31-46.
        [Sur le discours de Z. au banquet de l'Association
        générale des Etudiants et sa philosophie du travail]

2088   FOUCHER, Paul: "Zola député", *Gil Blas*, 14 juin. Cf.
        L'Echo de Paris du 11 juill.
        [Z. et les élections]

2089   ---: "L'irascible M. Faustin", *Gil Blas*, 21 juin.
        [Cf. l'affaire Duverdy en 1882 - un M. Faustin et
        Goncourt]

2090   J. G. [Joseph GENEST?]: "M. Emile Zola", *Le Monde illustré* (Montréal), X, n⁰ 495, 28 oct., p. 305.

2091   GALDEMAR, Ange: "L'origine des *Rougon-Macquart*", *Le Gaulois*, 18 juin.

2092   GAUTHIER-VILLARS, Henry: "Zola et Nordau", *MF*, IX, n⁰ 46, oct., pp. 127-32.

2093   GLEADELL, W.H.: "Zola and His Work", *The Westminster Review*, CXL, n⁰ 6, déc., pp. 614-26.

2094   M. H. [Maximilian HARDEN]: *"Sappho"*, *Die Zukunft*, II, n⁰ 1, 30 déc., pp. 618-24.   [YC]
        [*Sappho* et *Nana*]

2095   RICH. K. [R. KAUFMANN]: "Zola's jubileum", *Göteborgs Handels- och Sjöfartstidning*, 14 juill., p. 1. Voir aussi *Social-Demokraten*, 18 juill.   [BU Lund]
        [En suédois]

2096   KAUF., Miecz. [Mieczysław KAUFMAN]: "Medycyna w powieści", *Prawda*, n⁰ 37, pp. 436-7.
        [En polonais]   [BU Varsovie]

2097   KRACK, Otto: "Gründeutschland", *Die Gegenwart*, XLIV, n⁰ 34, 26 août, pp. 137-8.   [YC]
        [Montre le ridicule de certains critiques allemands, incapables de comprendre Z.]

2098   E. L. [Edmond LEPELLETIER?]: "Au jour le jour. Guy de Maupassant et *Les Soirées de Médan*", *Le Temps*, 8 juill.

*2099   LEE, Vernon: "The Moral Teaching of Zola", *The Contemporary Review* (Londres), LXIII, févr., pp. 196-212. Rp. in *The Eclectic Magazine of Foreign Literature*, n.s. LVII, n⁰ 4, avril, pp. 437-47.

2100   LENEVEU, Georges: "Emile Zola", *L'Artiste* (Paris), 63ᵉ année, n.s. VI, pp. 49-59.

2101   F. M. [Francis MAGNARD]: "M. Zola et l'Académie", *Le Figaro*, 4 févr.
        [Voir la lettre de Z., le lendemain: "Du moment qu'il y a une Académie en France, je dois en être"]

2102   MIRLITON: "Le déjeuner Zola", *Le Journal*, 22 juin.
        [Pour fêter l'achèvement des *Rougon-Macquart* - Ext. in Bern., *Le Docteur Pascal*, pp. 352-6]   [RM V]

2103   MOONEY, V.R.: "Lions in Their Dens. VI. Emile Zola", *The Idler* (Londres), III, pp. 496-510.

2104 MUSCADE: "Emile Zola, homme politique", *Gil Blas*, 11 juin.
[Z. a dit aux étudiants, rue des Ecoles, qu'il va s'occuper de questions sociales]

2105 PESSARD, Hector: "Les premières", *Le Gaulois*, 23 nov.
[*L'Assommoir*]

2106 PEYRE-COURANT, E.: "La Jeunesse et M. Zola", *Le Christianisme au XIXe Siècle*, XXII, n° 21, 25 mai, p. 165. Voir aussi, dans le même numéro, l'article d'E. Doumergue.
[Sur le discours aux étudiants - Cf. 2087]

2107 PRZEWOSKI, Edward: "Emil Zola jako krytyk natural-istyczny przez...", *Dodatek Miesięczny do Przeglądu Tygodniowego*, I, pp. 89-90, 191-210.
[En polonais - sur la critique de Z.]
[BU Głowna, Poznań]

2108 F. R.: "Emile Zola et la jeunesse", *Gil Blas*, 10 juin.
[Cf. 2104]

2109 RICARD, L. X. de: "Parnasse et Parnassiens. Les ennemis du Parnasse et ses historiens", *RI*, n.s. XXVI, n° 75, févr., pp. 91-123.

2110 ROISSET, Edmond: "Das "Doppel-Ich" in der neuesten tranzösischen Literatur", *Nord und Süd*, LXIV, mars, pp. 328-39. [YC]

2111 SANCHEZ PEREZ, A.: "Niñerias", *Los Lunes de El Imparcial*, 23 août. [CA]
[En espagnol]

2112 SAWAS-PACHA, S.-E.: "De l'Idéalisme et du Réalisme dans le roman. Lettres à Madame Juliette Adam", *NR*, 15e année, LXXXIII, 1er juill., pp. 57-71; LXXXIV, 15 oct., pp. 823-35; LXXXV, 1er nov., pp. 76-90; 15 nov., pp. 272-96.

2113 SCHANDORPH, S.: "Om Emile Zola", *Illustreret tidende*, 1893-1894, pp. 105-7. [BNC]
[En danois]

2114 SERGINES: "Les échos de Paris", *APL*, 11e année, n° 503, 12 févr., pp. 101-2.
[Z. et l'Académie - voir aussi n° 504, 19 févr., p. 18]

2115 TOLSTOJ, Lev: "Nedelanie", *Severnyj Vestnik*, n° 9, sept., pp. 281-304. Rp. in "Zola et Dumas: "le

non-agir"," *Cosmopolis*, I, janv.-mars 1896, pp.
761-74; in *Zola-Dumas*. *Guy de Maupassant*. Ed. et tr.
E. Halpérine-Kaminsky. P., Léon Chailley, 1896, pp.
47-91. Tr. bulgare: *E. Zolja i A. Djuma*. Sofia,
1896. 47p.
[Réponse au discours de Z. au banquet de l'Association générale des Etudiants - contre la philosophie
du travail de Z. - Cf. 2087]

2116   TREBOR, Louis: "Chez M. Emile Zola", *Le Figaro*, 6
       mars.
       [A propos de la mort de Taine]

2117   VAN GOGH, Vincent: "Extraits des lettres de Vincent
       Van Gogh à E. Bernard" [II.], *MF*, VIII, n° 41, mai,
       pp. 1-22.
       [Voir pp. 8-9]

2118   VAN SANTEN KOLFF, J.: "Emile Zola in zijn werken.
       XXIII. De godsdienstwaanzin-studie", *De Portefeuille*,
       XIV, 7 et 14 janv., pp. 371-2, 378-81.   [BB]
       [En hollandais - "... L'étude sur la folie reli-
       gieuse" - sur *La Faute de l'abbé Mouret*]

2119   ---: "Emile Zola in zijn werken. XXIX. Waarom en hoe
       Une Page d'amour geschreven werd", *ibid.*, XV, 12,
       19 et 26 août, pp. 199-201, 206-7, 213-4; 2 sept.,
       pp. 220-1.   [BB]

2120   ---: "Allerlei Zola-nieuws", *ibid.*, 21 oct., pp.
       269-70.   [BB]
       ["Toutes sortes de nouvelles sur Zola"]

2121   ---: "Zola über sein Werk. Briefliche und mündliche
       Mitteilungen", *Die Gegenwart*, XLIV, n° 38, 23 nov.,
       pp. 199-201.   [YC]
       [En allemand: "Zola et son œuvre. Communications
       épistolaires et orales"]

2122   C.D.W. [Carl David af WIRSEN]: "Zola's senaste tal",
       Post och Inrikes Tidningar, 26 mai, p. 3.   [BU Lund]
       [En suédois - "Le dernier discours de Zola"]

2123   WYCHGRAM, J.: "Zolas Rückschau", *Blätter für litera-
       rische Unterhaltung*, n° 26, 29 juin, pp. 401-3. [YC]
       [c.r. de la tr. allemande des *Romanciers naturalistes*]

2124   ANONYME: "L'Académie et la question Zola", *Le Temps*,
       4 févr.

2125   ---: "Banket russkoj pečati v Pariže", *Novoe vremja*,
       n° 6340, 22 oct., p. 1.   [KDM]
       [En russe]

2126   ANONYME: "Count Tolstoi on M. Zola's Gospel", *The Review of Reviews* (Londres), VI, oct., p. 384.
[A propos de 2115]

2127   ---: "Le discours de M. Zola", *Le Temps*, 20 mai.
[Cf. 2087]

2128   --: "*The Dream*. By Emile Zola. Translated by Eliza E. Chase", *The Athenæum* (Londres), nº 3409, 11 févr., p. 182.
[c.r. de la tr. anglaise du *Rêve*]

2129   ---: "*The Idler*" et "Zola Tells How He Works", *The Critic*, XXIII, nº 596, 22 juill., p. 55.

2130   ---: "M. Emile Zola à l'Association générale des étudiants", *Le Temps*, 29 avril. Voir aussi *L'Eclair*, 11 juin.
[Z. sur son discours: avant et après]

2131   ---: "M. Zola Gives Some Advice. He Tells Young France Where to Look for Happiness", *NYT*, 11 juin, p. 17.
[Sur le discours aux étudiants]

2132   ---: "M. Zola on the Virtue of Work", *The Times* (Londres), 20 mai, p. 7.
[Cf. 2131]

2133   ---: *"El Naturalismo en el teatro", La Ilustración Española y Americana*, XXXVII, nº 6, 15 févr., p. 112.
[CA]

2134   ---: "Notes", *The Nation* (New York), LVI, nº 1459, 15 juin, pp. 440-1.
[Cf. 2131]

2135   ---: "Novels Notes", *The Bookman* (Londres), III, nº 18, mars, p. 191.
[c.r. de la tr. anglaise du *Rêve*]

2136   ---: "*Le Rêve*. Par Emile Zola. Illustrations de Carloz Schwabe et L. Métivet", *The Nation* (New York), LVI, nº 1447, 23 mars, pp. 220-1.

2137   ---: "Short Notices", *The Bookseller* (Londres), 7 mars, p. 209.
[Cf. 2135]

2138   ---: "Zola-en vélo", *Gil Blas*, 8 juin.
[Z. et "le culte de la pédale"]

2139   ---: "Zola om arbetet", *Arbetet*, 2 mai, p. 2. [BU Lund]

[En suédois: "Zola sur le travail" - à propos du discours aux étudiants]

1894

2140 BRUNETIERE, Charles: *L'Autopsie du "Docteur Pascal",
ou L'anti-Zola*. Angers, Lachèse. 23p.
[Hostile, d'un point de vue catholique]

2141 ENGWER, Theodor: *Emile Zola als Kunstkritiker*. Berlin,
Gaertner. 36p. Wissenschaftliche Beilage zum
Jahresbericht der III. Städtischen Realschule
(Höheren Bürgerschule) zu Berlin. 1894. Programm
Nr. 118.   [YC]

2142 ERSLEW, A.: "Emile Zola", in *Lidt om verdenslittera-
turen*. Copenhague, Høst, p. 32.   [BNC]
[En danois]

2143 GAL'PERIN-KAMINSKIJ, I.D.: *Obščaja pol'za avtorskogo
prava s priloženiem pis'ma k russkoj pečati Emilja
Zolja*. Saint-Pétersbourg. 93p.
[En russe - Sur le problème des droits d'auteur,
avec un appendice de lettres adressées à la presse
russe]

2144 GAUFINEZ, Eugène: *Etudes syntaxiques sur la langue
de Zola dans "Le docteur Pascal"*. *Inaugural-Dissertation zur Erlangung der Doktorwürde bei der
hohen philosophischen Facultät der Rheinischen
Friedrich-Wilhelms-Universität zu Bonn*. Bonn, A.
Henry. 76p.

2145 KOZEVNIKOV, V.A.: *Bescel'nyj trud, "nedelanie" ili
delo? Razbor vzgljadov E. Zolja ... na trud ...*
Moscou.
[En russe - Cf. 2115]

2146 LAPORTE, Antoine: *Le Naturalisme ou l'immoralité
littéraire. Emile Zola, l'homme et l'œuvre (suivi
de la bibliographie de ses ouvrages et de la liste
des écrivains qui ont écrit pour ou contre lui)*.
P., chez l'auteur. 320p.

2147 LARROUMET, Gustave: "M. Emile Zola", in *Nouvelles
Etudes de littérature et d'art*. P., Hachette, pp.
135-49.
[Article du 15 juill. 1893 sur *Le Docteur Pascal*]

2148 LEMAITRE, Jules: "Emile Zola. Matinée du Vaudeville:
reprise de *Thérèse Raquin*, drame en quatre actes",

in *Impressions de théâtre VII*. P., Lecène-Oudin,
pp. 183-9.
[Article de mai 1892]

2149 LENTILLON, J.-M.: "Lettre ouverte à Monsieur Emile
Zola. A propos de ma satire *Le Zolaïsme* et en
réponse à son "Discours aux Etudiants"," in *Choses
lues, choses vues. Poésies. Satiriques et morales*.
Lyon, Cote, pp. 21-45.
[Polémique]

2150 SCHONBACH, Anton E.: *Ueber Lesen und Bildung*. 4ᵉ
édition augmentée. Graz, Leuschner & Lubensky.
xii,257p.   [YC]
[Voir surtout pp. 160-4]

2151 WEIGAND, Wilhelm: "Emile Zola", in *Essays*. Munich,
Franz, pp. 285-94.   [WH]

2152 WITKOWSKI, G.-J. "Le romancier tocologue", in *Les
Accouchements dans les beaux-arts, dans la littérature et au théâtre*. P., Steinheil, pp. 289-92.

Sur "Lourdes":

2153 BALLERINI, le P. Raphaël: *Lourdes. Le Miracle et la
critique d'Emile Zola*. Liège, Godenne. 45p. Tr.
espagnole: Lima, San Pedro, 1894. 56p.

2154 BOISSARIE, Dʳ [Prosper-Gustave]: *Lourdes. Depuis
1858 jusqu'à nos jours*. P., Sanard et Derangeon.
viii,516p.
[Voir pp. 480-95]

2155 COLIN, Louis: *Ce que pense Henri Lasserre du roman
d'Emile Zola. Conversations et interviews*. P.,
Bloud et Barral, s.d. 64p.   [TH]
[Six entretiens sur Z. et *Lourdes*]

2156 CRESTEY, l'abbé Joseph: *Critique d'un roman historique: le "Lourdes" de M. Zola*. P., Roger et
Chernoviz. 144p.

2157 DU CHASTEL DE LA HOWARDERIE (le comte Eméric): *Les
Deux "Lourdes" d'Emile Zola et d'Emile Pouvillon*.
Nice, imprimerie Ventre.   [TH]
[Ext. du journal *L'Union*]

2158 LACAZE, Félix: *Pour le Vrai. A Lourdes avec Zola.
Parallèle au roman de Zola*. P., Dentu. xiv,378p.

2159 MONCOQ, Dʳ: *Réponse complète au "Lourdes" de M. Zola*.
Caen, Le Boyteux. 48p. 2ᵉ édition. Augmentée de

documents nouveaux: Caen, Le Boyteux, s.d. [1896].
x,53p. Tr. polonaise: Plock, 1896. 58p.

2160   MONIQUET, l'abbé Paulin: *Un Mot à M. Emile Zola et
        aux détracteurs de Lourdes.* P., Tolra, [1894?-
        (1895)].

2161   RASCOUL, L.: *Etude critique sur "Lourdes" de M. Emile
        Zola.* P., Vic et Amat.   [OL]

2162   RICARD, Mgr [Antoine]: *La Vraie Bernadette de Lourdes.
        Lettres à M. Zola.* P., Dentu, [1894]. ii,280p.
        [Voir aussi la polémique entre Z. et Ricard: *Le
        Gaulois,* 6, 11, 22 août, et *Le Figaro,* 31 août]

2163   SABATHIER, le professeur [P.F.]: *Lourdes et M. Zola.
        Déposition d'un témoin.* Lyon, Vitte. 58p.
        [Conteste beaucoup de détails du roman]

2164   E. A.: *"Lourdes", Dagens Nyheter,* 20 sept., p. 2.
        [En suédois - sur la tr. suédoise]   [BU Lund]

2165   ALEXIS, Paul: *"Lourdes", Le Journal,* 29 juill.

2166   ARNAUD, Charles: "Romans, contes et nouvelles", *Poly-
        biblion,* XL, n° 4, oct., pp. 303-8.

2167   BARE, Louis de: "La fin de l'interview", *L'Evénement,*
        23 août.
        [Ext. in Bern., p. 568]

2168   BARRES, Maurice: "L'enseignement de *Lourdes*", *Le
        Figaro,* 15 sept.
        [livre "beau", mais contradiction entre le maté-
        rialisme de l'auteur et son sujet]

2169   BLOY, Léon: "Le Crétin des Pyrénées", *MF,* XII, n° 57,
        sept., pp. 1-12.
        [Devient la première partie de *Je m'accuse...* -
        voir 3396]

2170   BRISSON, Adolphe: "Livres et revues. *Lourdes,* par
        Emile Zola", *APL,* 12e année, n° 580, 5 août, pp.
        92-3. Rp. in 2310, pp. 290-301.

2171   BRULAT, Paul: "Les dernières pages de *Lourdes*", *Le
        Journal,* 16 août.
        [Ext. in Bern., pp. 567-8]

2172   BUGIEL, W.: "Literatura Francuska. Emil Zola:
        Lourdes", *Prawda,* n° 37, pp. 438-9.
        [En polonais]   [BU Głowna, Posnań]

2173 CLEMENCEAU, G.: "Le miracle", *La Justice*, 16 août.
    [Ext. in Bern., p. 567]

2174 CLERGE, Henri: "A propos de *Lourdes*", *Le Journal*,
    29 juill.

2175 D.: *"Lourdes"*, *Arbetet*, 6 sept., p. 2.   [BU Lund]
    [En suédois - sur la tr. suédoise]

2176 DANRIEUX DE FORVILLE: *"Lourdes*, par Emile Zola",
    Revue du Monde catholique, 33e année, CXIX, no 9,
    1er sept., pp. 508-15.
    [Très hostile]

2177 DUVERNOIS, Henri: *"Lourdes*, Emile Zola", *La Presse*,
    30 juill.
    [Ext. in Bern., p. 565]

2178 ERDMANN, N.: *"Lourdes"*, *Nya Dagligt Allehanda*, 11
    août, p. 3.   [BU Lund]
    [En suédois - sur la tr. suédoise]

2179 GAUTIER, Judith: "Les livres nouveaux. *Lourdes*, par
    Emile Zola", *Le Rappel*, 25 août.
    [Ext. in Bern., pp. 568-9]

2180 GRUBER, Cvjetko: *"Lourdes"*, *Hrvatska*, IX, no 212,
    pp. 1-2.   [BUSM]
    [En serbo-croate]

2181 HALLAYS, André: "Revue littéraire. *Lourdes* par M.
    Emile Zola", *Journal des Débats* (soir), 27 juill.

2182 ――: "Au jour le jour. A propos de *Lourdes*", *Journal
    des Débats* (soir), 12 août.
    [Sur *Lourdes* et la critique]

2183 LASSERRE, Henri: "Lettre ouverte de M. Henri Lasserre
    à M. Emile Zola", *Le Gaulois*, 28 sept. Rp. in *Les
    Lettres de Henri Lasserre à l'occasion du roman de
    M. Zola*. P., Dentu, [1895], pp. 29-55.
    [A propos de l'article de Z. dans *Le Figaro* du 31
    août - voir la réponse de Z. dans *L'Echo de Paris*
    du 2 oct. - Cf. 2320]

2184 LEDRAIN, E.: "Opinions. *Lourdes*", *L'Eclair*, 8 août.
    [Ext. in Bern., pp. 565-6]

2185 MARTIN, Hte: *"Les Trois Villes* de M. Zola. I.-
    Lourdes", *Etudes (religieuses, philosophiques,
    historiques et littéraires)*, 31e année, LXIII, 15
    déc., pp. 513-38; 32e année, LXIV, 15 janv., 15
    févr. et 15 avril 1895, pp. 74-102, 220-43, 606-33.

2186   MONTORGUEIL, Georges: "Chroniques de partout. La foi qui guérit", *Paris*, 9 août.
[Ext. in Bern., p. 566.]

2187   NADEJDE, Ioan: *"Lourdes* (Zola, Emile)", *Evenimentul literar* (Bucarest), I, n° 33, 1er août, p. 1. [BU Iasi]
[En roumain]

2188   PARISIS: "Najnowszy romans Zoli", *Kraj*, n° 34, pp. 5-6.   [BU Varsovie]
[En polonais]

2189   PELLISSIER, Georges: *"Lourdes;* par Emile Zola", *REn*, IV, n° 90, 1er sept., pp. 382-7.
[Cite 2184 et 2203]

2190   PERRY, Jean: "M. Zola et le Pape", *L'Evénement*, 24 août.

2191   PIERRE L'ERMITE [Edmond LOUTIL]: "A M. Zola", *La Croix*, 26 nov.

2192   J.A. R-M. [J.A. RUNSTROM]: *"Lourdes"*, *Aftonbladet*, 20 août, p. 2.   [BU Lund]
[En suédois - sur la tr. suédoise]

2193   E. S.: *"Lourdes* och dess författare", *Sydsvenska Dagbladet Snällposten*, 24 août, p. 1.   [BU Lund]
[En suédois - *"Lourdes* et son auteur"]

2194   SARCEY, Francisque: *"Lourdes* par Emile Zola", *La Revue illustrée*, XVIII, n° 207, 15 juill., pp. 95-8.

2195   SORIANO, Rodrigo: "Traidor, inconfeso y mártir", *Los Lunes de El Imparcial*, 21 mai.   [CA]
[En espagnol]

2196   SOUDAY, Paul: "M. Emile Zola et M. Henri Lasserre", *L'Echo de Paris*, 2 oct.
[A propos de 2183]

2197   TABARANT, A.: "Zola och Lourdes", *Social-Demokraten*, 4 sept., p. 1.   [BU Lund]
[En suédois]

2198   O. V.: "Zolina knjiga *Lourdes"*, *Katolički List*, XLV, n° 35, pp. 287-9.   [BUSM]
[En serbo-croate]

2199   ---: "Emil Zola u škripcu", *ibid.*, n° 40, pp. 331-3; n° 41, pp. 339-41.   [BUSM]

2200   VAN SANTEN KOLFF, J.: "Het ontkiemen van Zola's *Lourdes*-romanplan", *De Portefeuille*, XVI, 14 et 21 avril, pp. 14-15, 21-2.   [BB]

2201 VAN SANTEN KOLFF, J.: "Zur Entstehung des Lourdes-
Romans", *Neue Deutsche Rundschau*, V, juill., pp.
673-80.

2202 C.D.W. [Carl David af WIRSEN]: *"Lourdes"*, *Post och
Inrikes Tidningar*, 11 août, p. 3.   [BU Lund]
[En suédois - sur la tr. suédoise]

2203 WYZEWA, T. de: "Les livres nouveaux. *Lourdes*", *RBl*,
II (4e série), nos 5-6, 4 et 11 août, pp. 151-4,
183-6.

2204 G.-Y.: *"Lourdes"*, *The Bookman* (Londres), VI, no 36,
sept., p. 182.

2205 ZEDA.: *"Lourdes"*, *La Epoca*, 12 août.   [CA]
[En espagnol]

2206 ANONYME: "Dvije knjige", *Mlada Hrvatska* (Zagreb), no
4, 5 août, pp. 150ff.   [MS]
["Deux livres"]

2207 ---: "Ein neuer Roman von Zola", *Agramer Zeitung*
(Zagreb), LIX, no 173, p. 6.   [BUSM]

2208 ---: "Emile Zola en Correctionnelle", *L'Evénement*,
10 sept.

2209 ---: "Emile Zola et Mgr Ricard", *Le Journal*, 4 août.
[Voir aussi *ibid.*, 6 août: réponse de Z. - Cf. 2162]

2210 ---: "French Literature", *The Saturday Review* (Londres), LXXVIII, no 2025, 18 août, pp. 194-5.

2211 ---: "Letterkundige Kroniek. *Les Trois Villes. Lourdes*
par Emile Zola", *De Gids*, 4e série, LVIII, sept.,
pp. 559-62.

2212 ---: *"Lourdes"*, *The Critic* (New York), XXV, no 651,
11 août, pp. 89-90.

2213 ---: *"Lourdes"*, *Göteborgs-Posten*, 31 juill., p. 2.
[En suédois - sur la tr. suédoise]   [BU Lund]

2214 ---: *"Lourdes"*, *LW*, XXV, no 23, 17 nov., pp. 386-7.
[c.r. de la tr. anglaise]

2215 ---: *"Lourdes"*, *Post och Inrikes Tidningar*, 21 août.
[En suédois - Cf. 2203]   [BU Lund]

2216 ---: *"Lourdes"*, *Stockholms Dagblad*, 2 sept., p. 3.
[En suédois - sur la tr. suédoise]   [BU Lund]

2217 ---: *"Lourdes"*, *Sydsvenska Dagbladet Snällposten*, 24
août, p. 1.   [BU Lund]
[En suédois - sur la tr. suédoise]

2218   ANONYME: *"Lourdes"*, *Upsala Nya Tidning*, 5 nov., p. 3.
        [En suédois - sur la tr. suédoise]   [BU Lund]

2219   ---: *"Lourdes"*, *Die Zukunft* (Berlin), VIII, 22 sept.,
        pp. 529-43.

2220   ---: *"Lourdes.* Najnoviji roman Emila Zole", *Jedinstvo*,
        I, p. 7.   [BUSM]
        [En serbo-croate]

2221   ――: "M. Zola et Lourdes", *L'Evénement*, 8 sept.

2222   ――: "Les "Miraculés"," *Le Matin*, 22 nov.

2223   ---: "New Novels", *The Athenaeum* (Londres), n° 3484,
        4 août, p. 154.

2224   ---: "Novel Notes", *The Bookman* (Londres), VII, n°
        37, oct., p. 27.
        [c.r. de la tr. anglaise]

2225   ---: "Sala's Impression of *Lourdes.* Zola Is Bunyan's
        Man with a Muck Rake, but He Is Clever", *NYT*, 26
        août, p. 4.

2226   ---: "Some French Novelists", *Blackwood's (Edinburgh)
        Magazine*, CLVI, n° 949, nov., pp. 583-99.

2227   ---: "Talk About New Books", *The Catholic World* (New
        York), LIX, n° 351, juin, pp. 425-6.

2228   ---: "Two Novels", *The Nation* (New York), LIX, n°
        1523, 6 sept., p. 182.

2229   ---: "A Vicar General Defends Lourdes", *NYT*, 20 août,
        p. 4.
        [A propos de 2162]

        [Voir aussi 2317, 2328, 4025 et Rf 49168]

        Sur le voyage de Zola en Italie:

2230   BARRES, Maurice: "Réflexions. Zola à Rome", *La
        Cocarde*, 6 nov.
        [Heureux du succès de Z.]

2231   BAUER, Henry: "Les Grands Guignols", *L'Echo de Paris*,
        [L'orgueil de Z.]

2232   BERVILLE, Louis: "Emile Zola chez le roi. Une inter-
        view à Rome", *La Patrie*, 4 déc.
        ["M. Zola s'est montré indigne du nom de Français"]

2233   C.: "M. Zola au Quirinal", *Le Gaulois*, 2 déc.
        [Cf. 2232]

2234   H. F.: [Annonce], *NYT*, 28 oct., p. 1.

2235   FELIX II [Félix ZIEGLER]: "M. Zola à Rome", *Le Figaro*, 4 nov.

2236   FOUQUIER, Henry: "Paris et Rome", *Le Gaulois*, 14 oct. Voir aussi: "M. Emile Zola à Rome", *ibid.*, 11 oct.

2237   HALLAYS, André: "Au jour le jour. M. Zola à Rome", *Journal des Débats* (soir), 4 nov.
[Résumé ironique de l'itinéraire]

2238   L. K.: "Talk of the Parisians... Zola Has Not Lost an Opportunity To Be Foolish in Italy", *NYT*, 30 déc., p. 24.

2239   LAPAUZE, Henry: "M. Emile Zola à Rome", *Le Gaulois*, 1er nov.

2240   RODENBACH, Georges: "M. Zola à Rome", *Le Figaro*, 11 nov.

2241   S.: "Au jour le jour. Un voyageur", *Journal des Débats*, 5 déc.
["Peu de gens auront fait plus de bruit que M. Emile Zola autour de sa personne, de ses œuvres, et même de ses déplacements"]

2242   X.Z.Y.: "Zola et Rome", *Le Figaro*, 2 déc.

2243   ANONYME: "Bulletin de l'étranger", *Le Temps*, 28 nov.
[Un banquet à Capri]

2244   ---: "King Humbert Receives Zola", *NYT*, 2 déc., p. 5.
[Sur l'audience au Quirinal]

2245   ---: "M. Zola à Florence", *Journal des Débats*, 7 déc.

2246   ---: "M. Zola à Naples", *Le Matin*, 25-27 nov.

2247   ---: "M. Zola à Rome", *Le Matin*, 31 oct.

2248   ---: "M. Zola à Rome", *Le Matin*, 1er-14 nov.

2249   ---: "M. Zola chez M. Crispi", *Le Matin*, 17 nov.

2250   ---: "Le Pape et Zola", *Le Matin*, 10 sept.

2251   ---: "Le voyage de M. Emile Zola en Italie", *Le Temps*, 17 déc.
[Cf. *Le Gaulois*, même jour – Z. corrige les erreurs de la presse sur son voyage]

2252   ---: "Zola et Humbert", *L'Autorité*, 5 déc.

2253   ---: "Zola's Way of "Getting His Pope"," *NYT*, 31 déc., p. 2.

[Voir aussi: "Le voyage en Italie d'après les télégrammes de presse" in Bern. *Rome*, pp. 691-7; 2313]

*

2254 AVENEL, le vicomte Georges d': "Le mécanisme de la
vie moderne. Les Grands Magasins", *RDM*, CXXIV, 15
juill., pp. 329-69. Rp. in *Le Mécanisme de la vie
moderne*. P., A. Colin, 1896, pp. 1-90.
[Sur *Au Bonheur des Dames*]

2255 -x-n. [J.E.M. AXELSSON]: *"Thérèse Raquin, Vasateatern"*,
Nya Dagligt Allehanda, 5 sept., p. 3.   [BU Lund]
[En suédois]

2256 BRANDES, Georg: "Kako Brandes sudi o Zoli. Priopćio
i prev. Vladimir Gudel", *Vienac*, XXVI, n⁰ 24, pp.
386-7; n⁰ 25, pp. 395-7; n⁰ 26, pp. 410-3, n⁰ 27,
pp. 428-32.   [BUSM]
[En serbo-croate - "Opinions de Brandes sur Zola,
recueillies et traduites par Vladimir Gudel"]

2257 BUCHANAN, Robert: "M. Zola and the Journalists", *The
Daily Chronicle* (Londres), 6 janv.
[Lettre à l'éd. du journal - Voir aussi la polémique dans le même journal du 4 au 18 janv.: lettres
de George Moore, Frank Harris, Ernest A. Vizetelly,
etc.]

2258 CEARD, Henry: "M. Zola à l'Opéra", *Le Matin*, 13 oct.

2259 CHARLOTEO: [Article], *Cosmópolis* (Caracas), mai, pp.
1-5.   [BU Caracas]

2260 CLARIN [Leopoldo ALAS]: "Revista literaria", *Los
Lunes de El Imparcial*, 10 sept.   [CA]

2261 CONRAD, M.G.: *"Doktor Pascal"*, *Die Gesellschaft*, X,
janv., p. 125.   [YC]

2262 CROZE, J.-L.: "Un opéra d'Emile Zola", *L'Echo de
Paris*, 9 oct.

2263 Eg.: *"Thérèse Raquin, Vasateatern"*, *Sydsvenska Dagbladet Snällposten*, 10 sept., p. 1.   [BU Lund]
[En suédois]

2264 ELIAS, Desy: "Messieurs", *Stell* (Bruxelles), I, n⁰ˢ
3-4, août-sept., pp. 103-7.   [AML]

2265 H. F.: "Zola's Chances for the Academy", *NYT*, 26
août, p. 1.

2266 A. G.: "Nouvelles de l'étranger. M. Zola et la

critique anglaise", *RBl*, I (4e série), n° 16, 21
avril, p. 511.

2267   GROTH, Ernst: "Zola's Romancyklus *Les Rougon-Macquart*",
       Blätter für literarische Unterhaltung, 18 janv., pp.
       33-5.   [YC]
       [Sur *Le Docteur Pascal*]

2268   HALPERINE-KAMINSKY, E. (éd.): "Opinions de Zola et
       Tolstoï recueillies par E. Halpérine-Kaminsky", *Le
       Journal*, 27 juin. Rp. in *Léon Tolstoï. Zola-Dumas.
       Guy de Maupassant*. Ed. et tr. E. Halpérine-Kaminsky.
       P., Léon Chailley, 1896, pp. 335-52.
       [Cf. 2115]

2269   J.....Z: "O Zoli i jego kandydaturze de Akademii",
       PT, n°s 33 et 35, pp. 362-4, 379.
       [En polonais]   [BU Głowna, Poznań]

2270   JOVANOVIC, Slobodan: "Zolin *Slom* u prevodu g. M.
       Dovijaniča", *Red*, I, n° 39, pp. 1-2.   [BUSM]
       [En serbo-croate - "*La Débâcle* de Zola, tr. par M.
       Dovijanič"]

2271   C. L.: "*Thérèse Raquin*, Vasateatern", *Stockholms
       Dagblad*, 5 sept., p. 10.   [BU Lund]
       [En suédois]

2272   F. L-n.: "*Doktor Pascal*", *Social-Demokraten*, 9 juill.,
       p. 3.   [DU Lund]
       [En suédois - sur la tr. suédoise]

2273   L. L.: "*Thérèse Raquin*, Vasateatern", *Svenska Dag-
       bladet*, 5 sept., p. 3.   [BU Lund]
       [En suédois]

2274   LAPAUZE, Henry: "M. Emile Zola et son œuvre", *REn*,
       IV, n° 90, 1er sept., pp. 373-81.
       [Avec des illustrations et des caricatures]

2275   LEGARIC, Pavel: "Nova struja o francuskoj literaturi",
       Zastava, XXIX, n° 80, pp. 2-3.   [BUSM]
       [En serbo-croate - "Nouvelles tendances de la litté-
       rature française"]

2276   MATAVULJ, Simo: "Emile Zola", *Delo* (Belgrade), I, n°
       4, p. 523.   [MS]
       [Veut prouver que Z. est d'origine serbo-croate]

2277   MOORE, George: "My Impressions of Zola", *The English
       Illustrated Magazine*, XI, févr., pp. 477-89. Rp. in
       Impressions and Opinions. Londres, Werner Laurie,

1913, pp. 66-84 (plusieurs rééditions). Rp. in
Derek STANFORD (éd.): *Critics of the 'Nineties.*
Londres, John Baker, 1970, pp. 177-90. Même article:
"A Visit to Médan", in *Confessions of a Young Man.*
Londres, Heinemann, 1926, pp. 268-77 (éd. de 1933,
pp. 247-67).
[Moore chez Z. - enthousiasme pour *L'Assommoir* -
déceptions]

2278 G-g. N.: "*Thérèse Raquin*, Vasateatern", *Aftonbladet*,
5 sept., p. 3. [BU Lund]
[En suédois]

2279 N-n.: "*Thérèse Raquin*, Malmö", *Arbetet*, 21 sept., p. 3.
[En suédois] [BU Lund]

2280 O'RELL, Max: "French versus Anglo-Saxon Immorality",
The North American Review, CLIX, n° 456, nov., pp.
545-50.

2281 PARDO BAZAN, Emilia: "La Nueva Cuestión Palpitante",
Los Lunes de El Imparcial, 14 mai. [CA]

2282 J. A. R-m. [J.A. RUNSTROM]: "*Thérèse Raquin*, Vasateatern", *Stockholms-Tidningen*, 5 sept., p. 2.
[En suédois] [BU Lund]

2283 RAYMOND DE L'EPEE: "Satan, Ingersoll, and Zola...
Utterances of Zola and Renan Contrasted with Those
of the Advocates of Self-Murder", *NYT*, 10 sept.,
p. 9.

2284 RENE: "*Thérèse Raquin*, Vasateatern", *Stockholms-
Tidningen*, 11 sept., p. 3. [BU Lund]
[En suédois]

2285 RYNER, Han: "Lettre ouverte à M. Emile Zola à la porte
de l'Académie Française, Paris", *Le Dimanche* (Marseille), 14 janv. Rp. in *Cahiers des Amis de Han
Ryner*, n.s., n° 60, mars 1961, pp. 27-8.
[Polémique]

2286 V. S.: "*Thérèse Raquin*, Vasateatern", *Dagens Nyheter*,
5 sept., p. 2. [BU Lund]
[En suédois]

2287 SANCHEZ PEREZ, A.: "La Academia francesa", *Los Lunes
de El Imparcial*, 16 avril, pp. 2-3. [CA]
[En espagnol]

2288 SHERARD, Robert Harborough: "Emile Zola at Home",
McClure's Magazine, II, avril, pp. 411-25.

2289   VAN SANTEN KOLFF, J.: "Zola's letterkundige toekomst-
       plannen. Over de *Trois Villes*-trilogie", *De Kunst-
       wereld*, n°s 15-16, avril, pp. 1, 1-2.   [BB]
       [En hollandais]

2290   ---: "Flaubert's Bouvard en Zola's Bouchard", *De
       Kunstwereld*, n° 29, juill., pp. 1-2.   [BB]
       [Cf. 2350]

2291   ---: "Emile Zola über Antoine Macquarts Selbstent-
       brennung *(Le Docteur Pascal)*", *Mag.*, LXIII, n° 28,
       14 juill., pp. 891-4.   [YC]
       [Cf. 2044]

2292   ANONYME: "Drama. The Week", *The Athenaeum* (Londres),
       n° 3462, 3 mars, p. 287.
       [Sur la tr. anglaise des *Héritiers Rabourdin*]

2293   ---: "English Literature in 1893", *The Athenaeum*
       (Londres), n° 3454, 6 janv., pp. 17-19.
       [Influence de Z. sur la littérature anglaise]

2294   ---: *"The Experimental Novel"*, *The Critic* (New York),
       XXXV, n° 670, 22 déc., p. 422.
       [c.r. de la tr. anglaise du *Roman expérimental*]

2295   ---: *"The Experimental Novel"*, *LW*, XXV, n° 8, 21
       avril, p. 118.

2296   ---: "The Lounger", *The Critic* (New York), XXIV, n.s.
       XXI, n° 623, 27 janv., p. 61.
       [Anecdote sur Z. et George Moore]

2297   ---: *"Money*. By Emile Zola. Translated by Ernest A.
       Vizitelly [*sic*]", *The Athenaeum* (Londres), n° 3477,
       16 juin, p. 771.
       [c.r. de la tr. de *L'Argent*]

2298   ---: "Nos échos", *Le Journal*, 16 août.
       [Z. aux courses de Deauville]

2299   ---: "Notes", *The Critic* (New York), XXIV, n.s. XXI,
       n° 637, 5 mai, p. 315.
       [Z., Jean Grave et les anarchistes]

2300   ---: "Object to Emile Zola's Books", *NYT*, 6 juill.,
       p. 1.
       [Saisie de romans de Z. aux Etats-Unis]

2301   ---: "Talk about New Books", *The Catholic World* (New
       York), LIX, n° 350, mai, pp. 281-4.
       [Sur *La Terre*]

2302   ANONYME: *"Thérèse Raquin,* Malmö", *Sydsvenska Dagbladet*
        Snällposten, 21 sept., p. 1.   [BU Lund]
        [En suédois - théâtre]

2303   ---: *"Thérèse Raquin,* Uppsala teater", *Upsala Nya*
        Tidning, 10 sept., p. 2.   [BU Lund]
        [En suédois]

2304   ---: *"Thérèse Raquin,* Vasateatern", *Post och Inrikes*
        Tidningar, 5 sept., p. 3. Voir aussi *Vårt Land,* 5
        sept.   [BU Lund]
        [En suédois]

2305   ---: *"Thérèse Raquin,* Vasateatern", *Göteborgs Handels-*
        och Sjöfartstidning, 6 sept., p. 3. Voir aussi
        Göteborgs-Posten, 7 sept.   [BU Lund]
        [En suédois]

2306   ---: "Wane of the Realistic Novel. Zola Becomes Fine
        When He Forgets His Theory and "Documents"," *NYT,*
        21 août, p. 5.
        [Le déclin du roman naturaliste]

2307   ---: "Zola chez Camille Doucet", *Le Matin,* 10 nov.
        [Z. et l'Académie]

2308   ---: "Zola May Travel to America. Although Writers
        of His Generation Stay in Paris", *NYT,* 4 nov., p. 24.
        [Interview - Z. veut aller aux Etats-Unis]

                              1895

2309   BETTELHEIM, Anton: "Zolas Kriegsbilder", in *Deutsche*
        und Franzosen. Vienne-Leipzig, Hartleben, pp. 228-43.
        [Article de l'*Allgemeine Zeitung,* sept. 1892]

2310   BRISSON, Adolphe: "Le premier roman de M. Emile Zola",
        in *La Comédie littéraire. Notes et impressions de*
        littérature. P., Colin, pp. 205-12.
        [Sur *Le Voeu d'une morte*]

2311   UN CAPITAINE DE L'ARMEE DE METZ: *Gloria Victis.*
        L'Armée française devant l'invasion et les erreurs
        de "La Débâcle". Paris-Limoges, Charles-Lavauzelle,
        [1895?]. 181p.
        [Les erreurs du roman]

2312   DELFOUR, l'abbé L.-Cl.: "Le *Lourdes* de M. Zola", in
        La Religion des contemporains. P., Lecène et Oudin,
        pp. 65-88.

2313   DOUMIC, René: "M. Zola en voyage", in *La Vie et les*

mœurs au jour le jour. P., Perrin, pp. 71-86.
[Z. à Londres et à Rome]

2314 DOWDEN, Ed.: "Literary Criticism in France", in *New Studies in Literature*, Londres, Kegan Paul, pp. 388-418.

2315 DUPLESSY, l'abbé E.: *Zola et Lourdes*. P., Lethielleux.
[Brochure extraite de la *Correspondance catholique*]
[TH]

2316 GAUTIER, Léon: "Zola", in *Portraits du XIXe siècle*, [*IV*]. *Nos Adversaires et nos amis*. P., Taffin-Lefort, [1895], pp. 326-30.
[Cf. 456]

2317 GILLE, Philippe: "Emile Zola. *Lourdes*", in *Les Mercredis d'un critique*. *1894*. P., Lévy. pp. 155-64.

2318 GINARD DE LA ROSA, Rafael E.: "El Naturalismo en *Germinal*", in *Hombres y obras*. Madrid, Fernando Fé, pp. 259-69.

2319 LANSON, Gustave: "Romanciers naturalistes. M. E. Zola", in *Histoire de la littérature française*. P., Hachette. xv,1158p. Voir livre III, chap. V, section 2. Plusieurs rééditions, revues et corrigées. Voir notamment l'éd. remaniée et complétée pour la période 1850-1950 par Paul Tuffau: Hachette, 1952.
[Lanson souligne le romantisme de Z., son "talent brutal" et la faiblesse de la conception scientifique de son œuvre qu'il qualifie de "réalisme épique" - Z., un vulgarisateur comme Jules Verne]

2320 LASSERRE, Henri: *Les Lettres de Henri Lasserre à l'occasion du roman de M. Zola*. P., Dentu, [1895]. 121p.
[A propos de *Lourdes* - 4 lettres de Lasserre, une lettre de Z., commentaires, etc. - voir aussi *REn*, IV, 15 oct. 1894, p. 461 - Cf. 2183]

2321 LAZARE, Bernard: "Emile Zola", in *Figures contemporaines. Ceux d'aujourd'hui, Ceux de demain*. P., Perrin, pp. 1-4.

2322 LEMAITRE, Jules: *"Une Page d'amour"*, in *Impressions de théâtre VIII*. P., Lecène-Oudin, pp. 199-203.
[Cf. 2011]

2323 LOTHAR, Rudolph: "Das Ende der Rougon-Macquart", in *Kritische Studien zur Psychologie der Litteratur*. Breslau, Schottlaender, pp. 93-105. Voir aussi *"Lourdes"*, pp. 106-16.

2324   LOTSCH, Fritz [O.A.]: *Ueber Zola's Sprachgebrauch.*
       Inaugural-Dissertation der hohen philosophischen
       Fakultät der Universität Greifswald zur Erlangung
       der Doctorwürde. Greifswald, Abel. 69p.
       [Etude philologique]

2325   MATTHEWS, Brander: "Cervantes, Zola, Kipling and Co.",
       in *Books and Play-Books. Essays on Literature and*
       the Drama. Londres, Osgood-McIlvaine, pp. 215-33.
       Rp. in *Aspects of Fiction and Other Ventures in*
       Criticism. New York, Harper & Bros., 1896, pp. 162-
       81. Réimpression: Upper Saddle River, New Jersey,
       Literature House, 1970. 234p.
       [Sur *La Débâcle* - article de 1892]

2326   PELLISSIER, Georges: *Nouveaux Essais de littérature*
       contemporaine. P., Lecène-Oudin. 383p.
       [Cf. 1864 et 2034]

2327   PIERRE L'ERMITE [Edmond LOUTIL]: *Boissarie. Zola.*
       Conférence du Luxembourg. P., Maison de la Bonne
       Presse. xiii,79p.
       [Conférence faite le 21 nov. au Cercle du Luxem-
       bourg - appuie Boissarie contre l'auteur de
       Lourdes - Cf. 2154]

2328   RENARD, Georges: "*Lourdes,* par Emile Zola", in *Critique*
       de combat, 2e série. P., Giard et Brière, pp. 140-8.
       [Article d'août 1894]

2329   SIMON, P. Max: *Temps passé. Journal sans date.* Dijon,
       Darantière. 256p. Autre éd.: P., Bataille, 1896.
       [Voir pp. 19-20 sur Z., inférieur à Balzac selon
       Simon]

2330   ZIEL, Ernst: *Das Prinzip des Modernen in der heutigen*
       deutschen Dichtung. Munich, Rupprecht. 31p.   [YC]

2331   ALEXANDRE, Arsène: "Claude Lantier", *Le Figaro,* 9 déc.

2332   CABANES, Dr [Augustin]: "Un chapitre de physiologie
       littéraire. Le nez dans l'œuvre de Zola", *La*
       Chronique médicale, II, n° 22, 15 nov., pp. 680-5.
       Rp. in *Les Curiosités de la médecine.* P., Maloine,
       1900.
       [Cf. *La Gazette des Hôpitaux,* 19 avril 1894 - suite
       à 1428]

2333   CLARIN [Leopoldo ALAS]: "Revista literaria", *Los Lunes*
       de El Imparcial, 22 avril.   [CA]

2334   DANVILLE, Gaston: "Les nouvelles sciences expérimen-
       tales et le roman", *MF,* XIII, janv., pp. 88-92.

2335   DELCHEVALERIE, Charles: "Un cas littéraire", *Le Réveil*
       (Bruxelles), V, n⁰ 17, mai, pp. 215-9.
       [Z. et l'Académie Française]

2336   H. F.: "Zola's Novel in Rome", *NYT*, 2 juin, p. 1.
       [Un paragraphe sur *Rome*]

2337   GANIVET, Angel: "Lecturas extranjeras", *Defensor de
       Granada*, 4 oct. Rp. in *Obras completas, I.* Madrid,
       Aguilar, 1961-1962, pp. 969-73.
       [A propos de *Lourdes*]

2338   GAUSSERON, B.-H.: "Le monde littéraire", *REn*, V, n⁰
       98, p. 5.
       [Z. à Rome]

2339   HANNIGAN, D.F.: "The Tyranny of the Modern Novel",
       The Westminster Review (Londres), CXLIII, n⁰ 3,
       mars, pp. 303-6.
       [Contre Z. et le naturalisme]

2340   HORNBLOW, Arthur: "Emile Zola's *Rome*", *The Bookman*
       (New York), II, n⁰ 2, oct., pp. 120-2.

2341   JAKSON, André: "Alphonse Daudet et l'Académie", *L'Echo
       de Paris*, 8 déc.
       [Malentendu sur la candidature de Daudet - Z. chez
       Daudet - voir 7461]

2342   LA VILLE DE MIRMONT, H. de: "*Le Docteur Pascal* et la
       philologie allemande", *La Revue hebdomadaire*, 4ᵉ
       année, XXXV, avril, pp. 450-8.
       [A propos de 2144]

2343   LECKY, Walter: "Downfall of Zolaism", *The Catholic
       World* (New York), LXI, n⁰ 363, juin, pp. 357-60.
       [Contre Z.]

2344   LECLERCQ, Julien: "Main d'Emile Zola", *REn*, V, n⁰
       102, p. 102.
       [Etude de chiromancie]

2345   LE NAIN JAUNE: "Pierre et Jean", *L'Echo de Paris*, 6
       et 7 déc.
       [Z. et l'Académie]

2346   PAYNE, William Morton: "Recent Fiction", *The Dial*
       (Chicago), XVIII, 16 janv., pp. 54-5.
       [c.r. de *Lourdes*]

2347   PIERREFEU, G. de: "Rome avant Zola", *Bulletin du
       Samedi d'Histoire de l'Université de Bruxelles*,
       mars.   [TH]

2348   SHERARD, Robert H.: "Notes from Paris", *The Bookman* (Londres), IX, n° 50, nov., p. 49.
[Les difficultés des éditeurs anglais de l'œuvre de Z.]

2349   TOWNSHEND, E.C.: "Towards the Appreciation of Emile Zola", *The Westminster Review* (Londres), CXLIII, n° 1, janv., pp. 57-65.

2350   VAN SANTEN KOLFF, J.: "Flauberts "Bouvard" und Zolas "Bouchard". Ein Beitrag zur Eigennamenfrage im Roman", *Mag.*, LXIV, n° 29, 20 juill., pp. 923-5.
[Cf. 2290]

2351   ANONYME: "Emile Zola Wins in a Libel Suit", *NYT*, 7 mars, p. 5.
[Z. gagne un procès - à propos de *Lourdes*]

2352   ---: *"A Love Episode"*, *LW*, XXVI, n° 23, 16 nov., pp. 385-6.
[c.r. de la tr. anglaise d'*Une Page d'amour*]

2353   ---: "Men of Letters Elect Zola Again", *NYT*, 2 avril, p. 5.
[Z. président de la Société des Gens de Lettres]

2354   ---: "New Novels", *The Athenaeum* (Londres), n° 3543, 21 sept., p. 382.
[Sur la tr. anglaise d'*Au Bonheur des Dames*]

2355   ---: "Nos interviews. La documentation médicale d'Emile Zola. Conversation avec Emile Zola", *La Chronique médicale*, II, n° 22, 15 nov., pp. 674-80.
[Avec une lettre de Z. de févr. 1892]

2356   ---: "Novel Notes", *The Bookman* (Londres), VIII, n° 43, avril, p. 24.
[Sur la tr. anglaise des *Mystères de Marseille*]

2357   ---: "Novel Notes", *The Bookman* (Londres), IX, n° 49, oct., p. 30.
[c.r. de la tr. anglaise d'*Au Bonheur des Dames*]

2358   ---: "Zola's Opinions about Rome", *NYT*, 31 août, p. 3.

2359   ---: "Zolin najnoviji roman *Rim*", *Male Novine*, 26 mai.
[En serbo-croate - "Le dernier roman de Zola: *Rome*"]
[BUSM]

[Voir aussi 2160]

2360   BRINN'GAUBAST, Louis-Pilate de [AJAX]: *La Passion de Notre-Seigneur. Emile Zola ou Un Messie devant les "jeunes".* P., "L'Aube", [1896?]. 13p.

2361   DESTRANGES, Etienne: *"Le Rêve" d'Alfred Bruneau. Etude thématique et analytique de la partition.* P., Fischbacher. 43p.

2362   DOCQUOIS, Georges: *Bêtes et gens de lettres.* P., Flammarion, [1896]. 319p.
[Voir pp. 7-14: "Emile Zola" - Z. et l'amour des bêtes - les animaux dans son œuvre]

2363   DUCAMP, A.: *L'Idée médicale dans le roman naturaliste.* Montpellier, Jean Martel. 17p. (Discours prononcé à la Séance solennelle de l'Inauguration de l'Université de Montpellier, le 5 déc.).
[Ext. in Bern. *L'Assommoir,* pp. 487-8]

2364   GILBERT, Eugène: "M. Emile Zola et l'évolution naturaliste", in *Le Roman en France pendant le XIXe siècle.* P., Plon-Nourrit, pp. 239-65.

2365   LA JEUNESSE, Ernest: "L'apologie de M. Emile Zola", in *Les Nuits, les ennuis et les âmes de nos plus notoires contemporains.* P., Perrin, pp. 101-11.
[Interview imaginaire, ironique]

2366   LAPORTE, Ant.: *Zola contre Zola. Erotika naturalistes des "Rougon-Macquart".* P., Laurent-Laporte. 230p.
[Surtout une série de citations, avec une intr. et une conclusion ironiques]

2367   LE BLOND, Maurice: "Naturalisme et naturisme", in *Essai sur le naturisme.* P., Mercure de France, pp. 113-27.

2368   LOTSCH, Fritz: *Wörterbuch zu den Werken Zola's und einiger anderer moderner Schriftsteller.* Greifswald, Abel. 24p.   [WH]
[Petit dictionnaire de termes spéciaux employés dans les œuvres de certains écrivains français du siècle]

2369   LYNCH, Arthur: *Human Documents.* Londres, Dobell. xi,304p.
[Voir pp. 176-202]

2370   PAJOT, Henri: *Le Paysan dans la littérature française.*

Simple Etude. P., Société d'Editions Littéraires.
63p.
[Voir surtout, sur *La Terre*, pp. 51-7]

2371 RAUBER, August (D^r): *Die Lehren von Victor Hugo, Leo Tolstoj und Emile Zola über die Aufgaben des Lebens von biologischen Standpunkte aus betrachtet*. Leipzig, Besold. 31p. [WH]
[Sur le discours aux étudiants en 1893 - Cf. 2115 et 2268]

2372 SAINT-GEORGES DE BOUHELIER: *L'Hiver en méditation ou les Passe-Temps de Clarisse, suivi d'un opuscule sur Hugo, Wagner, Zola & la poésie nationale*. P., Mercure de France. 283p.
[Ouvrage de méditations lyriques - dédicace à Z., pp. 9-11 - Voir surtout pp. 253-64, 279-80 - Z. poète de la nature]

*2373 TOULOUSE, D^r [Edouard-Gaston-Dominique]: *Enquête médico-psychologique sur la supériorité intellectuelle. Emile Zola*. P., Flammarion, [1896]. xiv,285p. Ext. in *RP*, VI, 1er nov., pp. 85-126; in *Revue de Psychiatrie*, juin 1898, pp. 188-9.

2374 VALLIER, Robert: "Emile Zola", in *The World's Best Literature*. Ed. John W. Cunliffe and Ashley H. Thorndike. New York, Peale-Hill, pp. 16283-91. (Warner Library, XXVI). Rééditions: 1902, 1913, 1917. Rp. in *The Columbia University Course in Literature, VII. Romance and Realism in Modern France*. New York, Columbia University Press, 1928, pp. 295-302.

2375 WOLFF, Eugen: *Geschichte der deutschen Literatur in der Gegenwart*. Leipzig, Hirzel. viii,400p. [YC]
[Contient un chap. sur le roman expérimental et sur l'influence de Z. en Allemagne]

Sur "Rome":

2376 MONCOQ, D^r: *Tribunal du bon sens public. Le Dr Moncoq contre le romancier Zola. Réponse complète à "Rome"*. P., Mignard/Caen, Valin. 127p. Tr. polonaise: Plock, 1897. 31p.
[Ouvrage satirique, acerbe]

2377 MONESTES, J.L.: *La Vraie Rome. Réplique à M. Zola*. P., Gaume. 315p.
[Etude polémique détaillée]

2378 SAROLEA, Ch.: *Le Crime de M. Zola. A propos de "Rome"*.

Bruxelles, Weissenbruch. 16p.   [TH]
[Ext. de la *Revue française d'Edimbourg*]

2379   ARMON, Paul d': *"Rome"*, *Le Voltaire*, 16-17 mai.
        [Insiste sur le romantisme de l'œuvre]

2380   ARNAUD, Charles: "Romans, contes et nouvelles", *Poly-*
        biblion, XLIV, n° 4, oct., pp. 305-9.

2381   BARRY, William: "The Secret of Catholicism", *The*
        National Review (Londres), XXVII, n° 162, août,
        pp. 816-33.

2382   BEAUFILS, Edouard: "Chronique. L'ascension", *La Paix*,
        15 mai.
        [Ext. in Bern., p. 711]

2383   BIROT, Jean: "La thèse religieuse de M. Zola", *Revue*
        du Clergé français, VII, n° 37, 1er juin, pp. 68-76.
        [Roman aussi ennuyeux que les récits d'édification]

2384   CEARD, Henry: "Le Concordat de Médan", *L'Evénement*,
        16 mai.

2385   CHARBONNEL, l'abbé Victor: "Opinions. La *Rome* de M.
        Emile Zola", *L'Eclair*, 31 mai.
        [Ext. in Bern., p. 715]

2386   COOKE, J.G.: "Zola's *Rome*", *The Bookman* (New York),
        III, n° 6, aout, pp. 533-5.
        [c.r. de la tr. anglaise]

2387   COPPEE, François: "Après une lecture de *Rome*", *Le*
        Journal, 14 mai.
        [Ext. in Bern., p. 710]

2388   DESCHAMPS, Gaston: "La vie littéraire. *Les Trois*
        Villes. Rome, par Emile Zola", *Le Temps*, 17 mai.
        ["compilation bâclée" - Voir aussi le 24 mai - La
        réponse de Z.: "Les droits du romancier", *Le*
        Figaro, 6 juin; rp. in *Nouvelle Campagne* (1896) -
        répond à l'accusation de plagiat - Voir aussi 2389]

2389   ---: "Les droits et les devoirs de la critique. Réponse
        à M. Emile Zola", *Le Temps*, 14 juin.
        [Réponse à l'article de Z. - Voir 2388]

2390   DOUMIC, René: "*Rome*, de M. Emile Zola", *RDM*, CXXXV,
        15 mai, pp. 447-58. Rp. in *Etudes sur la littérature*
        française, II. P., Perrin, 1898, pp. 173-96.
        ["Dans un livre tel que *Rome*, l'art fait totalement
        défaut"]

2391 DUHAMEL, Henri: "M. Zola écrivain", *Revue du clergé français*, VII, n° 37, 1er juin, pp. 62-7.
[Livre "d'un incommensurable ennui"]

2392 DUVERNOIS, Henri: "Critique littéraire. *Rome*, Emile Zola", *La Presse*, 11 mai. Cf. *La France nouvelle*, 12 mai.
[Ext. in Bern., pp. 708-10]

2393 ERNST, Paul: "Zolas neuester Roman *Rom*", *NZ*, XIV, n° 2, pp. 590-4.   [WH]

2394 FAGUET, Emile: "Le Livre à Paris", *Cosmopolis*, II, n° 6, juin, pp. 792-803.

2395 FILON, Augustin: "L'évolution de M. Emile Zola", *L'Illustration*, LIV, n° 2776, 9 mai, p. 383.
["congestion documentaire"]

2396 GAVAULT, Paul: *"Rome"*, *Le Voltaire*, 30 mai.
[Ext. in Bern., p. 714]

2397 GEBHART, Emile: *"Rome* de M. Zola", *RBl*, V (4e série), 6 juin, pp. 726-9.

2398 GOYAU, Georges: "Les idées et les faits. La Rome de M. Zola", *La Quinzaine*, 2e année, X, n° 38, 15 mai, pp. 269-79.

2399 HAMON, A.: "Tribune littéraire. *Rome*", *Paris*, 10 juin.
[Ext. in Bern., pp. 716-7]

2400 LEDRAIN, E.: "Opinions. *Rome*", *L'Eclair*, 20 mai.
["le plus beau livre qu'ait écrit M. Zola" - Ext. in Bern., pp. 713-4]

2401 LEPELLETIER, E.: *"Rome"*, *L'Echo de Paris*, 3 juin.
[Ext. in Bern., p. 715]

2402 LE ROY, Albert: *"Rome"*, *L'Evénement*, 18 mai.

2403 LINTILHAC, Eugène: "Les livres nouveaux. *Rome*, par Emile Zola", *Le Rappel*, 15 mai. Voir aussi *Le XIXe Siècle* du même jour.

2404 MAUCLAIR, Camille: "Bibliographie. *Rome*, par Emile Zola", *NR*, 18e année, CI, 1er juill., pp. 210-11.

2405 NAUDET, l'abbé: *"Rome"*, *Le Monde*, 15-16 mai.
["une longue - et combien fatigante - élucubration"]

2406 PAYNE, William Morton: "Recent Fiction", *The Dial* (Chicago), XXI, n° 244, 16 août, pp. 90-1.
[c.r. de la tr. anglaise]

2407   PELLISSIER, Georges: "*Rome*; par Emile Zola", *REn*, VI,
       n° 152, 1er août, pp. 534-40.

2408   POLITEO, Dinko: "Dva nova francuska romana", *Vienac*
       (Zagreb), n°s 29-32, 18 juill.-8 août, pp. 402ff. [MS]
       ["Deux nouveaux romans français"]

2409   QUILLARD, Pierre: "Emile Zola", *MF*, XIX, n° 79, juill.,
       pp. 5-12.

2410   REBELL, Hugues: "Littérature athlétique", *L'Evénement*,
       21 mai.

2411   RETTE, Adolphe: "Aspects XI. *Rome*", *La Plume*, n° 173,
       1er juill., pp. 526-31.

2412   ROEDER, Ernst: "Ausländische Romanliteratur", *Blätter*
       für literarische Unterhaltung, 12 nov., pp. 729-32.

2413   TELMANN, Konrad: "Zolas *Rome*", *Mag.*, LXV, n° 25, 20
       juin, pp. 776 86.

2414   TEN BRINK, J.: "Zola's *Rome*", *Zondagsblad (Het Nieuws*
       van den Dag), 7, 14, 21 et 28 juin.   [BB]
       [Cf. 3315]

2415   TOWNSHEND, E.C.: "*Rome*", *The Westminster Review* (Lon-
       dres), CXLVI, n° 5, nov., pp. 532-42.

2416   WUN, A.: "Novi Zolin roman", *Mali Zurnal*, III, n° 136,
       pp. 1-2; n° 137, p. 1.   [BUSM]
       [En serbo-croate]

2417   ZACHER, Albert: "Zola's *Rome*", *Die Nation*, XIII, n° 38,
       20 juin, pp. 576-8.

2418   ANONYME: "Book Reviews. Zola's *Rome*", *The Overland*
       Monthly (San Francisco), XXVIII, n° 165, sept., p. 371.
       [c.r. de la tr. anglaise]

2419   ---: "E. Zola o stranom kapitalu", *Dnevni List*, XIV,
       n° 110, pp. 1-2.   [BUSM]
       [En serbo-croate - "E. Zola sur une capitale étran-
       gère"]

2420   ---: "M. Zola's New Book", *The Times* (Londres), 11 mai,
       p. 5.

2421   ---: "M. Zola's *Rome*", *The Critic* (New York), XXVIII,
       n° 747, 13 juin, pp. 420-1.

2422   ---: "New Novels", *The Athenaeum* (Londres), n° 3579,
       30 mai, p. 711.

2423   ---: ["*Rome* de Zola"], *Prosvjeta* (Zagreb), n° 13, 1er juill., p. 415. [MS]

2424 ANONYME: "Talk about New Books", *The Catholic World* (New York), LXIII, n⁰ 376, juill., pp. 553-5.
[c.r. de la tr. anglaise]

2425 ---: "Zolas Buch über Rom", *Stimmen aus Maria Laach,* LI, pp. 120-3. [WH]

2426 ---: "Zola's *Rome*", *LW*, XXVII, n⁰ 17, 22 août, p. 261.
[c.r. de la tr. anglaise]

2427 ---: "Zolin najnoviji roman *Rim*", *Dnevni List*, XIV, n⁰ 145, p. 3. [BUSM]
[En serbo-croate]

[Voir aussi *La Jeune Belgique* (Bruxelles), 16 mai]

*

2428 BORDEAUX, Henry: "M. Zola chroniqueur parlementaire", *RBl*, V (4ᵉ série), n⁰ 20, 16 mai, pp. 627-32. Rp. en allemand in *Mag.*, 21 et 28 janv. 1897.
[Sur les articles de Z. dans *La Cloche* 1871-1872 – Ext. in Bern. *Mélanges, préfaces et discours*, pp. 388-9]

2429 E. C.: "A l'Académie", *Le Voltaire*, 29 mai.

2430 CLEMENT-JANIN: "De L'Assommoir au Vatican", *Le Voltaire*, 25 janv.

2431 DRUMONT, Edouard: "Le cas de M. Zola", *La Libre Parole*, 10 févr.
[Contre la candidature de Z. à l'Académie Française]

2432 ---: "Jean Aicard et Zola", *La Libre Parole*, 11 mars.
[Cf. 2431]

2433 ---: "Emile Zola et les Juifs", *La Libre Parole*, 18 mai. Voir aussi 25 et 26 avril.
[Sur l'article de Z. "Pour les Juifs", *Le Figaro*, 16 mai; rp. in *Nouvelle Campagne*]

2434 ELLIS, Havelock: "Zola: The Man and His Work", *The Savoy* (Londres), I, janv., pp. 67-80. Rp. in *Affirmations*. Londres, Constable-Walter Scott, 1898, pp. 131-57. Rééditions: Boston, Houghton Mifflin, 1915; Boston & New York, Houghton Mifflin/Londres, Constable, 1922.
[Insiste sur l'ironie de Z.]

2435 H. F.: "Zola's Chair in Sight", *NYT*, 31 mai, p. 1.
[Voir aussi 24 mai, p. 17]

2436 FAGUET, Emile: "Tolstoï et Zola", *RBl*, V (4ᵉ série),

16 mai, pp. 660-3.
[A propos de 2115]

2437 FONTAINE, C.: "Emile Zola", *MLN*, XI, mai, pp. 278-83.

2438 GALLOIS, G.: "Zola et la Société des Gens de Lettres",
RBl, V (4e série), no 13, 28 mars, pp. 407-11.

2439 GONCOURT, Edmond de: "Pages retrouvées. Comment est
mort Jules de Goncourt. Lettre d'Edmond de Goncourt
à Emile Zola", *La Chronique médicale*, III, no 15, 1er
août, pp. 471-4.

2440 HART, R.E.S.: "Zola's Philosophy of Life", *The Fortnightly Review* (Londres), LXVI, août, pp. 257-71.

2441 HELJY: "L'apologie d'Emile Zola", *RBl*, V (4e série),
no 8, 22 févr., pp. 243-5.
[Interview]

2442 KAHN, Gustave: "La vie mentale. II. De M. Zola", *RB*,
X, pp. 120-2.
[A propos de l'article de Z. sur Verlaine: "Le soli-
taire", *Le Figaro*, 18 janv.; rp. in *Nouvelle Campagne*]

2443 LAZARE, Bernard: "Contre l'antisémitisme", *Le Voltaire*,
20 mai.
[Cf. 2433]

2444 LEBEY, André: "Réponse à M. Zola", *Le Réveil* (Bruxelles),
6e année, VII, no 26, févr., pp. 92-5.
[A propos de l'article de Z. dans *Le Figaro* du 7 févr.:
"A la jeunesse"; rp. in *Nouvelle Campagne*]

2445 MARTIN, Hte: "M. Zola. Les hommes et les bêtes", *Etudes
(religieuses, philosophiques, historiques et littéraires)*, 33e année, LXVIII, 15 juill., pp. 379-402.
[Z. et l'amour des bêtes - voir l'article de Z. dans
Le Figaro du 24 mars; rp. in *Nouvelle Campagne*]

2446 MAUCLAIR, Camille: "Le caractère public de M. Zola",
NR, 18e année, CI, 15 juill., pp. 280-90.
[Les prétentions de Z.]

2447 MINIME, Dr: "Etudes psychologiques: M. Emile Zola",
Journal de Médecine de Paris, 16e année, VIII, 6 déc.,
pp. 577-8.
[A propos de 2373]

2448 [NORRIS, Frank?]: "Zola as a Romantic Writer", *The Wave*
(San Francisco), XV, no 26, 27 juin, p. 3.
[Sur le romantisme de Z.]

2449   STRITAR, Josip: "Dunajska pisma. V.", *Ljubljanski zvon*,
         n° 1, pp. 15-20.   [RV]
         [En slovène - sur Zola et la littérature slovène]

2450   SVETIC, Franc: "O novih slovstvenih strujah v Slovencih",
         Ljubljanski zvon, n° 10, pp. 600-4; n° 11, pp. 663-7.
         [En slovène - sur Z., le naturalisme et la littérature
         slovène]   [RV]

2451   SZCZEPANSKI, Ludwik: "Zoli i *młodzi*", *PT*, n° 7, pp. 78-9.
         [En polonais: "Zola et la jeunesse"]   [BU Varsovie]

2452   VIZETELLY, Ernest Alfred: "Emile Zola. The Author of
         Rome", *Book Reviews* (New York), IV, n° 2, juin, pp.
         31-9.

2453   WEHRMANN, Karl: "Ueber die Technik Zola's", *Zeitschrift
         für französische Sprache und Litteratur*, XVIII, pp.
         1-57.

2454   ANONYME: "Elected to the Academy. Two Candidates Defeat
         M. Emile Zola for the Prize", *NYT*, 11 déc., p. 1.
         [Z. et l'Académie: échec]

2455   ---: "M. Emile Zola, Author of *Rome*", *The Review of
         Reviews*, XIII, juin, pp. 491-507.
         [Cf. 2452]

2456   ---: "M. Zola's Discovery", *NYT*, 31 mai, p. 4.
         [Z. et la peinture]

2457   ---: "New Books and Reprints", *The Saturday Review*
         (Londres), LXXXI, n° 2104, 22 févr., p. 210.
         [Sur la tr. anglaise des *Contes à Ninon*]

2458   ---: "Novel Notes", *The Bookman* (Londres), IX, n° 52,
         janv., p. 131.
         [Sur la tr. anglaise du *Ventre de Paris: The Fat and
         the Thin*]

2459   ---: "Pismo iz Spljeta", *Nada*, III, n° 6, pp. 87-8;
         1897, n° 7, pp. 104-5.   [BUSM]
         [En serbo-croate - Sur la pièce *Thérèse Raquin*, pré-
         sentée par la troupe italienne San Marco]

2460   ---: "Postmrtna pisma", *Vienac*, XXVIII, n° 46, p. 736.
         [En serbo-croate - "Lettres posthumes" - Z. et François
         Coppée]   [BUSM]

2461   ---: ""The Rights of a Novelist"," *NYT*, 28 juin, p. 4.
         [A propos de l'article de Z. "Les droits du romancier" -
         Cf. 2388]

2462   ---: "Translations", *The Athenæum* (Londres), n° 3591,

22 août, p. 257.
[Sur la tr. anglaise d'*Une Page d'amour*]

1897

2463 FLEURY, Dr Maurice de: *Introduction à la médecine de
l'esprit*. P., F. Alcan. 477p.
[Voir p. 116: réponse de Z. à une enquête sur les
effets du tabac; pp. 274-7: sur la paresse de Z.]

2464 PALUDAN, Julius: *Emile Zola og naturalismen*. Copenhague, Priors. 183p.   [BNC]
[En danois]

2465 VAN DEYSSEL, L.: "Van Zola tot Maeterlinck", in *Verzamelde Opstellen, II*. Amsterdam, pp. 283-6.   [BB]

Sur "Messidor" (à l'Opéra):

2466 DESTRANGES, Etienne: *"Messidor" d'A. Bruneau. Etude
analytique et critique*. P., Fischbacher. 68p.

2467 BAUER, Henry: "Les Premières Représenations. *Messidor*",
L'Echo de Paris, 21 févr.

2468 BLASIUS, Dom: "Premières représentations", *L'Intransigeant*, 21 févr.

2469 BRUNEAU, Alfred: "*Messidor* expliqué par les auteurs:
La Musique", *Le Figaro*, 20 févr.
[Avec l'article de Z.: "Le Poème"]

2470 CEARD, Henry: "L'homme de *Messidor*", *L'Evénement*, 20
févr.

2471 CLITANDRE: "Premières représentations", *L'Autorité*,
21 févr.

2472 COQUERICO: "Soirée parisienne", *La Patrie*, 21 févr.

2473 CORNEAU, André: "Théâtres. Les premières", *Le Jour*,
20 févr.

2474 CROZE, J.L.: "Autour de *Messidor*. Du roman au drame
lyrique", *La Patrie*, 21 févr.

2475 CURZON, Henri de: *"Messidor"*, *Gazette de France*, 21
févr. Voir aussi H. de C.: "*Messidor* à l'Opéra",
même jour.
[Ext. in Bern. *Le Rêve*, p. 268]

2476 DUBARRY, Albert: "Premières représentations", *PR*, 21
et 22 févr.

2477   DU TILLET, Jacques: "Théâtres", *RBl*, VII (4e série),
       n°s 9-10, 27 févr. et 6 mars, pp. 282-6, 314-6.

2478   ERLANGER, Camille: "Premières représentations", *Le
       Journal*, 20 févr.

2479   ERNEST, Alfred: "Revue musicale", *La Paix*, 20 févr.

2480   ERNST, Alfred: "Musique. *Messidor*", *REn*, VII, n° 187,
       pp. 276-8.

2481   FIERENS-GEVAERT: "Courrier des théâtres", *Journal des
       Débats*, 21 févr.

2482   FOURCAUD, [Louis de]: "Musique", *Le Gaulois*, 20 févr.
       Voir la lettre de Z., *ibid.*, 23 févr., et la réponse
       de Fourcaud, 25 févr.
       [Ext. in *O.C. XIV*, pp. 1492-3]

2483   FRANCILLAC: "Soirée parisienne. *Messidor*", *Le Gaulois*,
       20 févr.

2484   GOULLET, A.: "La musique à Paris", *Le Soleil*, 20 févr.

2485   GUILLERI, Compère: "Les soirées de Paris. A l'Opéra",
       Le Journal, 20 févr.

2486   J. H.: "*Messidor* et la presse", *Le Figaro*, 21 févr.
       [Extraits de 15 articles]

2487   HARTMANN, Georges: "Les théâtres", *L'Illustration*, LX,
       n° 2818, 27 févr., p. 160.
       [Ext. in Bern. *Le Rêve*, p. 267]

2488   LECOCQ, J.: "Avant-premières. Opéra", *La Patrie*, 20
       févr.

2489   L'OUVREUSE: "Soirée Parisienne. *Messidor*", *L'Echo de
       Paris*, 21 févr.

2490   PASSARD, Emile: "Critique musicale", *L'Evénement*, 20
       févr.

2491   LE POMPIER DE SERVICE: "La soirée parisienne. *Messidor*",
       La Paix, 20 févr.

2492   RENAUD, Albert: "La vie théâtrale. Premières", *La
       Patrie*, 21 févr.

2493   ROD, Edouard: "Jeudis de quinzaine. Petite histoire
       du livret d'opéra", *Le Gaulois*, 5 mars.

2494   ---: "Causerie littéraire. *Messidor*", *La Semaine litté-
       raire*, n° 166, 6 mars, pp. 109-11.

2495   SAINT-GEORGES DE BOUHELIER: "Sur la tyrannie de l'esprit

allemand", *L'Evénement*, 23 févr.
[Ext. in Bern. *Le Rêve*, p. 268]

2496 SALVAYRE, G.: *"Messidor"*, *Gil Blas*, 20 févr.

2497 SARCISQUE: "Soirée parisienne. Opéra. *Messidor*",
L'Evénement, 20 févr.

2498 TIERSOT, Julien: *"Messidor"*, *RP*, 4e année, II, 1er
mars, pp. 214-24.

2499 TOUT-PARIS: "Romanciers et dramaturges à l'Opéra",
Le Gaulois, 20 févr.

2500 ANONYME: *"Messidor"*, *L'Eclair*, 21 févr.

2501 ---: "Les théâtres. *Messidor* à l'Opéra", *Le Matin*, 20
févr.

*

2502 BASCOUL, Louis: "Ce que Zola n'a pas vu à Rome",
Revue du Monde catholique, 6e série, 36e année,
XIII, n° 1, 1er janv., pp. 26-47.

2503 ---: "Monsieur Zola et les partis politiques en
Italie", *ibid.*, XV, n° 9, 1er sept., pp. 430-53.

2504 BERENGER, Henry: "Deux anthologies d'Emile Zola",
RBl, 4e série, VIII, n° 7, 14 août, pp. 219-20. Rp.
in *La France intellectuelle*. P., Armand Colin,
1899, pp. 54-67.
[A propos de 2366 et de *Morceaux choisis d'Emile
Zola*, par Georges Meunier]

2505 BOURGET, Paul: "M. Emile Zola", *Le Journal*, 23 oct.
Voir aussi: "Zola jugé par Paul Bourget de l'Académie Française", *Le Monde illustré. Album universel*
(Montréal), XIX, 25 oct. 1902, p. 615.
["le plus robuste talent de notre âge"]

2506 DEN DULK, E. [SAINT-GEORGES DE BOUHELIER]: "L'opinion
de M. Emile Zola", *La Plume*, IX, pp. 681-2.
[Z. et le naturisme]

2507 FOVEAU DE COURMELLES, D^r: "Névropathie et génie. M.
Emile Zola. Les docteurs Lombroso et Toulouse",
Revue générale internationale, II, n° 9, mars, pp.
327-44.
[Sur 2373 et 2514]

2508 GRAVE, J.: *"Nouvelle campagne*, par E. Zola", *Les Temps
nouveaux* (supplément littéraire), II, n° 12, p. 72.

2509 HAUSER, Fernand: "La Correspondance de Sainte-Beuve.

Lettres à Champfleury, à Théophile Gautier, à Emile Zola", *Lutèce*, 2e série, XVI, n° 1, 1er avril, pp. 2-3.
[Lettre à Z. de 1866 à propos de son c.r. des *Nouveaux Lundis* dans *L'Evénement* du 10 févr. 1866]

2510 HENRY, Stuart: "Hours with Famous Parisians", *LW*, XXVIII, 20 mars, p. 87.

2511 ILD, Dragomir: "Neke opaske o njegovu *Rimu...*", *Vrhbosna*, XI, n° 6, pp. 93-5. [BUSM]
[En serbo-croate: "Quelques observations sur *Rome...*"]

2512 K.: "Tołstoj contra Zola", *PT*, n° 25, pp. 298-300.
[En polonais - Cf. 2115] [BU Varsovie]

2513 J. L.: "Zbrodnia w sztuce i literaturze", *PT*, n° 35, pp. 393-5. [BU Varsovie]
[En polonais: "Le crime dans l'art et dans la littérature"]

2514 LOMBROSO, C.: "Emile Zola d'après l'étude du docteur Toulouse et les nouvelles théories sur le génie", *La Semaine médicale*, XVII, n° 1, 6 janv., pp. 1-5. Tr. anglaise in *Medical Week*, V, pp. 25-9.
[A propos de 2373]

2515 MOCKEL, Albert: "Camille Lemonnier", *MF*, XXII, n° 89, mai, pp. 265-85.

2516 NEHAJEV, Milutin: "Zola i Tolstoj. Ulomak iz studije *Moderni moralisti*", *Nova Nada*, I, n° 1, pp. 18-22; n° 2, pp. 55-8. [BUSM]
[En serbo-croate]

2517 NOSSIG, Felicja: "Listy z Paryża. Nowe dzieło Zoli", *Zycie*, n° 6, pp. 10-11. [BU Varsovie]
[En polonais]

2518 O.: "O obraćenju E. Zole", *Novi Viek*, nos 1-5, pp. 313-4. [BUSM]
[En serbo-croate - "Sur la conversion d'Emile Zola"]

2519 P.: "Emile Zola i Ferdinand Brunetière", *Vienac*, XXIX, n° 49, p. 788. [BUSM]
[En serbo-croate]

2520 PROTIC, Jovan: "*Paris* Emila Zole", *Nada*, III, p. 457. [BUSM]
[En serbo-croate]

2521 SCHEURER, W.Ph.: "Zola's *Rome*", *De Gids*, 4e série, LXI, mars, pp. 488-514.

2522 TEN BRINK, J.: "Zola's *Nieuwe Campagne*", *Zondagsblad*
      (Het Nieuws van den Dag), 25 avril et 2 mai.   [BB]
      [En hollandais - c.r. de *Nouvelle Campagne* - Cf. 3315]

2523 VIOLLIS, Jean: "Observations sur le Naturisme", *MF*,
      XXI, févr., pp. 304-14.

2524 L. W. [Leon WINIARSKI]: "Rzeczywistość i poezja w
      literaturze", *Prawda*, n° 3, pp. 31-2.   [BU Varsovie]
      [En polonais: "Réalité et poésie dans la littérature"]

2525 ANONYME: "L'affaire Zola", *Gazette de France*, 19 févr.
      [A propos de 2366 - procès - Laporte acquitté]

2526 ---: [Chronique], *The New York Times. Saturday Review
      of Books and Art*, 23 janv., p. 5.
      [A propos de *Paris* - Cf. 6 nov. et 25 déc.]

2527 ---: "Brunetière and Zola", *LW*, XXVIII, n° 10, 15 mai,
      p. 160.
      [Conférence de Brunetière aux Etats-Unis - Cf. 2528]

2528 ---: "La conférence de M. Brunetière sur le naturalisme",
      NRI, XXIX, n° 10, 15-31 mai, pp. 642-4.
      [Sur la mort du naturalisme]

2529 ---: "Conspuez Zola!", *L'Intransigeant*, 15 déc.
      [Ext. in Bern. *La Vérité en marche*, p. 231]

2530 ---: "La dernière de Zola", *L'Intransigeant*, 15 déc.
      [Cf. 2529]

2531 ---: "Favourites in French Fiction", *Blackwood's Edin-
      burgh Magazine*, CLXII, n° 984, oct., pp. 531-49.
      [Sur *Rome*]

2532 ---: *"His Excellency"*, *The Critic* (New York), XXXI,
      n° 820, 6 nov., p. 263.
      [c.r. de la tr. de *Son Excellence Eugène Rougon*]

2533 ---: "Personal", *NYT*, 10 mai, p. 6.
      [Accident de Z.]

2534 ---: "Superstition of a Well-Known Writer", *The Scien-
      tific American* (New York), LXXVII, n° 6, 7 août,
      p. 85.
      [L'arithomanie de Z.]

2535 ---: "Trouvailles curieuses et documents inédits", *La
      Chronique médicale*, IV, n° 3, 1er févr., pp. 91-2.
      [Un poème "Le nuage", dans le *Journal du Dimanche*,
      17 oct. 1861]

2536 ---: ["Zola et Tolstoï"], *Nova Nada* (Zagreb), n°s 1-2,

oct.-nov., pp. 18ff.   [MS]
[Comparaison - à propos de *Lourdes*]

1898

2537   BURLAT, Antonin: *Le Roman médical. (Essai)*. Montpellier,
        Firmin et Montane. 54p.
        [Thèse]

2538   DIEDERICH, Benno: *Emile Zola*. Leipzig, Voigtländer.
        98p. *(Biographische Volksbücher,* 8-10).   [WH]

2539   FAGUS: *Colloque sentimental entre Emile Zola et Fagus.*
        P., Société Libre d'Edition des Gens de Lettres. 124p.
        [Vers]

2540   LEBOURGEOIS, H.: *L'Œuvre de Zola. 16 simili aquarelles.*
        P., Bernard, 1898. s.p.
        [Caricatures]

2541   LINDGREN, Albert, et Gustaf Benedikt HELLEN: *Emile Zola.*
        Stockholm, Wahlström-Widstrand. 51p. Skrifter utgifna
        af Ord och Bild, n° 6. Rp. in *Några Diktareporträtt.*
        Stockholm, Ljus, 1907, pp. 153-227.   [BU Lund]

2542   MEUNIER, Georges: "Emile Zola", in *Le Bilan littéraire
        du XIXe siècle.* P., Charpentier-Fasquelle, pp. 281-94.
        [Intr. de son anthologie: *Pages choisies d'Emile Zola* -
        voir le c.r. de René Doumic in *RDM,* 15 déc. 1897, pp.
        913-24; rp. in *Etudes sur la littérature française,
        3e série.* P., Perrin, 1899, pp. 97-119]

2543   MEYER, Erich: *Die Entwicklung der französischen Litte-
        ratur seit 1830.* Gotha, Perthes. 292p.
        [Voir surtout chap. X: "Emile Zola", pp. 215-31]

2544   ONUFRIO, Felice d': *Emilio Zola, lo scrittore e l'uomo*
        Palerme, Reber. 23p.
        [Conférence faite à l'Association de la Presse
        sicilienne]

2545   RECOLIN, Charles: "Un survivant du naturalisme: M.
        Zola", in *L'Anarchie littéraire.* P., Perrin, pp.
        80-106.

2546   SPIELHAGEN, Friedrich: *Neue Beiträge zur Theorie und
        Technik der Epik und Dramatik.* Leipzig. xiv,359p. [YC]
        [Voir surtout pp. 227-83: Sur l'échec inévitable du
        naturalisme et de Z. au théâtre]

2547   VAN DEN BOSCH, Firmin: *Essais de critique catholique.*
        Gand, Siffer.   [TH]

2548   WELLS, Benjamin W.: *A Century of French Fiction*. New York, Dodd-Mead. 396p. Réédition: 1912.
[Voir surtout "Emile Zola", pp. 283-304]

Zola et l'Affaire Dreyfus ("J'accuse", le procès Zola, l'exil en Angleterre, etc.):

2549   ALBERT, Charles: *A M. Emile Zola*. Bruxelles, Bibliothèque des Temps Nouveaux. 12p.
[Signé: Charles-Albert]

2550   AUJAR, Léopold: *Réponse de la jeunesse française à Emile Zola sur l'affaire Dreyfus*. P., Hayard, [1898]. 8p. [PD]
[Réponse à la brochure de Z. du 14 déc. 1897: "Lettre à la jeunesse"; rp. in *La Vérité en marche*, 1901]

2551   BAFFIER, Jean: *Les Marges d'un carnet d'ouvrier. Objections sur la médaille à Monsieur Zola offerte à propos de l'affaire Dreyfus. (Lettre ouverte en réponse à MM. de Pressensé & Mathias Morhardt, délégués du Comité Zola)*. P., chez l'auteur, s.d. [1898]. 16p.

2552   BERL., Alfred: *Le Procès Zola. Impressions d'audience*. P., *Le Siècle*. 32p.
[Ext. du journal *Le Siècle* - Cf. 2581]

2553   BONNAMOUR, George: *Le Procès Zola. Impressions d'audience*. P., Pierret, [1898]. 288p.

2554   CARRERE, Jean: *Affaire Dreyfus. Réponse à Emile Zola*. P., Rouam. 15p.
[Cf. 2550]

2555   EEN DAGBLAD-REDACTEUR: *Proces-Zola. Overzicht van den ganschen loop van dit proces*. Amsterdam, Boon. [PD]
[Résumé du procès Z. en hollandais - illustrations]

2556   DULUCQ: *Procès Zola - Dreyfus - Esterhazy et l'état-major. Tactique cléricale contre les Juifs et contre la République. A bas le sabre et le goupillon*. P., Dupont, [1898]. 16p. [LIP]

2557   FRANCE, G. de: *Drumont, Zola et les Juifs*. P., Au Grand Saint-Vincent-de-Paul. 32p. [LIP]

2558   GOLDBECK, Eduard: *Zolas Beichte*. Berlin, Fussinger. 36p. [WH]

2559   UN GROUPE D'ETUDIANTS: *La Vraie Réponse des étudiants à MM. Emile Zola et Aujar*. P., Hayard, [1898]. 7p.
[Cf. 2550] [LIP]

2560   GUETANT, Louis: *La Jeunesse. Dédié à Emile Zola*.

Annonay, Royer. 15p.
[Cf. 2550]

2561 GUYOT, Yves: *L'Innocent et le Traître. Dreyfus et Esterhazy. Le Devoir du garde des Sceaux, ministre de la Justice.* P., Stock. 64p. [LIP]

2562 HAIME, E. de [A. de Morsier]: *Les Faits acquis à l'histoire. Lettre de Gabriel Monod. Introduction de Yves Guyot. Suivis des lettres et déclarations de Bréal, Duclaux, Anatole France, Scheurer-Kestner, Trarieux, Emile Zola, Jaurès, Clemenceau, J. Reinach, Bernard-Lazare, Psichari...* P., Stock. xxiv,376p.
[LIP]

2563 IMBARD, Lucien: *Hommage à l'armée. Dreyffus [sic] – Estérhazy [sic] et Zola, ou Judas en Gaule.* Cannes, Figère et Guiglion. 20p.
[Vers]

2564 JOURDAN, Albert: *Réponse à Emile Zola et au Délégué de la Jeunesse Française.* P., Risch, [1898]. [4p.].
[Cf. 2550]

*2565 [LABORI, Fernand]: *Affaire Zola. Plaidoirie de Me Fernand Labori. Audiences de février 1898.* P., Fasquelle. 196p.

2566 LAGARRIGUE, Juan Enrique: *Religion de l'Humanité. Lettre à M. Emile Zola.* Santiago du Chili, Ercilla. 28p.
[Un disciple de Comte demande l'adhésion de Z. après son engagement dans l'Affaire Dreyfus]

2567 LAPORTE, Antoine: *Emile Zola et les Dreyfus, ou la Débâcle des traîtres. Lettre ouverte à l'Italien Zola.* P., chez l'auteur. 15p.

2568 LENTILLON, J.-M.: *Lettre ouverte à E. Zola en réponse à sa Lettre au Président de la République.* Lyon, Imp. Alricy. [4p.]

2569 LIBENS: *Humanité – Vérité – Justice. L'Affaire Dreyfus. Lettre à Emile Zola.* Bruxelles, Bertoux. 7p.
[Cf. 2550]

2570 LOPEZ, Dr D. José Francisco: *La Verdad y la justiicia. A proposito de las causas celebres Dreyfus y Zola (Estudio filosoficojuridico).* P., Lahure. 108p. 2e éd. augmentée: 1899. Ed. de 1901 avec 3 lettres manuscrites. [LIP]

2571 MAIER, Gustav: *Der Prozess Zola vor dem Schwurgericht* zu Paris im Februar 1898. Kritischer Bericht eines Augenzeugen. Bamberg, Handelsdruckerei u. Verlaghaus. 180p. [WH]

*2572 MARIN, Paul: Histoire documentaire de l'Affaire Dreyfus. P., Stock, 1897-1902. 11 vol.
[Voir surtout les vol. 2-6: 1898-1899]

2573 [MARTHE]: Protestations. Femmes françaises et protestation du bon sens français contre soulèvements Zola-Dreyfus en quatre articles. P., Legon, [1898]. 17p.

2574 PITJE SNOT: Lettre de Pitje Snot à Emile Zola. Affaire Dreyfus, Révolution. Bruxelles, [1898]. [PD]

*2575 REINACH, Joseph: L'Affaire Dreyfus. Vers la Justice par la vérité. P., Stock. 461p. [LIP]
[Articles publiés dans Le Siècle et dans L'Aurore du 14 mars au 29 oct.]

2576 RESCHAL, Antonin: Lettre ouverte à Emile Zola. Je vous accuse! ... P., Martinenq. s.p.
[Pamphlet abusif]

2577 SAINT-GEORGES DE BOUHELIER: Affaire Dreyfus. La Révolution en marche. P., Stock. 35p.
[Défend et exalte l'acte de Z.]

2578 STRANZ, Joseph: Französisches Recht über Pressbeleidigungen im Anschluss an den Process Zola. Berlin, Siemenroth et Troschel. 47p. Verröffentlichungen des Berliner Anwalt-Vereins, X. [WH]

2579 THIEBAUD, Léon: Les Confidences de Zola. Ce qu'ils veulent faire de la France. P., chez l'auteur, [1898]. 16p.
[Dialogue imaginaire avec Z.]

2580 TROISI, Eugenio: Zola: naturalismo y decadentismo. Polemica. Cordoue, Biffignandi. 95p.
[Etude de Z., son œuvre et son rôle dans l'Affaire Dreyfus par l'écrivain mexicain]

*2581 ANONYME: L'Affaire Dreyfus. Le Procès Zola devant la Cour d'assises de la Seine et la Cour de cassation (7 février-23 février et 31 mars-2 avril 1898). Compte-rendu sténographique in extenso et documents annexes. P., Aux bureaux du Siècle et P.-V. Stock. 2 vol.
[Avec beaucoup de documents annexes]

2582 ---: Emilio Zola. Le sue lettere ed articoli e il suo processo per l'Affare Dreyfus. Milan, Trèves. 2 vol.

2583　ANONYME: *Emile Zola vor Gericht. Ausführliche Dar-*
stellung des denkwürdigen Processes nach authenti-
schen stenographischen Berichten und mit bewilligter
Benützung der Eigenberichte der "Neuen Freien Presse".
Prague, Wltžek. 105p.　　　　　　　　　　　　[WH]
[En allemand]

2584　---: *Emile Zola vor den Geschworenen. Vollständiger*
Bericht über den Verlauf des Processes nebst Urtheil.
Dresde, Tittel. 61p.　　　　　　　　　　　　　[WH]

2585　---: *Emile Zola vor dem Schwurgericht.* Strasbourg,
Singer. 179p.　　　　　　　　　　　　　　　[PD]

2586　---: *Kwestie Dreyfus. Proces Emile Zola.* Amsterdam,
Stoomdruckkery Arnold de Vita.　　　　　　　[BB]

*2587　---: *Livre d'Hommage des Lettres françaises à Emile*
Zola. P., Société d'Edition des Gens de Lettres/
Bruxelles, Balat. Vol. en deux parties: vi,207p.
et 257p.
[I. Recueil d'articles, pp. 1-133; "Le procès d'Emile
Zola": impressions d'audiences par Séverine, pp.
137-207. II. Les protestations, les lettres, les
télégrammes, pp. 3-114; plaidoirie de Me Labori,
pp. 115-257. Ext. in *Paris-Soir*, 4 oct. 1927]

2588　---: *Prozess Zola. Getreue Darstellung des Prozesses*
gegen Emil Zola und dessen Vorgeschichte Dreyfus-
Esterhazy. Leipzig, Gracklauer, [1898?]. 144p.

2589　---: *The Trial of Emile Zola. Containing M. Zola's*
Letter to President Faure Relating to the Dreyfus
Case, and a Full Report of the Fifteen Days' Pro-
ceedings in the Assize Court of the Seine, including
Testimony of Witnesses and Speeches of Counsel. New
York, Tucker. 355p.

2590　---: *Verklaring aan de gezworenen. Rede van Emile*
Zola. Amsterdam, Uitgave *Trio*, [1898]. 14p.
[En hollandais: *Déclaration aux jurés. Discours*
d'Emile Zola]

2591　ABRIC, Georges: "Le pourvoi Zola", *Le Matin*, 3 avril.

2592　ALEXIS, Paul: "Enfin ... je peux dire où est Zola",
L'Aurore, 27 juill.
[Dit que Z. est en Russie, pour dépister ses ennemis]

2593　ALLARD, Maurice: "Le danger", *La Lanterne*, 18 janv.

2594　---: "Le procès d'aujourd'hui", *La Lanterne*, 8 févr.

2595 ALLARD, Maurice: "La "chose" jugée", *La Lanterne*, 15 févr.

2596 ARLON, Robert d': "Opinion d'un général. Réponse au factum Zola", *La Patrie*, 15 janv.

2597 ---: "Le patriotisme d'Emile Zola", *La Patrie*, 20 janv.

2598 ARZUBIALDE: "Zola en los tribunales", *El Imparcial*, 8-12, 15-16, 18-20, 22-4 févr.   [CA] [En espagnol]

2599 AVEZE, André: "Exemple", *L'Aurore*, 3 juill.

2600 B.: "Zola le cynique", *L'Autorité*, 17 janv.

2601 ---: "Le sans-patrie Zola et les Italiens", *L'Autorité*, 25 janv.

2602 ---: ""Je ne suis pas Français"," *L'Autorité*, 10 févr.

2603 A. B.: "Zola et l'université", *L'Autorité*, 28 janv.

2604 ---: "Outrages à l'armée", *Le Siècle*, 22 févr.

2605 ---: "Le verdict", *Le Siècle*, 24 févr.

2606 ---: "La Médaille Zola", *L'Autorité*, 15 mars.

2607 ---: "La Croix du "sieur" Zola", *L'Autorité*, 29 juill. [Voir aussi *ibid.*, 30 juill.]

2608 A. de B.: "L'argent", *La Libre Parole*, 15 janv.

2609 ---: "Zola et Billot", *La Libre Parole*, 15 janv.

2610 ---: "L'Accusateur", *La Libre Parole*, 15 janv.

2611 ---: "Zola et la Triple Alliance", *La Libre Parole*, 17 janv.

2612 ---: "Zola et Crispi", *La Libre Parole*, 18 janv. [A propos d'un article de l'homme d'état italien]

2613 ---: "Zola devant le juge de paix", *La Libre Parole*, 24 janv.

2614 ---: "Napoléon Zola", *La Libre Parole*, 12 févr.

2615 ---: "Les preuves de M. Zola", *La Libre Parole*, 23 févr.

2616 ---: "Zola et la Légion d'honneur", *La Libre Parole*, 26 févr.

2617 ---: "Les admirateurs de Zola", *La Libre Parole*, 27 févr.

2618 ---: "La croix de Zola", *La Libre Parole*, 6 avril.

2619 ---: "L'affaire Dreyfus-Zola", *La Libre Parole*, 8 mai.

2620   A. de B.: "En automobile", *La Libre Parole*, 24 mai.

2621   ———: "L'affaire Zola", *La Libre Parole*, 25 mai.

2622   ———: "L'affaire Zola-Dreyfus", *La Libre Parole*, 26-28 mai.

2623   ———: "Son père", *La Libre Parole*, 28 mai.

2624   ———: "La lettre de Zola", *L'Autorité*, 18 juill.
       [Au Président du Conseil]

2625   ———: "Zola, von Reinach et la Légion d'honneur", *La Libre Parole*, 22 juill.

2626   G. B.: "Le procès des experts", *L'Autorité*, 23 janv.

2627   ———: "Zola et l'opinion", *L'Autorité*, 20 juill.

2628   H. B.: "Zola devant la science. Un névropathe", *Le Jour*, 16 janv.

2629   BAINVILLE, Jacques: "Les Renanistes et l'affaire Zola", *La Plume*, X, n° 224, 15 août, pp. 485-9.
       [Sur Jules Lemaître, Barrès, Anatole France, Psichari, etc.]

2630   BAR, Ludwig von: "Kritische Betrachtungen zum Prozess Zola", *Deutsche Juristenzeitung*, III, n° 9, pp. 171-6.
       [WH]

2631   BARBEREAU, Félix: "Condamnation de M. Zola", *Le Matin*, 24 févr.

2632   BARBEZIEUX, G.: "Lettre à Judet", *L'Aurore*, 24 mai.
       [Cf. 2801]

2633   BARRES, Maurice: "Impressions d'audience", *Le Figaro*, 24 févr.

2634   BARTHELEMY, H.: "L'affaire Dreyfus", *Le Journal*, 20, 22-26 janv.

2635   BATAILLE, Albert: "Les témoins de M. Emile Zola devant la cour d'assises", *Le Figaro*, 25 janv.

2636   ———: "La dernière audience", *Le Figaro*, 24 févr.

2637   ———: "Le pourvoi de M. Emile Zola", *Le Figaro*, 26 févr.

2638   ———: "L'arrêt Zola", *Le Figaro*, 3 avril.

2639   ———: "Le procès Zola", *Le Figaro*, 19 juill.

2640   BATZ, André de: "Une débâcle", *L'Autorité*, 20 juill.

2641   BERVILLE, Louis: "21bis, rue de Bruxelles", *La Patrie*, 23 janv.

2642   BERVILLE, Louis: "Dans le pétrin. Les coups de grosse caisse de Zola", *La Patrie*, 26 janv.

2643   ——: "Témoins pour rire. Avant la Cour d'assises", *La Patrie*, 29 janv.

2644   ———: "Quadrille naturaliste. Le côté grotesque", *La Patrie*, 1er févr.

2645   BOES, Karl: "Lettre à M. Zola et à ses amis", *La Plume*, X, n° 213, 1er mars, pp. 138-41.
[Dénonce la pusillanimité des défenseurs de Dreyfus]

2646   BOISANDRE, A. de: "Zola défendu par Thévenet", *La Libre Parole*, 11 févr.

2647   ———: "Zola contre Bertulus", *La Libre Parole*, 21 juill.

2648   BOISSEVAIN, Ch.: "Van dag tot dag. Een bezoek bij Zola", *Algemeen Handelsblad* (Amsterdam), 25 janv. Rp. in *Van Duy Lot Dag (Verzamelde Opstellen)*. Ed. L. Aletrino. Amsterdam, Van Campen, 1925, pp. 88-93. [BB]
[En hollandais: "De jour en jour. Une visite chez Zola"]

2649   BOUVE, T.T.: "Emile Zola and the Dreyfus Case", *The National Magazine* (Boston), IX, pp. 211-7.

2650   BRISSON, Adolphe: "Autour du procès Zola. Impressions d'audience", *La Revue illustrée*, XXV, n° 6, 1er mars, s.p.

2651   BUGIEL, W.: "Po procesie Zoli", *Prawda*, n° 10.
[En polonais]   [BU Główna, Poznań]

2652   CAPUS, Alfred: "Le rêve de Zola", *Le Figaro*, 4 avril.
[Conversation imaginaire entre Z. et Alexis]

2653   CASSAGNAC, Paul de: "Infâme", *L'Autorité*, 15 janv.
[Sur "J'accuse"]

2654   ———: "Les deux misérables", *L'Autorité*, 17 janv.

2655   ———: "Vive Zola!", *L'Autorité*, 20 janv.

2656   ———: "Procès au rabais", *L'Autorité*, 23 janv.

2657   ———: "Tout ou rien", *L'Autorité*, 24 janv.

2658   ———: "Zola-citrouille", *L'Autorité*, 27 janv.

2659   ——: "Le four", *L'Autorité*, 4 févr.

2660   ——: "Procès stérile", *L'Autorité*, 9 févr.

2661   ——: "Impressions d'audience", *L'Autorité*, 10 févr.

2662 CASSAGNAC, Paul de: "A bas la France!", *L'Autorité*, 11 févr.

2663 ———: "Son crime", *L'Autorité*, 16 févr.

2664 ———: "Outrages au jury", *L'Autorité*, 19 févr.

2665 ———: "La morale du procès", *L'Autorité*, 20 févr.

2666 ———: "Le châtiment. Au jury", *L'Autorité*, 25 févr.

2667 ———: "Infamie", *L'Autorité*, 2 avril.

2668 ———: "L'apothéose de Zola", *L'Autorité*, 3 avril.

2669 ———: "Ignoble comédie", *L'Autorité*, 4 avril.

2670 ———: "J'accuse - j'avoue", *L'Autorité*, 7 avril.

2671 ———: "Le conseil de guerre", *L'Autorité*, 8 avril.

2672 ———: "Au conseil de guerre", *L'Autorité*, 9 avril.

2673 ———: "A Versailles", *L'Autorité*, 12 avril.

2674 CEARD, Henry: "La ville d'Alceste", *L'Evénement*, 15 janv.

2675 ———: "Lettre à Zola", *L'Evénement*, 12 févr.
       [Veut que Z. renonce à l'Affaire]

2676 CELLARIUS, Albert: "Les suites de l'Affaire Zola", *Le Jour*, 1er-3 mars.

2677 CHINCHOLLE, Charles, et Albert BATAILLE: "Le procès Zola", *Le Figaro*, 8-23 févr.

2678 CHINCHOLLE, Charles: "Autour de l'audience", *Le Figaro*, 24 févr.

2679 ———: "Autour de l'audience", *Le Figaro*, 19 juill.

2680 CLARETIE, Jules: "La vie à Paris. La veille du procès Zola", *Le Temps*, 24 juill.

2681 CLARIN [Leopoldo ALAS]: [Article], *Madrid Cómico*, 12 févr. Rp. in 7429, pp. 250-2.
       [Hommage à Z.]

2682 CLEMENCEAU, G.: "Victoires et revers", *L'Aurore*, 3 avril, Rp. in 3319.

2683 ———: "Nouveau procès", *L'Aurore*, 4 avril. Rp. in 3319.

2684 ———: "La fuite de Zola", *L'Aurore*, 20 juill. Rp. in 3319.

2685 ———: "La vertu d'attendre", *L'Aurore*, 22 juill. Rp. in 3319.

214

2686   CLEMENCEAU, G.: "L'Emblème de la loi violée", *L'Aurore*, 6 août. Rp. in 3320.
[Z. et la Légion d'honneur]

2687   CORNELY, J.: "La foule", *Le Matin*, 13 févr.

2688   ——: "La condamnation", *Le Figaro*, 24 févr.

2689   ———: "Le verdict", *Le Figaro*, 24 févr.

2690   ——: "Nouvelles poursuites contre Emile Zola", *Le Figaro*, 9 avril.

2691   ———: "L'affaire Zola", *Le Figaro*, 18 juill.

2692   ———: "En une journée", *Le Figaro*, 19 juill.
[La condamnation]

2693   ——: "Un départ", *Le Figaro*, 21 juill.

2694   COURNON, Jean de: "L'affaire Zola et la presse", *Le Siècle*, 21 mai.

2695   Me D. [DAUMAZY]: "Zola en Cour d'assises", *La Libre Parole*, 19 et 20 janv.

2696   ———: "Le procès Zola-Judet", *La Libre Parole*, 20-21 juill.

2697   Ph. D.: "Cherchez, messieurs!", *L'Aurore*, 21 juill.
[Où est Z.?]

2698   DAUMAZY, Me: "Zola en cour d'assises", *La Libre Parole*, 15 janv.

2699   ———: "En Cour d'assises", *La Libre Parole*, 8-23 févr.

2700   ———: "Le verdict", *La Libre Parole*, 24 févr.

2701   ———: "Le recours de Zola en cassation", *La Libre Parole*, 25 févr.

2702   ——: "En Cour d'assises", *La Libre Parole*, 24 mai.

2703   ———: "L'inconscience de Zola et le Ministère public", *La Libre Parole*, 17 juill.

2704   ———: "En cour d'assises", *La Libre Parole*, 19 juill.

2705   ——: "Le procès des experts contre Zola", *La Libre Parole*, 20 juill.

2706   DAVENAY, G.: "Le procès Emile Zola", *Le Figaro*, 19 janv.

2707   ———: "Le départ de M. Zola", *Le Figaro*, 20 juill.
[La fuite de Z. et la presse]

2708   DE COURTIL: "Folie des grandeurs", *La Patrie*, 14 janv.

2709   DE COURTIL: "Les vrais coupables", *La Patrie*, 15 janv.

2710   ---: "Dreyfusiana. Le procès de Zola", *La Patrie*, 21 janv.

2711   ---: "Dreyfusiana. Les poursuites contre Zola", *La Patrie*, 22 janv.

2712   ---: "Toujours lui! Le nouveau factum de Zola", *La Patrie*, 23 janv.

2713   ---: "Fumisterie. L'exploit d'huissier de M. Zola", *La Patrie*, 26 janv.

2714   DEFLOU, A.: "Détraqué", *L'Autorité*, 23 févr.

2715   DELVAL, Jules: "Avant le procès", *L'Evénement*, 7 févr.

2716   DESCAVES, Lucien: "Honnêtes gens", *L'Aurore*, 3 août.
[Z. et la Légion d'honneur]

2717   DESMOULINS, L.: "La voix du peuple", *Le Gaulois*, 24 févr.

2718   DESMOULINS, L., et al.: "Le procès Zola à Versailles. La fuite", *Le Gaulois*, 19 juill.

2719   DESMOULINS, L.: "La politique. Hors de France", *Le Gaulois*, 20 juill.

2720   DESMOULINS, L., et Paul ROCHE: "M. Zola en Cour d'assises", *Le Gaulois*, 10–23 févr.

2721   DHUR, Jacques: "L'officier Zola. Notre enquête en Algérie", *PR*, 17 oct.
[Sur le père de Z. - Cf. 3321]

2722   DRUMONT, Edouard: "Lettre à M. Félix Faure, président de la République", *La Libre Parole*, 14 janv.

2723   ---: "Zola en cour d'assises", *La Libre Parole*, 7 févr.
[Voir aussi 15 janv.-6 févr.: plusieurs articles sur Z. et l'Affaire]

2724   ---: "Autour du procès", *La Libre Parole*, 8 févr.

2725   ---: "Le châtiment", *La Libre Parole*, 9 févr.

2726   ---: "Deux hommes", *La Libre Parole*, 12 févr.

2727   ---: "Après le verdict", *La Libre Parole*, 24 févr.
[Sur la condamnation de Z. - Ext. in Bern. *La Vérité en marche*, pp. 231-2]

2728   ---: "Zola à Versailles", *La Libre Parole*, 18 juill.

2729   ---: "Un document humain", *La Libre Parole*, 19 juill.

2730   DUBOIS, G.: "Le procès Emile Zola", *Le Figaro*, 21 janv.

2731   DUBOIS, Ph.: "Chez M. Emile Zola", *L'Aurore*, 3 avril.

2732   ---: "Autour de l'audience", *L'Aurore*, 24 mai.

2733   ---: "Un traquenard", *L'Aurore*, 25 mai.

2734   DUPIN, A.: "Autour de l'audience", *Gil Blas*, 19 juill.

2735   ---: "La fuite de Zola", *Gil Blas*, 21 juill.

2736   ---: "Zola en Suisse", *Gil Blas*, 22 juill.
       [Faux]

2737   F.: "Il arrive! Il arrive!...", *La Libre Parole*, 4 juin.

2738   A. F.: "Peut-on arrêter Zola?", *La Libre Parole*, 19 juill.

2739   CH. F.: "Après le verdict", *Le Siècle*, 24 févr.

2740   FZ.: "Zum Prozess Zola", *Deutsches Wochenblatt*, XI,
       n° 8, pp. 89-91.   [WH]

2741   FRANC, Pierre: "Opinions", *La Patrie*, 18 janv.

2742   ---: "Notre courrier. Lettre à Zola", *La Patrie*, 26 janv.

2743   ---: "Notre courrier. En Italie, Zola!", *La Patrie*,
       28 janv.

2744   ---: "Notre courrier. Honte à Zola!", *La Patrie*, 29 janv.

2745   FRANKO, Ivan: "Iz čužyx literatur, Holos Zolja v spravi
       Drajfusa", *Literaturno-naukovyj vistnyk*, II, n° 2,
       pp. 131-2.   [BH]
       [En ukrainien - "Sur les littératures étrangères. La
       voix de Zola dans l'affaire Dreyfus"]

2746   GANBINI, Oscar: "Una collettività delinquente per
       fanatismo (A proposito del processo Zola)", *La Scuola
       positiva (nella Giurisprudenza penale) (Florence)*,
       VIII, n° 3, mars, pp. 187-91.

2747   GANNERON, Edouard: "Autour du procès", *Le Journal*, 27
       janv.

2748   ---: "Le nouveau procès Zola", *Le Journal*, 23 mai.

2749   ---: "L'affaire Dreyfus", *Le Journal*, 18 juill.

2750   ---: "M. Zola à l'étranger", *Le Journal*, 20 juill.

2751   ---: "Le départ", *Le Journal*, 21 juill.

2752   ---: "Le départ de M. Zola", *Le Journal*, 22-24 juill.

2753   ---: "M. Zola et la Légion d'honneur", *Le Journal*, 28
       juill.

2754 GERAULT-RICHARD: "La folie", *PR*, 15 janv.

2755 ---: "Zola condamné", *PR*, 25 févr.

2756 GESTIN, Robert: "Affaires Dreyfus, Esterhazy et Zola",
      REn, VIII, n° 246, 21 mai, pp. 426-32.
      [Voir aussi n° 273, 26 nov., pp. 1020-6]

2757 GOHIER, Urbain: "Par ordre", *L'Aurore*, 19 juill.

2758 ---: "Séditieux", *L'Aurore*, 2 août.

2759 GOSSE, Edmund: "M. Zola and English Authors", *The Times*
      (Londres), 26 févr., p. 12.
      [Il ne faut pas que les écrivains anglais se mêlent
      de l'Affaire Dreyfus et de l'action de Z.]

2760 GOURMONT, Remy de: "Epiloques. Le masque de fer", *MF*,
      XXV, n° 98, févr., pp. 529-36.

2761 GRISON, Georges: "La soirée dans Paris", *Le Figaro*, 24
      févr.

2762 GUY-PERON: "Les étudiants et l'affaire Zola", *Le Réveil
      du Quartier (Journal politique et littéraire. Organe
      des Etudiants)*, 25 juin.

2763 GUYOT, Yves: "Aux Français!", *Le Siècle*, 7 févr.

2764 ---: "Faits acquis", *Le Siècle*, 22 févr.

2765 ---: "Des paroles, pas d'actes", *Le Siècle*, 22 févr.

2766 ---: "Zola condamné", *Le Siècle*, 24 févr.

2767 ---: "Zola à l'étranger", *Le Siècle*, 20 juill.

2768 M. H.: "La dernière journée", *Le Gaulois*, 24 févr.

2769 HARDEN, Maximilian: "Zolas Fall", *Die Zukunft*, VI, n°
      23, pp. 417-36.   [WH]

2770 HINKOVIC, Hinko: "Zolina parnica", *Narodne Novine*,
      LXIV, p. 42.   [BUSM]
      [En serbo-croate - "Le procès Zola"]

2771 ---: "Kanibali", *ibid.*, p. 45.   [BUSM]

2772 HUGUENOT: "The Truth about the Dreyfus Case", *The
      National Review* (Londres), XXXI, n° 184, juin, pp.
      541-55.

2773 HUTIN, Marcel: "Autour de l'audience", *Le Gaulois*, 7
      févr.

2774 ---: "Après l'audience", *Le Gaulois*, 24 févr.

2775   HUTIN, Marcel: "Consultation sur le départ de M. Zola", *Le Gaulois*, 21 juill.

2776   HUVLIN, M^e: "Le procès de M. Zola", *Le Journal*, 26-28 janv.

2777   ---: "Le Pourvoi de M. Zola", *Le Journal*, 3 avril.

2778   ---: "Le procès Zola à Versailles", *Le Journal*, 24 mai.

2779   ---: "L'affaire Dreyfus. Le procès de Versailles", *Le Journal*, 18 juill.

2780   ---: "A Versailles", *Le Journal*, 19 juill.

2781   ---: "Le procès du *Petit Journal*", *Le Journal*, 21 juill.

2782   HUVLIN, M^e, et Fernand XAU: "Le procès Zola", *Le Journal*, 7-24 févr.

2783   JAKSON, André: "Le procès Zola", *Gil Blas*, 19 juill.

2784   JAURES, Jean. "Toute la clarté", *La Lanterne*, 16 janv.

2785   ---: "Deux faits", *La Lanterne*, 20 févr.

2786   ---: "L'effondrement", *La Lanterne*, 3 avril.

2787   JOLLIVET, Gaston: "M. Zola et la Légion d'honneur", *Le Gaulois*, 5 avril.

2788   JOUBERT, Louis: "Chronique politique", *Le Correspondant*, 70e année, CXC, 25 févr., pp. 803-12.

2789   ---: "Chronique politique", *ibid.*, 10 mars, pp. 995-1006.

2790   JUDET, Ernest: "Les sanctions", *Le Petit Journal*, 16 janv.

2791   ---: "La fin", *Le Petit Journal*, 26 janv.

2792   ---: "Les conspirateurs en cour d'assises", *Le Petit Journal*, 10 févr.

2793   ---: "Quinzaine infâme", *Le Petit Journal*, 15 févr.

2794   ---: "Ce qui survivra", *Le Petit Journal*, 23 févr.

2795   ---: "La flétrissure de Judas", *Le Petit Journal*, 24 févr.

2796   ---: "La nation aura le dernier mot", *Le Petit Journal*, 26 févr.

2797   ---: "Le mois extérieur", *Le Petit Journal*, 27 févr.

2798   ---: "Qui trompe-t-on?", *Le Petit Journal*, 3 avril.

2799   ---: "La croix de Zola", *Le Petit Journal*, 4 avril.

2800   JUDET, Ernest: "Un piège", *Le Petit Journal*, 7 avril.

2801   ---: "Zola père et fils", *Le Petit Journal*, 23 mai.
[Cf. 2721]

2802   ---: "Zola le récidiviste", *Le Petit Journal*, 25 mai.
[Cf. 2801]

2803   ---: "Notre procès", *Le Petit Journal*, 29 mai.

2804   ---: "Un témoin d'outre-tombe", *Le Petit Journal*, 18 juill.
[Les lettres du colonel Combes - Cf. 2801]

2805   ---: "Le colonel Combes contre Zola", *Le Petit Journal*, 19 juill.
[Cf. 2804]

2806   ---: "Hors de France, hors la loi", *Le Petit Journal*, 22 juill.

2807   JUNIUS: "A bas la lumière!", *Le Siècle*, 5 avril.

2808   UN JURISTE [Léon BLUM]: "Le procès", *RB*, XV, n⁰ 115, 15 mars, pp. 401-14. Rp. in *L'Œuvre de Léon Blum* [I]. P., Michel, 1954, pp. 343-58.

2809   KEMP, G.: "På oprørt vand (Zola)", *Højskolebladet*, pp. 153-6.   [BNC]
[En danois]

2810   P. DE L.: "Zola et B. Lazare", *L'Autorité*, 18 janv.

2811   ---: "Pas difficile, Zola", *L'Autorité*, 29 janv.

2812   ---: "Personnage de Zola", *L'Autorité*, 3 févr.

2813   ---: "Après l'arrêt", *L'Autorité*, 5 avril.

2814   ---: "Labori le conclusionnaire", *L'Autorité*, 20 juill.

2815   ---: "La croix de Zola", *L'Autorité*, 20 août.

2816   G. LH.: "Les Mensonges de Judet", *L'Aurore*, 2 août.

2817   LAYET, Henri: "Vive Zola!", *L'Aurore*, 19 juill.

2818   LEFEVRE, André: "Intimidation", *La Lanterne*, 17 févr.

2819   LE LISEUR: "Revue des journaux", *Le Figaro*, 15-17 janv.

2820   LEROUX, Gaston: "Le procès Zola", *Le Matin*, 23 mai.

2821   ---: "Le procès Zola", *Le Matin*, 19 juill.

2822   LEYRET, Henry: "Vive Zola!", *L'Aurore*, 19 juill.

2823   LOMBROSO, Cesare: "Zola und das Jahr 1789 in Frankreich", *Deutsche Revue*, XXIII, n⁰ 3, pp. 355-60.   [WH]

2824   A. M.: "Le défenseur de Zola", *La Libre Parole*, 14 févr.

2825   ---: "Les deux Zola", *La Libre Parole*, 24 mai.

2826   A.-H. M.: "Thèse dreyfusarde. Le dégradé Zola", *L'Intransigeant*, 30 juill.

2827   G. M.: "Zola peint par lui-même", *La Libre Parole*, 15 janv.

2828   ---: "Le procès de M. Emile Zola", *Le Gaulois*, 19 janv.

2829   ---: "Chronique des tribunaux", *Le Gaulois*, 3 avril.

2830   ---: "Impressions d'audience", *La Libre Parole*, 24 mai.

2831   ---: "Avant l'audience", *Le Gaulois*, 18 juill.

2832   MAIZIERE, G. de: "M. Zola en Cour d'assises", *Le Gaulois*, 7 févr.

2833   ---: "L'audience", *Le Gaulois*, 24 févr.

2834   ---: "L'audience", *Le Gaulois*, 24 mai.

2835   MASSARD, Emile: "Pas de phrases, des faits!", *La Patrie*, 16 janv.

2836   MAXSE, L.J., et al.: "The Military Terror in France", *The National Review* (Londres), XXXI, n° 185, juill., pp. 745-56.

2837   ---: "M. Cavaignac's Vindication of Captain Dreyfus", *ibid.*, n° 186, pp. 814-34.
[Voir aussi les articles du même auteur in XXXII, oct. et nov., pp. 268-83, 357-73]

2838   MERY, Gaston: "Impressions d'audience", *La Libre Parole*, 8-23 févr.

2839   ---: "La fin du cauchemar", *La Libre Parole*, 24 févr.

2840   ---: "Impressions d'audience", *La Libre Parole*, 19 juill.

2841   ---: "La fuite de Zola", *La Libre Parole*, 20 juill.

2842   METIN, Albert: "La société, la jeunesse et M. Emile Zola", *RB*, 9e année, XV, n° 110, 1er janv., pp. 56-8.
[A propos de la "Lettre à la jeunesse" de Z.]

2843   MILLEVOYE, Lucien: "La dernière de Zola", *La Patrie*, 14 janv.
[Sur "J'accuse"]

2844   ---: "Complices de l'Etranger", *La Patrie*, 29 janv.

2845   ---: "Zola", *La Patrie*, 23 févr.

2846   MILLEVOYE, Lucien: "Zola... ou la France", *La Patrie*, 3 avril.

2847   ---: "Encore Zola!", *La Patrie*, 15 avril.

2848   MIRBEAU, Octave: "A un prolétaire", *L'Aurore*, 8 août. [Contre l'indifférence de Guesde]

2849   MONNIOT, Albert: "Avant le procès", *La Libre Parole*, 7 févr.

2850   MORSE, John T.: "The Dreyfus and Zola Trials", *The Atlantic Monthly* (Boston), LXXXI, n° 487, mai, pp. 589-602.

2851   MURRAY, David Christie: "Some Notes on the Zola Case", *The Contemporary Review* (Londres), LXXIII, avril, pp. 481-90.

2852   NATHAN, Paul: "Liberté, égalité, fraternité", *Die Nation*, XV, n° 22, 1897-1898, pp. 317-22.   [WH]

2853   NIKOLIC, Vladimir: "Povodom sudjenja Emilu Zoli zbog omalovažavanja suda u vezi sa Drajfusovom aferom", *Novo Vreme*, X, n° 13, p. 1.   [BUSM] [En serbo-croate - sur le procès Z.]

2854   O.: "Zolin proces", *Narodnost*, II, n° 10, pp. 1-2. [En serbo-croate - "Le procès Zola"]   [BUSM]

2855   UN OFFICIER: "Zola et l'armée", *Le Siècle*, 21 févr.

2856   AD. P.: "Zola est retrouvé", *L'Intransigeant*, 24 juill.

2857   PAVLOVIC, Stevan: "Odsudan obrt u Zolinoj parnici", *Naše Doba*, XIV, n° 11, p. 1.   [BUSM] [En serbo-croate - sur le procès Z.]

2858   PELLETAN, Camille: "Le procès Zola", *La Lanterne*, 29 janv.

2859   ---: "Justice fin de siècle", *La Lanterne*, 12 févr.

2860   ---: "Après le verdict", *La Lanterne*, 25 févr.

2861   POISSIEN, Adolphe: "Zola en fuite", *L'Intransigeant*, 21 juill.

2862   ---: "Le fuyard", *L'Intransigeant*, 22 juill.

2863   ---: "Zola touché par l'arrêt", *L'Intransigeant*, 23 juill.

2864   POLLEX: "Der Process Zola", *Die Zeit*, XIV, n° 179, pp. 145-9.   [WH]

2865   P. R.: "Le procès Zola", *Le Gaulois*, 25 févr.

2866   P. R.: "La sortie", *Le Gaulois*, 24 mai.

2867   RAFFARD, Charles: "Le second procès Zola", *Le Siècle*, 24 mai.

2868   ---: "Autour du procès Zola", *Le Siècle*, 19 juill.

2869   RAMBOSSON, Yvanhoé: "Un "crapaud"," *La Plume*, X, n° 212, 15 févr., pp. 104-5.
       [Z. ambitieux]

2870   REGNIER, Jean: "L'avis d'un général", *Le Figaro*, 9 avril.

2871   ---: "Les nouvelles poursuites contre Zola", *Le Figaro*, 10 avril.

2872   ROCHE, Paul: "Les poursuites contre M. Emile Zola", *Le Gaulois*, 14 janv.

2873   ---: "Dans la rue", *Le Gaulois*, 7 févr.

2874   ---: "Le procès Zola à Versailles", *Le Gaulois*, 24 mai.

2875   ---: "Le départ de M. Zola", *Le Gaulois*, 20 juill.

2876   ROCHEFORT, Henri: "On demande le coupable", *L'Intransigeant*, 14 janv.

2877   ---: "Le martyr", *L'Intransigeant*, 15 janv.

2878   ---: "Les deux traîtres", *L'Intransigeant*, 8 févr.

2879   ---: "Ténèbres et incohérence", *L'Intransigeant*, 9 févr.

2880   ---: "Encore un carreau de cassé", *L'Intransigeant*, 9 févr.

2881   ---: "Entre les mains des traîtres", *L'Intransigeant*, 11 févr.

2882   ---: "Heureux condamné", *L'Intransigeant*, 26 févr.

2883   ---: "L'œuvre du jury", *L'Intransigeant*, 27 févr.

2884   ---: "Poursuites pour rire", *L'Intransigeant*, 2 avril.

2885   ---: "Un fichu service", *L'Intransigeant*, 4 avril.

2886   ---: "La dérobade", *L'Intransigeant*, 25 mai.

2887   ---: "L'assassiné d'aujourd'hui", *L'Intransigeant*, 19 juill.

2888   ---: "Défaut... de preuves", *L'Intransigeant*, 20 juill.

2889   ---: "Feu Zola", *L'Intransigeant*, 22 juill.

2890   ROCHEFORT, Henri: "Tout pour lui", *L'Intransigeant*, 24 juill.

2891   ROGER, Charles: "Je jure...", *L'Intransigeant*, 25 févr.

2892   ---: "A Versailles", *L'Intransigeant*, 19 juill.

2893   ---: "La débâcle de Zola", *L'Intransigeant*, 20 juill.

2894   ROUANET, Gustave: "Pas de procès Zola...", *La Lanterne*, 11 févr.

2895   ---: "Après le verdict", *La Lanterne*, 24 févr.

2896   Me G. S.: "Le procès Zola", *Le Siècle*, 19 juill.

2897   SAINT-REAL: "Les portraits de Zola", *Le Gaulois*, 9 févr.

2898   SCHANDORPH, S.: "Dreyfusaffæren: Zola", *Illustreret tidende*, 1897-1898, pp. 338-42, 350, 366.   [BNC] [En danois]

2899   SIMONS, D.: "Zola en de zaak Dreyfus", *Het Paleis van Justitie*, 4 févr.   [BB] [En hollandais]

2900   SOLNESS: "L'accusé", *Le Matin*, 7 févr.

2901   SORIANO, Rodrigo: "El Cazador de Gorras", *Los Lunes de El Imparcial*, 14 févr.   [CA] [En espagnol]

2902   STRONG, Rowland: "One Week of Life in Paris. Zola Obliged to Suspend Literary Work as a Result of His Recent Trials", *NYT*, 17 avril, p. 19.

2903   ---: "A Blow at Emile Zola", *NYT*, 31 juill., p. 17.

2904   TALMEYR, Maurice: "Zola et Panama", *Le Gaulois*, 2 avril.

2905   ---: "Les nouvelles *Soirées de Médan*", *Le Gaulois*, 25 mai.

2906   THIEBAUD, Georges: "Le châtiment", *Le Gaulois*, 14 janv.

2907   ---: "Le procès de M. Zola", *Le Matin*, 15 janv.

2908   ---: "M. Zola en Cour d'assises. "Vive Zola! A bas la France!","" *Le Gaulois*, 9 févr.

2909   VARENNES, Henri: "Notre procès. A Versailles", *L'Aurore*, 24 mai.

2910   ---: "Notre procès", *L'Aurore*, 19 juill.

2911   VERVOORT, André: "Le pourvoi", *Le Jour*, 2 avril.

2912   VIAU, Raphaël: "Le procès Zola", *La Libre Parole*, 8-24 févr.

2913 VIAU, Raphaël: "Le procès Zola", *La Libre Parole*, 24 mai.

2914 ---: "Zola à Versailles", *La Libre Parole*, 19 juill.

2915 VILLETTE, Armand: "Le corps diplomatique et le procès Zola", *Le Gaulois*, 26 févr.

2916 VIZETELLY, Ernest Alfred: "Calas and Dreyfus. Voltaire and Zola", *The Westminster Gazette* (Londres), 19 janv.
[Réponse à un article du 14 janv.: ""Reasons of State" Once More"]

2917 WHITRIDGE, Frederick W.: "Zola, Dreyfus and the French Republic", *Political Science Quarterly* (New York), XIII, n° 2, juin, pp. 259-72.

2918 X.: "Son père", *Le Jour*, 29 mai.

2919 XAU, Fernand: [Sur "J'accuse"], *Le Journal*, 14 janv.
["une mauvaise action"]

2920 CT. Z.: "Après l'affaire Zola", *La Libre Parole*, 26 févr.

2921 ANONYME: "A M. Emile Zola", *Le Constitutionnel*, 8 févr.

2922 ---: "A Médan", *PR*, 24 juill.

2923 --- : "L'affaire Dreyfus", *La Lanterne*, 18-23 janv.

2924 ---: "L'affaire Dreyfus", *Le Temps*, 22-26 janv.

2925 ---: "L'affaire Dreyfus", *PR*, 17-18 janv.

2926 ---: [Affaire Dreyfus], *Het Nieuws van den Dag*, 27 janv. et 23 juill.   [BB]
[En hollandais]

2927 ---: "L'Affaire Dreyfus. Chez M. Zola", *Le Petit Parisien*, 17 janv.

2928 ---: "L'affaire Dreyfus-Esterhazy", *La Lanterne*, 16 janv.

2929 ---: "L'affaire Dreyfus. La fuite de M. Emile Zola à l'étranger", *L'Eclair*, 21 juill.

2930 ---: "L'affaire Dreyfus. M. Emile Zola", *L'Eclair*, 17 et 19 janv.

2931 ---: "L'affaire Dreyfus. M. Emile Zola", *Le Temps*, 17 janv.

2932 ---: "L'affaire Dreyfus. M. Emile Zola déféré à la justice", *L'Eclair*, 15 janv.

2933 ANONYME: "L'affaire Dreyfus. M. Emile Zola devant la neuvième chambre", *L'Eclair*, 22 juill.

2934 ---: "L'affaire Dreyfus. M. Zola à Verneuil", *L'Eclair*, 26 juill.

2935 ---: "L'affaire Dreyfus. L'opinion de Zola sur le jury", *L'Autorité*, 21 févr.

2936 ---: "L'affaire Dreyfus. Le procès Zola", *L'Autorité*, 27 janv.-26 févr.

2937 ---: "L'affaire Dreyfus-Zola", *L'Autorité*, 19 août.

2938 --: "L'affaire Dreyfus-Zola", *L'Intransigeant*, 26 mai.

2939 ---: "L'affaire Mathieu Dreyfus", *Le Petit Journal*, 15 janv.-5 févr.

2940 ---: "L'affaire Zola", *L'Autorité*, 26 févr.

2941 ---: "L'affaire Zola", *L'Autorité*, 21 juill.

2942 ---: "L'affaire Zola", *Le Constitutionnel*, 5 avril.

2943 ---: "L'affaire Zola", *Le Constitutionnel*, 24 mai.

2944 ---: "L'affaire Zola", *Le Constitutionnel*, 20 et 23 juill.

2945 ---: "L'affaire Zola", *L'Eclair*, 4, 20, 22-26 avril.

2946 ---: "L'affaire Zola", *L'Eclair*, 22, 24-27 mai.

2947 ---: "L'affaire Zola", *L'Eclair*, 1er juin.

2948 --: "L'affaire Zola", *L'Eclair*, 20 juill.

2949 ---: "L'Affaire Zola", *Le Jour*, 22-27 mai.

2950 ---: "L'affaire Zola", *Le Jour*, 5 juin.

2951 ---: "L'affaire Zola", *La Lanterne*, 26 févr.-5 mars.

2952 ---: "L'affaire Zola", *La Lanterne*, 9-11 avril.

2953 ---: "L'affaire Zola", *La Libre Parole*, 4 avril.

2954 --: "L'affaire Zola", *Le Matin*, 18 juill.

2955 ---: "L'affaire Zola", *Le Petit Journal*, 11 févr.-9 mars.

2956 ---: "L'affaire Zola", *Le Petit Journal*, 16-18 juill.

2957 ---: "L'affaire Zola", *Le Temps*, 5 avril.

2958 ---: "L'affaire Zola", *Le Temps*, 25 mai.

2959 ---: "L'affaire Zola à la Chambre", *Le Figaro*, 14 janv.

2960   ANONYME: "L'affaire Zola à Versailles", *L'Intransigeant*, 25 mai.

2961   ——: "L'affaire Zola-Dreyfus à l'étranger", *La Libre Parole*, 24 févr.

2962   ——: "L'affaire Zola en cassation", *Le Petit Journal*, 3 avril.

2963   ——: "L'affaire Zola-Judet", *L'Autorité*, 13 août.

2964   ——: "L'affaire Zola-Judet", *Gil Blas*, 20 juill.

2965   ——: "Les affaires Dreyfus et le procès Zola", *Le Temps*, 20 juill.

2966   ——: "Les affaires Dreyfus, Zola, Picquart, Esterhazy", *Le Constitutionnel*, 19 juill.

2967   ——: "Les affaires Dreyfus et Zola", *Le Constitutionnel*, 24, 27 juill.-2 août.

2968   ——: "Les amis de Zola", *L'Intransigeant*, 9 févr.

2969   ——: "Anatole France et Zola. Un témoignage", *La Patrie*, 6 févr.

2970   ——: "Annulation du Procès Zola", *PR*, 4 avril.

2971   ——: "Another Act in the Dreyfus Drama", *The Literary Digest* (New York), XVII, n° 11, 10 sept., pp. 301-2.

2972   ——: "Après le procès Zola", *L'Autorité*, 26 févr.-8, 20, 22 mars.

2973   ——: [Articles sur l'Affaire Dreyfus], *El Imparcial*, 19, 21, 23, 25-26, 30 janv.   [CA]
        [Voir aussi 3 avril, 23-24 mai, 20 et 22 juill., 7 sept. - En espagnol]

2974   ——: "L'assignation contre Zola", *Le Siècle*, 12 avril.

2975   ——: "Autour du procès", *L'Aurore*, 19 juill.

2976   ——: "Bien informés", *L'Aurore*, 23 juill.

2977   ——: "Bons résultats", *Le Jour*, 1er mars.

2978   ——: "De brief van Emile Zola", *De Nieuwe Rotterdamsche Courant*, 15 janv.   [BB]
        [En hollandais: "La lettre d'Emile Zola" - à propos de "J'accuse"]

2979   ——: "Le cas de M. Zola", *La Patrie*, 14 janv.

2980   ——: "Le cas de M. Zola père", *L'Intransigeant*, 21 juill.

2981 ANONYME: "Le cas juridique de M. Zola", *Le Matin*, 21 juill.

2982 ———: "La chasse à Zola", *L'Eclair*, 10 août. [Z. à Leipzig?]

2983 ———: "Chez les étudiants", *Le Jour*, 18 janv.

2984 ———: "Chez M. Emile Zola", *Le Temps*, 18 janv.

2985 ———: "Chez M. François Coppée", *La Patrie*, 15 janv.

2986 ———: "Chez M. Zola", *La Patrie*, 18 janv.

2987 ———: "Chez M. Zola", *Le Matin*, 6 févr.

2988 ———: "Les collaborateurs de Zola", *La Patrie*, 15 janv.

2989 ———: "Le complot", *La Patrie*, 17 janv.

2990 ———: "Condamnation d'Emile Zola", *L'Intransigeant*, 25 févr.

2991 ———: "La condamnation de M. Zola", *Le Temps*, 25 févr.

2992 ———: "La condamnation de Zola", *L'Autorité*, 25 févr.

2993 ———: "La condamnation de Zola et la presse", *L'Autorité*, 26 févr.

2994 ———: "Confidences de Zola", *L'Autorité*, 8 févr. [Sur les lettres que Z. a reçues sur son rôle dans l'Affaire]

2995 ———: "The Conviction of Zola", *NYT*, 24 févr., p. 6.

2996 ———: "Cour d'assise de Seine-et-Oise", *Le Siècle*, 20 juill.

2997 ———: "La croix de Zola", *L'Autorité*, 7 avril.

2998 ———: "De la lumière", *L'Autorité*, 20 juill.

2999 ———: "Les déboires de Zola", *La Patrie*, 15 janv.

3000 ———: "Les débuts de Zola", *L'Autorité*, 3 mars.

3001 ———: "La défense de Zola", *La Libre Parole*, 7 févr.

3002 ———: "Le départ d'Emile Zola", *Le Constitutionnel*, 21-22, 26 juill.

3003 ———: "Le départ de M. Zola", *Le Matin*, 20 juill.

3004 ———: "Le départ de M. Zola", *Le Petit Journal*, 23 mai.

3005 ———: "Le départ de M. Zola", *PR*, 22-23 juill.

3006 ———: "Le départ de M. Zola", *Le Siècle*, 21 juill.

3007 ANONYME: "Le départ de Zola", *L'Aurore*, 22 juill.

3008 ---: "Détraqué", *La Patrie*, 1er févr.

3009 ---: "Dreyfusiana. Le trac de M. Zola", *La Patrie*, 18 janv.

3010 ---: "Dreyfuss i Zola w Warszawie", *Niwa*, no 8, p. 143. [En polonais]   [BU Varsovie]

3011 ---: "Dreyfus-Zola. L'opinion d'un magistrat sur le procès de demain", *L'Eclair*, 7 févr.

3012 ---: "Dynamitons!", *La Patrie*, 2 févr. [Cite des ext. de *Paris*]

3013 ---: "Emile Gorgon-Zola", *La Patrie*, 21 janv.

3014 ---: "Emile Zola", *Obzor*, XXXIV, no 29, p. 1.   [BUSM] [En serbo-croate - sur le procès Z.]

3015 ---· "Emile Zola en cassation", *La Lanterne*, 4 avril.

3016 ---: "Emile Zola en cour d'assises", *Le Siècle*, 8-24 févr. [Cf. 2581]

3017 ---: "Emile Zola et A. Perrenx font défaut", *L'Aurore*, 19 juill.

3018 ---: "Emile Zola Sentenced", *NYT*, 10 juill., p. 17. [La condamnation de Z.]

3019 ---: "Epilogue", *L'Eclair*, 26 févr.

3020 ---: "Et ce bon Emile?", *Le Jour*, 13 janv.

3021 ---: "Les étudiants", *L'Eclair*, 18 janv.

3022 ---: "Les experts contre M. Zola", *Le Jour*, 10 mars.

3023 ---: "Les experts contre M. Zola", *Le Voltaire*, 11 mars.

3024 ---: "Les experts contre Zola: nouveau procès", *Le Jour*, 23 janv.

3025 ---: "Les experts et M. Zola", *Le Gaulois*, 23 janv.

3026 ---: "Les F.·. dans l'affaire Zola", *L'Autorité*, 25 févr. [Les francs-maçons]

3027 ---: "Fate of Zola and Perrenx", *NYT*, 19 juill., p. 7.

3028 ---: "La France soulevée", *Le Jour*, 22 janv.

3029 ---: "The French Situation", *NYT*, 26 févr., p. 6. [Sur la condamnation de Z.]

3030   ANONYME: "La fuite de M. Zola", *L'Eclair*, 22 juill.

3031   ——: "La fuite de M. Zola et le jugement par défaut",
        L'Eclair, 23 juill.

3032   ——: "La fuite de Zola", *L'Autorité*, 22-27, 30 juill.

3033   ——: "La fuite de Zola", *L'Intransigeant*, 30 juill.

3034   ——: "La fuite de Zola", *Le Petit Journal*, 21-23 juill.

3035   ——: "Het proces van Emile Zola", *De Nieuwe Rotter-
        damsche Courant*, 27 févr.   [BB]
        [En hollandais]

3036   ——: "Hommage des jeunes écrivains à Emile Zola",
        L'Essor, 6 févr.

3037   ——: "Il n'a pas confiance", *La Patrie*, 3 févr.
        [Déclaration à un reporter anglais]

3038   ——: "Une infamie", *L'Aurore*, 24 mai.

3039   ——: "L'instruction contre Zola", *Le Jour*, 15 janv.

3040   ——: "Une interview d'Emile Zola", *La Patrie*, 2 févr.
        [Dans le journal anglais *The Daily Chronicle*]

3041   ——: "Les Italiens et Zola", *L'Autorité*, 20 janv.

3042   ——: *"J'accuse....!"*, *La Libre Parole*, 14 janv.

3043   ——: "Jeanne d'Arc et Zola", *La Patrie*, 2 févr.
        [L'opinion de Mark Twain]

3044   ——: "Kronika powszechna. Polityka", *TI*, n° 7, p. 138.
        [En polonais]   [BU Varsovie]

3045   ——: "The Latest Incident in Paris", *The Spectator*
        (Londres), LXXX, n° 3634, 19 févr., pp. 262-3.

3046   ——: "Une lettre à M. Zola", *Le Gaulois*, 14 janv.
        [De l'Association générale des Etudiants]

3047   ——: "La lettre d'Emile Zola", *Le Figaro*, 14 janv.

3048   ——: "Une lettre de M. Björnstjerne-Björnson à M. Emile
        Zola", *Le Temps*, 20 janv.

3049   ——: "Une lettre de M. Emile Zola", *Le Temps*, 14 janv.

3050   ——: "Lettre de M. Emile Zola au *Réveil*", *Le Réveil du
        Quartier (Journal politique et littéraire. Organe des
        Etudiants)*, 2 juill.
        [Lettre du 27 juin]

3051   ——: "Une lettre de Zola", *Gil Blas*, 20 juill.
        [A *L'Aurore*]

3052   ANONYME: "M. Emile Zola devant la cour de cassation", *L'Eclair*, 6 août.

3053   ---: "M. Emilio Zola (de la *Tribuna*)", *Le Jour*, 18 janv.

3054   ---: "M. Zola a peur", *L'Eclair*, 18 janv.

3055   ---: "M. Zola condamné. L'armée vengée", *Le Gaulois*, 24 févr.

3056   ---: "M. Zola en cour d'assises", *Le Petit Journal*, 7-9 févr.

3057   ---: "M. Zola en cour d'assises", *Le Petit Journal*, 23-24 mai.

3058   ---: "M. Zola en cour d'assises", *Le Petit Journal*, 19 juill.

3059   ---: "M. Zola père", *L'Intransigeant*, 25 mai.

3060   ---: "M. Zola rayé de la Légion d'honneur", *L'Eclair*, 29 juill.

3061   ---: "M. Zola retrouvé", *Le Petit Journal*, 24-25 juill. [A Verneuil!]

3062   ---: "Les manifestations", *L'Autorité*, 22 janv.

3063   ---: "Les manifestations", *Le Petit Journal*, 18 janv.

3064   ---: "Les manifestations contre Zola", *L'Autorité*, 16-19 janv.

3065   ---: "La médaille Emile Zola", *Le Siècle*, 3 avril.

3066   ---: "Le mieux informé", *L'Aurore*, 25 juill.

3067   ---: "Notizbuch", *Die Zukunft* (Berlin), XXIII, 9 avril, pp. 92-3.

3068   ---: "Le nouveau jeu", *L'Aurore*, 24 juill. [Où est Z.?]

3069   ---: "Une nouvelle journée", *Le Gaulois*, 14 janv.

3070   ---: "Les œuvres et les hommes... Le procès Zola", *Le Correspondant*, 70e année, CXC, 25 févr., pp. 779-83.

3071   ---: "L'opinion de Zola", *L'Autorité*, 21 févr.

3072   ---: "Optužba Emila Zole", *Dnevni List*, XVI, n° 8, p. 2. [En serbo-croate - "L'accusation de Zola"]   [BUSM]

3073   ---: "L'organisateur de *La Débâcle*", *L'Autorité*, 17 févr.

3074   ANONYME: "Où est Zola?", *L'Eclair*, 27 juill.

3075   ---: "Paris manifeste contre Zola", *Le Jour*, 15 janv.

3076   ---: "Parties civiles contre Zola", *La Patrie*, 16 janv.

3077   ---: "Le père d'Emile Zola", *Le Constitutionnel*, 29 juill.

3078   ---: "Le père de M. Zola", *L'Autorité*, 20 juill.

3079   ---: "Personal", *NYT*, 13 avril, p. 6.

3080   ---: "Personal", *NYT*, 10 juin, p. 6.
       [Cf. 2801]

3081   ---: "La pièce secrète", *Le Siècle*, 5 avril.

3082   ---: "Les pièces secrètes et leur auteur", *Le Siècle*, 22 févr.

3083   ---: "Pismo Emila Zole", *Dnevni List*, XVI, n° 3, p. 2.
       [En serbo-croate - "La lettre de Zola"]   [BUSM]

3084   ---: "La plainte de M. Zola contre M. Judet", *L'Autorité*, 7 août.

3085   ---: "Plainte du Ministre de la Guerre contre Emile Zola", *Le Jour*, 19 janv.

3086   ---: "Politiek overzicht", *Het Vaderland*, 22 janv.   [BB]
       [En hollandais - voir aussi le 1er mars]

3087   ---: "La politique", *Le Constitutionnel*, 15 janv.

3088   ---: "La politique", *Le Constitutionnel*, 24 févr.

3089   ---: "La politique", *Le Constitutionnel*, 3 avril.

3090   ---: "La politique", *L'Eclair*, 22 juill.

3091   ---: "La popularité d'Emilio", *Le Jour*, 6 févr.

3092   ---: "Poursuites contre E. Zola et *L'Aurore*", *L'Aurore*, 19 janv.

3093   ---: "Poursuites contre M. Zola", *L'Eclair*, 20 janv.

3094   ---: "Les poursuites contre Zola et *L'Aurore*", *L'Autorité*, 21 janv.

3095   ---: "Poursuites contre Zola... La lettre de M. Zola", *La Lanterne*, 15 janv.

3096   ---: "Le pourvoi de M. Zola", *L'Intransigeant*, 3 avril.

3097   ---: "Le pourvoi de M. Zola", *L'Eclair*, 28 févr.

3098   ---: "Le pourvoi Zola", *Le Jour*, 1er, 3-6 avril.

3099   ANONYME: "Les pourvois de MM. Emile Zola et Perrenx",
        Le Temps, 2 avril.

3100   ———: "Prawda o procesie Zoli", *Niwa*, n° 8, pp. 141-2.
        [En polonais: "La vérité sur le procès Zola"]
        [BU Varsovie]

3101   ———: "La presse et le fuyard Zola", *L'Intransigeant*,
        22 juill.

3102   ———: "Les preuves de Zola", *La Patrie*, 14 janv.

3103   ———: "Le procès de M. Zola", *Le Petit Journal*, 10 févr.

3104   ———: "Le procès de Versailles", *La Libre Parole*, 18
        juill.

3105   ———: "Le procès de Zola annulé", *L'Intransigeant*, 4
        avril.

3106   ———: "Le procès des experts", *L'Aurore*, 7 juill.

3107   ———: "Le procès Dreyfus-Zola", *L'Eclair*, 9-25 févr.

3108   ———: "Le procès Emile Zola", *Le Temps*, 8-25 févr.

3109   ———: "Le procès Emile Zola et le secret professionnel
        des ministres", *Le Gaulois*, 3 févr.

3110   ———: "Le procès Emile Zola-Perrenx à Versailles", *Le
        Temps*, 22-23 mai.

3111   ———: "Le procès Emile Zola. Le verdict", *Le Figaro*,
        24 févr.

3112   ———: "Le procès Zola", *L'Autorité*, 5-15, 18-21 avril.

3113   ———: "Le procès Zola", *L'Autorité*, 6, 8, 10 mai.

3114   ———: "Le procès Zola", *Le Constitutionnel*, 9-26 févr.

3115   ———: "Le procès Zola", *Le Constitutionnel*, 25 mai.

3116   ———: "Le procès Zola", *L'Eclair*, 7 févr.

3117   ———: "Le procès Zola", *L'Eclair*, 2 avril.

3118   ———: "Le procès Zola", *L'Eclair*, 19 juill.

3119   ——: "Le procès Zola", *Le Figaro*, 8-24 févr.

3120   ———: "Le procès Zola", *L'Intransigeant*, 9-26 févr.

3121   ———: "Le procès Zola", *L'Intransigeant*, 23-24 mai.

3122   ———: "Le procès Zola", *Le Jour*, 26-28 janv.

3123   ———: "Le procès Zola", *Le Jour*, 4, 7-25 févr.

3124   ———: "Le procès Zola", *La Lanterne*, 1er, 7-25 janv.

3125   ANONYME: "Le procès Zola", *La Lanterne,* 22-30 mai.

3126   ---: "Le procès Zola", *Le Matin,* 7-23 févr.

3127   ---: "Procès Zola", *PR,* 6-25 févr.

3128   ---: "Le procès Zola", *PR,* 19-20 juill.

3129   ---: "Le procès Zola", *Le Siècle,* 22 janv.

3130   ---: "Le procès Zola", *Le Siècle,* 27 janv.

3131   ---: "Le procès Zola", *Le Siècle,* 3-5, 11-14 avril.

3132   ---: "Le procès Zola", *Le Siècle,* 22 mai.

3133   ---: "Le procès Zola à Versailles", *L'Autorité,* 18-19 juill.

3134   ---: "Le procès Zola à Versailles. Zola fait défaut; condamné à 1 an de prison", *L'Autorité,* 20 juill.

3135   ---: "Le procès Zola-Dreyfus", *Le Jour,* 23 mai.

3136   ---: "Le procès Zola et la Russie", *La Patrie,* 12 mars.

3137   ---: "The Prosecution of Zola", *NYT,* 23 janv., p. 18.

3138   ---: "Quasi-certitude", *L'Aurore,* 26 juill.
[Où est Z.?]

3139   —: "The Quest of Zola", *NYT,* 8 août, p. 4.
[Cf. 3138]

3140   ---: "The Recent Zola Trial", *The Green Bag* (Boston), X, n° 5, mai, pp. 187-95.

3141   ---: "Réponse à Zola", *La Patrie,* 30 janv.

3142   ---: "The Revival of the Zola Affair", *The Spectator* (Londres), LXXX, n° 3642, 16 avril, pp. 535-6.
[Sur le procès Z.]

3143   ---: "Le Ruban de Zola", *L'Aurore,* 28 juill.
[Radiation des cadres de la Légion d'honneur]

3144   ---: "La Russie et l'Affaire Zola", *Le Jour,* 1er mars.

3145   ---: "Signification de M. Zola", *Le Siècle,* 15 avril.

3146   ---: "Son toupet", *L'Autorité,* 21 févr.

3147   ---: "Les suites du procès", *Le Temps,* 26 févr.

3148   ---: "Les témoins de M. Emile Zola devant la Cour d'assises", *Le Figaro,* 25 janv.

3149   ---: "Les témoins de Zola à la Cour d'assises", *L'Autorité,* 26 janv.

3150   ANONYME: "Toujours l'affaire Dreyfus", *Le Matin*, 14 janv.

3151   ---: "Le Touring-Club et Zola", *La Patrie*, 28 févr. [Z. radié de la "Société vélocipédique"]

3152   ---: "The Trial of Zola", *NYT*, 8 févr., p. 6. [Voir aussi, sur le procès Z., le 9 févr.]

3153   ---: "La Vente Zola", *L'Echo de Paris*, 13 oct.

3154   ---: "Le verdict. Condamnation de Zola", *PR*, 25 févr.

3155   ---: "La vérité sur le père de Zola", *PR*, 28 juill.

3156   ---: "Vive Zola! A bas la France!", *La Patrie*, 21 janv.

3157   ---: "Will Zola Appeal!", *NYT*, 25 févr., p. 6. [Sur la condamnation de Z. et la possibilité d'un appel]

3158   ---: "Zola à Berlin", *La Patrie*, 3 févr.

3159   ---: "Zola and the Dreyfus Case", *NYT*, 14 janv., p. 6. [Voir aussi 15 janv., p. 6]

3160   ---: "Zola aux assises", *La Patrie*, 2 févr.

3161   ---: "Zola aux Assises: ouverture des débats", *La Patrie*, 8 févr. [Plusieurs articles à partir du 9 févr.]

3162   ---: "Zola, branitelj Zidova, osudjen", *Hrvulski Radnički Glas*, II, p. 5.   [BUSM] [En serbo-croate: "Zola, défenseur des juifs, blâmé"]

3163   ---: "Zola complice de Picquart", *L'Intransigeant*, 15 janv.

3164   ---: "Zola congratulé par les Italiens", *La Patrie*, 18 janv.

3165   ---: "Zola, the Dreyfus Case, and the Anti-Jewish Crusade in France", *American Monthly Review of Reviews* (New York), XVII, n° 98, mars, pp. 309-20. [Voir surtout "M. Zola on French Anti-Semitism. An Interview by Robert H. Sherard", pp. 318-20]

3166   ---: "Zola en Allemagne", *Le Jour*, 3, 13 et 28 févr. [Voir l'interview du 6 janv.]

3167   ---: "Zola en cassation", *L'Autorité*, 2, 4 avril.

3168   ---: "Zola en cassation", *L'Autorité*, 6 août.

3169   ---: "Zola en cassation", *La Lanterne*, 2 avril.

3170 ANONYME: "M. Zola en Correctionnelle", *La Patrie*, 23
      janv.

3171 ---: "Zola en cour d'assises", *La Patrie*, 16-17 janv.

3172 ---: [Zola en cour d'assises], *Le Siècle*, supplément
      du 10 févr.
      [Cf. 2581]

3173 ---: "Zola en fuite", *L'Autorité*, 21 juill.

3174 ---: "Zola en fuite", *Gil Blas*, 20 juill.

3175 ---: "Zola en fuite", *Le Petit Journal*, 20 juill.

3176 ---: "Zola en Suisse", *La Libre Parole*, 22 juill.
      [Faux]

3177 ---: "Zola et l'Allemagne", *L'Intransigeant*, 4 févr.

3178 ---: "Zola et les Allemands", *L'Autorité*, 5 mars.
      [Sur un poème allemand sur Z. - hommage]

3179 ---: "Zola et les Anglais. Zola et les Italiens", *La
      Patrie*, 29 janv.

3180 ---: "Zola et l'étranger", *Le Jour*, 22 janv.

3181 ---: "Zola et la Légion d'honneur", *La Patrie*, 18 janv.

3182 ---: "Zola et Reinach", *L'Autorité*, 28 juill.

3183 ---: "Zola et l'Université", *La Patrie*, 28 janv.
      [Cite l'article de Z. dans *Le Figaro* du 4 avril:
      "Notre Ecole Normale"; rp. in *Une Campagne*, 1882]

3184 ---: "Zola l'Italien", *Le Jour*, 14 janv.

3185 ---: "Zola et les Italiens", *Le Jour*, 19 janv.

3186 ---: "Zola i Drajfusova afera", *Narodnost*, II, n° 5,
      p. 4.   [BUSM]
      [En serbo-croate - "Zola et l'affaire Dreyfus"]

3187 ---: "Zola interviewé", *La Patrie*, 7 févr.

3188 ---: "The Zola Libel Case", *NYT*, 11 août, p. 7.

3189 ---: "The Zola Medal", *The New York Times. Illustrated
      Magazine*, 11 déc., p. 2.

3190 ---: "Zola mystifié", *La Patrie*, 21 janv.

3191 ---: "Zola oslobodjen", *Dnevni List*, XV, n° 67, p. 2.
      [En serbo-croate - "Zola libéré"]   [BUSM]

3192 ---: "Zola père", *L'Intransigeant*, 20 juill.
      [Cf. 2801-2]

3193 ANONYME: "Zola peut-être touché", *Le Constitutionnel*, 22 juill.

3194 ---: "Zola pod sądem", *PT*, n° 4, pp. 40-3.
[En polonais]   [BU Varsovie]

3195 ---: "Zola poursuivi", *L'Autorité*, 15 janv.

3196 ---: "Zola poursuivi", *PR*, 15 janv.

3197 ---: "Zola retrouvé", *L'Aurore*, 28 juill.
[Un télégramme de Londres]

3198 ---: "The Zola Sale Stopped", *NYT*, 12 oct., p. 7.

3199 ---: "Zola s'amuse", *L'Autorité*, 11 avril.

3200 ---: "Zola superstitieux", *L'Autorité*, 24 janv.

3201 ---: "The Zola Trial", *The Review of Reviews*, XVII, mars, pp. 241-2.

3202 ---: "Zola's Appeal Dismissed", *NYT*, 6 août, p. 7.

3203 ---: "Zola's Defamers Convicted", *NYT*, 4 août, p. 7.
[Judet et *Le Petit Journal*]

3204 ---: "Zolas Fall", *Die Zukunft*, XXII, 5 mars, pp. 417-36.

[Voir aussi 4489 et D 1249-50: une collection d'articles relatifs au procès Z.]

Sur "Paris":

3205 CARPUAT, E. (l'abbé): *Zola et "Paris"*. Montauban, Prunet. 75p.
[Etude détaillée, très polémique: "c'est l'ordure, encore l'ordure, et toujours l'ordure"]

3206 ALBALAT, Antoine: "Le *Paris* de M. Zola et la vente des livres", *Gil Blas*, 21 mars.

3207 ARMON, Paul d': *"Paris"*, *Le Voltaire*, 11 mars.
[Ext. in Bern., p. 571]

3208 ARNAUD, Charles: "Romans, contes et nouvelles", *Polybiblion*, XLVIII, n° 1, juill., pp. 44-8.

3209 BAINVILLE, Charles: "Les deux livres du mois", *La Revue des Revues*, 9e année, XXIV, n° 6, 15 mars, pp. 663-7.
["un vaste et superbe poème"]

*3210 BLUM, Léon: "Les romans. Emile Zola: *Paris*", *RB*, 9e année, XV, n° 116, 1er avril, pp. 551-4.

3211 BROUSSOLLE, J.-C.: "La conscience littéraire de M.

Zola", *Revue du Clergé français*, XIV, n° 81, 1er
avril, pp. 253-61.
[Très hostile]

3212 BRULAT, Paul: *"Paris"*, *Les Droits de l'Homme*, 6 mars.
[Ext. in Bern., pp. 569-70]

3213 BRUNETIERE, F.: "Revue littéraire. Le *Paris* de M. E.
Zola", *RDM*, 4e période, 67e année, CXLVI, 15 avril,
pp. 922-34.

3214 BUGIEL, W.: "Emil Zola: *Paris*", *Prawda*, n° 27, pp.
319-20.   [BU Varsovie]
[En polonais]

3215 DE LA RUE, Jean: "Le nouveau livre d'Emile", *Le Pilori*,
27 mars.

3216 DUPRAY, Paul: "Le roman social et politique. *Paris*",
L'Evénement, 4 avril.

3217 EGO: "Ostatnia powieść Zoli", *Głos*, n° 10, pp. 220-3.
[En polonais]   [BU Varsovie]

3218 ELOESSER, Arthur: "Moderne Dichtung", *Deutsche Litteraturzeitung*, XIX, nos 51-2, 24 déc., pp. 1977-9.

3219 EREMITA: *"Paris"*, *Kirchliche Monatsschrift* (Halle-Berlin),
XVII, n° 9, pp. 146-52.   [WH]

3220 FOURNIERE, Eugène: "Le *Paris* de M. Emile Zola", *RS*,
XXVII, n° 159, mars, pp. 354-61.
[Voir aussi "Une lettre de M. Emile Zola", p. 498]

3221 FRANKO, Ivan: "Perši rozdily *Paryža* E. Zolja", *Litera-
turno-naukovyj vistnyk*, I, n° 2, p. 130[?].   [BH]
[En ukrainien - "Les premiers chapitres de *Paris* d'E.
Zola"]

3222 GALLUS: "Le *Paris* de Zola", *La Libre Parole*, 6 mars.

3223 GEFFROY, Gustave: *"Paris"*, *L'Aurore*, 10 mars.
[Ext. in Bern., p. 570]

3224 GEIGER, Ludwig: "Zolas neuer Roman", *Allgemeine Zeitung
des Judenthums* (Berlin-Leipzig), LXII, n° 11, pp.
128-30.   [WH]

3225 GILLE, Philippe: *"Paris*, par Emile Zola", *Le Figaro*,
3 mars. Tr. slovène in *Slovenka*, n° 9, pp. 206-11.

3226 GRANDFORT, Manuel de: *"Paris"*, *La Fronde*, 12 mars.

3227 GRAVE, J.: *"Paris*, par Emile Zola", *Les Temps nouveaux*
(supplément littéraire), II, n° 51, pp. 255-6.
[Ext. in Bern., pp. 576-7]

3228 INTERIM: "Encore lui", *La Libre Parole*, 21 mai.

3229 JAURES, Jean: "Tribune libre. Science et socialisme",
La Lanterne, 20 mars.
[Déçu - Ext. in Bern., pp. 573-4]

3230 KAHN, Gustave: "Zola", *RB*, 9e année, XV, n° 113, 15
févr., pp. 269-74.

3231 KOTLARSKI, Antun: *"Paris"*, *Katolički List*, XLIX, n° 4,
pp. 34-5.   [BUSM]
[En serbo-croate]

3232 KRITSCHEWSKY, B.: "Zolas *Paris*", *NZ*, XVI, n° 2, pp.
169-77.   [WH]

3233 L-N: *"Paryż* Zoli", *Niwa*, n° 20, pp. 385-6.
[En polonais]   [BU Varsovie]

3234 H. L. [Hannah LYNCH?]: "Zola's *Paris*", *The Academy*
(Londres), LIII, 19 mars, pp. 330-1.

3235 LANTOINE, Albert: "Chronique littéraire", *L'Humanité
nouvelle*, XI, mai-juin, pp. 642-3.

3236 MARTIN, Hippolyte: "La fin d'une légende littéraire.
Zola devant ses œuvres", *Etudes*, 35e année, LXXVII,
15 oct., pp. 57-80.

3237 MEUNIER, Georges: "Le dernier roman de M. Emile Zola:
Paris", *RBl*, IX (4e série), n° 23, 4 juin, pp. 729-32.

3238 NECKER, Moritz: "Emil Zolas neuer Roman", *Blätter für
literarische Unterhaltung*, 14 juill., pp. 433-5.
[c.r. de la tr. allemande]

3239 PAYNE, William Morton: "Some Recent Foreign Fiction",
The Dial (Chicago), XXIV, n° 282, 16 mars, pp. 185-6.
[c.r. de la tr. anglaise]

3240 PELLISSIER, Georges: *"Paris* d'Emile Zola", *REn*, VIII,
n° 246, 21 mai, pp. 421-5.

3241 RACHILDE: "Les romans", *MF*, XXVI, n° 100, avril, pp.
236-40.
["Il faut lire cela comme on mangerait du pain rassis"]

3242 RANSOHOFF, Georg: "Zola's *Paris*", *Die Nation*, XV, n°
34, 21 mai, pp. 491-5.

3243 RETTE, Adolphe: "Arabesques. VI. *Paris*", *La Plume*, IX,
n° 217, 1er mai, pp. 258-61.

3244 ROUANET, Gustave: "Autour des livres. *Paris*", *La*

Lanterne, 15 mars.
[Un socialiste déçu]

3245 SARCEY, Francisque: "A propos de bicyclettes", *Le XIXe Siècle*, 9 mars.

3246 ———: "Un critique influent", *Le Matin*, 9 mars.
[Sur un des personnages du roman]

3247 ———: "*Paris*, par Emile Zola", *La Revue illustrée*, XXV, n° 7, 15 mars, s.p.

3248 SAROLEA, Ch.: "Le testament philosophique de M. Zola. A propos de *Paris*", *Revue de Belgique* (Bruxelles), 30e année, 2e série, XXIII, 15 mai, pp. 19–34.

3249 SWINNY, S.H.: "Zola's *Paris*", *The Westminster Review*, CL, juill., pp. 47–50.

3250 VERGNIOL, Camille: "Revue littéraire. *Paris*, par Emile Zola", *La Quinzaine*, 4e année, XXI, n° 83, 1er avril, pp. 401–18.

3251 VEUILLOT, François: "De Montmartre à Zola", *L'Univers*, 21 févr.

3252 VICTOR-MEUNIER, Lucien: "*Paris*", *Le Rappel*, 21 mars. Même article in *Le XIXe Siècle*, 21 mars.
[Ext. in Bern., pp. 574–5]

3253 B.W.W.: "Zola's *Paris*", *The Sewanee Review* (Sewanee, Tenn.), VI, n° 4, oct., pp. 500–3.

3254 J.E.H.W.: "Paris—Metz—Chartres. A Trilogy of Translations", *The Bookman* (Londres), XIV, n° 79, avril, pp. 18–19.
[c.r. de la tr. anglaise]

3255 [WARNER, C.D.?]: "Editor's Study", *Harper's New Monthly Magazine* (New York), XCVI, n° 576, mai, pp. 964–6.

3256 ZOLLING, Theophil: "Zola's *Paris*", *Die Gegenwart*, LXXX, n° 14, pp. 213–5.   [WH]

3257 ANONYME: "The Columbian Reading Union", *The Catholic World* (New York), LXVII, n° 398, mai, p. 285.
[Cf. 3234]

3258 ———: "Fiction", *Literature* (Londres), II, n° 22, 19 mars, pp. 321–2.
[Voir aussi la lettre d'E.A. Vizetelly dans n° 24, 2 avril, p. 392]

3259 ———: "Literature", *The Athenaeum* (Londres), n° 3671, 5 mars, p. 303.

3260 ANONYME: "M. Zola's *Paris*", *The Critic* (New York), XXIX,
n° 841, 2 avril, pp. 226-7.
[c.r. de la tr. anglaise]

3261 ---: "M. Zola's *Paris*", *The Spectator* (Londres), LXXX,
n° 3637, 12 mars, pp. 378-80.

3262 ---: "M. Zola's *Paris*", *The Times* (Londres), 1er mars,
p. 7.

3263 ---: "Le nouveau livre de Zola", *Les Droits de l'Homme*,
6 mars.

3264 ---: "*Paris*", *LW*, XXIX, n° 7, 2 avril, p. 99.
[c.r. de la tr.]

3265 ---: "*Paris*", *The Nation*, LXVII, n° 1725, 21 juill.,
p. 57.
[c.r. de la tr. anglaise]

3266 ---: "*Paris* by Emile Zola", *The Review of Reviews*,
XVII, mars, pp. 281-91.

3267 ---: "*Pariz*. Najnoviji protukatolički roman Zolin",
Hrvatska Domovina, XIII, p. 40.   [BUSM]
[En serbo-croate - "*Paris*. Le dernier roman anti-
clérical de Zola"]

3268 ---: "Romans", *L'Illustration*, LVI, n° 2874, 26 mars,
p. 230.

3269 ---: "Short Notices", *The Bookseller* (Londres), 6
avril, p. 343.

3270 ---: "Zola", *The Academy* (Londres), LIII, n° 1349, 12
mars, pp. 279-80.
[Voir aussi pp. 297-8]

3271 ---: "Zola's New Book Delayed", *NYT*, 6 févr., p. 19.
[Sur la publication du roman dans *Le Journal*]

3272 ---: "Zola's *Paris*", *The Outlook* (New York), LVIII,
n° 18, 30 avril, p. 1077.
[c.r. de la tr. anglaise]

*

*3273 AYMAR, Desplanz: "Les Zola", *Revue des Questions
héraldiques*, I, n° 1, 25 juill., pp. 28-37.
[Sur la famille Zola, avec des lettres de son père]

3274 BAZALGETTE, Léon: "Naturalisme et naturisme. Emile Zola
devant l'esprit nouveau", *L'Humanité nouvelle*, II,
janv.-févr.-mars, pp. 72-82, 216-21, 327-36.

3275　COLBY, Frank Moore: "In Zolaland", *The Bookman*, VIII,
n⁰ 3, nov., pp. 239-41.
[c.r. de la tr. anglaise du *Docteur Pascal*]

3276　EEKHOUD, Georges: "Chronique de Bruxelles", *MF*, XXV,
n⁰ 99, mars, pp. 953-7.
[*Messidor* et "J'accuse" en Belgique - à propos de
2587]

3277　FRANKO, Ivan: "Emil' Zolja, jeho žytje i pysanja",
Literaturno-naukovyj vistnyk, IV, n⁰ 10, pp. 35-64.
Cf. *Tvory*, XVIII. Kiev, 1955, pp. 473-503.　　　[BH]
[En ukrainien - "Emile Zola, sa vie et son œuvre"]

3278　GALLUS: *"Le Désastre et La Débâcle"*, *La Libre Parole*,
27 févr.
[Sur les romans de Z. et de Paul Margueritte]

3279　GEIGER, Albert: "Gedichte von Emile Zola", *Die Nation*,
XV, n⁰ 48, 27 août, pp. 686-9.
[Sur la vie de Z. et ses poèmes]

3280　GOLDSCHMIDT, Kurt Walter: *"Les Trois Villes"*, *Nord und
Süd*, LXXXVII, n⁰ 259, oct., pp. 98-105.　　　[WH]

3281　HALE, William: "Emile Zola as a National Figure",
Ainslee's Magazine (New York), I, avril, pp. 65-6.

3282　P. DE L.: "Les victoires de Zola", *L'Autorité*, 15 févr.
[*La Terre* en Angleterre]

3283　LE BLOND, Maurice: "Emile Zola devant les jeunes", *La
Plume*, n⁰ˢ 212-7, 15 févr.-1ᵉʳ mai, pp. 106-9, 141-4,
168-72, 203-7, 237-42, 274-8. Rp.: *Emile Zola devant
les jeunes*. P., Bibliothèque de *La Plume*, 1898. 86p.
[Voir aussi *La Plume*, n⁰ˢ 215-6, pp. 201-3, 255 -
sur Z. et les Naturistes]

3284　LITTLEFIELD, Walter: "Emile Zola", *The New York Times.
Illustrated Magazine*, 30 janv., p. 2. Rp. in *Book
Reviews* (New York), V, n⁰ 9, mars 1898, pp. 343-7.

3285　MACDONALD, Arthur: "Emile Zola. A Psychophysical Study",
The Open Court (Chicago), XII, août, pp. 467-84. Rp.:
Emile Zola. A Study of His Personality. Washington,
1899. 18p. Voir aussi "A Further Study of Zola",
Practical Psychology, août-oct. 1901, pp. 143-51.
[Cf. 2373]

3286　MEUNIER, Georges: "La magistrature dans le roman contemporain", *RBl*, X (4ᵉ série), n⁰ 15, 8 oct., pp.
454-9.
[*Pot-Bouille* et *La Bête humaine*]

3287 PAJK, Pavlina: "Nekoliko o Zoli", *Slovenski List*, III,
n⁰ 18, pp. 70-1. [RV]
[En slovène - "Notes sur Zola"]

3288 PRIEUR, Albert [D^r]: "Essai de critique scientifique.
Le cas de M. Zola", *Le Gaulois*, 22 janv.

3289 LE SPHINX: "Arts et lettres", *L'Evénement*, 19 févr.
[Cite une lettre de Z. à Octave Lacroix du 30 mars
1865]

3290 STANTON, Theodore: "Notes from Paris", *The Critic* (New
York), XXIX, n⁰ 834, 12 févr., p. 110.
[Deux anecdotes sur Z.]

3291 UNAMUNO, Miguel de: "Notes sobre el determinismo en
la novela", *La Revista blanca* (Barcelone), I, pp.
288-91.
[Sur le naturalisme de Z. et *L'Assommoir*]

3292 VAN MAURIK, J.: "Bij Emile Zola", *De Amsterdammer*, 6
févr. [BB]
[En hollandais - Voir aussi *ibid.*, 20 févr.]

3293 VIZETELLY, Ernest Alfred: "M. Zola's Next Books", *The
Athenæum* (Londres), n⁰ 3704, 22 oct., p. 571.
[Sur *Les Quatre Evangiles*]

3294 VOLDUM, J.: "Zola og "Kirkens ord-fostere"," *Højskolebladet*, pp. 215-8. [BNC]
[En danois]

3295 ZYWICKI, K.R., et Ludwik KRZYWICKI: "Psycholog mas
ludzkich", *Prawda*, n⁰ 32, pp. 379-80; n⁰ 33, pp.
393-4; n⁰ 34, pp. 405-6. [BU Varsovie]
[En polonais: "Psychologue des masses humaines"]

3296 ANONYME: "Co grafologia mówi o Zoli", *TI*, n⁰ 5, p. 98.
[En polonais - étude graphologique] [BU Varsovie]

3297 ---: "Daudet's Recent Talk about Zola", *The New York
Times. Saturday Review of Books and Art*, 29 janv.,
p. 78.
[Remarques de Daudet sur Z.]

3298 ---: *"The Downfall (Le [sic] Débâcle)"*, *LW*, XXIX, n⁰
12, 11 juin, p. 179.
[c.r. de la tr. anglaise]

3299 ---: "Emil Zola", *Nada*, IV, p. 94. [BUSM]
[En serbo-croate]

3300 ---: "Emile Zola im deutschen Buchhandel. Verzeichnis
aller im deutschen Buchhandel erschienenen Ueber-

setzungen seiner Schriften und der deutschen Literatur über ihn", *Börsenblatt für den deutschen Buchhandel*, LXV, n⁰ 38, 16 févr., pp. 1261-4.   [YC]
[En allemand: "Zola dans le commerce du livre allemand. Liste de toutes les traductions parues dans la librairie allemande, ainsi que des études allemandes concernant Zola"]

3301   ANONYME: "Emile Zola in njegovi pristaši", *Slovenec*, XXVI, n⁰ 57, pp. 1-2.
[En slovène - "Emile Zola et ses disciples"]

3302   ---: "Emile Zola's Family History", *NYT*, 31 janv., p. 2.

3303   ---: "The Lounger", *The Critic* (New York), XXXIX, n⁰ 841, 2 avril, p. 233.
[Article de *The Daily Chronicle* sur George Moore et des lettres de Z.]

3304   ---: "Tolstoï et Zola", *La Patrie*, 13 févr.

3305   ---: "Translations", *Literature* (Londres), III, n⁰ 61, 17 déc., p. 575.
[c.r. de la tr. anglaise de *La Fortune des Rougon*]

3306   ---: "Zola and the Academy Again", *The New York Times. Saturday Review of Books and Art*, 11 juin, p. 385.
[Z. et l'Académie Française]

3307   ---: "Zola's House and Prison", *The New York Times. Illustrated Magazine*, 20 mars, p. 5.
[Sur la maison de Z.]

1899

3308   BURROWS, Herbert: *Zola*. Londres, Swan Sonnenschein. 58p.

3309   DIEDERICH, Benno: *I. Zola und die Rougon-Macquart. II. Das Milieu bei Emile Zola*. Hambourg, Actien-Gesellschaft. 53p. *Sammlung gemeinverständlicher wissenschaftlicher Vorträge*, n.s. XIV, n⁰ˢ 329-30.

3310   GALLEGOS, Miguel: *Emilio Zola y la evolución literaria*. Mexique, Ireneo Paz. 68p.

3311   HARNACK, Otto: "Zolas Kriegsroman", in *Essais und Studien zur Literaturgeschichte*. Braunschweig, Vieweg, pp. 299-308.   [WH]
[Article de 1892]

3312   PETIT DE JULLEVILLE, L.: "L'école naturaliste", in *Histoire de la langue et de la littérature française, des origines à 1900. Tome VIII. Dix-neuvième siècle*.

Période contemporaine (1850-1900). P., A. Colin, pp. 202-14.

3313 SCHWARZ, Armin: *Emile Zolas Mädchen- und Frauengestalten; gezeichnet von Gottfried Sieben.* Budapest, Grimm. 91p.
[Le rôle de la femme dans *Les Rougon-Macquart*]

3314 SLOUSCHZ, Nahum: *Emil Zola. Hayar, sefarav, ve-de'otav.* Varsovie, Tushiah. 105p.
[En hébreu: *Emile Zola. Sa vie, son œuvre, ses convictions*]

3315 TEN BRINK, Jan: "Emile Zola", in *Fransche Studiën. I. George Sand, Honoré de Balzac, Emile Zola.* Amersfoort, Slothouwer, [1899?], pp. 165-224.
[Sur *Le Docteur Pascal, Rome* et *Nouvelle Campagne* - Cf. 2414 et 2522]

*3316 VIZETELLY, Ernest Alfred: *With Zola in England.* Londres, Chatto-Windus/Leipoig, Tauchnitz, 218p.
[Ouvrage intéressant sur l'exil de Z. en Angleterre]

Zola et l'Affaire Dreyfus [Cf. 2549-3204]:

3317 AJALBERT, Jean: *Les Deux Justices.* P., Editions de la *Revue Blanche.* xi,342p.
[Recueil d'articles]

3318 BONNAMOUR, George: *La Déposition de M. Bertillon devant la Cour de cassation. Conférence faite à la Salle de la Société d'horticulture le 6 mai 1899, sous la présidence de M. Jules Lemaître, de l'Académie française.* P., Imp. Ch. Lépice. 64p.   [LIP]

3319 CLEMENCEAU, Georges: *L'Iniquité.* P., Stock. viii,502p.
[Articles parus dans *L'Aurore* du 1er nov. 1897 au 20 juill. 1898 - Cf. 2682-4]

3320 ---: *Vers la Réparation.* P., Stock. vii,559p.
[Articles parus dans *L'Aurore* du 21 juill. au 11 déc. 1898 - suite de 3319 - Cf. 2685-6]

*3321 DHUR, Jacques [Félix LE HENO]: *Le Père d'Emile Zola. Les Prétendues Lettres Combe[s].* Pr. de Jean Jaurès. P., Société Libre d'Edition des Gens de Lettres. iii,302p.
[Démontre que les lettres sont des pièces fausses - à propos de 2801-4 - Cf. 2721 - reprend l'article de Z.: "Mon père" paru dans *L'Aurore* du 28 mai; rp. in *La Vérité en marche*]

3322 DUMAS VORZET, François: *Le Dernier Acte. Réponse au Cinquième Acte d'Emile Zola.* P., Imp. des Sourds-Muets,

[1899]. 12p.
[Réponse à l'article de Z. dans *L'Aurore* du 12 sept.; rp. in *La Verité en marche*]

3323   E.L.J. [E.L. JUIN]: *Emile Zola. Le Triomphe de la Vérité. Justifications des allégations contenues dans "J'accuse" par les débats de la "Cour de Cassation".* P., Arnaud. 16p.

3324   MARIE, Paul: *Le Petit Bleu. Etude critique d'après les comptes-rendus sténographiques du Conseil de Guerre (affaire Esterhazy), de la Cour d'Assises (affaire Zola), de la Cour de Cassation (révision du procès Dreyfus et règlement de juges).* P., Stock. xi,268p.

3325   MOTA, Benjamin: *Zola-Dreyfus.* São Paulo, Klabin Irmãos. 14p.

3326   ANONYME: *Un Escándalo nacional en Francia. Emilio Zola: "Yo acuso...!" Carta al Presidente de la República...* Madrid, Fé. 64p.

3327   ---: *W puczinie izmieny! Edinstwiennoe dostowierñoe opisanie Processa Dreifussa i Zola.* Varsovie, M.A. Kowner.   [PD]
        [En polonais]

3328   C.I.B.: "Zola Stirs Up France", *The New York Tribune,* 13 sept.
        [Z. et le verdict de Rennes]

3329   D.: "Le cas de M. Zola", *L'Autorité,* 4 juin.

3330   DAVENAY, G.: "Le retour de M. Emile Zola", *Le Figaro,* 6 juin.

3331   MAXSE, L.J.: "The Dreyfus Affair", *The National Review* (Londres), XXXIII, n° 193, mars, pp. 129-68.
        [Voir aussi XXXII, janv., pp. 731-41, et les articles de F.C. Conybeare dans le même vol.]

3332   PAVLOVIC, Stevan: "Emil Zola oslobodjen", *Naše Doba,* XIV, n° 24, pp. 1-2.   [BUSM]
        [En serbo-croate - "Emile Zola acquitté"]

3333   P. R.: "M. Emile Zola", *Gil Blas,* 7 juin.

3334   ROSSING, J.H.: "Het toneel. Dreyfus, Picquart en Zola", *Het Nieuws van den Dag,* 2 août.   [BB]
        [En hollandais]

3335   SHELLEY, H.C.: "One of Zola's Hiding-Places", *The English*

Illustrated Magazine, XXII, n° 194, nov., pp. 110-4.
[Sur Oatlands Park, une des maisons où Z. séjourna pendant son exil en Angleterre]

3336 ANONYME: "L'affaire Dreyfus. Zola", *Le Siècle*, 7 juin.

3337 ---: "Le cas de M. Zola", *Le Matin*, 7 juin.

3338 ---: "La lettre de M. Zola", *L'Autorité*, 8 juin.
[Sur "Justice" dans *L'Aurore* du 5 juin; rp. in *La Vérité en marche*]

3339 ---: "M. Emile Zola", *Le Constitutionnel*, 8 juin.
[Le retour de Z.]

3340 ---: "M. Zola", *L'Autorité*, 6 juin.
[Cf. 3338]

3341 ---: "M. Zola à Paris", *Le Journal*, 5 juin.

3342 ---: "M. Zola Vindicated", *NYT*, 28 mai, p. 1.
[Long ext. d'un article de la *Tribuna* de Rome]

3343 ---: "Rentrée d'Emile Zola à Paris", *PR*, 6 juin.

3344 ---: "Le retour de M. Emile Zola", *Le Temps*, 6 juin.

3345 ---: "Le retour de M. Zola", *Le Siècle*, 6 juin.
[Et sur l'article "Justice" - Cf. 3338]

3346 ---: "Le retour de Zola", *PR*, 4 juin.

3347 ---: "Sale of Zola's Furniture", *NYT*, 22 janv., p. 7.

3348 ---: "Zola To Pay Libel Fines", *NYT*, 12 janv., p. 1.
[Les procès Zola-Judet]

Sur "Fécondité":

3349 AUBERT, C.: "Les livres", *L'Aurore*, 23 oct.

3350 BLANG, May Armand: "La femme dans l'œuvre de Zola", *La Fronde*, 3 oct. et 1er nov.
[Ext. in Bern., pp. 707-9]

3351 BRULAT, Paul: *"Fécondité"*, *Les Droits de l'Homme*, 22 oct.
[Ext. in Bern., p. 706]

3352 DEGRON, Henry: "Paysageries littéraires IV", *La Plume*, XI, n° 255, 1er déc., pp. 780-3.

3353 DESCHAMPS, Gaston: "Contre la dépopulation", *Le Temps*, 22 oct.

3354 DUVAL, Georges: "Variations sur un thème", *L'Evénement*, 27 oct.

3355 FOURNIERE, Eugène: *"Fécondité, par Emile Zola"*, *RS*, XXX, n° 180, déc., pp. 747-51.

3356 GILLE, Philippe: *"Fécondité, par Emile Zola"*, *Le Figaro*, 17 oct.

3357 GOLDSCHMIDT, Arthur: "Zola's neuer Roman", *Die Gegenwart*, LVI, n° 48, pp. 361-2.   [WH]

3358 GUYOT, Yves: "Zola et son dernier livre", *Le Siècle*, 13 oct.

3359 H.: *"Plodnost"*, *Narodne Novine*, LXV, p. 292.   [BUSM]
[En serbo-croate - *"Fécondité"*]

3360 KAHN, Gustave: *"Fécondité"*, *RB*, XX, 15 oct., pp. 284-93.

3361 H. L. [Hannah LYNCH?]: "Zola's New Novel", *The Academy* (Londres), LVII, n° 1436, 11 nov., pp. 542-3.

3362 LE BLOND, Maurice: *"Fécondité"*, *NRI*, XXXI, 15-30 nov., pp. 608-13.

3363 MIRBEAU, Octave: *"Fécondité"*, *L'Aurore*, 29 nov.

*3364 PEGUY, Charles: "Les récentes œuvres de Zola", *Le Mouvement socialiste*, n°s 21-2, 1er et 15 nov. Rp. in *Cahiers de la Quinzaine*, 4e série, 5e cahier, 4 déc. 1902, pp. 30-60; in *Œuvres complètes de Charles Péguy 1873-1914. Œuvres de prose* [II]. Intr. de Maurice Barrès. P., Nouvelle Revue Française, 1920, pp. 107-36; in *Œuvres en prose 1898-1908*. P., Gallimard, 1959, pp. 537-60 (Bibliothèque de la Pléiade). Ext. en allemand in *Die literarische Welt*, III, n° 39, 1927, p. 2.
[Et sur Z. et l'Affaire, ses articles polémiques.]

3365 K. R. [Ludwik KRZYWICKI]: "Zywicki: Nowy cykl Zoli", *Prawda*, n° 40, pp. 524-5.   [BU Varsovie]
[En polonais]

3366 RACHILDE: "Les romans. Emile Zola: *Fécondité"*, *MF*, XXXII, nov., pp. 485-94.

3367 SAINTE-CROIX, Camille de: *"Fécondité"*, *PR*, 21 oct.
[Ext. in Bern., pp. 705-6]

3368 SAINT-GEORGES DE BOUHELIER: "Le monde attend un Evangile: à propos de *Fécondité"*, *La Plume*, XI, n° 253, 1er nov., pp. 700-2.

3369 TAILHADE, Laurent: "Vénus Victrix", *PR*, 25 oct.
[Ext. in Bern., p. 707]

3370   TEN BRINCK, Jan: "Lettres de Hollande: *Fécondité* en Hollande", *Le Siècle*, 27 oct.

3371   TEN BRINK, J.: "Zola's laatste roman", *Nederland*, n°
3, pp. 345-71.   [BB]
[En hollandais]

3372   VICTOR-MEUNIER, Lucien: *"Fécondité"*, *Le Rappel*, 16 oct.
[Ext. in Bern., pp. 704-5]

3373   VIZETELLY, Ernest A.: "M. Zola's *Fécondité*", *The Athenæum* (Londres), n° 3756, 21 oct., p. 556.

3374   WIDMANN, J.V.: "Zola's *Fécondité*", *Die Nation*, XVII, n° 6, 11 nov., pp. 80-2.

3375   ZABEL, Eugen: "Der neue Roman von Emile Zola", *Das litterarische Echo*, II, n° 4, 15 nov., pp. 249-52.

3376   ZYWICKI, K.R., et L. KRZYWICKI: "Nowy cykl Zoli", *Prawda*, n° 44.   [BU Głowna, Poznań]
[En polonais - Cf. 3365]

3377   ANONYME: "Fatal Fertility", *The Saturday Review* (Londres), LXXXVIII, n° 2295, 21 oct., p. 523.

3378   ---: "Letterkundige Kroniek. *Fécondité* par Emile Zola", *De Gids*, 4ᵉ série, 17ᵉ année, LXIII, déc., pp. 573-8.

3379   ---: "Literature", *The Athenæum* (Londres), n° 3755, 14 oct., pp. 516-7.

3380   ---: "M. Zola's *Fécondité*", *The New York Times Saturday Review of Books and Art*, 11 nov., p. 754.
[Cf. 3373]

3381   ---: "M. Zola's New Novel", *The Times* (Londres), 9 nov., p. 14.

3382   ---: "Najnoviji roman Emila Zole *Plodnost*", *Nada*, V, p. 368.   [BUSM]
[En serbo-croate - "Le dernier roman d'Emile Zola: *Fécondité*"]

3383   ---: "Novi roman Emila Zole", *Vienac*, XXXI, n° 43, pp. 699-700.   [BUSM]
[En serbo-croate]

3384   ---: "Revue des livres français", *La Revue des Revues*, 10ᵉ année, XXXI, 1ᵉʳ nov., pp. 311-4.

*

3385 CONRAD, Michael Georg: "Zola jugé par un Allemand en 1878", *Revue franco-allemande/Deutsch-französische Rundschau*, 1re année, II, n° 19, 10 oct., pp. 218-21. [Cf. 254]

3386 GEFFROY, Gustave: "La critique dramatique. Critiques vivants", *REn*, IX, n° 324, 18 nov., pp. 980-7. [Voir pp. 981-2]

3387 GEIGER, Karl: "Ueber Zola's *Lourdes*", *Deutsch-evangelische Blätter*, XXIV, n° 6, pp. 365-89.   [WH]

3388 JAMES, Henry: "The Present Literary Situation in France", *The North American Review*, CLXIX, n° 4, oct., pp. 488-500. [Z. le "patriarche" de la littérature française]

3389 JUNKER, Heinrich Paul: "Zolas Roman *Paris* und dessen Stellung in dem Zyklus *Les Trois Villes*", *Berichte des Freien Deutschen Hochstiftes zu Frankfurt am Main*, XV, n° 1, pp. 2-10.   [WH]

3390 MELIA, Jean: "Stendhal et Emile Zola", *MF*, XXX, n° 113, mai, pp. 567-71. [Z. critique de Stendhal]

3391 ROD, Edouard: "Emile Zola as a Moralist", *The Living Age* (Boston), CCXXII, n° 2871, 15 juill., pp. 137-43.

3392 SCHUTZ WILSON, H.: "Zola's *Nana*", *The New Century Review* (Londres), V, n° 26, févr., pp. 155-69.

3393 SICHEL, W.: "Romanism in Fiction", *The Fortnightly Review* (Londres), n.s. LXV, n° 388, 1er avril, pp. 604-22. [Voir surtout pp. 616-8 sur *Rome*]

3394 ANONYME: *"Doctor Pascal"*, *The Nation* (New York), LXVIII, n° 1751, 19 janv., pp. 53-4. [c.r. de la tr. anglaise]

3395 ---: "Emil [*sic*] Zola Talks of the War", *NYT*, 22 déc., p. 3. [Opinions de Z. sur la guerre sud-africaine]

1900

3396 BLOY, Léon: *Je m'accuse...* P., Edition de la Maison d'Art. 177p. Rp. in *Léon Bloy devant les cochons*. P., Mercure de France, 1935; in *L'Œuvre complète de Léon Bloy (1846-1917)*. P., Bernouard, 1947; in *Œuvres de Léon Bloy*, IV. Ed. établie par Joseph

Bollery et Jacques Petit, P., Mercure de France,
1965, pp. 157-228.
[A propos de *Lourdes*, *Fécondité* et l'Affaire Dreyfus -
fielleux]

3397   BRUNEAU, Alfred: "Le drame lyrique français", in
Musiques d'hier et de demain. P., Fasquelle, pp.
111-21.

3398   CLEMENCEAU, Georges: *Contre la Justice*. P., Stock.
vii,454p.
[Suite de 3320 - Voir les autres vol.: *Justice militaire* (1901); *Des Juges* (1901); *Injustice militaire*
(1902); *La Honte* (1903)]

3399   DRUMONT, Edouard: "Emile Zola", in *Les Tréteaux du
succès. Figures de bronze ou statues de neige*. P.,
Flammarion, pp. 165-95.
[Très hostile - Z. avilit tout]

*3400 HANSTEIN, Adalbert von: *Das jüngste Deutschland*.
Leipzig. xvi,375p.   [YC]

3401   LUBLINSKI, Samuel: *Literatur und Gesellschaft im 19.
Jahrhundert. IV*. Berlin, Cronbach.   [YC]
[Voir pp. 164-70 sur Z. et ses "épigones" allemands]

3402   MORELLO, Vincenzo [RASTIGNAC]: *"Germinal"*, in *Nell'arte
e nella vita*. Milan-Palerme, Sandron, pp. 191-205.
[Article d'août 1896 - Voir aussi "Clinica e critica",
pp. 210-23]

3403   PIOTROWSKI, Gustaw: *Zola i naturalizm*. Lvov, H. Altenberg.
172p. *Wiedza i Zycie*, série 2, II.   [BU Łódź]
[En polonais]

3404   POP, Ghiţă: "Naturalismul stă în contrazicere cu arta",
in *Lui T. Maiorescu. Omagiu*. Bucarest, pp. 247-56.
[En roumain]   [BU Iasi]

3405   SEVERINE [Caroline-Rémy GUEBHARD]: *Affaire Dreyfus.
Vers la Lumière... Impressions vécues*. P., Stock.
xv,464p.
[c.r. de plusieurs procès]

Sur "Fécondité" [Cf. *3349-84*]:

3406   ADAMS-LEHMANN, H.B.: "Zolas *Fécondité*", *Dokumente der
Frauen*, III, pp. 107-10.   [WH]

3407   ALFEREVIC, Ante: "Emile Zola: *Fécondité*", *Katolički
List*, LI, n° 9, pp. 65-7; n° 10, pp. 73-5.   [BUSM]
[En serbo-croate]

3408   ARNAUD, Charles: "Romans, contes et nouvelles", *Poly-biblion*, LI, n° 4, avril, pp. 307-9.

3409   BASS, A.: "Zolas *Fécondité*", *Die Heilkunde*, IV, pp. 155-61.   [WH]

3410   FRANKO, Ivan: "Nova povist' E. Zolja *Fécondité*", *Literaturno-naukovyj vistnyk*, IX, n° 1, pp. 54-6. Voir aussi *Tvory*, XVIII. Kiev, 1955, pp. 469-72.   [BH]
        [En ukrainien - "Le nouveau roman d'E. Zola *Fécondité*"]

3411   GERLACH, H. von: "Zolas neueste Wandlung", *Der Türmer*, II, n° 2, pp. 48-50.   [WH]

3412   GROTH, Ernst: "Zolas letzte Romane", *Die Grenzboten*, LIX, n° 3, pp. 404-15, 458-66.   [WH]
        [Et sur *Les Trois Villes*]

3413   JUGOVIC, Vladoje: "Zolin roman *Plodnost*", *Svjetlo*, XV, p. 12.   [BUSM]
        [En serbo-croate]

3414   KRNIC, Ivan: "Emile Zola: *Fécondité*", *Zivot*, I, n° 1, pp. 33-4.   [BUSM]
        [En serbo-croate]

3415   LIONNET, Jean: "*Fécondité*", *La Quinzaine*, 6e année, XXXII, n° 125, 1er janv., pp. 111-25. Rp. in *L'Evolution des idées chez quelques-uns de nos contemporains, 1re série*. P., Perrin, 1903, pp. 3-35.

3416   LYNCH, Hannah: "*Fécondité* versus the *Kreutzer Sonata*", *The Fortnightly Review* (Londres), LXXIII, pp. 69-78. [Voir aussi sur Z. et Tolstoï: Marguerite GERFAULT: *La Philosophie de Tolstoï: opinions de Zola, etc.* P., Giard et Brière, 1900. 15p.]

3417   PASSY, Frédéric: "*Fécondité*, par Emile Zola", *Journal des Economistes*, 59e année, 5e série, XLI, n° 2, 15 févr., pp. 228-39.

3418   PELLISSIER, Georges: "*Fécondité*, par Emile Zola", *REn*, n° 331, 6 janv., pp. 45-9. Rp. in *Etudes de littérature contemporaine. Deuxième série*. P., Perrin, 1901, pp. 49-70.

3419   SCHACHTER, Max: "Aerztetypen in Zola's neuestem Roman", *Pester Medizinisch-Chirurgische Presse* (Budapest), n° 2, pp. 38-42.
        [En allemand - sur le rôle des médecins dans le roman]

3420   SUDEKUM, Albert: "*Fruchtbarkeit*", *NZ*, XVIII, n° 15,

252

pp. 452-7.   [WH]
[En allemand]

3421   VASICEK, Fran: *"Fécondité (Rodovitnost)"*, *Ljubljanski
        zvon*, XX, n⁰ 7, pp. 413-22.   [BUSM]
        [En slovène]

3422   WODZINSKI, Antoni: "Nowa ewangelia czyli ostatni
        romans Zoli", *Ateneum*, II, pp. 550-72.   [IBL]
        [En polonais]

3423   ANONYME: *"Fécondité* by Zola", *The Review of Reviews*
        (Londres), XXI, févr., pp. 175-9.

3424   ---: *"Fruitfulness (Fécondité)"*, *LW*, XXXI, n⁰ 9, 1ᵉʳ
        juill., p. 131.
        [c.r. de la tr. anglaise]

3425   ---: "Short Notices", *The Bookseller* (Londres), 8 juin,
        p. 458.
        [c.r. de la tr. anglaise]

                                *

3426   ALLARD, Eugène, et Louis VAUXCELLES: "Les conquêtes du
        siècle. VI. Le roman: M. Emile Zola", *Le Figaro*, 26
        nov.
        [Z. sur l'évolution du roman]

#3427   BLAZE DE BURY, Fernande: "The Mythology of the Nine-
        teenth Century. M. Emile Zola", *The Scottish Review*,
        XXXV, janv., pp. 89-105.

3428   CEARD, Henry: "Le Bal de *l'Assommoir*", *L'Evénement*,
        27 oct.

3429   DEMETRIESCU, Anghel: "Poezia şi proza: Raporturile
        dintre ele", *Literatura şi Arta romana* (Bucarest),
        IV, pp. 616-20. Voir aussi *Opere*. Bucarest, 1937,
        p. 110.   [BU Iasi]
        [En roumain]

3430   ILBERG, Johannes: "Leconte de Lisle und Zola", *Neue
        Jahrbücher für das klassische Altertum. Geschichte
        und deutsche Litteratur*, III, n⁰ 2, p. 155.
        [Sources d'un épisode de *L'Argent* et d'un épisode
        de *Rome*]

3431   RICHARD, L.R.: "Le roman expérimental", *MF*, XXXV, n⁰
        129, sept., pp. 574-607.
        [Etudie l'esthétique de Z. et *Les Rougon-Macquart*]

3432   USENICNIK, Aleš: "Zola in Lourdes", *Katoliški obzornik*

(Ljubljana), IV, nº 1, pp. 59-75. Voir aussi nº 2,
1903, pp. 188-205.   [BUSM]
[En slovène]

3433   ANONYME: "Chronicle and Comment", *The Bookman* (New
       York), X, nº 5, janv., pp. 426-8.
       [Z. a abandonné l'art pour des préoccupations morales
       et sociales]

3434   ---: "M. Zola's Letter to President Loubet", *NYT*, 23
       déc., p. 18.
       [Dans *L'Aurore* du 22 déc.; rp. in *La Vérité en marche*]

3435   ---: "New Books and Reprints", *The Saturday Review*
       (Londres), LXXXIX, nº 2313, 24 févr., p. 243.
       [c.r. de la tr. anglaise de *La Faute de l'abbé Mouret*]

3436   ---: "Zola on His Father's Case", *NYT*, 23 janv., p. 1.
       Voir aussi 12 févr.
       [Z. sur son père: les articles dans *L'Aurore* des 23,
       24 et 31 janv.; rp. in *La Vérité en marche*]

3437   ---: "Zola Opposes Amnesty", *NYT*, 22 déc., p. 1.
       [Cf. 3434]

3438   ---: "Zola Wins His Suit", *NYT*, 1er févr., p. 7.
       [Z. et Judet]

1901

3439   BRAHM, Otto: *Theater, Dramatiker, Schauspieler*. Berlin.
       [Cf. 1232]   [YC]

3440   BRANDES, Georg: "Emile Zola", in *Samlede Skrifter*, VII.
       Copenhague, Gyldendalske Boghandels Forlag, pp.
       140-68.
       [Articles de 1887, 1893 et 1899 - Cf. 1233 et 1392]

3441   DELAPORTE, Louis: "Emile Zola", in *Quelques-uns*. P.,
       Albert Fontemoing, pp. 305-13.

3442   DESTRANGES, Etienne: *"L'Attaque du moulin". Etude
       analytique et thématique*. P., Fischbacher. 43p.

3443   FATH, Robert: *L'Influence de la science sur la litté-
       rature française dans la seconde moitié du XIXe
       siècle*. Lausanne, Payot. 118p.
       [Voir surtout pp. 31-44]

3444   GOTTSCHALL, Rudolf von: *Die Deutsche Nationalliteratur
       des neunzehnten Jahrhunderts*. 7e éd. Breslau,
       Trewendt, 1901-1902. 4 vol.   [YC]
       [Voir IV, pp. 603-7, 743-50]

3445 HALPERINE-KAMINSKY, E.: *Ivan Tourguéneff d'après sa
correspondance avec ses amis français*. P., Fasquelle.
ii,359p.
[Voir surtout "Lettres à Emile Zola", pp. 185-264]

3446 HURET, Jules (éd.): *Tout Yeux, tout oreilles*. P.,
Charpentier-Fasquelle. vii,428p.
["Les deux lutteurs. Zola et Brunetière", pp. 6-16;
"Le bachot. Un grand "recalé". Chez M. Emile Zola",
pp. 28-35; "Ivan Tourguéneff... M. Emile Zola", pp.
162-72; "A propos de *L'Attaque du Moulin*", pp. 173-84 -
Interviews de 1889, 1890 et 1893 - Cf. 2077]

3447 MURRAY, Henry: "Zola's Lay Sermon", in *Robert Buchanan:
A Critical Appreciation and Other Essays*. Londres,
Wellby, pp. 182-201.
[A propos de *Fécondité*]

3448 PELLISSIER, Georges: "Le prêtre dans le roman français
moderne (1)", in *Etudes de littérature contemporaine.
Deuxième série*. P., Perrin, pp. 181-225.

3449 [RAMOND, F.C.]: *Les Personnages des "Rougon-Macquart".
Pour servir à la lecture et à l'étude de l'œuvre de
Zola*. P., Charpentier, 1901 [et 1928]. 478p. Réim-
pression: New York, Burt Franklin, 1970. 478p.

*3450 REINACH, Joseph: *Histoire de l'Affaire Dreyfus*. P.,
Revue Blanche et Fasquelle, 1901-1911. 7 vol. I. *Le
Procès de 1894* (1901); II. *Esterhazy* (1903); III.
La Crise. Procès Esterhazy - Procès Zola (1903); IV.
Cavaignac et Félix Faure (1904); V. *Rennes* (1905); *La
Révision* 1908); VII. *Index général* (1911).
[Voir surtout les vol. II-VI]

Sur "L'Ouragan" au Théâtre national de l'Opéra-Comique:

3451 CHARPENTIER, Gustave: "Les théâtres", *Le Figaro*, 30
avril.
[Ext. in Bern. *Le Rêve*, p. 269]

3452 COQUARD, Arthur: "Critique musicale", *La Quinzaine*, 7e
année, XL, n° 160, 16 juin, pp. 542-50.

3453 EMMANUEL, Maurice: "Prose et musique. A propos de
L'Ouragan", *RP*, VIII, n° 12, 15 juin, pp. 877-90.

3454 GAUTHIER-VILLARS, Henry: "La musique. Opéra-Comique.
L'Ouragan", *REn*, I, n° 25, 22 juin, pp. 592-3.
[Livret "diffus et sommaire", souvent "ridicule"]

3455 MENDES, Catulle: "Premières représentations", *Le
Journal*, 30 avril.
[Ext. in Bern. *Le Rêve*, pp. 268-9]

3456   UN MONSIEUR DE L'ORCHESTRE: "La soirée", *Le Figaro*,
        1er mai.

Sur "Travail":

3457   GAGNEUR, M.-L.: *Le Droit au Bonheur. Charles Fourier
        d'après Zola et Jaurès.* P., Dentu. 48p.

*3458   JAURES, Jean: *Le Travail.* P., Bibliothèque Ouvrière
        Socialiste. 29p. Aussi in *RS*, XXXIII, n° 198, juin,
        pp. 641-53. Voir aussi *PR*, 23 et 25 avril.
        [Conférence prononcée au Théâtre des Batignolles
        le 15 mai - Voir les lettres de Z. et de Jaurès in
        PR, 19 mai]

3459   ARNAUD, Charles: "Romans, contes et nouvelles", *Poly-
        biblion*, LIV, n° 1, juill., pp. 22-6.

3460   ARNAULD, Michel: "Les romans. Emile Zola: *Les Quatre
        Evangiles, - Travail*", *RB*, 12e année, XXVII, n^o
        192, 1er juin, pp. 232-5.

3461   BECKER, A.-Henri: "Notes sur les livres nouveaux.
        Travail, par Emile Zola", *Le Siècle*, 10 juin.
        [Ext. in Bern., pp. 623-4]

3462   BRUNNEMANN, A.: "Zolas jüngster Roman", *Das littera-
        rische Echo* (Stuttgart), III, n° 17, juin, pp.
        1179-82.

3463   COHADON, A.: "Les réflexions de Cohadon", *L'Associa-
        tion ouvrière*, IX, n° 105, 15 juin, p. 2.

3464   DESCHAMPS, Gaston: "La vie littéraire. *Les Quatre
        Evangiles. Travail*, par Emile Zola", *Le Temps*, 23
        juin.
        [Ext. in Bern., p. 623]

3465   DIEDERICH, Franz: "Zola als Utopist", *NZ*, 20e année,
        I, 1901-1902 [déc. 1901], pp. 324-32.
        [c.r. de la tr. allemande]

3466   FLOWER, B.O.: "Emile Zola's Social Masterpiece",
        Arena (Boston), XXVI, n° 3, sept., pp. 321-7.

3467   GREGH, Fernand: "Un nouveau roman de M. Emile Zola",
        RBl, XV (4e série), n° 18, 4 mai, pp. 545-9. Rp. in
        La Fenêtre ouverte. P., Fasquelle, 1901, pp. 134-53.

3468   G. H.: "Notes on New Novels", *The Critic* (New York),
        XXXIX, n° 1, juill., pp. 76-7.

3469   HANSSON, Ola: "Zola's *Travail*", *Die Nation*, XVIII,
        n° 37, 1900-1901, pp. 585-7.   [WH]

3470 KAHN, Gustave: "Revue critique. *Travail*", *NR*, 22^e
année, n.s. X, n° 39, 15 mai, pp. 299-303.
[Cf. 3471]

3471 ---: "Critique des romans", *La Plume*, XII, n° 293,
1er juill., pp. 505-7.
[Cf. 3470]

3472 LE BLOND, Maurice: "L'Evangile de Zola", *La Revue
naturiste*, 3e année, V, n° 30, 15 mai, pp. 181-7.

3473 A. M. [A. MANOURY?]: *"Travail"*, *L'Association ouvrière*,
IX, n° 105, 15 juin, pp. 1-2.
[A propos du banquet organisé par les disciples de
Fourier et les Associations ouvrières pour célébrer
la publication du roman - discours et une lettre de
Z. au président]

3474 MANOURY, A.: "La genèse d'un livre. *Le Travail* par
Emile Zola", *ibid.*, n° 101, 15 avril, pp. 1-2.
[Lettres de Z. et J. Noirot, éditeur des œuvres de
Fourier - Rp. in Bern., pp. 604-5]

3475 PELLISSIER, Georges: *"Travail*, par Emile Zola", *REn*,
n° 26, 30 juin, pp. 613-6.

3476 PILON, Edmond: "A propos du roman de M. Zola", *La
Plume*, XIII, n° 295, 1er août, pp. 607-8.

3477 RANSOHOFF, G.: "Moderne Dichtung", *Deutsche Litteraturzeitung*, XXII, n° 31, 3 août, pp. 1975-9.

3478 TEN BRINK, J.: "De modernste phalanstère", *Nederland*,
n° 2, pp. 289-311.   [BB]
[En hollandais]

3479 THEAUX, Marcel: "Causerie littéraire. *Travail*, par M.
Emile Zola", *La Grande Revue*, 5e année, XVII, n° 6,
1er juin, pp. 725-44.

3480 VAN DER REST, Eug.: "Zola: *Travail*", *Revue de l'Université de Bruxelles*, VII, n° 3, déc., pp. 177-88.

3481 VOGT, Felix: "Zolas neuer Roman *Travail*", *Die Zeit*,
XXVII, n° 342, p. 43.   [WH]

3482 Z. Z.: *"Délo*. Roman, spisal Emil Zola", *Slovenski narod*
(Ljubljana), XXXIV, n° 131, p. 1.   [RV]
[En slovène]

3483 ANONYME: "Letterkundige Kroniek. *Les Quatre Evangiles.
Travail* par Emile Zola", *De Gids*, 4e série, LXV,
juill., pp. 165-72.

3484 ANONYME: "New Books and Reprints", *The Saturday Review* (Londres), XCI, n° 2375, 4 mai, p. 575.
[c.r. de la tr. anglaise]

3485 ---: "New Novels", *The Athenæum* (Londres), n° 3837, 11 mai, p. 593.

3486 ---: "Novi roman Emila Zole *Travail*", *Vienac*, XXXIII, p. 360. [BUSM]
[En serbo-croate]

3487 ---: "Najnoviji roman Emila Zole *Rad*", *Nada*, VII, pp. 191-2. [BUSM]
[En serbo-croate: "Le dernier roman d'Emile Zola: *Travail*"]

3488 ---: "Recent Novels", *The Times* (Londres), 23 juill., p. 2.
[c.r. de la tr. anglaise]

3489 ---: "Revue des derniers livres français", *La Revue*, 12e année, XXXVII, n° 11, 1er juin, pp. 552-4.

3490 ---: *"Travail"*, *Zora*, VI, n°s 3-4, p. 155. [BUSM]
[En serbo-croate]

3491 ---: *"Travail* - ostatnia powieść Zoli", *Krytyka*, II, pp. 30-5. [BU Varsovie]
[En polonais]

3492 ---: "Zola et les Fouriéristes", *Le Siècle*, 11 juin.
[Cf. 3473]

3493 ---: "Zola's *Labor*", *LW*, XXXII, n° 8, 1er août, pp. 116-7.
[c.r. de la tr. anglaise]

3494 ---: "Zolin roman *Travail*", *Vienac*, XXXIII, p. 740.
[En serbo-croate] [BUSM]

[Voir aussi 4636]

*

3495 ALMERAS, Henri d': "Les débuts inconnus d'Emile Zola", *La Revue*, 12e année, XXXVII, n° 12, 15 juin, pp. 614-9. Rp. in *Avant la Gloire. Leurs Débuts, 1re série*. P., Société Française d'Imprimerie et de Librairie, 1902, pp. 188-96.

3496 ARPAD, Marcel: "Zola und Gorkij", *Internationale Literaturberichte* (Leipzig), VIII, n°s 18-19, 5 et 19 sept., pp. 209-10, 223-4.
[Z. et Gorki: comparaison]

3497 BRUNNEMANN, Anna: "Zolas innere Wandlungen", *Die Neueren Sprachen* (Marburg), IX, n° 6, oct., pp. 330-6. [Sur l'évolution de l'œuvre de Z.]

3498 FINDLATER, Jane H.: "Great War Novels", *The Living Age* (Boston), CCXXX, n° 2981, 24 août, pp. 488-96. [Sur *La Débâcle*]

3499 HRANILOVIC, Jovan: "Emile Zola i François Coppée", *Vienac*, XXXIII, n° 35, pp. 698-9. [BUSM] [En serbo-croate - comparaison]

3500 MARILLIER, L.: "Social Psychology in Contemporary French Fiction: Emile Zola and J.-H. Rosny", *The Fortnightly Review* (Londres), LXXVI, n° 417, 1er sept., pp. 520-37.

3501 PRZESMYCKI, L.: "Los geniuszów", *Chimera*, n° 1, pp. 9-16. [En polonais: "Le destin des génies"] [BU Varsovie]

3502 RADOSŁAWSKI, K.: "Idealizm Zoli", *Prawda*, n° 35, pp. 427-9. [BU Varsovie] [En polonais]

*3503 TAILHADE, Laurent: "Conférence faite au "Théâtre du Peuple" les 1er, 2 et 3 février", *La Plume*, XII, n° 285, 1er mars, pp. 134-9. [*Thérèse Raquin* au théâtre]

3504 WHITELOCK, William Wallace: "Zola. A Visit with Him at His Home in Paris after Difficulties", *The New York Times. Saturday Review of Books and Art*, 27 avril, p. 290. [Interview chez Z. qui parle de la guerre]

3505 ANONYME: "The Literary Week", *The Academy* (Londres), LXI, n° 1524, 20 juill., p. 44. [Z. parle de *Vérité* et de *Justice*]

3506 ---: "Notes on Novels", *ibid.*, n° 1535, 5 oct., p. 288. [c.r. de la tr. anglaise de *La Bête humaine*]

3507 ---: "Novels", *The Saturday Review* (Londres), XCI, n° 2361, 26 janv., p. 118. [c.r. de la tr. anglaise de *La Conquête de Plassans*]

3508 ---: "Our Literary Table", *The Athenæum* (Londres), n° 3847, 20 juill., p. 93. [c.r. de la tr. anglaise d'un recueil de nouvelles de Z.]

3509 ---: "Prvijenci Emila Zole", *Vienac*, XXXIII, pp. 579-80. [En serbo-croate - "Les premières œuvres de Zola"] [BUSM]

3510   ANONYME: "Rome and the Novelists", *The Edinburgh Review*,
        CXCIV, n° 318, oct., pp. 276-81.

                                1902

3511   BARRES, Maurice: *Scènes et doctrines du nationalisme*.
        P., Juven, [1902]. 518p. Rp.: P., Plon-Nourrit, 1925.
        2 vol.
        [Voir "Zola", pp. 40-3 - Polémique - Z. pense "en
        Vénitien déraciné"]

3512   CONRAD, Michael Georg: *Von Emile Zola bis Gerhart
        Hauptmann. Erinnerungen zur Geschichte der Moderne*.
        Leipzig, Seemann. 153p.   [WH]
        [Voir surtout les chap. IV-VI, XVI]

3513   DESTRANGES, Etienne: *"L'Ouragan" d'Alfred Bruneau.
        Etude analytique et thématique*. P., Fischbacher. 67p.

3514   DURET, Théodore: *Histoire d'Edouard Manet et de son
        œuvre*. P., Floury. 301p. Cf. *Histoire de Edouard
        Manet et de son œuvre*. P., Fasquelle, 1906. 292p.
        Tr. allemande: Berlin, Cassirer, 1910.
        [Voir surtout pp. 43-6]

3515   FAGUET, Emile: *Propos littéraires*. P., Société Fran-
        çaise d'Imprimerie et de Librairie.
        [Voir "Emile Zola: *Rome*", pp. 237-55; "Emile Zola:
        Paris", pp. 257-66]

3516   FRANCHE, Paul: *Le Prêtre dans le roman français*. P.,
        Perrin. 322p.
        [Voir pp. 190-222]

3517   GEIGER, Albert: *Emile Zolas Lebenswerk: Die "Rougon-
        Macquart" (Geschichte einer Familie unter dem
        zweiten Kaiserreich). Eine Studie*. Munich-Leipzig,
        Steinacker. 20p.   [WH]

3518   PLATNER, Aleksej: *Emil' Zolja*. Saint-Pétersbourg,
        Porohavčikov.
        [En russe]

3519   SEGALEN, Victor: *Les Cliniciens ès-lettres*. Bordeaux,
        Cadoret. 86p.
        [Thèse de médecine - Voir pp. 63-71 sur *L'Assommoir*
        et *Le Docteur Pascal* du point de vue médical]

3520   VAUGHAN, Ernest: *Souvenirs sans regrets*. Pr. de Francis
        de Pressensé. P., Juven. xiii,304p.
        [Voir pp. 70-132 - sur Z. et l'Affaire Dreyfus]

3521 WOLFF, Eugen: "Zolas Doktrin", in *Von Shakespeare zu Zola. Zur Entwicklungsgeschichte des Kunststils in der deutschen Dichtung*. Berlin, Costenoble, pp. 184-8.
[Histoire du style dans la littérature allemande]

La mort de Zola: nécrologies, les funérailles, hommages, témoignages, résumés de sa carrière:

3522 CHAUMIE, [Joseph], Abel HERMANT et Anatole FRANCE: *Discours prononcés aux obsèques d'Emile Zola le 5 octobre 1902*. P., Fasquelle, [1902]. 36p. Aussi in *REn*, II, n° 73, 1er nov. 1902, pp. 545-8.
[Cf. 3559, 3589 et 3612]

3523 HIRSCH, Emil Gustav: *Emile Zola*. Chicago, Bloch & Newman. 25p.
[Discours]

3524 SOSSET, Paul: *En Mémoire d'Emile Zola*. Bruxelles, Brismée. 16p.

3525 TAILHADE, Laurent: *Conférence sur l'œuvre d'Emile Zola faite à l'Université Populaire de Tours le 30 novembre 1902*. Tours, 32, rue Etienne-Marcel, 1902. 16p. Rp. in *Petits Mémoires de la vie*. P., Crès, 1921, pp. 205-41.

3526 VAN DEN BROECK, A.: *Autour d'un Romancier (Emile Zola)*. Bruxelles, Soc. Belge de Librairie. 15p.
[Ext. de *L'Echo religieux de Belgique* du 16 nov. 1902]

3527 APTHORP, William Foster: "The Literary Work of Emile Zola", *Current Literature* (Londres), XXXIII, nov., pp. 526-8.

3528 ARNAULD, Michel: "Emile Zola", *RB*, 13e année, XXIX, n° 225, 15 oct., pp. 241-6.

3529 EM. B.: "Avant les funérailles. Le retour de Mme Zola", *Le Figaro*, 3 oct.
[Voir aussi 4-6 oct., sur les obsèques]

3530 G. B.: "Les honneurs militaires", *L'Autorité*, 3 oct.

3531 BARGERET, Hugues: "Les obsèques de M. Zola", *L'Evénement*, 5 oct.

3532 BARTELS, Adolf: "Emil Zola", *Der Kunstwart*, XVI, n° 2, pp. 53-7.   [WH]
[Cf. 3533]

3533 ---: "Emil Zola", *Deutsche Monatsschrift für das*

gesamte Leben der Gegenwart (Berlin), III, déc.,
pp. 349-68.
[Cf. 3532]

3534   BAUER, Julius: "Zolas Tod", *Berliner Illustrirte
Zeitung*, XI, n⁰ 41, 12 oct., p. 642.

3535   BEAUNIER, André: "Emile Zola", *Le Figaro*, 30 sept. Rp.
in *Eloges*. P., Roger et Chernoviz, 1909, pp. 31-8.
[Insiste sur l'optimisme de Z.]

3536   BAUME, Gabriel: "Zola & l'étranger", *L'Autorité*, 2 oct.
[Cite des ext. de la presse étrangère]

3537   ---: "Huis clos", *L'Autorité*, 7 oct.

3538   BERR, Emile: "Mort tragique d'Emile Zola", *Le Figaro*,
30 sept.

3539   ---: "La mort d'Emile Zola", *Le Figaro*, 1er oct.

3540   BIANCHI, L.: "La mente di Emilio Zola", *Annali di
neurologia* (Naples), XX, pp. 525-42.
[Voir le c.r. de Th. Taty in *Annales médico-psycho-
logiques*, LXIV, juill.-août 1906, p. 120]

3541   BIDOU, Henri: "Emile Zola" et "Asphyxie de M. et Mme
Emile Zola", *Journal des Débats*, IX, 1er et 3 oct.,
pp. 628-32.

3542   BOGUSŁAWSKI, Władysław: "Emil Zola", *Biblioteka
Warszawska*, IV, pp. 512-39.   [BU Varsovie]
[En polonais]

3543   BONNEFON, Jean de: "Opinions. Léon XIII et Zola",
L'Eclair, 1er oct.

3544   BOUGON, Dr: "La mort de Zola", *La Chronique médicale*,
IX, n⁰ 22, 15 nov., pp. 754-5.

3545   BOURGET, Paul: "Romani Emila Zole", *Kolo*, IV, pp. 421-5.
[En serbo-croate - "Les romans de Zola"]   [BUSM]

3546   BRISSON, Adolphe: "L'orgueil", *Le Matin*, 6 oct.

3547   BRULAT, Paul: "Notre maître", *L'Aurore*, 30 sept.

3548   ---: "Zola au Panthéon", *L'Aurore*, 1er oct.

3549   ---: "Un souvenir", *L'Aurore*, 7 oct.
[Sur une visite chez Z.]

3550   BRUNNEMANN, Anna: "Zola als Theoretiker und Dichter",
Die Gegenwart, LXII, n⁰ 45, pp. 295-8.   [WH]

3551   BUTTE, L.: "A propos de la mort d'Emile Zola et des

causes de son intoxication", *Gazette médicale de Paris*, 73e année, 12e série, II, n° 44, 1er nov., p. 350.

3552 CABANES, Dr: "Comment est mort Zola", *Journal de la Santé*, XIX, n° 979, 12 oct., pp. 282-5.

3553 CAR, Marko: "Emil Zola", *Srpski Glas*, XXIII, n° 39, pp. 1-2. [BUSM]
[En serbo-croate]

3554 CASSISA, G.S.: "Emilio Zola", *Quo Vadis?* (Trapani), II, n°s 10-11, 6 nov., pp. 25-31.

3555 CASTETS, Henri: "L'homme et son milieu", *REn*, II, n° 73, 1er nov., pp. 525-32.

*3556 CEARD, Henry: "Coup de foudre", *L'Evénement*, 2 oct.
[Avec une lettre de Z. du 25 août 1884]

*3557 ---: "Emile Zola - Souvenirs d'un ami de lettres", *La Vie illustrée*, n° 208, 10 oct., pp. 2-3.

3558 CHARPENTIER, Armand: "L'Acte de Zola et les Intellectuels", *L'Aurore*, 5 oct.

3559 CHAUMIE, [Joseph]: "Discours", *Cahiers de la Quinzaine*, 4e série, 5e cahier, pp. 5-7. Rp. in *Le Siècle*, 6 oct., et in *L'Autorité* et *PR*, 7 oct.
[Discours aux funérailles de Z. au cimetière Montmartre le 5 oct. - Cf. 3522]

3560 CLARETIE, Jules: "Emile Zola", *Le Temps*, 1er oct. Rp. in *La Vie à Paris 1901-1903*. P., Fasquelle, 1904, pp. 130-7. Voir aussi *La Semaine française*, XV, 5 oct. 1902, pp. 626-33: "Emile Zola", pp. 626-7; "L'enfance d'Emile Zola", pp. 627-8; "Zola intime", pp. 628-9; "Léon XIII et Zola", pp. 629-30; "La mort de Zola", pp. 630-2; Albert Sorel et M. Larroumet sur la mort de Z., pp. 632-3.

3561 S. D.: "Zola's Romantic Career. His Rise from Obscurity to Fame", *The Evening Post* (New York), 25 oct., p. 5.

3562 DAUDET, Léon: "Emile Zola", *Le Gaulois*, 1er oct.

3563 DAVENAY, G.: "Les obsèques d'Emile Zola", *Le Figaro*, 5-6 oct.

3564 DELEITO Y PINUELA, José: "Emilio Zola", *RC*, CXXV, pp. 465-8. [CA]

3565 DESMOULINS, L.: "Le drame de la rue de Bruxelles. Mort de M. Zola", *Le Gaulois*, 30 sept.

3566 DOLLFUS, Paul: "Courrier de Paris", *L'Evénement*, 5 oct.

3567 DOMBASLE: "Basile à l'œuvre", *Le Siècle*, 2 oct.
[Contre la presse nationaliste]

3568 DON PAOLO-AGOSTO: "Pages romaines. Le deuil de Zola",
La Nouvelle-France (Québec), I, n° 11, nov., p. 543.
[Contre les hommages italiens]

3569 DRAULT, Jean: "Vingt ans après *Nana*", *La Libre Parole*,
3 oct.

3570 DRUMONT, Edouard: "Un fait-divers naturaliste: Emile
Zola asphyxié. Emile Zola", *La Libre Parole*, 30 sept.

3571 ---: "De Victor Hugo à Zola", *La Libre Parole*, 4 oct.

3572 ---: "Le carnaval de la mort. La journée juive", *La
Libre Parole*, 5 oct. Voir aussi *ibid.*, l'article de
F.J.: "L'Apothéose du Dreyfusisme".

3573 ---: "Les Funérailles du Dreyfusisme. Les champions de
l'Humanité", *La Libre Parole*, 6 oct.

3574 DUNIER, Robert: "Emile Zola et le réalisme", *La Revue
hebdomadaire*, XI, n° 45, 11 oct., pp. 129-36.
[Contre la brutalité de l'œuvre de Z.]

3575 EISNER, Kurt: "Zolas Werk", *NZ*, 21e année, I, pp. 133-41.
[Z. prophète]   [WH]

3576 ENGEL, Eduard: "Zum Tode Emile Zolas", *Agramer Zeitung*,
LXXVII, n° 228, pp. 1-3.   [BUSM]

3577 ERNEST-CHARLES, J.: "Après les funérailles de Zola",
RBl, XVIII (4e série), n° 15, 11 oct., pp. 449-52.
Rp. in *Les Samedis littéraires*. P., Perrin, 1903,
pp. 356-65.

3578 E. F.: "La mort d'Emile Zola", *L'Illustration*, LX, n°
3110, 4 oct., p. 269.

3579 ---: "Les obsèques de Zola", *ibid.*, n° 3111, 11 oct.,
p. 296.

3580 J. FR.: "Fin tragique d'un romancier", *La Libre Parole*,
30 sept.

3581 ---: "Les obsèques d'Emile Zola", *La Libre Parole*, 2 oct.

3582 FAGUET, Emile: "Emile Zola", *Minerva* (Paris), IV, 15
oct., pp. 481-95. Rp.: *Zola*. P., Eyméoud, [1903]. 31p.
Rp. in *Drame ancien. Drame moderne*. 2e éd. P., Armand
Colin, 1903, pp. 5-31; in *Propos littéraires. Troisième
série*. P., Société Française d'Imprimerie et de Librairie, 1905, pp. 249-72.

3583   FAGUS: "Rôle de Zola dans la politique et la litté-
        rature", *La Plume*, XIV, n⁰ 327, 1ᵉʳ déc., pp. 1345-9.
        [Salue en Z. "le poète épique du XIXᵉ siècle" - Cf.
        3936]

3584   FAUBERT: "Zola asphyxié par Dieu", *Le Siècle*, 5 oct.
        [Selon la presse nationaliste]

3585   FAURE, Elie: "Emile Zola", *L'Aurore*, 17 oct.

3586   FLOWER, B.O.: "Emile Zola: The Man and the Novelist",
        Arena (Boston), XXVIII, n⁰ 6, déc., pp. 646-55.

3587   FORMONT, Maxime: "Emile Zola", *Gil Blas*, 30 sept.

3588   FOURNIERE, Eugène: "L'ouvrier de la Justice", *PR*, 6 oct.

*3589   FRANCE, Anatole: "Discours", *L'Aurore* et *Le Siècle*,
        6 oct. Rp. souvent; voir notamment: *Funérailles de
        Zola: discours prononcé au cimetière Montmartre, le
        5 octobre 1902*. P., Pelletan. 22p. (tirage limité);
        PR, 7 oct.; *La Plume*, XIV, n⁰ 324, 15 oct., pp. 1209-
        12; *"Pages Libres"*, 18 oct.; *Cahiers de la Quinzaine*,
        4ᵉ série, 5ᵉ cahier, 1902, pp. 15-20; in *Emile Zola:
        La Vérité en marche*. Ed. Henri Guillemin. P., Fas-
        quelle (Cercle du Bibliophile), 1969, pp. 321-25. En
        polonais in *Twórczość* (Varsovie), VIII, 1952, pp.
        119-22. Cf. 4052.
        ["Il fut un moment de la conscience humaine" - Cf. 3522]

3590   [FRANCE, Anatole]: "Anatole France à Mᵐᵉ Zola", *L'Aurore*,
        2 oct. Rp. in 6014, p. 116.
        [Un télégramme]

3591   FRECHETTE, Louis: "Le sentiment de M. Fréchette sur
        Zola", *Le Monde illustré. Album universel* (Montréal),
        XIX, n⁰ 25, 18 oct., p. 597.
        [Interview - très hostile]

3592   FROISSARD, Jean: "La mort d'Emile Zola. La Presse
        étrangère et le défenseur de Dreyfus", *La Libre Parole*,
        1ᵉʳ oct.

3593   FRONTIS: "Notes parisiennes. Les funérailles d'Emile
        Zola", *L'Evénement*, 4 oct.

3594   GEFFROY, Gustave: "Emile Zola: His Literary and Social
        Position", *The International Quarterly* (New York), VI,
        n⁰ 2, déc., pp. 366-85.

3595   GERAULT-RICHARD: "Un monument à Zola", *PR*, 3 oct.

3596   ---: "Autour d'un cercueil", *PR*, 5 oct.

3597   GERAULT-RICHARD: "Evanouis", *PR*, 7 oct.

3598   GOHIER, Urbain: "Notes on Zola", *The Independent* (Boston-New York), LIV, n° 2810, 9 oct., pp. 2391-4.

3599   GOULLE, Albert: "La presse", *L'Aurore*, 30 sept.
[Sur les diverses réactions à la nouvelle de la mort de Z.]

3600   GOVEKAR, Fran: "Emil Zola", *Soča*, XXXII, n° 107, p. 108.
[En serbo-croate]   [BUSM]

3601   GRAPPE, Georges: "Emile Zola", *La Quinzaine*, VIII, n° 192, 16 oct., pp. 508-28.

3602   GRIBBLE, Francis: "The Art of Zola", *The Fortnightly Review*, LXXVIII, nov., pp. 786-95. Rp. in *The Living Age*, CCXXXV, n° 3048, 6 déc., pp. 590-8; in *The Eclectic Magazine*, CXL, janv. 1903, pp. 122-30.

3603   GRISEL, Dr R.: "L'oxyde de carbone et la mort d'Emile Zola", *L'Echo de Paris*, 3 oct.

3604   GRONAU, F.: "Nachruf", *Berliner Aerzte-Correspondenz*, VII, p. 161.   [JBG]

3605   GULMANN, Christian: "Zola", *Illustreret Tidende* (Copen-hague), 1902-1903, p. 12.   [BNC]
[En danois]

3606   GUYOT, Yves: "La mort de Zola", *Le Siècle*, 30 sept.
[Avec un discours sur Z. du 12 janv. 1900 - hommage]

3607   ---: "Zola et la postérité", *Le Siècle*, 6 oct.

3608   HAVET, Louis: "Lettre de M. Louis Havet", *L'Aurore*, 2 oct.
[A propos de "J'accuse"]

3609   ---: "L'acte de Zola", *PR*, 3 oct.

3610   HENNECART, R.: "Chez François Coppée", *La Libre Parole*, 30 sept. Voir aussi *Le Gaulois*, même jour.

3611   ---: "Chez J.K. Huysmans", *La Libre Parole*, 30 sept. Voir aussi *Le Matin*, 30 sept., et *L'Eclair*, 2 oct.
[Interview]

3612   HERMANT, Abel: "Discours", *Le Siècle*, 6 oct. Rp. in *PR*, 7 oct.; *Journal des Débats*, IX, 10 oct., pp. 678-80; *Cahiers de la Quinzaine*, 4e série, 5e cahier, 1902, pp. 8-13; *Discours prononcés par M. Abel Hermant, Président de la Société des Gens de Lettres (1902-1903)*. P., Ollendorff, 1903, pp. 31-40; *Essais de critique*. P., Grasset, 1912, pp. 71-9; *BSL*, n° 2,

1923, p. 22 (article: "Les obsèques de Zola").

3613　HOWELLS, W.D.: "Emile Zola", *The North American Review* (Boston), CLXXV, nov., pp. 587-96. Rp. in *Prefaces to Contemporaries (1882-1920)*. Gainesville, Floride, Scholars' Facsimiles & Reprints, 1957, pp. 89-102/ v-xviii.

3614　HUTIN, Marcel: "Le récit de Madame Emile Zola", *L'Echo de Paris*, 30 sept.

3615　---: "Chez Madame Emile Zola", *L'Echo de Paris*, 1er oct.

3616　---: "Avant les obsèques", *L'Echo de Paris*, 3 oct.

3617　---: "Les funérailles", *L'Echo de Paris*, 6 oct.

3618　ILIJIC, Stjepko: "Emil Zola (1840-1902)", *Nada* (Sarajevo), VIII, no 22, pp. 307-8.　　　　　　　[BUSM]
[En serbo-croate]

3619　F. J.: "La mort d'Emile Zola", *La Libre Parole*, 1er oct.

3620　JABŁONOWSKI, Wł[adysław]: "Emil Zola", *Prawda*, no 41, pp. 490-1; no 42, pp. 501-2.　　　　　[BU Varsovie]
[En polonais]

3621　JAURES, Jean: "Zola", *PR*, 1er oct.

3622　---: "Justice", *PR*, 2 oct.

3623　---: "Confiance", *PR*, 7 oct.

3624　JAVARY, F.: "Fin tragique d'un romancier", *La Libre Parole*, 30 sept.

3625　---: "Un enterrement dreyfusard", *La Libre Parole*, 1er oct.

3626　JELAVIC, Vjekoslav: "Emil Zola. Silhueta čovjeka i književnika", *Glasnik Matice Dalmatinske*, II, no 3, 1902-1903, pp. 304-13.　　　　　　　[BUSM]
[En serbo-croate]

3627　A. K.: "Emil Zola", *Katoliški obzornik* (Ljubljana), no 4, p. 271a.　　　　　　　　　　[RV]
[En slovène]

3628　KAHN, Gustave: "Emile Zola", *NR*, n.s. XVIII, no 73, 15 oct., pp. 466-74.

3629　KALAN, Andrej: "Emil Zola", *Dom in svet* (Ljubljana), XV, no 11, pp. 703-4.　　　　　　　　　[RV]
[En slovène]

3630　KASANDRIC, Petar: "Emilije Zola", *Smotra Dalmatinska*,

XV, n° 79, pp. 1-2.   [BUSM]
[En serbo-croate]

3631   KLOOS, W.: "Zola's dood", *De Nieuwe Gids* (Amsterdam),
       XVIII, pp. 146-7.
       [Poème]

3632   KRONENBERG, M.: "Zola's soziale Bedeutung", *Ethische
       Kultur* (Berlin), X, n° 41, p. 322.   [WH]

3633   KUMMER, Alojzij: "Emil Zola", *Zgodnja Danica* (Ljubljana),
       LV, n° 42, pp. 235-6.   [BUSM]
       [En slovène]

3634   G. L. [Georges LAPORTE]: "Sur Zola", *L'Aurore*, 4 oct.

3635   J.S.L.: "Zola and the Algerian Jews", *The Jewish
       Chronicle* (Londres), n.s. n° 1749, 10 oct.
       [A propos de l'article de Z. "Pour les Juifs", *Le
       Figaro*, 16 mai 1896; rp. in *Nouvelle Campagne*]

3636   K. L.: "Moja poseta kod Zole", *Stampa*, I, n° 25, p. 3.
       [En serbo-croate - "Ma visite chez Zola"]

3637   P. DE L.: "Emile Zola", *L'Autorité*, 1er oct.

3638   LABORI, Fernand: "Hommage à Emile Zola", *La Grande Revue*,
       6e année, XXIV, n° 11, 1er nov., pp. 241-4.
       [Voir aussi "Lettres à Me Fernand Labori (1898-1902)",
       ibid., CXXIX, mai 1929, pp. 353-78]

3639   LANGE, Sven: "Emile Zola", *Illustreret Tidende*, 1902-
       1903, pp. 11-12.   [BNC]
       [En danois - Cf. 4952]

3640   LAPORTE, Georges: "Zola socialiste. De *Germinal* à
       Travail", *L'Aurore*, 30 sept.

3641   ---: "A la bourse du travail", *L'Aurore*, 4 oct.

3642   LAURENT, Ch.: "Emile Zola", *Le Français*, 30 sept.

3643   LE BLOND, Maurice: "Les obsèques de Zola", *L'Aurore*,
       2 oct.

3644   LEGUE, Dr G.: "L'empoisonnement par l'oxyde de carbone",
       Le Journal, 30 sept.

3645   LEPELLETIER, E.: "Les débuts d'Emile Zola", *L'Echo de
       Paris*, 1er oct.

3646   LEVY, J.H.: "Emile Zola. A Short Sketch", *The Jewish
       World* (Londres), LIX, n° 4, 17 oct., p. 57.

3647   LHERMITTE, G.: "Zola-Dreyfus", *L'Aurore*, 30 sept.

3648 LHERMITTE, G.: "Honneurs militaires", *L'Aurore*, 2 oct.

3649 LINHART, Karel: "Zola", *Naši zapiski* (Ljubljana), I,
n°s 4-5, p. 6. [RV]
[En slovène]

3650 LITTLEFIELD, Walter: "Emile Zola", *The Critic* (New
York), XLI, n° 5, nov., pp. 404-8.

3651 LOLIEE, Frédéric: "Pariser Besuche. IV. Persönliche
Erinnerungen an Emile Zola", *Deutsche Revue* (Breslau),
XXVII, nov., pp. 225-31.
[Souvenirs]

3652 M.: "Un souvenir", *L'Aurore*, 30 sept.

3653 Ad. M.: "L'homme et son œuvre", *L'Aurore*, 30 sept.

3654 M. M.: "A Zola", *L'Art moderne*, XXII, n° 40, 5 oct.,
p. 329.

3655 MAIZIERE, G. de: "Les funérailles civiles de M. Zola",
Le Gaulois, 6 oct.

3656 MALATO, Ch.: "Une gloire humaine", *L'Aurore*, 1er oct.

3657 ---: "Zola révolutionnaire", *L'Aurore*, 2 oct.
[A propos de *Germinal*]

3658 ---; "Sur le cercueil de Zola", *L'Aurore*, 3 oct.

3659 MARGUERITTE, Paul et Victor: "Emile Zola", *Le Matin*,
30 sept.

3660 MARJANOVIC, Milan: "Emile Zola", *Obzor*, XLIII, p. 224.
[En serbo-croate - Cf. 6039] [BUSM]

3661 MAUS, Octave: "Zola", *L'Art moderne*, XXII, n° 41, 12
oct., pp. 337-8.

3662 MELTZER, Charles Henry: "Personal Memories of Zola",
The Bookman (New York), XVI, n° 3, nov., pp. 250-2.

3663 MEMOR: "Zola et les artistes", *L'Aurore*, 2 oct.

3664 MERRILL, Stuart: "Emile Zola", *La Plume*, XIV, n° 324,
15 oct., pp. 1201-8.

3665 MEYER, Erich: "Emile Zola. Eine literarische Skizze",
*Westermanns illustrierte deutsche Monatshefte für
das gesamte geistige Leben der Gegenwart* (Brunswick),
XLVII, n° 3, pp. 394-8. [WH]

3666 MILLOT, Léon: "L'écrivain", *L'Aurore*, 30 sept.

3667 ---: "Libres propos", *L'Aurore*, 2-4 oct.

3668 MONOD, Gabriel: "Emile Zola", *Le Siècle*, 1er oct.

3669 MONTARLOT, Léon de: "Les obsèques de Zola", *Le Monde illustré*, XLVI, n° 2376, 11 oct., pp. 337-40. [Avec illustrations et ext. des discours]

3670 MOREL, Eugène: "Testament pour Zola", *La Revue d'Art dramatique*, 17e année, n° 10, 15 oct., pp. 449-58.

3671 NAUDEAU, Ludovic: "Les obsèques d'Emile Zola", *Le Journal*, 6 oct.

3672 NEDE, André: "Emile Zola au travail", *Le Figaro*, 30 sept.

3673 NEHAJEV, Milutin: "Emile Zola", *Hrvatska Misao*, I, n°s 20-1, pp. 640-6. [BUSM] [En serbo-croate]

3674 NEMI: "Tra libri e riviste. Zola", *Nuova Antologia* (Florence), CI, n° 739, 1er oct., pp. 552-3.

3675 ---: "Tra libri e riviste. I funerali di Zola. Zola in Inghilterra", *ibid.*, n° 740, 16 oct., pp. 748-52.

3676 NETSCHER, Frans: "Karakterschets. Emile Zola", *De Hollandsche Revue*, VII, pp. 634-46. [BB]

3677 OTTO, Wilhelm: "Emile Zola", *Agramer Zeitung*, LXXVII, n° 224, pp. 1-3. [BUSM]

3678 PARDO BAZAN, Emilia: "Emilio Zola", *La Lectura* (Madrid), 2e année, III, n°s 23-4, nov.-déc., pp. 277-89, 429-42. Rp. in 4283.

3679 PARSONS, Léon: "Zola et la mort", *Le Journal*, 3 oct.

3680 PAVLOVIC, Stevan K.: "Emil Zola", *Kolo*, IV, n° 9, pp. 547-55. [BUSM] [En serbo-croate]

3681 PECK, Harry Thurston: "Emile Zola", *The Bookman* (New York), XVI, n° 3, nov., pp. 233-40. Rp. in *Studies in Several Literatures*. New York, Dodd-Mead, 1909, pp. 199-223. Réimpression: Freeport, New York, Books for Libraries Press, 1968. 296p.

3682 PELLISSIER, Georges: "L'œuvre d'Emile Zola", *REn*, II, n° 73, nov., pp. 537-42.

3683 PICARD, Edmond: "Zola", *L'Humanité nouvelle*, XLII, nov., pp. 137-45. [*La Faute de l'abbé Mouret*, son œuvre la plus durable]

3684   PICQUART, G.: "Emile Zola", *L'Aurore*, 2 nov.

3685   PILON, Edmond: "Carnet des œuvres et des hommes. Emile Zola", *La Plume*, XIV, n° 324, 15 oct., pp. 1242-3.

3686   POLITEO, Dinko: "Emile Zola", *Vienac*, XXXIV, n° 43, pp. 683-6.   [BUSM]
       [En serbo-croate]

3687   POPOVIC, Bogdan: "Emil Zola", *Srpski Književni Glasnik*, VII, n° 3, pp. 238-46.   [BUSM]
       [En serbo-croate]

3688   PRESSENSE, Francis de: "Emile Zola", *L'Aurore*, 4 oct.

3689   ---: "Les obsèques de Zola", *L'Aurore*, 5-6 oct.

3690   QUILLARD, Pierre: "Emile Zola", *MF*, XLIV, n° 155, nov., pp. 383-90.

3691   L-R.: "Zola", *Neue Deutsche Rundschau*, XIII, n° 11, pp. 1221-3.   [WII]

3692   T. R.: "Emile Zola", *Zora*, I, n° 1, p. 14.   [BUSM]
       [En serbo-croate]

3693   RANSOHOFF, G.: "Emile Zola", *Die Nation*, XX, n° 1, 4 oct., pp. 4-5.

3694   RAPHAEL, John N.: "A Key to Emile Zola", *The New Liberal Review* (Londres), IV, n° 22, nov., pp. 504-10.

3695   RATEAU, Jules: "L'œuvre d'Emile Zola", *L'Echo de Paris*, 30 sept.

3696   ---: "Les funérailles de Zola", *L'Echo de Paris*, 5 oct.

3697   RETTE, Adolphe: "Souvenirs sur Emile Zola", *L'Européen*, 1er nov. Rp. in *Le Symbolisme. Anecdotes et souvenirs*. P., Vanier, 1903, pp. 179-94.
       [Voir aussi pp. 176-8 de cet ouvrage]

3698   RICHET, Etienne: "Emile Zola", *L'Evénement*, 30 sept.

3699   ROBERTS, W.: "Emile Zola", *The Athenaeum* (Londres), n° 3910, 4 oct., pp. 450-51.

3700   ROD, Edouard: "The Place of Emile Zola in Literature", *The Contemporary Review* (Londres), LXXXII, nov., pp. 617-31.

3701   R. S.: "An Estimate of Emile Zola", *NYT*, 12 oct., p. 5.

3702   SAINT-REAL: "La carrière de M. Zola et son œuvre", *Le Gaulois*, 30 sept.
       [Voir aussi *ibid.*, 1er oct.]

3703 SAINT-REAL: "Le drame de la rue de Bruxelles. La mort de M. Zola", *Le Gaulois*, 1-5 oct.

3704 SECHE, Alphonse: "Comment Zola fut connu", *La Revue hebdomadaire*, XI, n° 45, 11 oct., pp. 217-21. [Sur la publication de *L'Assommoir*]

3705 SEMENOFF, E.: "Emile Zola et la Russie", *L'Aurore*, 5 oct. [Cf. 4553]

3706 SEMERAU, A.: "Emile Zola", *Wissenschaftliche Beilage der Leipziger Zeitung*, n° 120, 7 oct. [Cf. 3707]

3707 ---: "Emile Zola", *Die Gegenwart*, LXI, n° 42, pp. 246-9. [Cf. 3706]   [WH]

3708 SPRONCK, Maurice: "Emile Zola", *La Liberté*, 30 sept.

3709 ---: "Emile Zola. L'œuvre et l'homme", *Le Correspondant*, CCIX, 10 oct., pp. 110-19.

3710 STANTON, Theodore: "Anecdotes of Zola. The Famous French Novelist's Personal Characteristics and Methods of Work...", *The Evening Post* (New York), 11 oct., p. 13. [Cf. 3711]

*3711 ---: "Personal Souvenirs of Zola", *The Nation*, LXXV, n° 1945, 9 oct., p. 281. Voir aussi *The Independent*, LIV, 9 oct., pp. 2395-6. [Cf. 3710 et 6976]

3712 SUAU, Pierre: "Emile Zola", *Etudes*, 39e année, XCIII, n° 6, 20 oct., pp. 248-60.

3713 SVETIC, Franc: "Emil Zola", *Ljubljanski zvon*, XXII, n° 11, pp. 753-8.   [BUSM] [En slovène]

3714 TADIN, Kalisto: "Emile Zola", *Srdj*, I, n° 19, pp. 889-94.   [BUSM] [En serbo-croate - Cf. 3718]

3715 TAILHADE, Laurent: "La marche vers l'Immortalité", *L'Aurore*, 6 oct.

3716 TARDIEU, Eugène: "Madame Zola", *L'Echo de Paris*, 30 sept.

3717 UN TEMOIN: "Un chapitre d'histoire littéraire", *Le Figaro*, 4 oct.

3718 TORQUATO, Dr: "Emil Zola", *Srdj*, I, pp. 889-94.   [BUSM] [Cf. 3714]

3719 TOULOUSE, D^r: "La névropathie de Zola", *La Chronique médicale*, IX, n° 20, 15 oct., pp. 664-9. Voir aussi pp. 670-2: "La psycho-physiologie d'Emile Zola"; pp. 673-6: "Les théories médicales de Zola. Son opinion sur l'hypnotisme et l'allaitement"; p. 676: "Anecdotes" (de Paul Alexis et Félicien Champsaur). [Cf. 2373]

3720 TRARIEUX, Gabriel: "Emile Zola, homme d'action", *"Pages Libres"*, II, n° 94, 18 oct., pp. 338-44. Rp. en partie in *Cahiers de la Quinzaine*, 4e série, 5e cahier, déc. 1902, pp. 22-8.

3721 TRARIEUX, L.: "Un monument à Emile Zola", *Le Siècle*, 1er oct.

3722 ---: "Lettre de M. Trarieux", *L'Aurore*, 1er oct.

3723 UDINE, Jean d': "Théâtre", *REn*, II, n° 73, nov., pp. 542 0.

3724 E. V. [Ernest VAUGHAN]: "Calomniez! Calomniez!", *L'Aurore*, 1er oct. [fac-similé d'une lettre de Z. à Vaughan du 14 mai 1902]

3725 VAJANSKY: "Zolismus", *Národní noviny*, 9 oct. [BUKB] [En slovaque]

3726 VAUGHAN, Ernest: "Emile Zola", *L'Aurore*, 30 sept.

3727 ---: "Les "sans-patrie"," *L'Aurore*, 3 oct.

3728 VICE-RIP: "Da una settimana all'altra. La morte di Emilio Zola", *Minerva* (Rome), 12e année, XXII, n° 43, 5 oct., pp. 1025-6.

3729 VIE, Ch.: "Les funérailles d'Emile Zola", *PR*, 7 oct.

3730 L. W.: "Emile Zola", *The Graphic* (Londres), LXVI, n° 1714, 4 oct., p. 447.

3731 WEILAND, Paul: "Emile Zola", *Die Zeit*, XXI, pp. 146-50. [WH]

3732 WEINDEL, Henri de: "Emile Zola", *La Vie illustrée*, n° 207, 3 oct., p. 428.

3733 ZGLINSKI, Daniel: "Emil Zola", *Wędrowiec*, n° 41, pp. 812-3. [BU Varsovie] [En polonais]

3734 ZIELINSKI, Józef: "Smierć i pogrzeb Zoli. Znaczenie społeczne jego działalności", *Prawda*, n° 42. [En polonais: "Mort et funérailles de Zola. Portée sociale de ses activités"]

3735   ANONYME: "Absence de Prompts Secours lors de la mort d'Emile Zola et l'empoisonnement par l'oxyde de carbone", *Gazette médicale de Paris*, 73e année, 12e série, II, n° 41, 11 oct., pp. 323-4.

3736   ---: "Ako umrel Zola", *Národní noviny*, 14 oct.   [BUKB]
[En slovaque - sur la mort de Z.]

3737   ---: "Ako umrel Zola. Správa o príčine smrti", *Slov. noviny*, 25 oct., p. 3.   [BUKB]
[En slovaque - Cf. 3736]

3738   ---: "Après la mort", *L'Echo de Paris*, 1er oct.

3739   ---: "L'asphyxie de M. et Mme Zola", *La Liberté*, 30 sept.

3740   ---: "Avant les obsèques", *Le Journal*, 4-5 oct.

3741   ---: "La carrière d'Emile Zola", *Le Figaro*, 30 sept.

3742   ---: "The Cause of M. Zola's Death", *The British Medical Journal*, 4 oct., p. 1082.

3743   ---: "Ce que dit Mme Emile Zola (à propos de la mort de son mari)", *L'Echo de Paris*, 30 sept.

3744   ---: "Chronique de France", *La Nouvelle-France* (Québec), I, n° 11, nov., pp. 539-40.
[Très hostile]

3745   ---: "Co nového vo svete?", *Lud. noviny*, 3 oct.   [BUKB]
[En slovaque: "Quoi de neuf dans le monde"]

3746   ---: "The Death of Emile Zola", *The Illustrated London News*, XXXI, n° 806, 4 oct., pp. 562-3.
[Voir aussi, sur les funérailles, *ibid.*, 25 oct., p. 602]

3747   ---: "The Death of M. Emile Zola", *The Lancet*, II, 4 oct., p. 945.
[Voir aussi *ibid.*, 11 oct., p. 1019]

3748   ---: "La décoration de Zola", *L'Aurore*, 30 sept.

3749   ---: "La démocratie et Zola", *L'Aurore*, 3-5 oct.

3750   ---: "Deux pages d'Anatole France", *La Libre Parole*, 6 oct.
[Oppose un ext. de l'article sur *La Terre* et un ext. du discours (3589) - Cf. 4616]

3751   ---: "Dreyfus aux obsèques de Zola", *L'Autorité*, 7 oct.

3752   ---: "Dreyfus to Stay Away from Zola's Funeral", *NYT*, 4 oct., p. 9.

3753 ANONYME: "Les Echos de Paris", *APL*, 20e année, 2^e
semestre, n⁰ 1006, 5 oct., pp. 212-4.
[Voir aussi pp. 216-21: Z. à l'étranger - opinions;
ext. de 2505, article de Bourget]

3754 ---: "Emil Zola", *Bosanska Vila*, XVII, n°s 18-19, p. 355.
[En serbo-croate] [BUSM]

3755 ---: "Emil Zola", *Slovenka* (Trst), n°s 11-12, p. 322.
[En slovène] [RV]

3756 ---: "Emil Zola", *Kolo*, IV, p. 436. [BUSM]
[En serbo-croate]

3757 ---: "Emil Zola", *Katoliški obzornik*, VI, n⁰ 4, p. 271a.
[En slovène] [BUSM]

3758 ---: "Emil Zola", *Brankovo Kolo*, VIII, n⁰ 38, p. 1216.
[En serbo-croate] [BUSM]

3759 ---: "Emil Zola. Opráva o smrti, zo životopisu",
Národní noviny, 2 oct. [BUKB]
[En slovaque - sur la mort de Z.]

3760 ---: "Emil Zola. Wspomnienie pozgonne", *Prawda*, n⁰ 40,
p. 478. [BU Varsovie]
[En polonais - article commémoratif]

3761 ---: "Emil Zola zomrel. Správa", *Slov. noviny*, 30 sept.-
2 oct. Voir aussi *ibid.*, 6 oct. [BUKB]
[En slovaque]

3762 ---: "Emile Zola", *Allgemeine evangelisch-lutherische
Kirchenzeitung*, XXXV, n⁰ 41, pp. 973-6. [WH]

3763 ---: "Emile Zola", *Allgemeine Zeitung des Judenthums*
(Leipzig), LXVI, n⁰ 41, pp. 485-7. [WH]

3764 ---: "Emile Zola", *Berliner Illustrirte Zeitung*, XI,
n⁰ 40, 5 oct., p. 628.

3765 ---: "Emile Zola", *Le Constitutionnel*, 2 oct.

3766 ---: "Emile Zola", *The Dial* (Chicago), XXXIII, n⁰ 392,
16 oct., pp. 231-4.

3767 ---: "Emile Zola", *L'Eclair*, 3-4 oct.

3768 ---: "Emile Zola", *Le Journal*, 30 sept.

3769 ---: "Emile Zola", *La Lanterne*, 1er oct.

3770 ---: "Emile Zola", *The Living Age* (Boston), CCXXXV,
n⁰ 3044, 8 nov., pp. 376-8.

3771 ---: "Emile Zola", *Le Monde illustré*, XLVI, n⁰ 2375,
4 oct., p. 320.

3772 ANONYME: "Emile Zola", *The Nation* (New York), LXXV, n° 1944, 2 oct., pp. 260-1.

3773 ---: "Emile Zola", *NYT*, 30 sept., p. 8.

3774 ---: "Emile Zola", *The Review of Reviews* (Londres), XXVI, n° 154, oct., p. 375.

3775 ---: "Emile Zola", *The Saturday Review* (Londres), XCIV, n° 2449, 4 oct., pp. 419-20.

3776 ---: "Emile Zola", *Slovenec* (Ljubljana), n° 224, p. 2.
[En slovène]   [RV]

3777 ---: "Emile Zola", *The Spectator* (Londres), LXXXIX, n° 3875, 4 oct., pp. 485-6.

3778 ---: "Emile Zola (1840-1902)", *REn*, II, n° 73, pp. 525-53.
[Articles d'Henri Castets, Ph. Poirrier, G. Pellissier, Jean d'Udine; discours aux obsèques de Z.; bibliographie - Cf. 3555, 3682, 3723 et 3916]

3779 ---: "Emile Zola and His Life Work", *The Review of Reviews* (Londres), XXVI, n° 155, nov., p. 503.

3780 ---: "Emile Zola Dead from Asphyxiation", *NYT*, 30 sept., p. 9.

3781 ---: "Emile Zola et Ernest Renan", *Le Temps*, 9 oct.
[Lettre de Z. du 26 sept. 1902 sur une statue de Renan]

3782 ---: "Emile Zola. Notes et impressions", *Le Siècle*, 2-7 oct.
[Une série de lettres - hommages de: Alfred Dreyfus, Alfred Bruneau, Octave Mirbeau, Camille Lemonnier, etc.]

3783 ---: "Emile Zola's Career", *NYT*, 30 sept., p. 9.
[La carrière de Z.]

3784 ---: "Emilio Zola", *A Comedia portugueza* (Lisbonne), I, n° 38, 6 oct., p. 2.

3785 ---: "En Italie" "En Espagne", *L'Aurore*, 6 oct.

3786 ---: "English Opinion of Zola", *NYT*, 5 oct., p. 4.

3787 ---: "L'enterrement de Zola", *L'Autorité*, 7 oct.

3788 ---: "Fund Started Here for a Zola Statue", *NYT*, 13 oct., p. 5.
[A propos d'une réunion de The Zola Literary and Benevolent Association]

3789   ANONYME: "Les funérailles", *L'Aurore*, 6 oct.

3790   ---: "Les funérailles d'Emile Zola", *PR*, 7 oct.

3791   ---: "Les funérailles d'Emile Zola", *La Vie illustrée*,
         10 oct., pp. 8-9.

3792   ---: "Les funérailles de Zola", *Le Matin*, 6 oct.

3793   ---: "La Glorification du Traître", *La Libre Parole*,
         2 oct.

3794   ---: "Hommages à Zola", *L'Aurore*, 6, 7, 8, 10, 12, 13,
         15, 19, 26, 27 oct.

3795   ---: "Interview de M. Georges Charpentier", *Le Français*,
         30 sept.

3796   ---: "Late Emile Zola", *The Jewish World*, LIX, n° 3,
         10 oct., p. 44.

3797   ---. "Léon XIII et Zola", *L'Eclair*, 3 oct.

3798   ---: "Letterkundige Kroniek. Bij Zola's dood", *De Gids*,
         LXVI, nov., pp. 337-43.
         [En hollandais]

3799   ---: "Une lettre de Blasco Ibáñez", *L'Aurore*, 3 oct.

3800   ---: "Lettre de Domela Nieuwenhuis", *L'Aurore*, 7 oct.
         [Directeur du journal russe *Vrije socialist*]

3801   ---: "Lettre d'Hector Denis", *L'Aurore*, 6 oct.

3802   ---: "M. Emile Zola et les socialistes révolutionnaires",
         L'Eclair, 1er oct.

3803   ---: "M. Emile Zola. La journée des obsèques", *L'Eclair*,
         6 oct.

3804   ---: "M. et Mme Emile Zola asphyxiés", *Gil Blas*, 30 sept.

3805   ---: "M. et Mme Emile Zola asphyxiés. Mort de M. Emile
         Zola", *Le Temps*, 30 sept.

3806   ---: "M. et Mme Zola asphyxiés...", *Le Français*, 30 sept.

3807   ---: "M. Zola et Dreyfus", *Le Gaulois*, 30 sept.

3808   ---: "M. Zola's Funeral", *NYT*, 5 oct., p. 4.

3809   ---: "Les ministres et Zola", *L'Autorité*, 7 oct.

3810   ---: "Le monument d'Emile Zola", *L'Aurore*, 2 oct.

3811   ---: "La mort", *Le Matin*, 30 sept.

3812   ---: "La mort d'Emile Zola", *L'Aurore*, 30 sept.-1er oct.

3813   ANONYME: "La mort d'Emile Zola", *L'Autorité*, 1ᵉʳ-13
        oct.

3814   ---: "Mort d'Emile Zola" et "La mort de Zola", *Biblio-
        thèque universelle et Revue suisse* (Genève), XXVIII,
        nº 83, nov., pp. 377-9 et 437-9.

3815   ---: "La mort d'Emile Zola", *Le Constitutionnel*, 1ᵉʳ
        oct.

3816   ---: "La mort d'Emile Zola", *L'Echo de Paris*, 30 sept.

3817   ---: "La mort d'Emile Zola...", *L'Eclair*, 30 sept.

3818   ---: "La mort d'Emile Zola", *Le Français*, 1ᵉʳ oct.

3819   ---: "La mort d'Emile Zola", *Gil Blas*, 1ᵉʳ, 3-5 oct.

3820   ---: "La mort d'Emile Zola", *L'Illustration*, 2 oct.

3821   ---: "La mort d'Emile Zola", *Le Journal*, 1ᵉʳ-3 oct.

3822   ---: "La mort d'Emile Zola", *Les Nouvelles illustrées*,
        2 oct., pp. 1, 4-5.

3823   ---: "Mort d'Emile Zola", *Le Petit Journal*, 30 sept.-
        5 oct.

3824   ---: "La mort d'Emile Zola", *Le Temps*, 7 et 13 oct.

3825   ---: "La mort d'Emile Zola. Avant les obsèques",
        L'Aurore, 2-4 oct.

3826   ---: "La mort d'Emile Zola. Les obsèques", *L'Aurore*,
        5 oct.

3827   ---: "La mort de M. Emile Zola", *Gil Blas*, 9 oct.

3828   ---: "La mort de M. Emile Zola", *Le Temps*, 9 oct.
        [A propos de l'enquête sur les causes de la mort de Z.]

3829   ---: "La mort de M. Zola", *L'Evénement*, 1ᵉʳ oct.

3830   ---: "La mort de M. Zola", *Le Siècle*, 1ᵉʳ-4 oct.

3831   ---: "La mort de M. Zola. Avant les obsèques", *L'Evéne-
        ment*, 3-4 oct.

3832   ---: "La mort de Zola", *La Chronique médicale*, IX, nº
        20, 15 oct., p. 645.

3833   ---: "La mort de Zola", *Le Constitutionnel*, 2, 4-5 oct.

3834   ---: "La mort de Zola", *L'Eclair*, 1ᵉʳ oct.

3835   ---: "La mort de Zola", *L'Evénement*, 2 et 10 oct.

3836   ---: "La mort de Zola", *Le Journal*, 30 sept.

3837 ANONYME: "La mort de Zola", *Le Matin*, 1er-5 oct.

3838 ---: "La mort de Zola", *Le Petit Journal*, 7-10 oct.

3839 ---: "La mort de Zola", *PR*, 2-5 oct.

3840 ---: "La mort de Zola. Les condoléances", *PR*, 8 oct.

3841 ---: "La mort de Zola. L'enquête. Les experts", *PR*, 10 oct.

3842 ---: "Mort et funérailles de Zola", *L'Illustration*, 10 oct.

3843 ---: "Mort tragique d'Emile Zola", *L'Eclair*, 30 sept.

3844 ---: "Mort tragique d'Emile Zola", *Le Journal*, 30 sept.

3845 ---: "Mort tragique d'Emile Zola", *La Lanterne*, 1er oct.

3846 ---: "Mort tragique d'Emile Zola", *PR*, 1er oct.

3847 ---: "Mort tragique de M. Zola" et "Notes biographiques", *L'Evénement*, 30 sept.

3848 ---: "Musings without Method", *Blackwood's Magazine* (Edimbourg-Londres), CLXXII, n° 1045, nov., pp. 703-7.

3849 ---: "O Zolovi", *Národní noviny*, 30 oct.   [BUKB] [En slovaque: "Sur Zola"]

3850 ---: "Les obsèques d'Emile Zola", *L'Eclair*, 5 oct.

3851 ---: "Les obsèques d'Emile Zola", *Gil Blas*, 6 oct.

3852 ---: "Les obsèques d'Emile Zola", *Les Nouvelles illustrées*, 9 oct., pp. 1, 4-5.

3853 ---: "Obsèques d'Emile Zola", *Le Petit Journal*, 6 oct.

3854 ---: "Les obsèques d'Emile Zola", *Le Temps*, 6-7 oct.

3855 ---: "Les obsèques de M. Zola", *Le Siècle*, 5 oct.

3856 ---: "Obsèques de provocation", *La Libre Parole*, 3 oct.

3857 ---: "Les obsèques de Zola", *L'Autorité*, 3 oct.

3858 ---: "Les Obsèques de Zola", *L'Evénement*, 6 oct.

3859 ---: "Les obsèques de Zola", *PR*, 2-6 oct.

3860 ---: "Les obsèques de Zola", *Le Siècle*, 6 oct.

3861 ---: "Offers 5,000f. toward Zola Statue", *NYT*, 3 oct. p. 1.

3862 ---: "L'opinion des médecins", *Le Gaulois*, 30 sept.

3863 ---: "Opinions", *REn*, II, n° 73, nov., pp. 548-51.

3864   ANONYME: "Paris Jottings", *The Graphic* (Londres), LXVI,
       n° 1715, 11 oct., pp. 486-7.
       [Voir aussi pp. 490-1]

3865   ---: "Paríž. Správa o smrti Emila Zolu", *Národní noviny*,
       30 sept.   [BUKB]
       [En slovaque]

3866   ---: "The Passing of Zola", *Current Literature* (Londres),
       XXXIII, n° 6, déc., pp. 675-6.

3867   ---: "Pogreb Emila Zole", *Male Novine*, 25 sept.   [BUSM]
       [En serbo-croate - sur les funérailles de Z.]

3868   ---: "La Presse", *L'Aurore*, 1er et 3 oct.
       [Plusieurs ext. de la presse étrangère]

3869   ---: "The Rambler", *The Book Buyer* (New York), XXV, n°
       4, nov., pp. 297-300.

3870   ---: "Sa vie", *Le Matin*, 30 sept.

3871   ---: "Some Aspects of Zola", *Macmillan's Magazine* (Lon-
       dres), LXXXVII, nov., pp. 67-71.

3872   ---: "Stimmen zu Zolas Tode", *Das litterarische Echo*
       (Stuttgart), IV, nov., pp. 174-8.   [D 1173]

3873   ---: "Suicide ou accident?", *Le Gaulois*, 30 sept.

3874   ---: "Testament Zolov. Správa", *Národní noviny*, 7 oct.
       [En slovaque]   [BUKB]

3875   ---: "Thousands March at Funeral of Emile Zola", *NYT*,
       6 oct., p. 1.

3876   ---: "Zo života Zolovho", *Národní noviny*, 4 oct.   [BUKB]
       [En slovaque - sur la jeunesse de Z.]

3877   ---: "Zola", *The Academy* (Londres), LXIII, n° 1587, 4
       oct., pp. 337-8.

3878   ---: "Zola", *The Jewish Chronicle* (Londres), n° 1748,
       3 oct., p. 22.

3879   ---: "Zola", *The Outlook* (Londres), LXXII, n° 5, 4 oct.,
       pp. 247-8.

3880   ---: "Zola", *Die Zukunft* (Berlin), XLI, n° 2, 11 oct.,
       pp. 49-64.

3881   ---: "Zola and Dreyfus", *The Bookman* (New York), XVI,
       n° 3, nov., p. 211.

3882   ---: "Zola et la postérité", *Le Constitutionnel*, 8 oct.

3883   ---: "Zola et les travailleurs", *L'Aurore*, 1er-6 oct.

3884   ANONYME: "Zola et les Universités Populaires", *L'Aurore*, 3-4 oct.

3885   ---: "Zola intime", *Le Constitutionnel*, 6 oct.

3886   ---: "Zola juzgado por los extranjeros", *El Cojo ilustrado* (Caracas), 1ᵉʳ déc.   [BU Caracas]   ["Zola jugé par les étrangers"]

3887   ---: "Zolas Leichenfeier", *Berliner Illustrirte Zeitung*, XI, nᵒ 41, 12 oct., p. 643.

3888   ---: "Zola's Will Opened", *NYT*, 3 oct., p. 9. [Sur le testament de Z.]

[Voir aussi 4379, 4636 et D 1529-41: collection d'articles français et étrangers sur la mort de Z.]

*

3889   F. D'A.: "Emilio Zola", *México*, 5 sept.   [D 1172]

3890   ALEXANDRE, Arsène: "Emile Zola et les arts", *Le Figaro*, 1ᵉʳ oct.

3891   THE AUTHOR OF *AN ENGLISHMAN IN PARIS* [Albert D. VANDAM?]: "How Zola Worked", *The Monthly Review* (Londres), IX, nᵒ 26, nov., pp. 86-98.

3892   BARRANX, Serge: "La *Revue* chez Emile Zola à propos de *Vérité*", *La Semaine sociale*, I, nᵒ 11, 21 sept., pp. 185-6. [Interview]

3893   BRAININ, R.: "Eine Stunde bei Zola", *Allgemeine Zeitung des Judenthums* (Leipzig), LXVI, nᵒ 42, pp. 502-4. [WH]

*3894   BRISSON, Adolphe: "L'aube de la gloire (documents inédits)", *Le Temps*, 25 nov. Rp. in *L'Envers de la gloire. Enquêtes et documents inédits*. P., Flammarion, 1905, pp. 70-89. Voir aussi 3895. [Plusieurs lettres de Z. à Albert Lacroix]

*3895   ---: "Le caractère d'Emile Zola (documents inédits)", *Le Temps*, 4 oct. Rp. in *L'Envers de la gloire* (voir 3894), pp. 90-105. [Z. chez les Charpentier - lettres de Z. - Cf. 3894]

3896   CEARD, Henry: "Naturalistes", *L'Evénement*, 11 oct. [Sur le groupe de Médan]

3897   ---: "Zola et Balzac", *L'Evénement*, 21 oct. Cf. 4393.

3898   CIM, A.: "Zola et le dîner des gens de lettres", *RBl*, XVIII (4ᵉ série), nᵒ 15, 11 oct., pp. 470-3. Rp. in

Le Dîner des gens de lettres. Souvenirs littéraires.
P., Flammarion, 1903, pp. 68-91.

3899 COOPER, Frederic Taber: "Emile Zola's Paris (illustrated)", *The Bookman* (New York), XVI, n° 3, nov.,
pp. 240-50.
[Paris dans l'œuvre de Z.]

3900 EMILE-MICHELET, V.: "Zola et la médecine", *La Correspondance médicale*, IX, n°s 197-8, p. 10.   [JBG]

3901 FATH, Robert: "La méthode scientifique en littérature",
La Chronique médicale, IX, n° 20, 15 oct., pp. 646-50.

3902 FLEURY, M. de: "La documentation du Dr Pascal", *ibid.*,
pp. 650-2.

3903 GASTON, J.: "Les prétentions scientifiques de Zola",
ibid., n° 22, 15 nov., p. 754.
["Le romancier montre, mais ne démontre pas"]

3904 HELFERICH, Herman: "Zola als Kunstkritiker", *Die
Zukunft* (Berlin), XLI, n° 2, 11 oct., pp. 65-75.
Rp. in *Malerei von Emile Zola*. Ed. H. Helferich.
Berlin, Cassirer, 1903. Pr. aux textes des salons
de Z.

3905 LEBLOND, Marius-Ary: "Le Roman et la Science", *REn*,
II, n° 69, pp. 425-7.

3906 LOTSCH, F.: "Eine stilistische Eigentümlichkeit Zolas.
[I]. Die Wiederholungen. II. Die Satzwiederholungen",
Neuphilologisches Centralblatt (Hanovre), XVI, n°s
1-2, janv.-févr., pp. 6-10, 37-40.
[La répétition dans l'œuvre de Z.]

3907 MALATO, Ch.: *"Germinal"*, *L'Aurore*, 3 oct. Voir aussi
le 11 oct.
[Lettre de Z. du 15 nov. 1885 au directeur du *Peuple*,
journal belge - Cf. 3935]

3908 MARTEL, Charles: "Zola, auteur dramatique", *L'Aurore*,
30 sept.

3909 MATOS, Antun Gustav: "Zola i Elémir Bourges. U Parizu,
mjeseca listopada 1902", *Narodne Novine*, LXVIII,
p. 242.   [BUSM]
[En serbo-croate - Une comparaison]

3910 MEDEA, E.: "Emilio Zola gindicato da uno psicologo",
*Bollettino delle cliniche scient. d. Poliasnbul. di
Milano*, XIV, pp. 193-7.   [JBG]

3911   NAGAI, Kafū: "Zora-shi no kokyō", *Jōzetsu* (Tokyo), n°
       3. Rp. in [*Les Œuvres complètes de Kafu*], *XVIII*.
       Tokyo, Iwanami-shoten, 1964, pp. 255-8.   [KO]
       [En japonais - "Le pays natal de M. Zola"]

3912   ---: "Zora-shi no *Kessaku (Rāburu)* o yomu", *Jōzetsu*
       (Tokyo), n° 5. Rp. in *ibid.* (voir 3911), pp. 259-63.
       [En japonais - "Je lis *L'Œuvre* de M. Zola"]   [KO]

3913   ---: "Zora-shi no saku *La Bête humaine*", *Jōzetsu*
       (Tokyo), n° 6. Rp. in *ibid.* (voir 3911), pp. 266-8.
       [En japonais - *"La Bête humaine* de M. Zola"]   [KO]

3914   NORDAU, Max: "La prétendue originalité de Zola", *La
       Chronique médicale*, IX, n° 20, 15 oct., pp. 655-60.
       [L'œuvre de Z. n'a aucune valeur scientifique]

3915   THE OBSERVER: "News Notes from Paris", *NYT*, 21 sept.,
       p. 4.
       [A propos de *Vérité*]

3916   POIRRIER, Ph.: "Zola au point de vue anthropologique",
       REn, 11, 1er nov., pp. 532-6.
       [A propos de 2373]

3917   PROD'HOMME, J.-G.: "Zola et la musique", *Zeitschrift
       der internationalen Musikgesellschaft*, IV, pp. 102-12.
                                                          [WH]

3918   3. 3.. "Der junge Zola", *Die Kultur*, I, n° 10, 2 nov.,
       pp. 639-46.
       [Sur les premières œuvres de Z. jusqu'en 1869]

3919   SAINT-PAUL, G.: "Le langage intérieur chez Zola", *La
       Chronique médicale*, IX, n° 20, 15 oct., pp. 661-3.
       [Cf. 4233]

3920   SAINTSBURY, George: "The Literary Prophets of the
       Later Nineteenth Century", *The Independent*, LIV,
       n° 2820, 18 déc., pp. 3023-6.
       [Sur Z., Tolstoï et Ibsen]

3921   SANTILLANE: *"Les Soirées de Médan"*, *Gil Blas*, 2 oct.

3922   STIFTAR, Božidar Franc: "Dve sodbi Turgenjeva",
       Slovenka (Trst), nos 11-12, p. 321.   [RV]
       [En slovène - jugements de Tourgueniev sur Z.]

3923   VIZETELLY, Edward Henry: "M. Zola's *Thérèse Raquin*",
       The Times (Londres), 21 mars, p. 9.
       [Polémique avec son frère à propos d'une tr. anglaise -
       Cf. 3924-5]

3924   VIZETELLY, Ernest Alfred: "M. Zola's *Thérèse Raquin*",

The Times (Londres), 19 mars, p. 5.
[La tr. publiée par son frère (voir 3923) n'a pas
été autorisée par Z.]

3925 VIZETELLY, Ernest Alfred: "M. Zola's Novels", *The
Times* (Londres), 22 mars, p. 10.
[Réponse à 3923]

3926 ANONYME: "Brunetière on Zola", *The Bookman* (New York),
XVI, n° 3, nov., pp. 222-3.

3927 ---: "Chronicle and Comment", *ibid.*, n° 4, déc., pp.
314-6.
[Sur 1659 et sur l'influence de Z. en Italie]

3928 ---: "La dernière interview de Zola. Zola et les
instituteurs", *PR*, 10 oct.
[A propos de 3892]

3929 ---: "Deux lettres de Zola", *L'Aurore*, 7 oct.
[Du 14 oct. 1901 à M. Le Grandais et à Francis
Jourdain]

3930 ---: "Emil Zola, slavni francuski književnik", *Stampa*,
I, n° 9, 17 sept.   [BUSM]
[En serbo-croate: "Emile Zola, célèbre écrivain
français"]

3931 ---: "Emilio Zola. Lettere - Autografo", *Revista
moderna politica e letteraria* (Rome), VI, n° 19,
1er oct., pp. 115-8.
[5 lettres à Primo Levi 1896-1899]

3932 ---: *"Germinal"*, *L'Aurore*, 3 oct.
[Lettre de Z. à Jean Volders du 15 nov. 1885]

3933 ---: *"Germinal"*, *L'Aurore*, 20 oct.
[Au théâtre des Bouffes-du-Nord]

3934 ---: "Une lettre de Zola", *L'Aurore*, 14 oct.
[A Ernest Alfred Vizetelly]

3935 ---: "Une lettre de Zola au *Peuple* de Bruxelles", *PR*,
2 oct.
[Cf. 3907]

3936 ---: "Notre enquête sur Emile Zola", *La Plume*, XIV,
n°s 324-5, 15 oct.-1er nov., pp. 1213-40, 1271-82.
[Réponses de 48 écrivains français et étrangers -
Sur les réponses des écrivains belges, voir *L'Art
moderne* (Bruxelles), XXIII, 22 févr. 1903, p. 62.]

3937 ---: "O Zolovi. Z článku V.A. Gorlova v petrohradském
Svete", *Národní noviny*, 11 nov.   [BUKB]

[En slovaque - à propos d'un article russe sur Z.]

3938   ANONYME: "Théâtre-Antoine. *La Terre*, *REn*, II, n° 57,
        p. 142.
        [Sur le drame de Raoul de Saint-Arroman et Charles
        Hugo]

3939   ---: "Les théories médicales de Zola. Son opinion sur
        l'hypnotisme et l'allaitement", *La Chronique médicale*,
        IX, n° 20, 15 oct., pp. 673-6.

3940   ---: "Zola and the Humbert Case", *The Idler* (Londres),
        XXII, nov., p. 223.

3941   ---: "Zola et la Russie", *Le Temps*, 13 oct.

3942   ---: "Zola lauréat", *Le Temps*, 4 oct.
        [Z. au collège]

3943   ---: "Zola superstitieux", *La Lumière*, X, n° 260, nov.,
        p. 328.

DEUXIEME PARTIE

1 9 0 3 - 1 9 5 1

1903

3944 BOUVIER, Bernard: *L'Œuvre de Zola*. Genève, Eggimann,
[1903]. 91p.
[Trois conférences prononcées à l'Université de
Genève, les 11, 13 et 16 mars 1903]

3945 BRISSON, Adolphe: "Emile Zola", in *Les Prophètes*. Paris,
Tallandier-Flammarion, [1903?], pp. 326-32.

3946 DE MEESTER, Johan: *De Menschenliefde in de werken van
Zola. Eene Lezing*. Rotterdam, Brusse. 35p.
[La charité dans l'œuvre de Z.]

3947 GOURMONT, Remy de: "Monsieur Zola", in *Epilogues,
réflexions sur la vie, 1895-1898*. P., Mercure de
France, pp. 30-4.
[Ecrit en mars 1896]

3948 JABŁONOWSKI, Władysław: *Emil Zola. (Charakterystyka
twórczości)*. Varsovie, Sennewald. 31p.
[En polonais - Cf. 3620]

3949 KRAUSKOPF, Rabbi Joseph: "A Wreath upon the Grave of
Emile Zola. A Sunday Lecture before the Reform
Congregation Keneseth Israel", in *The Seven Deadly
Sins, the Cardinal Virtues and Other Lectures De-
livered at Keneseth Israel Temple during Winter
1902-1903*. Philadelphie, Klonower, [1903], pp. 1-10.
Voir aussi *NYT*, 3 nov. 1902.

3950 LE BLOND, Maurice: *Emile Zola. Son Evolution - son
influence*. P., Editions du Mouvement Socialiste. 28p.

3951 RUNGE, Ernst: "Emile Zola", in *XXXI. Jahresbericht über
das städtische Progymnasium zu Schlawe*. Schlawe,
pp. i-xv.

3952 SCHLISMANN, Aloys Rob: *Beiträge zur Geschichte und
Kritik des Naturalismus*. Kiel-Leipzig, Lipsius &
Tischer, pp. 51, 57-60, 73, 79-83, 94-6, 136-8.   [WH]

3953 SCHMIDT, Bertha: "Emile Zola 1840-1902", in *Esquisses
littéraires. Le Groupe des romanciers naturalistes.
Balzac, Flaubert, Daudet, Zola, Maupassant*. Karlsruhe,

Braun, pp. 128-78.
[Etude générale basée sur 543]

Sur "Vérité":

3954 CORDAY, Michel: "Les livres. *Vérité*, le dernier livre d'Emile Zola", *La Lanterne*, 12 mars.
[Ext. in Bern., pp. 680-1]

3955 ELOESSER, Arthur: "Zolas letzter Roman", *Vossische Zeitung*, 8 mars. [WH]

3956 FLOWER, B.O.: "Books of the Day", *Arena* (Boston), XXIX, no 6, juin, pp. 662-5.

3957 LE ROY, Albert: "Les Lettres et les Mœurs. Le dernier roman d'Emile Zola", *Le Siècle*, 5 mars.
[Ext. in Bern., pp. 681-2]

3958 LITTLEFIELD, Walter: "Zola's Last Novel", *The Critic* (New York), XLII, no 3, mars, pp. 276-9.

3959 P.E.M.: "Zola's *Truth*", *The Independent* (Boston-New-York), LV, no 2831, 5 mars, pp. 562-4.

3960 PELLISSIER, Georges: "*Vérité* par Emile Zola", *La Revue*, 14e année, XLIV, no 4, 15 févr., pp. 479-83.
[Ext. in *O.C., VIII*, p. 1500 - Cf. 3961]

3961 ---: "Revue littéraire. *Vérité*, par Emile Zola", *REn*, III, no 84, 15 févr., p. 200.
[Cf. 3960]

3962 QUILLER-COUCH, A.T.: "Zola's *Truth*", *The Bookman* (New York), XVII, no 3, mai, pp. 253-4. Cf. *The Bookman* (Londres), XXIV, no 139, avril, pp. 20-2.

3963 RANSOHOFF, G.: "Zola's *Vérité*", *Die Nation*, XX, no 25, 21 mars, pp. 390-2.

3964 RIOTOR, Léon: "*Le Rappel* artistique et littéraire", *Le Rappel*, 5 mars.
[Ext. in Bern., p. 680]

3965 SIMCHOWITZ, Schachne: "Zolas drittes Evangelium", *Die Kultur*, II, pp. 1137-44. [WH]

3966 TERY, Gustave: "Notre Evangile. *Vérité* par Emile Zola", *La Raison*, 10 mai.
[Ext. in *O.C., VIII*, p. 1499]

3967 VICTOR-MEUNIER, Lucien: "*Vérité*", *Le Rappel*, 26 févr.
[Ext. in Bern., pp. 677-8]

3968 ANONYME: "Letterkundige Kroniek. *Vérité* par Emile Zola", *De Gids*, LXVII, avril, pp. 161-7.

3969   ANONYME: "O Zolinoj *Vérité*", *Nada*, IX, p. 166.   [BUSM]
[En serbo-croate]

3970   ---: "Translations", *The Athenaeum* (Londres), n⁰ 3930,
févr., p. 237.
[c.r. de la tr. anglaise]

3971   ---: "Zola's Last Book", *LW*, XXXIV, n⁰ 4, avril, pp.
73-4.
[c.r. de la tr. anglaise]

3972   ---: "Zola's *Truth*", *The Sewanee Review* (Sewanee,
Tenn.), XI, n⁰ 3, juill., pp. 371-2.

*

3973   BAARTS-WEISSENSEE: "Zola", *Die Reformation*, II, n⁰ 2,
pp. 25-8.   [WH]
[En allemand]

3974   BLUNT, Herbert W.: "The Later Economics of Emile Zola",
The Economic Review (Londres), XIII, avril, pp.
146-56.

3975   CEARD, Henry: "Bréviaire de Moissac", *L'Evénement*, 14
mars.
[A propos des sources du *Rêve* - Ext. in Bern. *Le
Rêve*, pp. 212-5]

3976   ---: "Maisons de Zola", *L'Evénement*, 3 oct.

3977   CHARPENTIER, Armand: "Le pèlerinage de Médan", *L'Action*,
3 sept.
[Sur le premier pèlerinage]

3978   DUFOUR, Médéric: "La philosophie naturaliste d'Emile
Zola", *Revue de Belgique*, 35ᵉ année, 2ᵉ série,
XXXVII, 15 mars, pp. 171-87. Rp.: *La Philosophie
naturaliste de Zola. Critique*. Paris-Lille, Editions
du Beffroi, 1905.

*3979   JAMES, Henry: "Emile Zola", *The Atlantic Monthly* (Boston), XCII, n⁰ 60, août, pp. 193-210. Rp. in *Notes
on Novelists*. Londres, Dent, 1914, pp. 20-50; New
York, Scribner's, 1914, pp. 26-64; in *The Art of Fiction and Other Essays*. New York, Oxford University
Press, 1948, pp. 154-80; in *The Future of the Novel*.
Ed. Leon Edel. New York, Vintage, 1956; in *The House
of Fiction*. Londres, Hart-Davis, 1957, pp. 220-49; in
Selected Literary Criticism. Ed. Morris Shapira. Londres, Heinemann, 1963 (New York, Horizon Press, 1964),
pp. 240-64; in 7203, pp. 506-34.
[Impressions de Z. et jugements perspicaces sur son

œuvre – Voir aussi son étude "The Lesson of Balzac",
texte d'une conférence prononcée en janv. 1905 au
Contemporary Club of Philadelphia, in *The Atlantic
Monthly*, août 1905, pp. 166-80; rp. in *The Question
of Our Speech* (1905), *The Future of the Novel* (1956),
The House of Fiction (1957)]

3980 KRANZ, K.: "Oświata w dziełach Zoli", *Wędrowiec*, n° 10,
pp. 116-8.   [BU Głowna, Poznań]
[En polonais: "L'éducation dans l'œuvre de Zola"]

3981 LANTOINE, Albert: "Emile Zola devant les "Cannibales","
L'Humanité nouvelle, VII, n° 47, mai, pp. 72-90.

3982 MENER, Erich: "Französische Romane", *Das litterarische
Echo* (Berlin), V, n° 20, 15 juill., pp. 1396-7.
[A propos de *Travail*]

3983 NACKE, P.: "Emile Zola. In Memoriam. Seine Beziehung
zur Kriminalanthropologie und Sociologie", *Archiv für
Kriminal-Anthropologie und Kriminalistik* (Leipzig),
XI, pp. 80-98.

3984 NAGAI, Kafū: "Emīru Zora to sono shōsetsu", *Shinseisha*
(Tokyo). Rp. in [*Les Œuvres complètes de Kafu*],
XVIII, Tokyo, Iwanami-shoten, 1964, pp. 231-52.   [KO]
[En japonais: "Emile Zola et ses romans"]

3985 PLATZHOFF-LEJEUNE, Eduard: "Emile Zola", *DR*, CXVI, n°
12, sept., pp. 414-31.

3986 SCHMIDT, Conrad: "Zola's Börsenroman", *Vorwärts (Unter-
haltungsbeilage)*, XX, n° 38, pp. 150-1.   [WH]

3987 SCHOBER, P.: "Ueber die Psycho-Physiologie von Zola",
Heilkunde (Vienne), pp. 14-17.   [JBG]

3988 SNYDER, Henry N.: "The Passing of a Great Literary
Force", *The South Atlantic Quarterly* (Durham), II,
n° 1, janv., pp. 23-7.

3989 STRACHEY, Lionel: "The Books of Emile Zola", *The Lamp*
(Londres), XXVI, n° 5, juin, pp. 409-15.
[Les œuvres de Z. "grotesques", "monstrueuses"]

3990 TAILHADE, Laurent: "A la louange de Zola", *L'Action*,
5 oct.

3991 UNAMUNO, Miguel de: "La novela contemporánea y el
movimiento social", *La Revista blanca* (Barcelone),
XV, pp. 559-64.

3992 VIZETELLY, Ernest Alfred: "Emile Zola at Wimbledon",
The Wimbledon and Merton Annual, pp. 84-94.

3993   VIZETELLY, Ernest Alfred: "Some Recollections of Emile
        Zola", *The Pall Mall Magazine* (Londres), XXIX, pp.
        63-76.

3994   WILKER, Victor: "Emile Zola as a Writer", *The Methodist
        Review* (New York), LXXXV, janv.-févr., pp. 65-70.

3995   ANONYME: "The Cheap Method", *The Academy*, LXV, n° 1634,
        29 août, pp. 192-3.
        [Oppose la méthode de Z. à celle de Henry James -
        Cf. 3979]

3996   ---: "Emil Zola", *Srdj*, II, pp. 485-7.   [BUSM]
        [En serbo-croate]

3997   ---: "Emile Zola", *NZ*, XXI, n° 2, pp. 33-6.   [WH]
        [En allemand - sur la personnalité de Z.]

3998   ---: "Emile Zola: His Life and Work", *The Quarterly
        Review* (Londres), CXCVII, n° 393, janv., pp. 115-38.

3999   ---: "Emile Zola: *Les Trois Villes*", *The Edinburgh
        Review*, CXCVII, n° 403, janv., pp. 141-73.

4000   ---: "La manifestation Zola", *L'Action*, 3-5 oct.
        [Au cimetière Montmartre]

4001   ---: "Zola prophète", *Le Soir*, 19 févr.   [D 1263]
        [Journal belge]

1904

4002   CHARNACE, Guy de: "Emile Zola et son œuvre", in *Hommes
        et choses du temps présent. 2e série*. P., Emile-Paul,
        pp. 61-7.
        [Z. "appartient à la décadence", "à la barberie"]

4003   ELOESSER, Arthur: *Literarische Porträts aus dem modernen
        Frankreich*. Berlin, Fischer. 300p.   [WH]
        [Voir pp. 180-206]

4004   FRANKO, Ivan: Pr. à *Zerminal*. Tr. O. Paškevyč. Lvov,
        1904, pp. 1-11.   [BH]
        [En ukrainien]

4005   GOMEZ CARRILLO, E.: *Las Mujeres de Zola*. Madrid, Casa
        editorial de la Viuda de Rodriguez Serra (*Biblioteca
        Mignon*, XXXVII). 93p.   [CA]

4006   GROS, J.-M.: *Le Mouvement littéraire socialiste depuis
        1830*. P., Michel, [1904]. 322p.
        [Voir pp. 242-62]

4007   LUBLINSKI, Samuel: *Die Bilanz der Moderne*. Berlin,

Cronbach. viii,374p. [YC]

4008 NAŁKOWSKI, Wacław: "Pan Sienkiewicz a Zola", in *Sien-
kiewicziana. Szkice do obrazu*. Cracovie, pp. 34-7.
Rp. in *Pisma społeczne. Wybór*. Varsovie, 1951, pp.
344-7. [BU Varsovie]
[En polonais]

4009 SAINTSBURY, George: "Naturalism" et "Zola", in *A His-
tory of Criticism and Literary Taste in Europe. Vol.
III: Modern Criticism*. Edimbourg-Londres, Blackwood/
New York, Dodd, pp. 454-8.

4010 VIZETELLY, Ernest A.: *Emile Zola, Novelist and Reformer:
An Account of His Life and Work*. Londres, Bodley Head/
New York, J. Lane. 560p. Ext. en français in *BSL*, n°
8, 1926, pp. 17-26 [sur l'exil de Z. en Angleterre].
Voir aussi *L'Ere nouvelle*, 6 mars 1926. Tr. allemande:
Berlin, Fleischel, 1905. 378p.

4011 WILLIAMS, A.M.: "Zola's Theory of the Novel", in *Our
Early Female Novelists and Other Essays*. Glasgow,
MacLehose, pp. 119-34.
[Sur *Le Roman expérimental* et *Les Romanciers natura-
listes*]

4012 BARRY, William: "Life and Writings of Zola", *The Bookman*
(Londres), XXVII, n° 159, déc., pp. 120-1.

4013 BESSE, Emile: "La littérature sociale", *La Grande Revue*,
8ᵉ année, III, n° 9, 15 sept., pp. 481-530.

4014 BUYSSE, Cyriel: "Emile Zola", *Mannen en Vrouwen van
Beteekenis in Onze Dagen*, XXXV, n° 8, pp. 349-88.
[En hollandais]

4015 CAHEN, Emile: "Le Souvenir de Zola", *Archives israélites*,
LXV, 6 oct., pp. 317-8.

4016 CARRERE, Jean: "Emile Zola", *La Revue hebdomadaire*, 13ᵉ
année, X-XI, nᵒˢ 40-1, 43-4, 3, 10, 24 sept. et 1ᵉʳ
oct., pp. 40-8, 164-72, 407-16, 49-60. Rp. in *Les
Mauvais Maîtres*. P., Plon, 1922, pp. 199-233. Tr.
anglaise: Londres, Unwin/New York, Brentano's, 1922,
pp. 197-230.

*4017 CEARD, Henry: "Souvenirs sur *Nana*", *La Revue théâtrale*,
III, févr., pp. 77-8.
[Sur *Nana* au théâtre]

4018 DES GRANGES, Charles-Marc: "Les conventions du théâtre
naturaliste; I. Les théories; II. Les œuvres", *Le*

Correspondant, CCXV, n°s 3-4, 10 et 25 mai, pp. 485-505, 656-79.

4019 LITTLEFIELD, Walter: "The Zola of Anglo-American Appreciation", *The Lamp* (Londres), XXIX, n° 3, oct., pp. 199-205.

4020 ORMOND, John Raper: "An Author's Fight for His Opinions", *The South Atlantic Quarterly* (Durham), III, n° 4, oct., pp. 377-82.

4021 ANONYME: "Emile Zola, poète et lyrique (lettre inédite)", *L'Amateur d'Autographes,* 37e année, n°s 9-10, sept.-oct., p. 233.
[Lettre du 6 nov. 1882 - le romantisme de Z.]

1905

4022 ADERER, Adolphe: *Hommes et choses de théâtre.* P., Calmann-Lévy: *"Une Page d'amour",* pp. 281-3; "Emile Zola et la musique", pp. 284-7.
[Sur le drame de Charles Samson et sur *Messidor*]

4023 BARBIERA, Raffaello: "Giovanni Verga", in *Verso l'Ideale. Profili di letteratura e d'arte.* Milan, Editrice Nationale, pp. 343-75.
[Voir surtout pp. 362-3 - lettre de Z. à Verga du 15 avril 1884]

4024 BATILLIAT, Marcel: *Eloge d'Emile Zola. Discours prononcé le 1er octobre 1905 au nom de la jeune littérature française à la cérémonie commémorative de Médan.* P., Sansot. 23p.

4025 BIRE, Edmond: *Romans et romanciers contemporains.* P., Lamarre : "M. Emile Zola", pp. 291-306; "Un roman sur Lourdes", pp. 307-28.
[Articles de 1893 et 1894 sur *Le Docteur Pascal* et *Lourdes*]

4026 BRANDES, Georg: *Levned.* Copenhague-Christiania, Gyldendalske, 1905-1908. 3 vol.   [YC]
[Voir surtout II, pp. 340-1; III, pp. 164-5, 266-7]

4027 CHARNACE, Guy de: "Le paysan de La Bruyère et le paysan de Zola", in *Hommes et choses du temps présent, 3e série.* P., Emile-Paul, pp. 255-9.
[Contre *La Terre*]

4028 DESSIGNOLLE, Emile: *La Question sociale dans Emile Zola. "Les Rougon-Macquart". "Les Trois Villes".* P., Paul Paclot. 415,ivp.

4029   GOSSE, [Sir] Edmund: "The Short Stories of Zola", in
French Profiles. Londres, Heinemann/New York, Dodd-
Mead, pp. 129-52. Réimpression: Freeport, New York,
Books for Libraries Press, [1970]. xiv,383p.
[Pr. d'un recueil de nouvelles en anglais: *The Attack
on the Mill*. Londres, 1892, pp. 1-45]

4030   GOURMONT, Remy de: "M. Emile Zola", in *Epilogues,
réflexions sur la vie, IIIᵉ série. 1902-1904*. P.,
Mercure de France, pp. 96-104.
[Ecrit en nov. 1902]

4031   GRAND-CARTERET, John: *Zola en images: 280 illustrations,
portraits, caricatures, documents divers*. P., Félix
Juven. 308p.

4032   LEBLOND, Marius-Ary [frères]: *Littérature sociale. La
Société française sous la Troisième République d'après
les romanciers contemporains*. P., Alcan. xvi,314p.
[Types sociaux: l'officier, le financier, l'enfant,
etc. - plusieurs parties sur l'œuvre de Z.]

4033   PHILIPP, Otto: *Der Deutsche Zola? Enthüllungen*. Vienne,
Bielitz-Fröhlich.   [WH]

4034   SHERARD, Robert Harborough: *Twenty Years in Paris: Being
Some Recollections of a Literary Life*. Londres,
Hutchinson. 499p.

4035   WIEGLER, Hans: *Geschichte und Kritik der Theorie des
Milieus bei Emile Zola*. Rostock, Schade. 114p. Inaugural-Dissertation zur Erlangung der Doktorwürde der
hohen philosophischen Fakultät der Landesuniversität
Rostock.

Sur "L'Enfant-Roi" au Théâtre national de l'Opéra-Comique:

4036   FAURE, Gabriel: "Les théâtres. Théâtre national de
l'Opéra-Comique. Première représentation de *l'Enfant-
Roi*", *Le Figaro*, 4 mars.
[Ext. in Bern. *Le Rêve*, pp. 270-1]

4037   GAUTHIER-VILLARS, Henry: "Musique. Opéra-Comique. Première
représentation de *l'Enfant-Roi*", *L'Echo de Paris*, 4 mars.
[Ext. in Bern. *Le Rêve*, p. 271]

4038   LE BLOND, Maurice: "Musique. Opéra-Comique. - *L'Enfant-
Roi*", *L'Aurore*, 4 mars.
[Ext. in Bern. *Le Rêve*, p. 271]

4039   MENDES, Catulle: "Premières représentations", *Le Journal*,
5 mars.
[Ext. in Bern. *Le Rêve*, p. 270]

4040   [Voir aussi les c.r. de Jean Chantavoine et Lucien
       Greilsamer in Rf 49146]

                              *

4041   DICKINSON, Thomas: "Zola's Last Word on Education",
       Education (Boston), XXV, avril-mai, pp. 468-74,
       552-62.
       [A propos de *Vérité*]

4042   FRANKO, Ivan: [c.r. de la tr. de *Germinal* - voir 4004],
       Literaturno-naukovyj vistnyk, XXIX, n° 2, p. 143. [BH]
       [En ukrainien]

4043   MASSIS, Henry: "Comment Zola composa ses romans", *La
       Revue*, 16e année, LVI-LVII, nos 12-13, 15 juin et
       1er juill., pp. 429-55, 53-74.
       [Cf. 4055]

4044   SKERLIC, Jovan: "Kako je Zola sastavljao svoje romane",
       Odjek, IV, n° 163, pp. 2-3; n° 169, pp. 2-3; n° 175,
       pp. 2-3.   [BUSM]
       [En serbo-croate - "Comment Zola composait ses romans" -
       Cf. 4043]

*4045 SOUBERBIELLE, A.: "Souvenirs de Médan", *L'Aurore*, 11
       mars. Ext. in *Les Marges*, n° 9, 1930, pp. 110-1.
       [Souvenirs de Mme Zola]

4046   TORCHET, Julien: "Emile Zola musicien", *Le Guide musical*,
       LI, n° 40, 1er oct., pp. 616-8.

                            1906

4047   BLEIBTREU, Karl: "Zola und Tolstoï", in *Die Vertreter
       des Jahrhunderts II*. Berlin-Leipzig, Luckhardt, pp.
       84-126.

4048   BOURGET, Paul: "De la vraie méthode scientifique", in
       Etudes et portraits [III]. *Sociologie et littérature*.
       P., Plon, pp. 3-22.
       [Article de déc. 1905 - Voir pp. 8, 13-14 sur la
       science dans l'œuvre de Z.]

4049   CASTANEDA, Francisco: *Emilio Zola. Estudios de estética
       y de crítica*. Guatemala, Tipografía Nacional. 352p.

4050   CONRAD, Michael-Georg: *Emile Zola*. Berlin, Bard-Marquardt.
       100p. (Collection: Die Literatur, 28)   [YC]
       [Etude biographique avec des entretiens sur l'esthé-
       tique de Z.]

4051   DESTRANGES, Etienne: *"L'Enfant-Roi". Etude analytique et thématique.* P., Fischbacher. 67p.

4052 FRANCE, Anatole: *Vers les Temps meilleurs, II.* P.,
Pelletan. Voir pp. 7-13: discours aux funérailles
de Z.; pp. 64-7: "Lettre lue à la manifestation
organisée en l'honneur d'Emile Zola, 1er octobre
1904".
[Cf. 4059]

4053 JOUBERT, Maurice: *L'Œuvre scientifique de Zola. La
Notion de l'hérédité dans "Les Rougon-Macquart".*
Bordeaux, Delbrel. 37p. Cf. T67.

4054 MARQUARDT, Rudolf: "Zola", in *Die Beseelung des Leblosen
bei französischen Dichtern des XIX. Jahrhunderts.
Inaugural-Dissertation zur Erlangung der philosophischen
Doktorwürde der hohen philosophischen Fakultat der
Universität Marburg.* Marburg, pp. 34-93.

*4055 MASSIS, Henri: *Comment Emile Zola composait ses romans.
D'après ses notes personnelles et inédites.* P.,
Charpentier. xii,346p.
[Première étude détaillée de la méthode de Z., basée
sur l'examen des dossiers préparatoires de *L'Assommoir*]

4056 SOLARI, Emile: *La Portée morale de l'œuvre d'Emile Zola.*
P., Bibliothèque Coopérative. 30p.

4057 STERN, Simon: *Tolstoi, Zola und das Judentum.* Francfort,
Kauffmann. 14p.
[Cf. 2115]

4058 ANONYME: *Compte-rendu de l'inauguration du buste d'Emile
Zola à la bibliothèque Méjanes.* Aix-en-Provence,
Bourély. 31p.
[Discours de M. Cabassol et de M. Numa Coste]

4059 ---: *"Soirée commémorative en l'honneur d'Emile Zola,
sous la présidence de M. Anatole France, membre de
l'Académie française, 8e anniversaire de "J'accuse...!",*
P., Impr. Jeulin, [1906]. 4p. Le discours d'Anatole
France rp. in *Vers les Temps meilleurs, III.* P.,
Pelletan, 1906, pp. 56-63. [LIP]
[Cf. 4052]

4060 MASAMUNE, Hakuchō: "Zora to Ganbetta", *Taiyō* (Tokyo),
XII, n° 13. Rp. dans l'éd. de ses œuvres complètes:
Tokyo, Shinchō-sha, 1967, pp. 31-2. [KO]
[En japonais: "Zola et Gambetta"]

4061 ---: "Emīro Zora", *Kan-i-seikatsu* (Tokyo), n°s 1-6,

1906-1907. Rp. in *ibid.* (voir 4060), pp. 34-9.　　[KO]
[En japonais: "Emile Zola"]

4062　SCHOTTMULLER, Hiltgart: "Emile Zola und die asketische
　　　　Moral der katholischen Kirche", *Deutschland*, IV, n°
　　　　5, pp. 701-8.　　　　　　　　　　　　　　　　　　[WH]

4063　UGRICIC, Jevta: "Kako je radio Zola", *Politika*, n°
　　　　835, p. 3.　　　　　　　　　　　　　　　　　[BUSM]
　　　　[En serbo-croate -"Comment Zola travaillait" -
　　　　Cf. 4055]

4064　ANONYME: "La documentation scientifique de Zola", *La
　　　　Chronique médicale*, XIII, n° 19, 1er oct., pp. 632-3.

4065　---: "Duel over Dreyfus... Honors of All Kinds Pro-
　　　　posed for Zola", *NYT*, 14 juill., pp. 1-2.

4066　---: "E. Sue, Zola et d'Annunzio devant la psychiatrie",
　　　　La Chronique médicale, XIII, n° 21, 1er nov., p. 712.

4067　---: "L'état mental d'Emile Zola", *ibid.*, 1er oct.,
　　　　p. 642.
　　　　[Z. génie ou dégénéré?]

4068　---: "The Late M. Zola", *The Times* (Londres), 13 déc.,
　　　　p. 10.
　　　　[Vote sur le transfert des cendres de Z. au Panthéon]

4069　---: "Zola and Dreyfus", *NYT*, 15 juill., p. 8.

4070　---: "Zola's Name for Children", *NYT*, 7 déc., p. 5.
　　　　[Mme Zola et les enfants du romancier]

1907

4071　BRULAT, Paul: *Histoire populaire d'Emile Zola*. P.,
　　　　Librairie Mondiale. 121p. Réimpression: P., Albin
　　　　Michel, 1936. 121p.
　　　　[Contient une lettre de Z. à Brulat du 20 déc. 1895]

4072　CREPIEUX-JAMIN, Jules: *L'Expertise en écriture et les
　　　　leçons de l'affaire Dreyfus*. P., Masson. Voir surtout
　　　　la 3e éd. augmentée: *Libres Propos sur l'expertise
　　　　en écritures et les leçons de l'affaire Dreyfus*.
　　　　P., Alcan, 1935. 119p.　　　　　　　　　　　　[LIP]
　　　　[Sur le procès Z.]

4073　DESTRANGES, Etienne: *"Naïs Micoulin"*, *d'Alfred Bruneau*.
　　　　P., Fischbacher. 68p.

4074　GOHIER, Urbain: *Zola au Panthéon*. P., s.éd. 24p.

4075　LAUPTS, le D^r: *A la Mémoire d'Emile Zola*. Lyon, Rey.

19p. Ext. des *Archives d'Anthropologie criminelle, de Médecine légale et de Psychologie normale et pathologique,* XXII, n° 168, 15 déc. 1907, pp. 825-41.
[Cf. 7666]

4076　LEVIN, Poul [Theodor]: *Den Naturalistiske Roman (Flaubert, Zola, Maupassant, Huysmans, Bourget).* Copenhague-Christiania, Gyldendalske Boghandel Nordisk Forlag. 282p.
[En danois - Voir surtout chap. VI: "Zola", pp. 149-98]

*4077　MARTINEAU, Henri: *Le Roman scientifique d'Emile Zola. La Médecine et "Les Rougon-Macquart".* P., Baillière. 272p.
[Insiste sur les insuffisances de la documentation scientifique de Z. et sur les erreurs médicales dans ses romans]

4078　NORMANDY, Georges: *L'Heure qui passe. Masques de Paris, visages de partout (1905-1906).* P., Bibliothèque Générale d'Edition.
[Voir surtout pp. 22-7, 231-4 - hommages: à Médan 1905, et à l'inauguration du buste de Z.]

4079　POINSOT, M.-C.: "Emile Zola et son influence littéraire en Europe", in *Littérature sociale. Roman, poésie, Victor Hugo, Emile Zola, Paul Bourget, Clemenceau, J.-H. Rosny.* P., Bibliothèque Générale d'Edition, pp. 120-44. 2e éd.: P., Société Française d'Imprimerie et de Librairie, 1908, pp. 120-44.

4080　WIECKI, Wiktor: *"Lourdes" Zoli i "Lourdes" Huysmansa.* Cracovie, *Przeglad Powszechny.* 33p. Broszury o Chwili Obecnej. Zesz. 10.　　　　　　　　　　　　　[BU Łódź]
[Brochure en polonais]

Sur "La Faute de l'abbé Mouret", drame d'Alfred Bruneau, à l'Odéon:

4081　DESTRANGES, Etienne: *"La Faute de l'abbé Mouret".* P., Fischbacher. 72p.

4082　ARENE, Emmanuel, et Gabriel FAURE: "Odéon: première représentation de *La Faute de l'abbé Mouret", Le Figaro,* 1er mars.

4083　BRISSON, Adolphe: "Chronique théâtrale", *Le Temps,* 4 mars.

4084　MAULDE, Emile: "Le théâtre. *La Faute de l'abbé Mouret", Le Censeur,* 9 mars.　　　　　　　　　　　　[Rf 49151]

4085   MENDES, Catulle: "Premières représentations", *Le Journal*, 1er mars.

4086   UN MONSIEUR DE L'ORCHESTRE: "La Soirée. *La Faute de l'abbé Mouret* à l'Odéon", *Le Figaro*, 1er mars.

*

4087   PELLISSIER, Georges: "Emile Zola romantique", *La Revue*, 18e année, LXVI, n° 2, 15 janv., pp. 207-13.

4088   REGAN, Jean: "Emile Zola. Conférence", *Après l'Ecole*, XIII, n° 221, 20 déc., pp. 129-35.

4089   SAGERET, Jules: "Paradis laïques: Le paradis de Zola *(Travail)*", *MF*, LXIX, n° 246, 16 sept., pp. 218-33.
        Rp. in *Paradis laïques*. P., Mercure de France, 1909, pp. 64-93.
        [Cf. 4157]

4090   TOUDOUZE, Georges: "Zola au Panthéon", *La Grande Revue*, 11e année, XLI, 1er janv., pp. 37-40.

4091   ANONYME: *"Emile Zola, Correspondance"*, *The Nation* (New York), LXXXV, n° 2193, 11 juill., pp. 38-9.
        [c.r. du premier vol.]

4092   ---: "Kod ženskoga raja. Roman od Emila Zole", *Radničke Novine*, VII, n° 145, pp. 3-4.   [BUSM]
        [En serbo-croate - Sur *Au Bonheur des Dames*]

1908

4093   ARNOLD, Robert F.: *Das Moderne Drama*. Strasbourg, Trübner. x,388p.   [YC]

4094   BRISSON, Henri: *Souvenirs. Affaire Dreyfus. Avec documents*. P., Cornély. xi,349p.

4095   FRYE, Prosser Hall: "Zola", in *Literary Reviews and Criticism*. New York, Putnam/Londres, Knickerbocker Press, pp. 63-81.

4096   LEPELLETIER, Edmond: *Emile Zola, sa vie, son œuvre*. P., Mercure de France. 492p.
        [Ext. in *BAEZ*, n° 5, 1911, pp. 168-72]

4097   SAUVEBOIS, Gaston: *Après le Naturalisme. Vers la Doctrine littéraire nouvelle*. P., Editions de "L'Abbaye". 117p.

4098   TROUBAT, Jules: *Emile Zola. Discours prononcé le 4 octobre 1908 pour le 6e anniversaire de la mort d'Emile Zola au pèlerinage littéraire de Médan*. P., Duc. 17p.

[Ext. in *Le Temps*, 6 oct.]

4099   ANONYME: *Inauguration du Monument Emile Zola, Place Trarieux, à Suresnes, 12 avril 1908. Discours prononcés par MM. Victor Diederich, Louis Havet, Mascuraud, Le Blond.* Suresnes, Payen, [1908]. 32p.

Sur le transfert des cendres de Zola au Panthéon:

4100   BARRES, Maurice: *La Patrie française. Maurice Barrès contre Zola. Discours prononcé par Maurice Barrès le 19 mars 1908 à la Chambre des Députés; articles parus dans "L'Echo de Paris". Compte-rendu de la Grande Réunion de la "Patrie Française", salle Wagram (27 mars 1908).* P., Bureaux de "La Patrie Française", [1908]. 32p; pp. 1-2, c.r. de la réunion au lendemain du discours de Barrès à la Chambre des Députés (voir *Le Bulletin de la Patrie Française* du 1er avril); pp. 3-4, "Emile Zola comme littérateur" (article de *L'Echo de Paris*, 10 mars); pp. 8-23, "Discours prononcé à la Chambre le jeudi 19 mars 1908" (*Le Journal officiel*, 20 mars); pp. 24-7, "Vote des députés dans la Séance du 19 mars 1908 au sujet du crédit relatif au transfert des cendres de Zola au Panthéon"; pp. 28-32, "Lendemain de bataille" (article de *L'Echo de Paris*, 28 mars). Rp. in *L'Œuvre de Maurice Barrès, annotée par Philippe Barrès, IV*. P., Club de l'Honnête Homme, 1965, pp. 603-29 (avec une lettre de Zola à Barrès du 8 juin 1896). Voir aussi *L'Echo de Paris*, 3 juin 1908. Ext. en serbo-croate in *Glasnik Pravoslavne Crkve*, IX, n° 7, 1908, p. 107. Voir aussi 4103.

4101   BASCH, Victor: *Emile Zola au Panthéon. Discours prononcé le 6 juin 1908 au Grand Théâtre de Lyon.* P., Ligue des Droits de l'Homme. 16p.

4102   CHESTERTON, G.K.: "The Zola Controversy", article rp. in *All Things Considered*. Londres, Methuen, pp. 81-8. Réimpression: New York, Lane, 1909.

4103   BARRES, Maurice: "Le Poireau des Trépassés", *Le Gaulois*, 1er juin.
       [Cf. 4100]

4104   BONIN, Melchior: "Zola au Panthéon", *L'Echo de Paris*, 4 juin.

4105   DAUDET, Léon, et al.: [Articles de Léon Daudet, Charles Maurras, etc. contre ce qu'ils appellent "la pan-

théonisation de Zola"], *L'Action française*, début juin.
[Cf. 4183]

4106 DOUMERGUE, Gaston: [Panégyrique d'Emile Zola; prononcé au Panthéon, le 4 juin 1908, lors de la translation des cendres d'Emile Zola], *Le Journal officiel*, 5 juin. [Ext. in *BSL*, n° 5, 1924, pp. 52-3]

4107 DRUMONT, Edouard: "L'apothéose infâme. De l'égoût au Panthéon", *La Libre Parole*, 3 juin.

4108 DUBOT, Paul: "Derniers préparatifs. La veillée", *L'Aurore*, 4 juin.

4109 FRANCE, Anatole: "Emile Zola au Panthéon", *Neue Freie Presse* (Vienne), 19 avril. Rp. in 6292, pp. 250-60.

4110 HOLBAN, M.G.: "Zola la Pantheon", *Revista idealista* (Ducareot), VT, n° 3, mars, pp. 257-8.   [BU Iasi]
[En roumain]

4111 ---: "Rămăşiţele lui Zola la Pantheon", *ibid.*, n°s 5-6, mai-juin, pp. 160-1.   [BU Iasi]
[En roumain]

4112 KAHN, Maurice: "Zola, Clemenceau et le Panthéon", *"Pages Libres"*, VIII, n° 380, 11 avril, pp. 389-93.
[Dénonce le silence de Clemenceau en face du discours de Barrès]

4113 LE BLOND, Maurice: "Zola au Panthéon", *L'Aurore*, 13 janv.

4114 LICHTENBERGER, André: "Zola au Panthéon", *L'Opinion*, I, n° 21, 6 juin, pp. 1-2.
[Z. n'incarne par la France]

4115 NETTER, Moïse: "Zola au Panthéon", *L'Univers israélite*, 8 mai. Rp.: P., Maréchal, 1908. 8p.

4116 PATY DE CLAM, Lt-Colonel du: "Dix ans après. A la veille de la cérémonie du Panthéon le Colonel du Paty de Clam répond au "J'accuse" d'Emile Zola", *L'Aurore*, 2 juin.

4117 RANC.: "Une lettre de Mme Zola", *L'Aurore*, 7 avril.
[Sur la campagne nationaliste contre le transfert]

4118 SAINT-GEORGES DE BOUHELIER: "Zola contre le Passé", *L'Aurore*, 29 mars.
[Contre Barrès et les nationalistes]

4119 ---: "Au Panthéon", *L'Aurore*, 4 juin.

4120   SAINT-GEORGES DE BOUHELIER: "Impressions du Panthéon",
        L'Aurore, 7 juin.

4121   TARDIEU, Eugène: "Zola au Panthéon", *L'Echo de Paris*,
        5 juin.

4122   ANONYME: "Après l'Apothéose", *L'Aurore*, 5 juin.

4123   ---: "Barrès contre Zola", *Le Courrier européen*, 10
        mars.   [D 1174]
        [A propos de 4100]

4124   ---: "Barrès contre Zola", *Le Matin*, 20 mars.
        [A propos de 4100]

4125   ---: "Ce que pensent les écrivains", *L'Aurore*, 4 juin.
        [Henry Bataille, Jules Bois, Paul Adam, Paul Fort,
        Paul & Victor Margueritte, Maurice Maeterlinck,
        Emile Fabre, Jean Ajalbert, Brieux, Henry Bauër,
        Robert Scheffer, Emile Verhaeren]

4126   ---: "La Cérémonie du Panthéon. Un attentat contre
        Dreyfus", *Le Journal*, 5 juin.

4127   ---: "The Chamber and Emile Zola", *The Times* (Londres),
        20 mars, p. 7.
        [A propos du discours de Barrès (voir 4100) et de
        la réponse de Jaurès]

4128   ---: "Colonel du Paty de Clam on Zola", *The Times*
        (Londres), 4 juin, p. 7.
        [A propos de 4116]

4129   ---: "The Dreyfus Infamy Again", *The Outlook* (Londres),
        LXXXIX, n° 7, 13 juin, pp. 314-5.

4130   ---: "Emile Zola", *The Times* (Londres), 13 févr., p. 5.

4131   ---: "Emile Zola au Panthéon", *L'Aurore*, 4 juin.

4132   ---: "Emile Zola au Panthéon", *Le Matin*, 4 juin.

4133   ---: "La glorification", *L'Aurore*, 5 juin.
        [Cite 4106]

4134   ---: "La manifestation en l'honneur d'Emile Zola",
        Bulletin officiel de la Ligue des Droits de l'Homme,
        VIII, n° 14, 31 juill., pp. 1206-61.
        [Manifestation organisée le 6 juin au Trocadéro à
        l'occasion de la translation des cendres de Z. au
        Panthéon - Discours de Francis de Pressensé, pp.
        1207-18, de Jean Appleton, pp. 1218-22, de Lucien
        Victor-Meunier, pp. 1222-30, de Georges Lorand, pp.
        1230-3, de Victor Basch, pp. 1234-50, de M. Guerry,
        pp. 1250-3, avec une discussion sur Z., pp. 1253-61]

4135   ANONYME: "On glorifie Zola et on blesse Dreyfus", *Le Matin*, 5 juin.

4136   ---: "The Panthéon and Zola", *TLS*, VII, n° 334, p. 180. Cf. *The Living Age*, CCLVII, n° 3338, 27 juin 1908, pp. 821-2.

4137   ---: "Prevezenie zemských pozostatkov Zolu", *Slov. noviny*, 5 juin, p. 3.   [BUKB]
[En slovaque]

4138   ---: "Protest proti preneseniu Zolu do pantheona", *Národní noviny*, 24 mars.   [BUKB]
[En slovaque]

4139   ---: "Shot Fired at Dreyfus", *Current Literature* (Londres), XLV, n° 1, juill., pp. 26-30.

4140   ---: "The Translation of Zola's Remains", *The Times* (Londres), 8 avril, p. 7.
[A propos de 411/]

4141   ---: "The Translation of Zola's Remains", *The Times* (Londres), 9 avril, p. 5.

4142   ---: "Zemské pozostatky Zolu v pantheone", *Slov. noviny*, 6 juin, p. 3.   [BUKB]
[En slovaque]

4143   : "Zola au Panthéon", *L'Aurore*, 9 avril.

4144   ---: "Zola au Panthéon. La cérémonie de demain", *L'Aurore*, 3 juin.

4145   ---: "Zola est au Panthéon", *Le Journal*, 4 juin.

4146   ---: "Zola in the Pantheon", *The Nation* (New York), LXXXVI, n° 2230, 26 mars, p. 277.

4147   ---: "Zola's Ashes at the Panthéon. Major Dreyfus Shot", *The Times* (Londres), 5 juin, p. 7.

[Voir aussi les articles sur Z. au Panthéon in *Journal des Débats*, 21 mars-6 juin; et "Chambre des Députés: 9e législature; session ordinaire de 1908; compte-rendu *in-extenso*; 36e séance; séance du jeudi 19 mars", *Le Journal officiel*, 20 mars; cf. *ibid.*, 25 oct., 21 nov., 7 et 12 déc. 1906; 9 avril, 30 mai, 5 juin, 17 déc. 1908 — discussion d'un crédit extra-ordinaire pour la translation des cendres de Z. au Panthéon]

*

4148   BRUNEAU, Alfred: "Le buste de Zola. Opinion d'Alfred
Bruneau", *L'Aurore*, 6 avril.
[A propos de 4099]

4149   CAREZ, François: "Emile Zola", *La Revue générale*, 44e
année, LXXXVII, nos 5-6, mai-juin, pp. 609-27, 866-87.
[L'œuvre de Z. est "comme la *cloaca maxima* du roman
contemporain"]

4150   GEORGES-MICHEL: "Première manifestation", *L'Aurore*,
13 avril.
[A propos de 4099]

4151   HOLBAN, M.G.: "O ciudată criză ministerială în Japonia
(din cauza editării operii lui Zola în Japonia)",
Revista idealista (Bucarest), VI, nos 5-6, mai-juin,
pp. 180-1.   [BU Iasi]
[L'œuvre de Z. au Japon]

4152   JELAVIC, Vjekoslav: "Nova Zolina pisma", *Narodne Novine*,
LXXIV, pp. 86-7.   [BUSM]
[En serbo-croate - Sur la correspondance de Z.: *Les
Lettres et les arts*]

4153   LE BLOND, Maurice: "L'Evangile de Zola", *L'Aurore*, 4
juin.

4154   MALJEAN, Dr: "Zola physiologiste et Victor Hugo médecin",
La Chronique médicale, XV, no 15, 1er août, p. 508.
[Sur l'inexactitude d'une scène de *La Terre*]

4155   MAURY, Lucien: "Les Lettres: œuvres et idées. Emile
Zola", *RBl*, IX (5e série), no 18, 2 mai, pp. 569-71.
Rp. in *Figures littéraires. Ecrivains français et
étrangers*. P., Perrin, 1911, pp. 110-20.

4156   PACHANY, Anastazije: "Tri romana. (Emile Zola: *Paris* -
Grof Lav Tolstoj: *Uskrsnuće* - Artur Schnitzler: *Put
k slobodi)*", *Riečki novi list*, II, pp. 176-81. [BUSM]
[En serbo-croate - sur *Paris, Résurrection* et *Der
Weg ins Freie* - comparaisons]

4157   SAGERET, Jules: "Paradis laïques. Zola fouriériste",
La Grande Revue, 12e année, XLVIII, no 7, 10 avril,
pp. 503-15. Rp. in *Paradis laïques*. P., Mercure de
France, 1909, pp. 153-76.
[Cf. 4089]

4158   SAINT-GEORGES DE BOUHELIER: "Zola combattant", *L'Aurore*,
13 janv.

4159   ---: "La fatalité dans la mort d'Emile Zola", *RBl*, 5e
série, IX, no 13, 28 mars, pp. 412-5.
[Cf. 4675]

4160   SAINT-GEORGES DE BOUHELIER: "La réparation. Un buste
        d'Emile Zola", *L'Aurore*, 12 avril.
        [A propos de 4099]

4161   SALOMON, Michel: "Quelques épistoliers", *Le Correspondant*,
        CCXXXII, pp. 755-84. Rp. in *Portraits et paysages*.
        Pr. de Paul Bourget. P., Perrin, 1920, pp. 106-13.

4162   SELTZ, Thomas: "Emile Zola in seinen Briefen", *Hochland*
        (Munich), VI, 1908-1909, pp. 473-7.   [WH]
        [Sur la correspondance de Z.]

4163   STRINDBERG, August: "Zola. Aus der schwedischen Hand-
        schrift übersetzt von Emil Schering", *Xenien* (Leipzig),
        I, n⁰ 5, pp. 308-13.   [WH]

4164   VIALLE, E.: "Zola médecin", *La Chronique médicale*, XV,
        n⁰ 12, 15 juin, pp. 385-9.
        [Les erreurs médicales dans *Lourdes*]

4165   ANONYME: "Un fait de télépathie, relatif à Zola", *ibid.*,
        n⁰ 10, 15 mai, p. 322.
        [Sur un clairvoyant russe qui avait prévu la mort de
        Z. le 15 sept. 1902]

4166   ---: "Lettres inédites d'Emile Zola", *L'Aurore*, 13 janv.
        [A Louis Ulbach, 9 sept. 1872; à Flaubert, 9 août
        1878; au directeur du *Gaulois*, 21 févr. 1882; à Alfred
        Bruneau, 8 août 1902]

4167   ---: "Le monument de Zola", *L'Aurore*, 3 avril.
        [A propos de 4099]

4168   ---: "A Zola Anniversary", *The Times* (Londres), 14 janv.,
        p. 4.

        [Voir aussi 5108 et 6129]

                                1909

4169   EULENBERG, Herbert: "Emile Zola", in *Schattenbilder. Eine
        Fibel für Kulturbedürftige in Deutschland.* Berlin,
        Deutsche Buch-gemeinschaft G.M.B.H., [1909]. 3ᵉ éd.:
        Berlin, Cassirer, 1910, pp. 246-51. Rp. in *Schatten-
        bilder, 97-102.* Düsseldorf-Kaiserswert, Die Fähre,
        1947, pp. 195-9. Tr. roumaine: *Siluete literare.* Iasi,
        Albina, 1924 (voir pp. 213-7).

4170   GUILLOU, Robert: *Essais sur le XXᵉ siècle.* [I]. P.,
        Poméon. 294p.
        [Voir pp. 30-6]

4171   SUTTNER, Bertha von: *Memoiren von Bertha von Suttner.*

Stuttgart-Leipzig, Deutsche Verlags-Anstalt. 553p.
Tr. anglaise: Boston-Londres, 1910.   [YC]
[Voir surtout pp. 299-300, 390-4]

4172   THALASSO, Adolphe: *Le Théâtre Libre. Essai critique,
        historique et documentaire*. P., Mercure de France.
        299p.

4173   VALLETTE, Gaspard: "La Rome d'aujourd'hui", in *Reflets
        de Rome. Rome vue par les écrivains*. P., Plon-Nourrit/
        Genève, A. Jullien, pp. 299-314.

4174   CAPEAU, Edmond: "Zola et le peuple. Une conférence à
        1'A.E.O.", *Le Mistral* (Avignon), 7 avril.

4175   GOHIER, Urbain: "La confrérie Emile Zola", *L'Œuvre*,
        VI, n° 23, 11 juin, pp. 10-12.
        [Contre les "amis de Zola", surtout A. France]

4176   MERIC, Victor: "Emile Zola", *Portraits d'Hier*, I, n° 1,
        15 mars, pp. 3-31.

4177   SEVERINE [Mme GUEBHARD]: "Précieux témoignage", *L'Œuvre*,
        VI, n° 24, 18 juin, pp. 14-16.
        [Z. et Coppée]

4178   WITT-GUIZOT, François de: "Le paysan français dans le
        roman contemporain", *Le Correspondant*, CCXXXVI, n° 3,
        10 août, pp. 531-51.

1910

4179   BECKER, M.L., et Karl von LEVETZOW (éd.): *Wolfgang
        Kirchbach in seiner Zeit. Briefwechsel und Essays
        aus dem Nachlass*. Munich, Gallwen. vii,432p.   [YC]
        [Voir pp. 177-207, 245-9]

4180   BOYER, Amédée: "Emile Zola", in *La Littérature et les
        arts contemporains*. P., Albert Méricant, [1910?],
        pp. 217-22.
        [Interview de 1900 - Z. et la critique française]

4181   CHARLES-BRUN, [Jean]: *Le Roman social en France au
        XIXe siécle*. P., Giard et Brière. (Etudes économiques
        et sociales X)
        [Voir surtout chap. V: "Le roman réaliste et natura-
        liste", pp. 128-63; "La foule et la littérature",
        pp. 254-9]

4182   DAUDET, Mme Alphonse: *Souvenirs autour d'un groupe
        littéraire*. P., Charpentier. 257p.

[Voir surtout pp. 51-65, 95-6, 120-4]

4183 DAUDET, Léon: "La bêtise de Zola", in *Une Campagne
      d'Action française*. P., Nouvelle Librairie Nationale,
      pp. 61-5.
      [Cf. 4105]

4184 GOURMONT, Remy de: "Panthéon", in *Nouveaux Dialogues
      des amateurs sur les choses du temps 1907-1910
      (Epilogues, V^e série)*. P., Mercure de France, pp.
      97-104.
      [Z. au Panthéon - Z. moraliste]

4185 HALFLANTS, Paul: "Lourdes vu par les romanciers. I.
      Emile Zola", in *Religion et littérature. Les Croyants
      et les incrédules*. Bruxelles, L'Action Catholique,
      pp. 119-30.

4186 HARDEN, Maximilian: "Zola", in *Köpfe, IX*. Berlin, Reiss,
      pp. 383-412.

4187 LESSING, O.E.: *Die Neue Form. Ein Beitrag zum Verständnis
      des deutschen Naturalismus*. Dresde, Reissner. 233p.
      [Voir pp. 51-7 sur l'influence de Z. en Allemagne] [WH]

4188 ABADIE, Michel: "Zola et les instituteurs", *BAEZ*, n^o
      1, pp. 27-31.

4189 DUBCIAN, I.: "Modernismul german. Realismul şi natura-
      lismul", *Noua Revista română* (Bucarest), VIII, n° 10,
      13 juin, pp. 140-2.   [BU Iasi]
      [En roumain]

4190 DURET, Théodore: "Zola et Manet", *BAEZ*, n° 2, pp. 50-3.

4191 [HAVET, Louis]: "Discours de M. Louis Havet", *ibid.*,
      n° 1, pp. 17-19.
      [Au pèlerinage de Médan, oct. 1909]

4192 [LOYSON, Paul Hyacinthe]: "Discours de M. Paul Hyacinthe
      Loyson", *ibid.*, pp. 14-17.
      [Cf. 4191]

4193 [PERRIN, Emile]: "Discours de M. Emile Perrin", *ibid.*,
      pp. 13-14.
      [Cf. 4191-2]

4194 [QUILLARD, Pierre]: "Discours de M. Pierre Quillard",
      ibid., pp. 12-13.
      [Cf. 4191-3]

4195 ANONYME: "Bibliographie des principaux ouvrages sur

Emile Zola pour servir à l'étude de son œuvre et de sa vie", *ibid.*, n° 2, pp. 56-64.

4196 ANONYME: "Lettres inédites d'Emile Zola à Paul Alexis", *Le Centaure*, n° 3, mai, pp. 1-10.
[Du 17 févr., du 30 juin et du 4 juill. 1871]

4197 ---: "Médan", *BAEZ*, n° 1, pp. 6-9.

4198 ---: "Opinions", *ibid.*, pp. 34-6.
[Une série de citations sur Z. par des critiques célèbres]

4199 ---: *"Thérèse Raquin* à l'Odéon", *ibid.*, n° 2, p. 69.

1911

4200 BERGERAT, Emile: "Emile Zola chez Théophile Gautier", in *Souvenirs d'un enfant de Paris. Les Années de bohème*. P., Charpentier, pp. 398-403.
[Voir aussi 4246]

4201 COULON, Marcel: "Relisons Zola", in *Témoignages. Deuxième série*. P., Mercure de France, pp. 281-99.
[Cf. 4096 - article de 1909]

4202 OVSJANIKO-KULIKOVSKIJ, D.: "Nabljudatel'nye i eksperi-mental'nye metody v iskusstve", in *Sobranie sočinenij* [*Œuvres complètes*], *VI*. Saint-Pétersbourg, pp. 61-125. 3e éd.: 1914, pp. 71-135.   [KDM]
[En russe - "L'observation et la méthode expérimentale dans l'art"]

4203 SOERGEL, Albert: *Dichtung und Dichter der Zeit*. Leipzig, Voigtländer. 890p. Réédition: 1928. 1062p. Voir aussi Albert Soergel et Curt Hohoff: même titre, I. Düssel-dorf, Bagel, 1961. 892p.
[Voir surtout "Emile Zola", pp. 17-27 (pp. 18-29 dans l'éd. de 1928) - Sur l'influence de Z. en Allemagne]

4204 [BASCH, Victor]: "Discours de M. Victor Basch", *BAEZ*, n° 3, pp. 81-2.
[Au pèlerinage de Médan, 1910]

4205 BATILLIAT, Marcel: "Les Inédits d'Emile Zola", *ibid.*, pp. 99-103.

4206 BRUCHARD, Henry de: "Petits mémoires du temps de la Ligue. Emile Zola et Joseph Reinach", *Revue critique des Idées et des Livres*, XIV, n° 82, 10 sept., pp. 598-620.

4207   CASELLA, Georges: "Emile Zola. Pèlerinage à Médan",
La Démocratie sociale, 9 juill. Rp. in *Pèlerinages*.
Paris-Lausanne, Payot, 1918, pp. 148-63. Voir aussi
BAEZ, n° 4, 1911, pp. 140-1.
[Article de sept. 1903 - Z. et George Moore]

4208   [DU BOS, Maurice]: "Allocution de M. Maurice Du Bos",
BAEZ, n° 3, pp. 82-3.
[Rabelais et Z.]

4209   FAISANT, [Dr E.]: "Les médecins dans l'œuvre de Zola",
Revue de Médecine, XXXI, n° 10, oct., pp. 262-3. Rp.:
P., Alcan, 1911.

4210   FANKHAUSER, H.-L.: "Emile Zola à Médan", *Les Hommes du
Jour*, Hors série, n° 5, oct.

4211   FAURE, Elie: "La philosophie d'Emile Zola", *ibid.*

4212   GOSSEZ, A.M.: "La poésie d'Emile Zola", *ibid.*

4213   GUILBEAUX, Henri: "Emile Zola et les arts", *ibid.*

4214   JEAN-MONIQUE: "Emile Zola et l'amour", *ibid.*

4215   KRISTAN, Etbin: "*Polom.* Spisal Emile Zola. Prev. Vlad.
Levstik", *Zarja* (Ljubljana), n° 172.   [RV]
[En slovène - c.r. de la tr. slovène de *La Débâcle*]

*4216   LALO, Charles: "Taine et Zola. L'esthétique naturaliste
et l'esthétique réaliste", *RBL*, XLIX, n°s 7 et 8^2,
12 et 19 août, pp. 214-8, 236-42.

4217   LEMONNIER, Camille: "Panégyrique d'Emile Zola", *BAEZ*,
n° 3, pp. 73-7.

4218   [LOYSON, P.-H.]: "Discours de M. P.-H. Loyson", *ibid.*,
n° 5, pp. 157-62.

4219   LOYSON, Paul-Hyacinthe: "L'éloge de Zola par MM. François
Coppée, Maurice Barrès & Léon Daudet", *ibid.*, n° 3,
pp. 88-91.

4220   MIRBEAU, Octave: "Un Matin, chez Emile Zola", *ibid.*,
n° 5, pp. 173-5.

4221   [MORIZOT, M.]: "Discours de M. Morizot", *ibid.*, p. 155.

4222   NAZZI, Louis: "L'exemple d'Emile Zola", *Les Hommes du
Jour*, Hors série, n° 5, oct.

4223   PIERARD, Louis: "Emile Zola et le travail", *ibid.*

4224   [QUILLARD, Pierre]: "Discours de M. Pierre Quillard",
BAEZ, n° 5, pp. 153-5.

4225   REUILLARD, Gabriel: "Emile Zola et la haine", *Les Hommes du Jour*, Hors série, n° 5, oct.

4226   ROSNY, J.-H., aîné: "L'action littéraire de Zola. Discours prononcé au 9e Pèlerinage de Médan", *BAEZ*, n° 5, pp. 145-9. Ext. in *L'Art moderne*, XXXI, n° 41, 8 oct. 1911, p. 325.

4227   SOLARI, Emile: "Aix-en-Provence et Emile Zola", *ibid.*, n° 4, pp. 117-24. Suivi de "L'Enfance de Zola à Aix. Notes d'un ami", pp. 125-32 [ext. de 543].

4228   ---: "Discours de M. Solari", *ibid.*, n° 5, pp. 152-3.

4229   ANONYME: "Emile Zola: *Polom.* Roman iz vojske 1870-71. Preložil Vladimir Levstik", *Slovenski narod* (Ljubljana), XLIV, n° 278, p. 6.
[Cf. 4215]

1912

4230   LEMKE, M.K. (éd.): *M.M. Stasjulevič i ego sovremenniki v ih perepiske. III.* Saint-Pétersbourg.
[Voir pp. 594-631 - Cf. 7176]

4231   PATTERSON, I.G.: *A Zola Dictionary. The Characters of the Rougon-Macquart Novels of Emile Zola.* Londres, Routledge/New York, Dutton. xl,232p. Réimpression: Londres, Routledge/Detroit, Gale, 1969. xl,232p.

4232   RENCY, Georges [Albert STASSART]: "Emile Zola d'après sa correspondance", in *Propos de littérature.* Bruxelles-Paris, Association des Ecrivains Belges, pp. 133-47.

4233   SAINT-PAUL, Georges: "L'organisation mentale de Zola", in *L'Art de parler en public. L'Aphasie et le langage mental.* P., Doin, pp. 64ff.   [OL]
[Cf. 3919]

Sur la reprise de "Nana" au théâtre de l'Ambigu
[*Cf. 462-84*]:

4234   BRISSON, Adolphe: "Chronique théâtrale. Reprise de *Nana.* Emile Zola dramaturge et critique théâtral. Ses théories", *Le Temps*, 23 sept.
[Voir aussi la "chronique théâtrale" du 30 sept.: réponse de Mme Zola]

4235   BRUNELLES, Robert: "Soirée parisienne", *Gil Blas*, 18 sept.

4236   FLERS, Robert de: "Ambigu-Comique. Reprise de *Nana*",

Le Figaro, 18 sept.

4237 LAGRILLE, Ch. de: "Avant la reprise de *Nana*. Un entretien avec Mme Emile Zola", *Gil Blas*, 13 sept.

4238 PIOCH, Georges: "Ambigu: *Nana*", *Gil Blas*, 18 sept.

4239 SOUDAY, Paul: "Ambigu: Reprise de *Nana*", *L'Eclair*, 19
sept.

*

4240 BEAUNIER, André: "Les tribulations du réalisme", *RDM*,
82e année, 6e période, XII, 1er nov., pp. 217-28.
[L'influence de Z. sur *Les Fabrecé* de Paul Margue-
ritte]

4241 BERTEVAL, W.: "Les idées générales et les méthodes de
Zola d'après des manuscrits inédits", *La Vie*, I,
n° 45, 28 déc., pp. 261-3.
[Voir aussi 4263]

4242 [BRULAT, Paul]: "Discours de Paul Brulat", *BAEZ*, n° 6,
pp. 197-202.

4243 DAUDET, Léon: "Le théâtre de Zola", *L'Action française*,
25 sept.

4244 DEBELJAK, Anton: "Emile Zola: *Polom*. Roman iz vojske
1870/71. Preložil Vladimir Levstik", *Ljubljanski
zvon*, XXXII, n° 1, pp. 52-3.   [RV]
[c.r. de la tr. slovène de *La Débâcle*]

4245 [DECOURCELLE, Pierre]: "Discours prononcé par M. Pierre
Decourcelle, Président de la Société des Auteurs
Dramatiques, à Aix-en-Provence, à l'inauguration du
Monument élevé à la mémoire d'Emile Zola le 12 nov-
embre 1911", *BAEZ*, n° 6, pp. 191-6.
[Sur le théâtre de Z.]

4246 DREYFOUS, Maurice: "Théophile Gautier et Emile Zola",
ibid., n° 7, pp. 251-3.
[Réponse à 4200]

4247 GEORGES-MICHEL: "Quand Gustave Charpentier parle d'Emile
Zola", *Gil Blas*, 6 oct.

4248 PAINLEVE, Monsieur: "Discours. Dix ans après", *BAEZ*,
n° 7, pp. 229-33. Voir aussi "L'hommage de Paul
Painlevé à Emile Zola", *La Concorde*, VI, n° 791,
23 juin, p. 2.

4249 PIOCH, Georges: "Le pèlerinage de Médan", *Gil Blas*, 7
oct.

4250 PREPELUH, Albin: "*Polom*. Spisal Emil Zola. Preložil
Vladimir Levstik", *Naši zapiski* (Ljubljana), IX,
n°s 4-5, p. 152.   [RV]
[En slovène - Cf. 4244]

4251 SAINT-GEORGES DE BOUHELIER: "Zola", *Comœdia*, 15 déc.
[Raconte sa première visite chez Z.]

4252 ZDESAR, Anton: "Emile Zola pa resnica", *Mentor*, V,
n° 7, 1912-1913, pp. 161-3.   [BUSM]
[En serbo-croate - Sur *Lourdes*]

4253 ZUPAN, Vinko: "Emil Zola: *Polom*. Roman iz vojske
1870/71", *Slovan* (Ljubljana), n° 2, pp. 60-1.   [RV]
[En slovène - Cf. 4244]

4254 ANONYME: "Dix ans après. A la mémoire d'Emile Zola",
Gil Blas, 6 oct.
[Hommages d'Alfred Dreyfus, Alfred Bruneau, Louis
Havet, Anatole France, Séverine, Octave Mirbeau,
Ernest Vaughan, avec une lettre inédite de Léon
Daudet du 17 déc. 1899 sur *Fécondité* et avec le
poème de René Fauchois "La gloire de Zola" - le
texte de Vaughan in 3520; la lettre de Daudet in
Bern. *Fécondité*, pp. 697-8]

4255 ---: "Zola: La genèse du *Rêve*", *ICC*, LXVI, n° 1340,
20 sept., pp. 359-60.

4256 ---: "Zola's Swelling Flood", *The Literary Digest*
(New York), XLIV, n° 12, 23 mars, p. 593.
[Sur la vente des œuvres de Z.]

1913

4257 BRAHM, Otto: *Kritische Schriften über Drama und
Theater*. Ed. Paul Schlenther. Berlin, Fischer.
xvi,487p.   [YC]
[Voir surtout "Zolas *Thérèse Raquin*", pp. 139-42 -
Cf. 1232]

4258 DALSTROM, Elsa: *Emile Zola. En Populär Framställning
af hans lif och verk*. Stockholm, Björck & Börjesson.
87p.   [BU Lund]
[En suédois]

*4259 DREYFOUS, Maurice: *Ce qu'il me reste à dire. Un Demi-
siècle de choses vues et entendues II. 1848-1900*.
P., Ollendorff, [1913]. 392p.

4260 LEMM, Siegfried: *Zur Entstehungsgeschichte von Emile
Zolas "Rougon-Macquart" und den "Quatre Evangiles"*.

Halle a. S., Niemeyer. 83p. (Beiträge zur Geschichte
der romanischen Sprachen und Literaturen, VIII). [WH]

4261 MARTINO, Pierre: *Le Roman réaliste sous le Second
Empire*. P., Hachette. 311p.
[Voir surtout la deuxième partie, chap. V: "Vers le
naturalisme. Les premiers romans scientifiques de
Zola (1865-1870)", pp. 255-86]

4262 PROUST, Antonin: *Edouard Manet. Souvenirs publiés par
A. Barthélemy*. P., Laurens. iii,182p.

4263 BERTEVAL, W.: "Les idées générales et les méthodes de
Zola d'après des manuscrits inédits (fin)", *La Vie*,
II, n⁰ 1, 4 janv., pp. 303-5.
[Suite de 4241 - Ext. in *BAEZ*, n⁰ 8, 1913, pp. 266-
74 - Voir aussi 4267]

4264 CLEMENT-JANIN: "Le *Germinal* des Cent Bibliophiles",
BAEZ, n⁰ 8, pp. 277-81.
[Note: A cause d'une scission au sein du Comité de
l'Association Emile Zola, il y a eu deux numéros
8 du Bulletin]

4265 [FRANCE, Anatole, et Paul BRULAT]: "A la mémoire de
Zola", *L'Homme libre*, 2 juin.
[Discours faits à un banquet au café du Globe pour
célébrer le 5ᵉ anniversaire de l'entrée de Z. au
Panthéon]

4266 LE BLOND, Maurice: "Sur Emile Zola", *MF*, 44ᵉ année,
CVI, n⁰ 393, 1ᵉʳ nov., pp. 5-19. Rp. en roumain in
Viaţă românească (Bucarest), VIII, nov.-déc. 1913,
p. 400.

4267 MARTINEAU, Henri: "La valeur scientifique des romans
d'Emile Zola", *Revue critique des Idées et des
Livres*, XX, n⁰ 117, 25 févr., pp. 423-30.
[Réponse à 4241 et 4263]

4268 PETERSON, Carl V.: "Umkring Zola's *Mestervœrket*",
Tilskueren (Copenhague), mars, pp. 276-90. Rp. in
Afhandlinger og artikler om Kunst. Copenhague,
Fischers Forlag, 1939, pp. 69-86.
[En danois - sur *L'Œuvre*]

4269 SAINT-GEORGES DE BOUHELIER: "Une répétition générale
à l'Opéra", *Comœdia*, 9 janv.   [Rf 49135]

4270 ---: "Zola à Médan", *Comœdia*, 29 juin.

4271   SANBORN, Alvan F.: "French Best Sellers of Yesterday
        and Today", *The Bookman* (New York), XXXVII, n° 3,
        mai, pp. 270-3.
        [Les tirages des œuvres de Z.]

4272   ANONYME: "Le Banquet Emile Zola. Discours de M. Westphal,
        Anatole France, Paul Brulat, P.-H. Loyson", *BAEZ*,
        n° 8, pp. 4-18.
        [Voir 4264 note]

4273   ---: "Comment Emile Zola ressuscita", *ibid.*, n° 9,
        pp. 19-26.
        [Sur la perte de la statue de Z. dans le Grand Palais
        des Champs-Elysées]

4274   ---: "Emile Zola et Gustave Charpentier", *ibid.*, n° 8,
        p. 292.
        [Lettre de Z. à Charpentier du 30 avril 1901 sur
        L'Ouragan - Voir 4264 note]

4275   ---: "Fight over Zola's Statue", *NYT*, 12 oct., section
        IV, p. 4.

4276   ---: "Manuscript of Zola's *Nana* Discovered", *The Times*
        (Londres), 6 août, p. 6.
        [A New York - Voir aussi 4503]

4277   ---: "A Mislaid Statue", *The Times* (Londres), 23 sept.,
        p. 5.
        [Cf. 4273]

4278   ---: "11e pèlerinage de Médan. Discours de Paul Brulat,
        Ernest Charles, M. Meister", *BAEZ*, n° 9, pp. 1-11.

1914

4279   BOUVIER, Emile: *La Bataille réaliste (1844-1857)*. Pr.
        de G. Lanson. P., Fontemoing. vii,358p.
        [Voir surtout pp. 344-7 sur Z. et Champfleury]

4280   DAUDET, Léon: "Le naturalisme de Zola", in *Fantômes
        et vivants. Souvenirs des milieux littéraires,
        politiques, artistiques et médicaux de 1880 à 1905.*
        P., Nouvelle Librairie Nationale, pp. 53-60.

4281   FRANKE, Carl: *Emile Zola als romantischer Dichter.
        Dargestellt an seinen Beziehungen zu Victor Hugo.
        Inaugural-Dissertation zur Erlangung der Doktorwürde
        einer hohen philosophischen Fakultät der Universität
        Marburg.* Marburg, Ebel. 100p. (Marburger Beiträge
        zur romanischen Philologie, 13).   [WH]

4282 MUTHER, Richard: "Zola als Kunstkritiker", in *Aufsätze über bildende Kunst, III*. Berlin, Ladyschnikow, pp. 107-11. [WH]

4283 PARDO BAZAN, Emilia: *Obras completas XLI. La Literatura francesa moderna III. El Naturalismo*. Madrid, Renacimiento, [1914]. 409p.
[Voir surtout les chap. IV, XII et XIII - reprend 3678]

4284 VOLLARD, Ambroise: *Paul Cézanne*. P., Vollard. 189p. Ed. revue et augmentée: P., Crès, 1924. 243p. (Voir aussi *Souvenirs d'un marchand de tableaux*. P., Albin Michel, 1937; éd. revue et augmentée: P., Albin Michel, 1959. 429p. - chap. XI: "Emile Zola"). Ext. in *L'Ordre*, 1er oct. 1937.
[Sur la collection de tableaux de Z. - Cézanne et Z., avec une lettre de Z. du 4 juill. 1871]

4285 HORKY, K.: "Emil Zola. Uryvok zo spomienok K. Horkého na E. Zolu v *Práve Lidu*. Text úryvku v češtine", *Robotnícke noviny*, 1er mai, pp. 9-10. [BUKB]
[En slovaque - Souvenirs]

4286 JAURES, J.: "Les idées sociales des grands romanciers modernes. Conférence de M. Jaurès", *L'Escholier* (Toulouse), I, n° 7, 10 avril, pp. 1-2.

4287 MASSE, Pierre: "Zola jugé par Anatole France", *Renaissance contemporaine*, VIII, n° 10, 24 mai, pp. 469-74.

4288 OJSERKIS, Iro: "Zola als Pazifist", *Die Friedens-Warte* (Berlin), XVI, pp. 12-16. [WH]

4289 PEKARIC, Branimir: "Emil Zola: *Lourdes*", *Hrvatski Branik*, XXII, p. 17. [BUSM]
[En serbo-croate]

1915

4290 DAUDET, Léon: "Le Zola maigre", in *Devant la Douleur. Souvenirs des milieux littéraires, politiques, artistiques et médicaux de 1880 à 1905. Deuxième série*. P., Nouvelle Librairie Nationale, pp. 103-16.

4291 BRISSON, Adolphe: "Chronique théâtrale. A propos de *L'Assommoir*. Le réalisme et le romantisme d'Emile Zola", *Le Temps*, 4 oct.

4292   -dr-: "Zolin *Débâcle*", *Narodne Novine*, LXXXI, n° 278,
        pp. 3-4.   [BUSM]
        [En serbo-croate]

4293   L.: *"Lurd"*, *Savremenik*, X, n°s 5-6, pp. 242-3.   [BUSM]
        [En serbo-croate: *"Lourdes"*]

*4294   MANN, Heinrich: "Zola", *Die Weissen Blätter* (Leipzig-
        Berlin), II, n° 11, pp. 1312-82. Rp. in *Macht und*
        Mensch. Munich-Leipzig, Wolff, 1919, pp. 35-131; in
        Geist und Tat. Franzosen 1780-1930. Berlin, Kiepen-
        heuer, 1931, pp. 153-274; autre éd.: Weimar, 1946,
        pp. 151-255; in *Ausgewählte Werke in Einzelausgaben.*
        Band XI, Essays I. Ed. Alfred Kantorowicz. Berlin,
        Aufbau-Verlag, 1954, pp. 156-235; in *Essays.* Berlin,
        Claassen, 1960, pp. 154-240; in *Zola. Essay.* Leipzig,
        Insel-Verlag, 1962. 84p. Voir surtout: *Zola. Essay.*
        Nach dem Erstdruck herausgegeben von Manfred Hahn.
        Leipzig, Reclam, [1962]. 149p. Tr. française: *Zola.*
        Tr. de Yves Le Lay. Pr. de G. Gruau. P., Nouvelle
        Revue Critique, [1937]. 63p.
        [Cf. 6570, 7045, 7273 et 7669]

4295   ZUPAN, Vinko: "E. Zola, *Rim.* Poslovenil Etbin Kristan",
        Ljubljanski zvon, XXXV, n° 2, pp. 92-3.   [RV]
        [En slovène - c.r. de la tr. slovène de *Rome*]

1916

4296   HUNEKER, James Gibbon: "In the Workshop of Zola", in
        Ivory Apes and Peacocks, Londres, Werner Laurie/New
        York, Scribner's, pp. 275-87.

4297   ADAMS, J. Barfield: "The Doctors in Zola's History of
        the Rougon-Macquart Family", *Edinburgh Medical*
        Journal, n.s. XVI, mai, pp. 364-79.
        [Le rôle des médecins dans *Les Rougon-Macquart* -
        Cf. 4299]

4298   ---: "Zola's Study of Heredity", *The Journal of Mental*
        Science (Londres), LXII, n° 258, juill., pp. 530-56.
        [Sur la famille des Rougon-Macquart]

1917

4299   ADAMS, J. Barfield: "Dr. Pascal Rougon: Zola's Study
        of a Savant", *Edinburgh Medical Journal*, n.s. XVIII,
        janv., pp. 23-38.
        [Cf. 4297]

4300 ADAMS, J. Barfield: "Zola's Studies in Mental Disease",
The Journal of Mental Science (Londres), LXIII, n°
261, avril, pp. 165-99.
[La folie dans l'œuvre de Z.]

4301 BROCH, Hermann: "Zolas Vorurteil", *Summa* (Hellerau),
n° 1, pp. 155-8. [WH]
[En allemand]

4302 LE BORNE, Fernand: *"Les Quatre Journées"*, *La Revue*,
28e année, 8e série, CXVII, n°s 3-4, 1er-15 févr.,
pp. 397-8.
[Sur la pièce lyrique d'Alfred Bruneau à l'Opéra-
Comique - Voir aussi Rf 49153: une collection de
c.r.]

4303 MANKOWSKA, J.: *"Ziemia* Zoli a *Chłopi* Reymonta",
Pamiętnik literacki, XV, n°s 3-4, [1917?], pp. 226-86.
[En polonais - Sur *La Terre* de Z. et *Les Paysans*
de Reymont] [BU Varsovie]

4304 ROZIC, Ferdo: ""Merkurova zabavna knjižnica" Emil
Zola, Noć ljubavi", *Hrvatska Prosvjeta*, IV, pp.
155-6. [BUSM]
[En serbo-croate - Sur "Pour une nuit d'amour"]

4305 WEIGAND, Wilhelm: "Ueber Emile Zola", *Insel-Almanach*
(Leipzig), pp. 128-41. [WH]

1918

4306 BERENDSEN, N.J.: *Af En Gammel Journalists Erindringer*.
Copenhague. 252p. [YC]
[Voir pp. 166ff.]

4307 MORTENSEN, Johan: *Från Röda rummet till sekelskiftet.
Strömningar i svensk litteratur under adertonhun-
draåttio - och nittio - talen. I. Naturalismen.*
Stockholm, Bonnier, 1918-1919. 330p.

4308 DEFFOUX, Léon, et Emile ZAVIE: "Les origines du groupe
de Médan", *Les Marges*, XV, n° 56, 15 nov., pp. 163-
71.
[Cf. 4323]

4309 KUS-NIKOLAJEV, Mirko: "Emile Zola", *Pravda*, I, n° 16,
pp. 2-3. [BUSM]
[En serbo-croate]

*4310 LOTE, Georges: "Zola historien du Second Empire",
Revue des Etudes napoléoniennes, 7e année, IV,

juill.-août, pp. 39-87.

*4311 VERNE, Maurice: "Une lettre de M. Henry Céard: Zola
et le prêt du livre de Claude Bernard. Pourquoi
Henry Céard avait incité Zola à lire Claude Bernard",
L'Information, 22 juill.
[Sur *Le Roman expérimental*]

1919

4312 COQUIOT, Gustave: *Paul Cézanne.* P., Ollendorff, [1919].
253p.

4313 FRICE, V. [Vladimir MAKSIMOVIC]: *E. Zolja.* Moscou.
47p. Komu proletariat stavit pamjatniki, n° 11.

4314 LINDAU, Paul: *Nur Erinnerungen. I.* Stuttgart, Cotta.
xiii,361p.   [YC]
[Voir surtout pp. 127-33 - Souvenirs de rencontres
avec Z.]

4315 SYMONS, Arthur: "A Note on Zola's Method", in *The
Symbolist Movement in Literature.* New York, Dutton,
pp. 162-79. Ed. de 1958: pp. 154-64.

4316 BEAUME, Georges: "Souvenirs littéraires... Emile Zola
chez lui", *La Minerve française,* III, n° 2, 1er
nov., pp. 81-3.
[Une visite]

4317 P.B. [Paul BONNEFON]: "A travers les autographes.
Zola sur Sainte-Beuve", *RHLF,* XXVI, p. 118.
[Lettre du 19 mars 1880 à Jules Troubat]

4318 JALOUX, Edmond: "Lectures étrangères", *RP,* 26e année,
IV, 1er août, pp. 553-4.
[L'influence de Z. sur Blasco Ibáñez]

4319 JEK: "Zola i istina", *Zivot* (Sarajevo-Zagreb), I,
1919-1920, nos 2-3, pp. 38-43; II, 1920-1921, n°
9, p. 134.   [BUSM]
[En serbo-croate - "Zola et la vérité" - A propos
de *Lourdes*]

4320 P. S. [Paul SOUDAY]: "Sainte-Beuve et Zola", *Le Temps,*
9 juin.
[Cf. 4317]

1920

4321 CIM, Albert: *Récréations littéraires. Curiosités et*

singularités, bévues et lapsus, etc. P., Hachette.
253p.
[Voir surtout pp. 222-4]

4322   DAUDET, Léon: "Le cas de Zola", in *Au Temps de Judas.
Souvenirs des milieux littéraires, politiques,
artistiques et médicaux de 1880 à 1908. Cinquième
série.* P., Nouvelle Librairie Nationale, pp. 56-64.

*4323   DEFFOUX, Léon, et Emile ZAVIE: *Le Groupe de Médan.*
P., Crès. 310p. Nouvelle éd. revue et augmentée
de textes inédits. P., Crès, [1924]. 328p.
[Cf. 4308 - Ext. sur Z. in *MF*, CXXXVIII, 15 févr.
1920, pp. 68-88 - Voir aussi "La part du collaborateur", *NL*, 2 nov. 1929, article d'Emile Zavie]

4324   ENGEL, Eduard: "Emil Zola", in *Frankreichs Geistes-
führer.* 5e éd. Halle, Diekmann, p. 231.   [WH]

4325   LUBBOCK, Percy (éd)· *The Letters of Henry James,
Selected and Edited by Percy Lubbock.* Londres,
Macmillan/New York, Scribner's. 2 vol.

4326   LUGONES, Leopoldo: *Emilio Zola. Ateneo, I.* Buenos
Aires. 29p.
[Discours de 1902]

4327   OEHLERT, Richard: *Emile Zola als Theaterdichter mit
einer Einleitung über den Naturalismus im französischen Drama.* Berlin, Ebering, 1920. 145p. Réimpression: Nendeln-Liechtenstein, Kraus, 1967.
145p.

4328   BAILLOT, A.: "Quelques considérations sur Zola", *La
Revue mondiale,* 31e année, CXXXVI, nº 11, 1er juin,
pp. 331-6.

4329   CEARD, Henry: "Zola, sous-préfet", *Le National,* 12
août. Voir aussi *Le Petit Marseillais,* même date.

4330   DAUDET, Léon: "Les OEuvres dans les Hommes. Emile
Zola ou le romantisme de l'égout", *La Revue universelle,* III, nº 17, 1er déc., pp. 513-41. Rp. in
L'Action française, 4 déc.; in *Les Œuvres dans les
hommes.* P., Nouvelle Librairie Nationale, 1922,
pp. 91-141.

4331   DE LUNA, Joaquin: "El nuevo "populismo" es el naturalismo de Zola adaptado a la vida actual", *La Nación*
(Buenos-Aires), 2 févr.

4332   LE CORBEAU, Adrien: "Quelques feuillets sur Emile

Zola", *Le Monde nouveau*, II, n° 10, oct., pp. 2187-93.
[Avec une lettre de Z. du 29 mars 1902 à Emilien
Liotard]

4333 PHILIPPIDE, A.A.: "Cronica teatrală. Din Iaşi", *Viaţă
românească* (Bucarest), XII, n° 2, avril, pp. 308-13.
[En roumain]   [BU Iasi]

*4334 THIBAUDET, Albert: "Réflexions sur la littérature. Le
groupe de Médan", *NRF*, XV, n° 87, 1er déc., pp. 923-33.
[A propos de 4323 - L'oeuvre de Z. "une grande oeuvre"
"qu'on ne lit plus"]

1921

4335 ANTOINE: *"Mes Souvenirs" sur le Théâtre-Libre*. P.,
Arthème Fayard. 324p.

4336 GASQUET, Joachim: *Cézanne*. P., Editions Bernheim-Jeune.
125p. Nouvelle éd.: 1926. 196p.

4337 LANSON, Gustave: *Manuel bibliographique de la littérature française moderne*. Nouvelle éd. revue et augmentée, IV. P., Hachette. xxxii,1536p.

4338 ROSNY, J.-H., aîné: *Torches et lumignons. Souvenirs
de la vie littéraire*. P., "La Force Française". 285p.
[Voir surtout pp. 48-53, 219-23 - Sur le "Manifeste
des Cinq"]

4339 ROSTAND, Edmond: *Deux Romanciers de Provence, Honoré
d'Urfé et Emile Zola. Le Roman sentimental et le
roman naturaliste*. P., Champion. xxv,75p.

4340 BAILLOT, A.: "L'influence d'Emile Zola", *La Revue
mondiale*, 32e année, CXLII, n° 9, 1er mai, pp. 67-80.

4341 BORIE, Paul de la : "Les présentations: *Pour une nuit
d'amour*", *La Liberté*, 19 oct.
[Film de Protozanoff]

4342 BRISSON, Adolphe: "Chronique théâtrale. Ba-Ta-Clan:
Reprise de *L'Assommoir*", *Le Temps*, 9 mai.

4343 CROCE, B.: "Zola şi A. Daudet", *Viaţă românească*
(Bucarest), XIII, n° 11, nov., pp. 310-11.
[En roumain]   [BU Iasi]

4344 DARIE, Ion [Cezar PETRESCU]: "Liviu Rebreanu", *Gîndirea*
(Cluj), n° 9, sept., pp. 168-70.
[En roumain]   [BU Iasi]

4345   LE BLOND, Maurice: "Le Manifeste des Cinq et *La Terre*",
Les Marges, 15 sept.
[Lettre de Huysmans - Voir aussi 4461]

4346   LE SENNE, Camille: "Poèmes lyriques d'Emile Zola", *La France*, 19 mars.

4347   MONTEFIORE LEVY, I.: "Zola Told about It", *NYT*, 22 janv., p. 22.
[Un fait divers comparable à un épisode de *Nana*]

4348   ANONYME: "Anatole France şi Zola", *Adevărul literar şi artistic* (Bucarest), II, nº 48, 23 oct., p. 4.
[En roumain]   [BU Iasi]

4349   ---: "Insemnări: Cum scria Zola", *ibid.*, nº 34, 17 juill., p. 4.   [BU Iasi]
[En roumain - Sur la méthode de Z.]

4350   ---: "Insemnări: *Visul* lui Zola", *ibid.*, nº 19, avril, p. 4.   [BU Iasi]
[Sur *Le Rêve*]

4351   ---: "The Screen", *NYT*, 10 oct., p. 16.

1922

4352   BEAUME, Georges: *Au Pays des lettres. Parmi les Vivants et les morts.* P., Nouvelle Librairie Nationale. 290p.
[Voir surtout pp. 16/-/8, 227-30   Cf. 4498]

4353   BERTRAND, Louis: "A Médan", in *Flaubert à Paris ou le mort vivant.* P., Grasset, pp. 151-71.
[Visite imaginaire avec Flaubert]

4354   DAUDET, Léon: *Le Stupide XIXe Siècle. Exposé des insanités meurtrières qui se sont abattues sur la France depuis 130 ans 1789-1919.* P., Nouvelle Librairie Nationale. 310p. Nouvelle éd.: P., Grasset, 1929. 277p.
[Voir surtout pp. 114-8]

4355   FAURE, Gabriel: "Au Paradou", in *Pèlerinages passionnés. IIe série. Ames et décors romantiques.* P., Fasquelle, pp. 181-210.
[Article de sept. 1919 - Sur *La Faute de l'abbé Mouret* et le rôle de la nature dans l'œuvre de Z.]

4356   LALOU, René: "Emile Zola", in *Histoire de la littérature française contemporaine (1870 à nos jours).* P., Crès, pp. 59-66. Ed. revues et augmentées: 1923, 1928; P., P.U.F., 1941, pp. 49-54 (du 1er vol.); 4e éd.: 1947. Tr. anglaise: *Contemporary French Litera-ture*. New York, Knopf, 1924/Londres, Jonathan Cape, 1925, pp. 34-38. Tr. japonaise in *Rōman-Koten* (Tokyo), I, n° 3, 1er juin 1930, pp. 69-73.

4357 MAUCLAIR, Camille: *Servitude et grandeur littéraires. Souvenirs d'arts et de lettres de 1890 à 1900.* P., Ollendorff, [1922]. 256p.
[Voir pp. 133-6]

4358 STRASSER, Charlot: *Emile Zola. Eine Würdigung.* Zurich, Unionsbuchhaus. iv,15p.

4359 BAILLOT, Alexandre: "La philosophie d'Emile Zola", *La Revue mondiale*, CXLIX, 15 août, pp. 378-91.

4360 BORKO, Božidar: *"Ubijač", Mariborski gledališki list* (Maribor), n° 23, 1922-1923, p. 28. [BUSM]
[En slovène - *L'Assommoir* au théâtre]

4361 BOWEN, Ray P.: "An Analysis of the Priest *Genre* in the Modern French Novel", *PMLA*, XXXVII, déc., pp. 722-34.

4362 CEARD, Henry: "Zola et Cézanne", *Le National*, 8 oct. Voir aussi *Le Petit Marseillais*, même article, même jour.

4363 CHASSE, Charles: "Les styles physiologiques: IV. - Les olfactifs", *La Grande Revue*, 26e année, CVII, n° 1, janv., pp. 63-70.
[Cf. *ibid.*, oct.-déc. 1921]

4364 CLARETIE, Jules: "La mort de Zola", *La Revue de France*, 2e année, V, n° 20, 15 oct., pp. 853-6. Rp. in *BSL*, n° 2, 1923, pp. 19-22; in *Paris-Soir*, 17 juin 1924.
[Ext. du journal intime de Jules Claretie]

4365 JOLLES, André: "Emile Zola", *De Gids*, LXXXVI, nos 2, 4 et 7, févr.-juill., pp. 227-47, 59-83, 45-67. [BB]

4366 NEHAJEV, Milutin: "Zola kod nas", *Jutarnji List*, XI, n° 3669, p. 39. [BUSM]
[En serbo-croate - Les œuvres de Z. en tr. croate]

4367 PIOCH, Georges: "Zola et la vérité en marche", *L'Inter-nationale*, 12 sept.

4368 SEVERINE: "Zola proscrit", *L'Humanité*, 2 janv.

4369 SYMONS, Arthur: *"L'Assommoir* at the Ba-Ta-Clan and Some Notes on Modern Dramatists", *Theatre Arts Magazine* (New York), VI, n° 2, avril, pp. 113-6.

4370   ANONYME: "Discours prononcés aux derniers pèlerinages de Médan", *BSL*, nº 1, pp. 5-18.
[par Marcel Batilliat, oct. 1919, pp. 5-9; par Henri Barbusse, oct. 1919, pp. 9-16; par Victor Margueritte, oct. 1920, pp. 16-18]

4371   ---: "Le Pèlerinage de Médan du 2 octobre 1921", *ibid.*, pp. 19-25.
[Ext. des discours d'Eugène Fasquelle, de Paul Souday, de Paul Bornet et d'Ivanhoë Rambosson]

4372   ---: "Le 20ᵉ anniversaire de la mort de Zola", *Le Figaro*, 9 oct.

1923

4373   BACOURT, Pierre de, et J.W. CUNLIFFE: "Emile Zola", in *French Literature during the Last Half-Century*. Londres-New York, Macmillan, pp. 15-40.

4374   DAUDET, Alphonse: *Pages inédites de critique dramatique, 1874-1880*. P., Flammarion, [1923]: "La vérité au théâtre", pp. 207-12; "Les Goncourt et Emile Zola (1879)", pp. 279-84; "Publication de *Thérèse Raquin*. Pièce tirée par Emile Zola de son roman (1878)", pp. 285-8. Rp. in *Œuvres complètes illustrées*, *XVIII*. P., Librairie de France, 1930, pp. 182-7, 244-8, 249-52
[Articles du *Journal officiel*]

4375   DORDAN, E.: *Le Paysan français d'après les romans du XIXᵉ siècle*. Toulouse, Imprimerie du Centre. 171p.
[Voir surtout pp. 28-9, 83-8, 144-7]

4376   DOUCET, F.: *L'Esthétique d'Emile Zola et son application à la critique*. La Haye, De Nederlandsche Boek-en Steendrukkerij/P., Nizet et Bastard. 360p.

4377   HEISS, Hanns: [Zola], in *Handbuch der Literaturwissenschaft. Herausgegeben von Oskar Walzel. XXIV*. Berlin, pp. 47ff., 94ff., 107ff.   [WH]

*4378   MARTINO, Pierre: *Le Naturalisme français (1870-1895)*. P., Armand Colin. 220p. Ed. revues et mises à jour à partir de la 7ᵉ éd. (1965); 8ᵉ éd. revue par Robert Ricatte: P., Armand Colin, 1969. 206p (Coll. U2). Tr. japonaise de Kazuo Ozaki: Tokyo, Asahi, 1968. 312p.

4379   MAURRAS, Charles: "Sur la mort de M. Zola: l'enfance de l'art", in *L'Allée des philosophes*. P., Société Littéraire de France, pp. 225-36. P., Crès, 1924, pp. 189-98.

[Article sarcastique du 2 oct. 1902]

*4380 SEILLIERE, Ernest: *Emile Zola*. P., Bernard Grasset.
ix,358p.
[Voir l'article de Georges Renard: "Entrepreneurs
de démolitions", *La Dépêche de Toulouse*, 6 mars 1923]

4381 STROWSKI, Fortunat: "Zola et le naturalisme", in
Histoire des Lettres, II - treizième vol. de:
Histoire de la nation française. Ed. Gabriel Hanotaux.
P., Société de l'Histoire Nationale/Plon-Nourrit,
p. 564.

4382 SZCZEPANOWSKI, Stanisław: "Dezinsekcja prądów europej-
skich", in *Pisma i przemówienia, I. Wyd. 3*. Lvov,
Książnica Polska, pp. 179-85.   [BU Varsovie]
[En polonais]

4383 TIELROOY, Johannes: *Un Grand Ecrivain hollandais ami
de la France. Conrad Busken Huet et la littérature
française. Essai de biographie intellectuelle*. P.,
Champion/Haarlem, Willink. xii,300p.

4384 VAL'CEL, Oskar: *Problema formy v poezii*. Tr. de l'alle-
mand par M.L. Gurfinkel'. Ed. V.I. Zirmunskij.
Petrograd, Izd. "Academia". 69p.   [KDM]
[En russe - Sur la technique romanesque de Z., etc.]

4385 [ANTOINE, André]: "Pèlerinage de Médan. Discours de M.
André Antoine", *BSL*, n° 2, pp. 5-8.

4386 BABIC, Vladimir: "Emil Zola: *Grijeh Abe Monreta*",
Trgovinski Glasnik, 7 oct.   [BUSM]
[En serbo-croate - Sur *La Faute de l'abbé Mouret*]

4387 [BERAUD, Henri]: "Discours de M. Henri Béraud", *BSL*,
n° 3, pp. 12-18. Rp. in *NL*, 13 oct. Ext. in *L'Eclair*,
8 oct.

4388 BERNEX, Jules: "Zola-Cézanne-Solari", *Les Cahiers d'Aix-
en-Provence*, automne, pp. 49-53.

4389 BORKO, Božidar: "*Ubijač*. (Pred premiero)", *Tabor*
(Maribor), n° 97, pp. 2-3.   [RV]
[En slovène - *L'Assommoir* au théâtre]

4390 BRULAT, Paul: "Zola", in *Causeries françaises*, Neuvième
causerie faite au Cercle de la Librairie le 25 mai.
(Suivi d'un index bibliographique établi par le Cercle
de la Librairie). P., Cercle de la Librairie, [1923],
pp. 247-61 - (Supplément à la *Bibliographie de la
France*, n° 48, du 30 nov.).

4391 CAROL-BERARD: "L'intelligence musicale d'Emile Zola",
La Revue mondiale, 34e année, CLV, no 18, 15 sept.,
pp. 187-92. Ext. in *BSL*, no 3, 1923, pp. 34-5.

4392 CEARD, Henry: "Emile Zola et la fatalité", *Le National*,
7 oct. Cf. *Le Petit Marseillais*, même date.

4393 ---: "Zola et la statue de Balzac", *BSL*, no 2, pp. 22-4.
Article du *Petit Marseillais*, 28 janv. Cf. 3897.

4394 CHENNEVIERE, Georges: "Zola et la société moderne",
L'Humanité, 7 oct. Ext. in *BSL*, no 3, 1923, pp. 4-5.

4395 CROZE, J.-L.: *"Lourdes"*, *Comœdia*, 22 juin.

4396 DEUTSCH, Léon: "Les débuts dramatiques d'Emile Zola
(d'après des documents nouveaux)", *Le Figaro* (supplément littéraire), 7 janv.
[Lettres de Z. à Marius Roux - à propos du drame *Les
Mystères de Marseille*]

4397 ERNEST-CHARLES, J.: "Après un discours", *La Griffe*, 13
oct.

4398 ESPLAU, Marcel: "Le pèlerinage de Médan", *L'Eclair*, 8
oct.

4399 GYBAL, André: "Emile Zola apôtre de la vérité", *Le
Quotidien*, 7 oct.

4400 MARMANDE, R. de: "Lettres à mon voisin de campagne",
L'Ere nouvelle, 16 oct.

4401 MARTINET, Marcel: "Zola en 1923", *L'Humanité*, 7 oct.

4402 MERZ, Ivan: "Zolin *Lurd*", *Hrvatska Prosvjeta*, X, no 7,
pp. 316-29.   [BUSM]
[En serbo-croate - Sur *Lourdes*]

4403 [MOREL, Eugène]: "Discours de M. Eugène Morel", *BSL*,
no 3, pp. 18-25.

4404 RAPHAEL, Paul: *"La Fortune des Rougon* et la réalité
historique", *MF*, CLXVII, no 607, 1er oct., pp. 104-18.

4405 REDING, Katherine: "Blasco Ibáñez and Zola", *Hispania*
(Stanford University, Californie), VI, pp. 365-71.

4406 [RENARD, Georges]: "Discours de M. Georges Renard",
BSL, no 3, pp. 9-12.

4407 [ROUVRE, Charles de]: "Pèlerinage de Médan. Discours
de M. Charles de Rouvre", *ibid.*, no 2, pp. 8-15.
[Voir aussi 4926]

4408 THERIVE, André: "A propos de Zola", *L'Opinion*, VII,
n° 3, 19 janv., pp. 315-23.

4409 ANONYME: "Emile Zola. Histoire de la démocratie française", *L'Humanité*, 7 oct.
[A propos de *La Fortune des Rougon*]

4410 ---: "Littérature et journalisme. Ce que Zola appelait
"faire du reportage"," *L'Intransigeant*, 14 oct. Voir
aussi *Le Figaro*, 7 mars 1889.

4411 ---: "Pèlerinage de Médan du 7 octobre 1923", *BSL*, n°
3, pp. 1-4.

1924

4412 AUDIAT, Pierre: *La Biographie de l'oeuvre littéraire.
Esquisse d'une méthode critique*. P., Champion. 275p.
[Voir pp. 178-87 sur la genèse de *L'OEuvre* et les
manuscrits de la Bibliothèque Nationale]

*4413 BAILLOT, Alexandre: *Emile Zola: l'homme, le penseur,
le critique*. P., Société Française d'Imprimerie et
de Librairie. 190p.

*A l'occasion de l'inauguration du monument Zola à
Paris le 15 juin (hommages):*

4414 BASCH, Victor: "La bataille des idées. Apothéose",
L'Ere nouvelle, 17 juin.

4415 BATILLIAT, Marcel: "Zola le géant", *Paris-Soir*, 16
juin.

4416 BAYET, Albert: "Au pied du monument Emile Zola", *Le
Quotidien*, 15 juin.

4417 [BESOMBES, M.]: "Discours de M. Besombes", *BSL*, n° 5,
pp. 14-16.

4418 [BLASCO IBANEZ]: "Discours de M. Blasco Ibáñez", *ibid.*,
p. 34.

4419 [BONNAURE, Gaston]: "Discours de M. Bonnaure", *ibid.*,
pp. 38-9.

4420 [BRULAT, Paul]: "A la soirée du Trocadéro: Discours
de M. Brulat", *ibid.*, pp. 46-51.

4421 [BRUNET, F.]: "Discours de M. F. Brunet", *ibid.*, pp.
12-14.
[Cf. 4451]

4422 [BUISSON, Ferdinand]: "A la soirée du Trocadéro:

Discours de M. Ferdinand Buisson", *ibid.*, pp. 42-6.

4423 CHARPENTIER, Armand: "L'œuvre d'Emile Zola", *L'Ere nouvelle*, 15 juin.

4424 DAVENAY, G.: "La journée Zola", *Le Figaro*, 16 juin.

4425 DEFFOUX, Léon: "Le monument Zola sera inauguré aujourd'hui", *L'Œuvre*, 15 juin.

4426 DESCAVES, Lucien: "Le trait d'union", *L'Œuvre*, 13 juin.

4427 [FRANCOIS-ALBERT]: "Discours de M. François-Albert", *BSL*, n° 5, pp. 27-8.

4428 GANDREY-RETY, Jean: "Le festival à la gloire d'Emile Zola", *Comœdia*, 17 juin.

4429 GINISTY, Paul: "Zola à vingt ans", *Le Petit Marseillais*, 7 juin.

4430 GOUIN, Félix: "Emile Zola", *La République aixoise*, VI, n° 273, 22 juin, p. 1.

4431 GUILLEMOT, Maurice: "La statue de Zola", *Le Figaro*, 14 juin.

4432 HARRY, Gérard: "Le monument franco-belge à la mémoire d'Emile Zola", *Le Figaro*, 10 juin.
[A propos de la statue de Constantin Meunier - Voir la réponse de Mathias Morhardt, *ibid.*, 15 juin]

4433 HERRIOT, E.: "Discours de M. Herriot", *BSL*, n° 5, pp. 39-41. Résumé in *La Victoire*, 16 juin.

4434 JOUHAUX, [Léon]: "Discours de M. Jouhaux", *ibid.*, p. 29.
[Cf. 4451]

4435 [LALOU, Georges]: "Discours de M. Georges Lalou", *ibid.*, pp. 10-12.
[Cf. 4493]

4436 [LEBEY, André]: "Discours de M. André Lebey", *ibid.*, pp. 29-34.

4437 [LECOMTE, Georges]: "Discours de M. Georges Lecomte", *ibid.*, pp. 17-22.
[Cf. 4496 et 4451]

4438 [LE FOYER, M.]: "Discours de M. Le Foyer", *ibid.*, pp. 35-6.

4439 MARMANDE, R. de: "La bataille des idées. A la gloire d'Emile Zola", *L'Ere nouvelle*, 15 juin.

4440 MERIC, Victor: "Emile Zola", *Paris-Soir*, 16 juin.

4441   MESSAGER, André: "Emile Zola, auteur dramatique", *Comœdia*, 17 juin. Rp. in *BSL*, no 5, 1924, pp. 22-5. [Discours à l'inauguration du monument]

4442   [MORHARDT, Mathias]: "Discours de M. Mathias Morhardt", *BSL*, n° 5, pp. 7-10.

4443   [PAUL-BONCOUR, J.]: "Discours de M. J. Paul-Boncour", *ibid.*, pp. 25-7. [Cf. 4451]

4444   PONSOT, Georges: "Libre opinion. L'enseignement d'Emile Zola", *L'Ere nouvelle*, 16 juin.

4445   [ROUSSEL, M.]: "Discours de M. Roussel", *BSL*, n° 5, pp. 36-8.

4446   P. S. [Paul SOUDAY]: "Les Statues", *Le Temps*, 16 juin.

4447   VIGNES, Pierre: "Emile Zola historien social et serviteur du peuple", *Le Progrès civique*, VI, n° 252, 14 juin, pp. 21-3.

4448   ANONYME: "L'apothéose d'Emile Zola", *L'Ere nouvelle*, 16 juin.

4449   ---: "En province", *L'Œuvre*, 16 juin.

4450   ---: "La glorification d'Emile Zola", *Le Petit Parisien*, 16 juin.

4451   ---: "L'hommage des Gauches à Emile Zola", *Paris-Soir*, 16 juin. [Discours de Frédéric Brunet, Paul-Boncour, Georges Lecomte, Léon Jouhaux]

4452   ---: "L'inauguration du monument Emile Zola", *L'Ere nouvelle*, 15 juin.

4453   ---: "L'inauguration du monument Emile Zola", *Paris-Soir*, 14 juin.

4454   ---: "Inauguration du monument Emile Zola", *Le Temps*, 16 juin. [Avec des ext. des discours]

4455   ---: "La journée Zola", *Le Figaro*, 16 juin. [Ext. des discours]

4456   ---: "Le monument Emile Zola", *L'OEuvre*, 16 juin. [Avec des ext. des discours]

4457   ---: "New Premier Lauds Zola", *NYT*, 16 juin, p. 6. [A propos de 4433]

4458   ---: "L'œuvre de Zola", *Paris-Midi*, 4 juin.

4459 ANONYME: "Zola et le bloc des gauches", *L'Humanité*, 6 juin.

4460 ---: "A Zola Monument in Paris", *The Times* (Londres), 16 juin, p. 11. Voir aussi 17 juin, pp. 16 et 20.

[Voir aussi Rf 49185-6: une collection d'articles sur l'inauguration de la statue]

Sur "Le Manifeste des Cinq" de 1887 (regrets des signataires):

4461 DEFFOUX, Léon: "Sur le "Manifeste des Cinq"," *Le Journal littéraire*, n° 9, 21 juin, p. 6. Voir aussi *L'Œuvre*, 24 juin.
[Cf. 4345]

4462 DESCAVES, Lucien: "Emile Zola", *Le Journal littéraire*, n° 8, 14 juin, pp. 1-2.
[Voir aussi l'article de L. Deffoux in *L'Œuvre* du 17 juin]

4463 GUICHES, Gustave: [Lettre], *L'Intransigeant*, 25 juin.
[Le dernier à exprimer ses regrets - Lettre du 22 juin - Cf. 4536 et 5258]

4464 MERITAN, L.: "Les lettres", *L'Homme libre*, 24 juin.
[A propos de 4461-2]

4465 G. P.: "Emile Zola devant ses contemporains", *La Renaissance*, 21 juin.

4466 P. S. [Paul SOUDAY]: "A propos d'un vieux manifeste", *Le Temps*, 27 juin.

4467 TREICH, Léon: "Le Manifeste des Cinq. Une lettre de M. Gustave Guiches", *L'Eclair*, 25 juin.
[Cf. 4463]

4468 ---: "Encore le Manifeste des Cinq", *L'Eclair*, 28 juin.

4469 VAUTEL, Clément: "Mon film", *Le Journal*, 30 juin.

4470 ANONYME: "Courrier des lettres", *Le Figaro*, 15 juin.
[A propos de 201 aussi]

4471 ---: "Les lettres", *L'Intransigeant*, 25 juin.
[A propos de 4463]

*

4472 ANTOINE: "Courrier théâtral. Emile Zola", *Le Journal*, 15 juin.

4473 ---: "Emile Zola et le théâtre. Les pièces", *L'Information (politique)*, 4 août.

[Ext. in Bern. *Théâtre II*, pp. 691-2]

4474   ANTOINE: "Emile Zola et le théâtre. La doctrine",
       L'Information (politique), 11 août.
       [Voir aussi l'article d'André Lang sur Z. et Becque,
       ibid., 12 août]

4475   ---: "Emile Zola et le théâtre. L'interprétation et
       la mise en scène", *L'Information (politique)*, 18
       août.
       [Voir aussi *ibid.*, 25 août]

4476   [AUBANEL, M.]: "Discours de M. Aubanel", *BSL*, n° 4,
       pp. 6-8.

4477   BATILLIAT, Marcel: "En souvenir d'Emile Zola", *L'Action
       républicaine*, XXIII, n° 113, mars, pp. 1-2.
       [Discours]

4478   BERSAUCOURT, A. de: "Les distractions de Zola", *L'Opinion*,
       13 juin. Rp. in *NL*, 17 sept.
       [Quelques invraisemblances et inexactitudes dans les
       romans de Z.]

4479   ---: "Les légendes de Zola", *NL*, 21 juin.
       [La fausseté de certaines "légendes" sur le caractère
       et les méthodes du romancier]

4480   BERTAUX, Félix: "L'influence de Zola en Allemagne", *RLC*,
       4e année, n° 1, janv., pp. 73-91.

4481   BERTON, Claude: "Emile Zola au bal de *l'Assommoir* (28
       avril 1879)", *NL*, 28 juin.

4482   BLANKENAGEL, John C.: "The Mob in Zola's *Germinal* and
       in Hauptmann's *Weavers*", *PMLA*, XXXIX, sept., pp. 705-21.

4483   CEARD, Henri: "Humbles débuts", *Le Journal littéraire*,
       n° 3, 10 mai, pp. 1-2.
       [Sur les origines du Groupe de Médan]

4484   L. DX. [Léon DEFFOUX]: "Emile Zola pendant la Commune",
       MF, CLXXIII, n° 627, 1er août, pp. 853-4.
       [A propos de 4500 et 4511]

4485   DEFFOUX, Léon, et Pierre DUFAY: "Emile Zola et son
       influence", *Paris-Journal*, [22?] juin.   [MLB]

4486   DESCAVES, Lucien: "Emile Zola journaliste", *Le Journal*,
       16 juin.

4487   J. E.: "Des lettres inédites d'Emile Zola", *La Liberté*,
       9 juill.
       [A propos de 4508]

4488   P. G. [Paul GINISTY]: "Emile Zola, auteur dramatique
        et critique", *Le Petit Parisien*, 12 juin.

4489   GASQUET, Joachim: "Emile Zola", *BSL*, n° 4, pp. 12-16.
        [Article des *Mois dorés*, revue de Marseille, janv.
        1898]

4490   HISTORICUS: "L'histoire par l'image. La campagne
        d'ordures graphiques des nationalistes d'alors
        contre Zola", *L'Ere nouvelle*, 15 juin.

4491   JEAN-BERNARD: "La vie de Paris... L'éreintement de
        Zola", *La Liberté*, 7 oct.
        [Anatole France, critique de Z.]

4492   KAHN, Emile: "La bataille des idées. Zola et la
        jeunesse", *L'Ere nouvelle*, 14 juin.
        [Sur "Lettre à la jeunesse", brochure du 14 déc.
        1897, rp. in *La Vérité en marche*]

4493   [LALOU, Georges]: "Discours de M. Georges Lalou", *BSL*,
        n° 4, pp. 3-6.
        [Cf. 4435]

4494   LE BLOND, Maurice: "Zola parisien ... et provençal",
        ibid., pp. 17-18.
        [Cf. *Comœdia*, 26 févr.]

4495   ---: "Emile Zola critique dramatique", *Comœdia*, 9-10
        juin. Résumé in *Paris-Soir*, 13 juin.

4496   [LECOMTE, Georges]: "Discours de M. Georges Lecomte",
        BSL, n° 4, pp. 8-11.
        [Cf. 4437]

4497   LE MEUR, Jean: "Au fil des jours: Zola", *La Lanterne*,
        27 janv.

4498   LYNN, Jacques: "Emile Zola: Il y a 16 ans: un discours
        de M. Doumergue.- "J'accuse".- Le Manifeste des
        Cinq - Une visite de Georges Beaume - Sandoz",
        L'Eclair, 15 juin.
        [Cf. 4106 et 4352]

4499   G. M.: "La maison natale d'Emile Zola", *Le Temps*, 25
        janv.

4500   MATHIEX, Paul: "Echos", *La Presse*, 28 juin.
        [A propos de 4511]

4501   MERLET, J.-F. Louis: "Un souvenir à Emile Zola", *L'Ere
        nouvelle*, 16 juin.

4502   NOZIERE: "Oscar Wilde et Emile Zola", *L'Avenir*, 21 août.
        [A propos de 4473-5]   [Rf 49189]

4503   C. P.: "A propos de la bibliothèque Morgan", *MF*,
       CLXXIII, n° 625, 1er juill., p. 283.
       [Le manuscrit de *Nana* - Cf. 4276]

4504   PIOCH, Georges: "La vie qui passe ou qui s'attarde",
       L'Ere nouvelle, 21 juin.

4505   PREVOST, Ernest: "Zola courriériste", *La Victoire*, 16
       juin.
       [Z. et *L'Evénement*]

4506   PRIST, Paul: "Le réveil de Zola", *La Vie intellectuelle*
       (Bruxelles), juill.-août, pp. 263-7.   [Rf 49212]

4507   ROBERT, Louis de: "Quelques mots sur Alphonse Daudet,
       Zola, Mirbeau et Loti", *NL*, 27 sept.
       [Cf. 4835 - Daudet sur Z.]

4508   ROUX, Léon: "Quatre lettres inédites d'Emile Zola",
       MF, CLXXIII, n° 625, 1er juill., pp. 253-5. Voir
       aussi l'article de J.E. in *La Liberté*, 9 juill.
       [A Alexandre Boutique: 1878, 1879, 1882, 1885]

4509   Ph. S.: "Une interview avec Madame Zola", *Le Journal
       littéraire*, n° 8, 14 juin.
       [Détails biographiques et remarques sur la corres-
       pondance de Z.]

4510   SAUVEBOIS, Gaston: "Refuserons-nous l'héritage du
       naturalisme?", *La Revue mondiale*, 25e année, CLVII,
       n° 7, 1er avril, pp. 245-9. Ext. in *BSL*, n° 4, 1924,
       p. 19.
       [Contre le "purisme littéraire" d'un Gide]

4511   SIMON, Gustave: "Un souvenir sur Emile Zola", *Le Temps*,
       16 juin.
       [Z. arrêté pendant la Commune - Cf. 4500]

4512   SOLARI, Emile: "Circonstances dans lesquelles Zola
       composa ses oeuvres. Souvenirs intimes", *La Grande
       Revue*, 28e année, CXIV, n° 6, juin, pp. 603-28.
       [Ext. in Bern. *Rome*, pp. 690-1]

4513   VIBERT, Léon: "Les Daudet et Zola", *L'Ere nouvelle*,
       17 juin.
       [Cite la lettre de Léon Daudet sur *Fécondité* (voir
       4254) et l'oppose à ses articles de *L'Action fran-
       çaise*]

4514   VICAIRE, Gabriel: "L'esthétique d'Emile Zola", *RDM*,
       XXI, 15 juin, pp. 810-31.
       [Article inédit, écrit vers 1880]

4515   ANONYME: "Comment travaillait Zola", *Paris-Soir*, 19 juin.

4516   ---: *"Confidences de Salon"*, BSL, n° 4, pp. 18-19.
[Cf. *La Revue illustrée*, 1892: enquête sur les goûts des écrivains célèbres]

4517   ---: "Courrier des lettres. En mémoire d'Emile Zola",
Le Figaro, 25 et 27 janv. Voir aussi "Devant la maison d'Emile Zola", *ibid.*, 28 janv., et Rf 49185-6.
[Sur la plaque commémorative apposée sur la maison natale de Z.]

4518   ---: "Emil Zola kao novinar", *Reč*, 24 juin.   [BUSM]
[En serbo-croate: "Emile Zola journaliste"]

4519   ---: "Emile Zola", *Adevărul literar şi artistic* (Bucarest),
V, n° 186, 29 juin, p. 8; n° 205, 9 nov., p. 8. Voir
aussi n° 617, 2 oct. 1932, p. 1.   [BU Iasi]
[En roumain]

4520   ---: "Emile Zola", *Almanach des Lettres françaises et
étrangères*, I, 15 juin, pp. 307-8.
[Sur "J'accuse", "Le Manifeste des Cinq", 4352, etc.]

4521   ---: "Emile Zola en 1870", *Journal des Débats*, 22 mai.
[Z. et Cézanne - lettre du 4 juill. de Z. à son ami -
d'après 4284]

4522   ---: "Emile Zola et Pierre Loti", *Candide*, I, n° 26,
11 sept., p. 3.
[Z., Loti et l'Académie]

4523   ---: "Emile Zola, poète et employé de commerce", *Le
Quotidien*, 30 juin.
[La jeunesse de Z.]

4524   ---: "Un jugement de Léon III sur Zola", BSL, n° 4, p. 17.
[Cf. 3797 - à propos d'un article de Roger-H. Dapoigny -
voir *The New York Journal*, 1er oct. 1902]

4525   ---: "Une lettre inédite d'Emile Zola à Henry Céard sur
Germinal", *ibid.*, n° 5, pp. 53-4.
[Du 22 mars 1885]

4526   ---: *"Nantas"*, *Le Cinéopse*, 1er déc.   [Rf 49119]
[Film de Donatien - Voir aussi Rf 49119]

4527   ---: "L'oeuvre d'Emile Zola a conservé la faveur du
public", *Excelsior*, 4 juin.

4528   ---: "Le procès Zola", *Le Carnet de la Semaine*, 10e
année, n° 472, 22 juin, p. 5.

4529   ---: "Un souvenir de M. Gustave Simon", BSL, n° 5, pp. 55-6.
[A propos de 4511]

4530   ANONYME: "Zola à Cézanne", *Almanach des Lettres fran-
        çaises et étrangères*, I, 20 avril, p. 77.
        [Cf. 4521]

1925

4531   BOYD, Ernest A.: *Studies from Ten Literatures*. Londres-
        New York, Scribner's. 333p. Réimpression: New York,
        Books for Libraries Press, 1968. 333p.

4532   DOBROGEANU-GHEREA, C.: "O problemă literară", in *Studii
        critice, III*. Bucarest, Alcalay, p. 248.   [BU Iasi]
        [En roumain]

4533   FAY, Bernard: "Emile Zola et le naturalisme", in *Panorama
        de la littérature contemporaine*. P., Simon Kra, pp.
        89-99. Nouvelle éd.: 1929. Tr. anglaise: *Since Victor
        Hugo*. Boston, Little-Brown, 1927, pp. 72-81.

4534   FEJES, André: *Le Théâtre naturaliste en France*. Anne-
        masse, Société d'Imprimerie. 163p. (Thèse de l'Uni-
        versité de Lausanne). Cf. T39.

4535   FRIERSON, William C.: *L'Influence du naturalisme fran-
        çais sur les romanciers anglais de 1885 à 1900*. P.,
        Marcel Giard. 293p. Voir aussi *Naturalism in French
        Fiction*. Columbus, The Ohio State University Book-
        store, [1930?]. 16p. [ext. en anglais].

4536   GUICHES, Gustave: "Le Manifeste des Cinq", in *Au Banquet
        de la vie*. P., Spes, pp. 216-36.
        [Cf. 4463 et 5258]

4537   HALFLANTS, Paul (chanoine): "Emile Zola (1840-1902)", in
        *La Littérature française au dix-neuvième siècle. III.
        Romanciers (1850-1900)*. Bruxelles, Lannoy/P., Giraudon,
        pp. 44-83.

4538   HERRMANN-NEISSE [Max HERRMANN]: *Emile Zola*. Berlin-
        Wilmersdorf, Verlag der Wochenschrift Die Aktion.
        53p. *Dichter für das revolutionäre Proletariat, Bd.
        I. Der rote Hahn, Bd. 59/60*.
        [Z. un écrivain du peuple]

4539   LOUIS, Paul: *Les Types sociaux chez Balzac et Zola*. P.,
        Aux Editeurs Associés. 220p. Ext. en roumain in *Viață
        românească* (Bucarest), XVI, févr. 1924, pp. 304-5.
        [Paru dans *Le Monde nouveau* à partir du 1er déc.
        1923 - Sur le commerçant, le paysan, l'ouvrier, etc.]

4540   MAUPASSANT, Guy de: "Deux hommes célèbres", in *Les

Dimanches d'un bourgeois de Paris. P., Flammarion,
[1925], pp. 91-110.
[Une visite à Médan]

4541 MORF, Heinrich, et Wilhelm MEYER: "Emile Zola", in *Die
Romanischen Literaturen und Sprachen.* Lübke-Leipzig-
Berlin, Teubner, pp. 250-4.   [BU Iasi]

4542 RENARD, Jules: *Journal inédit (1887-1910).* P., Bernouard, 1925-1927. 5 vol. Nouvelle éd.: *Journal, 1887-
1910.* Ed. Léon Guichard et Gilbert Sigaux. P., Gallimard (Bibliothèque de la Pléiade), 1960. 1412p.

4543 SEMENOFF, Marc (éd.): *Emile Zola. Les Ecrits Pour et
Contre, n° 8.* P., André Delpeuch, [1925]. 60p.:

4544 BAINVILLE, J.: "Zola bourreau de lui-même", *ibid.,*
pp. 43-4.

4545 BRULAT, Paul: "Zola intime", *ibid.,* pp. 29-34.

4546 CHARPENTIER, Armand: "Emile Zola, grand écrivain et
grand citoyen", *ibid.,* pp. 12-22.

4547 COQUIOT, Gustave: "Zola critique d'Art", *ibid.,* pp.
44-52.

4548 DUPUY, André: "Le cas Zola", *ibid.,* pp. 53-60.

4549 LE GOFFIC, Charles: "Zola", *ibid.,* pp. 41-2.

4550 MARGUERITTE, Victor: "Le naturalisme n'est pas mort",
ibid., pp. 7-11.

4551 MILLE, Pierre: "L'influence actuelle de Zola", *ibid.,*
pp. 5-6.

4552 PARAF, Pierre: "Notre Maître Zola", *ibid.,* pp. 35-40.

4553 SEMENOFF, Eugène: "Emile Zola et la Russie", *ibid.,*
pp. 23-8.
[Cf. 3705]

4554 BATILLIAT, Marcel: "Une belle figure de femme. Madame
Emile Zola", *BSL,* n° 7, pp. 7-8.
[Article du *Journal littéraire,* 2 mai - A l'occasion
de la mort de Mme Zola - Voir aussi Rf 49186]

4555 ---: "Les domiciles successifs d'Emile Zola", *ibid.,*
pp. 20-1. Voir aussi *Comoedia,* 3 août.

4556 BLAGA, Lucian: "Naturalismul", *Adevărul literar şi
artistic,* VI, n° 227, 12 avril, p. 6; n° 228, 19
avril, p. 8.   [BU Iasi]
[En roumain]

4557   [BLASCO IBANEZ]: "Discours de M. Blasco Ibáñez", *BSL*,
        n° 6, pp. 7-13. Déjà publié en partie in *Paris-Soir*,
        6 oct. 1924.
        [Au pèlerinage de Médan, le 5 oct. 1924]

4558   [BOURDON, Georges]: "Discours de M. Georges Bourdon",
        ibid., pp. 13-22.
        [A Médan, le 5 oct. 1924]

4559   CHARENSOL: "Le Souvenir de Zola", *NL*, 10 oct.

4560   [GERMAIN, José]: "Discours de M. José Germain", *BSL*,
        n° 6, pp. 23-7.
        [Au pèlerinage de Médan, le 5 oct. 1924]

4561   GUILLEMOT, Maurice: "De la place du panthéon au Pan-
        théon", *Le Figaro* (supplément littéraire), 3 oct.
        [Anecdotes sur Z.]

4562   HENRIOT, Emile: "Des lettres inédites de Zola", *Le
        Temps*, 3 févr.
        [Deux lettres à Arsène Houssaye de févr.-mars 1867]

4563   HENRY-BERENGER, Geneviève: "Madame Emile Zola", *BSL*,
        n° 7, pp. 3-6.
        [Article de *La Renaissance*, 2 mai 1925 - Cf. 4554]

4564   JEAN-AUBRY, G.: "Zola et George Moore", *NL*, 17 janv.,
        p. 5. Rp. in *BSL*, n° 7, 1925, pp. 9-13.
        [Avec une lettre de Z. à Moore du 15 août 1886]

4565   LALOY, Louis: "Emile Zola", *L'Ere nouvelle*, 4 oct.

4566   LERCH, Eugen: "Revision in Sachen Zola", *Kölnische
        Zeitung*, 24 févr. (*Literatur- und Unterhaltungs-
        blatt*).   [WH]

4567   LE LUTECIEN: "Nouvelles littéraires. Emile Zola et
        l'image", *Comœdia*, 3 août.
        [Sur les portraits de Z. par Manet, etc.]

4568   [PERRIN, Jules]: "Discours de M. Jules Perrin", *BSL*,
        n° 6, pp. 28-33.
        [Au pèlerinage de Médan, le 5 oct. 1924]

4569   PICARD, Gaston: "Emile Zola, *Ruy Blas* et la génération
        de 1869", *Le Figaro* (supplément littéraire), 3 oct.
        [Z. critique de ses contemporains]

4570   ---: "Emile Zola vu à travers Aurélien Scholl", *Le
        Journal littéraire*, 3 oct.

4571   PROVENCE, Marcel: "Notes et documents artistiques.
        Cézanne collégien", *MF*, CLXXVII, 1er févr., pp. 823-7.
        [Z. au collège]

4572   RUTRA, Arthur Ernst: "Zola und Deutschland", *Kunstwart und Kulturwart* (Dresde), XXXVIII, n° 11, pp. 219-23.
[WH]

4573   SKOK, Petar: "Francuski naturalizam", *Jugoslovenska Njiva*, IX, n° 5, pp. 178-80.   [BUSM]
[En serbo-croate: "Le naturalisme français"]

4574   VAUTHIER, Gabriel: "Emile Zola et *La Confession de Claude*", *La Révolution de 1848 (Revue des Révolutions contemporaines)*, XXIII, oct., pp. 626-30. Rp. in *BSL*, n° 8, 1926, pp. 14-16.
[La lettre du procureur général - les amis de Z. à l'époque du roman]

4575   ANONYME: "A propos du Manifeste des Cinq", *BSL*, n° 6, p. 47.
[Une chanson de Jules Jouy]

4576   ---: "Courrier des lettres", *Le Figaro*, 20 oct.
[Z. en Bretagne]

4577   ---: "Deux lettres inédites d'Emile Zola", *BSL*, n° 7, pp. 22-4.
[Cf. 4562]

4578   ---: "Emil Zola. *Rim*", *Novi Zivot*, XXI, n° 7, p. 223.
[En serbo-croate - Sur *Rome*]   [BUSM]

4579   ---: "Emile Zola's Widow Dies", *NYT*, 28 avril, p. 21.
[La mort de Mme Zola]

4580   ---: "*Germinal*. By Emile Zola", *The Saturday Review of Literature* (New York), I, n° 33, 14 mars, p. 602.
[c.r. de la tr. anglaise]

4581   ---: "Insemnări: Zola", *Adevărul literar şi artistic* (Bucarest), VI, n° 239, 5 juill., p. 8.   [BU Iasi]
[En roumain]

4582   ---: "L'insuccès du *Bouton de Rose*", *Le Figaro*, 7 et 9 oct.

4583   ---: "Naturalism şi impresionism", *Adevărul literar şi artistic* (Bucarest), VI, n° 230, 3 mai, p. 2.
[En roumain]   [BU Iasi]

4584   ---: "A Zola Sale", *The Times* (Londres), 12 nov., p. 13. Voir aussi *ibid.*, 25 mai, p. 16, et 26 mai, p. 15.
[Vente des biens de Mme Zola]

4585   FRANCE, Anatole: *Œuvres Complètes illustrées. La Vie littéraire*. P., Calmann-Lévy. Voir: VI. *"La Terre"*, pp. 204-14; "La pureté de M. Zola", pp. 588-94. VII. "Dialogue des vivants: *La Bête humaine"*, pp. 305-16. [Cf. 1152, 1349 et 1532]

4586   KLENZE, Camillo von: "Hauptmann's Treatment of the Lower Classes", in *From Goethe to Hauptmann*. New York, Viking, pp. 246-58. Nouvelle éd.: New York, Biblo-Tannen, 1966, pp. 223-75. [L'ouvrier dans l'œuvre de Z.]

4587   KUHN, Gottfried: *Zola als Dramatiker. (Abhandlung zur Erlangung der Doktorwürde der philosophischen Fakultät I der Universität Zürich)*. Strasbourg, Imprimerie Alsacienne. 74p.

4588   MURRAY, D.L.: "Emile Zola", in *Scenes and Silhouettes*. Londres, Cape, pp. 241-54. Réimpression: Freeport, New York, Books for Libraries Press, 1968.

4589   WAXMAN, Samuel Montefiore: *Antoine and the Théâtre-Libre*. Cambridge, Harvard University Press/Londres, Humphrey Milford, Oxford University Press, 247p. Réimpression: New York, Benjamin Blom, 1964. 247p.

Sur "Nana", film de Jean Renoir:

4590   CHATAIGNIER, Jean: *"Nana", Le Journal*, 25 juin.

4591   CROZE, J.-L.: *"Nana* réalisé par Jean Renoir", *Comœdia*, 30 avril.

4592   DARTOIS, Yves: *"Nana", Comœdia*, 23 avril. ["avant-présentation"]

4593   EPARDAUD, Edmond: *"Nana* avec Catherine Hessling", *Cinéma*, 1er févr.   [LS]

4594   ---: *"Nana", Ciné pour Tous*, 1er mai.   [Rf 49109]

4594   EYRE, Jean: *"Nana", Mon Ciné*, 18 mars.   [Rf 49109]

4596   FARNAY, Lucien: "Le Scénario de *Nana*. La réalisation. L'interprétation", *Cinémagazine*, 21 mai.   [Rf 49109]

4597   FLAMENT, Albert: "Modes. - *Nana* de Zola, à l'écran", *RP*, 33e année, III, 15 mai, pp. 456-8.

4598   GORDEAUX, Paul: "Les films de la semaine. *Nana", L'Echo de Paris*, 30 avril.

4599   OLON, Philippe d': *"Nana"*, *Paris-Soir*, 26 juin.   [LS]

4600   G. T.: *"Nana"*, *Paris-Soir*, 30 avril.   [LS]

4601   ANONYME: "Derrière l'écran", *Le Cri de Paris*, XXX,
        n° 1518, 2 mai, p. 12.

4602   ---: "Les grands films: *Nana*", *Le Matin*, 30 avril. [LS]

4603   ---: *"Nana"*, *Le Matin*, 25 juin.

4604   ---: *"Nana"*, *Paris-Soir*, 1er mai.

4605   ---: *"Nana"*, *Le Soir*, 26 juin.

                              *

4606   [BERGER, Marcel]: "Discours de M. Marcel Berger",
        BSL, n° 9, pp. 11-17.
        [Au pèlerinage de Médan, 1926]

4607   BIRKENBIHL, Michael: "Aus der Werkstatt Emile Zolas",
        Frankfurter Zeitung, 21 janv.   [WH]

4608   [BRETON, Jules-Louis]: "Discours de M. Jules-Louis
        Breton", *BSL*, n° 9, pp. 3-4.
        [Au pèlerinage de Médan, 1926]

4609   L. DX. [Léon DEFFOUX]: "La véritable première édition
        de *l'Assommoir*", *MF*, CXCI, n° 681, 1er nov., p. 764.

4610   DEFFOUX, Léon: "Les villégiatures d'Emile Zola", *BSL*,
        n° 8, pp. 29-30.

4611   ---: "Emile Zola et la sous-préfecture de Castelsarrasin
        en 1871", *MF*, CXCI, n° 681, 15 oct., pp. 336-46.

4612   [DUMAS, André]: "Discours de M. André Dumas", *BSL*,
        n° 9, pp. 7-11.
        [Au pèlerinage de Médan, 1926]

4613   GODCHOT, Colonel: "Une égérie: Madame Emile Zola",
        La Revue mondiale, 27e année, CLXVII, n° 3, 1er
        févr., pp. 279-81. Cf. *La Française*, 15 oct. 1927.

4614   ---: "Les manuscrits de Zola. A propos de *Nana* d'Emile
        Zola", *ibid.*, CLXX, n° 8, 15 avril, pp. 369-73.
        (Ext. en roumain in *Viaţă românească* (Bucarest),
        XVIII, avril 1926, pp. 133-4). Voir aussi "Les
        manuscrits de Zola. A propos du manuscrit de *Nana*",
        ibid., CLXXVII, n° 9, 1er mai 1927, pp. 44-9.

4615   [HIRSCH, Ch.-Henry]: "Discours de M. Ch.-Henry Hirsch",
        BSL, n° 9, pp. 4-7.
        [Au pèlerinage de Médan, 1926]

4616   KAHN, Maurice: "Anatole France et Emile Zola", *La
        Grande Revue*, 30e année, CXXI, n° 7, juill., pp.
        40-66. Rp.: *Anatole France et Emile Zola*. P.,
        Lemarget, 1927. 68p. Voir aussi *BSL*, n° 9, 1926,
        pp. 18-22.

4617   [MILLE, Pierre]: "Discours de M. Pierre Mille", *BSL*,
        n° 8, pp. 4-6.
        [Au pèlerinage de Médan, 1925]

4618   NOURY, P.: "La superstition des chiffres chez E.
        Zola", *La Chronique médicale*, XXXIII, 1er déc.,
        p. 377.
        [Cf. 4628]

4619   PIOCH, Georges: "Emile Zola exemple peu suivi", *La
        Volonté*, 7 oct.

4620   POINSOT, Georges: "Emile Zola", *L'Ere nouvelle*, 4 oct.

4621   [RYNER, Han]: "Discours de M. Han Ryner", *BSL*, n° 8,
        pp. 7-8.
        [Au pèlerinage de Médan, 1925]

4622   E. S.: "Un curieux document", *Le Petit Journal*, 9
        août.
        [Lettre de Z. à Marius Roux du 11 août 1876]

4623   TEODORESCU-BRANISTE, Tudor: "Zola polemist", *Adevărul
        literar și artistic* (Bucarest), VII, n° 288, 13
        juin, p. 3.   [BU Iasi]
        [En roumain]

4624   TREICH, Léon: [A propos du 40e anniversaire du Mani-
        feste des Cinq, du 25e anniversaire de la mort de
        Zola et d'une édition nouvelle des *Rougon-Macquart*],
        Le National, 14 août.   [MLB]

4625   [VALMY-BAYSSE, Jean]: "Discours de M. Jean Valmy-
        Baysse", *BSL*, n° 8, pp. 9-12.
        [Sur l'influence de Z. et sur *La Débâcle*]

4626   VIGNE D'OCTON, P.: "Naturalistes et Parnassiens. Emile
        Zola et Paul Alexis en Provence. Souvenirs", *NL*,
        n° 182, 10 avril, p. 4; n° 183, 17 avril, p. 5.

4627   ANONYME: "Les éditions originales ou rarissimes des
        œuvres d'Emile Zola", *BSL*, n° 8, pp. 27-8.

4628   ---: "Emile Zola et le nombre 17", *La Chronique
        médicale*, XXXIII, n° 3, 1er mars, p. 81.
        [Cf. 4618]

4629   ---: "O prefață inedită a lui Emile Zola", *Adevărul*

literar şi artistic (Bucarest), VII, n° 270, 7 févr.,
p. 8.   [BU Iasi]
[En roumain]

4630   ANONYME: "Les racines beauceronnes d'Emile Zola", *BSL*,
       n° 9, p. 26.
       [Cf. 4631]

4631   ---: "Zola beauceron", *L'Opinion républicaine*, 11 déc.
       [Cf. 4630]   [MLB]

4632   ---: "Zola şi literatura germană", *Adevărul literar şi
       artistic* (Bucarest), n° 276, 21 mars, p. 4. [BU Iasi]
       [En roumain: "Zola et la littérature allemande"]

1927

4633   ALBALAT, Antoine: "Relations de Zola avec Flaubert",
       in *Gustave Flaubert et ses amis*. P., Plon, pp. 233-40.

4634   BACZYNSKI, S.: *Losy romansu*. Varsovie, Rój. 159p.
       [En polonais - Influence de Z. sur des "positivistes"
       polonais]   [BU Głowna, Poznań]

4635   BAILLOT, A.: "Zola", in *Influence de la philosophie
       de Schopenhauer en France (1860-1900)*. P., Vrin,
       pp. 225-8. (Coll. Bibliothèque d'Histoire de la
       Philosophie).

4636   BAINVILLE, Jacques: *Au Seuil du siècle. Etudes cri-
       tiques*. P., Editions du Capitole. 288p.
       [Voir "M. Emile Zola et le socialisme sentimental",
       pp. 15-23; "L'école naturaliste", pp. 27-38 - articles
       de juin 1901 et d'oct. 1902 - hostiles]

4637   GARNIER, Marie-Reine: *Henry James et la France*. P.,
       Champion. 216p.
       [Voir surtout pp. 154-6]

4638   JAKOVLEV, M.A.: *Teorija dramy*. Leningrad. 164p.   [KDM]
       [Voir chap. 9 sur Z. et la théorie du théâtre
       naturaliste]

*4639 LE BLOND, Maurice: *Les Projets littéraires d'E. Zola
       au moment de sa mort d'après des documents et manu-
       scrits inédits*. P., Mercure de France. 25p. Rp. in
       MF, CXCIX, n° 703, 1er oct. 1927, pp. 5-25; in *L'Ere
       nouvelle*, 5, 8, 10, 12 oct. 1927. Ext. et résumés
       in *L'Information (politique)*, 1er oct., *Le Petit
       Matin* (Tunis), 2 oct., *Le Petit Niçois*, 6 oct., *La
       Province* (Namur), 9 oct., *La Tribune de Genève*, 8
       oct., *L'Université Populaire de Saint-Denis*, nov.

1927. Voir aussi les articles de Léon Deffoux, in
L'OEuvre, 27 sept., de A. Ferdinand Hérold, in *Le
Populaire de Nantes*, 8 oct., de Roland de Marès, in
Le Temps, 4 oct.

4640   LE BLOND-Zola, Denise: "Vie d'Emile Zola", in *Emile
Zola: Contes à Ninon et Nouveaux Contes à Ninon.
Notes et commentaires de Maurice Le Blond*. P.,
Bernouard, pp. 5-45.
[Cf. 4782]

4641   MAYER, Jeannette: *Widersprüche in Zolas Experimental-
romanen. (Inaugural-Dissertation zur Erlangung der
Doktorwürde der Philosophischen Fakultät I der
Universität Zürich)*. Belfort, Société Générale
d'Imprimerie. 71p.

4642   ROHL, Hans: *Der Naturalismus. Ein Uberblick über die
literarische Bewegung in Deutschland gegen Ende des
19. Jahrhunderts*. Leipzig, Quelle & Meyer.   [WH]
[Voir pp. 7-8, 30-3]

*Commémoration du 25ᵉ anniversaire de la mort de Zola
(cérémonie de la Sorbonne, hommages):*

4643   HERRIOT, Edouard: *Emile Zola et son œuvres. Discours
prononcé à l'occasion du 25ᵉ anniversaire de la mort
d'Emile Zola à la cérémonie de la Sorbonne le 7 octobre 1927*. P., Fasquelle. xviiip. Rp. in *Le Temps*,
8 oct.; in *Esquisses*. P., Hachette, 1928, pp. 38-52.
Voir aussi *BSL*, nº 10, 1927, pp. 14-21. Tr. allemande:
La Revue rhénane/Rheinische Blätter, VIII, nº 1, nov.
1927, pp. 12-16.
[Voir aussi 4654]

4644   RIOTOR, Léon: *Emile Zola. Discours prononcé à l'occasion du 25ᵉ anniversaire de la mort d'Emile Zola à
la cérémonie de la Sorbonne le 7 octobre 1927*. P.,
Bernouard, [1927-(1928)], vip. Rp. in *BSL*, nº 10,
1927, pp. 4-7. Voir aussi "Sans rancune", *Le Cri de
Paris*, XXXI, nº 1594, 16 oct. 1927, pp. 1-2.

4645   BARRES, Maurice: "Une opinion de Maurice Barrès",
Paris-Soir, 4 oct.
[Z. un "brave homme"]

4646   BASCH, Victor: "La leçon d'Emile Zola", *La Volonté*,
2 oct.

4647   BAUER, Ludwig: "Zola (Ein Vierteljahrhundert nach
seinem Tode: 29 September 1902)", *Kölnische Zeitung*,

25 sept. [WH]

4648 BERTEAUX, Eugène: "Autour d'un paradoxe qui n'en est pas un", *Comœdia*, 18 oct.
[A propos de 4643]

4649 BITTARD, A.-L.: "Anniversaire. Emile Zola et son temps", *L'Homme libre*, 4 oct.

4650 M. C.: "Un couronnement d'Emile Zola en Sorbonne", *Paris-Midi*, 7 oct.

4651 CALLENDER, Harold: "Honor for Zola the Turbulent", *NYT*, 6 nov., section X, p. 11.

4652 CLAR, Fanny: "Du romanesque et de la vérité", *L'Ere nouvelle*, 11 oct.
[Encourage les femmes à lire l'œuvre de Z.]

4653 CREMIEUX, Benjamin: "L'apport et l'influence d'Emile Zola", *NL*, 8 oct.

4654 CUDENET, Gabriel: "La cérémonie de la Sorbonne en l'honneur d'Emile Zola", *L'Ere nouvelle*, 7 oct.
[Reprend 4643]

4655 J. D.: "Emile Zola dans les revues allemandes", *La Revue rhénane/Rheinische Blätter*, VIII, n° 1, nov., pp. 20-1.
[Ext. de la presse allemande sur l'anniversaire et sur la cérémonie de la Sorbonne]

4656 DAPOIGNY, Roger H.: "L'opinion de l'étranger sur le grand écrivain, sur son œuvre et sur sa grande conscience", *L'Yonne et le Rappel de l'Yonne*, 15 nov.

4657 DUVERNOIS, Henri: "Emile Zola", *L'Information (politique)*, 5 oct.

4658 ERNEST-CHARLES, J.: "De Bossuet à Zola", *Le Quotidien*, 1er oct.

4659 HUMBOURG, Pierre: "Emile Zola – sa vie – son œuvre (1840-1902)", *La Presse*, 28 sept.

4660 ILIJIC, Stjepko: "Dvadesetpetgodišnjica smrti Emila Zole", *Obzor*, LXVIII, n° 260, p. 3. [BUSM]
[En serbo-croate: "25e anniversaire de la mort d'Emile Zola"]

4661 Y. K.: "Le président Herriot nous parle de Zola", *Paris-Midi*, 6 oct.
[Prélude à son discours – voir 4643]

4662 KAHN, Gustave: "Le vingt-cinquième anniversaire de la

mort d'Emile Zola", *Le Quotidien*, 23 avril.

4663 KAHN, Gustave: "Ce que l'art a perdu à la mort d'Emile Zola", *Le Quotidien*, 6 oct.
[A propos de 4639 aussi]

4664 KREFT, Bratko: "Emil Zola (1840-1902)", *Enotnost* (Ljubljana), II, n° 38.   [BUSM]
[En slovène]

4665 ---: "Emil Zola. Literarna skica ob 25-letnici smrti", *Mladina* (Ljubljana), n° 1, 1927-1928, pp. 2-10.   [RV]
[En slovène]

4666 LEHMANN, René: "Zola, grand cœur triste", *L'Intransigeant*, 8 oct.

4667 LOEWEL, Pierre: "La vie littéraire: Emile Zola", *L'Avenir*, 12 oct.
[Z. "un génie obstiné, volontaire, souvent pesant, mais qui a tenu dans ses poings tout un monde"]

4668 MANN, Heinrich: "Zola vu d'Allemagne", *La Revue rhénane/ Rheinische Blätter*, VIII, n° 1, nov., pp. 16-18.
Voir aussi *NL*, 8 oct.
[Cf. 4669]

4669 ---: "Entdeckung Zolas", *Die Literarische Welt*, III, n° 39, pp. 1-2. Rp. in *Sieben Jahre. Chronik der Gedanken und Vorgänge*. Berlin-Vienne-Leipzig, Zsolnay, 1929, pp. 408-12.   [WH]
[Cf. 4668: tr. française]

4670 MERIC, Victor: "Emile Zola", *Le Soir*, 7 oct.

4671 NICANOR, P.: "Douăzeci şi cinci de ani de la moartea lui Zola", *Viaţă românească* (Bucarest), XIX, n°s 8-9, août-sept., pp. 196-7.   [BU Iasi]

4672 PIERREFEU, Jean de: "Zola et nous", *NL*, 22 oct.

4673 REBOUX, Paul: "Emile Zola et l'opinion", *Paris-Soir*, 4 oct.

4674 A. S.: "Emile Zola. Popularitatea. Proectele", *Adevărul literar şi artistic* (Bucarest), VIII, n° 361, 6 nov., p. 7.   [BU Iasi]

4675 SAINT-GEORGES DE BOUHELIER: "La mort de Zola", *Le Figaro* (supplément littéraire), 1er oct.
[Cf. 4159]

4676 SOLARI, Emile: "Sculpture (le buste d'E. Zola)", *La Vie française*, 6 nov.   [MLB]

4677   E. TH.: "On parlera de Zola", *Le Petit Marseillais*, 3 sept.

4678   VERLOT, E.: "Emile Zola", *Le Populaire*, 28 oct.

4679   VUCETIC, Mate: "Sorbona slavi dvadesetpetgodišnjicu Emila Zole", *Obzor*, LXVIII, n° 275, pp. 2-3.   [BUSM] [En serbo-croate]

4680   ANONYME: "A la Sorbonne. Le 25ᵉ anniversaire de la mort de Zola", *L'Avenir*, 7 oct. [Cite la conclusion de 4643]

4681   ---: "Au meeting de la Ligue des Droits de l'Homme. Emile Zola et la nation d'aujourd'hui", *La Volonté*, 19 oct.

4682   ---: "La cérémonie de la Sorbonne en l'honneur d'Emile Zola", *BSL*, n° 10, pp. 1-3.

4683   ---: "La cérémonie Zola", *Journal des Débats*, XXXIV, 14 oct., p. 629.

4684   ---: "Commemorate Emile Zola", *NYT*, 7 oct., p. 20.

4685   ---: "La commémoration d'Emile Zola", *Le Soir*, 3 oct. Voir aussi *ibid.*, 6 oct.

4686   ---: "Emil Zola, otac naturalizma", *Reč*, 4 oct.   [BUSM] [En serbo-croate: "Emile Zola, père du naturalisme"]

4687   ---: "Emile Edouard Charles Antoine Zola (1840 1902)", *Prosveta* (Chicago), n° 23, p. 4.   [RV] [En slovène]

4688   ---: "Une exposition Zola", *Le Soir*, 8 oct. [A la Bibliothèque Nationale]

4689   ---: "Moartea lui Emile Zola", *Adevărul literar şi artistic* (Bucarest), VIII, n° 360, 30 oct., p. 7. [BU Iasi]

4690   ---: "O Zoli", *Wiadomości literackie* (Varsovie), IV, n° 43, p. 2.   [BU Łódź] [En polonais: "Sur Zola"]

4691   ---: "L'opinion de quelques vivants", *La Presse*, 28 sept.

4692   ---: "Le 25ᵐᵉ anniversaire de la mort d'Emile Zola. La Comédie-Française doit mettre *Thérèse Raquin* à son répertoire", *Le Quotidien*, 15 juill.

4693   ---: "Zola. Fünfundzwanzig Jahre nach seinem Tode", *Das Literarische Echo*, XXX, 1927-1928, p. 94.   [WH]

[Voir aussi Rf 49185$^{17-21}$; *Le Temps*, 8 oct.; 4736]

Reprise du drame "L'Assommoir" à l'Odéon:

4694 ACHARD, Paul: "Reprise de *l'Assommoir*", *Paris-Midi*, 30 sept.

4695 ANTOINE: "*L'Assommoir* à l'Odéon", *Le Journal*, 27 sept.

4696 ---: "La semaine théâtrale", *L'Information (politique)*, 3 oct. Ext. in *L'Ere nouvelle*, 3 oct.

4697 G. B. [G. BOISSY]: "A l'Odéon: la reprise de *l'Assommoir*", *Comœdia*, 1er oct.

4698 BERTON, Claude: "Un grand homme moyen", *NL*, 8 oct.

4699 BRISSON, Pierre: "Chronique théâtrale. Reprise de *l'Assommoir*", *Le Temps*, 3 oct.

4700 CATULLE-MENDES, Jane: "Les premières. Théâtre National de l'Odéon. *L'Assommoir* (reprise)", *La Presse*, 1er oct. ["un gros mélo de l'Ancien Ambigu"]

4701 COQUET, James de: "Reprise de *l'Assommoir*", *Le Figaro*, 30 sept.

4702 DARNETAL, Jacques: "*L'Assommoir*", *Paris-Soir*, 1er oct.

4703 DESCAVES, Lucien: "Théâtre", *L'Intransigeant*, 1er oct.

4704 GERMIER, O.: "*L'Assommoir* à l'Odéon", *Paris-Soir*, 30 sept.

4705 KEMP, Robert: "Reprise de *l'Assommoir*", *La Liberté*, 1er oct.

4706 LALOY, Louis: "Théâtres", *L'Ere nouvelle*, 2 oct.

4707 MAREZE, Jean: "*L'Assommoir*", *Le Soir*, 2 oct.

4708 MARSOLLEAU, Louis: "A propos. En marchant vite", *L'Avenir*, 4 oct.

4709 MERIC, Victor: "Théâtre de l'Odéon. *L'Assommoir* (reprise)", *Le Quotidien*, 1er oct. ["affreux mélodrame, archaïque et sirupeux"]

4710 NOZIERE: "*L'Assommoir* à l'Odéon", *L'Avenir*, 2-3 oct.

4711 PIOCH, Georges: "Odéon. Reprise de *L'Assommoir*...", *La Volonté*, 1er oct.

4712 PRUDHOMME, Jean: "Les nouveaux spectacles", *Le Matin*, 1er oct.

4713 SCHNEIDER, Louis: "Odéon - *L'Assommoir*", *Le Gaulois*, 2 oct.

4714 SEE, Edmond: *"L'Assommoir"*, *L'OEuvre*, 1er oct.

4715 THIAC, Robert de: *"L'Assommoir"*, *Chantecler*, 12 nov.
[Rf 49094]

4716 ANONYME: *"L'Assommoir* à l'Odéon", *Le Journal*, 18 oct.

4717 ---: "Zola et le théâtre", *La Presse*, 28 sept.

Reprise du drame "Germinal" aux Folies-Dramatiques:

4718 BLANQUET, Marc: *"Germinal"*, *Le Soir*, 13 oct. [Rf 49154]

4719 DESCAVES, Lucien: "Les Reprises. Aux Folies-Dramatiques:
Germinal", *Paris-Midi*, 16 oct. [Rf 49154]

4720 GREGORIO, Paul: "Les reprises. *Germinal* aux Folies-
Dramatiques", *Comœdia*, 18 oct.

4721 KEMP, Robert: "Aux Folies-Dramatiques: reprise de
Germinal", *La Liberté*, 16 oct.

4722 PIOCH, Georges: *"Germinal"*, *La Volonté*, 16 oct.

4723 PRUDHOMME, Jean: *"Germinal"*, *Le Matin*, 18 oct.

4724 REBOUX, Paul: *"Germinal"*, *Paris-Soir*, 16 oct.

4725 ANONYME: *"Germinal* aux Folies-Dramatiques", *Le Journal*,
18 oct.

4726 ---: *"Germinal* aux Folies-Dramatiques", *Les Services
publics*, 19 oct. [MLB]

4727 ---: "Rajeunissement", *Aux Ecoutes*, IX, n° 492, 22
oct., p. 25.

4728 ---: "La reprise de *Germinal* aux Folies-Dramatiques",
Paris-Soir, 7 oct.

4729 ---: "Reprise de *Germinal* aux Folies-Dramatiques",
Le Quotidien, 14 oct.

*

4730 LES ACADEMISARDS: "Petit Mémorial des Lettres", *Paris-
Soir*, 24 août.
[Cf. 4749]

4731 ANDRENIO [Gomez de BAQUERO]: "Zola en España", *La
Gaceta literaria* (Madrid), I, n° 21, 1er nov., p. 1.
Rp. en anglais: in *The Living Age*, CCCXXXIII, n°
4320, 15 déc. 1927, pp. 1088-90.

4732 ANTOINE: "Autre anniversaire", *Le Journal*, 10 sept.
[*Thérèse Raquin*]

4733 ARTIGNY: "Billet du matin", *Le Figaro*, 1er oct.

[Z. "vulgaire"]

4734　BARBUSSE, Henri: "Zola. La science et la société",
　　　　L'Humanité, 31 juill.

4735　BATILLIAT, Marcel: "L'œuvre littéraire d'Emile Zola
　　　　et l'épreuve du temps", *L'Avenir*, 20 août. Voir
　　　　aussi *Comoedia*, 21 août.
　　　　[Dante, le vrai précurseur de Z.]

4736　———: "Discours de M. Marcel Batilliat", *BSL*, n⁰ 10,
　　　　pp. 7-14.

4737　BERSAUCOURT, A. de: "Zola et l'Académie française",
　　　　L'Opinion, XX, n⁰ 39, 24 sept., pp. 15-18.

4738　BEVK, France: "Emil Zola", *Edinost* (Trst), LII, n⁰ 268.
　　　　[En slovène]　　　　　　　　　　　　　　　　　　　　[RV]

4739　BIDOU, Henry: "Parmi les livres", *RP*, V, 15 oct., pp.
　　　　931-5.

4740　BLANCHART, Paul: "Zola et le théâtre", *La Volonté*, 8
　　　　oct.

4741　BOISSON, Marius: "Comment Emile Zola s'inspira du
　　　　Sublime pour écrire *L'Assommoir*", *Comoedia*, 21 févr.
　　　　　　　　　　　　　　　　　　　　　　　　　　[Rf 49088]

4742　———: "Que reste-t-il de l'œuvre de Zola?", *Comoedia*,
　　　　19 sept.
　　　　[Cf. 4829]

4743　BOTROT, Jean: "Zola chez les Précieuses", *Paris-Soir*,
　　　　3 sept.
　　　　[Cf. 4773]

4744　BOURDON, Georges: "Le serviteur de la Cité", *D'Artagnan*,
　　　　5 août.　　　　　　　　　　　　　　　　　　　　　　[MLB]

4745　CARIAS, Léon: "France et Zola avant l'Affaire", *La
　　　　Grande Revue*, 31ᵉ année, CXXIV, n⁰ 9, sept., pp.
　　　　402-38.

4746　CASIMIR, Philippe: "Une œuvre de Zola ignorée",
　　　　L'Eclaireur de Nice, 6 oct.
　　　　[Sur l'étude de Z. "Du roman" - Voir 6005: "Deux
　　　　définitions du roman", rp. in *O.C.*, X.]

4747　CHABAS, Juan: "Revistas", *La Libertad* (Madrid), 13 oct.
　　　　　　　　　　　　　　　　　　　　　　　　　　　　[MLB]

*4748　CHENNEVIERE, Georges: "Emile Zola", *Europe*, XV, n⁰ 60,
　　　　15 déc., pp. 504-23; XVI, n⁰ 61, 15 janv. 1928, pp.
　　　　85-102.

4749   L. DX. [Léon DEFFOUX]: "Une lettre inédite d'Emile
       Zola", *L'OEuvre*, 22 août.
       [Du 25 févr. 1887 à L.-P. Laforêt, à propos de 1074 -
       Cf. 4730]

4750   ---: "Zola à vingt-quatre ans. Deux documents inédits",
       MF, CXCIX, n⁰ 704, 15 oct., pp. 509-11.
       [Un engagement de location et une lettre au gérant
       de l'immeuble du 18 mai 1864]

4751   ---: "Zola, Chaîne et l'huile d'olive", *ibid.*, CC,
       n⁰ 708, 15 déc., p. 739.
       [Source d'un détail dans *L'Œuvre*]

4752   DALMA, Giovanni: "Interpretazione psicoanalitica d'un
       episodio della *Teresa Raquin* di E. Zola", *Archivio
       generale di neurologia, psichiatria e psicoanalisi*
       (Naples), VIII, pp. 245-56.

4753   DAUDET, Léon: "La corruption du romantisme", *L'Action
       française*, 21 août.

4754   DEFFOUX, Léon: "Emile Zola contre la peine de mort",
       L'OEuvre, 20 sept.

4755   ---: "Emile Zola et ses éditions depuis 1902", *Le
       Figaro* (supplément littéraire), 1ᵉʳ oct.

4756   [DESCAVES, Lucien]: "Discours de M. Lucien Descaves",
       BSL, n⁰ 10, pp. 24-0. Ext. in *MF*, CXCIX, 1ᵉʳ nov.
       1927, pp. 755-6. Voir aussi *Le Temps*, 29 oct.
       [Au pèlerinage de Médan, 1927]

4757   ERNEST-CHARLES, J.: "Hier scandaleux. *L'Assommoir* de
       Zola est devenu un chef-d'œuvre de morale", *Le
       Quotidien*, 14 févr.
       [Ext. in Bern. *L'Assommoir*, pp. 465-6.]

4758   ---: "Les "Rougon" et les "Macquart"," *Le Quotidien*,
       17 août.
       [A propos de *La Fortune des Rougon*]

4759   EULENBERG, Herbert: "Momentul tragic.. In viaţa lui
       Zola", *Adevărul literar şi artistic* (Bucarest), VIII,
       n⁰ 360, 30 oct., p. 4.   [BU Iasi]
       [En roumain]

4760   FERDY, Camille: "L'idéalisme de Zola", *Le Petit
       Provençal*, 20 oct.
       [A propos de *Justice*]

4761   [FONTAINE, Léon]: "Un déjeuner chez Zola", *L'Homme
       libre*, 1ᵉʳ oct.

4762   GINISTY, Paul: "Un paradoxe littéraire", *Le Petit Marseillais*, 11 oct.
       [Les odeurs dans les romans de Z.]

4763   GIRAUD, Mme H.: "Ce que les femmes pensent de Zola", *Paris-Midi*, 3 oct.
       [Enquête]

4764   GUILBERT, Yvette: "Yvette Guilbert chez Charpentier", *La Renaissance politique, littéraire et artistique*, XV, n° 31, 30 juill., p. 7.
       [Anecdote]

4765   HENRIOT, Emile: "Zola, les Cinq et Anatole France", *Le Temps*, 27 sept. Rp. in *Courrier littéraire, XIXe siècle. Réalistes et naturalistes*. P., Albin Michel, 1954, pp. 310-15.
       [Cf. 4616]

4766   HERMANT, Abel: "La vie à Paris: Les Deux Cortèges", *Le Temps*, 14 oct.
       [Souvenirs - Z. "maigre"]

4767   ---: "Pot-Bouille nouveau jeu", *Le Temps*, 21 oct.
       [*Les Rougon-Macquart* à refaire dans une ambiance moderne]

4768   ---: "Méthode expérimentale", *Le Temps*, 28 oct.

4769   HUMBOURG, Pierre: "France et Zola", *La Patrie*, 3 oct.
       [A propos de 4616]

4770   JANIN, Clément: "L'œuvre de Zola", *Le Progrès de la Côte-d'Or*, 24 juill.   [MLB]

4771   JEAN-BERNARD: "La vie de Paris", *La Liberté*, 15 nov.
       [Z., mauvais parleur]

4772   JOSEPHSON, C.D.: ""La combustion spontanée" dans les œuvres littéraires ou scientifiques", *Acta Medica scandinavica* (Stockholm), LXV, n°s 5-6, [28 févr.], pp. 424-42.
       [Sur *Le Docteur Pascal*]

4773   KAHN, Gustave: "La Comédie-Française se doit de monter *Thérèse Raquin*", *Le Quotidien*, 8 juin.
       [Ext. in Bern. *Théâtre II*, p. 692]

4774   ---: "Emile Zola, peintre de Paris", *Le Quotidien*, 19 sept.

4775   KELLER, Alexandre: "Les domiciles d'Emile Zola", *La Liberté*, 28 oct.

4776 KIRSTEIN, Gustav: "Zola zu Hause", *Die Literarische Welt*, III, n° 39, p. 3.   [WH]
[Z. et sa maison – souvenirs]

4777 LALOY, Louis: "Emile Zola: *Œuvres complètes*", *L'Ere nouvelle*, 6 oct.
[*La Conquête de Plassans* et *La Débâcle*]

4778 LARGUIER, Léo: "Emile Zola sur le trottoir de la rue de Bruxelles", *NL*, 10 déc. Rp. in *Avant le Déluge. Souvenirs*. P., Grasset, 1928, pp. 43-4 [voir aussi pp. 99-100].
[Détails biographiques – Z., Coppée et l'Académie]

4779 LASSERRE, Jean: "Lettres. Sur Emile Zola", *Paris-Matinal*, 30 sept.

4780 [LE BLOND, Maurice]: "Courrier littéraire", *L'Homme libre*, 1er déc.
[Sur le père de Z.]

4781 ---: "Sur un manuscrit de Zola", *Comœdia*, 20 déc.
[*Le Docteur Pascal* – ms. vendu à Londres]

4782 LE BLOND-ZOLA, Denise: "Zola et l'Affaire Dreyfus", *L'Ere nouvelle*, 28 nov.
[Ext. de 4640]

4783 LEGER, Charles: "Théodore Duret et son temps", *Le Figaro* (supplément littéraire), 22 janv.

4784 LEON-MARTIN, Louis: "Emile Zola et les peintres modernes", *Paris-Soir*, 4 oct.

4785 MAUCLAIR, Camille: "Cézanne et Zola", *L'Eclaireur de Nice*, 29 sept.

4786 MEUTER, Hanna: "Zolas Rougon-Macquarts als literarische Quelle für beziehungswissenschaftliche Analysen", *Schriften der Deutschen Gesellschaft für Soziologie*, I, n° 5, pp. 198-212.   [WH]

4787 PICARD, Gaston: "Le 30e anniversaire d'un Manifeste littéraire: Saint-Georges de Bouhélier et le Naturisme", *Le Figaro* (supplément littéraire), 8 janv.
[Avec des lettres inédites]

4788 ---: "Zola, M. Chapron et Aurélien Scholl", *La Renaissance*, 1er oct.   [Rf 49185]

4789 ---: "M. Jean Psichari évoque Renan, Zola et l'Affaire Dreyfus", *Comœdia*, 3 oct.

4790 ---: "Zola, le naturalisme et l'argot", *Chantecler*, 8 oct.

4791 PIOCH, Georges: "Zola contre Zola", *Le Soir*, 2 oct.
[Contre les adaptations de Busnach]

4792 [REUILLARD, Gabriel]: "Discours de M. Gabriel Reuillard",
BSL, n° 10, pp. 28-32.
[Au pèlerinage de Médan, 1927]

4793 ROUCHON, Ulysse: "La cuisinière d'Emile Zola", *Journal
des Débats*, 12 oct.
[Anecdotes sur Z.]

4794 ST.: "Zola şi "contrazicerea" lui France", *Adevărul
literar şi artistic* (Bucarest), VIII, n° 359, 23 oct.,
p. 8.   [BU Iasi]
[En roumain]

4795 SABORD, Noël: *"L'Assommoir"*, *Paris-Midi*, 26 févr.

4796 ---: "Emile Zola journaliste", *Paris-Midi*, 5 oct.

4797 SAVKOVIC, Miloš: "Zolin udeo u srpskohrvatskom realizmu",
Srpski Književni Glasnik, XXII, n°s 6-7, pp. 421-9,
492-8. Rp. in *Vreme i savest. Zbornik eseja*. Belgrade,
Kultura, 1960, pp. 309-28.   [BUSM]
[En serbo-croate: "La contribution de Zola au
réalisme serbo-croate"]

4798 SCHLOSSER, Dr. Anno: "Zola an den Rand geschrieben",
La Revue rhénane/Rheinische Blätter, VIII, n° 1,
nov., pp. 18-19.

4799 SCHOELL, Franck L.: "Etude sur le roman paysan naturaliste d'Emile Zola à Ladislas Reymont", *RLC*, VII,
n° 2, avril-juin, pp. 254-99.

4800 SOUDAY, Paul: "Les livres", *Le Temps*, 18 août.
[*La Fortune des Rougon* dans l'éd. Bern.]

4801 ---: "Les livres", *Le Temps*, 6 oct.
[*La Curée*, *Le Ventre de Paris* et *La Conquête de
Plassans* dans l'éd. Bern.]

4802 THERIVE, André: "Plaidoyer pour le Naturalisme",
Comœdia, 3 mai.

4803 TREICH, Léon: "Le "Manifeste des Cinq"," *NL*, 23 juill.
Cf. *L'Avenir*, 23 août.

4804 ---: "Emile Zola et l'Académie", *NL*, 27 août. Cf.
L'Avenir, 28 août.

4805 ---: "Courrier des lettres", *L'Avenir*, 17 oct.
[c.r. rapide de *La Conquête de Plassans* dans l'éd.
Bern.]

4806   TREICH, Léon: "Courrier des lettres", *L'Avenir*, 15 nov.
        [c.r. rapide de *La Faute de l'abbé Mouret*, dans l'éd.
        Bern.]

4807   TRIBOUILLARD, Louis (éd.): "Zola musicien; une lettre
        inédite", *MF*, CXCIV, n° 689, 1er mars, p. 507. Voir
        aussi l'article de JEAN-BERNARD: "La vie à Paris",
        La Liberté, 25 oct.
        [Du 22 juin 1897 à un musicographe]

4808   VAUTEL, Clément: "Mon film", *Le Journal*, 2 oct.

4809   ---: "Mon film", *Le Journal*, 8 oct.
        [Le style de Z.]

4810   LES VOLONTAIRES: "Petit courrier", *La Volonté*, 15 sept.
        [*Le Ventre de Paris* et la critique]

4811   WISSANT, Georges de: "Que reste-t-il de l'œuvre de
        Zola?", *La Volonté*, 22 sept.
        [Cf. 4829]

4812   ZAHAROV, Lav: "Emil Zola, njegova *Nana* i njen prvi
        prevod kod nas", *Odjek*, XXXIII, n° 26, pp. 3-4.   [BUSM]
        [En serbo-croate: "Emile Zola, *Nana* et sa première
        traduction dans notre pays"]

4813   ANONYME: "A propos Zola. Et stykke bibliografi",
        Samleren, IV, pp. 159-60.   [BNC]
        [En danois]

4814   ---: "Anti-spiritualismul lui Emile Zola", *Adevărul
        literar şi artistic* (Bucarest), VIII, n° 355, 4 déc.,
        p. 7.   [BU Iasi]
        [En roumain]

4815   ---: "Aus dem Film *Thérèse Raquin* nach Emile Zola von
        F. Carlsen und Willy Haas", *Die literarische Welt*, III,
        n° 39, pp. 3-4.   [WH]

4816   ---: "Bossuet, Emile Zola et la Municipalité de Dijon",
        MF, CXCIX, n° 705, 1er nov., pp. 756-7.
        [Place Emile Zola à Dijon]

4817   ---: "Comment Zola écrivait ses romans", *Paris-Soir*,
        4 oct.

4818   ---: *"La Conquête de Plassans"*, *Candide*, 13 oct.   [MLB]
        [Dans l'éd. Bern.]

4819   ---: *"La Curée"*, *Candide*, 25 août.
        [Dans l'éd. Bern.]

4820   ---: "Les débuts de Zola", *Excelsior*, 6 oct.

4821   ANONYME: "Emile Zola jugé par Léon Daudet", *Le Quoti-dien*, 5 oct.
[Cf. 4254]

4822   ---: "Emile Zola par lui-même", *Le Cri de Paris*, XXXI, nᵒ 1588, 4 sept., pp. 11-12.
[Autobiographie dans l'œuvre de Z., surtout dans *L'Œuvre*]

4823   ---: "Un *Germinal* tchèque", *L'Europe centrale* (Prague), I, nᵒ 52, 1ᵉʳ oct.
[*Haldy* par A.M. Tilschova]

4824   ---: "Insemnări: Cea din urmă scrisoare autografă a lui Emile Zola", *Adevărul literar şi artistic* (Buca-rest), VIII, nᵒ 361, 6 nov., p. 8.   [BU Iasi]
[En roumain - Sur la correspondance de Z.]

4825   ---: "Un romancier bavarois, disciple de Zola, est mort", *Paris-Soir*, 27 déc.
[M.-G. Conrad]

4826   ---: *"Les Rougon-Macquart"*, *L'Eclair*, 24 juill.   [MLB]

4827   ---: "Le volte-face", *Le Cri de Paris*, XXXI, nᵒ 1592, 2 oct., p. 12.
[De Léon Daudet - Cf. 4254 et 4821]

4828   ---: "Zola jugé par Hugo", *L'Opinion*, XX, nᵒ 21, 21 mai, p. 13.

4829   ---: "Zola et son œuvre", *Comœdia*, 17, 21, 23, 25, 27, 29 sept., 2 oct.
[Enquête: "Que pensez-vous de l'œuvre d'Emile Zola et de son influence, dès à présent et dans l'avenir?" - Réponses de Léon Daudet, Mᵐᵉ Rachilde, Han Ryner, Camille Mauclair, J.-H. Rosny aîné, Henry Bordeaux, Gaston Chérau, Gustave Guiches, Henri Duvernois, Saint-Georges de Bouhélier, Paul Brulat, André Thérive, Gustave Kahn, Maurice Beaubourg, Pierre Mille et Victor Margueritte]

1928

4830   ANTOINE, André: *Mes Souvenirs sur le Théâtre Antoine et sur l'Odéon*. P., Grasset. 297p.
[Voir surtout pp. 189-91]

4831   BROWN, Sydney Barlow: *La Peinture des métiers et des mœurs professionnelles dans les romans de Zola*. Montpellier, Imprimerie de la Charité. 219p. (Thèse présentée à la Faculté des Lettres de Montpellier).

4832   EJHENGOL'C, M.D.: [Articles], in *Polnoe sobranie sočinenij* [*Œuvres complètes* de Zola]. Moscou-Leningrad, Zif-Goslitizdat, 1928-1935.

*4833   JOSEPHSON, Matthew: *Zola and His Time*. New York, Macaulay. 558p. Autre éd.: Londres, Gollancz, 1929. 573p. Réimpression: New York, Russell & Russell, 1969. 558p. Tr.: *Zola y su época, historia de su belicosa carrera literaria*. Buenos Aires, Poseidón, 1945. 565p.; *Zola e seu tempo*. São Paulo, Cia Editora Nacional, 1946. 533p.

4834   PLESNER, K.F.: "Emile Zola", in *Verdenslitteratur*. Copenhague, Selskabet til Fremme af Almen Oplysning, p. 14.   [BNC]
        [En danois]

4835   ROBERT, Louis de: "Alphonse Daudet et Emile Zola", in *De Loti à Proust. Souvenirs et confidences*. P., Flammarion, pp. 121-49.

        Sur "L'Argent" au cinéma, film de Marcel L'Herbier, (préparation, objections de la famille de Zola, polémique avec Antoine):

4836   LES ALGUAZILS: "Courrier des lettres", *Le Figaro* (supplément littéraire), 7 avril.
        [Cf. 4842]

4837   ANTOINE: *"L'Argent"*, *Le Journal*, 12 mars.   [Rf 49159]
        [Cf. 4838-9, 4848-9]

4838   ---: "Mise au point", *Le Journal*, 31 mars.   [Rf 49159]
        [Cf. 4837]

4839   ---: "Point final", *Le Journal*, 5 avril.   [Rf 49159]
        [Cf. 4837]

4840   CLOUZOT, Henri: "Le péché de M. Antoine", *L'Opinion*, 21 avril.   [Rf 49159]

4841   D. D.: "Marcel L'Herbier tourne *L'Argent*", *Comœdia*, 12 mai.

4842   EMILE-ZOLA, Dr Jacques, et Maurice LE BLOND: "A propos de *L'Argent* d'Emile Zola", protestation contre l'adaptation in *La Volonté*, 4 avril; in *L'Avenir*, *L'Ere nouvelle*, *L'Œuvre*, *Le Peuple*, *Le Quotidien*, *L'Homme libre*, 5 avril; *La Rumeur*, *La Voix*, 6 avril. Voir aussi *Comœdia*, 27 avril.

4843   M. F.: "Le premier tour de manivelle de *L'Argent*", *Comœdia*, 27 avril.

4844   FAILLET, Félicien: "Le cinéma. Au studio 28", *L'Homme libre*, 27 avril.
[Et sur *Thérèse Raquin* au cinéma]

4845   FRONVAL, George: "Le film *L'Argent*...", *Paris-Midi*, 28 mai.

4846   LAUMIERE, André: "La Fête Nationale à Paris", *La Rumeur*, 14 juill.

4847   LENAUER, Jean: [Sur *L'Argent*], *Pour Vous*, 15 déc.
[Rf 49159]

4848   L'HERBIER, Marcel: "Autour d'une polémique. Une lettre de M. Marcel L'Herbier", *Comœdia*, 4 avril.
[Polémique avec Antoine sur le film "en moderne" - Voir 4837-9]

4849   ---: "Le droit de métamorphose", *Comœdia*, 24 avril.
[Cf. 4848]

4850   M. P.: "A propos de *L'Argent:* Marcel L'Herbier nous donne quelques précisions", *Cinémagazine*, 16 mars. [LS]

4851   ROBERT, Marcel: *"L'Argent"*, *L'Intransigeant*, 2 juin.
[On tourne le film à la Bourse]

4852   ANONYME: *"L'Argent* ne fait pas le bonheur", *Le Coq rouge*, I, n⁰ 7, 19 déc., p. 15.

4853   ---: "La distribution de *L'Argent*", *Comœdia*, 13 avril.

4854   ---: "En France. Prise de vues nocturne place de l'Opéra", *Comœdia*, 14 juill.

4855   ---: "Par Film spécial", *Le Journal*, 13 juill.
[Cf. 4854]

4856   ---: "Zola à l'écran", *Le Soir*, 4 févr.

4857   ---: "Zola's Heirs Fight Film Version of His *L'Argent*", *The Chicago Tribune* (éd. européenne), 5 avril, p. 5.

Sur la publication de la correspondance de Zola aux Goncourt:

4858   L. DX. [Léon DEFFOUX]: "L'affaire Zola-Goncourt", *BSL*, n⁰ 11, pp. 22-9.
[L'Académie Goncourt refuse d'autoriser la publication des lettres de Z.]

4859   EMILE-ZOLA, J., et Maurice LE BLOND: "Zola contre Goncourt", *Comœdia*, 28 janv.
[Protestation]

4860   LE BLOND, Maurice: "Zola contre Goncourt", *Comœdia*,

18 janv.
[Lettre à J.-H. Rosny]

4861   LE BLOND, Maurice: "Zola et les Goncourt", *RBl*, LXVI,
n° 6, 17 mars, pp. 164-6.
[Cf. 4862]

4862   LE BLOND, Maurice (éd.): "Emile Zola: Lettres aux
Goncourt", *RP*, XXXV, n° 2, 1er avril, pp. 516-51.

4863   LEVAILLANT, Maurice: "Emile Zola et Edmund de Goncourt", *Le Figaro* (supplément littéraire), 7 avril.

4864   ANONYME: "The Goncourt Zola Letters", *The Times* (Londres), 6 févr., p. 12. Voir aussi *ibid.*, 9 févr.,
p. 13.

4865   ---: "Zola-Goncourt Letters. Publication Authorized",
The Times (Londres), 15 févr., p. 13.

4866   ---: "Zola-Goncourt Letters", *The Times* (Londres), 18
févr., p. 11.

4867   ---: "Zola's Letters to E. de Goncourt. Protestations
of Friendship", *The Times* (Londres), 20 févr., p. 14.

[Voir aussi 6445]

*

4868   ANTOINE: "Le cas de *Thérèse Raquin*", *Le Journal*, 9 mai.
[Au cinéma]

4869   ARRIGHI, Paul: "Zola à Rome (1894)", *RLC*, VIII, pp.
488-99.

4870   BATILLIAT, Marcel: "La gloire triomphe", *La Rumeur*,
4 déc.

4871   [CHERAU, Gaston]: "Discours de M. Gaston Chérau",
BSL, n° 11, pp. 2-5.
[Au pèlerinage de Médan, 1928]

4872   UN CLOPORTE: "Pour l'anniversaire d'Emile Zola. "Quel
magicien vous êtes!"...", *L'OEuvre*, 6 oct.
[Lettre de Léon Daudet du 20 juill. 1892 - Cf. 4877]

4873   CRESSOT, Marcel: "Zola et Michelet. Essai sur la
genèse de deux romans de jeunesse: *La Confession
de Claude, Madeleine Férat*", *RHLF*, XXXV, n° 3,
juill.-sept., pp. 382-9.

4874   D.: "La pluie sur les vignes", *L'Œuvre*, 28 sept.
[A propos d'un épisode de *La Terre*]

4875   L. DX. [Léon DEFFOUX]: "Une lettre d'Emile Zola à

Edouard Manet", *L'Œuvre*, 18 avril.

4876   L. DX. [Léon DEFFOUX]: "Emile Zola et l'édition illustrée allemande de *La Débâcle*", *L'Œuvre*, 25 déc. Ext. de 5028.

4877   [DAUDET, Léon]: "Un hommage admiratif à Zola à propos de *La Débâcle*", *BSL*, n° 11, p. 39.
    [Cf. 4872]

4878   DEFFOUX, Léon: "Emile Zola et Paul Cézanne", *L'Œuvre*, 9 oct.

4879   ---: "Une lettre inédite de Stéphane Mallarmé à Emile Zola", *La Meuse* (Liège), 14 oct.
    [Lettre du 26 avril 1878 à propos d'*Une Page d'amour*]

4880   ---: "Les Goncourt, Zola et l'impressionnisme", *La Revue mondiale*, CLXXXVI, 1er déc., pp. 236-44.

4881   DESCAVES, Lucien: "Les leçons de Zola", *Le Petit Provençal*, 9 oct.   [Rf 49185]
    [Z. moraliste]

4882   DUNAN, René: "Zola", *Le Soir*, 13 août.   [Rf 49224]

4883   [EYRAUD, Clovis]: "Allocution de M. Clovis Eyraud", *BSL*, n° 11, pp. 18-20.
    [Au pèlerinage de Médan, 1928]

4884   FRIERSON, William C.: "The English Controversy over Realism in Fiction (1885-1895)", *PMLA*, XLIII, juin, pp. 533-50.

4885   GAY, Ernest: "Emile Zola chaste et timide", *La Cité (Journal d'Annonces légales et judiciaires)*, n.s. XXIX, n° 83, 3 févr., pp. 1-2.

4886   GEBHARD, Richard: "Ueber den Einfluss Schopenhauers auf die schöne Literatur", *Schopenhauer-Jahrbuch* (Kiel-Minden), XV, févr., pp. 325-9.

4887   GENTY, Maurice: "Claude Bernard vu par Emile Zola", *Le Progrès médical (supplément illustré)*, V, n° 2, pp. 13-15.
    [Ext. in Bern. *Le Roman expérimental*, pp. 353-4]

4888   GODCHOT, Colonel: "Note sur les divers logements d'Emile Zola jusqu'en 1874", *MF*, CCI, n° 710, 15 janv., pp. 507-8.

4889   HALL, Mordaunt: "The Screen. A Zola Tragedy", *NYT*, 6 nov., p. 35.
    [*Thérèse Raquin* au cinéma]

4890   HANSEN, Tage Rauch: "Zolaudgaver", *Woels Literære Månedsskrift*, pp. 37-8.   [BNC]
        [En danois]

4891   HERRIOT, Edouard: "Esquisses", *Le Peuple*, 8 févr.
        [Ext. de son ouvrage *Esquisses* - Cf. 4643]

4892   JEAN-BERNARD: "D'Abraham à Emile Zola", *La Rumeur*, 8 janv.
        [Z. et Jeanne Rozerot]

4893   KOVIC, Joško: "Emile Zola: *Thérèse Raquin*", *Nova doba* (Celje), n° 124, p. 1. Rp. in *Zrnje* (Maribor), II, n° 2, pp. 12-13; in *Nova Doba*, X, n° 124, p. 1. [RV]
        [En slovene - *Thérèse Raquin* au théâtre]

4894   KUS-NIKOLAJEV, Mirko: "Zola, Hauptmann, Kollwitz. Perspektive u umjetnost bjede", *Riječ*, II, n° 235, pp. 4-5; n° 236, pp. 4-5.   [BUSM]
        [En serbo-croate - sur la littérature de la misère]

4895   LABAN, Maurice: "J'ai beaucoup connu Zola... nous dit M. Saint-Georges de Bouhélier", *La Rumeur*, 12 oct.
        [Voir 4896 et 4899]

4896   ---: "Zola et les symbolistes. M. Saint-Georges de Bouhélier répond à M. Maurice Le Blond", *La Rumeur*, 25 oct.

4897   LALOY, Louis: "Les livres. Emile Zola: *Mes Haines*", *L'Ere nouvelle*, 5 avril.

4898   LE BLOND, Maurice: *"La Vérité en marche"*, *La Volonté*, 3 oct.

4899   ---: "Emile Zola et Mallarmé, M. Maurice Le Blond nous écrit...", *La Rumeur*, 18 oct.
        [Réponse à 4895 - Voir aussi 4896]

4900   LEBRETON, René: *"Thérèse Raquin* au cinéma", *Comœdia*, 19 avril.

*4901   LOTE, G.: "La doctrine et la méthode naturaliste d'après Emile Zola", *Zeitschrift für französische Sprache und Literatur*, LI, n°s 4-8, pp. 193-224, 389-418.

4902   LOUNATCHARSKY, A.: "Emile Zola", *Monde*, I, n° 18, 6 oct., p. 4.
        [Opinions de Heinrich Mann, Henri Barbusse, Hermann Kesser, Upton Sinclair]

4903   [MAGOG, H.-J.]: "Discours de M. H.-J. Magog", *BSL*, n° 11, pp. 6-12.
        [Au pèlerinage de Médan, 1928]

4904   MANN, Heinrich: "Emile Zola vu par la postérité", *La Rumeur*, 12 oct.
       [Dans le même numéro, poème de Georges Pioch: "A Emile Zola"]

4905   MARMANDE, R. de: "A l'ombre d'Emile Zola", *La Rumeur*, 11 oct.
       [Souvenirs]

4906   MATHIEX, Paul: "Dans l'intimité de Zola et de ses disciples", *La Liberté*, 7 oct.

4907   MAURCELEY, Baude de: "Zola et l'Académie", *Le Figaro* (supplément littéraire), 24 nov.

4908   MONVAL, Jean: "Emile Zola, François Coppée et l'Académie Française", *La Rumeur*, 6 oct.

4909   MORGAN, Charles: "London Sees *Nana*", *NYT*, 22 janv., section 8, p. 7.
       [Film de Jean Renoir]

4910   MORLAN, Edouard [Maurice LE BLOND]: "Sur le théâtre d'Emile Zola", *L'Homme libre*, 25 janv.

4911   NOZIERE: "Emile Zola, critique dramatique", *L'Avenir*, 17 juill.

4912   [PARAF, Pierre]: "Discours de M. Pierre Paraf", *BSL*, n° 11, pp. 13-18.
       [Au pèlerinage de Médan, 1928]

4913   PETIT, Léon: "Emile Zola, cheminot", *Revue illustrée des Chemins de Fer de l'Etat*, II, n° 22, déc., pp. 1-2.
       [A propos de *La Bête humaine*]

4914   PEYRIN, Lucien: "Les Lettres. Courrier littéraire", *L'Homme libre*, 13 mai.
       [*L'Assommoir* dans l'éd. Bern.]

4915   ---: "Les Lettres. Courrier littéraire", *L'Homme libre*, 16 mai.
       [*Le Roman expérimental* dans l'éd. Bern.]

4916   ---: "Les Lettres. Courrier littéraire", *L'Homme libre*, 22 nov.
       [*Au Bonheur des Dames* dans l'éd. Bern.]

4917   PIOCH, Georges: "La vie qui passe ou qui s'attarde", *La Volonté*, 21 janv.
       [30e anniversaire de "J'accuse"]

4918   PITOLLET, Camille: "Blasco Ibáñez et Zola", *L'Homme libre*, 16 mars.

4919   PRIEUR, François: "Chronique des livres. *Œuvres Complètes: L'Œuvre*", *Le Petit Provençal*, 30 nov.

4920   E. R.: "*Teresa Raquin* di E. Zola", *Il Lavoro d'Italia* (Naples), 29 avril.   [Rf 49078]
        [*Thérèse Raquin* au théâtre]

4921   REGENT, Roger: "A l'assaut de Zola", *L'Intransigeant*, 29 déc.
        [*Fécondité* au cinéma]

4922   REUILLARD, Gabriel: "Une lettre inédite d'Emile Zola", *Le Quotidien*, 5 mars.
        [A propos du dossier militaire de son père]

4923   ---: "L'exemple", *Le Soir*, 20 oct.   [Rf 49185]

4924   RIVES, Paul: "Hommage à Zola. Du Naturalisme littéraire au Socialisme. Comment le grand romancier naturaliste fut conduit au socialisme", *Le Populaire*, 7 oct.

4925   ROSENBERG, Artur (éd. et tr.): "Unveröffentlichte Briefe", *Die Neue Rundschau* (Berlin), XXXIX, n° 2, pp. 13-32.
        [Lettres de Z.]

4926   ROUVRE, Charles de: "Emile Zola, professeur de justice", *La Rumeur*, 7 oct.
        [Cf. 4407]

4927   LE SENATEUR POCOCURANTE: "Les lettres chez la concierge. Autour de Zola", *Candide*, 5e année, n° 239, 11 oct., p. 2.
        [Anecdotes sur Z.]

4928   TREICH, Léon: "Courrier des lettres", *L'Avenir*, 7 mars.
        [A propos de *Son Excellence Eugène Rougon*]

4929   ---: "Courrier des lettres. Zola et Ranc", *L'Avenir*, 13 mai.
        [A propos de 115]

4930   LES TREIZE: "Ce que fut payé *Germinal*", *L'Intransigeant*, 8 janv. Voir aussi *ibid.*, 6 janv.

4931   ---: "Les Lettres", *L'Intransigeant*, 11 févr.
        [c.r. rapide des *Contes à Ninon* dans l'éd. Bern.]

4932   VALMY-BAYSSE, J.: "Emile Zola à l'étranger", *La Volonté*, 9 janv.

4933   WENDEL, Friedrich: "Emile Zola", *Crveni Kalendar*, XIV, pp. 53-6.   [BUSM]
        [En serbo-croate]

4934   ZUCKER, A.E.: "The Genealogical Novel: A New Genre", *PMLA*, XLIII, juin, pp. 551-60.

4935   ANONYME: "Un autographe d'Emile Zola", *Paris-Soir*, 10 oct.   [MLB]
[A Guy-Perron, 27 juin 1898 - à propos de 2762]

4936   ---: *"Contes à Ninon"*, *L'Europe nouvelle* (Paris), 14 janv.   [MLB]

4937   ---: "Emile Zola kot družinski oče. Iz njegove kore-spondence", *Življenje in svet* (Ljubljana), III, n° 23, pp. 714-5.   [RV]
[En slovène]

4938   ---: *"La Faute de l'Abbé Mouret"*, *La Dépêche marocaine*, 29 janv.   [MLB]
[Dans l'éd. Bern.]

4939   ---: *"La Faute de l'abbé Mouret"*, *Le Télégramme algé-rien*, VIII, n° 47, 15 janv., [p. 1].
[Dans l'éd. Bern.]

4940   ---: "Die freigegebenen Zola-briefe", *Neue Zürcher Zeitung*, 23 mars.   [MLB]

4941   ---: *"Le Roman expérimental"*, *Comœdia*, 15 mai.
[c.r. rapide de l'éd. Bern.]

4942   ---: *"Son Excellence Eugène Rougon"*, *L'Homme libre*, 22 févr.
[Ed. Bern.]

4943   ---: "Le trentième anniversaire de *J'accuse*", *La Rumeur*, 18 janv.
[A propos d'une conférence d'A. Zévaès]

4944   ---: "Zola", *L'Express de Liège*, 1er oct.   [MLB]

[Voir aussi 6445]

1929

4945   BARRES, Maurice: *Mes Cahiers I. 1896-1898.* P., Plon. ix,310p.
[Voir pp. 223-31 - Cf. 5287 - Souvenirs]

4946   BERL, Emmanuel: *Mort de la pensée bourgeoise.* P., Grasset. 204p.
[Voir surtout pp. 117-25]

4947   BOREL, Pierre (éd.): *Lettres inédites de Guy de Mau-passant à Gustave Flaubert.* P., Editions des Por-tiques. 136p.

4948   CRU, Jean Norton: *Témoins*. P., "Les Etincelles". 727p.

4949   DEFFOUX, Léon: *Le Naturalisme, avec un florilège des principaux écrivains naturalistes*. P., Les Œuvres Représentatives. 286p.

4950   DYNNIK, V. A.: *Romantik naturalizma (E. Zolja)*. Moscou, Industrial'no-pedagogičeskij institut im. K. Libknehta. 24p. *Naučnye trudy ind.-ped. in-ta im. K. Libknehta. Soc-ek seriya,* n° 5.
[En russe: "Un romantique du naturalisme"]

4951   ENGEL, Eduard: *Menschen und Dinge aus einem Leben*. Leipzig-Dresde, Kœhler & Amelang. viii,402p.   [YC] [Voir pp. 64-9]

4952   LANGE, Sven: "Emile Zola død", in *Meninger om Litteratur. Samlede og Udgivet ved Oskar Thyregod*. Copenhague, Cyldendal, pp. 187-9.   [BNC] [En danois - Cf. 3639]

4953   ROBERTS, Morris: *Henry James's Criticism*. Cambridge, Mass., Harvard University Press. 131p. Réimpression: New York, Haskell House, 1965.

4954   WALZEL, Oskar: *Gehalt und Gestalt im Kunstwerk des Dichters*. Darmstadt, Gentner. 411p. Réimpression: 1959.
[Voir surtout pp. 359-62 sur le leitmotif et *Une Page d'amour*]

Sur "L'Argent", film de Marcel L'Herbier [Cf. 4836-57]:

4955   M. A.: *"L'Argent", Gringoire,* 18 janv.

4956   AIMOT, J.-M.: "M. Marcel L'Herbier et son film *L'Argent*", *L'Ami du Peuple,* 15 janv.   [Rf 49159]

4957   ANTOINE: *"L'Argent", L'Information,* 20 janv. [Rf 49159]

4958   ARNOUX, Alexandre: "*L'Argent* et les droits du metteur en scène", *Pour Vous,* n° 8, 10 janv., p. 2.
[A propos de 4837-9 et de 4848-9]

4959   BATEAU, Georges: "Ce qu'il faut voir: *L'Argent*", *La Presse,* 12 janv.

4960   BEY, Maurice: *"L'Argent", La Volonté,* 20 janv.

4961   CHATAIGNIER, Jean: "Les premières de l'écran. *L'Argent*", *Le Journal,* 11 janv.

4962   COLLING, Alfred: "Le point de vue "Bourse"," *Pour Vous,* n° 8, 10 janv., p. 9.

4963　CROUZET, Guy: "Made in France", *Carnet*, 20 janv.
[Rf 49159]

4964　FAYARD, Jean: *"L'Argent"*, *Candide*, 17 janv.

4965　FRONVAL, George: "Un film d'actualité: Ce que sera *L'Argent"*, *Comœdia*, 5 janv.

4966　P. G. [Paul GORDEAUX]: "Les films de la semaine. *L'Argent"*, *L'Echo de Paris*, 11 janv.

4967　R. G.: "Les films de la semaine: *L'Argent"*, *La Liberté*, 12 janv.
["un grand film, un très grand film"]

4968　S. H.: "M. Marcel L'Herbier et le film *L'Argent"*, *La Presse*, 16 janv.
[Rf 49159]

4969　HERBEUMONT, Louis d': "Une merveilleuse production française", *Le Cinéopse*, 1er févr.
[Rf 49159]

4970　HUET, Maurice: *"L'Argent"*, *Le Petit Parisien*, 11 janv.

4971　P. L.: "L'œuvre de Marcel L'Herbier", *Cinémonde*, 10 janv.
[MLB]

4972　LEBRETON, René: *"L'Argent"*, *Comœdia*, 11 janv.

4973　MAYER, Victor: "Un excellent film français: *L'Argent* de Marcel L'Herbier", *Le Quotidien*, 11 janv.

4974　MIDDLETON, W.L.: "Some New French Films: M. L'Herbier Produces Modern Version of Zola's *L'Argent"*, *NYT*, 3 mars, section 8, p. 8.

4975　PAUL, Georges: "Quelques films... *L'Argent"*, *Le Soir*, 12 janv.

4976　PEISSON, Jean: "Autour de *L'Argent"*, *Le Matin*, 8 mars.

4977　PRUDHOMME, Jean: *"L'Argent* inspiré du roman d'Emile Zola", *Le Matin*, 11 janv.

4978　REGENT, Roger: "Le point de vue "Cinéma","　*Pour Vous*, nᵒ 8, 10 janv., p. 8.

4979　REUZE, André: "Les films de la semaine", *Excelsior*, 11 janv.

4980　ROUANET, Francis-F.: "A propos de *L'Argent"*, *La Gazette de Paris*, 9 févr.
[Rf 49159]

4981　SARLAT, Philippe: *"L'Argent"*, *Paris-Soir*, 16 janv.

4982　THIERRY, Gaston: *"L'Argent"*, *Paris-Midi Ciné*, 11 janv.
[une "éclatante réussite"]

4983   WAHL, Lucien: *"L'Argent* et *La Marche nuptiale"*, *L'Œuvre*, 13 janv.

4984   ANONYME: *"L'Argent"*, *L'Illustration*, 26 janv.

4985   ———: *"L'Argent"*, *La Liberté*, 28 janv.

4986   ———: *"L'Argent"*, *Le Matin*, 4 janv.

4987   ———: *"L'Argent"*, *Paris-Soir*, 12 janv.

4988   ———: *"L'Argent* par (?)"*, *L'Humanité*, 11 janv.
[Avec la lettre de protestation de Marcel L'Herbier, adressée au Président de l'Association de la Presse cinématographique – à propos des coupures et des changements]

4989   ———: *"L'Argent,* revu et corrigé", *La Rumeur*, 9 janv.
[Cf. 4988]

4990   ———: "La finance à la scène et à l'écran", *La Rumeur*, 18 janv.

4991   ———: "The French Cinema. A Version of Zola's *L'Argent"*, *The Times* (Londres), 17 janv., p. 10.

Publication des lettres de Mallarmé à Zola:

4992   DEFFOUX, Léon (éd.): *Dix-neuf Lettres de Stéphane Mallarmé à Emile Zola. Avec une Introduction de Léon Deffoux et un commentaire de Jean Royère.* P., La Centaine. 74p.

4993   BARRACAND, Victor: "Zola et Mallarmé", *BSL*, n⁰ 13, pp. 32-3.

4994   BEVER, Jean: "Emile Zola et Stéphane Mallarmé", *Le Monde illustré*, 6 avril.   [Rf 49224]

4995   BOISSIN, Marius: "La farce des héritiers", *Comœdia*, 14 mars.   [Rf 49172]

4996   COULON, Marcel: "Les lettres de Mallarmé à Zola et la propriété des lettres-missives", *MF*, CCXII, n⁰ 742, 15 mai, pp. 192-8.

4997   G. D.: "Des lettres de Mallarmé adressées à Emile Zola", *Comœdia*, 27 févr.

4998   LE BLOND, Maurice: "La vérité sur l'incident Mallarmé-Zola", *L'Œuvre*, 17 mars.

4999   MARGUERITTE, Victor: "Stéphane Mallarmé mis sous séquestre", *La Volonté*, 15 mars.

5000   P. S. [Paul SOUDAY]: "Mallarmé et Zola", *Le Temps*, 4 mars.

5001   ---: "Les lettres de Stéphane Mallarmé à Emile Zola", *La Gazette de Paris*, 9 mars.   [Rf 49172]

5002   ---: "La question des lettres", *Le Temps*, 18 mars.

5003   ---: "De Bonniot en Vandérem", *Le Temps*, 22 mars. [Cite une lettre du Dr Bonniot, gendre de Mallarmé]

5004   ANONYME: "Les lettres d'Emile Zola mises sous séquestre", *Comœdia*, 14 mars.

[Voir aussi Rf 49172]

A l'occasion de l'apposition d'une plaque commémorative sur la maison de Zola, rue de Bruxelles:

5005   [BASCH, Victor]: "Discours de M. Victor Basch", *BSL*, n° 12, pp. 14-17.

5006   [BATILLIAT, Marcel]: "Discours de M. Marcel Batilliat", *ibid.*, pp. 3-4.

5007   [BENOIT, Pierre]: "Discours de M. Pierre Benoit", *ibid.*, pp. 11-14. Rp. in *Comœdia*, 27 mai.

5008   DEFFOUX, Léon: "21bis, rue de Bruxelles", *NL*, 18 mai.

5009   FERDY, Camille: "Le glorieux souvenir d'Emile Zola", *Le Petit Provençal*, 20 mai.

5010   J. H.: "Une plaque commémorative sur la maison de Zola", *Comœdia*, 27 mai.

5011   [LEMARCHAND, Georges]: "Discours de M. Georges Lemarchand", *BSL*, n° 12, pp. 5-7.

5012   [RAGEOT, Gaston]: "Discours de M. Gaston Rageot", *ibid.*, pp. 9-11.

5013   RENARD, Edouard: "Un discours sur Zola", *Les Maîtres de la Plume* (Paris), juill., p. 10. Rp. in *BSL*, n° 12, pp. 7-9.

5014   VAUTEL, Clément: "Trente ans après", *Comœdia*, 30 mai. [Négatif]

[Voir aussi Rf 49185]

*

5015   ALTMAN, Georges: "Zola toujours vivant!", *L'Humanité*, 10 juin. [Z. "révolutionnaire"]

5016 BEAUME, Georges: "Emile Zola à Bordeaux", *La France de Bordeaux et du Sud-Ouest*, 9 juin.
      [Cf. 5024]

5017 BENNETTON, Norman A.: "Social Thought of Emile Zola", *Sociology and Social Research* (Los Angeles), XIII, mars, pp. 366-76.

5018 [BERL, Emmanuel]: "Discours de M. Emmanuel Berl", *BSL*, n° 13, pp. 13-16. Rp. in *NL*, 12 oct.
      [A Médan, 1929]

5019 BILLY, André: "Ouvrages divers", *L'Œuvre*, 22 oct.
      [A propos de 4949]

5020 Y. C.: *"Fécondité"*, *Chantecler*, 16 mars.   [Rf 49160]
      [Au cinéma]

5021 CHABAUD, Alfred: "Un épisode inconnu de l'enfance d'Emile Zola", *MF*, CCX, n° 737, 1er mars, p. 508.

5022 CHARPENTIER, Armand: "Les tirages de Zola", *La Volonté*, 18 juin.
      [Cf. 5075]

5023 COTTALORDA, F.: "Comment Zola travaillait", *L'Eclaireur du Soir* (Nice), 3 avril.
      [A propos de l'éd. Bern.]

5024 ---: "D'Emile Zola à Jean Lorrain et à Pierre Loti", *L'Eclaireur du Soir*, 10 avril.
      [Sur les "Lettres de Bordeaux" dans *La Cloche*, 1871 - Cf. 5016]

5025 L. DX. [Léon DEFFOUX]: "Victor Hugo vu à la tribune par Emile Zola", *L'Œuvre*, 5 avril.
      [Dans un article de 1871 dans *La Cloche*]

5026 ---: "Le cinquantenaire des *Soirées de Médan*", *L'Œuvre*, 17 déc.
      [Sur la constitution d'un comité pour en préparer la célébration]

5027 DAUDET, Léon: "Les hommes de lettres entre eux", *L'Action française*, 5 févr. Voir aussi son article "Goncourt et son "Grenier"," *La Revue de France*, IX, n° 4, 15 févr. 1929, pp. 548-59.
      [Z. et Goncourt]

5028 DEFFOUX, Léon: "Emile Zola et l'édition illustrée allemande de *la Débâcle*", *MF*, CCIX, n° 733, 1er janv., pp. 108-17. Ext. in *Comœdia*, 13 janv. et in 4876.

5029   DEFFOUX, Léon: "Victor Hugo contre *L'Assommoir*", *NL*,
       4 mai, p. 1.
       [A propos de 342 - Cf. 5166]

5030   ---: ""Naturalisme pas mort ...","" *NL*, 9 mars.
       [L'influence durable du naturalisme]

5031   ---: "Emile Zola à l'origine du naturalisme", *NL*, 13
       avril.

5032   [FERDINAND-HEROLD, A.] "Discours de M. A. Ferdinand-
       Hérold", *BSL*, n° 13, pp. 3-6.
       [A Médan, 1929]

5033   FERDY, Camille: "Emile Zola et l'Affaire", *Le Petit
       Provençal*, 21 févr.
       [Sur "J'accuse" et l'exil de Z. en Angleterre]

5034   ---: "Emile Zola journaliste", *Le Petit Provençal*,
       12 avril.
       [Cf. 5024]

5035   ---: "La pensée et l'action", *Le Petit Provençal*, 2 mai.
       [Z. et la jeunesse]

5036   ---: "Zola socialiste", *Le Petit Provençal*, 27 mai.

5037   ---: "L'hommage à Zola", *Le Petit Provençal*, 23 sept.
       [A propos du pèlerinage de Médan]

5038   ---: "Zola et Labori", *Le Petit Provençal*, 30 sept.
       [Sur la correspondance de Z. et de Labori à l'époque
       de l'Affaire Dreyfus]

5039   GONZAGUE-FRICK, Louis de: "Courrier littéraire et
       spectaculaire", *La Griffe*, X, n° 22, 30 mai, [p. 3].
       [c.r. de *Madame Sourdis*]

5040   GRAUTHOFF, Otto: "Stendhal und Zola", *Deutsch-franzö-
       sische Rundschau* (Berlin-Grunewald), II, n° 3, pp.
       240-5.   [WH]

5041   GUERMANOFF, L.: "Prophéties d'Hésiode sur le bolché-
       visme", *L'Ere nouvelle*, 17 mars. Voir aussi son
       article "Emile Zola et les Juifs russes", *L'Univers
       israélite*, LXXXIV, n° 43, 5 juill., p. 366.
       [Sur l'article de Z. "Pour les Juifs", *Le Figaro*,
       16 mai 1896, rp. in *Nouvelle Compagne* (1896) - lettre
       de Z. à l'éditeur de *Pomochtch*, ouvrage vendu au
       profit des Juifs russes, 14 sept. 1900 - Cf. 5497]

5042   LAPRADE, Jacques de: "*Madame Sourdis* par Emile Zola",
       L'Ami du Peuple (du Soir), 28 août.

5043 [LE BLOND, Marius]: "Discours de M. Marius Le Blond",
BSL, n° 13, pp. 16-19.
[A Médan, 1929 - Sur *Fécondité*]

5044 LE BLOND, Maurice: "Lettres d'exil d'Emile Zola", *MF*,
CCX, n° 736, 15 févr., pp. 92-119.

5045 LEBRETON, René: *"Fécondité"*, *Comœdia*, 3 juill.
[Au cinéma]

5046 MAIRGANCE, Maurice: "Dita Parlo est à Paris", *L'Ami
du Peuple (du Soir)*, 21 sept.
[A propos d'*Au Bonheur des Dames* au cinéma]

5047 ---: "Dita Parlo tourne à Neuilly *Au Bonheur des Dames*",
L'Ami du Peuple (du Soir), 23 sept.
[Cf. 5046]

5048 [MORTIER, Pierre]: "Discours de M. Pierre Mortier",
BSL, n° 13, pp. 7-12.
[A Médan, 1929]

5049 NEUGASS, Fritz: "Zola und die Brüder Goncourt", *Deutsch-
französische Rundschau* (Berlin-Grunewald), II, n° 2,
févr., pp. 143-9.

5050 PARAF, Pierre: "Emile Zola et la reconnaissance d'Israël", *L'Univers israélite*, 31 mai, pp. 197-9.

5051 [POUR, J.-Maurice]: "Discours de M. J.-Maurice Pour",
BSL, n° 13, pp. 21-4. Rp. in *Le Petit Républicain
de la Rive gauche*, nov. 1929.
[A Médan, 1929]

5052 J. R. [Jacques RENAUD]: "Lit-on encore Zola?", *Le
Mémorial des Deux-Sèvres*, 31 mai.   [MLB]

5053 RAGEOT, Georges: "Comment travaillait Zola", *Le Progrès
civique*, XI, n° 512, 8 juin, pp. 14-16.
[Avec des ext. des notes préparatoires de *Vérité*]

5054 RATEL, Simone: "Les "Amis de Zola" à Médan", *NL*, 12 oct.
[Voir aussi, sur le pèlerinage de Médan, Rf 49185]

5055 REUILLARD, Gabriel: "Patriotisme", *Le Progrès civique*,
XI, n° 490, 5 janv., pp. 9-10.
[Z. patriote - à propos de *Justice*]

5056 ---: "Naturalisme", *La Volonté*, 22 nov.

5057 RUTRA, Arthur Ernst: "Zola und Deutschland", *La Revue
rhénane/Rheinische Blätter*, IX, n° 7, pp. 19-22.   [WH]

5058 I. S.: "Emile Zola", *Adevărul literar şi artistic*
(Bucarest), IX, n° 463, 20 oct., p. 8.   [BU Iasi]
[En roumain]

5059 SABORD, Noël: "Ma semaine littéraire. Du nouveau dans
l'ancien", *Paris-Midi*, 12 mai.
[Sur *Madame Sourdis*]

5060 ---: "Ma semaine littéraire. *Nana* et *Boule de Suif*",
Paris-Midi, 26 mai.

5061 [TAKEBAYASHI, M.]: "Discours de M. Takebayashi", *BSL*,
n° 13, pp. 19-20.
[A Médan, 1929 - Z. au Japon]

5062 G. V.: "Dita Parlo à Paris", *Le Figaro*, 15 sept.
[Cf. 5046]

5063 VALKHOFF, P.: "Emile Zola en Jacques van Santen Kolff
(naar onuitgegeven brieven)", *Haagsch Maandblad* (La
Haye), XII, oct., pp. 397-405.

5064 VAUTEL, Clément: "Mon film", *Le Journal*, 3 janv.
[Z. au Panthéon]

5065 VIGNE D'OCTON, P.: "De Balzac à Zola", *La Rumeur*, 31
janv.

5066 WALEFFE, Maurice de: "L'exemple de Zola. Les jeunes
doivent-ils le suivre?", *Paris-Midi*, 30 mai.

5067 WUILBAUT, T.: "Zola et les Goncourt", *La Province*,
28 févr.   [MLB]

5068 ANONYME: "Arts Theatre. *Thérèse Raquin* by Emile Zola",
The Times (Londres), 14 janv., p. 10.

5069 ---: "Balzac et Zola, une lettre inédite d'Emile Zola",
L'Œuvre, 16 avril.
[Adressée au Président de la Société des Gens de
Lettres, à propos d'une statue de Balzac]

5070 ---: "Emile Zola, chroniqueur parlementaire", *BSL*, n°
12, pp. 25-6.
[A propos des "Lettres de Bordeaux" dans *La Cloche*]

5071 ---: "Emile Zola et la nouvelle génération", *Monde*,
26 oct.-23 nov. Enquête: opinions de: André Malraux,
André Chamson, Louis Guilloux, Joseph Jolinon, Bertrand de Jouvenel, 26 oct.; de Léon Lemonnier, Marcel Martinet, Henry Poulaille, Jean Tousseul, Jean
Cassou, Edouard Peisson, Louis de Gonzague-Frick, 2
nov.; de Panait Istrati, Pierre Dominique, Emmanuel
Berl, Tristan Rémy, Constantin Weyer, Jean Héritier,
9 nov.; de Georges Dupeyron, Elian-J. Finbert, Marcel
Arland, 16 nov., de Henri Hisquin, Albert Marchon,
René Jouglet, 23 nov. Voir aussi *BSL*, n° 13, 1929,
pp. 25-30.

5072 ANONYME: "En l'honneur d'Emile Zola", *Le Populaire de Nantes*, 27 oct.
[*Thérèse Raquin* au théâtre]

5073 ---: "Les livres du jour. *Madame Sourdis* par Emile Zola", *Le Figaro*, 11 mai.

5074 ---: "Suit against Académie Goncourt. Zola Correspondence", *The Times* (Londres), 28 janv., p. 12.
[Cf. 4858-67]

5075 ---: "Les tirages de Zola", *BSL*, no 12, p. 29.
[Cf. 5022]

5076 ---: "*Thou Shalt Not*. New French Film at Avenue Pavilion", *The Times* (Londres), 9 janv., p. 10. Voir aussi *ibid.*, 10 janv., p. 10.
[*Thérèse Raquin* au cinéma]

5077 ---: "Zola et l'Affaire Dreyfus", *Le Populaire de Nantes*, 28 oct.
[Vin d'honneur: discours de MM. Veil, A. Ferdinand Hérold, Maurice Le Blond, Morice, Batilliat - représentation de *Thérèse Raquin*]

5078 ---: "Zola, personnage dramatique", *Le Courrier du Pacifique*, 27 sept.   [MLB]

1930

5079 CARLI, Antonio de: *En relisant Zola*. Turin, Chiantore (Loescher). vi,211p.
[Chap. sur l'évolution intellectuelle, le réalisme et le romantisme de Z., le rôle de la nature dans son œuvre et ses idées religieuses et sociales]

5080 DIKKA REQUE, A.: *Trois Auteurs dramatiques scandinaves - Ibsen, Björnsen, Strindberg - devant la critique française 1889-1901*. P., Honoré Champion. 227p.

5081 FLAUBERT, Gustave: *Œuvres complètes de Flaubert. Correspondance. Nouvelle Edition augmentée. Sixième série (1869-1872). Septième série (1873-1876). Huitième série (1877-1880)*. P., Conard. 3 vol.
[Voir VI pp. 314-5: sur *La Fortune des Rougon;* VII pp. 142-5 sur *La Conquête de Plassans;* p. 238 sur *La Faute de l'abbé Mouret;* pp. 293-5 sur *Son Excellence Eugène Rougon;* pp. 351 et 369 sur *L'Assommoir;* pp. 356 et 359 sur la critique dramatique et le naturalisme de Z.; VIII pp. 19 et 25 sur *L'Assom-*

moir; pp. 114-5 sur *Une Page d'amour;* p. 118 sur *Le Bouton de Rose;* pp. 386-91, 403, sur *Nana;* pp. 176, 180, 192, 259, 279, sur les œuvres critiques et sur le naturalisme de Z.]

5082 GIMMEL'FARB, B.: *E. Zolja. Zizn' i tvorčestvo.* [Moscou], Goslitizdat.
[En russe: *E. Zola. Vie et œuvres*]

5083 KOGAN, P.S.: "Francuzskij naturalizm, Zolja i Mopassan", in *Glavnye napravlenija v evropejskoj literature.* Moscou, pp. 42-55. [KDM]
[Conférence en russe sur le naturalisme de Z. et de Maupassant]

5084 MULLER, Karl: *Das Naturalistische Theater in Frank-reich.* Munich, Max Hueber. 218p.
[Voir surtout "Emile Zola", pp. 127-41]

5085 PARRINGTON, Vernon Louis: *Main Currents in American Thought. The Beginnings of Critical Realism in America (1860-1920).* New York, Harcourt-Brace. xxxix,429p.

*5086 VALKHOFF, P.: "Emile Zola et la littérature néerlandaise", in *Mélanges d'histoire littéraire, générale et comparée, offerts à Fernand Baldensperger. II.* P., Champion, pp. 312-26.

5087 VANWELKENHUYZEN, Gustave: *L'Influence du naturalisme français en Belgique de 1875 à 1900.* Liège, Vaillant-Carmanne/Bruxelles, Palais des Académies/(Bruxelles), La Renaissance du Livre. xii,339p.

5088 ANONYME: *Der Fall Dreyfus und andere Kämpfe in Briefen und Bekenntnissen.* Dresde, Reissner. 291p. Avec une intr. biographique de Denise Le Blond-Zola.

Cinquantenaire des "Soirées de Médan":

5089 AURIANT: "L'année littéraire 1880", *Les Marges,* n° 9, pp. 37-42.

5090 BOURDET, Maurice: "Le cinquantenaire des *Soirées de Médan", Le Miroir du Monde,* I, n° 9, 3 mai, p. 315.

5091 L. DX. [Léon DEFFOUX]: "Le cinquantenaire des *Soirées de Médan", MF,* CCXX, n° 766, 15 mai, pp. 246-8.
[c.r. d'un déjeuner, présidé par Léon Hennique, pour célébrer le cinquantenaire du vol., avec un résumé des discours]

5092 DEFFOUX, Léon: "Les auteurs des *Soirées de Médan* de 1876 à 1880", *Les Marges,* n° 9, pp. 94-102.

5093   DEFFOUX, Léon, et Emile ZAVIE: "Le cinquantenaire des *Soirées de Médan*", *La Revue française*, XXV, n° 16, 20 avril, pp. 369-71.

5094   DESCAVES, Lucien: "Ceux des *Soirées de Médan*", *Le Petit Provençal*, 18 févr.   [Rf 49185]

5095   DUMESNIL, René: "La mort de Flaubert et *Les Soirées de Médan*", *Les Marges*, n° 9, pp. 102-9.

5096   HENNIQUE, Léon: *"Les Soirées de Médan"*, *NL*, 12 avril.

5097   HERMANT, Abel: "Le cinquantenaire des *Soirées de Médan*", *Gringoire*, 2 févr.   [Rf 49185]

5098   LE BLOND, Maurice: "Survivance du Naturalisme", *Les Marges*, n° 9, pp. 3-13.

5099   PASSILLE, Guy de: *"Les Soirées de Médan"*, *Le Figaro*, 20 avril.

5100   RAGEOT, Georges: *"Les Soirées de Médan"*, *Monde*, III, n° 100, 3 mai, p. 4.

5101   REUILLARD, Gabriel: "La signification des *Soirées de Médan*", *Le Progrès civique*, XII, n° 557, 19 avril, pp. 7-8.

5102   ---: *"Les Soirées de Médan"*, *Le Monde illustré*, LXXIV, n° 3776, 3 mai, pp. 300-2.

5103   SAURAT, Denis: "Emile Zola", *Les Marges*, n° 9, pp. 14-24.

5104   TISSERAND, Ernest: "La littérature de guerre entre 1870 et 1880", *ibid.*, pp. 112-22.

5105   ZEVAES, Alexandre: "Le cinquantenaire des *Soirées de Médan*", *Le Courrier littéraire*, avril-juin, pp. 38-55.

5106   ANONYME: "Les auteurs des *Soirées de Médan* vus les uns par les autres", *Les Marges*, n° 9, pp. 76-93. [Ext. d'*Une Campagne* et d'articles de Céard, de Huysmans et de Maupassant]

5107   ---: "Ce que voulaient les auteurs des *Soirées de Médan*", *ibid.*, pp. 57-8. [Lettre de Maupassant à Flaubert du 5 janv. 1880]

5108   ---: "Quelques opinions sur *Les Soirées de Médan*", *ibid.*, pp. 59-75. [Opinions de 15 écrivains]

5109   ---: "Les Soirées de Médan racontées par Guy de Maupassant. Une lettre au directeur du *Gaulois*",

ibid., pp. 49-56.
[A propos de 386 et d'un article de Céard de nov.
1908]

[Voir aussi 391]

*

5110 ABRIC, Daniel: "Images sur l'écran: *Au Bonheur des
Dames*", *L'Européen*, 9 avril.   [Rf 49133]
[*Au Bonheur des Dames* au cinéma]

5111 BAZALGETTE, Léon: "Zola et le matérialisme", *Monde*,
III, n⁰ 100, 3 mai, pp. 8-9.
["Le rôle capital, énorme, de Zola consiste essen-
tiellement dans son antispiritualisme"]

5112 BELLEUDY, Jules: "Emile Zola contre Frédéric Mistral",
MF, CCXXIII, n⁰ 775, 1ᵉʳ oct., pp. 194-8.
[A propos de l'article de Z. dans *La Tribune* du 20
sept. 1868 et de son discours de juin 1892]

5113 BERL, Emmanuel: "Zola, ouvrier littérateur", *Monde*,
III, n⁰ 122, 3 oct., pp. 8-9.
["Avec Zola donc, et contre Mallarmé, le marxiste
méprise qui nie le monde extérieur" - Cite des
lettres: à Francis Jourdain, 16 mai 1901, et à Alexis,
12 mars 1899]

5114 BEY, Maurice: *"Fécondité"*, *La Volonté*, 24 avril.
[Au cinéma]

5115 CHAPEROT, Georges: "Quelques instants avec... Saint-
Georges de Bouhélier. Ce que fut le "Naturisme".
Chez Zola", *L'Ordre*, 19 févr.

5116 CHARENSOL, G.: "L'affaire Dreyfus: Le procès Zola",
La Revue mondiale, 41ᵉ année, CCI, 15 nov. pp. 143-56.

5117 [CHARMY, Roland]: "Discours de M. Roland Charmy", *BSL*,
n⁰ 14, pp. 7-14.
[A Médan, 1930 - Voir aussi, sur le pèlerinage de
1930: Rf 49185]

5118 CLODOCHE: "Emile Zola et M. Paul Bourget", *L'Indé-
pendant belge* [?], 26 févr.   [Rf 49224]

5119 CURTIUS, Ernest Robert: ["Die literarischen Wegbereiten
des neuen Frankreich"], *Rōman-Koten* (Tokyo), I, n⁰
3, 1ᵉʳ juin, pp. 74-84.   [KO]
[Tr. japonaise de la première partie d'une pr.]

5120 DAZAI, Shimon: "Zora higi", *ibid.*, pp. 60-4.   [KO]
[En japonais: "Zola accusé"]

5121   DEBELJAK, Anton: "Emil Zola", *Zivljenje in svet* (Ljub-
       ljana), VII, n⁰ 13, pp. 338-9.   [RV]
       [En slovène]

5122   ---: "Emil Zola", *Prosveta* (Chicago), XXIII, n⁰ 87,
       p. 3.   [RV]
       [En slovène]

5123   DEMEURE, Fernand: "Anatole France şi Emile Zola",
       Viaţă romînească (Bucarest), XXII, nᵒˢ 7-8, juill.-
       août, pp. 184-5.   [BU Iasi]
       [En roumain]

5124   EBIHARA, Hachirō: "Zora inyū tenbyō", *Rōman-Koten*
       (Tokyo), I, n⁰ 3, 1ᵉʳ juin, pp. 102-10.   [KO]
       [En japonais: "Introduction de Zola au Japon"]

5125   FABRE, Lucien: "La littérature et les affaires. L'im-
       mense mérite de Balzac. L'erreur de Zola", *L'Ordre*,
       15 sept.
       [Z. "cru", Balzac "concret"]

5126   FERNAND-DEMEURE: "Anatole France et Emile Zola", *La
       Revue mondiale*, 41ᵉ année, 15 août, pp. 420-3.

5127   GERAC, Michel: "Au son des cloches dans *Le Rêve*",
       Cinémonde, 24 nov.   [LS]

5128   A. J.: *"Au Bonheur des Dames"*, *Cinémagazine*, mars.
                                                         [Rf 49133]

5129   JINBU, Takashi: "Furobēru to Zora", *Rōman-Koten* (Tokyo),
       I, n⁰ 3, 1ᵉʳ juin, pp. 47-51.   [KO]
       [En japonais: "Flaubert et Zola"]

5130   KAWASHIMA, Junpei: "Zora no shizenshugi-geki", *ibid.*,
       pp. 14-25.   [KO]
       [En japonais: "Le théâtre naturaliste de Zola"]

5131   KIDERA, Reiji: "Les Œuvres de Zola et la Bibliographie",
       ibid., pp. 111-36.   [KO]

5132   KOBAYASHI, Tatsuo: "Anatōru Furansu to Zora", *ibid.*,
       pp. 45-7.   [KO]
       [En japonais: "Anatole France et Zola"]

5133   KOMATSU, Kiyoshi: "Zora to Sezannu", *ibid.*, pp. 65-8.
       [En japonais: "Zola et Cézanne"]   [KO]

5134   LYNN, Jacques: "Le père de Zola", *L'Ordre*, 7 août.

5135   MERSUS: "Un film sur Dreyfus", *Monde*, III, n⁰ 127, 8
       nov., p. 5.
       [Un film allemand de Richard Oswald - plein de

"falsifications, enjolivements et omissions inten-
tionnelles"]

5136   MILLE, Pierre: "Emile Zola à Londres", *Le Petit Marseillais,* 29 août.   [Rf 49224]
[Z. et Oscar Wilde]

5137   MOURIER, Gaston: "La gloire triomphante d'Emile Zola",
La France de Bordeaux et du Sud-Ouest, 5 oct.

5138   NAKAYAMA, Shōzaburō: "Roshia ni okeru Zora", *Rōman-
Koten* (Tokyo), I, n⁰ 3, 1ᵉʳ juin, pp. 39-44.   [KO]
[En japonais: "Zola en Russie"]

5139   OCHIAI, Tarō: "Zora to Montēnyu", *ibid.,* pp. 54-60. [KO]
[En japonais: "Zola et Montaigne"]

5140   OGUCHI, Masaru: "Zora to doitsu bungaku", *ibid.,* pp.
32-8.   [KO]
[En japonais: "Zola et la littérature allemande"]

5141   PARAF, Pierre: "Le souvenir d'Emile Zola", *La République,* 5 oct.

5142   ---: "Madame Emile Zola", *NL,* 11 oct., p. 5.

*5143   PATIN, Jacques: "Du "bœuf nature" à "la table des
Beylistes"," *Le Figaro,* 7 déc.
[Sur les premières réunions des naturalistes]

5144   PEYRIN, Lucien: "Les Lettres. Courrier littéraire",
L'Homme libre, 14 juill.
[A propos d'un recueil d'*Œuvres choisies d'Emile
Zola.* Ed. Denise Le Blond-Zola]

5145   REUILLARD, Gabriel: "La leçon d'un cinquantenaire",
L'Européen, 16 avril.   [Rf 49185]
[*Jacques Damour* au théâtre]

5146   RHODES, S.A.: "The Source of Zola's Medical References
in *La Débâcle*", *MLN,* XLV, n⁰ 2, févr., pp. 109-11.

5147   RUBLEVS'KA, L.: "Franko ta Zolja", *Cervonyj šljax,*
n⁰ 3, pp. 124-36.   [BH]
[En ukrainien: "Franko et Zola"]

5148   RUSSELL, J.A.: "Upton Sinclair, the Zola of America.
His Connection with Holland", *De Nieuwe Gids* (Amsterdam), XV, juill., pp. 50-8.

5149   RUSSELL, James A.: "Emile Zola as Moralist and Truth
Seeker", *The French Quarterly,* XII, déc., pp. 150-9.

5150   SAITO, Shōzō: "Tableau chronologique des traductions
en japonais des œuvres de Zola", *Rōman-Koten* (Tokyo),

I, n⁰ 3, 1ᵉʳ juin, pp. 101-2. [KO]

5151 SHINJO, Yoshiaki: "Tēnu to Zora", *ibid.*, pp. 51-4. [KO]
[En japonais: "Taine et Zola"]

5152 STEINER, Rudolf: "Emile Zola an die Jugend", *Das Goetheanum* (Dornach), IX, n⁰ 45, pp. 353-4. [WH]
[Sur Z. et son rôle dans l'Affaire Dreyfus]

5153 ---: "Zolas Schwur und die Wahrheit über Dreyfus", *ibid.*, pp. 362-3. [WH]

5154 STUART, George: "Le deuxième *Rêve* de M. de Baroncelli", *Le Soir*, 29 nov.
[Cinéma]

5155 TORRES, Henry: "Emile Zola", *La Revue mondiale*, 41ᵉ année, CC, 15 oct., pp. 359-63. Rp. in *BSL*, n⁰ 14, pp. 3-6.
[Discours au pèlerinage de Médan, 1930]

5156 VIVIEN, Jacques: *"Au Bonheur des Dames"*, *Paris-Midi*, 24 mars.
[Au cinéma]

5157 WADA, Den: "Zora no nōmin", *Rōman-Koten* (Tokyo), I, n⁰ 3, 1ᵉʳ juin, pp. 7-13. [KO]
[En japonais: "Les paysans de Zola"]

5158 YANO, Hōjin: "Zora to eibungaku", *ibid.*, pp. 26-31. [KO]
[En japonais: "Zola et la littérature anglaise"]

5159 YOSHIE, Takamatsu: "Emīru Zora", *ibid.*, pp. 1-6. [KO]
[En japonais: "Emile Zola"]

5160 ZEVAES, Alexandre: "La "Bataille d'Hernani" du Naturalisme: la victoire de *L'Assommoir*", *Le Courrier littéraire*, 17 janv. [MLB]

5161 ---: "Stéphane Mallarmé et son éloge de *L'Assommoir*", *ibid.* [MLB]

5162 ---: "Le romancier et l'état civil. M. Duverdy contre Emile Zola", *NL*, 30 août, p. 4.
[Cf. 5639 - Cite la lettre de Z. sur l'affaire Duverdy dans *Le Gaulois* du 30 janv. 1882]

5163 ANONYME: "Francusko-nemački odnosi i proces kapetana Drajfusa. Porota sudi Emilu Zoli", *Pravda*, 26-28 mai. [BUSM]
[En serbo-croate: "Relations franco-allemandes et le procès Dreyfus. Le juré contre Zola"]

5164 ---: "Zola et Barrès. Une lettre inédite de Maurice

Barrès à Emile Zola", *L'Ordre*, 29 déc.
[Du 6 juin 1896]

1931

5165   BATILLIAT, Marcel: *Emile Zola*. P., Rieder. 83,x1p.
(Maîtres des Littératures, IX)
[Avec illustrations]

*5166   DEFFOUX, Léon: *La Publication de "L'Assommoir"*. P.,
Malfère. 152p. (Coll. Les Grands Evénements Littéraires). Ext. in *MF*, CCXXVIII, n° 790, 15 mai, pp.
51-68.

5167   GREEN, F.C.: *French Novelists from the Revolution to
Proust*. Londres-Toronto, Dent. viii,354p. Nouvelle
éd.: New York, Ungar, 1964. viii,359p.
[Voir surtout pp. 272-9]

5168   JEAN-MAURIENNE [René FODERE]: *Chateaubriand, Flaubert,
Zola*. [Paris?], Keller.   [TH]

5169   JOUVENEL, Bertrand de: *Vie de Zola*. P., Valois. 366p.

*5170   LE BLOND-ZOLA, Denise: *Emile Zola raconté par sa fille*.
P., Fasquelle. 266p. Réédition: Genève, Cercle du
Bibliophile, 1967. 290p. Tr. allemande: *Zola. Sein
Leben, sein Werk, sein Kampf*. Ed. F.C. Weiskopf.
Berlin, Malik, 1932. 329p. Tr. serbo-croate: Zagreb,
1940. 253p.

5171   RAUSCH, Lotte: *Die Gestalt des Künstlers in der Dichtung des Naturalismus*. Giessen. 65p.   [YC]
[Nombreuses références à *L'Œuvre*]

*5172   ROOT, Winthrop H.: *German Criticism of Zola, 1875-
1893*. New York, Columbia University Press. xiv,112p.
Réimpression: New York, Ams Press, 1966.

Sur *"Le Rêve"*, film de J. de Baroncelli:

5173   LACRETELLE, Pierre de: *"Le Rêve"*, *Gringoire*, 24 juill.
[Rf 49126]

5174   REBOUX, Paul: *"Le Rêve"*, *Paris-Midi*, 22 juill.

5175   STUART, George: *"Le Rêve de M. de Baroncelli"*, *Le
Soir*, 1er août.

5176   ANONYME: "Comment J. de Baroncelli a tourné *Le Rêve*",
Ciné pour Tous, 22 avril.   [Rf 49126]

5177   ---: "Olympia. *Le Rêve*", *Le Figaro*, 19 juill.

5178   ANONYME: *"Le Rêve"*, *Ciné-Miroir*, 13 nov.   [LS]

5179   ---: *"Le Rêve"*, *Journal du Commerce*, 20 juill.
                                                    [Rf 49126]

                              *

5180   ALEXANDRE, Arsène: "En reparlant de Zola", *NL*, 1er
          août, p. 1.
          [Z. et Diderot - Souvenirs]

5181   BARBUSSE, Henri: "L'assaut contre le naturalisme",
          Monde, IV, n° 186, 26 déc., pp. 8-9, 11.
          [Bilan de l'opposition à l'œuvre de Z. et à ses
          idées]

5182   BERL, E.: "Zola 1931", *Europe*, XXVII, n° 105, 15 sept.,
          pp. 113-20.

5183   DEFFOUX, Léon: "Un projet hebdomadaire naturaliste:
          La Comédie humaine", *MF*, CCXXVII, n° 788, 15 avril,
          pp. 508-10.

5184   ---: "Sur la première édition de *l'Assommoir*", *ibid.*,
          CCXXIX, n° 795, 1er août, pp. 764-5.

5185   DESCAVES, Lucien: "L'exemple de Zola", *Le Petit Pro-
          vençal*, 29 sept.   [Rf 49185]

5186   FERDY, Camille: "Zola en Provence", *Le Petit Provençal*,
          26 janv.   [Rf 49185]

5187   ---: "Le souvenir d'Emile Zola à Aix et à Marseille",
          Le Petit Provençal, 2 févr.   [Rf 49185]

5188   ---: "Le père et le fils", *Le Petit Provençal*, 9 févr.
                                                  [Rf 49185]

5189   GINISTY, Paul: "Zola à Marseille", *Le Petit Provençal*,
          14 févr.   [Rf 49185]

5190   HALL, Mordaunt: "The Screen. A Cause Celebre [*sic*]",
          NYT, 31 août, p. 11.
          [Film anglais sur l'Affaire Dreyfus d'après une
          pièce allemande]

5191   ---: "Gossip and Murder: ... The Dreyfus Case", *NYT*,
          6 sept., section 8, p. 5.
          [Cf. 5190]

5192   HAWKINS, Richmond-Laurin: "Quelques lettres inédites
          de romanciers français", *Le Figaro*, 3 janv.
          [La coll. de The Historical Society of Pennsylvania -
          une lettre de déc. 1875 sur *Son Excellence Eugène
          Rougon* et une lettre de mai 1877 à Henri Escoffier]

5193 HENRIOT, Emile: "Comment Zola a écrit *l'Assommoir*",
Le Temps, 9 juin. Rp. in *Courrier littéraire, XIXe
siècle. Réalistes et naturalistes.* P., Albin Michel,
1954, pp. 276-82.
[A propos de 5166]

5194 HIRSCH, Charles-Henry: "Les revues", *MF*, CCXXXI, n°
800, 15 oct., pp. 459-62.
[A propos de 5201]

5195 HOPKINS, Frederick M.: "Old and Rare Books", *The
Publishers Weekly* (New York), CXX, n° 20, 14 nov.,
p. 2248.
[Sur la correspondance de Z. déposée à la Bibliothèque Nationale]

5196 HORVAT, Josip: "Emil Zola i njegov *Novac*", *Obzor*,
LXXII, n° 247, p. 2.   [BUSM]
[En serbo-croate: "Emile Zola et *L'Argent*"]

5197 IONESCU, Constantin: "Casa cu fete - de C. Ardeleanu
(Comparaţie cu Zola)", *Gindirea* (Bucarest), n° 4,
avril, pp. 185-8.   [BU Iasi]
[En roumain]

5198 JOSEPHSON, Matthew: "A Nonfiction Film", *The New
Yorker*, LXVIII, n° 876, 16 sept., p. 128.   [LS]
[Cf. 5190]

5199 JOTEM: "Dzieje jednej pomyłki sądowej", *Wiadomości
literackie* (Varsovie), n° 46, p. 4.   [BU Varsovie]
[En polonais - sur l'Affaire Dreyfus]

5200 LALOU, René: "Emile Zola, poète et lutteur", *NL*, 27
juin, p. 3.

5201 LE BLOND, Maurice: "Une correspondance historique",
BSL, n° 15.
[Numéro consacré à la correspondance déposée à la
Bibliothèque Nationale de Paris par Mme Zola]

5202 LE BLOND-ZOLA, Denise: "Zola et Cézanne d'après une
correspondance retrouvée contenant des vers de
jeunesse inédits de Paul Cézanne", *MF*, CCXXV, n°
781, 1er janv., pp. 39-58.

5203 ---: "L'exil en Angleterre", *NL*, 10 janv., p. 4.
[Cf. 5170]

5204 MANOJLOVIC, Todor: "Zola, pesnik i borac", *Letopis
Matice Srpske*, CCCXX, pp. 163-4.   [BUSM]
[En serbo-croate: "Zola, poète et lutteur"]

5205   G. P.: "Frédéric Bazille a-t-il peint un portrait de
       Zola?", *Comœdia*, 22 sept.
       [Cf. 5206]

5206   ---: "Le portrait inconnu de Zola n'est pas de Bazille.
       Mais est-il bien celui de Zola?", *Comœdia*, 27 sept.
       [Cf. 5205]

5207   PARAF, Pierre: "Trente-six ans de bataille. Parmi les
       4.500 lettres que reçut Emile Zola", *La République*,
       22 sept.
       [Cf. 5201]

5208   PATIN, Jacques: "Une profession de foi naturaliste
       (lettre inédite de Zola)", *Le Figaro*, 20 juin.
       [A Béliard, 5 avril 1871]

5209   PILLET, Alfred: "Emile Zola", *Germanisch-romanische
       Monatsschrift* (Heidelberg), XIX, n°s 5-6, mai-juin,
       pp. 200-21.

5210   RABY, Henri: "Le travail dans l'œuvre de Zola", *La
       Vie bordelaise*, 1er nov.   [Rf 49224]

5211   RAGEOT, Georges: "Emile Zola", *Lectures du Soir*, 20
       oct.   [MLB]

5212   REBOUX, Paul: "Les répétitions générales à l'Ambigu.
       L'Affaire Dreyfus", *Paris-Soir*, 12 févr.
       [Adaptation d'une pièce allemande]

5213   REUILLARD, Gabriel: "Le don à la Bibliothèque Nationale
       de 4.446 lettres adressées à Emile Zola", *Le Monde
       illustré*, 3 oct., pp. 211-12.

5214   ROSNY, J.-H., aîné: "Haines littéraires de jadis", *NL*,
       10 oct.

5215   ROSTAND, Maurice:*"L'Affaire Dreyfus"*, *Le Soir*, 12 févr.
       [Cf. 5212]

5216   SEMENOFF, Marc: "Balzac et Zola", *Chantecler*, 6 et 20
       juin.   [Rf 49224]

5217   SKINNER, Richard D.: "The Play and Screen. *The Dreyfus
       Case*", *The Commonweal*, XIV, n° 23, 7 oct., p. 566.
       [Cinéma]   [LS]

5218   WHITING, George W.: *"Volpone, Herr von Fuchs* and *Les
       Héritiers Rabourdin"*, *PMLA*, XLVI, juin, pp. 605-7.

5219   ANONYME: *"Au Bonheur des Dames* d'après le roman d'Emile
       Zola", *Le Cinéma chez Soi*, nov.   [LS]
       [Cinéma]

5220   ANONYME: "Brieven van Emile Zola aan Frans Netscher",
        De Nieuwe Gids (Amsterdam), XLVI, n° 1, janv., pp.
        69-72.
        [Cf. 5836]

5221   ---: "Brieven van Emile Zola aan J. van Santen Kolff",
        ibid., févr.-mai, pp. 178-89, 266-78, 406-11, 532-40.
        [Cf. 5765]   [BB]

5222   ---: "Des lettres de Zola à la Nationale", *Le Figaro*,
        20 sept. Voir aussi *L'Ami du Peuple*, 15 oct., et
        L'Ordre, 22 sept.

5223   ---: "Zola's *Dram Shop* Wins in College Poll", *NYT*,
        25 janv., section II, p. 2.
        [Succès de la tr. de *L'Assommoir* dans une université
        américaine]

        [Voir aussi 5233, 5261 et 7396]

                              1932

5224   AMBRIERE, Francis: *La Vie secrète des grands magasins.*
        P., Flammarion. 243p.

*5225   BARBUSSE, Henri: *Zola.* P., Gallimard. 296p. Tr. alle-
        mande: *Zola. Der Roman seines Lebens.* Tr. Lyonel
        Dunin. Berlin, 1932. 346p. Tr. anglaise de M.B. et
        F.C. Green: Londres, Dent, 1932; autre éd.: New
        York, Dutton, 1933. 279p. Tr. espagnole de Felipe
        Ximenez Sandoval: Madrid, Editorial Cenit, 1932;
        Santiago, Ediciones Ultra, n° 70, 1938. 271p. Tr.
        russe: *Zolja.* Intr. de A. Lunačarskij. Moscou-Lenin-
        grad, GIHL, 1933. Ext. en slovène in *Svoboda* (Ljub-
        ljana), n° 11, 1932, pp. 347-50.

5226   BEACH, Joseph Warren: "Philosophy: Zola, Thomas Mann",
        in *The Twentieth Century Novel. Studies in Technique.*
        New York, Appleton-Century-Crofts, pp. 103-17.

5227   BRUNEAU, Alfred: *A l'Ombre d'un grand coeur. Souvenirs
        d'une collaboration.* P., Charpentier-Fasquelle. 235p.

5228   DELHORBE, Cécile: "Emile Zola", in *L'Affaire Dreyfus
        et les écrivains français.* P., Attinger, pp. 45-80.

5229   GREINER, Annedörte: *Vicente Blasco Ibáñez. Der Span-
        ische Zola? Inaugural-Dissertation zur Erlangung der
        Doktorwürde einer Hohen Philosophischen Fakultät an
        der Thüringischen Landesuniversität Jena.* Iéna,
        Neuenhahn. 79p.

5230   HUNTER, William: "Jacques Feyder: *Thérèse Raquin*, 1928", in *Scrutiny of Cinema*. Londres, Wishart, pp. 33-5.

5231 JAMOT, Paul, et Georges WILDENSTEIN: *Manet, I*. P., Les
Beaux Arts/Editions G. Van Oest. 202p. (Coll. L'Art
Français)

5232 KLEMAN, M.: "Emil' Zolja", in [*Le Roman réaliste français du 19e siècle*. Recueil d'articles publié sous
la dir. de R.A. Desnickij]. Moscou-Leningrad, GIHL,
pp. 199-243.
[En russe]

5233 POHL, Gerhart: "Nicht schauen; kämpfen! Die literarische
Sendung Emile Zolas", in *Vormarsch ins XX. Jahr-
hundert*. Leipzig, Lindner, pp. 35-43.
[Article du 17 nov. 1931]

5234 POULAIN, Gaston: *Bazille et ses amis*. P., La Renaissance
du Livre. 223p.
[Voir pp. 166-7, 206 - lettres de Z., à Bazille et à
Philippe Solari]

5235 THERIVE, André: *Réceptions posthumes. Discours prononcé
à l'Académie Française par M. le vicomte Henri de
Bornier pour la réception de M. Emile Zola*. P., Ed.
du Trianon. 107p.
[Satirique]

5236 AGOSTINO, Charles d': "Pour Emile Zola", *Mercure universel*, XI, nov., pp. 2-16.

5237 ARRIGHI, Paul: "Zola à Naples", *Etudes italiennes*, 13^e
année, n.s. II, n° 1, janv.-mars, pp. 28-44.

5238 AURIANT: "*Nana* (Documents inédits)", *Le Manuscrit
autographe*, VII, n° 38, avril-juin, pp. 107-36.

5239 ---: "Les dessous de *Nana* (documents inédits)", *L'Esprit
français*, 4e année, VI, n°s 72-3, 10 juill., pp. 147-
51, 247-51.

5240 ---: "Harry Alis et ses correspondants. Lettres inédi-
tes", *L'Esprit français*, 4e année, n.s. VII, n°s 74-5,
10 sept. et 10 oct., pp. 19-27, 144-52.

5241 ---: "Autour de *Nana*. Emile Zola et le Boulevard", *La
Guiterne*, II, n° 6, nov., pp. 10-19.
[La réception critique de *Nana*]

5242 J. BR.: "On va pouvoir lire la lettre d'admiration que
Me Raymond Poincaré, jeune avocat, adressa à Emile
Zola", *Paris-Midi*, 14 avril.

[Parmi les lettres déposées à la Bibliothèque Nationale]

*5243   BIENSTOCK, J.-W.: "Des lettres inédites d'Emile Zola sont publiées en Russie", *L'Ordre*, 17 déc.

5244   BIHALJI, Pavle: "Istorijski značaj Emilea Zole", *Stožer*, III, n° 9, pp. 249-54.   [BUSM]
[En serbo-croate: "L'importance historique d'Emile Zola"]

5245   BORKO, Božidar: "Emile Zola. Ob 30-letnici smrti", *Prosveta*, XXV, n° 242, p. 2; n° 243, p. 2. Voir aussi *Jutro* (Ljubljana), XIII, n° 223, 1929, p. 6.
[En serbo-croate: "A l'occasion du 30e anniversaire de la mort d'Emile Zola"]   [BUSM]

5246   BREITER, Emil: "Barbusse o Zoli", *Wiadomości literackie* (Varsovie), IX, n° 21, p. 1.   [BU Varsovie]
[En polonais - Cf. 5225]

5247   [CHARPENTIER, Armand]: "Discours de M. Armand Charpentier", *BSL*, n° 16, pp. 8-11.
[A Médan, 1931 - Sur Z. et l'Affaire Dreyfus]

5248   ---: "Message. Elie Rabier: Zola ... et moi", *La Volonté*, 3 oct.
[Affaire Dreyfus]

5249   L. DX. [Léon DEFFOUX]: "Le café Guerbois", *L'Œuvre*, 11 oct.

5250   DEFFOUX, Léon: "Une dédicace de Victor Hugo à Emile Zola", *MF*, CCXXXVII, n° 818, 15 juill., p. 507.
[A propos de *Madeleine Férat*]

5251   EDWARDS, Herbert: "Zola and the American Critics", *American Literature* (Durham, Caroline du Nord), IV, mai, pp. 114-29.

5252   EJHENGOL'C, M.D.: ""Problema Zolja" vo Francii", *Literatura mirovoj revoljucii*, n° 5, pp. 73-87.
[En russe: "Le "problème Zola" en France"]

5253   FERNAND-DEMEURE: "Emile Zola et son temps", *La Volonté*, 11 oct.

5254   FRANTEL, Max: "A l'université des Annales: *Germinal*, par André Maurois", *Comœdia*, 16 nov.
[Cf. 5270]

5255   E. G.: "Les Veillées Communales", *Le Suresnois*, IV, n° 161, 16 avril, pp. 2-3.
[Conférence d'A. Zévaès]

5256   GEIGER, Theodor: "Emile Zolas Bedeutung für unsere Zeit", *Hefte für Büchereiwesen* (Leipzig), XVI, n° 4, pp. 229-33. [WH]

5257   GRIMOD, Jean: "Le sens poétique chez Emile Zola", *Les Hommes du Jour*, 22 sept.
[Cf. 5515]

5258   GUICHES, Gustave: "Souvenirs d'un auteur dramatique (1887-1900) [I]", *RP*, 12e année, II, 15 avril, pp. 610-33.
[Cf. 4463 - pp. 629-30 sur "Le Manifeste des Cinq"]

5259   HARDEKOPF, Ferdinand: "Vor dreissig Jahren", *Die Neue Rundschau*, XLIII, nov., pp. 716-7.
[En allemand - Hommage]

5260   JALOUX, Edmond: "Du côté de chez Manet", *Le Temps*, 5 août.
[Symbolisme de Z.]

5261   [KAHN, Gustave]: "Discours de M. Gustave Kahn", *BSL*, n° 16, pp. 1-7. Ext. in *Le Quotidien*, 6 oct. 1931.
[A Médan, 1931]

5262   KAYSER, Rudolf: "Vor dreissig Jahren", *Die Neue Rundschau*, XLIII, n° 2, nov., p. 717.
[Cf. 5259]

5263   KEINS, Jean Paul: "Der historische Wahrheitsgehalt in den Romanen Zolas", *Romanische Forschungen* (Erlangen-Leipzig), XLVI, pp. 361-96.
[Dissertation, Munich, 1932 - Sur la réalité historique dans les romans de Z.]

5264   KERR, Alfred: "La maison de Zola", *NL*, 8 oct.
[Entretiens avec Z. en 1901 - tr. de l'allemand par René Laurent]

5265   KLEMAN, M.: "Emil' Zolja v Rossii", *Literaturnoe nasledstvo* (Moscou), n° 2, pp. 235-48.
["Emile Zola en Russie"]

5266   KUS-NIKOLAJEV, Mirko: "Emile Zola i gradjanska klasa. Fragment", *Socijalna Misao*, V, n°s 11-12, pp. 148-52.
[En serbo-croate: "Emile Zola et la bourgeoisie"]
[BUSM]

5267   LE BLOND-ZOLA, Denise: "Zola intre două femei", *Adevărul literar şi artistic* (Bucarest), X, n° 581, 24 janv., p. 7. [BU Iasi]
[En roumain: "Zola entre deux femmes"]

5268   LEES, George Frederic: "Recollections of an Anglo-
       Parisian Bibliophile II: George Moore in Paris",
       The Bookman (Londres), LXXXII, n° 491, août, pp.
       296-7.
       [George Moore sur Z. en 1896]

5269   MARMANDE, R. de: "Notre grand Zola", *L'Ere nouvelle*,
       5 oct.
       [Hommage passionné]

5270   MAUROIS, André: "Le naturalisme. I. Emile Zola: *Ger-
       minal*", *Conferencia (Journal de l'Université des
       Annales)*, 27e année, n° 1, 15 déc., pp. 21-33.
       [Conférence du 15 nov.]

5271   NIKOLAJEVIC, Dušan S.: "Radničke duše u francuskoj
       književnosti: Emil Zola", *Pravda*, 30 nov.   [BUSM]
       [En serbo-croate: "Emile Zola: conscience des ouvriers
       dans la littérature française"]

5272   PHILIPPIDE, Al. A.: "Zola romanticul", *Adevărul literar
       şi artistic* (Bucarest), XI, n° 617, 2 oct., p. 1.
       [En roumain]   [BU Iasi]

5273   POPOVIC, Jovan: "Emile Zola", *Stožer*, III, n° 9, pp.
       257-69.   [BUSM]
       [En serbo-croate]

5274   [ROBERTFRANCE, Jacques]: "Discours de M. Jacques
       Robertfrance", *BSL*, n° 16, pp. 11-14.
       [A Médan, 1931]

5275   SAUREL, Louis: "Sortis des pages", *Ciné-Monde*, 14
       juill.   [Rf 49224]

5276   STEINER, Drago: "Nakon trideset godina", *Zidov*, XVI,
       n° 48, pp. 2-3.   [BUSM]
       [En serbo-croate: "30e anniversaire de la mort de
       Zola"]

5277   STIMAC, Andjelko: *"Grijeh (La Faute de l'abbé Mouret)"*,
       Teater, V, n° 20, pp. 6-10.   [BUSM]
       [En serbo-croate - Représentation du drame lyrique
       à Zagreb à l'occasion du 30e anniversaire de la mort
       de Z.]

5278   A. Z. [Alexandre ZEVAES]: "Tuer le conformisme litté-
       raire! Une page oubliée de Vallès sur Zola", *Monde*,
       IV, n° 205, 7 mai, p. 4.
       [A propos de 197]

5279   ZEVAES, Alexandre: "Emile Zola et Jules Guesde", *NL*,
       6 févr., p. 1.

5280   ZEVAES, Alexandre: "La première chronique d'Emile Zola.
       Deux lettres inédites de l'écrivain", *ibid.*, 14 mai,
       p. 2.
       [Z. et *Le Petit Journal* - lettres à Eugène Paz]

5281   ANONYME: "Autour d'un anniversaire", *Le Salut public*
       (Lyon), 4 oct.

5282   ---: "Une conférence sur Zola est interdite à Berlin",
       La Volonté, 9 oct.
       [Conférence de Heinrich Mann]

5283   ---: "Nekoliko svedočanstava o Emilu Zoli", *Stožer*,
       III, n° 9, pp. 255-65.   [BUSM]
       [En serbo-croate - Anatole France, Max Hermann-Neisse,
       Arthur Holitscher, Martin Andersen Nexö, Upton Sin-
       clair et Henri Barbusse sur Z.]

5284   ---: "Saputnica Emila Zole", *Jugoslovenski Dnevnik*, IV,
       n° 126, p. 8.   [BUSM]
       [En serbo-croate: "La femme de Zola"]

5285   ---: "Zola 30 ans après: 1902-1932", *La Proue*, IV, n°
       26, sept.-nov., pp. 1-17.
       [Ext. de la presse - poème de Marcel Chabot - c.r.
       du pèlerinage de Médan: voir aussi Rf 49185]

                              1933

5286   BAER, Elisabeth: *Das Weltbild Zolas in den "Quatre
       Evangiles". Inaugural-Dissertation zur Erlangung
       der Doktorwürde genehmigt von der philosophischen
       Fakultät der Rheinischen Friedrich-Wilhelms-Uni-
       versität zu Bonn.* Munich, Druck der Salesianischen
       Offizin. 98p.

5287   BARRES, Maurice: *Mes Cahiers VI. Juillet 1907-juin
       1908.* P., Plon. v,382p.
       [Voir pp. 271-86 - Cf. 4100 - mentions de Z. dans
       les autres vol.: 1929-1957]

5288   BIENCOURT, Marius: *Une Influence du naturalisme fran-
       çais en Amérique: Frank Norris.* P., Marcel Giard.
       250p.
       [Voir surtout pp. 117-229]

5289   BOURGET, Paul: *Quelques Témoignages. [II]. Hommes et
       Idées.* P., Plon. 246p.
       [Voir p. 142, sur la composition de *L'Assommoir*]

*5290 DUMESNIL, René: *La Publication des "Soirées de Médan".*
       P., Malfère. 207p. (Série: Les Grands Evénements

Littéraires). Voir aussi *L'Echo de Paris*, 8 févr.
1934.
[Voir surtout pp. 13-38, 95-134, 189-97 - Cf. 5381]

5291   HERZOG, Wilhelm: *Der Kampf einer Republik. Die Affäre Dreyfus. Dokumente und Tatsachen*. Francfort. xiii, 983p. Autre éd.: Zürich, Europa-Verlag, [1934]. Tr. anglaise de Walter Sorell: *From Dreyfus to Pétain. The Struggle of a Republic*. New York, Creative Age, 1947. viii,313p.
[Voir surtout "Zola", pp. 139-206; chap. 9-12 de la tr. anglaise - Contient un fac-similé de la lettre de Z. à Björnson du 9 avril 1898]

5292   HOPPE, Hans: *Impressionismus und Expressionismus bei Emile Zola*. Münster, Romanisches Seminar. vi,54p. (Thèse, Münster, 1933. *Arbeiten zur romanischen Philologie*, I)   [WH]

5293   RAUCH, Franz: *Das Verhältnis der "Evangelien" E. Zolas zu dessen früheren Werken. Inaugural-Dissertation zur Erlangung der Doktorwürde der Hohen Philosophischen Fakultät der Friedrich-Alexanders-Universität Erlangen*. Nuremberg, Volkhardt & Wilbert. ii,88p.

Sur "L'Assommoir", film de Gaston Roudès:

5294   CHAMPEAUX, Georges: *"L'Assommoir", Gringoire*, 30 juin.

5295   DAIX, Didier: "*L'Assommoir* (film français)", *L'Echo de Paris*, 30 juin.

5296   DECARIS, Germaine: "*L'Assommoir*, Film scandaleux", *Les Hommes du Jour*, n° 58, 22 juin, p. 11.

5297   DUBREUILH, Simone: "M. Gaston Roudès nous parle de *L'Assommoir*", *Paris-Soir*, 20 juin.

5298   ERNEST-CHARLES, J.: "Les deux époques", *L'Ere nouvelle*, 5 mai.

5299   FAYARD, Jean: "*L'Assommoir*", *Candide*, 29 juin.
["Une mauvaise action de plus au passif de notre cinéma"]

5300   LATZARUS, Louis: "*L'Assommoir*", *Le Journal*, 16 juin.

5301   OGOUZ, Pierre: "A propos de *L'Assommoir*", *L'Ami du Peuple (du Soir)*, 30 juin.   [MLB]

5302   PECKER, Alexandra: *"L'Assommoir", Comœdia*, 18 juin.

5303   ANONYME: *"L'Assommoir", Ciné-Miroir*, 30 juin.
[Rf 49095]

5304   ANONYME: "*L'Assommoir* au Gaumont-Palace", *Le Matin*, 23 juin.

                                    *

5305   AURIANT: "*Nana* mise en pièce (Documents inédits)", *L'Esprit français*, 5e année, n.s. VIII, nos 78-9, 10 janv. et 10 févr., pp. 28-37, 162-71.

5306   ---: "Au Mont-Dore. Lettres inédites d'Henry Céard (1851-1925) à Emile Zola", *ibid.*, IX, no 84, 10 juill., pp. 248-51.

5307   ---: "A propos du 25e anniversaire de la mort de François Coppée: la vogue et l'influence du *Passant*", *MF*, CCXLIV, no 889, 1er juin, pp. 504-5. [Cite une lettre de Céard à Z. du 13 sept. 1879]

5308   J.-G. C.: "Une adaptation malhonnête. Zola à l'américaine", *L'Œuvre*, 27 janv.   [Rf 49110] [Cinéma]

*5309   CELINE, Louis-Ferdinand: "Hommage à Emile Zola", in *BSL*, no 18, pp. 10-14; in *Marianne*, 4 oct., p. 4. Rp. in Robert Denoël: *Apologie de "Mort à Crédit"*. P., Denoël et Steele, 1936, pp. 25-31. Ext. in *Syndicats*, 16 oct. 1936. Voir aussi E. H.: "Céline et Zola", *Le Temps*, 4 déc. 1933, et Rf 49185. Tr. anglaise: "Homage to Emile Zola", in *The Chicago Review*, II, no 3, 1948, pp. 94-8; rp. in *New Directions in Prose and Poetry*, XIII. New York, New Directions Books, 1951, pp. 60-4. [Discours au pèlerinage de Médan, 1933]

5310   CHABOT, Marcel: "Poème", *BSL*, no 17, pp. 18-20. [Fragment - Cf. 5285]

5311   CHARASSON, Henriette: "Les valeurs humaines. D'Emile Zola à Madame Colette", *L'Ordre*, 1er oct.

5312   CVANCARA, Karel: "Zola u hrvatskom prijevodu. Ciklus Zolinih djela u izdanjima "Biblioteka savremenih pisaca". Prvi svezak *Zemlja*", *Obzor*, LXXIV, no 139, p. 3.   [BUSM] [En serbo-croate: "L'œuvre de Zola en croate; traduction publiée dans la collection "Bibliothèque des Auteurs Contemporains". Vol.1. *La Terre*"]

5313   DANIEL-ROPS: "Les idées et les lettres. Les années 80", *Le Correspondant*, 105e année, CCCXXXI, no 1696, 25 mai, pp. 583-605. [Voir pp. 599-604]

5314 DEVCIC, Josip: "Književnik Zola", *Kultura*, I, n° 2,
pp. 140-9. [BUSM]
[En serbo-croate: "Zola, l'écrivain"]

5315 DUFAY, Pierre: "*Nana* et Blanche d'Antigny", *ICC*, XCVI,
pp. 502-4.

5316 DUMESNIL, René: "La Nymphe de Médan", *NL*, 11 nov.
[Sur Médan]

5317 DURMAN, Milan: "Zola", *Književnik*, VI, n° 1, pp. 1-9.
[En serbo-croate] [BUSM]

5318 FEUILLET, Maurice: "Le procès Zola", *Toute l'Edition*,
28 oct. Ext. in *BSL*, n° 18, 1933, pp. 28-30.

5319 FORGE, Henry de: "Discours au pèlerinage de Médan (2
octobre 1932)", *BSL*, n° 17, pp. 8-10. Voir aussi la
Chronique de la Société des Gens de Lettres, LXVII,
sept.-nov. 1932.
[Z. et le cinéma]

5320 GLACHANT, Victor [et Marcel BATILLIAT]: "Bibliothèque
populaire", *Les Nouvelles de Versailles*, 18 avril.
[Conférence]

5321 HERGESIC, Ivo: "Zola i naše doba", *Teater*, VI, n° 1,
pp. 3-8. [BUSM]
[En serbo-croate: "Zola et notre temps"]

5322 ---: "Zola i naturalistička drama. Uoči premijere
Tereze Raquin u Nar. kazalištu", *Obzor*, LXXIV, n°
4, p. 2. [BUSM]
[En serbo-croate: "Zola et le drame naturaliste. La
veille de la première de *Thérèse Raquin* au Théâtre
National à Zagreb"]

5323 HERZOG, Wilhelm: "Discours au pèlerinage de Médan (2
octobre 1932)", *BSL*, n° 17, p. 17.
[Hommage]

5324 HILD, Joseph [Me]: "Discours", *ibid.*, n° 18, pp. 14-17.
Rp. in *La France judiciaire*, 15 oct. et 15 nov. 1933.
[Z., Labori et l'Affaire Dreyfus - lettres]

5325 KNEZEVIC, Radoje L.: "Emil Zola: *Nana*. Prev. s fran-
cuskog I. Dimitrijević i M. Sare", *Glasnik Jugo-
slovenskog Profesorskog Društva*, XIV, n° 2, 1933-
1934, pp. 177-8. [BUSM]
[En serbo-croate]

5326 LANGEVIN, Paul: "Discours au pèlerinage de Médan (2
octobre 1932)", *BSL*, n° 17, pp. 1-8. Ext. in *La
République*, 3 oct.

[Hommage - la science dans l'œuvre de Z.]

5327   MESARIC, Kalman: "Zola na zagrebačkoj pozornici. *Thérèse Raquin*", *Narodne Novine*, XCIX, n° 2, p. 2.   [BUSM]
        [En serbo-croate: "Zola au théâtre à Zagreb. *Thérèse Raquin*"]

5328   NEDIC, Ljubomir: "Zola", *Hrvatska Revija*, VI, n° 4, pp. 201-20.   [BUSM]
        [En serbo-croate]

5329   PARAF, Pierre: "Emile Zola, l'homme de vérité", *La République*, 1er oct.

5330   SKOK, Petar: "Dve generacije hrvatskih frankofila. Prilikom 30-godišnjice Zoline smrti", *Pravda*, 6-9 janv.   [BUSM]
        [En serbo-croate: "Deux générations de francophiles croates. A l'occasion du 30e anniversaire de la mort de Zola"]

5331   VAUTEL, Clément: "Mon film", *Le Journal*, 3 oct.
        [Z. et la science]

5332   VAUZAT, Guy: "Nana et Blanche d'Antigny", *La Grande Revue*, CXL, janv., pp. 443-56. Ext. in *BSL*, n° 18, 1933, p. 36. Voir aussi *Le Figaro*, 22 juill.: article de Camille Cé.

5333   [VIGNAUD, Jean]: "Discours de M. Jean Vignaud", *BSL*, n° 18, pp. 4-10.
        [A Médan, 1933]

5334   VILLEROY, Auguste: "Le bienfaisant romantisme", *Comoedia*, 3 août.
        [Z. romantique - Z. et Wagner]

5335   ZEVAES, Alexandre: "Discours au pèlerinage de Médan (2 octobre 1932)", *BSL*, n° 17, pp. 10-16.
        [La société française dans *Les Rougon-Macquart*]

5336   ANONYME: "Anna Sten's *Nana*", *NYT*, 3 sept., section 9, p. 3.
        [Film américain - Cf. 5337]

5337   ---: "Un comble. Les cinéastes américains présentent en France une *Nana* qui n'est pas d'Emile Zola", *L'Ordre*, 27 avril.
        [Protestations de la famille de Z.]

5338   ---: "Conférences sur Emile Zola", *BSL*, n° 17, pp. 27-8.
        [Voir aussi Rf 49185 sur le pèlerinage de Médan]

5339   ANONYME: "Un hommage de la franc-maçonnerie française
       à Emile Zola", *ibid.*, pp. 26-7.

5340   ---: "Il y a cinquante ans", *ibid.*, pp. 22-3.
       [*Pot-Bouille*]

5341   ---: *"Lazare", ibid.*, pp. 21-2.

5342   ---: "Momentul tragic în viaţa lui Zola şi a lui Tol-
       stoi", *Adevărul literar şi artistic* (Bucarest), XII,
       n° 682, 31 déc., p. 2.   [BU Iasi]
       [En roumain: "Moments tragiques dans la vie de Zola
       et de Tolstoï"]

5343   ---: *"Tereza Raquinova.* Pred premijeru 5.0.m. u spomen
       30-godišnjice smrti Emila Zole", *Teater*, VI, n° 1,
       pp. 9-12.   [BUSM]
       [En serbo-croate: *"Thérèse Raquin.* A l'occasion du
       30e anniversaire de la mort de Zola"]

1934

5344   ALAIN [Emile CHARTIER]: [Propos du 28 juill. 1923],
       in *Propos de littérature.* P., Hartmann, pp. 154-6.
       Rp. in *Propos II. Texte établi, présenté et annoté
       par Samuel S. Sacy.* P., Gallimard (Bibliothèque de
       la Pléiade), 1970, pp. 568-9 [n° 369].

5345   BIERHOFF, Erich: *Das Verhältnis zwischen "hérédité",
       "milieu" und "moment" in Zolas Romanen.* Münster,
       Romanisches Seminar/P., Droz. 65p. *Arbeiten zur
       Romanischen Philologie,* XI.
       [Thèse, Münster, 1934]

5346   EJHENGOL'C, M., M.K. KLEMAN, et al.: articles in *Emil'
       Zolja. Sbornik statej [Recueil d'articles].* Lenin-
       grad, GIHL. 304p.
       [En russe - Sur *Germinal,* l'esthétique de Z., son
       succès en Russie, sa collaboration au *Messager de
       l'Europe,* Z. et Barbusse, etc.]

5347   FRASER, Elizabeth M.: *Le Renouveau religieux d'après
       le roman français de 1886 à 1914.* P., Les Belles
       Lettres. viii,218p.
       [Voir surtout pp. 180-2]

5348   IORGA, N.: "După războiul şi criza bolilor literare",
       in *Istoria Literaturii romanesti contemporane,* II.
       Bucarest, Editura Adevărul, pp. 295-315.   [BU Iasi]

5349   KNEER, Georg: *Das Familienproblem in Emile Zola's
       "Rougon-Macquart". Inaugural-Dissertation zur*

Erlangung der Doktorwürde einer Hohen Philosophischen
Fakultät der Universität Würzburg. Wertheim, Bechstein.
76p. (*Beiträge zur Kultur der Romania*, XII)
[Thèse, Wurtzbourg, 1934]

5350   NIEMANN, Ludwig: *Soziologie des naturalistischen Romans*,
in *Germanische Studien* (Berlin), CXLVIII. 116p.

5351   STIELER, Elisabeth: *Zolas Stellung zu Religion und*
Kirche. Münster, Romanisches Seminar/P., Droz. vii,32p.
Arbeiten zur romanischen Philologie, 21.   [WH]
[Thèse, Münster, 1934]

Sur "Nana", film américain [*Cf. 5308, 5336-7*]:

5352   ANTOINE: "Les premières de l'écran", *Le Journal*, 27
avril.

5353   BEAUME, Georges: "*Nana* aux Etats-Unis", *La France de*
Bordeaux et du Sud-Ouest, 11 juin.
[Dénonciation véhémente]

5354   BERLINE, Serge: "Le passé de *Nana*", *Cinémonde*, 29 mars.

5355   DREYFUS, Camille: "L'affaire *Nana*", *Cyrano*, 4 mai.
                                                    [Rf 49110]

5356   GILSON, Paul: "Les beaux yeux de *Nana*", *Cinémonde*, 29
mars.   [Rf 49110]

5357   HALL, Mordaunt: "The Screen", *NYT*, 2 févr., p. 20.

5358   IDZKOWSKI, Marcel: *"Nana"*, *Le Jour*, 30 avril.

5359   LAURY, Jean: *"Nana"*, *Le Figaro*, 1er mai.

5360   LIAUSU, Jean-Pierre: "Autour de *Nana*. Les héritiers
d'un auteur ont des droits et des devoirs", *Comœdia*,
13 mai.   [LS]
[Réponse à la protestation de la famille de Z. (voir
5337), avec une lettre de Denise Le Blond-Zola]

5361   MONTAGU, Ivor: "Lady of the Boulevards", *The New States-*
man and Nation (Londres), VII, n° 163, 7 avril, pp.
514-5.

5362   PREVOST, Jean: "*Nana* avec Anna Sten", *Marianne*, 2 mai.
                                                    [Rf 49110]

5363   PUYRAUD, Jean: "Documents autour de *Nana*", *Comœdia*,
11 mai.
[L'avis des producteurs, une mise au point des
Artistes Associés et une plainte des héritiers de Z.]

5364   REBOUX, Paul: *"Nana"*, *Paris-Midi*, 2 mai.

5365   TROY, William: *"Nana:* Hollywood Model", *The Nation,*
       CXXXVIII, n° 3581, 21 févr., pp. 228-9.

5366   VALMONT, Jean: *"Nana.* Zola vu par l'Amérique", *Comœdia,*
       5 mai.

5367   ANONYME: *"Nana* Incenses Zolas", *NYT,* 11 mai, p. 25.
       [Cf. 5337]

5368   ---: "Nothing Is in a Name", *NYT,* 12 mai, p. 14.

5369   ---: "Le scandale de *Nana* au cinéma", *BSL,* supplément
       spécial, mai, pp. 1-4.

                              *

5370   AURIANT: "Le modèle de la "Nana" de Manet", *MF,* CCL,
       n° 858, 15 mars, pp. 668-9.
       [*L'Assommoir*]

5371   ---: "Notes et documents littéraires. Quelques sources
       ignorées de *Nana", ibid.,* CCLII, 15 mai, pp. 180-8.

5372   ---: "Les sources de *Nana", ibid.,* CCLIII, 15 juill.,
       pp. 444-6.

5373   AURIANT (éd.): "Fragments inédits sur l'art et la
       littérature par Henry Céard", *Visages du Monde,* n°
       17, 15 juill.-15 août, pp. 147-9.
       [Ext. des lettres de Céard à Z.]

5374   AURIANT: "Petite suite naturaliste", *ibid.,* pp. 156-60.
       [La poésie et le théâtre de Z. - Z. et la peinture -
       Nana]

5375   ---: "Une autre source ignorée de *Nana", MF,* CCLIV,
       n° 868, 15 août, pp. 223-4.

5376   BONNARD, Louis: "Emile Zola", *Les Hommes du Jour,* 30
       sept.   [MLB]

5377   BORKO, Božidar: "Zolajev *Germinal* v slovenskem prevodu",
       Jutra (Ljubljana), XV, n° 54, pp. 3-4.   [RV]
       [En slovène - c.r. de la tr. slovène de *Germinal*]

5378   [CHAMSON, André]: "Discours de M. André Chamson", *BSL,*
       n° 19, pp. 15-18. Rp. in *Si la Parole a quelque*
       pouvoir. Genève, Mont-Blanc, 1948, pp. 52-61.
       [A Médan, 1934]

5379   CHARPENTIER, Armand: "Les dernières heures de Zola",
       L'Œuvre, 30 sept.

5380   CHASSE, Charles: "Une résurrection de l'Affaire Drey-
       fus", *La Dépêche de l'Ouest,* 10 déc.   [MLB]

5381   L. D. [Lucien DESCAVES]: *"Les Soirées de Médan"*, *Le Journal*, 25 janv.
        [A propos de 5290]

*5382   DECKER, Clarence R.: "Zola's Literary Reputation in England", *PMLA*, XLIX, déc., pp. 1140-53.

5383   [DESACHY, Paul]: "Discours de M. Paul Desachy", *BSL*, n° 19, pp. 8-14.
        [A Médan, 1934 - Z. et l'Affaire Dreyfus]

5384   DLUGAC, G.: "Zolja", *Literaturnaja gazeta* (Moscou), n° 156.

5385   DUMONT-WILDEN, Louis: "Aux mânes d'Emile Zola", *La Nation belge* (Bruxelles), 4 oct.   [AML]

5386   DUPLESSY, Lucien: "Quelques sources de Gabriele d'Annunzio", *MF*, CCLVI, n° 874, 15 nov., pp. 50-76.
        [*L'Enfant de volupté* (1889) et *La Faute de l'abbé Mouret*]

5387   FEUILLET, Maurice: "Emile Zola et les écrivains con-temporains", *Toute l'Edition*, XI, n° 244, 6 oct., p. 2.
        [Souvenirs - Médan]

5388   FREVILLE, Jean: *"L'Argent* de Zola", *L'Humanité*, 10 févr.
        [Z. n'a guère compris le marxisme, mais il a eu le mérite d'introduire dans la littérature le monde de la Bourse]

5389   HENRIOT, Emile: "Courrier littéraire. En relisant *les Soirées de Médan"*, *Le Temps*, 30 janv. Rp. in *Courrier littéraire, XIXe siècle. Réalistes et naturalistes.* P., Albin Michel, 1954, pp. 283-9.

5390   JL.: "Emile Zola, *Germinal*, socialni roman, prev. Alf. Gspan", *Svoboda* (Ljubljana), VI, n° 4, p. 108.   [RV]
        [Cf. 5377]

5391   KLEMAN, M.: "O *Zerminale* E. Zolja", *Literaturnaja učeba*, n°s 1-2, pp. 6-21, 8-25.
        [En russe - sur *Germinal*]

5392   KOVACEVIC, Andrija: "Seljak i zemlja. Nekoliko prim-jedbi povodom Zolinog romana *Zemlja"*, *15 Dana*, IV, n° 9, pp. 135-7; n°s 10-11, pp. 150-6; n°s 12-13, pp. 179-85; n°s 14-15, pp. 234-7.   [BUSM]
        [En serbo-croate: "Le paysan et la terre. Observa-tions sur *La Terre* de Zola"]

5393　LE BLOND, Maurice: "Le naturalisme au cinéma", *Visages du Monde*, n° 17, 15 juill.-15 août, pp. 154-5.

5394　LOKS, K.: "Zolja", *Literaturnaja gazeta* (Moscou), n° 121.

5395　LYNN, Jacques: "Les débuts d'Emile Zola", *L'Ordre*, 1er oct.
[Z. et Albert Lacroix - *Contes à Ninon*]

5396　MAZEL, Henri: "Une source de *Nana*", *MF*, CCLII, n° 865, 1er juill., p. 223.
[*Venise sauvée* d'Otway]

5397　MONTFORT, Eugène: "Bilan du naturalisme", *Visages du Monde*, n° 17, 15 juill.-15 août, pp. 152-3.

5398　NIKOLAJEVIC, Dušan S.: "Psihologija novca", *Pravda*, 17 janv.　　　　　　　　　　　　　　　　　　　　　　　　[BUSM]
[En serbo-croate: "La psychologie de l'argent"]

5399　PARAF, Pierre: "En relisant Emile Zola", *La République*, 30 sept.
[A propos de *Lazare*]

5400　PREGELJ, Ivan: "Emile Zola: *Germinal*. Roman. Poslovenil Alfonz Gspan", *Dom in svet* (Ljubljana), XLVII, n°s 8-10, p. 540.　　　　　　　　　　　　　　　　　　　　　[RV]
[En slovène - c.r. de la tr. slovène de *Germinal* - Cf. 5390]

5401　PUSKAS, Ante: "Emil Zola: *Zemlja*", *Hrvatska Smotra*, II, n° 3, pp. 127-8.　　　　　　　　　　　　　　　　　　[BUSM]
[En serbo-croate - sur *La Terre*]

5402　REIZOV, B.: "Utopičeskie romany Zolja", *Literaturnaja učeba*, n° 3, pp. 33-53.
[En russe: "Les romans utopiques de Zola"]

5403　[RIOTOR, Léon]: "Discours de M. Léon Riotor", *BSL*, n° 19, pp. 3-7.
[A Médan, 1934]

5404　STURM, Fran: "Emile Zola - Alfons Gspan: *Germinal*", *Ljubljanski zvon*, LIV, n° 6, pp. 351-7; n°s 7-8, pp. 462-5.　　　　　　　　　　　　　　　　　　　　　　　　[RV]
[Cf. 5400]

5405　TALLET, Gabriel: "Emile Zola peint par lui-même", *La France de Bordeaux et du Sud-Ouest*, 5 oct.
[Dans sa correspondance]

5406　ZEVAES, Alexandre: "L'Affaire Dreyfus", *Germinal*, 20 janv.　　　　　　　　　　　　　　　　　　　　　　　　[MLB]

5407　---: *"Les Soirées de Médan"*, *Germinal*, 20 janv.　　[MLB]

5408 ZEVAES, Alexandre: "A propos de *la Confession de Claude*. Emile Zola et le parquet impérial", *NL*, n° 594, 3 mars, p. 1.

*5409 ---: "La politique et le romancier", *Agence technique de la Presse*, IX, n° 1859, 15 déc., [p. 2].
[Z., Scheurer-Kestner et l'Affaire Dreyfus]

5410 ANONYME: "Clanak Emila Zole, kome je pokojni Klemanso dao naslov: *Optužujem* uzdrmao je temelje Francuske, za vreme Drajfusove afere", *Jugoslovenski Dnevnik*, VI, pp. 53-8.   [BUSM]
[En serbo-croate - sur "J'accuse"]

5411 ---: "Emile Zola en 1884", *BSL*, n° 19, p. 22.
[A propos de *La Joie de vivre*]

5412 ---: "Et ailleurs", *NL*, 8 sept., p. 4.
[Z. et Goncourt]

5413 ---: "Femeia care a servit de model pentru *Nana* lui Zola", *Adevărul literar şi artistic*, XIII, n° 683, 7 janv., p. 5.   [BU Iasi]
[En roumain - à propos de 5332]

5414 ---: "Mistica lui Zola", *ibid.*, n° 711, 22 juill., p. 10.
[En roumain - sur le mysticisme de Z.]   [BU Iasi]

[Voir aussi 5427]

1935

5415 AURIANT: *Les Lionnes du Second Empire*. P., Gallimard. 253p.

5416 BERGER, Ida: *La Description du prolétariat dans le roman naturaliste allemand*. P., Imprimerie Centrale. 119p.
[Thèse]

5417 BLUM, Léon: *Souvenirs sur l'Affaire*. P., Gallimard. 181p.
[Voir surtout pp. 87-8, 129-42 - Cf. *BSL*, n° 21, 1935, pp. 28-9]

5418 CHŁEDOWSKI, Kazimierz: "Wiktor Hugo i Emil Zola", in *Z Przeszłości Naszej i Obcej*. Lvov, pp. 518-28.
[En polonais]   [BU Varsovie]

5419 EDEL, Roger: *Vicente Blasco Ibáñez in seinem Verhältnis zu einigen neueren französischen Romanschriftstellern (Emile Zola, Gustave Flaubert, J.-K. Huysmans, J. & E. de Goncourt, Georges Rodenbach). Inaugural-Disser-*

tation zur Erlangung der Doktorwürde der Philosophischen und Naturwissenschaftlichen Fakultät der Vestfälischen Wilhelms-Universität zu Münster. Münster, Gütersloh-Thiele. iii,121,viiip.

5420 KLEMAN, M.K. (éd.): *Literaturnye manifesty francuzskih realistov.* Ed. et intr. par M.K. Kleman. Leningrad, Izd. pisatelj v Leningrade. 205p. [KDM]
[En russe - *Manifestes littéraires des réalistes français*]

5421 KRUMBHOLZ, Karl Wilhelm: *Emile Zolas Roman "L'Œuvre" als Wortkunstwerk.* Münster, Bochum-Langendreer, Pöppinghaus. ix,65p. *Arbeiten zur romanischen Philologie,* 31. [WH]
[Thèse, Münster, 1935]

5422 MACK, Gerstle: *Paul Cézanne.* Londres, Cape/New York, Knopf. xiv,437,xxiv [index]p. Voir aussi: *La Vie de Paul Cézanne.* Tr. Nancy Bouwens. P., Gallimard, 1938. 362p.

5423 ROMAINS, Jules: *Zola et son exemple. Discours de Médan.* P., Flammarion, [1935]. 29p. Rp. in *BSL,* n° 21, 1935, pp. 3-12; in *Saints de notre calendrier.* P., Flammarion, 1952, pp. 113-29. Ext. in *Amitiés et rencontres.* P., Flammarion, 1970, pp. 14-16.

*5424 SAVKOVITCH, Miloch: *Bibliographie des réalistes français dans la littérature serbocroate.* P., Jouve. 139p.
[Thèse - Voir pp. 23-6 sur les tr. des œuvres de Z.]

*5425 ---: *L'Influence du réalisme français dans le roman serbo-croate.* P., Champion. 491p.
["Zola. *Nana* et la question de la moralité en littérature", pp. 149-69; "Zola. *Le Roman expérimental* et le problème de l'art nouveau", pp. 187-200]

5426 SCHWESINGER, Margret: *Die Literarischen und Buchhändlerischen Erfolge des naturalistischen Romans des 19. Jahrhunderts im französischen Publikum.* Munich, Miltenberg. 63p. [BU Iasi]

5427 STOCK, P.-V.: "Louis Desprez", in *Mémorandum d'un éditeur.* [I]. P., Stock, pp. 229-94.

A l'occasion du cinquantenaire de "Germinal":

5428 [BARD, René]: "Discours de M. René Bard", *BSL,* n° 20, pp. 26-8.
[A la fête populaire au Trocadéro organisée par la Confédération Générale du Travail]

5429 BEAUME, Georges: "Nouvelles notes sur *Germinal*",
      L'Opinion, XXVIII, n° 7, 1er avril, pp. 17-18.

5430 BOCQUET, Léon: "La naissance de *Germinal*", *La Griffe*,
      XVI, n° 14, 7 avril, p. 3.

5431 ERNEST-CHARLES, J.: "Autour de *Germinal*", *L'Opinion*,
      XXVIII, n° 6, 15 mars, pp. 5-6.

5432 FERDY, Camille: "L'épopée", *Le Petit Provençal*, 10 mars.

5433 HARDY, Jacques: "Une réédition de *Germinal*", *L'Œuvre*,
      10 avril.
      [Chez Flammarion en 3 vol.]

5434 HERARD, Lucien: "Sur la grève de *Germinal*", *Le Popu-
      laire*, 12 mars.
      [Voir aussi 5442]

5435 HOSCHILLER, A.: *"Germinal"*, *L'Etudiant d'Avant-garde*,
      II, n° 7, avril, p. 3.

5436 [JOUHAUX, Léon]: "Discours de M. Léon Jouhaux", *BSL*,
      n° 20, pp. 25-6.
      [Cf. 5428]

5437 KREFT, Bratko: "Literarne beležke (Ob petdesetletnici
      Germinala)", *Književnost* (Ljubljana), III, n°s 5-6,
      pp. 179-84.   [RV]
      [En slovène]

5438 LE BLOND, Maurice: "Comment fut écrit *Germinal*", *Le
      Peuple*, 3 avril.

5439 MARTIN, Max: "Les livres. Emile Zola - *Germinal*, roman,
      un volume, chez Fasquelle", *La France de Bordeaux et
      du Sud-Ouest*, 3 avril.
      [Actualité du roman]

5440 [PIERARD, Louis]: "Discours de M. Louis Piérard", *BSL*,
      n° 20, pp. 28-30.
      [Cf. 5428]

5441 PIERRE, André: "Le Souvarine de *Germinal*", *NL*, XIII,
      13 avril, p. 1.
      [Cf. 5452]

5442 ROGIN, Roger: "La querelle de *Germinal*", *Le Populaire*,
      19 mars.
      [A propos de 5434]

5443 TOMASI, Jean: "Emile Zola et le socialisme. Le cin-
      quantenaire de *Germinal*", *L'Ordre*, 10 avril.
      [Interview avec A. Zévaès]

5444   LES TREIZE: "Les lettres", *L'Intransigeant*, 11 mars.

5445   VAILLANT, G.: "Hommage populaire à Zola", *Le Peuple*,
        10 avril.
        [Manifestation populaire]

5446   ZEVAES, Alexandre: "Le cinquantenaire de *Germinal*",
        NR, 4e série, CXXXVI, n° 542, 1er mars, pp. 3-21.
        [Cf. 5448]

5447   ---: "Libres propos. *Germinal*", *La Concorde*, V, n°
        641, 4 mars, pp. 1-2.
        [Cf. 5448]

5448   ---: "La conférence d'Alexandre Zévaès", *BSL*, n° 20,
        pp. 4-18. Résumé détaillé in *Reportages des Grandes
        Conférences de Paris*, I, n° 11, 16 mars, pp. 7-13.
        [A la soirée littéraire de la Sorbonne, 6 mars 1935]

5449   ANONYME: "Une émouvante cérémonie au Trocadéro", *Le
        Peuple*, 11 avril.
        [c.r., avec des ext. des discours]

5450   ---: *"Germinal"*, *L'Ordre*, 2 avril.
        [A propos d'une manifestation organisée par la
        Fédération des Amicales laïques de Denain - con-
        férence d'A. Zévaès]

5451   ---: "La Manifestation de Denain", *BSL*, n° 20, pp.
        19-22.
        [Cf. 5450]

5452   ---: "Le Souvarine de *Germinal*", *ibid.*, p. 35.
        [Cf. 5441]

                                    *

5453   AURIANT: *"Venise sauvée* ou les débiteurs découverts",
        MF, CCLVIII, n° 881, 1er mars, pp. 297-308.
        [Source d'une scène de *Nana* dans la pièce d'Otway -
        Cf. 5396]

5454   BOURGET-PAILLERON, Robert: "Les idées de Zola", *La
        Presse*, 10 mars.

5455   BRAIBANT, Charles: "Anatole France et Zola", *NL*, 23
        nov. Rp. in *Du Boulangisme au Panama. Le Secret
        d'Anatole France*. P., Denoël et Steele, 1935, pp.
        285-302.
        [A. France critique de Z. - lettre de Z. à propos
        de 1532-3]

5456   [BRULAT, Paul]: "Discours de M. Paul Brulat", *BSL*, n°

21, pp. 12-17.
[Au pèlerinage de Médan]

5457 DARDENNE, Roger: "A la Bibliothèque Nationale. Zola et
les peintres de son temps", *France Illustration*, IX,
nº 378, 10 janv., pp. 60-1.
[Exposition]

5458 FRYDE, L.: "Orzeszkowa wobec prądów epoki", *Pion*, nº 24.
[En polonais - Sur l'influence de Z. sur Orzeszkowa]
[BU Głowna, Poznań]

5459 GOHIER, Urbain: "Qui a écrit *J'accuse?* Emile Zola,
François Coppée, Bernard Lazare?", *L'Ordre*, 21 janv.

5460 GRUAU, Georges: "Zola et Musset", *La Nouvelle Revue
critique*, IX, déc., pp. 529-39. Voir aussi *La République*, 9 déc.
[Influence de Musset et du romantisme sur Z.]

5461 A. D'H.: "Quelques instants avec Bernard Zimmer", *Le
Figaro*, 22 déc., p. 7.   [LS]
[A propos de *L'Argent* au cinéma]

5462 [HEROLD, A.-Ferdinand]: "Discours de M. A.-Ferdinand
Hérold", *BSL*, nº 21, pp. 17-21.
[Au pèlerinage de Médan - Z. et l'Affaire Dreyfus]

5463 KAHN, Gustave: "Zola, critique d'art", *Le Quotidien*,
11 oct.

5464 LEVY, Yves: "Les débuts d'Emile Zola: deux opinions
autorisées sur Zola", *Les Hommes du Jour*, 14 mars.
[MLB]

5465 LOIZE, Jean: "Emile Zola photographe", *Arts et Métiers
graphiques* (Paris), 15 févr.

5466 PARAF, Pierre: "Emile Zola et la jeunesse", *La République*, 29 sept.
[A propos de la "Lettre à la jeunesse" de déc. 1897,
rp. in *La Vérité en marche*]

5467 RICHARD, Elie: "A propos du cinquantenaire du symbolisme. La place de Zola", *Vendémiaire*, 20 déc.

5468 RICHARD, Marius, et Jean ROUBIER: "Sur les pas d'Emile
Zola", *Toute l'Edition*, XIII, nº 294, 19 oct., pp.
5, 7.

5469 RICHARD-BLOCH, Jean: "Zola, France, Barbusse", *BSL*,
nº 21, pp. 29-30.

5470 RIENTAL, Jean: "Zola et *Les Rougon-Macquart*", *MF*,
CCLVIII, nº 882, 15 mars, pp. 495-508.

5471   THIBAUDET, Albert: "Réflexions sur Zola", *NRF*, XLV,
        déc., pp. 906-12. Rp. in *Réflexions sur la litté-*
        rature, II. P., Gallimard, 1940, pp. 295-300.
        [Sur le "naturalisme épique" des *Rougon-Macquart*,
        mais "il semble cependant que ce roman du Second
        Empire ait été un peu à la *Comédie Humaine* ce que
        la monarchie du neveu fut à l'Empire de l'Oncle"]

4272   VILLEROY, Auguste: "Sur le classicisme de Zola",
        Comœdia, 1ᵉʳ oct.

5473   ANONYME: "Il y a cinquante ans: Emile Zola en 1885",
        BSL, nº 21, pp. 26-7.

5474   ---: "Une lettre d'Henry Céard à J.-K. Huysmans",
        Bulletin de la Société J.-K. Huysmans, nº 13, déc.,
        pp. 191-3.
        [Sur Z. - lettre du 17 mars 1903]

5475   ---: "Lettres inédites de Zola et de Tourguenieff à
        Jules Vallès (de 1876 à 1878)", *Lu dans la Presse*
        universelle, V, nº 13, 29 mars, p. 13. Voir aussi
        BSL, nº 20, 1935, pp. 32-4.

5476   ---: "Une représentation faubourienne des *Héritiers*
        Rabourdin", *BSL*, nº 21, p. 30.

                                1936

5477   BOTEZ, Octav: *Naturalismul în opera lui Delavrancea*.
        Bucarest. 15p.   [BU Iasi]
        [En roumain]

5478   BUCK Jr., Philo M.: "The Naturalist's Creed - Zola",
        in *The World's Great Age. The Story of a Century's*
        Search for a Philosophy of Life. New York, Macmillan,
        pp. 282-305.

5479   DREYFUS, capitaine Alfred: *Souvenirs et correspondance*
        publiés par son fils. P., Grasset. 449p.
        [Voir pp. 237-8: lettre du 6 juill. 1899]

5480   DUMESNIL, René: *Le Réalisme*. P., De Gigord. 649p.
        (Série: *Histoire de la Littérature française publiée*
        sous la direction de J. Calvet, IX). Réédition sous
        le titre *Le Réalisme et le naturalisme*. P., Del Duca/
        De Gigord, [1955]. 452p.
        [Voir surtout "Emile Zola", pp. 391-416 (pp. 321-40
        dans l'éd. de 1955)]

5481   [MARX, Karl et] Friedrich ENGELS: *Sur la Littérature*
        et l'art. Ed. Jean Fréville. P., Editions Sociales

Internationales. 204p. Tr. anglaise: *Literature and Art. Selections from Their Writings*. Bombay, Current Book House, 1956. Voir aussi *Ob iskusstve*. Moscou, 1967.
[Voir p. 148: remarque célèbre sur Z. dans sa lettre à Miss Harkness d'avril 1888 (pp. 35-8 dans l'éd. anglaise): "Balzac, que j'estime être un maître du réalisme infiniment plus grand que tous les Zolas, *passés, présents et à venir* ..."]

5482 REVEL, Bruno: *L'Affaire Dreyfus. (1894-1906)*. Milan, Mondadori. 391p. Nouvelle éd.: *I Libri Verdi*, nᵒ 33, 1967.
[Voir surtout pp. 187-205: "I testimoni di Emile Zola"]

*5483 REWALD, John: *Cézanne et Zola*. P., Sedrowski. xiii, 202p. Rp. et enrichi: *Cézanne, sa vie, son œuvre, son amitié pour Zola*. P., Albin Michel, 1939. 460p. Tr. anglaise: *Paul Cézanne: A Biography*. New York, Simon-Schuster, 1948. 231p.; voir aussi: *The Ordeal of Paul Cézanne*. Londres, Phœnix House, 1950. xvi, 192p.; *Paul Cézanne*. Londres, Spring Books, 1965. xvi,205p.

5484 THIBAUDET, Albert: "Document humain et mouvement naturaliste", in *Histoire de la littérature française de 1789 à nos jours*. P., Stock, pp. 368-79.

5485 VENTURI, Lionello: *Cézanne. Son Art - son œuvre. I. Texte*. P., Rosenberg. 407p.

Sur "L'Argent", film de Pierre Billon:

5486 ANTOINE: "*L'Argent* au Marignan", *Le Journal*, 30 mai.

5487 AST, Raoul d': "*L'Argent*", *La Liberté*, 30 mai.

5488 BATEAU, Georges: "Le cinéma à la Bourse", *Paris-Soir*, 23 mars.

5489 ---: "*L'Argent*", *Paris-Midi*, 29 mai.

5490 J. C.: "*L'Argent*", *Paris-Soir*, 29 mai.

5491 CHAVANCE, Louis: "Cinéma: *L'Argent* d'après Zola", *Toute l'Edition*, XIV, nᵒ 327, 6 juin, p. 8.

5492 L. D.: "*L'Argent*", *Le Quotidien*, 29 mai.

5493 WAHL, Lucien: "*L'Argent*", *L'Œuvre*, 30 mai.

5494 ANONYME: "*L'Argent*", *Le Matin*, 29 mai.

*

5495   AMBRIERE, Francis: "Il y a 50 ans paraissait *L'Œuvre* d'Emile Zola", *Toute l'Edition*, XIV, n° 321, 25 avril, p. 2.

5496   AUDE, E.: "Emile Zola à Aix", *Le Mémorial d'Aix*, 9 août.

5497   BARATZ, Léon: "Emile Zola et les Juifs", *La Revue juive de Genève*, V (1), n° 41, oct., pp. 90-2. Voir aussi *BSL*, n° 22, 1936, p. 26.
    [Cf. 5041]

5498   BLUM, Léon: *"J'accuse:* un chef-d'œuvre", *Le Populaire*, 11 oct.

5499   ---: "Les Nouvelles Conversations de Goethe avec Eckermann", *BSL*, n° 22, pp. 26-7.
    [Cf. 6442]

5500   BOURDET, Maurice: "Flaubert et Zola", *Le Petit Parisien*, 13 oct.

5501   BROWN, Donald F.: "Pardo Bazán and Zola: Refutation of Some Critics", *RR*, XXVII, pp. 273-8.

5502   BUISSON, Suzanne: "Les femmes dans Zola", *La Tribune des Femmes socialistes*, I, n° 11, déc., [p. 2].

5503   CARCO, Francis: *"L'Assommoir"*, *Le Journal*, 11 oct.
    [Cf. 5538]

5504   CASSOU, Jean: "Zola et la liberté", *Le Populaire*, 11 oct.

5505   CONDROYER, E.: *"Le Ventre de Paris"*, *Le Journal*, 11 oct.
    [Cf. 5538]

5506   COURRIERE, Emile: "Hommage à Zola", *Syndicats*, 16 oct.

5507   DAUDET, Léon: "Zola penseur nul et médiocre écrivain", *L'Action française*, 20 avril.   [Rf 49185]

5508   ---: "L'œuvre et la personne de Zola", *L'Action française*, 13 oct. Voir aussi "Léon Daudet contre Zola", *La Volonté*, 23 oct.
    [Z. et l'Affaire Dreyfus]

5509   DEFFOUX, Léon (éd.): "Une lettre inédite d'Octave Mirbeau à Emile Zola", *MF*, CCLXVII, n° 908, 15 avril, pp. 446-7. Cf. "A propos du cinquantenaire de *L'Œuvre:* une lettre inédite d'Octave Mirbeau", *BSL*, n° 22, 1936, p. 24.

5510   DESCAVES, Lucien: "Le Maître de Médan", *Le Journal*, 11 oct.

5511   ---: "Quels sont aujourd'hui les vrais descendants de

Zola?", *NL*, 17 oct.
[Céline et Maxence Van der Meersch]

5512 DUMESNIL, René: "A Médan. L'œuvre et la vie de Zola", *Comœdia*, 12 oct. Rp. in *BSL*, n° 22, 1936, pp. 10-12.
[Discours]

5513 DUSSANE: *"Nana - 1936"*, *Le Journal*, 11 oct.
[Cf. 5538]

5514 FERDY, Camille: "Le vrai Zola", *Le Petit Provençal*, 27 déc.

5515 GRIMOD, Jean: "Emile Zola poète", *Le Petit Journal*, 11 oct.
[Cf. 5257]

5516 GRUAU, Georges: "A propos de *La Terre* de Zola", *MF*, CCLXXI, n° 921, 1er nov., pp. 640-8.
[Sources - Cf. 5535]

5517 HENRIOT, Emile: "Courrier littéraire. Zola critique et théoricien", *Le Temps*, 13 oct. Rp. in *Courrier littéraire, XIXe siècle. Réalistes et naturalistes*. P., Albin Michel, 1954, pp. 290-6.
[Et sur Z. et Renan]

5518 A. J.: "L'initiation de Zola à la photographie", *La Presse* (Valenciennes), XVI, n° 50, 13 déc., [p. 1].
[Par le poète Victor Billaud]

5519 JEAN QUI LIT: "Zola et Pailleron", *L'Ordre*, 9 janv.
[Z. et l'Académie]

5520 JENSEN, Hans Cornelius: "Naturalismen hos Zola", *Edda* (Oslo), XXXVI, n° 3, pp. 241-68.

5521 LATZARUS, L.: *"Au Bonheur des Dames"*, *Le Journal*, 11 oct.
[Cf. 5538]

5522 LE BLOND, Maurice: "Les personnages juifs dans l'œuvre d'Emile Zola", *La Revue juive de Genève*, IV, n° 37, avril, pp. 305-14.
[Surtout dans *L'Argent* et dans *Vérité*]

5523 LE BLOND-ZOLA, Denise: "Zola et le pain", *Le Populaire*, 11 oct.
[Z. et les travailleurs: *Germinal* et *Travail*]

5524 MERING, F.: "E. Zolja", *Literaturno-kritičeskie stat'i* (Moscou).

5525 M. P. (éd.): "Une lettre inédite de Jean Jaurès à Emile

Zola", *Le Populaire*, 11 oct.   [Rf 49185]
[Du 16 mai 1901 - à propos de *Travail* - Cf. 3458]

5526   P. P. [Pierre PARAF]: "En relisant *La Fortune des Rougon*", *La République*, 13 déc.

5527   PARAF, Pierre: "Emile Zola vivant", *La République*, 11 oct.
[L'influence durable de l'œuvre de Z.]

5528   PIOCH, Georges: "Zola et la paix", *Le Populaire*, 11 oct.

5529   POULAILLE, Henri: "Zola et les ouvriers", *Le Populaire*, 11 oct.

5530   TOMICIC, Stjepan: "Zola", *Hrvatska Prosvjeta*, XXIII, no 8, pp. 2-4.   [BUSM]
[En serbo-croate]

5531   TREICH, Léon: "Deux lettres de Mallarmé et de Zola", *L'Ordre*, 15 déc. Voir aussi *ibid.*, 20 déc.: lettre de Denise Le Blond-Zola.
[A propos du journal *La Comédie humaine*]

5532   VIGNAUD, Jean: "A la Société des Gens de Lettres. Emile Zola: *Nouvelle Campagne*", *Le Petit Parisien*, 13 oct.
[Z. défenseur des droits de l'écrivain]

5533   WEISKE, Fritz: "Zolas Stellung zum Katholizismus nach seinen Romanen *Lourdes, Rome, Paris*", *Germanisch-romanische Monatsschrift* (Heidelberg), XXIV, nos 3-4, mars-avril, pp. 127-44.

5534   [ZAY, Jean]: "Discours prononcé par M. Jean Zay", *BSL*, no 22, pp. 4-9. Ext. in *Syndicats*, 16 oct.
[Au pèlerinage de Médan]

5535   ANONYME: "Le crime des époux Thomas et la mort du Père Fouan", *BSL*, no 22, pp. 15-17.
[A propos de 5516]

5536   ---: "Il y a cinquante ans: Emile Zola en 1886", *ibid.*, no 22, pp. 18-20.

5537   ---: "Insemnări şi polemici: Anatole France şi Emile Zola", *Adevărul literar şi artistic* (Bucarest), XV, no 813, 5 juill., p. 10.   [BU Iasi]
[En roumain]

5538   ---: "Le Paris de Zola! qu'est-il devenu?", *Le Journal*, 11 oct.
[Voir 5503, 5505, 5513 et 5521]

5539   ---: "Pelerinajul la Medan", *Adevărul literar şi artistic*

(Bucarest), n⁰ 831, 8 nov., p. 10.   [BU Iasi]
[En roumain - Sur le pèlerinage de Médan - Voir
aussi Rf 49185]

5540   ANONYME: "La vie et l'oeuvre d'Emile Zola", *Le Popu-
        laire,* 11 oct.

5541   ---: "Volonté et personnalité: Emile Zola", *Le Jardin
        de Paris,* 1ᵉʳ janv.   [MLB]

5542   ---: "Zola et la Légion d'Honneur", *La Volonté,* 2 juin.
        [Z. suspendu de son grade d'officier le 26 juill.
        1898]

1937

*5543   ARRIGHI, Paul: *Le Vérisme dans la prose narrative
        italienne.* P., Boivin. xxiv,599p. (Etudes de Litté-
        rature Etrangère et Comparée).

5544   COLUM, Mary M.: "The Decline", in *From These Roots.*
        New York, Scribner's, pp. 240-59. Nouvelle éd.: New
        York, Columbia University Press, 1944, pp. 240-59.

5545   FRIEDMAN, Lee Marx: *Zola and the Dreyfus Case. His
        Defense of Liberty and Its Enduring Significance.*
        Boston, Beacon Press. 61p. Nouvelle éd.: New York,
        Haskell House, 1966.

5546   LAMM, Martin: "Kiellands Jacob och Zola", in *Fest-
        skrift til Francis Bull på 50 årsdagen.* Oslo,
        Gyldendal Norsk Forlag, pp. 163-71.
        [Influence de Z.]

5547   MULLER, Herbert J.: "Naturalism: Emile Zola", in
        Modern Fiction. A Study of Values. New York-Londres,
        Funk & Wagnall, pp. 159-83. Réimpression: New York-
        Toronto-Londres, McGraw-Hill, [1964].
        [Voir aussi "Naturalism in England", pp. 184-98;
        "Naturalism in America", pp. 199-222]

5548   REWALD, John (éd.): *Paul Cézanne: correspondance
        recueillie, annotée et préfacée par John Rewald.*
        P., Grasset. 319p. Tr. anglaise: Londres, Cassirer,
        1941. 308p.

5549   SCHILDBACH, Werner: *Die Dramatisierung des natura-
        listischen Romans bei Emile Zola. Inaugural-Disser-
        tation zur Erlangung der Doktorwürde der Hohen
        Philosophischen Fakultät der Martin Luther-Universi-
        tät Halle-Wittenberg.* Halle (Saale)-Leipzig, Moltzen.
        177p.

5550 SEVIN, abbé André: *Le Célibat du prêtre dans la poésie et le roman.* P., Enault, [1937]. 19p.
[Ext. des *Cahiers catholiques,* févr. 1937]

5551 VAN GOGH, Vincent: *Brieven van Vincent Van Gogh aan Anthon G.A. Ridder V. Rappard 1881-1885.* Amsterdam, Wereldbibliotheek. 234p. Tr. anglaise: Londres, Constable, 1936. 229p.

5552 ---: *Lettres de Vincent Van Gogh à son frère Théo.* Ed. et tr. Georges Philippart. Notice biographique par Charles Terrasse. P., Grasset. 324p.
[Plusieurs mentions de Z.]

Le cinquantenaire de "La Terre" (et du "Manifeste des Cinq"):

*5553 LE BLOND, Maurice: *La Publication de "La Terre".* P., Malfère. 122p. (Coll. Les Grands Evénements Littéraires).

5554 AURIANT: "Autour du cinquantenaire de *La Terre:* Paul Bonnetain et Emile Zola (lettres inédites)", *MF,* CCLXXVI, n° 936, 15 juin, pp. 662-4.

5555 [BATILLIAT, Marcel]: "Discours de M. Marcel Batilliat", *BSL,* n° 23, pp. 8-10.

5556 BONNET, Henri: "*La Terre,* (1887)", *Le Patriote de Châteaudun,* 27 juin.

5557 [DESCAVES, Lucien]: "Discours de Lucien Descaves", *BSL,* n° 23, pp. 6-8.
[Cf. 5915]

5558 FERDY, Camille: "Le paysan", *Le Petit Provençal,* 7 juill.

5559 ---: "Le manifeste", *Le Petit Provençal,* 26 juill.
[Sur "Le Manifeste des Cinq"]

5560 [FRAPIE, Léon]: "Discours de M. Léon Frapié", *BSL,* n° 23, pp. 16-20.
[Au pèlerinage de Médan, 1937]

5561 HEDIN, Louis: "Deux observateurs de l'évolution agricole au XIXe siècle: Honoré de Balzac et Emile Zola", *RBl,* LXXV, n° 13, 3 juill., pp. 448-52.

5562 LE BLOND-ZOLA, Denise: "Emile Zola", *Le Patriote de Châteaudun,* 27 juin.

5563 LEGRAND-DALLIX, G.: "Où Emile Zola a-t-il écrit *La*

Terre? Cloyes? Châteaudun? Grandcamp?", *L'Ordre,* 29 juin.

5564 LE ROY-WATTIAUX, Robert: "Ceux de la terre... A Romilly-sur-Aigre où, voici 50 ans, Emile Zola écrivit *La Terre*", *L'Avant-Garde,* XVII, n° 712, 19 juin, p. 1.

5565 LOIZE, Jean: "Le bourg de Cloyes d'après Emile Zola", *Le Patriote de Châteaudun,* 27 juin.

5566 ---: "Découverte de Romilly par Emile Zola", *ibid.*

5567 ---: "Emile Zola au "Bon Laboureur" à Châteaudun", *ibid.*

5568 ---: "Emile Zola et la Beauce", *ibid.*

5569 ---: "Le marché de Châteaudun vu par Emile Zola", *ibid.*

5570 MARGUERITTE, Victor: "Emile Zola. Page inédite", *BSL,* n° 23, pp. 3-5.

5571 G. P.: "Un nouveau rythme", *MF,* CCLXXVI, n° 935, 1er juin, p. 447.
      [Le rythme d'une phrase du roman - indignation des critiques - Cf. 1218]

5572 PARAF, Pierre: "Le paysan français à travers *La Terre* de Zola", *La République,* 17 mai.

5573 ---: "Pèlerinage au pays de *La Terre.* Vers une symphonie achevée", *La République,* 20 juin.

5574 RICHARD, Elie: "A propos d'un cinquantenaire. A Romilly-sur-Aigre qui fut le Rognes de *La Terre,* nul ne connaît Zola...", *NL,* 19 juin, pp. 1-2.

5575 SAINT-GEORGES DE BOUHELIER: "Le cinquantenaire de *La Terre.* Emile Zola, le peintre du réel, est mort dans un *fait divers*", *Paris-Soir,* 28 juin.

5576 [VIOLETTE, Maurice]: "Discours de M. Maurice Violette", *BSL,* n° 23, pp. 10-15. Voir aussi Jean LEFRANC: "En marge", *Le Temps,* 29 juin.]

5577 ZEVAES, Alexandre: "Le paysan français, de La Bruyère à Balzac et à Zola", *Commune,* n° 45, mai, pp. 1074-96.

5578 ---: "Le cinquantenaire de *La Terre.* Comment Emile Zola construisit son chef-d'oeuvre", *L'Avant-Garde,* XVII, n° 709, 29 mai, p. 3.

5579 ANONYME: "Autour de *La Terre.* Une chanson de Jules Jouy sur le manifeste des Cinq", *MF,* CCLXXVIII, n° 940, 15 août, pp. 217-8.
      [Ridiculise les Cinq - Voir *La Gazette anecdotique,* 20 août 1887]

5580   ANONYME: "Le cinquantenaire de *La Terre*", *NL*, 3 juill.

5581   ---: "Le cinquantenaire de *La Terre*", *L'Ordre*, 22 avril.

5582   ---: "Le cinquantenaire de *La Terre*, à Cloyes", *Le Patriote de Châteaudun*, 27 juin. Voir aussi *ibid.*, 1er et 4 juill.

Sur "The Life of Emile Zola" (La Vie d'Emile Zola), film américain:

5583   CHURCHILL, Douglas W.: "Hollywood on the Wire", *NYT*, 11 juill., section 10, p. 3.

5584   CLAUSEN, Bernard C.: "A Moment in the Conscience of Man", *The Christian Century* (Chicago), LIV, n⁰ 48, 1er déc., pp. 1484-5.

5585   DUBREUILH, Simone: "Alfred Dreyfus, Anatole France, Paul Cézanne vont être incarnés à l'écran dans *La Vie d'Emile Zola* que les Américains vont tourner prochainement", *Paris-Soir*, 27 mars.

5586   FERGUSON, Otis: "Bring Them Back Alive: *The Life of Emile Zola*", *The New Republic* (New York), XCII, n⁰ 1185, 18 août, pp. 48-9.   [LS]

5587   HUGUETTE EX-MICRO: "Ciné: Pour une guillotine dans la salle", *Le Canard enchaîné*, XXII, n⁰ 1096, 30 juin, p. 4.

5588   LE BLOND-ZOLA, Denise: "Une nouvelle affaire Zola", *Ce Soir*, 8 nov.
[Dénonce le manque de respect de la vérité]

5589   LITTLEFIELD, Walter: "Expert Opinion on Mr. Muni's Zola", *NYT*, 12 sept., section 11, p. 4.

5590   MAUCLAIRE, Jean: "Les films que vous ne verrez pas. *La Vie d'Emile Zola*", *Ce Soir*, 4 nov.
[Interdit par la censure française]

5591   McMANUS, John T.: "M. Debalta, Reporter, Sees Ghosts", *NYT*, 15 août, section 10, p. 4.
[Impressions d'un témoin de l'Affaire]

5592   NUGENT, Frank S.: "The Screen", *NYT*, 12 août, p. 14.

5593   ---: "Contrition and Congratulation", *NYT*, 15 août, section 10, p. 3.

5594   SALEMSON, Harold J.: "Qui jouera à écran le capitaine Dreyfus?", *L'Intransigeant*, 12 mars.

5595   SALEMSON, H.J.: "Un film sur "L'Affaire Dreyfus" a été présenté hier à Hollywood", *L'Intransigeant*, 1er juill.

5596   THIERRY, Gaston: "Cinéma d'été en Amérique", *Paris-Soir*, 2 sept.

5597   VAN DOREN, Mark: "The Novelist as Hero", *The Nation* (New York), CXLV, n° 10, 4 sept., p. 246.

5598   ANONYME: "Critics Name *Zola* Best Film of Year", *NYT*, 31 déc., p. 8.

5599   ---: "Emil Zola na filmu", *Pravda*, 27 nov.   [BUSM] [En serbo-croate: "Emile Zola au cinéma"]

5600   ---: "Il y a Zola et Zola", *Paris-Soir*, 4 nov. [Détail anachronique]

5601   ---: "Movie of the Week. *The Life of Emile Zola:* Warner Bros. Present the Man Who Freed Dreyfus", *Life* (Chicago), 9 août, pp. 30-3.   [LS]

5602   ---: ""La Vie de Zola" au cinéma", *BSL*, n° 23, p. 29.

5603   ---: "Zola", *Katolička Riječ*, III, p. 49.   [BUSM] [En serbo-croate]

5604   ---: "Zola à l'écran", *NL*, 10 avril.

5605   ---: "Zola. Man of Courage", *Scholastic* (Pittsburgh), XXXI, 18 sept., pp. 33-5.

*

5606   A. [AURIANT]: "Balzac et Zola", *La France active*, 18e année, n° 159, janv.-févr., pp. 100-8.

5607   AUROCH, Paul: "Hommage à Zola", *L'Ordre*, 4 oct.

5608   BROWN, Donald F.: "Two Naturalistic Versions of Genesis: Zola and Pardo Bazán", *MLN*, LII, avril, pp. 243-8. [*La Faute de l'abbé Mouret* et *La Madre naturaleza*]

5609   CARRERE, Paul: "La "cabane à lapins"," *NR*, 60e année, CLI, 4e série, n° 605, 15 oct., pp. 306-10. [Sur Médan et *Les Soirées de Médan*]

5610   CHARPENTIER, Armand: "Quelques intellectuels que "l'Affaire" conduisit vers la politique", *L'Œuvre*, 27 août.

5611   CRAVENNE, Georges: "C'est *Germinal* que Marlène Dietrich tournera en France dès son retour sous la direction de von Sternberg", *Paris-Soir*, 20 déc.

5612   P. D.: "Le Paradou", *Royan*, XVIII, n° 2259, 11 juill.,
        [p.1].

5613   DESTREE, Jules: "Emile Zola", *Le Flambeau* (Bruxelles),
        XX, n° 10, oct., pp. 456-8.
        [Chez Z. en 1885]

5614   FRANK, Nino: "L'Ile-de-France historique. Paysages
        littéraires: De Port-Royal à Médan par la Vallée-
        aux-Loups", *L'Intransigeant*, 8 mai.

5615   GERNOUX, Alfred: "Emile Zola en Loire-Inférieure", *Le
        Populaire de Nantes*, 15 sept.

5616   HALEVY, Ludovic: "Les carnets de Ludovic Halévy I.
        1878-1879", *RDM*, XLII, 15 déc., pp. 810-43.
        [Voir pp. 819-22, 823-6, 830]

5617   HERGESIC, Ivo: "Emile Zola, junak svoga vremena",
        Novosti (Zagreb), XXXI, pp. 281-93.   [BUSM]
        [En serbo-croate: "Emile Zola, héros de son époque"]

5618   HERMANT, Abel: *"La Bête humaine"*, *Paris-Midi*, 27 juill.

5619   JALOUX, Edmond: "Le souvenir de Léon Hennique", *Le
        Temps*, 13 nov.
        [Z. et Hennique]

5620   JAURES, Jean: "L'hommage de Jean Jaurès à Emile Zola",
        Jean-Jacques, sept.   [MLB]
        [Texte du discours de Jean Jaurès à la Chambre des
        Députés, 19 mars 1908]

5621   KAIN, Richard M.: *"Germinal"*, *The Saturday Review of
        Literature* (New York), XV, n° 23, 3 avril, p. 9.
        [Lettre à l'éditeur]

*5622   KLEMAN, M.K.: "Iz perepiski E. Zolja s russkimi korres-
        pondentami", *Literaturnoe nasledstvo* (Moscou), n°ˢ
        31-2, pp. 943-80.
        [Z. et ses correspondants russes]

5623   KRUPSKAJA, N.K.: "Cto privlekalo menja v romanah
        Zolja", *Literaturnaja gazeta* (Moscou), n° 52.
        [La femme de Lénine: "Ce qui m'a plu dans les romans
        de Zola"]

5624   LALO, Charles: "L'art et la vie II - Le complexe de
        Zola", *Revue des Cours et Conférences*, XXXVIII, n°
        6, 28 févr., pp. 508-21. Rp. in *L'Art et la vie. I.
        L'Economie des passions*. P., Vrin, 1947, pp. 169-92.

5625   LE BLOND-ZOLA, Denise: "La maison d'Emile Zola", *Jean-
        Jacques*, sept.   [MLB]

5626 LYNN, Jacques: "Le 85e anniversaire de *Nana*", *L'Ordre*,
3 mai.
[Cf. 369]

5627 MAKASIN, S.: "Literaturnye vzaimootnošenija Rossii i
Francii XVIII-XIX vv", *Literaturnoe nasledstvo*
(Moscou), n°s 29-30, pp. v-lxxxiii.
[En russe]

5628 MARAKOVIC, Ljubomir: "Zola", *Hrvatska Prosvjeta*, XXIV,
n°s 9-10, pp. 436-8. [BUSM]
[En serbo-croate - A propos de l'Affaire Dreyfus]

5629 PAMFIL, Vera: "Zola şi romanul realist francez", *Viaţă
românească* (Bucarest), XXIX, n° 12, déc., pp. 47-60.
[En roumain] [BU Iasi]

5630 PEE, Paul: "Emile Zola", *Voor Allen* (Gand), 3 oct. [MLB]

5631 POLIC, Nikola: "Neke bilješke o Zoli", *Novosti*, XXXI,
p. 17. [BUSM]
[En serbo-croate: "Notes sur Zola"]

5632 TRIOMPHE, Jean: "Zola collaborateur du *Messager de
l'Europe*", *RLC*, XVII, pp. 754-65.

5633 TROY, William: "The Symbolism of Zola", *Partisan Review*
(New York), IV, n° 1, déc., pp. 64-6.
[c.r. de la tr. anglaise de *Germinal* - souligne
l'aspect mythique du roman]

5634 VAN DER MEERSCH, Maxence: "Zola, écrivain des jeunes",
Le Journal, 4 oct.

5635 VORKAPIC, Radiša: "Pedestogodišnjica Zolina *Zerminala*",
Pregled, XI, n° 161, pp. 310-12. [BUSM]
[En serbo-croate - Sur *Germinal*]

5636 VUCO, Božo: "Spajanje nepojmljivih elemenata: savjesti,
istine i Emila Zole u zagrebačkom *Književniku*", *Nova
Revija*, XVI, n° 6, pp. 445-6. [BUSM]
[En serbo-croate - Sur un article dans *Književnik*,
X, n° 11, 1937, pp. 485-6]

5637 ZEVAES, Alexandre: "Emile Zola et Jules Guesde",
Commune, IV, n° 42, févr., pp. 689-95.

5638 ---: "Emile Zola en Cour d'Assises", *La Défense*, 12
août. [MLB]

5639 ---: "Le procès de *Pot-Bouille*", *NR*, 60e année, CLI,
4e série, n° 605, 15 oct., pp. 268-76.
[Cf. 5162]

5640 ANONYME: "Une condamnation fort honorable", *Le Voltaire*,

IV, n° 107, 6 mars, p. 22.

5641 ANONYME: "Emil Zola. Prva Zolina ljubav i prve objav-
ljene pripovetke", *Pravda*, 19 nov. [BUSM]
[En serbo-croate: "Emile Zola. Le premier amour et
les premiers contes de Zola"]

5642 ———: "Emil Zola. Zolino lečenje trnovitim putem slave",
Pravda, 21 nov. [BUSM]
[En serbo-croate - Sur la célébrité de Z.]

5643 ———: "Insemnări: Heinrich Mann despre Zola", *Adevărul
literar şi artistic* (Bucarest), XVIII, n° 888, 12
déc., p. 17. [BU Iasi]
[En roumain - à propos de 4294]

5644 ———: "Istorija jednog velikog čoveka. Emil Zola, njegov
buran život i zasluge za čovečanstvo", *Pravda*, 18
nov. [BUSM]
[En serbo-croate: "Histoire d'un grand homme. Emile
Zola, sa vie turbulente et son mérite pour l'humanité"]

5645 ———: "Kako je Zola postao junak svog vremena", *Pravda*,
26 nov. [BUSM]
[En serbo-croate: "Comment Zola est devenu le héros
de son temps"]

5646 ———: "Uloga Zole u Drajfusovoj aferi", *Pravda*, 23 nov.
[En serbo-croate: "Le rôle de Zola dans l'Affaire
Dreyfus"] [BUSM]

5647 ———: "Zašto je Zola umešan u Drajfusovu aferu", *Pravda*,
25 nov. [BUSM]
[En serbo-croate: "Pourquoi Zola s'engagea dans
l'Affaire Dreyfus"]

5648 ———: "Zene u Zolinom životu", *Pravda*, 22 nov. [BUSM]
[En serbo-croate: "Les femmes dans la vie de Zola"]

5649 ———: "Zolino bekstvo iz Francuske i revizija Draj-
fusovog procesa", *Pravda*, 24 nov. [BUSM]
[En serbo-croate: "La fuite de Zola et la révision
du procès dans l'Affaire Dreyfus"]

[Voir aussi 6841]

1938

5650 BACHELARD, Gaston: *La Psychanalyse du feu*. P., Gallimard. 219p.
[Voir pp. 189-92 sur *Le Docteur Pascal* et la combustion spontanée]

5651   DANGELZER, Joan-Yvonne: *La Description du milieu dans le roman français de Balzac à Zola*. P., Les Presses Modernes. 274p.
[Voir surtout pp. 193-248: "Le milieu chez Zola"]

*5652   DE GRAAF, J.: *Le Réveil littéraire en Hollande et le naturalisme français (1880-1900)*. P., Nizet & Bastard/Amsterdam, H.J. Paris. 227p.

5653   DUMESNIL, René (éd.): "Correspondance", in *Chroniques, études, correspondance de Guy de Maupassant, recueillies, préfacées et annotées par René Dumesnil avec la collaboration de Jean Loize*. P., Gründ, [1938], pp. 195-423.
[Voir surtout pp. 207-8, 239-40, 286-7, 329-30, 352, 438]

5654   FIELDING, Hubert: *The Life of Emile Zola: The Authorised Story of the Film*. Londres, Herbert Joseph. 128p.
[Cf. 5583-605]

5655   SAURAT, Denis: "Zola", in *Perspectives*. P., Stock, pp. 131-9.

5656   STOCK, P.-V.: "Le procès Zola" et "Le père de Zola", in *Mémorandum d'un éditeur. Troisième série. L'Affaire Dreyfus anecdotique*. P., Stock, pp. 64-72, 123-8.

Sur "La Bête humaine", film de Jean Renoir [Cf. 5736-51]:

5657   ALTMAN, Georges: "*La Bête humaine*. Film de Jean Renoir d'après le roman de Zola", *La Lumière*, XII, n⁰ 608, 30 déc., p. 5.
[Le film et le roman]

5658   BERNARD, Gilbert: "Les nouveaux films. Madeleine: *La Bête humaine*, film français tourné en France", *Le Matin*, 27 déc.   [LS]

5659   BONNAT, Yves: "Jean Renoir nous parle de *La Bête humaine* et de ses interprètes, Simone Simon et Jean Gabin", *Ce Soir*, 7 oct.

5660   BRIAC, Claude: "*La Bête humaine*: Jean Renoir nous dit... Mon premier film d'amour depuis longtemps", *Ce Soir*, 24 juill.   [LS]

5661   CAMERA: "*La Bête humaine*", *Le Voltaire*, V, n⁰ 169, 31 déc., pp. 25-6.

5662   CASANOVA, Jany: [Interview avec Simone Simon], *Paris-Soir*, 5 oct.

5663   CHERONNET, Louis: "En regardant "monter" *La Bête humaine*", *L'Humanité*, 15 nov.

[Une journée de montage du film, avec des explications de Renoir]

5664 CHERONNET, Louis: "Adaptations", *L'Humanité*, 28 déc.

5665 ---: *"La Bête humaine"*, *L'Humanite*, 30 déc.

5666 CRAVENNE, Georges: "Simone Simon s'embarque le 3 août de New-York pour être la partenaire de Jean Gabin dans *La Bête humaine*", *Paris-Soir*, 29 juill.

5667 ---: "Du Havre à Paris avec Simone Simon: retour d'Hollywood", *Paris-Midi*, 9 août.
[Propos de Simone Simon]

5668 ---: "Devenus cheminots dans *La Bête humaine*. Jean Gabin et Carette conduisent une "Pacific" entre Le Havre et Paris", *Paris-Soir*, 30 août.

5669 FAYARD, Jean: *"La Bête humaine"*, *Candide*, XV, n° 772, 28 déc., p. 17.

5670 LAPIERRE, Marcel: "Jean Renoir tourne *La Bête humaine*", *Radio-Liberté*, 4 nov.

5671 LAURY, Jean: "Au Madeleine: *La Bête humaine*", *Le Figaro*, 30 déc.

5672 LE BRET, André: "Les nouveaux films. *La Bête humaine* au Madeleine", *Le Petit Parisien*, 27 déc.   [LS]

5673 LEHMANN, René: *"La Bête humaine*, film français", *L'Intransigeant*, 26 déc.   [MLB]

5674 MARSIGNY, Simon: "Jean Renoir va réaliser *La Bête humaine*", *L'Ordre*, 26 juill.

5675 NOVY, Yvon: "Les nouveaux films. *La Bête humaine* par Jean Renoir", *Le Jour - L'Echo de Paris*, 29 déc. [LS]

5676 M. P.: "Les films de la semaine", *L'Ere nouvelle*, 31 déc.

5677 PASSEUR, Steve: *"La Bête humaine* au cinéma Madeleine", *Le Journal*, 31 déc.   [LS]

5678 R. R.: "Dans *La Bête humaine*, qu'il vient de mettre en scène, Jean Renoir a joué lui-même le rôle de Cabuche", *L'Intransigeant*, 7 nov.

5679 [RENOIR, Jean]: "Discours de Jean Renoir", *BSL*, n° 24, pp. 13-14.
[A la commémoration d'Emile Zola en Sorbonne, 4 nov. 1938 - Voir aussi "Demain, commémoration de Zola. Jean Renoir nous parle de *La Bête humaine*", *Ce Soir*, 4 nov.]

5680 RENOIR, Jean: "Simone Simon est arrivée par "Normandie","
Ce Soir, 9 août.

5681 RICHARD-BLOCH, Jean: *"La Bête humaine", Ce Soir,* 29 déc.,
p. 7.   [LS]

5682 ROLLOT, Jean: "Pour la première fois ensemble dans *La
Bête humaine,* Simone Simon et Jean Gabin au Havre sous
la direction de Jean Renoir", *L'Intransigeant,* 30 août.

5683 ANONYME: *"La Bête humaine", Paris-Soir,* 18, 24 et 25 déc.
[Voir aussi 10 nov.]

5684 ---: "Bouts de films", *L'Intransigeant,* 6 nov.
[A propos de 5679]

5685 ---: "Cinéma: *La Bête humaine", L'Œuvre,* 24 déc. Voir
aussi *ibid.,* 22 déc.

5686 ---: [Simone Simon à Paris], *Excelsior,* 9 août.

5687 ---: "Simone Simon arrive en France...", *Le Jour,* 9
août.

*

5688 AURIANT: "Petite histoire littéraire et anecdotes", *MF,*
CCLXXXVI, n° 964, 15 août, pp. 236-44.
[A propos du *Rêve*]

5689 AVELINE, Claude: *"La Vie d'Emile Zola", Commune,* VI,
n° 53, janv., pp. 636-9.
[Cf. 5583-605]

5690 BILLY, André: "Propos du samedi", *Le Figaro,* 19 févr.
[A propos de la statue de Z.]

5691 BROM, G.: "Franse invloed op onze tachtigers", *Neo-
philologus* (Groningue), XXIII, pp. 278-84.   [BB]
[En hollandais: "L'influence française sur nos hommes
de 80"]

5692 CREPET, Jacques: "Documents baudelairiens. Baudelaire,
Zola, et les "Vieilles Plaies"," *MF,* CCLXXXIV, n° 959,
1er juin, pp. 508-10.
[Voir les réponses de Pierre Dufay dans la même revue:
CCLXXXV, n° 961, 1er juill., p. 251; n° 962, 15 juill.
1938, p. 509 - poème attribué à Alexis]

5693 DECKER, Clarence R.: "The Æsthetic Revolt against Naturalism in Victorian Criticism", *PMLA,* LIII, n° 3, sept.,
pp. 844-56.

5694 DESCAVES, Pierre: *"L'Attaque du Moulin", Radio-Liberté,*
III, n° 77, 8 avril, [p. 4].

[Drame lyrique à Radio-Paris, le 12 avril]

5695 DIVOIRE, Fernand: *"Le Rêve* de Zola a cinquante ans",
L'Ordre, 23 oct.
[Anecdotes sur les sources du roman]

5696 DOYON, René-Louis: "A propos du *Rêve* de Zola", *MF,*
CCLXXXVII, 1er oct., pp. 245-6.

5697 GRUAU, Georges: "En marge de *Thérèse Raquin"*, *BSL,* n°
24, pp. 18-22.

5698 HALEVY, Ludovic: "Sur Mérimée, Dumas fils, Zola", *RDM,*
XLIII, 15 janv., pp. 383-6.
[Z. et le théâtre]

5699 LE BLOND, Maurice: *"La Bête humaine".* La France de
Bordeaux et du Sud-Ouest, 22 déc.
[Sur le roman, à l'époque du film]

5700 LE BLOND-ZOLA, Denise: "François Zola et le grand-père
de Jean Giono", *BSL,* n° 24, pp. 15-17.
[Cf. 5701]

5701 ---: "Zola et Giono. Comment le père de Zola fut l'ami
du grand-père de Jean Giono", *L'Ordre,* 22 déc.
[Deux lettres de Giono - Cf. 5700]   [Rf 49184]

5702 LOIZE, Jean: *"La Terre,* roman beauceron". *Visages du
Monde,* n° 55, 15 mai, pp. 114-6.
[Un "circuit Zola en Beauce" - illustrations]

5703 LYNN, Jacques: "Après Jules Verne, Emile Zola", *L'Ordre,*
15 févr.
[Les origines familiales de Z. - Z. et son père]

5704 ---: "Quand Zola quitta Médan...", *L'Ordre,* 14 avril.
[Sur "J'accuse"]

5705 MARMANDE, R. de: "Profils et souvenirs. Emile Zola",
Syndicats, 26 oct.
[Visite chez Z. en 1902]

5706 ---: "Discours de R. de Marmande", *BSL,* n° 24, pp.
11-13.
[A la commémoration d'Emile Zola en Sorbonne, 4
nov. 1938]

5707 MENEY, Adolphe: "La cérémonie à la Sorbonne à la mémoire d'Emile Zola", *La France de Bordeaux et du
Sud-Ouest,* 6 nov.

5708 NUGENT, Frank S.: "Pro The Critics' Awards", *NYT,* 9
janv., section 10, p. 5.

[A propos du film *The Life of Emile Zola* - Cf. 5583-605]

5709   PARAF, Pierre: "Lorsque Emile Zola parlait de la "dernière guerre"," *La République*, 9 oct.
[Sur *Travail*]

5710   ---: "Les cinquante ans du *Rêve*", *La République*, 4 nov.
[Célébration du cinquantenaire du *Rêve* par les Amis de Zola]

5711   PATY DE CLAM, J. du: "Le 40e anniversaire de *J'Accuse*. Une lettre de M. J. du Paty de Clam", *La France de Bordeaux et du Sud-Ouest*, 24 nov.
[Lettre du fils du lieutenant-colonel - Réponse à 5707]

5712   [PIERARD, Louis]: "Discours de Louis Piérard", *BSL*, n° 24, pp. 3-8. Rp.: *Zola 1938. Un Discours en Sorbonne*. Anvers, "Ça ira", 1939. 33p.
[A la commémoration d'Emile Zola en Sorbonne, 4 nov. 1938]

5713   M. R.: "*Les Contes à Ninon* d'Emile Zola", *L'OEuvre*, 7 mars.

5714   RAUHUT, Franz: "Zola-Hauptmann-Pirandello. Von der Verwandtschaft dreier Dichtungen", *Germanisch-romanische Monatsschrift*, XXVI, n°s 11-12, nov.-déc., pp. 440-66.
[Sur *La Faute de l'abbé Mouret*, *Ketzer von Soana* et *Lazzaro*]

5715   REWALD, John: "Hollywood et Zola", *Marianne*, 2 févr., p. 21.
[Cf. 5583-605 - "insouciance révoltante de la réalité"]

5716   RIOTOR, Léon: "Chronique Municipale de la statue de Zola", *MF*, CCLXXXII, n° 952, 15 févr., pp. 214-6.

5717   SAINT-GEORGES DE BOUHELIER: "Il y a 40 ans Emile Zola criait *J'accuse*", *Paris-Soir*, 12 févr.

5718   TALLET, Gabriel: "Domiciles et villégiatures d'Emile Zola", *La France de Bordeaux et du Sud-Ouest*, 2 oct.

5719   [VILLEROY, Auguste]: "Discours d'Auguste Villeroy", *BSL*, n° 24, pp. 8-11.
[A la commémoration d'Emile Zola en Sorbonne, 4 nov. 1938 - A propos du *Rêve*]

5720   L. W.: "Emile Zola Museum", *NYT*, 5 juin, section X,

p. 14.
[A Médan?]

5721 WEINSTEIN, Sophie R.: "The Genesis of Zola's *La Confession de Claude*", *MLN*, LIII, mars, pp. 196-8.
[La genèse du roman]

5722 ZEVAES, Alexandre: "Une correspondance entre Emile Zola et Jules Vallès", *Commune*, VI, n° 53, janv., pp. 552-63.
[6 lettres, 1876-1879]

5723 ANONYME: "Une adaptation au théâtre de *La Conquête de Plassans*", *L'Œuvre*, 22 déc.
[A propos de *L'Abbé Faujas* de Léon Hennique]

5724 ---: "Daudet, aux pieds de Zola", *Le Voltaire*, V, n° 137, 29 janv., p. 9.
[Lettre de Léon Daudet du 17 déc. 1899 sur *Fécondité* - Cf. 4254]

5725 ---: "Il y a quarante ans que Zola écrivit *J'accuse*", *Le Voltaire*, V, n° 136, 22 janv., p. 10.

5726 ---: "Une intervention oubliée d'Emile Zola en faveur de Paul Cézanne", *BSL*, n° 24, pp. 25-7.
[Lettre de Z. dans *Le Figaro* du 12 avril 1867]

1939

5727 KOZMA, Antal: *Az "Agence de Paris"*, *Zola és Jókai*. Debrecen, Narosi Nyomda. 9p.
[En hongrois]

5728 MEYER, Werner F.: *Der Einzelmensch und die Gesellschaft bei Zola*. Lengerich, Lengericher Handelsdruckerei. 68p. [WH]
[Thèse, Münster]

5729 NEWTON, Winifred: *Le Thème de Phèdre et d'Hippolyte dans la littérature française*. P., Droz. 166p.
[Voir pp. 132-8 - à propos de *La Curée* et *Renée*]

5730 POIRIER, Charles: "Zola", in *Essai de critique médicale sur l'agonie et la mort dans le roman français (de l'Hôtel de Rambouillet aux derniers prix Goncourt)*. Lyon, Riou, pp. 64-72.
[Sur la mort de Coupeau et du docteur Pascal]

5731 ROGER-HENRICHSEN, Gudmund: "Emile Zola", in *Fra Hojreromantik til Staalromantik*. Copenhague, Gyldendal, pp. 38-41. [BNC]
[En danois]

5732 ROMANKOWNA, Mieczysława: *Poglądy G. Zapolskiej na teatr.
(W świetle teorii E. Zoli).* Lodz. 31p.
[En polonais - Z. et le théâtre]   [BU Varsovie]

5733 SKOK, Petar: "Emile Zola", in *Francuska književnost 19
i 20 vijeka - predavanja.* Zagreb, pp. 175-80, 349-50.
[En serbo-croate: "La littérature française des 19e
et 20e siècles"]   [BUSM]

5734 SONDEL, Bess Seltzer: *Zola's Naturalistic Theory with
Particular Reference to the Drama.* Chicago, The
University of Chicago Libraries. 71p.
[Ext. d'une thèse - voir ci-dessous appendice, T119]

5735 VENTURI, Lionello: "Introduction", in *Les Archives de
l'Impressionnisme. Lettres de Renoir, Monet, Pissarro,
Sisley et autres. Mémoires de Paul Durand-Ruel. Documents. I.* Paris-New York, Durand-Ruel, pp. 7-112. Réimpression: New York, Franklin, 1968.

Sur "La Bête humaine", film de Jean Renoir [Cf. 5657-87]:

5736 BOST, Pierre: "Le Cinéma ... *La Bête humaine", Les
Annales,* 10 janv., pp. 46-9.   [LS]

5737 CHAMPEAUX, Georges: "Le cinéma. *La Bête humaine",
Gringoire,* 5 janv.   [LS]

5738 CHARENSOL, Georges: *"La Bête humaine", NL,* 25 févr. [LS]

5739 COQUET, James de: "Chronique de l'écran. *La Bête humaine:* un film de M. Jean Renoir d'après le roman de
Zola", *Le Figaro,* 24 janv.   [LS]

5740 GALWAY, Peter: "The Movies. *La Bête humaine", The New
Statesman and Nation* (Londres), XVII, n⁰ 427, 29
.avril, p. 647.   [LS]

5741 GARRIGUES, R.: "Jean Gabin: "mécanicien d'honneur"
est maintenant ouvrier fondeur", *Ciné-Miroir,* avril.
                          [LS]

5742 GREENE, Graham: "Stage and Screen. The Cinema. At the
Gaumont: *La Bête humaine", The Spectator* (Londres),
n⁰ 5784, 5 mai, p. 760.   [LS]

5743 HERRING, Robert: "Reviews of Releases. *La Bête humaine", Life and Letters Today* (Londres), XXII, n⁰
23, juill., pp. 116-8.   [LS]

5744 KELLER, M.-J.: *"La Bête humaine", Le Spectateur* (Nancy),
25 févr.   [LS]

5745 MEZZANINE: *"La Bête humaine",* Marianne, 4 janv.   [LS]

5746 MONTGON, A. de: "Zola à l'écran. *La Bête humaine*. Il est urgent que l'on prenne des mesures pour garantir l'enfance et la jeunesse contre la souillure de certains films", *Le Petit Bleu*, 28 janv. [LS]

5747 PLANT, Richard René: "Jean Renoir", *Theatre Arts Monthly* (New York), XXIII, n° 6, juin, pp. 429-35. [Et sur *Nana*, film de 1926]

5748 THIERRY, Gaston: "L'Ecran", *RBl*, LXXVII, n° 1, janv., pp. 35-6.

5749 VINNEUIL, François: "L'écran de la semaine. Réalisme: De Zola à M. Jean Renoir - *La Bête humaine*", *L'Action française*, 6 janv. [LS]

5750 VUILLERMOZ, Emile: "*La Bête humaine. Hôtel du Nord*", *Le Temps*, 14 janv. [LS]

5751 ANONYME: "Notre roman-cinéma. *La Bête humaine*", *Le Réveil illustré*, 19 févr. [LS]

*

5752 CALINESCU, George: "Indiscreţii şi Anecdote", *Jurnalul literar*, I, n° 18, 30 avril, p. 4; n° 22, 28 mai, p. 4. [BU Iasi]
[En roumain]

5753 ---: "Clasicism - naturalism", *Adevărul literar şi artistic* (Bucarest), XIX, n° 927, pp. 1-2. [BU Iasi]
[En roumain]

5754 EJHENGOL'C, M.: "*Lurd - Pim - Pariž*. Zolja i ih sud'ba v Rossii", *Literaturnoe nasledstvo* (Moscou), n°s 33-4, pp. 457-590.
[En russe: "Les romans *Lourdes, Rome, Paris* de Zola et leur destin en Russie"]

5755 FINCI, Emil: "Tri knjige o rudarskom životu. Emil Zola: *Zerminal*", *Zadruzna Zastava*, n° 17. [BUSM]
[En serbo-croate: "Trois romans sur la vie des mineurs"]

5756 MERIC, Victor: "En fouillant dans le passé... Une vieille affaire", *Le Progrès civique*, XI, n°s 514-7, 15 juin-13 juill., pp. 21-2, 21-2, 22-3, 20-1.
[L'Affaire Dreyfus]

5757 PAS, Ion: "Destinul lui Zola", *Adevărul literar şi artistic* (Bucarest), XIX, n° 958, 23 avril, pp. 1, 3.
[En roumain: "Le destin de Zola"] [BU Iasi]

5758 PERKOVIC, Kazimir: "Hrvatsko porijeklo Emila Zole",

Jugoslovenske Novine, n° 132.   [BUSM]
[En serbo-croate: "Les origines croates d'Emile Zola]

5759   ANONYME: "Insemnări: Cézanne și Zola", *Adevărul literar
        și artistic* (Bucarest), n° 952, 5 mars, p. 11.
        [En roumain]   [BU Iasi]

1940

5760   EJHENGOL'C, M.: *Tvorčeskaja laboratorija Zolja.* Moscou,
        Sovetskij pisatel'. 232p.
        [En russe: *Le Laboratoire créateur de Zola*]

5761   FESTER, Hildegard: *Zolas Einfluss auf die literarischen
        Anfänge der Gräfin Emilia Pardo Bazán.* Lengerich,
        Lengericher Handelsdruckerei. xii,117p.   [WH]
        [Thèse, Münster – Influence de Z. sur Pardo Bazán]

*5762   KLEMAN, M., et B. REIZOV: *Emil' Zolja 1840-1940.* Lenin-
        grad, GIHL. 176p.

5763   LACHER, Walter: *Le Réalisme dans le roman contemporain.
        Essai sur quelques romanciers français d'aujourd'hui.*
        Genève, Imprimerie Centrale. 333p.
        [Voir surtout pp. 59-63]

5764   MANCISIDOR, José: *Zola, soñador y hombre.* Mexico,
        Dialéctica. 114p.

*5765   NIESS, Robert J. (éd.): *Emile Zola's Letters to J. Van
        Santen Kolff.* St. Louis, Washington University. xv,
        57p. *Washington University Studies. Language and
        Literature,* n° 10. Voir aussi: "The Letters of Emile
        Zola to Van Santen Kolff", *RR,* XXXI, févr., pp. 35-43.

5766   YAMADA, Tamaki: "Zola", in *Furansu-Bungaku Oboegaki.*
        Tokyo, Hakusuisha, pp. 32-6.   [KO]
        [En japonais]

5767   ---: "Zora-ron", *ibid.,* pp. 135-71.   [KO]
        [En japonais: "Sur Zola" – la théorie et la pratique
        du naturalisme de Z. – la vision sociale de Z. –
        l'intérêt artistique des œuvres de Z. – Article
        écrit en 1932]

5768   ---: "Shajitsu-ha no rekishi", *ibid.,* pp. 386-503.   [KO]
        [En japonais: "Histoire du roman réaliste" – Ecrit
        en 1931]

        Centenaire de la naissance de Zola:

5769   BERNSTAM, L. G.: *Emil' Zolja 1840-1902. Ukazatel'
        literatury.* Leningrad.

[En russe: *Emile Zola 1840-1902. Index littéraire*]

5770 ANISIMOV, I.: "Tvorčestvo i primer Zolja", *Inter-nacional'naja literatura*, n°s 3-4, pp. 192-206.
[En russe: "L'œuvre et l'exemple de Zola"]

5771 BORKO, Božidar: "Emile Zola. Ob stoletnici rojstva", *Jutro* (Ljubljana), n° 75, pp. 3-4. [RV]
[En slovène]

5772 DEVCIC-RADIC, Milica: "Emile Zola - propovjednik istine", *Hrvatski Dnevnik*, V, n° 1419, p. 12. [BUSM]
[En serbo-croate: "Emile Zola, porte-parole de la vérité"]

5773 FINCI, Eli: "Sto godina od rodjenja Emila Zole", *P.T.T.* 1er mai. [BUSM]
[En serbo-croate: "Cent ans depuis la mort d'Emile Zola"]

5774 GAL'PERINA, E.: "Zolja i ego epoha", *Krasnaja Nov'*, n°s 7-8, pp. 242-55.
[En russe: "Zola et son époque"]

5775 GASPAROVIC, Stanko: "Stogodišnjica rodjenja Emila Zole: 2.4.1840 - 2.4.1940", *Obzor*, LXXX, n° 82, p. 1. Voir aussi *Omladina*, XXIII, n° 4, pp. 84-5. [BUSM]
[En serbo-croate]

5776 GAUTHIER, Maximilien (éd.): "Zola vu par les écrivains d'hier et d'aujourd'hui", *NL*, n° 911, 30 mars, pp. 1-2.

5777 GRASIC, Borivoje M.: "Emil Zola: Zivot i rad", *Nt*, XIV, n°s 428-31, pp. 63-70. [BUSM]
[En serbo-croate: "Emile Zola: Vie et œuvre"]

5778 KARLIN, Pavel: "Stoletnica slavnega pisatelja Emila Zola 1840-1902", *Prijatelj* (Ljubljana), XIV, n° 5, p. 194. [RV]
[En slovène]

5779 KASTROPIL, Stjepo: "Prisutnost Emila Zole", *Savremenik*, XXVIII, n°s 1-2, pp. 359-61. [BUSM]
[En serbo-croate: "Présence d'Emile Zola" - Son influence sur la littérature française contemporaine]

5780 KATIC, Milan: "Stogodišnjica rodjenja Emila Zole, začetnika naturalističke škole", *Novosti*, XXXIV, n° 85, p. 13. [BUSM]
[En serbo-croate]

5781   KAZMER, Ernö: "Stogodišnjica Zole", *Vidici*, III, n^{os}
       9-10, pp. 268-71.   [BUSM]
       [En serbo-croate: "Centenaire de Zola"]

5782   KOVACIC, Ivan Goran: "Zola i Daudet", *Hrvatski Dnevnik*,
       V, n° 1447, p. 13.   [BUSM]
       [En serbo-croate]

5783   LESSER, J.: "Two Centenaries: Zola and Daudet", *The
       Contemporary Review* (Londres), CLVII, juin, pp. 710-
       16.

5784   G. P.: "Le centenaire d'Emile Zola. Zola et Cézanne",
       MF, CCXCVII, n° 996, 1er avril, pp. 248-9.

5785   PETROVIC, Svetislav A.: "Stogodišnjica Emil Zole",
       Pravda, XXXVI, n°s 12747-50.   [BUSM]
       [En serbo-croate]

5786   REHAR, Radivoj: "Stoletnica rojstva Emilea Zolaja",
       Večernik (Maribor), n° 71, p. 6.   [RV]
       [En slovène]

5787   SKERLIC, Jovan: "Zola", *Pregled*, XVI, p. 252.   [BUSM]

5788   THERIVE, André: "Bilan d'Emile Zola", *RP*, 47e année,
       n° 11, 1er juin, pp. 499-509.

5789   P. U.: "Jedan značajan datum u francuskoj književnosti.
       Stogodišnjica rodjenja Emila Zole. Ono što je vitalno
       i čovječno u delu osnivača naturalizma", *Pravda*,
       XXXVI, n° 12, p. 727.   [BUSM]
       [En serbo-croate: "Une date significative dans la
       littérature française. Le centenaire de la naissance
       de Zola. Le vital et l'humain dans l'œuvre du fon-
       dateur du naturalisme"]

5790   UZUN, Fran: "O stogodišnjici rodjenja Emila Zole", *7
       Dana*, IV, p. 14.   [BUSM]
       [En serbo-croate: "A l'occasion du centenaire de la
       naissance d'Emile Zola"]

5791   VIEIRA, Celso: "Centenário de Emílio Zola", *Revista
       das Academias de Letras* (Rio de Janeiro), 39e année,
       LIX, pp. 105-32.

5792   ANONYME: "A Great Humanist", *TLS*, n° 1992, 6 avril,
       p. 171.

5793   ---: "Mišljenje o Zoli", *Pregled*, XIV-XVI, pp. 196-7,
       248-52.   [BUSM]
       [En serbo-croate: "Opinions sur Zola" - 25 témoignages
       à l'occasion du centenaire]

5794 ANONYME: "Ob stoletnici rojstva Emila Zolaja", *Slovenec* (Ljubljana), n° 77, p. 8.
[En slovène]

5795 ---: "On the Centenary of Zola. Imagination versus the Document. A Prophet of Worlds to Come", *TLS*, n° 1992, 6 avril, p. 170.

5796 ---: "Zola's Centenary", *International Literature* (Moscou), n° 7, pp. 72-85.
[Contient: pp. 72-8, "Emile Zola", article de David Zaslavsky; pp. 79-82, discours d'Anatole France aux obsèques de Z., en anglais; pp. 82-3, "Letter Read at a Meeting in Memory of Emile Zola"; pp. 84-5, "Zola's Centenary in the U.S.S.R."; citations de Tchekhov, Gorki, etc. sur Z.]

*

5797 ALEKSEEV, M.P.: "Emil' Zolja i N.G. Cerniševskij", *Izvestija AN SSSR Otdelenie literatury i jazyka*, n° 2, pp. 93-102. Rp. in *Klassičeskoe nasledstvo i sovremennost*. Moscou, 1960.
[En russe]

5798 AURIANT: "Petite histoire littéraire et anecdotes", *MF*, CCXCVI, 1er mars, pp. 746-7.
[Une lettre de Paul Adam à Z.]

5799 ---: "Un disciple anglais d'Emile Zola: George Moore", *MF*, CCXCVII, 1er mai, pp. 312-23. Rp. in *Quatre Héros d'Alphonse Daudet*. P., Mercure de France, 1948, pp. 234-43.
[Avec des lettres à Z.]

5800 ---: "Emile Zola et les deux Houssaye", *MF*, CCXCVII, 1er juin, pp. 555-69.

5801 BURTON, Thomas: "Books and Pictures", *The Saturday Review of Literature* (New York), 11 mai, p. 22. [LS]
[A propos de *La Bête humaine* au cinéma]

5802 CARNER, Mosco: "Zola into Music", *The Listener* (Londres), XXIII, n° 575, 18 janv., p. 144.
[*L'Attaque du moulin*, drame lyrique, à la B.B.C.]

*5803 CRESSOT, Marcel: "La langue de *l'Assommoir*", *FM*, VIII, n° 3, juin-juill., pp. 207-18.

5804 DAUDET, Léon: "Zola et Céard", *L'Action française*, 9 avril.

5805 FERGUSON, Otis: *"The Human Beast"*, *The New Republic*

(New York), CII, n° 11, 11 mars, p. 346.
[Sur *La Bête humaine*, film de Jean Renoir]

5806 GIMMEL'FARB, B.V.: "*Zerminal'* E. Zolja", *Literaturnaja
učeba*, n° 8-9, pp. 103-23. [FM]

5807 HERCEG, Miljenka: "Emil Zola: *Jazbina*", *Hrvatski Zenski
List*, n° 9, pp. 13-14. [BUSM]
[En serbo-croate - Sur la tr. de *L'Assommoir* par
Ivan Goran Kovačić et Vjekoslav Pavešić]

5808 IVANIC, Branimir: "Zola i prva književna polemika kod
nas", *Obzor*, LXXX, n° 130, p. 2. [BUSM]
[En serbo-croate: "Zola et la première polémique
littéraire en Yougoslavie" - Evgenije Kumičič, Josip
Pasarić et Djuro Galc sur Z.]

5809 JONES, Malcolm B.: "Translations of Zola in the United
States Prior to 1900", *MLN*, LV, nov., pp. 520-4.
[Tr. des œuvres de Z. aux Etats-Unis avant 1900]

5810 KALDERON, Jakob H.: "Emil Zola", *Vesnik Jevrejske
Sefarske Veroispovedne Opštine*, II, n° 17, pp. 4-5.
[En serbo-croate] [BUSM]

5811 MANDIN, Louis: "Les origines de *Thérèse Raquin*", *MF*,
CCXCVII, n° 997, 1er mai, pp. 282-98.
[Voir aussi *ibid.*, 1er juin, pp. 756-7: article de
Maurice Le Blond sur celui de Mandin]

5812 MILNER, George B.: "Zola, mis en relief par Cézanne",
Babel, I, n° 1, janv., pp. 25-30.
[Sur l'amitié de Z. et Cézanne]

5813 NUGENT, Frank S.: "The Screen in Review", *NYT*, 20
févr., p. 17.

5814 ---: "Of Mice and Maniacs", *NYT*, 25 févr., section 9,
p. 5.
[A propos de *La Bête humaine* au cinéma]

5815 PETER, René: "Zola et l'Académie", *MF*, CCXCVI, n° 995,
1er mars, pp. 568-82.

5816 RUBOW, Paul V.: "Emile Zola", *Politikken*, 27 déc. [BNC]
[En danois - Cf. 5829]

5817 SAINT-GEORGES DE BOUHELIER: "Souvenirs sur Emile Zola",
RP, 47e année, n° 10, 15 mai, pp. 291-307.

5818 TREVES, Paolo (éd.): "Une lettre inédite de Zola",
Babel, I, n° 2, mars, pp. 65-7.
[A Felice Cameroni, 18 oct. 1884]

5819 WALCUTT, Charles Child: "The Three Stages of Theodore

Dreiser's Naturalism", *PMLA*, LV, mars, pp. 266-89.
[Influence de Z.]

5820   ZABARYLO, K.: "I. Franko-krytyk Emilja Zolja", *Litera-*
        turna Krytyka, nᵒˢ 8-9, pp. 7-29.   [BH]
        [En ukrainien: "I. Franko, critique d'Emile Zola"]

5821   ANONYME: "Cinema. The New Pictures: *The Human Beast*",
        Time (New York), 4 mars, pp. 68-9.   [LS]

5822   ---: "Knjiga koja upozoruje", *Hrvatski Radnik*, XII,
        nᵒ 45, p. 10.   [BUSM]
        [En serbo-croate: "Le livre qui avertit" - A propos
        de *L'Assommoir*]

5823   ---: "Parnas i Tajget. Emile Zola i Alphonse Daudet",
        Riječ Savjesti i Razbora, II, nᵒ 46, pp. 3-5; nᵒ 47,
        pp. 3-4.   [BUSM]
        [En serbo-croate - sur Z., Daudet et la politique]

        [Voir aussi 5831 et 5851]

                            1941

5824   CARGILL, Oscar: "The Naturalists", in *Intellectual*
        America. Ideas on the March. New York, Macmillan,
        pp. 48-175.
        [Voir surtout pp. 48-64.]

5825   DAUDET, Léon: "L'apparition de *l'Assommoir* et du roman
        antimilitariste", in *Sauveteurs et incendiaires*. P.,
        Flammarion, pp. 144-9.

5826   GILLE, Gaston: *Jules Vallès 1832-1885. Ses Révoltes,*
        sa maîtrise, son prestige. Pr. de Lucien Descaves.
        P., Flammarion. xix,657p. Voir aussi, du même auteur,
        Jules Vallès 1832-1885. Sources, bibliographie,
        iconographie. P., Flammarion, 1941. 191p.

5827   RANDALL, Earle Stanley: *The Jewish Character in the*
        French Novel 1870-1914. Menasha, Wisconsin, Banta.
        213p.
        [Voir surtout I, chap. 3, et II, chap. 3, sur les
        personnages juifs dans l'œuvre de Z.]

5828   ROVETTA, Carlos: *Emilio Zola, la vida y la obra de*
        quien más relieve tuvo en un momento de la conciencia
        humana. Buenos Aires, Ed. Claridad. 134p.   [BU Chili]

5829   RUBOW, Paul V.: "Emile Zola", in *Perspektiver*. Copen-
        hague, Munksgaard, pp. 117-25.   [BNC]
        [En danois - Cf. 5816]

5830   ANONYME: *Emile Zola. K stoletiju so dnja roždenija
        Emilja Zolja. Bio-bibliografičeskij ukazatel'*. Moscou,
        Gosudarstvennaja Central'naja Biblioteka Inostrannoj
        Literatury. 29p.
        [En russe - Index bio-bibliographique]

5831   BAEZA, Ricardo: "El centenario de Emile Zola", *Revista
        de las Indias* (Bogota), IX, n° 27, mars, pp. 47-75.
        Rp.: *Centenario de Emile Zola (1840-1902)*. Buenos
        Aires, Patronato Hispano-argentino de Cultura, 1942.
        77p. Cuadernos de Cultura Española, 5.
        [Conférence de 1940]

5832   DAHLSTROM, Carl E.W.L.: "Strindberg and the Problem
        of Naturalism", *Scandanavian Studies* (Lincoln, Neb.-
        Urbana, Ill.), XVI, pp. 212-9.

5833   DEBEUX, Albert: "A propos de deux centenaires: Emile
        Zola et Alphonse Daudet", *Construire. Etudes et
        Croquis* (Paris), 2e série, pp. 305-15.
        [La vision abjecte de l'homme dans l'œuvre de Z.]

5834   KOVACEVIC, Božidar: *"Njegova Ekselencija Ežen Rugon* od
        Emila Zole", *Srpski Književni Glasnik*, LXII, p. 81.
        [En serbo-croate - Sur *Son Excellence Eugène Rougon*]
                                                            [BUSM]

5835   LUDEKE, H.: "Zola and the American Public", *English
        Studies* (Copenhague), XXIII, nos 5-6, pp. 129-42,
        161-71. Rp. in *The "Democracy" of Henry Adams and
        Other Essays*. Berne, Francke, 1950, pp. 78-110.
        (Schweizer anglistische Arbeiten, 24).
        [En anglais - sur l'œuvre de Z. aux Etats-Unis]

5836   NIESS, Robert J. (éd.): "Nine Letters from Emile Zola
        to Frans Netscher", *PMLA*, LVI, mars, pp. 261-5.
        [Cf. 5220]

*5837   ---: "Autobiographical Elements in Zola's *La Joie de
        vivre*", *PMLA*, LVI, déc., pp. 1133-49.

5838   PACEY, W.C.D.: "Henry James and His French Contem-
        poraries", *American Literature* (Durham, Caroline du
        Nord), XIII, n° 3, nov., pp. 240-56.

5839   PETROVIC, Svetislav: "Emil Zola o francuskom porazu
        1870-1871", *Pravda*, 6-9 janv.   [BUSM]
        [En serbo-croate: "Emile Zola sur la défaite fran-
        çaise de 1870-1871"]

5840   ---: "Emil Zola", *Srpski Književni Glasnik*, LXII, pp.
        39-47, 135-44.   [BUSM]
        [En serbo-croate]

5841 PRITCHETT, V.S.: "Books in General", *The New Statesman and Nation* (Londres), XXI, 22 févr., pp. 188-9.
[Sur *Germinal*]

5842 ROVETTA, Carlos: "La batalla literaria de *La Tierra*", *Nosotros* (Buenos Aires), VI, n° 69, déc., pp. 334-43.
[Sur la réception critique de *La Terre*]

5843 SACKVILLE-WEST, Edward: "Books in General", *The New Statesman and Nation* (Londres), XXII, 4 oct., p. 331. Rp. in *Inclinations*. Londres, Secker-Warburg, 1949, pp. 199-204. Réédition: Port Washington, New York, Kennikat Press, 1967.
[Sur *La Débâcle*]

5844 STARCHL, R.: "Notes sur Kumičić et la littérature française: I. Kumičić théoricien du naturalisme", *Annales de l'Institut Français de Zagreb*, 5e année, n°s 18-19, juill.-déc., pp. 185-7.

5845 WALCUTT, Charles Child: "Frank Norris on Realism and Naturalism", *American Literature* (Durham, Caroline du Nord), XIII, n° 1, mars, pp. 61-3.

1942

*5846 AURIANT: *La Véritable Histoire de "Nana"*. P., Mercure de France/Bruxelles, Editions N.R.B. 146p.

5847 HAUTECOEUR, Louis: "Le naturalisme", in *Littérature et peinture en France du XVIIe au XXe siècle*. P., Armand Colin, pp. 111-72. Réédition: 1963.

5848 MARCHAND, Ernest: *Frank Norris: A Study*. Stanford University Press. 258p. Nouvelle éd.: New York, Octagon Books, 1964.
[Voir surtout pp. 88-95 sur l'influence de Z.: *L'Assommoir* et *La Bête humaine*]

5849 MENENDEZ Y PELAYO, Marcelino: "Don José Maria de Pereda", in *Estudios y discursos de crítica historica y literaria, VI*. Madrid, S.A. de Artes Graficas, pp. 331-87.
[CA]

5850 MUNSON, Gorham Bert: "The Propaganda of Justice. Zola's *J'accuse*", in *Twelve Decisive Battles of the Mind*. New York, Greystone, pp. 141-59.

5851 BILLY, André (éd.): "Sur une lettre inédite de Zola à Huysmans", *Cahiers J.-K. Huysmans*, n° 19, mars, pp. 253-9. Cf. André BILLY: "Propos du samedi", *Le Figaro* (de Lyon), 28 déc. 1940.

5852   DAHLSTROM, Carl E.W.L.: "Theomacy: Zola, Strindberg, Andreyev", *Scandanavian Studies* (Lincoln, Neb.-Urbana, Ill.), XVII, nov., pp. 121-32.

5853   HATZFELD, Helmut A.: "Discussions sur le naturalisme français", *Studies in Philology*, XXXIX, n° 4, oct., pp. 696-726.

5854   JENSEN, H. Cornelius: "Naturens love og Zolas syn på mennesket", *Socialisten*, XXXIX, pp. 6-12.   [BNC]
[En danois]

5855   JONES, Malcolm B.: *"L'Attaque du Moulin* in American Translation", *MLN*, LVII, mars, pp. 207-8.
[Tr. de la nouvelle aux Etats-Unis]

5856   ---: "Two American Zola Forgeries", *FR*, XVI, oct., pp. 24-8.

5857   LAFUE, Pierre: "L'évolution du roman réaliste et le réalisme d'une époque inhumaine", *Hier et Demain*, n° 2, nov., pp. 159-69.   [VII, n° 8]

5858   MEYER, George Wilbur: "The Original Social Purpose of the Naturalistic Novel", *The Sewanee Review* (Sewanee, Tenn.), L, n° 4, oct.-déc., pp. 563-70.
[Le roman foncièrement optimiste de Z. opposé à celui de Dreiser]

5859   NIESS, Robert J.: "Zola's *La Joie de vivre* and *La Mort d'Olivier Bécaille*", *MLN*, LVII, mars, pp. 205-7.

5860   RAHV, Philippe: "On the Decline of Naturalism", *Partisan Review* (New York), IX, n° 6, nov.-déc., pp. 483-93.

5861   WENGER, Jared: "The Art of the Flashlight: Violent Technique in *Les Rougon-Macquart*", *PMLA*, LVII, pp. 1137-59.

1943

5862   BACHELARD, Gaston: *L'Air et les songes. Essai sur l'imagination du mouvement.* P., Corti. 306p.
[Voir pp. 189-90 - Une page de *La Faute de l'abbé Mouret*]

5863   BELLOC LOWNDES, Marie Adelaide: *Where Love and Friendship Dwelt.* Londres, Macmillan. 243p.
[Hommage]

5864   HERAIN, François de: "Emile Zola", in *Les Grands Ecrivains critiques d'art.* Pr. de Henri Verne. P., Mercure de France, pp. 117-25.

5865   LUQUET, A.: *Vida e Obras de Zola*. Porto, Latina. 382p.

5866   MANN, Heinrich: "Emile Zola", in *The Torch of Freedom.*
        Twenty Exiles of History. Ed. Emil Ludwig et Henry
        B. Kranz. New York, Holt-Rinehart-Winston, pp. 321-36.

5867   PEREZ PETIT, Victor: "Emilio Zola", in *Obras completas.*
        Critica V. Las Tres Catedrales del naturalismo.
        Montevideo, Claudio Garcia, pp. 260-320.
        [Conférence du 24 oct. 1902]

*5868   SALVAN, Albert J.: *Zola aux Etats-Unis*. Providence,
        Rhode Island, Brown University. 218p. (Brown Uni-
        versity Studies, VIII). Réimpressions: P., Le Cercle
        du Livre, 1958; New York, Kraus Reprint Corporation,
        1967.

5869   THOMAS, Henry et Dana Lee [SCHNITTKIND]: "Emile Zola
        1840-1902", in *Living Biographies of Famous Novelists.*
        Garden City, New York, Garden City Publishing Co.,
        pp. 259-73.

5870   VALKHOFF, P.: "Over het realisme in de Nederlandse
        letterkunde na 1870", in *Ontmoetingen Tussen Neder-*
        land en Frankrijk. La Haye, Leopolds, pp. 189-216. [BB]
        [En hollandais: "A propos du réalisme dans la litté-
        rature néerlandaise après 1870"]

5871   YAMADA, Tamaki: "Zora no sensō shōsetsu", in *Chusei*
        Furansu Bungaku. Tokyo, Rokkō-shuppansha, pp. 150-67.
        [En japonais: "Les romans de guerre de Zola" - Ecrit
        en 1935]   [KO]

        Sur "Au Bonheur des Dames", film d'André Cayatte:

5872   CHAMPEAUX, Georges: "Le cinéma. *Au Bonheur des Dames*",
        Le Cri du Peuple, 26 juill.   [LS]

5873   CHARMOY, Roger: "Le cinéma. *Au Bonheur des Dames* au
        Normandie", *Appel*, 29 juill.   [LS]

5874   DAIX, Didier: "A l'écran: *Au Bonheur des Dames*", *Paris-*
        Midi, 23 juill.   [LS]

5875   GARCIN, Hélène: "Sur les écrans. *Au Bonheur des Dames*",
        Aujourd'hui, 24 juill.   [LS]

5876   INTERIM.: "Au Normandie: *Au Bonheur des Dames*", *La*
        France socialiste, 26 juill.   [LS]

5877   LAFFRAY, Jean: "*Au Bonheur des Dames* au Normandie",
        L'Œuvre, 31 juill.   [LS]

5878   LE BRET, André: "Les nouveaux films. *Au Bonheur des Dames*", *Paris-Soir*, 26 juill.   [LS]

5879   REGENT, Roger: "Le cinéma. Fin de saison", *Les Nouveaux Temps*, 31 juill.   [LS]

5880   ROUSSEAU DU GARD, Maurice: "Le cinéma. *Au Bonheur des Dames*", *Les Voix françaises*, 3 nov.   [LS]

5881   VINNEUIL, François: "Le cinéma. Normandie: *Au Bonheur des Dames*, film d'André Cayatte, d'après le roman d'Emile Zola", *Le Petit Parisien*, 24 juill.   [LS]

5882   ---: "Naturalisme pas mort: Normandie - *Au Bonheur des Dames*", *Je suis partout*, 30 juill.   [LS]

                                    *

5883   DAHLSTROM, Carl E.W.L.: "Strindberg's "Naturalistika Sorgespel" and Zola's Naturalism", *Scandanavian Studies* (Lincoln, Neb.-Urbana, Ill.), XVII, nov., pp. 269-81; XVIII, févr. 1944, pp. 14-36; mai 1944, pp 41-60; août 1944, pp. 98-114; nov. 1944, pp. 138-55; XIX, févr. 1945, pp. 183-94.

5884   ERICHSEN, Svend: "Emile Zola - naturalismens grund-laegger", *Kulturfronten*, pp. 110-14.   [BNC]
       [En danois]

5885   HAINES, Lewis F.: "Reade, Mill and Zola; a Study of the Character and Intention of Charles Reade's Realistic Method", *Studies in Philology*, XL, juill., pp. 463-80.

5886   KELLEY, Cornelia P.: "Henry James on Zola", *Colby Library Quarterly* (Waterville, Me.), série I, juin, pp. 44-51.

5887   LAPORTE, René: "Le silence. Zola", in *Domaine français*. *Messages* (Genève, Edit. des Trois Collines), pp. 369-73.

5888   MITCHELL, R.: "Zola and the Class War", *Tribune* (Londres), n° 334, 21 mai, p. 18.
       [Sur *Germinal* - roman didactique]

5889   NICOLESCU, G.C.: "Romanul între Zola şi Proust", *Universul literar* (Bucarest), LII, n° 6, 28 févr., p. 1.
       [En roumain]   [BU Iasi]

5890   NIESS, Robert J.: "Zola's *La Joie de vivre* and the Opera *Lazare*", *RR*, XXXIV, pp. 223-7.

5891   ---: "Zola's Final Revisions of *La Joie de vivre*", *MLN*, LVIII, nov., pp. 537-9.

1944

5892 AGATE, James: "Chalk and Cheese", *The Sunday Times*, 23
avril. Rp. in *The Contemporary Theatre 1944 and 1945*.
Londres, Harrap, 1948, pp. 57-9.
[*Thérèse Raquin* au théâtre en Angleterre - Cf. 5894]

5893 BROWN, Donald F.: "A Naturalistic Version of Genesis:
Zola and Aluizio Azevedo", *The Hispanic Review*
(Philadelphie), XII, oct., pp. 344-51.
[A propos de *La Faute de l'abbé Mouret*]

5894 MacCARTHEY, Desmond: "Murder in the Theatre", *The New
Statesman and Nation* (Londres), XXVII, n° 688, 29
avril, pp. 287-8.
[A propos de *Guilty*, représentation en anglais de
Thérèse Raquin - Cf. 5892]

5895 SEDGWICK, Ruth: "Baldomero Lillo y Emile Zola", *Revista Iberoamericana* (Mexico), VII, n° 14, févr.,
pp. 321-8.
[*Germinal* et *Sub terra*]

5896 YUEN CHANG YING: ["La littérature française. Zola"],
Fa Kuo Wen Hsueh (Chung Ching), pp. 231-4.
[En chinois]   [BU Tai-Pei]

[Voir aussi 5883]

1945

*5897 DUMESNIL, René: *L'Epoque réaliste et naturaliste*. P.,
Tallandier. 445p.

5898 GASSNER, John: "Zola and Naturalism", in *Masters of
the Drama*. New York, Dover Publications, pp. 398-
400. 3e éd. revue et augmentée: New York, Dover
Publications, 1954. xxi,890p.

5899 ROSNY, J.-H., aîné: *Portraits et souvenirs*. P., Arts
Graphiques. 111p.
[Z. et les Goncourt]

*5900 ZEVAES, Alexandre: *A la Gloire de ... Zola*. P., Nouvelle Revue Critique. 313p.

*Sur "Therese": "Thérèse Raquin" au théâtre aux Etats-
Unis:*

5901 BROWN, John Mason: "Slice of Life?", *The Saturday
Review of Literature* (New York), XXVIII, n° 42, 20

oct., pp. 22-4.

5902 GIBBS, Wolcott: "Death Takes Its Time", *The New Yorker*, 20 oct.

5903 GILDER, Rosamond: "Broadway in Review", *Theatre Arts* (New York), XXIX, n⁰ 12, déc., pp. 683-4.

5904 KRUTCH, Joseph Wood: "Drama", *The Nation* (New York), CLXI, n⁰ 16, 20 oct., p. 413.

5905 VAN RENSSELAER WYATT, Euphemia: "The Drama", *The Catholic World* (New York), CLXII, n⁰ 968, nov., p. 168.

5906 YOUNG, Stark: "Assorted Murders", *The New Republic* (New York), CXIII, n⁰ 18 (n⁰ 1613), 29 oct., p. 573.

5907 ANONYME: "Dame May Whitty Acts at 80", *Life*, XIX, n⁰ 17, 22 oct., pp. 57-60.

5908 ---: "Theater", *Newsweek* (Dayton, Ohio), XXVI, n⁰ 17, 22 oct., p. 93.

5909 ---: "The Stage & Screen", *The Commonweal* (New York), XLIII, n⁰ 2, 26 oct., pp. 45-6.

*

5910 BOYE, Maurice Pierre: "Anthony Valabrègue, Cézanne et Zola", *Arts*, n⁰ 2, 9 févr., pp. 1, 4.

5911 EBIN, Ima N.: "Manet et Zola", *GB*, 6ᵉ série, XXVII, juin, pp. 357-78.

5912 PEREIRA TAVARES, José: "*O Crime do Padre Amaro*. Influência de Zola", *Ocidente* (Lisbonne), XXV, pp. 170-8. [Influence de *La Faute de l'abbé Mouret* sur *O Crime* d'Eça de Queirós]

[Voir aussi 5883]

1946

5913 AUERBACH, Erich: *Mimesis. Dargestellte Wirklichkeit in der abendländischen Literatur*. Berne, Francke. 503p. 2ᵉ éd. revue: 1959. 524p. Tr. française: *Mimésis. La Représentation de la réalité dans la littérature occidentale*. Tr. Cornélius Heim. P., Gallimard, 1968. 559p. Tr. espagnole: Mexico-Buenos Aires, 1950. 533p. Tr. anglaise: Princeton University Press, 1953. 563p.; autre éd.: New York, Doubleday, 1957. 498p. Tr. italienne: Turin, 1956. xxxv,597p. Tr. hébraïque: Jérusalem, 1957.
[Voir surtout pp. 501-8 de l'éd. française: analyse

d'un ext. de *Germinal*]

5914   CASTELNAU, Jacques: *Zola*. P., Tallandier. 253p. Ext.
in *Biblio*, XIX, n° 8, oct. 1951, pp. 3-6.
[Biographie]

5915   DESCAVES, Lucien: *"La Terre"*, in *Souvenirs d'un ours*.
P., Les Editions de Paris, pp. 87-96.
[Cf. 5557]

5916   GARCIA DE FRANCA, Mireille: *Zola y Rodin. Dos Formas
de una misma idea. Vol. I*. La Havane, Ucar, García
y Compañía. 410p.

5917   KAYSER, Jacques: *L'Affaire Dreyfus*. P., Gallimard.
306p. Tr. anglaise: New York-Londres, 1931. 432p.
[Voir surtout chap. IV et V sur "J'accuse" et le
procès Zola]

5918   REWALD, John: *The History of Impressionism*. New York,
Museum of Modern Art. 474p. Tr. italienne: Florence,
Sansoni, 1949. xxxi,318p. Tr. française: *Histoire de
l'Impressionnisme*. Tr. de l'anglais par Nancy Golder-
Bouwens. P., Albin Michel, 1955. 2 vol.

*5919   RUFENER, Helen Beatrice La Rue: *Biography of a War
Novel: Zola's "La Débâcle"*. New York, King's Crown
Press. ix,125p.

5920   SAINT-GEORGES DE BOUHELIER: *Le Printemps d'une génération*. P., Nagel. 351p.

5921   SAURAT, Denis: *Modern French Literature; 1870-1940*.
Londres, Dent/New York, Putnam. 143p.
[Voir "The Opposite Pole: Zola", pp. 19-24, et "The
Reaction against Zola", pp. 24-7.]

5922   VAN TIEGHEM, Philippe: "Les théories du réalisme et du
naturalisme", in *Petite Histoire des grandes doctrines
littéraires en France. De la Pléiade au Surréalisme*.
P., P.U.F., pp. 215-34. 5ᵉ éd.: 1960; 6ᵉ éd. sous le
titre *Les Grandes Doctrines littéraires en France. De
la Pléiade au Surréalisme*; 7ᵉ éd.: 1968.

5923   VIANU, Tudor: "Realismul", in *Figuri si poeme literare*.
Bucarest, Casa Scoalelor, pp. 36-43.   [BU Iasi]
[En roumain]

5924   ARAGON, [Louis]: "Actualité de Zola", *LF*, VI, n° 128,
4 oct., pp. 1, 3. Rp. in *La Culture et les hommes*.
P., Editions Sociales, 1947, pp. 65-80; in *La Lumière
de Stendhal*. P., Denoël, 1954, pp. 245-57; in *Emile*

Zola: La Vérité en marche. Ed. Henri Guillemin. P.,
Fasquelle (Cercle du Bibliophile), 1969, pp. 327-40.
En russe in *Literatura i iskusstvo.* Moscou, 1957.
[Discours au pèlerinage de Médan, 29 sept. 1946]

5925 AURIANT: "Duranty et Zola (lettres inédites)", *La Nef,*
III, n⁰ 20, juill., pp. 43-58.
[Lettres de Duranty, de Pauline Duranty et d'A.
Palley, 1872-1881]

5926 B. B.: "Spravodlivosť pre Zolu. Polemika s časopisom
Cas", *Nová generácia,* pp. 112-3.   [BUKB]
[En slovaque: "La justice pour Zola. Polémique avec
le journal *Cas*"]

5927 DAHLSTROM, Carl E.W.L.: "Zola's *Bête humaine*", *MLN,*
LXI, juin, pp. 431-2.
[En anglais]

5928 DEKKER, G.: "Twee Franse 3kildorromans", *Standpunte*
(Le Cap), I, n⁰ 3, juill., pp. 21-30.
[En afrikaans - étude de *L'Œuvre*]

5929 DESCAVES, Pierre: "Emile Zola: Président des Gens de
Lettres", *La France au Combat,* VI, n⁰ 137, 10 oct.,
p. 7.
[Cf. 6210]

5930 GROSS, Fritz: "Socialist Portrait Gallery: Emile Zola
(2.4.1840-29.9.1902)", *The Socialist Leader* (Londres),
XXXVIII, n⁰ 41, 12 oct., p. 8.
[Sur *Les Quatre Evangiles* - hommage]

5931 HUMEAU, Edmond: "De Zola à Miller: l'évolution du
réalisme", *Arts,* n⁰ 88, 11 oct., p. 2.

5932 LARNAC, Jean: "La place de Zola", *Europe,* 24ᵉ année,
n⁰ 9, sept., pp. 4-16. Rp. in *Umschau,* II, 1947,
pp. 35-47.

5933 LOTE, Georges: "Les réformateurs du théâtre à la fin
du XIXᵉ siècle. I. La dramaturgie d'Emile Zola",
Revue de la Méditerranée (Alger), III, n⁰ 12, mars-
avril, pp. 152-70.

5934 NIESS, Robert J.: "Zola's *L'Œuvre* and the *Reconquista*
of Gamboa", *PMLA,* LXI, juin, pp. 577-83.

5935 PARAF, Pierre: "Actualité de Zola", *LF,* VI, n⁰ 113, 12
avril, p. 4.

5936 ROBERT, Guy (éd.): "Des inédits d'Emile Zola: Une polémique entre Zola et le *Mémorial d'Aix* en 1868", *Arts
et Livres* (Marseille), II, n⁰ 6, juill., pp. 5-23.

5937   TREICH, Aline: "Quel est le "secret" de la mort de
        Zola?", *L'Ordre*, 1er oct. Voir aussi, dans le même
        numéro, l'article de LUGERES: "Dimanche a été célébré
        à Médan le 44e anniversaire d'Emile Zola".

5938   ANONYME: "40 rokov od smrti E. Zolu", *Partizán*, n° 40,
        [1946?], p. 8.   [BUKB]
        [En slovaque: "40 ans depuis la mort d'E. Zola"]

5939   ---: "40 rokov od smrti E. Zolu", *Práca*, n° 171,
        [1946?], p. 41.   [BUKB]
        [Cf. 5938]

                                1947

5940   AHNEBRINK, Lars: *The Influence of Emile Zola on Frank
        Norris*. Upsal, A.-B. Lundequistska Bokhandeln/Cam-
        bridge, Mass., Harvard University Press. 68p. *Essays
        and Studies on American Language and Literature*, V.

5941   JASINSKI, René: "Le roman réaliste et naturaliste", in
        Histoire de la littérature française. Tome II. P.,
        Boivin, pp. 605-31. Nouvelle éd. revue et complétée
        par Robert Bossuat, René Fromilhague, René Pomeau et
        Jacques Robichez: P., Nizet, 1966, pp. 362-76.

5942   LABORI, Marguerite-Fernand: *Labori. Ses Notes manu-
        scrites. Sa Vie*. P., Attinger. xxiv,410p.
        [Lettres de Z. à Labori, pp. 61-72]

5943   LUKACS, György: *A Történelmi Regény*. Budapest, [1947].
        305p. Tr. allemande: *Der Historische Roman*. Berlin,
        Aufbau, 1955. 393p.; rp. in *Georg Lukács Werke. Prob-
        leme des Realismus III. Band 6*. Neuwied-Berlin, Luch-
        terhand, 1965, pp. 15-429. Tr. anglaise: *The Histori-
        cal Novel*. Tr. de l'allemand par Hannah et Stanley
        Mitchell. Londres, Merlin Press, 1962. 363p.; autres
        éd.: Boston, Beacon Press, 1963. 363p.; Harmondsworth,
        Penguin Books, 1969. 435p. Tr. française faite sur
        les textes allemand et anglais: *Le Roman historique*.
        Tr. Robert Sailley. Pr. de Claude-Edmonde Magny. P.,
        Payot, 1965. 407p.
        [Plusieurs mentions de Z.]

5944   MARKIEWICZ, Zygmunt: *Grupa Medanu jako wyraz natura-
        lizmu francuskiego*. Cracovie, Nakładem Polskiej
        Akademii Umiejętności. 143p. (*Polska Akademia Umiejęt-
        ności Rozprawy Wydziału Filologicznego*, LXVII, n° 4).
        [En polonais - sur le Groupe de Médan]

5945   TABARANT, A.: *Manet et ses œuvres*. P., Gallimard. 622p.

5946   TINDALL, William York: "Troughs of Zolaism", in *Forces in Modern British Literature. 1885-1946*. New York, Knopf, pp. 145-84.
[Influence de Z. sur la littérature anglaise]

Sur "Pour une Nuit d'amour", film d'Edmond T. Gréville:

5947   BAZIN, André: "Zola et le cinéma: *Pour une nuit d'amour*", *Le Parisien libéré*, 21 mai. [LS]

5948   BERGER, Monique: *"Pour une nuit d'amour"*, *Le Populaire*, 21 mai. [LS]

5949   CHARTIER, Pierre: *"Pour une nuit d'amour:* un film réalisé par Gréville, d'après Emile Zola", *France Libre*, 1er janv. [LS]
[Voir aussi *ibid.*, 15 mai]

5950   CHAUVET, Louis: "Le cinéma. Au Broadway: *Pour une nuit d'amour*", *Le Figaro*, 16 mai. [LS]

5951   MACE, Armand: *"Pour une nuit d'amour"*, *Reflets*, 25 mai. [LS]

5952   MARCHAND, Jean-José: "Poncifs du film français: Le cinéma", *Climats*, 22 mai. [LS]

5953   MONJO, Armand: "Un très beau film français de classe internationale: *Pour une nuit d'amour*", *L'Humanité*, 16 mai. [LS]

5954   J.-P. V.: *"Pour une nuit d'amour"*, *Combat*, 12 mai. [LS]

5955   VELGHE, P.: "Les nouveaux films: *Pour une nuit d'amour*", *France Libre*, 23 mai. [LS]

*

5956   ATKINS, Stuart: "A Possible Dickens Influence in Zola", *MLQ*, VIII, sept., pp. 302-8.
[A propos de *Thérèse Raquin*]

5957   BRAUN, Sidney D.: "Zola's Esthetic Approach and the Courtesan", *MLN*, LXII, nov., pp. 449-56.
[A propos de *Nana*]

5958   FRANCK-DOMINIQUE: "45 ans après sa mort, Emile Zola reste l'un des auteurs français les plus lus", *L'Ordre (de Paris)*, 4 oct.

5959   KESTEN, Hermann: "Emile Zola", *Litterair Paspoort* (Amsterdam), II, n° 7, janv., pp. 14-16. Rp. in *Antares*, V, n° 1, févr. 1957, pp. 10-14.
[Cf. 6936]

5960   PRIJMJA, F.Ya.: "L. Tolstoj i E. Zolja", *Učenye Zapiski Leningradskogo Ped. Inst. im A.I. Gercena*, XLVIII, pp. 149-86.   [KDM]

5961   PRITCHETT, V.S.: "Zola: The Public Novelist", *The Listener* (Londres), XXXVIII, 4 déc., pp. 984-5.
        [Sur *Germinal*]

5962   TANCOCK, L.W.: "Some Early Critical Work of Emile Zola: *Livres d'aujourd'hui et de demain* (1886)", *MLR*, XLII, janv., pp. 43-57.
        [Sur les chroniques de Z. dans *L'Evénement*, 1866]

5963   TERNOIS, René: "Les amitiés romaines d'Emile Zola", *RLC*, 21e année, no 4, oct.-déc., pp. 512-42.

5964   THIERRY, Werner: "Emile Zola", *Tiden*, VIII, pp. 190-6.
        [En danois]   [BNC]

5965   A. W.: "At Studio 65", *NYT*, 23 juin, p. 14.
        [*Au Bonheur des Dames* au cinéma]

5966   WENGER, Jared: "Character Types of Scott, Balzac, Dickens, Zola", *PMLA*, LXII, mars, pp. 213-32.

1948

5967   BACHELARD, Gaston: *La Terre et les rêveries du repos*. P., Corti. 339p.
        [Voir pp. 161, 281, 297 - Remarques sur l'image du monstre dans *Germinal*, etc.]

5968   ---: *La Terre et les rêveries de la volonté*. P., Corti. 407p.
        [Voir pp. 141, 160-1, sur la forge dans *L'Assommoir*]

5969   DORIVAL, Bernard: *Cézanne*. P., Editions Pierre Tisné. 203p.
        [Voir surtout pp. 13-20, 30-47, 108-12]

*5970   GIDE, André: *Journal 1889-1939*. P., Gallimard (Bibliothèque de la Pléiade). 1368p. Voir aussi *Ibid. 1939-1949*. 1954. 1280p. Déjà parus in *Œuvres Complètes* (jusqu'en 1932), *Pages de Journal* (Gallimard, 1934), *Nouvelles Pages de Journal* (1936) et in *Journal 1889-1949* (1939, 1946, 1950. 3 vol.). Voir aussi André THERIVE: "Les livres", *Le Temps*, 21 janv. 1937.
        [Dénonce "la méconnaissance actuelle" de la valeur de l'œuvre de Z. qui "mérite d'être placé très haut"]

5971   GUMBINER, Joseph H.: *Emile Zola, Defender of Justice*. Cincinnati, Union of American Hebrew Congregations. 18p.

5972   JABOTINSKY, Vladimir: *Ketavim, VII.* Jérusalem, Jabot-
       insky.   [Jewish National Library]
       [En hébreu - Voir pp. 255-60]

5973   LAMM, Martin: *Det Moderna Dramat.* Stockholm, Bonniers.
       363p. Tr. anglaise: *Modern Drama.* New York, Philo-
       sophical Library, 1953. 359p.
       [Voir surtout "Naturalismens genombrott i Frankrike",
       pp. 67-86]

*5974 LUKACS, György: *A Realizmus Problémái.* [Budapest],
       Athenæum, [1948]. 391p. Tr. allemande: *Essays über
       Realismus.* Berlin, Aufbau, 1948. 264p. Ed. revue et
       augmentée: *Probleme des Realismus.* Berlin, Aufbau,
       1955. Voir pp. 103-45: "Erzählen oder Beschreiben?";
       tr. anglaise: "Narration vs Description. Idea and
       Form in Literature", *Masses and Mainstream* (New York),
       II, n° 12, déc. 1949, pp. 40-61; rp. in *Writer & Critic,
       and Other Essays.* Ed. Arthur D. Kahn. Londres, Merlin,
       1970, pp. 110-48.
       [Sur *Nana* - excès de description chez Z. - préjugés
       bourgeois chez Z. qui exprime les valeurs de sa soci-
       été - Cf. 6018]

5975   PRATSIKAS, G.: "Emile Zola", in *Morfes tis Gallias.*
       Athènes, Mavridas. 152p.   [BA]
       [En grec: *Figures de France*]

*5976 ZEVAES, Alexandre: *Le Cinquantenaire de "J'accuse...!"
       (13 janv. 1898 - 13 janv. 1948).* P., Fasquelle. 164p.

5977   BOROWSKI, Tadeusz: "*Germinal* - po latach", *Przegląd
       Akademicki,* n°s 1-2, p. 9.   [BU Varsovie]
       [En polonais]

5978   BUDRECKI, Lech: "*Germinal* po latach", *Nowiny Literackie,*
       n° 18, p. 10.   [BU Varsovie]
       [En polonais]

5979   CROWTHER, Bosley: "The Screen in Review", *NYT,* 1er
       mars, p. 17.
       [*Pour une nuit d'amour* au cinéma - Cf. 5947-55]

5980   DUCLOS, Jacques: "Du *J'accuse* de Zola au *J'accuse* du
       peuple français", *LF,* n° 191, 15 janv., p. 1.

5981   DUDZINSKI, Bolesław: "Zola i *Germinal*", *Nasza Myśl,*
       n° 2, pp. 94-5.   [BU Varsovie]
       [En polonais]

5982   DUPUY, Paul: "Février 1898: L'Affaire Dreyfus et le
       procès Zola", *La Pensée,* n.s. n° 16, janv.-févr.,

pp. 11-25.

5983 FAURE, François: "John Galsworthy et les littératures étrangères", *RLC*, 22e année, n° 1, janv.-mars, pp. 84-102.

5984 FREVILLE, Jean: "La leçon de Zola", *Action*, n° 174, 28 janv.-3 févr., p. 10.
[Z. et l'Affaire Dreyfus]

5985 FRIERSON, William C., et Herbert EDWARDS: "Impact of French Naturalism on American Critical Opinion (1877-1892)", *PMLA*, LXIII, pp. 1007-16.

5986 GARMY, René: "Comment fut écrit *J'accuse*", *LF*, n° 191, 15 janv., pp. 1, 7.

5987 HATCH, Robert: "Bad News from Abroad", *The New Republic* (New York), CXIX, n° 1752, 5 juill., pp. 28-9.
[A propos du film *Naïs*, adaptation de "Naïs Micoulin"]

5988 JONES, Malcolm B.: "Henry Gréville et Emile Zola aux Etats-Unis (1870-1900)", *RLC*, 22e année, n° 4, oct.-déc., pp. 528-34.

5989 JOURDAIN, Francis: "En ce temps-là", *Europe*, XXVI, n° 25, janv., pp. 1-10.
[Z. et l'Affaire Dreyfus]

5990 ---: "Alfred Bruneau, compagnon de Zola", *Arts*, n° 173, 2 juill., p. 8.
[Discours prononcé le 15 juin 1948 sur la tombe d'Alfred Bruneau]

5991 KAHN, Emile: "L'enseignement le plus précieux", *LF*, n° 191, 15 janv., p. 1.
[A propos de l'Affaire Dreyfus]

5992 KAYSER, Jacques: ""J'accuse!"," *Europe*, XXVI, n° 25, janv., pp. 11-21. Rp. en allemand in *Lancelot*, n° 16, 1949, pp. 68-79. Voir aussi *Caliban*, II, janv. 1948, pp. 22-4.

5993 KAYSER, Jacques (éd.): "Emile Zola: "Impressions d'audiences"," *La Nef*, V, n° 39, févr., pp. 55-66. Rp. in *O.C.*, *XIV*, pp. 1107-22.

5994 KAYSER, Jacques: "Emile Zola et l'opinion publique", *La Nef*, V-VI, n°s 49-50, déc. 1948-janv. 1949, pp. 47-58, 23-37.
[Sur la correspondance reçue par Z. à l'époque de l'Affaire Dreyfus]

5995 KOSINSKA, Kazimiera: "Emil Zola 1840-1902", *Dziennik*

Literacki, n° 34, p. 4. [BU Varsovie]
[En polonais]

5996 LESOURD, Jean-Alain: "Emile Zola", *Glanes. Cahiers de
l'Amitié Franco-Néerlandaise* (Amsterdam), I, n° 2,
sept.-oct., pp. 55-60.

5997 MALTZ, Albert: "L'écrivain, conscience du peuple",
Europe, 26e année, n° 27, mars, pp. 16-25.
[L'Affaire Dreyfus]

5998 MAURETTE, Marcelle: "Zola cet inconnu", *Le Spectateur*,
IV, n° 147, 30 mars, pp. 1, 3.

5999 ---: *"Thérèse Raquin"*, *L'Illustration théâtrale*, 15 oct.
[Au théâtre] [CN, n° 1]

6000 MORGAN, Claude: "Le pèlerinage de Médan. Le réalisme
de Zola", *LF*, n° 228, 7 oct., pp. 1, 3.

6001 NIESS, Robert J.: "Emile Zola: From Fact to Fiction",
MLN, LXIII, juin, pp. 407 0.
[A propos de *L'Œuvre*]

6002 ---: "Another View of Zola's *L'Œuvre*", *RR*, XXXIX,
déc., pp. 282-300.

6003 PARTURIER, Maurice: "Zola et Duranty (Notes et documents)", *Bulletin du Bibliophile et du Bibliothécaire*,
févr.-mars, pp. 49-73, 97-124. Rp.: *Zola et Duranty
(notes et documents)*. P., Giraud-Badin, 1948. 56p.
[Avec des lettres, 1868-1880]

*6004 ROBERT, Guy: "Zola et le classicisme", *RSH*, n°s 49-50,
janv.-mars, avril-juin, pp. 1-24, 126-53.

6005 ROBERT, G. (éd.): "Trois textes inédits d'Emile Zola",
RSH, n°s 51-2, juill.-déc., pp. 181-207.
[Voir 4746 et *O.C.*, *X*]

6006 SINKO, Grzegorz: "Abyśmy nie zapomnieli", *Dziennik
Literacki*, n° 49, p. 3. [BU Varsovie]
[En polonais - hommage]

6007 VITNER, Ion: *"Păuna Mică* şi problema oglindirii
artistice a realității", *Contemporanul*, n° 94, 16
juill., pp. 5, 10. [BU Iasi]
[En roumain]

6008 ZEVAES, Alexandre: "Emile Zola: l'historien social",
Glanes. Cahiers de l'Amitié Franco-Néerlandaise
(Amsterdam), I, n° 2, sept.-oct., pp. 61-73.

*6009   BEUCHAT, Charles: *Histoire du naturalisme français*.
        P., Editions Corrêa. 2 vol.
        [Voir surtout II, pp. 9-76.]

6010   CADILHAC, Paul-Emile: "Pèlerinage à Médan", in *Demeures
        inspirées et sites romanesques I*. Textes et documents
        réunis par Raymond Lécuyer et Paul-Emile Cadilhac.
        P., S.N.E.P.-Illustration, pp. 313-24.

6011   DINUR, B.: "Ha-Ani maashim shel Emil Zola", in *Emile
        Zola: "Ani Maashim"* ["J'accuse"]. Jérusalem, Mosad
        Bialik.   [Jewish National Library]
        [En hébreu]

6012   EISENSTEIN, Sergei: *Film Form: Essays in Film Theory*.
        Ed. et tr. Jay Leyda. New York, Harcourt Brace. Ré-
        impression: Londres, Dobson, 1951. xi,279p.
        [Voir pp. 113-4, 158-9, 169-70, sur *Germinal, Nana,*
        et les techniques de Z.]

6013   FARGUE, Léon-Paul: "Mon pèlerinage à Médan (1946)",
        in *Etc...* Genève, Editions du Milieu du Monde, pp.
        79-83.

6014   FRANCE, Anatole: *Vers les Temps meilleurs. Trente Ans
        de vie sociale. Commentés par Claude Aveline. I.
        Introduction générale, 1897-1904*. P., Emile-Paul.
        lxxiii,247p.
        [Voir pp. 8-10, sur l'Affaire Dreyfus (1898); p. 116,
        télégramme à Mme Zola lors de la mort du romancier;
        pp. 117-20, discours aux obsèques de Z.; pp. 210-12,
        discours à l'occasion du 2e anniversaire de la mort
        de Z.]

6015   KAWACHI, Kiyoshi: *Emīru Zora*. Tokyo, Sekaï-hyōronsha.
        287p.   [KO]
        [En japonais: *Emile Zola*]

6016   LAFARGUE, Paul: *Književne kritike*. Tr. Eli Finci.
        Belgrade. 193p.   [BUSM]
        [En serbo-croate: *Les Critiques littéraires* - Voir
        pp. 121-37 sur Z. et le naturalisme - Cf. 1701]

6017   LLOYD, Everett T.: *The Evolution of the Attitude in the
        United States toward Emile Zola*. New York, New York
        University. 18p.
        [Résumé d'une thèse de doctorat - Z. aux Etats-Unis -
        Voir ci-dessous appendice, T79]

*6018 LUKACS, György: "A százéves Zola", in *Balzac, Stendhal, Zola*. Budapest, Hungária, [(1946)-1949], pp. 139-56. Tr. allemande: *Balzac und der französische Realismus*. Berlin, Aufbau, 1952. 103p.; autre éd.: "Zum hundersten Geburtstag Zolas", in *Georg Lukács Werke. Probleme des Realismus III. Band 6*. Neuwied-Berlin, Luchterhand, 1965, pp. 510-21. Tr. française: "Pour le centième anniversaire de la naissance de Zola", in *Balzac et le réalisme français*. Tr. de l'allemand par Paul Laveau. P., Maspero, 1967, pp. 92-105. En serbo-croate in *Szegedi. Ogledi o realizmy* ... 1947. En slovène in *Trije Eseji iz francoske literature*. Ljubljana, Slovenski Knjižni Zavod, 1948, pp. 75-95. En anglais: "The Zola Centenary", in *Studies in European Realism: A Sociological Survey of the Writings of Balzac, Stendhal, Zola, Tolstoy, Gorki and Others*. Tr. Edith Bone. Londres, Hillway Publishing Co., 1950, pp. 85-96; première éd. américaine: New York, Grosset & Dunlap, 1964. xiii,267p. Tr. italienne: Turin, Giulio Einaudi, 1950. xi,375p. (tr. faite sur le texte hongrois); nouvelle éd.: 1970. 374p. Piccola Biblioteca Einaudi, 140. Tr. polonaise: Varsovie, "Ksiażka i Wiedza", 1951. 66p.
[Z. "modèle du bourgeois démocrate courageux", "un spectateur isolé, un commentateur critique de la vie de sa société", un "romantique versant dans le pittoresque et le décoratif" - Cf. 5974 - Ecrit en 1940]

6019 MAURIAC, Pierre: *La Médecine et l'intelligence (1840-1940)*. Bordeaux, Delmos. 272p.
[Voir "Emile Zola", pp. 79-83]

6020 NICOLL, A.: "The Realism of Hebbel and the Naturalism of Zola", in *World Drama from Æschylus to Anouilh*. New York, Harcourt-Brace, pp. 507-11.
[Voir p. 511 sur Z., le théâtre et *Thérèse Raquin*]

6021 SADOUL, Georges: *Histoire du cinéma mondial des origines à nos jours*. P., Flammarion. 684p.
[Plusieurs mentions des adaptations de l'oeuvre de Z.]

6022 STREMPEL, Horst: *Zeichnungen zu "Germinal"*. Dresde, Sachsenverlag. ii,30p. (Série: Kunst und Welt). [WH]
[Illustrations]

6023 VAN TIEGHEM, Philippe: "Zola", in *Histoire de la littérature française*. P., Arthème Fayard, pp. 518-20.

6024 YAMADA, Tamaki: *Zora no shōgaï to sakuhin*. Tokyo, Rokkō-shuppansha. 414p. [KO]

[En japonais: *La Vie et l'œuvre de Zola*]

6025 ANONYME: *Jacques Feyder ou le cinéma concret.* Bruxelles,
Comité National Jacques Feyder. 99p.
[Voir surtout pp. 21-2 - à propos de *Thérèse Raquin*
au cinéma]

6026 BOUISSOUNOUSE, Janine: "Lecture pour l'Année Sainte.
La *Rome* de Zola", *LF*, n⁰ 291, 22 déc., pp. 1, 3.

6027 CUENOT, Claude: "Une lettre inédite d'Emile Zola", *MF*,
CCCVII, n⁰ 1036, déc., pp. 769-70.
[A Lucien Cuénot - à propos du *Docteur Pascal*]

6028 FAISON, S. Lane: "Manet's Portrait of Zola", *The Magazine of Art* (Washington), XLII, mai, pp. 163-8.

6029 KULCZYCKA-SALONI, Janina: "Nowe wydanie *Germinala*",
Kuźnica, n⁰ 16, p. 8.   [BU Głowna, Poznań]
[En polonais: "Nouvelle édition de *Germinal*"]

6030 MAUBLANC, René: "Actualité de Zola", *La Pensée*, n.s.
22, janv.-févr., pp. 74-84. Ext. in *LF*, n⁰ 228, 7
oct. 1948, p. 3.
[Discours au pèlerinage de Médan, 3 oct. 1948]

6031 PILECKI, Jerzy: "O szacunek dla trudu pisarskiego",
Odrodzenie, n⁰ 5, p. 8.   [BU Varsovie]
[En polonais - hommage]

1950

*6032 AHNEBRINK, Lars: *The Beginnings of Naturalism in Ameri-
can Fiction. A Study of the Works of Hamlin Garland,
Stephen Crane, and Frank Norris with Special Refer-
ence to Some European Influences. 1891-1903.* Upsal,
Lundequistska Bokhandeln/Cambridge, Harvard Univer-
sity Press. xi,505p. *Essays and Studies on American
Language and Literature*, IX. Réimpression: New York,
Russell & Russell, 1961. xi,505p.
[Voir surtout chap. X: "The Influence of Zola", pp.
233-308]

6033 BOWIE, Theodore Robert: *The Painter in French Fiction.
A Critical Essay.* Chapel Hill, University of North
Carolina. 60p. (University of North Carolina Studies
in the Romance Languages and Literatures).

6034 FROMM, Erich: *Bibliographie deutschen Uebersetzungen
aus dem Französischen. VI.* Baden-Baden.   [YC]

6035 GMELIN, Hermann: *Der Französische Zyklenroman der Gegenwart 1900-1945*. Heidelberg, Quelle & Meyer. 194p.   [VII, n° 4]
["Zola-*Les Rougon-Macquart*", pp. 15-19]

6036 HEMMINGS, F.W.J.: *The Russian Novel in France, 1884-1914*. Londres, Oxford University Press. 250p.
[Z. et la réaction contre le naturalisme en faveur du roman russe]

6037 JOURDAIN, Francis: *Cézanne*. P., Braun/New York, Herrmann. 32p.; 24 illustrations.
[*L'Œuvre*]

6038 LENIN, V.I.: "Proročeskie slova", in *Sočinenija* [*Œuvres*] [4e éd.] *XXVII*. Moscou, Gos. Izd. Pol. Lit., pp. 455-60.
[En russe: "Les mots prophétiques" - Voir p. 459 sur *La Joie de vivre*]

6039 MARJANOVIC, Milan: *Hrvatska književna kritika, III*. Zagreb, Matica Hrvatska. 323p.   [BUSM]
[En serbo-croate - Voir "Emile Zola", pp. 222-6 - Cf. 3660]

6040 PHILADELPHUS, Alex: [*Critiques d'éminentes personnalités sur la 3e édition de son ouvrage: "L'homme, singe dégénéré"*]. Athènes, s.éd. 80p.   [BA]
[En grec?]

6041 PRAMPOLINI, Giacomo: "Zola, Daudet e Maupassant", in *Storia universale delle letterature, IV*. Nouvelle éd.: Turin, U.T.E.T., pp. 870-5. Autre éd.: 1960.

6042 REWALD, John (éd.): *Camille Pissarro: Lettres à son fils Lucien, présentées par John Rewald*. P., Albin Michel. 522p.
[Voir surtout pp. 99-100, 445-50.]

6043 RZEUSKA, Maria: *"Chłopi" Reymonta*. Varsovie, Towarz. Nauk. Warszawskie.   [BU Varsovie]
[En polonais - Voir pp. 35, 182-6, 208-11, 230 - influence de *La Terre* sur *Les Paysans*]

6044 TRESKUNOV, M.S., et E.G. ETKIND: "Emil' Zolja", in V.A. FEDOROV: *Francuzskaja novella 19 veka* ... Moscou, Goslitizdat, pp. 796-800.   [CN, n° 20]
[En russe - Cf. 6950]

6045 ARTINIAN, Artine, et Edouard MAYNIAL (éd.): "Lettres inédites de Guy de Maupassant à Emile Zola", *Bulle-*

tin du Bibliophile (et du Bibliothécaire), n⁰ 3, pp. 131-58.
[Cf. 6057]

6046 BROWN, Donald F.: "A Chilean *Germinal:* Zola and Baldomero Lillo", *MLN*, LXV, janv., pp. 47-52.
[Influence de *Germinal*]

6047 S. C.: "Bilješke o Zolinom naturalizmu", *Izvor*, III, n⁰ 9, pp. 645-9. [BUSM]
[En serbo-croate: "Notes sur le naturalisme de Zola"]

6048 FARRELL, James T.: "Some Observations on Naturalism, So Called, in Fiction", *The Antioch Review* (Yellow Springs, Ohio), X, n⁰ 2, juin, pp. 247-64.
[Sur le naturalisme de Z. et sur *Le Roman expérimental*]

6049 GALOTTI, J.: ["Zola et les *Soirées de Médan*"], *Néa Hestia* (Athènes), n⁰ 549, pp. 690-1. [BA]
[En grec?]

6050 GIRARD, Marcel, et Vlasta d'HERMIES: "Emile Zola devant la critique tchèque", *Revue des Etudes slaves* (Paris), XXVI, pp. 106-24.

6051 GLIHA, Marta: "Pregled najnovejše prevodne literature. Zola - *Napad na mlin*", *Mladinska revija* (Ljubljana), n⁰ 5, 1950-1951, p. 240. [RV]
[En slovène - c.r. de la tr. slovène de "L'Attaque du moulin"]

6052 -JK-: "Emile Zola", *Zivot*, n⁰ 17, p. 10. [BUKB]
[En slovaque]

6053 PRITCHETT, V.S.: "Books in General", *The New Statesman and Nation* (Londres), XXXIX, mai, pp. 578-9. Rp. in *Books in General*. Londres, Chatto & Windus/New York, Harcourt/Toronto, Clarke-Irwin, pp. 110-22.
[A propos de *L'Œuvre*]

6054 ROBERT, Guy (éd.): "Lettres inédites à Henry Fèvre", *RHLF*, 50ᵉ année, n⁰ 1, janv.-mars, pp. 64-82.

6055 SALVAN, Albert J.: "Zola e noi", *Inventario* (Florence), III, n⁰ 1, printemps, pp. 112-7.

6056 ANONYME: "Zola and the Translators", *TLS* (Londres), n⁰ 2544, 3 nov., p. 692.
[Sur la tr. anglaise de *L'Œuvre*]

1951

6057 ARTINIAN, Artine (éd.): *Correspondance inédite de Guy*

de Maupassant recueillie et présentée par Artine Artinian avec la collaboration d'Edouard Maynial.
P., Wapler. 343p.
[Voir surtout "A Emile Zola", pp. 88-131 - Cf. 6045]

6058   BILLY, André: "Contre Zola", in *L'Epoque 1900. 1895-1905*. P., Editions Jules Tallandier, pp. 39-47.

6059   JAKUBOWSKI, Jan Zygmunt: *Z Dziejów Naturalizmu w Polsce.* Wroclaw, Zakład Narodowy im. Ossoliński. 137p.
[En polonais - le naturalisme en Pologne]
[BU Głowna, Poznań]

6060   NOWAKOWSKI, Jan: *Spór o Zolę w Polsce. Z dziejów pozytywistycznej recepcji naturalizmu francuskiego.* Wroclaw, Wydawnictwo Zakładu Narodowego Imienia Ossolińskich. 74p. *Instytut Badań Literackich. Studia Historyczno-Literackie, VIII.*
[Z. et le naturalisme en Pologne - controverse - ouvrage en polonais]

6061   SLOANE, Joseph C.: *French Painting between the Past and the Present. Artists, Critics, and Traditions, from 1848 to 1870.* Princeton, New Jersey, Princeton University Press. 241p.
[Voir surtout pp. 94-8, 196-201, sur Z. et la peinture]

6062   WEST, Anthony: "Emile Zola", in *Principles and Persuasions.* New York, Harcourt-Brace, pp. 134-40. Rééditions: 1952, 1953, 1954, 1955, 1956, 1957. Nouvelle éd.: Londres, Eyre-Spottiswoode, 1958, pp. 126-31.

6063   AYME, Marcel: "Zola: Truth despite Science", *The Saturday Review of Literature* (New York), XXXIV, n° 4, 27 janv., pp. 17-18.
[Tr. Herma Briffault - œuvre poétique, malgré les formules scientifiques]

6064   CEARD, Henry, Edouard HERRIOT, BLASCO IBANEZ, Georges DUHAMEL: "Opinions sur Emile Zola", *Biblio*, 19e année, n° 8, oct., pp. 9-10.

6065   DONS, Herman: "Quelques souvenirs professionnels. Le procès Zola de 1898", *Le Flambeau* (Bruxelles), 34e année, n° 3, pp. 250-67.   [VII, n° 4]

6066   NEWTON: William: "Chance as Employed by Hardy and the Naturalists", *Philological Quarterly* (Iowa City, Iowa University), XXX, avril, pp. 154-75.

[A propos de *Germinal*]

6067   NEWTON, William: "Hardy and the Naturalists: Their Use
        of Physiology", *MP*, XLIX, n° 1, août, pp. 28-41.

6068   PARAF, Pierre: "Zola et Paris", *LF*, n° 382, 4 oct., p. 4.
        [Sur Paris dans l'œuvre de Z. et sur le roman *Paris*]

6069   RIES, J.: "Zola et la résistance provençale au Coup
        d'Etat de Décembre 1851", *RS*, n° 52, déc., pp. 532-47.
        [A propos de *La Fortune des Rougon*]

6070   ROBERT, Guy: "A propos de *La Terre* de Zola: Comment un
        roman peut-il apporter sa contribution à l'histoire?",
        L'Information historique, XIII, n° 1, janv.-févr.,
        pp. 20-2.

6071   TVETERAS, Egil: "Garborg og naturalismen", *Syn og Segn*
        (Oslo), LVII, n° 2, pp. 55-68.
        [Influence de Z. sur Arne Garborg]

6072   WEILL-HALLE, D^r: "Absence de Zola", *LF*, n° 382, 4 oct.,
        p. 4.
        [Hommage]

6073   ANONYME: "Bibliographie des Œuvres d'Emile Zola. Edi-
        tions originales et principales éditions illustrées",
        Biblio, XIX, n° 8, pp. 12-15.

TROISIEME PARTIE

1 9 5 2 - 1 9 7 0

1952

6074   ADHEMAR, Jean: "De quelques sources iconographiques
        des romans de Zola", in *Emile Zola. Exposition
        organisée pour le cinquantième anniversaire de sa
        mort.* [Catalogue]. P., Bibliothèque Nationale. pp.
        xi-xiii.
        [Surtout *La Faute de l'abbé Mouret* et *Nana*]

*6075   BERNARD, Marc: *Zola par lui-même.* P., Editions du
        Seuil. 191p. (Coll. "Ecrivains de Toujours"). Ré-
        édition: 1962. Tr. allemande: *Emile Zola in Selbst-
        zeugnissen und Bilddokumenten.* Tr. Hansgeorg Maier.
        Documentation et bibliographie par Paul Raabe. Ham-
        bourg, Rowohlt, 1959. 174p. (Rowohlts Monographien,
        24). Tr. anglaise: *Zola.* Tr. Jean M. Leblon. New
        York, Grove Press/Londres, Evergreen Books, 1960.
        189p. Tr. serbo-croate, avec une bibliographie de
        l'œuvre de Z. en serbo-croate et de la critique
        serbo-croate sur Z.: *Zola njim samim.* Tr. Mirjana
        Lalić. Belgrade, Vuk Karadžić, 1966. 200p.
        [Etude générale de l'œuvre de Z. et de sa vie, avec
        des chap. sur *L'Assommoir, Une Page d'amour, Nana,
        Au Bonheur des Dames, Germinal* - Z. sans délicatesse,
        mais "énorme": "Son gigantisme fait de lui un phéno-
        mène"]

6076   BROWN, Calvin S.: *Repetition in Zola's Novels.* Athens,
        Georgia, University of Georgia Press. v,124p. (Uni-
        versity of Georgia Monographs, n° 1).

6077   DAULTE, François: *Frédéric Bazille et son temps.* Genève,
        Cailler. 218p.

6078   DECKER, Clarence R.: *The Victorian Conscience.* New York,
        Twayne. 213p.
        [Voir surtout pp. 79-114 sur le naturalisme en Angle-
        terre]

*6079   FREVILLE, Jean: *Zola, semeur d'orages.* P., Editions
        Sociales. 162p. Ext. in *LF*, 11e année, n° 432, 25
        sept.-2 oct. 1952, pp. 1, 5. Tr. polonaise: *Zola,
        siewca burz.* Tr. Erwin Wolf. Varsovie, PIW, 1954.

151p.
[Etude d'un point de vue marxiste - *Germinal*, le seul roman vraiment socialiste de Z.]

6080 HATZFELD, Helmut A.: *Literature through Art: A New Approach to French Literature*. New York, Oxford University Press. 247p.

6081 HERON DE VILLEFOSSE, René: *Cent Ans de jeunesse: Le Bon Marché, 1852-1952*. P., Marchot.   [RM III]
[*Au Bonheur des Dames*]

6082 LION, Ferdinand: "Zola", in *Der Französische Roman im neunzehnten Jahrhundert. Stendhal, Balzac, Flaubert, Zola*. Zurich, Oprecht, pp. 113-39.

6083 MATIC, Dušan: "Emile Zola", in *Jedan vid francuske književnosti*. Belgrade, Prosveta, pp. 132-53. [BUSM]
[En serbo-croate]

6084 PATADZIS, Sot.: *I Ipothesis Dréifous ke o Zola*. Athènes, s.éd. 112p.   [BA]
[En grec: *L'Affaire Dreyfus et Zola*]

*6085 ROBERT, Guy: *Emile Zola. Principes et caractères généraux de son œuvre*. P., Les Belles Lettres. 205p. Tr. polonaise: *Emil Zola. Ogólne zasady i cechy jego twórczości*. Varsovie, PIW, 1968. 253p.

*6086 ---: *"La Terre" d'Emile Zola. Etude historique et critique*. P., Les Belles Lettres. 490p.

*6087 ROBERT, Guy (éd.): *Lettres inédites de Louis Desprez à Emile Zola*. Intr. et notes de Guy Robert. P., Les Belles Lettres, [1952]. 130p.

*6088 SOS, Endre: *Zola*. [Budapest], Müvelt Nép Könyvkiadó. 132p. (A Kultúra Mesterei).
[En hongrois - bibliographie de Z. en Hongrie, pp. 127-30]

6089 TERNOIS, René: "La genèse du premier chapitre de *Rome*", in *Mélanges de linguistique et de littérature romanes offerts à Mario Roques. Tome III*. P., Didier, pp. 265-73.
[Cf. 7094]

6090 THOMAS, Marcel: "Les manuscrits de Zola conservés à la Bibliothèque Nationale", in *Emile Zola. Exposition organisée pour le cinquantième anniversaire de sa mort*. [Catalogue]. P., Bibliothèque Nationale, pp. xv-xvii.

6091   VAN GOGH, Vincent: *Verzamelde Brieven van Vincent van Gogh. Uitgegeven en toegelicht door J. van Gogh-Bonger*. Amsterdam-Anvers, Wereld Bibliotheek, 1952-1954. 4 vol.

*6092   WILSON, Angus: *Emile Zola: An Introductory Study of His Novels*. Londres, Secker & Warburg. 148p. Rééditions: New York, William Morrow, 1952 et 1961; New York, Apollo, 1961; Glouster, Mass., Peter Smith, 1962. Ed. revue et augmentée: Londres, Secker & Warburg, 1964; Londres, Mercury Books, 1965. 160p. Ext. in *Novelists on Novelists. An Anthology*. Ed. Louis Kronenberger. Garden City, New York, Doubleday, 1962, pp. 137-57. [Etude générale de la vie et de l'œuvre de Z., avec un appendice sur Z. et son public anglais et américain]

Cinquantenaire de la mort de Zola (hommages):

6093   EJHENGOL'C, M.D.: *Emil' Zolja (K 50-letiju so dnja smerti)*. Moscou, Znanie. 30p.

6094   ANONYME: *Emile Zola. Exposition organisée pour le cinquantième anniversaire de sa mort*. [Catalogue]. P., Bibliothèque Nationale. xiii,100p.
[Cf. 6074 et 6090]

6095   ABRAHAM, Pierre: "Lire Zola", *Europe*, XXX, n°s 83-4, nov.-déc., pp. 3-6.

6096   ANIKST, A.: "Emil' Zolja", *Sovetskoe iskusstvo*, 2/ sept. [En russe]   [CN, n° 20]

6097   BASTIEN, Hermas: "Emile Zola: l'homme et l'écrivain", *L'Information médicale et paramédicale* (Montréal), V, n° 3, 16 déc., pp. 12, 11.

6098   BEAU DE LOMENIE, E.: "Le dilemme Bourget-Zola", *La France catholique*, n.s. XXXII, n° 318, 19 déc., p. 2.

6099   BERGERON, Régis (éd.): "Jacques Emile-Zola représentera son père le 25 octobre, au Vélodrome d'Hiver", *LF*, 11e année, n° 433, 2 au 9 oct., pp. 1, 5.
[Interview - souvenirs]

6100   BERNARD, Marc: "Il y a cinquante ans. Emile Zola et son époque", *Cahiers français d'Information*, n° 213, 1er oct., pp. 18-19.

6101   BEUCLER, André: "Le cinquantenaire de la mort d'Emile Zola", *La Revue du Caire*, 15e année, n° 153, oct., pp. 441-4.

6102   BILLY, André: "Il y a cinquante ans Zola mourait", *FL*, n° 336, 27 sept., p. 2.

6103 BOISSIER, Marthe: "Le cinquantième anniversaire de la
mort d'Emile Zola", *Terre de Provence*, IX, n° 46, 16
nov., p. 1.
[Manifestations commémoratives à Aix - discours -
Cf. 6104-5]

6104 ---: "Inauguration du Monument Emile Zola", *ibid.*, n°
47, 23 nov., p. 1.
[A Aix]

6105 ---: "Inauguration du Médaillon d'Emile Zola au Lycée
Mignet", *ibid.*, n° 48, 30 nov., p. 1.
[Ancien Collège Bourbon - La jeunesse de Z.]

6106 BOOR, J.: "Spomíname na Emila Zolu", *Pravda*, n° 231,
p. 5.   [BUKB]
[En slovaque]

6107 BOROZNA, N.: ["Un grand écrivain français"], *Sovetskaja
Ukraina*, n° 9, pp. 114-9.   [CN, n° 20]

6108 BOURET, Jean: "Médan se recueille pour le pèlerinage
du cinquantenaire d'Emile Zola", *Le Franc-Tireur*,
6-7 sept.

6109 BOURGIN, Georges: "Zola citoyen", *L'Education nationale*,
n° 25, 16 oct., pp. 9-10.

6110 BRANDS, E.: ["Un grand écrivain de France"], *Pskovskaja
pravda*, 30 sept.   [CN, n° 20]

6111 BROWN, Calvin S.: "Zola, Fifty Years After", *University
of Toronto Quarterly*, XXI, juill., pp. 325-9.

6112 CHAZEL, Pierre: "Actualité de Zola", *Réforme*, 18 oct.

6113 CHRAPPOVA, M.: "Odkaz Zolovho diela dnešku", *Kult. život*,
n° 40, p. 11.   [BUKB]
[En slovaque]

6114 COIPLET, Robert: "Emile Zola", *Le Monde*, 27 sept.

6115 COUVREUR, Jean: "Zola à la Bibliothèque Nationale",
Le Monde, 17 déc.
[Cf. 6094]

6116 DENUX, Roger: "Un moment de la conscience humaine",
L'Ecole libératrice, n.s. XX, n° 4, 17 oct., p. 81.
[Z. et l'Affaire Dreyfus]

6117 DORISON, Guy: "Des *Rougon-Macquart* à *J'accuse*", *La Croix*,
28-29 sept.

6118   DZONIC, Uroš: "Kako je umro Emil Zola?", *Politika*, 5
       oct.   [BUSM]
       [En serbo-croate - sur la mort de Z.]

6119   ELMQUIST, Carl Johan: "Emile Zola ved et vendepunkt",
       Politikken, 30 sept.   [BNC]
       [En danois]

6120   GANNE, Gilbert: "Zola et Péguy inaugurent la saison
       littéraire", *NL*, n° 1310, 9 oct., pp. 1, 4.

6121   GARCON, Maurice: "Zola nous a appris à haïr le mensonge",
       LF, 11e année, n° 439, 13-20 nov., pp. 1, 4.

6122   GUERMANTES: "Quand Zola mourut", *Le Figaro*, 30 sept.

6123   GUETTE, Jean: "Actualité de Zola", *L'Observateur*, 3e
       année, n° 125, 2 oct., p. 19.

6124   GUIGNEBERT, Jean: "La vie d'Emile Zola fut un long réqui-
       sitoire contre le mensonge et l'oppression", *Libération*,
       29 sept.

6125   A. H.: "Le cinquantenaire d'Emile Zola", *Le Fribourgeois*
       (Fribourg), 11 oct.   [RR 1953]

6126   HERGESIC, Ivo: "Petdesetogodišnjica Zoline smrti",
       Republika, VIII, n° 12, pp. 401-3.   [BUSM]
       [En serbo-croate]

6127   HERTZ, Henri: "Emile Zola, témoin de la vérité", *Europe*,
       XXX, nos 83-4, nov.-déc., pp. 27-34.

6128   IKOR, Roger: "Retour de Zola", *L'Education nationale*,
       n° 25, 16 oct., pp. 3-4.

6129   JACO: "Coups de Bec et Bruits de Plume ... au Cinquan-
       tenaire de la mort de Zola. De Zola à Bainville", *Le
       Bulletin des Lettres*, XIV, n° 141, 15 oct., pp. 332-5.
       [A propos d'un article de Bainville sur Z., en 1908]

6130   JOURDAIN, Francis: "Un héros", *LF*, 11e année, n° 432,
       25 sept.-2 oct., p. 5.

6131   KAHN, Emile: "Emile Zola au cinquantenaire de sa mort",
       RS, n° 61, nov., pp. 337-48.

6132   KARST, Roman: "Emil Zola", *Widnokrąg. Dod. do Gazety
       Poznańskiej* (Poznan), n° 41, pp. 2, 6.   [BU Łódź]
       [En polonais]

6133   KASTROPIL, Stjepan: "Emil Zola i mi", *Književni Jadran*,
       I, nos 11-12, pp. 1-2.   [BUSM]
       [En serbo-croate: "Emile Zola et nous"]

6134   KESHET, Yeshurun: "Zola", *Molad*, n° 55, pp. 46-52.
        [En hébreu - Cf. 6325]

6135   KIRCHHOFF-LARSEN, Chr.: "Emile Zola - halvfjerds år
        efter", *Børsen*, 7 sept.   [BNC]
        [En danois]

6136   KOSOVEL, Stano: "Emile Zola - petdeset let po smrti",
        Novi svet (Ljubljana), VII, n° 10, pp. 949-60. Voir
        aussi *Primorski dnevnik* (Trst), n° 235.   [RV]
        [En slovène]

6137   KOTULA, Adam: "*Oskarżam!* W 50 rocznicę śmierci Zoli",
        Nowa Kultura (Varsovie), III, n° 40, pp. 3, 7.
        [En polonais - sur "J'accuse"]   [BU Łódź]

6138   KREFT, Bratko: "Fragment o Emilu Zolaju. Ob petdeset-
        letnici smrti", *Naši razgledi* (Ljubljana), I, n° 16,
        pp. 10-11.   [RV]
        [En slovène]

6139   LE BLOND, Jean-Claude: "Emile Zola apôtre du travail",
        Libération-Champagne, 14 nov.

6140   LE BRETON-GRANDMAISON: "A propos du cinquantenaire.
        Visite au docteur Jacques Emile-Zola", *Combat*, 23
        mai.

6141   MANEVY, Raymond: "A l'occasion du cinquantenaire de la
        mort de l'auteur de "J'accuse". Emile Zola journa-
        liste", *Etudes de Presse*, n.s. III, n° 3, 15 janv.,
        pp. 36-45.
        [Résumé de sa carrière]

6142   MARIE, André: "Un autre "laboureur de livres": Zola",
        Arts, n° 380, 10 au 16 oct., p. 10.

6143   MAZARS, Pierre: "La "Cabane à lapins" et la "Maison
        des pins" accueillent les fidèles de Zola et de
        Péguy", *FL*, n° 338, 11 oct., p. 8.
        [A propos du pèlerinage à Médan]

6144   MOTYLEVA, T.: "Emil' Zolja", *Trud*, 28 sept. [CN, n° 20]
        [En russe]

6145   NATANSON, Wojciech: "Zola - pisarz nam bliski", *Swiat
        i Zycie. Dod. do Dziennika Zachodniego* (Katowice),
        VII, n° 41, p. 1.   [BU Łódź]
        [En polonais]

6146   NIKOLAEV, V.: "Emil' Zolja", *Pravda*, 29 sept.
        [En russe - Voir aussi "Emile Zola (In Commemoration
        of the Fiftieth Anniversary of His Death)", *Soviet*

Literature (Moscou), n° 10, pp. 163-70]

6147 NOWAKOWSKI, Jan: "Emil Zola. W 50 rocznicę śmierci", *Życie Literackie* (Cracovie), II, n° 20, pp. 7, 13. [En polonais]   [BU Łódź]

6148 OULMONT, Charles: "Autour de Zola, avec Mallarmé...", *La Métropole* (Anvers), 27 déc.

6149 OVODENKO, V.: ["Un violent accusateur du capitalisme"], *Bugskaja zarja*, 28 sept.   [CN, n° 20] [En ukrainien ou en russe]

6150 J. P.: "Des fleurs, des fleurs pour Emile Zola", *FL*, n° 337, 4 oct., p. 1.

6151 PALMIERY, René: "Zola vivant", *Journal de Genève*, 31 août-1er sept.

6152 PARIS, Claude: "L'exaltante histoire d'une lettre", *Droit et Liberté*, n° 115 (219), oct., p. 5. [A propos de "J'accuse"]

6153 POULAILLE, Henry: "Zola hier et aujourd'hui. Le poète épique", *Preuves*, 2e année, n° 21, nov., pp. 40-4.

6154 PRATSIKAS, G.: ["Le cinquantième anniversaire de la mort de Zola"], *Pnevmatiki Zoi*, n° 10, p. 214.   [BA] [En grec]

6155 REY, Câmara: "Emile Zola", *Anhembi* (São Paulo), 3e année, IX, n° 25, déc., pp. 33-42.

6156 ROBICHON, Jacques: "Le cinquantenaire de la mort d'Emile Zola", *Liberté de l'Esprit*, n° 34, oct., pp. 244-5.

6157 ROMAINS, Jules: "Situation de Zola", *NL*, n° 1309, 2 oct., pp. 1, 4.

6158 SAMARIN, R.: "Emil' Zolja", *Krasnaja zvezda*, 30 sept. [En russe]   [CN, n° 20]

6159 SIGAUX, Gilbert: "Zola", *La Table ronde*, n° 59, nov., pp. 125-8.

6160 STEFANOVIC, A.: "Umetnik i borac. Povodom 50-godišnjice smrti E.Z.", *Borba*, 30 sept.   [BUSM] [En serbo-croate: "Artiste et lutteur. A l'occasion du cinquantenaire de la mort de Zola"]

6161 SZCZEPANSKI, J.A.: ""Był przebłyskiem sumienia ludz-kości"-W 50 rocznicę zgonu Emila Zoli", *Trybuna Ludu* (Varsovie), V, n° 274, p. 6.   [BU Łódź] [En polonais: ""Un moment de la conscience humaine"-

Cinquantenaire de la mort de Zola"]

6162   TACK, Raoul: "Il y a cinquante ans mourait Emile Zola", *La Dernière Heure* (Bruxelles), 28 sept.

6163   TECILAZIC, Vinko: "Zola danas", *Vjesnik Nfh*, 28 sept.
[En serbo-croate: "Zola aujourd'hui"]   [BUSM]

6164   TEXCIER, Jean: "Gloire de Zola", *Populaire Dimanche*, 4e année, n° 201, 5 oct., p. 5.

6165   J.-P. V. [Jean-Paul VAILLANT]: "Autour d'un cinquan-tenaire. Le plateau de l'Algérie", *La Grive*, 25e année, n° 75, oct., pp. 1-2.
[Sur *La Débâcle*]

6166   VANTUCH, A.: "Oddaný bojovník za spravodlivosť", *Práca*, n° 231, pp. 2-3.   [BUKB]
[En slovaque: "Un combattant dévoué à la justice"]

6167   ZANINOVIC, Vice: "Zola i naša književnost", *Vjesnik Nfh*, 28 sept.   [BUSM]
[En serbo-croate: "Zola et notre littérature"]

6168   ZAY, Jean: "Zola a bu la ciguë", *LF*, 11e année, n° 433, 2-9 oct., p. 5.

6169   ZWOLINSKI, P.: "W 50 rocznicę śmierci Emila Zoli", *Trybuna Wolności* (Varsovie), n° 15, p. 9.   [BU Łódź]
[En polonais]

6170   ANONYME: ["A la mémoire d'un grand écrivain français"], *Večernij Leningrad*, 30 sept.   [CN, n° 20]
[En russe]

6171   ---: "Avenue Emile Zola", *Réforme*, 18 oct.
[Ext. de la presse française - Opinions sur Z.]

6172   ---: "Hommages", *Europe*, XXX, nos 83-4, n° spécial, nov.-déc., pp. 223-44.
[23 hommages]

6173   ---: "50 rokov od smrti Emila Zolu", *Sloboda*, n° 41, p. 6.   [BUKB]
[En slovaque]

6174   ---: "Une Soirée Emile Zola", *Europe*, XXX, nos 83-4, n° spécial, nov.-déc., pp. 206-22.
[Organisée par le Mouvement contre le Racisme, l'Anti-sémitisme et pour la Paix]

6175   ---: "Zola Ceremonies in France. The Dreyfus Case", *The Times* (Londres), 30 sept., p. 5.

*

6176 ACHERES, Victoria: "Le Naturalisme en Pologne", *Europe,*
XXX, n°s 83-4, n^o spécial, nov.-déc., pp. 181-6.

6177 ADAMSKI, Jerzy: "Emila Zoli powieść nienapisana",
Przegląd Kulturalny (Varsovie), I, n° 6, p. 6.
[En polonais: "Le roman que Zola n'a pas écrit"]
[BU Łódź]

6178 ADHEMAR, Jean: "La myopie d'Emile Zola", *AEsculape,*
n.s. XXXIII, n° 2, nov., pp. 194-7.

6179 ADHEMAR, Hélène et Jean: "Zola et la peinture", *Arts,*
n° 389, 12 au 18 déc., p. 10.

6180 AHRWEILER, Alice: "Dans Paris, en flanant avec Zola",
Europe, XXX, n°s 83-4, n^o spécial, nov.-déc., pp.
129-35.

6181 ALMENBERG, Dagmar: "Camhällsskildraren Zola", *Svensk*
Tidskrift, XXXIX, pp. 456-68. [BU Lund]
[En suédois: "Zola chroniqueur de la société"]

6182 ALTMAN, Georges: "Le Dr Zola nous parle de son père
dont un film évoque la figure et le combat", *Le Franc-*
Tireur, 25 sept.

6183 AMFREVILLE, Henri d': *"La Terre",* *Europe,* XXX, n^{os}
83-4, n^o spécial, nov.-déc., pp. 96-9.

6184 AURIANT: *"Nana* et ses illustrateurs", *AEsculape,* n.s.
XXXIII, nov., pp. 208-11.
[Avec des lettres d'André Gill]

6185 BARREUR, Sylvain: "Zola en Hongrie", *Europe,* XXX, n^{os}
83-4, n^o spécial, nov.-déc., pp. 179-81.

6186 BAYET, Albert: "Une langue enrichie", *LF,* 11e année,
n° 432, 25 sept.-2 oct., p. 5.

6187 BERGERON, Régis: "Pour faire lire *Son Excellence Eugène*
Rougon, le livre le moins lu d'Emile Zola", *Europe,*
XXX, n°s 83-4, n^o spécial, nov.-déc., pp. 99-107.

6188 BERNARD, Marc: "Emile Zola reste vivant", *NL,* 14 févr.,
pp. 1, 6.

6189 ---: "Emile Zola écrivain obscène?", *Arts,* n° 378, 26
sept.-2 oct., pp. 1, 9.

6190 BIHALJ-MERIN, Oto: "Zola i Sezan", *Književnost,* VII,
n° 11, pp. 361-7. [BUSM]
[En serbo-croate: "Zola et Cézanne"]

6191 BILLIET, Roger: "Apôtre du travail, Zola fut en même
temps l'apôtre des loisirs populaires", *Tourisme et*

Travail, oct.   [CN, n° 2]

6192   BOLL, André: "De Zola à Menotti en ligne droite", *Arts*,
        n° 379, 3 au 9 oct., p. 10.
        [Influence de Z. et de Bruneau sur l'opéra]

6193   BONDEVILLE, Emmanuel: "Emile Zola et la musique", *Le
        Journal musical français*, 2ᵉ année, n° 12, 23 oct.,
        pp. 1, 8.
        [Sur les drames lyriques de Z.]

6194   BOUDRY, Robert: *"Paris*, par M. Emile Zola", *Europe*,
        XXX, nᵒˢ 83-4, n° spécial, nov.-déc., pp. 90-5.

6195   BOUISSOUNOUSE, Janine: "La vie d'Emile Zola au cinéma",
        ibid., pp. 155-8.
        [Cf. 5583-605]

6196   BOURGIN, Georges: "Emile Zola et la Société italienne
        pour la Paix et l'Arbitrage 1894", *Bulletin de l'In-
        stitut français d'Histoire sociale*, n° 3, juin, pp.
        29-31.
        [Lettre de Z. du 4 sept. 1894 au président d'une
        manifestation franco-italienne]

6197   BOYE, Maurice-Pierre: "Un ami de jeunesse de Zola et
        de Cézanne, Antony Valabrègue, poète et historien
        d'art", *Rolet*, n.s. nᵒˢ 416, 418-21 [16ᵉ année, nᵒˢ
        524, 526-9], 18 déc. 1952, 1ᵉʳ, 8, 15 et 22 janv.
        1953, pp. 1, 3, 3, 3, 3.
        [Cf. 5910]

6198   BRAIVE, Michel-François: "Zola ... photographe", *Photo-
        Monde*, III, n° 19, oct., pp. 10-14.

6199   BRODNJAK, Vladimir: "Prvi hrvatski prijevod *Novca*",
        Narodni List, 12 août.   [BUSM]
        [En serbo-croate: "La première traduction croate de
        L'Argent"]

6200   BRUHAT, Jean: "Emile Zola, écrivain populaire et com-
        battant de la vérité", *Cahiers du Communisme*, XXIX,
        n° 10, oct., pp. 1001-14.
        [Point de vue marxiste]

6201   BURNS, C.A.: "Henry Céard and His Relations with Flau-
        bert and Zola", *FS*, VI, oct., pp. 308-24.

6202   CANDILLE, Marcel: "L'origine de la fondation Emile Zola
        à Médan (S.-et-O.)", *Revue d'Information et de Docu-
        mentation (de l'Assistance publique à Paris)*, III,
        n° 20, nov.-déc., pp. 729-33.

6203 CAZALBOU, Jean: "Zola, ce méridional", *Europe*, XXX,
n°s 83-4, n^o spécial, nov.-déc., pp. 61-4.

6204 CERNEVIC, M.: "Zolja v bor'be s francuzskoj reakciej",
Oktjabr', n° 9, pp. 182-6.
[En russe: "Zola dans la lutte contre la réaction
française"]

6205 CHAMBRON, Jacqueline: "Réalisme et épopée chez Zola de
l'Assommoir à *Germinal*", *La Pensée*, n.s. n° 44, sept.-
oct., pp. 122-34.

6206 CLOT, René-Jean: "Penser d'après nature", *LF*, 11e année,
n° 443, 11-18 déc., pp. 1, 5.
[Sur l'esthétique et la méthode de Z.]

6207 COHEN, Gaston: *"L'Argent"*, *Europe*, XXX, n°s 83-4, n^o
spécial, nov.-déc., pp. 107-11.

6208 COLLET, Georges-Paul: "Un disciple irlandais de Zola",
Journal de Genève, 19-20 oct.
[George Moore]

6209 DA SYLVA, Ludger: "L'influence de Zola dans la province
de Québec", *Europe*, XXX, n°s 83-4, n^o spécial, nov.-
déc., pp. 170-2.
["Zéro!"]

6210 DECCAVES, Pierre: "Le Président Zola", *ibid.*, pp. 34-8.
[Z. et la Société des Gens de Lettres - Cf 5929]

6211 DULUC, Albert: "Emile Zola et le monde du chemin de
fer", *La Vie du Rail*, n°s 371-5, 3, 10, 17, 24 nov.,
1er déc., pp. 8-10, 10-11, 8-9, 8-9, 16-17.
[A propos de *La Bête humaine*, roman et film]

6212 DUPUY, Aimé: "Prestige de Médan", *L'Ecole libératrice*,
n.s. XX, n° 4, 17 oct., p. 83.

6213 ---: "Les "entrées en matière" de Zola", *Europe*, XXX,
n°s 83-4, n^o spécial, nov.-déc., pp. 55-61.
[Techniques de Z. et de Balzac]

6214 ---: "L'enfant dans l'œuvre d'Emile Zola", *La Nouvelle
Revue pédagogique*, VII, n°s 6-7, 15 déc., pp. 1-3;
1er janv. 1953, p. 3.

6215 DUTOURD, Jean: "Zola, Sartre, Cromwell", *Arts*, n° 379,
3 au 9 oct., p. 10.
[Cf. 6283]

6216 FERDY, Camille: "La jeunesse de Zola en Provence. *Les
Mystères de Marseille*", *Marseille. Revue municipale*,
3e série, n° 19, oct.-déc., pp. 51-6.

6217 GAMARRA, Pierre: "Zola dans sa correspondance", *Europe*, XXX, n°s 83-4, n° spécial, nov.-déc., pp. 118-25.

6218 GIGNAC, Pierre: "M. Homais, naïf et sans mesure: c'était Zola", *La France catholique*, n.s. XXXII, n° 308, 10 oct., p. 2.

6219 GIRARD, Marcel: "Situation d'Emile Zola", *RSH*, n.s. n° 66, avril-juin, pp. 137-56.

6220 ---: "Emile Zola ou la joie de vivre", *Æsculape*, n.s. XXXIII, n° 11, nov., pp. 198-203.
[A propos de *La Joie de vivre*]

6221 GUELFI, Jean-Dominique: "Emile Zola à Aix-en-Provence", *La France de Marseille*, 3 déc.

6222 GUERRINI, Tito: "Emilio Zola e il naturalismo cinemato-grafico", *Teatro Scenario* (Rome-Milan), XVI, n° 21, 1er nov., pp. 46-7.

6223 HEMMINGS, F.W.J.: "The Genesis of Zola's *Joie de vivre*", *FS*, VI, avril, pp. 114-25.

6224 IVANUSA, Vilko: "Emile Zola *Novac*", *Riječki List*, 12 oct. [BUSM]
[En serbo-croate - Sur *L'Argent*]

6225 IVASCENKO, E.: ["Emile Zola et l'époque contemporaine. France"], *Literaturnaja gazeta* (Moscou), 27 sept.
[En russe] [CN, n° 20]

6226 JEANNE, René: "Emile Zola und der Film", *Antares*, I, n° 2, pp. 71-2. [WH]
[En allemand - Cf. 6321]

6227 JOACHIMESCU-GRAUR, Théodosia: "Préface à une édition roumaine de *L'Argent*", *Europe*, XXX, n°s 83-4, n° spécial, nov.-déc., pp. 187-200.

6228 JOURDAIN, Francis: "Emile Zola devant les cannibales", *ibid.*, pp. 7-26.
[Z. et l'Affaire Dreyfus - Cf. 6323 et 6411]

6229 JOVANOVIC, Zivorad P.: "Emil Zola kod Serba", *Republika*, 9 sept. [BUSM]
[En serbo-croate: "Emile Zola et les Serbes"]

6230 KEDROS, André: "Lettre à M. Zola à propos de *L'Assommoir*", *Europe*, XXX, n°s 83-4, n° spécial, nov.-déc., pp. 65-71.

6231 LANOUX, Armand: "Où en est Zola? En marge de *Germinal*", *Hommes et Mondes*, VII, n° 73, août, pp. 536-55.

6232 LANOUX, Armand: "Emile Zola père du roman américain moderne", *Carrefour*, VII, n° 420, 1er oct., p. 7.

6233 ---: "Style chez Zola", *L'Education nationale*, n° 25, 16 oct., pp. 7-8, 10.

6234 LAPIERRE, Marcel: "Garce et criminelle impunie: *Thérèse Raquin* va être ressuscitée par Marcel Carné et incarnée par Simone Signoret", *Ce Matin - Le Pays*, 18 avril. [Cinéma]   [LS]

6235 LE BLOND-ZOLA, Françoise [Mme Jacques LEMAN]: "Zola et la jeunesse", *Europe*, XXX, n°s 83-4, n° spécial, nov.-déc., pp. 125-9.
[Discours prononcé au Collège des Jeunes Filles de Saumur, le 14 juill. 1947]

6236 LE PORRIER, Herbert: "*Lourdes*, ou la sécurité divine", *ibid.*, pp. 85-90.

6237 LEROY, Maxime: "Le prolétariat vu par Zola dans *L'Assommoir*", *Preuves*, 2e année, n° 20, oct., pp. 72-5. [Cf. 6447]

6238 LINDSAY, Jack: "Note sur Zola et sa méthode", *Europe*, XXX, n°s 83-4, n° spécial, nov.-déc., pp. 201-5.
[Tr. de l'anglais - Z. "précurseur du réalisme socialiste"]

6239 LOISELET, Pierre: "Ici vécut ...", *NL*, n° 1309, 2 oct., p. 1.

6240 MANCEAU, Henri: "Sur les chemins ardennais de *La Débâcle*", *Europe*, XXX, n°s 83-4, n° spécial, nov.-déc., pp. 136-48. Voir aussi *Présence ardennaise*, cahier 12, automne 1952, pp. 11-12. [Interview].

6241 MANDEROY, René: "Zola, apôtre de la Vérité", *La Vie toulousaine et du Sud-Ouest*, n.s. XIX, n° 58, 25 oct., pp. 1-2.

6242 MARTY, Albert: "L'assassinat de M. Watrin. Du roman à la réalité", *Revue de Rouergue*, VI, n° 4, oct.-déc., pp. 443-55.
[Fait divers comparable à un épisode de *Germinal*]

6243 MAURETTE, Marcelle: "Un amour de Zola", *Carrefour*, VII, n° 416, 3 sept., p. 6.
[Z. et Jeanne Rozerot]

6244 MILACIC, Dušan: "Zola i najnoviji francuski romansijeri", *Književnost*, XV, pp. 433-5.   [BUSM]
[En serbo-croate - Sur Z. et le roman français moderne]

6245 MITOV, Dimitre: "Zola en Bulgarie", *Europe*, XXX, n°s 83-4, n° spécial, nov.-déc., pp. 176-8.

6246 MOREL, Colette: ""La Vie de Zola" censurée", *Droit et Liberté*, n° 115 (219), oct., p. 5.
[A propos du film américain de 1937]

6247 MYTHOPHYLACTE [AURIANT?]: "Echos. Les débuts difficiles d'Emile Zola - Charles Deulin et Zola ...", *Quo Vadis*, V, n°s 60-2, oct.-déc., pp. 102-18.
[Lettres de Z. des années 1865-1869, 1877]

6248 NOARO, Jean: *"Nana"*, *Europe*, XXX, n°s 83-4, n° spécial, nov.-déc., pp. 111-7.

6249 PARAF, Pierre: "Emile Zola, poète", *ibid.*, pp. 39-45.

6250 PAROT, Jeanine: "L'exil de Zola dans l'Angleterre victorienne", *LF*, 11e année, n° 434, 9-16 oct., p. 5.

6251 PRATSIKAS, G.: "Emile Zola", *Néa Hestia* (Athènes), n° 608, pp. 1416-29. [BA]
[En grec]

6252 PREDAN, Vasja: "Zola in mladi francoski romanopisci", *Beseda* (Ljubljana), n° 2, 1952-1953, pp. 121-2. [RV]
[En slovène: "Zola et les jeunes romanciers français" - Cf. 6258]

6253 PRITCHETT, V.S.: "Books in General", *The New Statesman and Nation* (Londres), XLIII, févr., pp. 128-9. Rp. in *Books in General*. Londres, Chatto & Windus/New York, Harcourt/Toronto, Clarke-Irwin, 1953, pp. 110-22.
[A propos de *L'Assommoir*]

6254 PROTIC, Miodrag: "Emil Zola. *Novac*", *Nin*, 31 août.[BUSM]
[En serbo-croate - Sur *L'Argent*]

6255 PUZIKOV, A.: "Zolja", *Ogonëk*, n° 40, pp. 22-4.
[En russe] [CN, n° 20]

6256 RANDAL, Georges: "Sept lettres inédites d'Emile Zola à Alphonse Daudet", *Quo Vadis*, V, n°s 60-2, oct.-déc., pp. 23-42.

6257 ROBERT, Guy: "Le scandale Zola", *L'Ecole et la Vie*, 5 juill. [VII, n° 6]

6258 ROBICHON, Jacques (éd.): "Jeunes romanciers, Zola est-il votre maître?", *NL*, n° 1309, 2 oct., pp. 1-2.
[Opinions de René-Jean Clôt, Jean Dutourd, Maurice Druon, Luc Estang, Jean-Jacques Gautier, Serge Groussard, Armand Lanoux, Françoise Mallet, Maria Le Hardouin, Robert Margerit, Roger Nimier, Robert Merle,

Gilbert Sigaux, Jean-Charles Pichon]

6259 ROMI: "Zola photographe et cinéaste", *Point de Vue.
       Images du Monde*, n.s. VIII, n° 237, 18 déc., pp. 18-20.
       [Cf. *Semaine de France*, 20 sept. 1952: "Emile Zola
       photographe"]

6260 ROSSAT-MIGNOD, Suzanne: "L'évolution des théories de
       Zola", *Europe*, XXX, n°s 83-4, n° spécial, nov.-déc.,
       pp. 148-54.

6261 ROUDOMINO, M.: "Emile Zola et les lecteurs soviétiques",
       ibid., pp. 173-6.

6262 SADOUL, Georges: "Zola et le cinéma", *LF*, 11e année, n°
       432, 25 sept.-2 oct., p. 8.
       [Cf. 6263]

*6263 —: "Zola et le cinéma français (1900-1920)", *Europe*,
       XXX, n°s 83-4, n° spécial, nov.-déc., pp. 158-70.
       [Cf. 6262]

6264 SALVAN, Albert J.: "Lafcadio Hearn's Views on the Real-
       ism of Zola", *PMLA*, LXVII, déc., pp. 1163-7.
       [A propos de 669 et 983]

6265 SINCLAIR, Georges: "Emile Zola reporter photographe",
       Semaine de France, n° 20, 20-26 sept., pp. 31-7.

6266 SUFFEL, Jacques: "L'odorat d'Emile Zola", *AEsculape*,
       n.s. XXXIII, nov., pp. 204-7.

6267 TAKEMURA, Mosuke: "Buntaï no ue kara mita Zora no
       sakuhin", *Studies in the Humanities* (Osaka), III, n°
       12, déc., pp. 15-32.   [KO]
       [En japonais: "Les œuvres de Zola au point de vue
       stylistique"]

6268 TASLITZKY, Boris: "Notes sur la critique d'art (Malraux,
       Zola, Aragon)", *La Nouvelle Critique*, n° 39, sept.-
       oct., pp. 58-76. Ext. sur Z. in *LF*, 11e année, n° 432,
       25 sept.-2 oct. 1952, p. 7.
       [Sur l'article "Adieu d'un critique d'art"]

6269 TERNOIS, René: "*Les Rougon-Macquart:* naissance d'une
       œuvre", *L'Education nationale*, n° 25, 16 oct., pp.
       5-6.

6270 TEXCIER, Jean: "Zola et l'Affaire", *Le Franc-Tireur*,
       26 sept.

6271 THOMAS, Marcel: "Zola et "L'Affaire"," *AEsculape*, n.s.
       XXXIII, nov., pp. 212-6.

6272   VARLOOT, Jean: "Zola vivant: I. Le procès du natura-
        lisme", *La Pensée*, n.s. n° 44, sept.-oct., pp. 111-21.
        Voir aussi: "Zola vivant: II. Le réalisme de Zola",
        ibid., n° 46, janv.-févr. 1953, pp. 17-28.

6273   VILLEFOSSE, Louis de: *"Rome"*, *Europe*, XXX, n°s 83-4, n°
        spécial, nov.-déc., pp. 74-85.

6274   WILSON, Angus: "Influence grandissante de Zola en Angle-
        terre", *Ici Londres*, n° 249, 6 nov., p. 3. [VII, n° 23]

6275   ---: "Zola en anglais", *Preuves*, 2ᵉ année, n° 21, nov.,
        pp. 45-8.

6276   WURMSER, André: "Ancienne maison Balzac, Zola successeur",
        Europe, XXX, n°s 83-4, n° spécial, nov.-déc., pp. 45-54.

6277   ---: "Zola contre le "complot"," *LF*, 11-18 déc.

6278   ZIEGLER, Gilette: *"Le Rêve"*, *Europe*, XXX, n°s 83-4, n°
        spécial, nov.-déc., pp. 71-3.

6279   ANONYME: "Avec Marcel Carné et Charles Spaak qui pré-
        parent à Honfleur leur prochain film: *Thérèse Raquin*",
        Combat, 21 mai.   [LS]

6280   ---: "Un caricaturiste repentant", *LF*, 25 sept. au 2 oct.
        [André Gill]

6281   ---: "Carné rajeunit *Thérèse Raquin* en l'envoyant à La
        Rochelle", *Arts*, 19 juin.   [LS]
        [Cinéma]

6282   ---: "Emil Zola", *Koledar Prešernove knjižnice* (Ljubl-
        jana), pp. 38-9.   [RV]
        [En slovène]

6283   ---: "Mais oui, on lit toujours Zola; De Jean-Paul Zola
        à Emile Sartre; Fut-il vraiment critique d'art?; 1937:
        Zola made in U.S.A.", *Arts*, n° 379, 3-9 oct., p. 10.
        [Z. et son public - pages de Z. et de Sartre rappro-
        chées - film: *La Vie d'Emile Zola* - Cf. 6215]

6284   ---: "Marcel Carné va porter à l'écran *Thérèse Raquin*",
        Le Figaro, 4 avril.   [LS]

6285   ---: "Nezgode u životu Emila Zole", *Republika*, n° 364,
        21 oct.   [BUSM]
        [En serbo-croate: "Difficultés dans la vie de Zola"]

6286   ---: "Pas de jeunes premiers français taillés en armoire
        à glace", *Combat*, 21 mai.   [LS]
        [A propos du film *Thérèse Raquin*]

6287   ---: "Un pionnier de la photographie", *LF*, 11ᵉ année, n⁰ 432, 25 sept. au 2 oct., p. 5.

6288   ANONYME: "Zola", *Tygodnik Powszechny* (Cracovie), VIII,
n⁰ 41, p. 4.   [BU Łódź]
[En polonais]

6289   ---: "Zola et Pouchkine", *LF*, 11ᵉ année, n⁰ 432, 25
sept.-2 oct., p. 5.
[Texte d'une adresse à l'Union des Ecrivains russes,
7 juin 1899 - hommage de Z.]

[Voir aussi 6520]

1953

6290   BRUK, E.F., et A.V. PAEVSKAJA: *E. Zolja (K 50-letiju
so dnja smerti)*. Moscou.
[En russe - cinquantenaire de la mort de Z.]

6291   COGNY, Pierre: "Emile Zola", in *Le Naturalisme*. P.,
P.U.F., pp. 61-72. (Coll. "Que sais-je?", n⁰ 64).

6292   FRANCE, Anatole: *Vers les Temps meilleurs. Trente Ans
de vie sociale. Commentés par Claude Aveline. II.
1905-1908*. P., Emile Paul. 315p.
[Voir pp. 90-1: discours au Trocadéro 1905; pp. 123-7:
"Huitième anniversaire de *J'accuse!*", discours du 13
janv. 1906, pp. 205-8; "Sur la tombe d'Emile Zola",
discours du 19 juill. 1906; pp. 250-60: "Emile Zola
au Panthéon" - voir 4109]

6293   GOR'KIJ, M.: *Sobranie sočinenij v tridcati tomah, XXVI*.
Moscou. 92p.
[En russe]

6294   HEMMINGS, F.W.J.: *Emile Zola*. Oxford, The Clarendon
Press. 308p. Ed. revue et augmentée: 1966. 329p. Ré-
édition: Londres-Oxford-New York, Oxford University
Press, 1970. 331p. (Oxford Paperbacks, 230).
[Etude biographique et critique]

6295   JONES-EVANS, Mervyn: "Henry James's Year in France", in
The Golden Horizon. Ed. Cyril Connolly. Londres,
Weidenfeld-Nicholson, pp. 571-9.

6296   LAMBERT, Pierre (éd.): *J.-K. Huysmans: Lettres inédites
à Emile Zola. Avec une Introduction de Pierre Cogny*.
Genève, Droz/Lille, Giard. xxxi,156p.

6297   PREVOST, J.-L.: *Le Prêtre, ce héros de roman. De Claudel
à Cesbron*. P., Téqui. 118p. (Coll. Présence du Catholicisme).

6298   PUZIKOV, A.: Intr. à *Izbrannye proizvedenija* [*Œuvres choisies* de Z.]. Moscou, GIHL. 712p.

6299   RICATTE, Robert: *La Création romanesque chez les Goncourt, 1851-1870*. P., Armand Colin. 494p.

6300   SADOUL, Georges: *French Film*. Londres, Falcon. vii,131p. [Mentionne les adaptations des œuvres de Z.]

        Présence de Zola. P., Fasquelle: recueil d'hommages et d'articles sur Z. et son œuvre:

6301   ARTINIAN, Artine (éd.): "Lettres inédites de Zola", in *Présence de Zola*. P., Fasquelle, pp. 235-9.

6302   AUDIBERTI, Jacques: "Zola chirurgien", *ibid.*, pp. 123-5. [Hommage]

6303   BARBIER, Pierre: "Le Naturalisme au théâtre", *ibid.*, pp. 190-203.

6304   BEREGI, Théodore: "Prestige de Zola en Hongrie", *ibid.*, pp. 55-8.

6305   BERL, Emmanuel: "Zola et la Générosité", *ibid.*, pp. 126-8.

6306   BERNARD, Marc: "Présence de Zola", *ibid.*, pp. 7-8.

6307   BOUTHOUL, Gaston: "Actualité de *La Débâcle*", *ibid.*, pp. 163-70.

6308   CALDWELL, Erskine: "Zola et les Etats-Unis", *ibid.*, p. 30.

6309   CHARENSOL, Georges: "Zola et les peintres", *ibid.*, pp. 183-9.

6310   COCTEAU, Jean, Albert CAMUS, François MAURIAC: "Correspondance", *ibid.*, p. 241. [Hommages]

6311   DE CASTRO, Ferreira: "Le "phénomène" Zola", *ibid.*, pp. 37-8.

6312   DUHAMEL, Georges: "Hommage", *ibid.*, p. 103.

6313   DURTAIN, Luc: "Zola Idéaliste", *ibid.*, pp. 114-6.

6314   GAS, Marceau: "Zola et les cheminots", *ibid.*, pp. 228-31. [A propos de *La Bête humaine*]

6315   GONZALEZ DE MENDOZA, J.M.: "L'influence de Zola sur le roman mexicain", *ibid.*, pp. 31-6.

6316   GREEN, F.L.: "Hommage", *ibid.*, p. 67.

6317 GUEHENNO, Jean: ""Je sens confusément qu'une grande figure s'agite dans l'ombre"," *ibid.*, pp. 104-5.

6318 HALEVY, Daniel: "Trois rencontres avec Emile Zola", *ibid.*, pp. 149-50.

6319 HERRIOT, Edouard: "Zola poète lyrique", *ibid.*, pp. 81-7.

6320 HOHOFF, Curt: "L'œuvre de Zola jugée par un jeune catholique allemand", *ibid.*, pp. 65-6.

6321 JEANNE, René: "Emile Zola et le cinéma", *ibid.*, pp. 204-13.
[Cf. 6226]

6322 JOUHAUX, Léon: "Zola et la classe ouvrière", *ibid.*, pp. 158-62.

6323 JOURDAIN, Francis: "Zola outragé et calomnié", *ibid.*, pp. 131-9.
[Cf. 6228 et 6411]

6324 KAYSER, Jacques: "Zola et l'affaire Dreyfus", *ibid.*, pp. 171-5.

6325 KESHETH, J. [KOPLEWITZ]: "Zola vu par un écrivain israélien", *ibid.*, pp. 17-28.

6326 KESTEN, Hermann: "Le plus grand lyrique de son temps", *ibid.*, pp 62-4.

6327 KOMATZ, Kio: "Zola au Japon", *ibid.*, p. 68.

6328 LANOUX, Armand: "Zola en proie aux tests", *ibid.*, pp. 214-21.
[A propos de 2373]

6329 MACCHIA, G.: "Zola et la critique italienne", *ibid.*, pp. 39-41.

6330 MALLET, Robert: "Plutôt une idée de chair qu'une idole de bronze", *ibid.*, pp. 97-100.
[Hommage]

6331 MANN, Thomas: "Zola et l'âge d'or", *ibid.*, pp. 11-12.
[Hommage]

6332 MARGERIT, Robert: "Zola sans le naturalisme", *ibid.*, pp. 88-91.
[Hommage]

6333 MATITCH, Douchan: "Fragment d'une étude yougoslave sur Zola", *ibid.*, pp. 59-61.

6334 MAUROIS, André: "Santé d'Emile Zola", *ibid.*, pp. 101-2.

6335   MECKERT, Jean: "Lit-on encore Zola?", *ibid.*, pp. 120-2.

6336   NAVEL, Georges: "Zola chez les ouvriers", *ibid.*, pp. 117-9.

6337   PICHON, Jean-Charles: "Zola le constructeur", *ibid.*, pp. 110-13.

6338   ROBERT, Guy: "Le document au service de la création poétique", *ibid.*, pp. 179-82.

6339   ROMAINS, Jules: "A dix-sept ans d'intervalle", *ibid.*, pp. 92-6.
       [Discours prononcé au pèlerinage de Médan, le 5 oct. 1952]

6340   ROSTAND, Jean: "Zola et la science", *ibid.*, pp. 153-7.

6341   SINCLAIR, Upton: "Hommage", *ibid.*, p. 29.

6342   SPERBER, Manès: "Malentendu fertile", *ibid.*, pp. 106-9.
       [Hommage]

6343   SPERCO, Willy: "Emile Zola à Rome", *ibid.*, pp. 50-4.

6344   TURNELL, Martin: "Zola et l'Angleterre", *ibid.*, pp. 13-16.

6345   VINCHON, Jean: "Un psychiatre relit Zola", *ibid.*, pp. 222-7.

6346   ZEVAES, Alexandre: "Emile Zola en cour d'assises: le procès de "J'accuse"," *ibid.*, pp. 140-8.

6347   ZWEIG, Stefan, Franz WERFEL, etc.: "Témoignages, recueillis en 1940 par Wilhelm Herzog", *ibid.*, pp. 69-78.

       Sur "Thérèse Raquin", film de Marcel Carné:

6348   ARLAUD, R.-M.: "Le tombeau de Prévert", *Combat*, 10 nov.   [LS]

6349   BARONCELLI, Jean de: "Le cinéma. *Thérèse Raquin*", *Le Monde*, 14 nov.   [LS]

6350   BAZIN, André: "Deux heures au cinéma. *Thérèse Raquin.* Magistral!", *Le Parisien libéré*, 10 nov.   [LS]

6351   CHARENSOL, Georges: "Le Cinéma. *Thérèse Raquin*", *NL*, 2 nov.   [LS]

6352   CURTISS, Thomas Quinn: "On Paris Screens. *Thérèse Raquin*", *The New York Herald Tribune*, 13 nov.   [LS]

6353   J.-F. D.: "Film: *Thérèse Raquin*", *Paris-Presse - L'Intransigeant*, 18 nov.   [LS]

6354　DONIOL-VALCROZE, Jacques: "Le Marin de la Malchance", *Cahiers du Cinéma*, V, n° 29, déc., pp. 41-2.

6355　DUTOURD, Jean: "Au service de Zola", *Carrefour*, 11 nov.
[LS]

6356　FAYARD, Jean: "La critique de Jean Fayard: *Thérèse Raquin*, film de Carné, titre de Zola", *Comoedia*, 11 nov.
[LS]

6357　GARSON, Claude: "Au Normandie et au Rex: *Thérèse Raquin* d'Emile Zola et Marcel Carné", *L'Aurore*, 10 nov.　[LS]

6358　GAUTIER, Jean-Jacques: "Normandie, Rex, Moulin-Rouge: *Thérèse Raquin*", *Le Figaro*, 10 nov.
[LS]

6359　GIBEAU, Yves: "Le cinéma. *Thérèse Raquin:* Carné nous a déçus", *Arts*, 12-18 nov.
[LS]

6360　GUYO, Pierre-Jean: "Sur les écrans. *Thérèse Raquin* ou la justice immanente", *La Croix*, 19 nov.
[LS]

6361　HENRY, M.-L.: "*Thérèse Raquin*", *La Presse Magazine*, 10 nov.
[LS]

6362　MANEVY, René: "*Thérèse Raquin*", *Rolet*, 3 déc.　[LS]

6363　MARTAIN, Gilles: "Le cinéma. Marcel Carné a eu peur de Zola", *Rivard*, 13 nov.
[LS]

6364　MAURIAC, Claude: "*Thérèse Raquin*", *FL*, n° 395, 14 nov., p. 12.

6365　MORILLON, Michel: "*Thérèse Raquin*", *Dimanche Matin*, 22 nov.
[LS]

6366　NERY, Jean: "Le film du jour. *Thérèse Raquin*", *Le Franc-Tireur*, 10 nov.
[LS]

6367　SADOUL, Georges: "Zola transposé: *Thérèse Raquin*, un film de Marcel Carné", *LF*, n° 490, 12 au 19 nov., p. 5.

6368　ST-PIERRE, M. de: "Le cinéma. *Thérèse Raquin*", *Témoignage chrétien*, 18 déc.
[LS]

6369　VINNEUIL, François: "Résurrection de Marcel Carné: *Thérèse Raquin*", *Dimanche Matin*, 15 nov.
[LS]

6370　ZENDEL, José (éd.): "Simone Signoret: La métamorphose de *Thérèse Raquin*", *LF*, n° 479, 27 août-3 sept., p. 10.
[Interviews]

6371　ANONYME: "Le film du jour. *Thérèse Raquin*", *Combat*, 10 nov.
[LS]

6372   ANONYME: *"Thérèse Raquin"*, *L'Express*, 14 nov.   [LS]

6373   ---: *"Thérèse Raquin*, film français de Marcel Carné",
        Le Parisien libéré, 4 nov.   [LS]

*

6374   ALBREHT, Fran: "Roman o čudežih (Emil Zola: *Lurd*)",
        Naši razgledi (Ljubljana), II, n° 11, pp. 20-1.   [RV]
        [En slovène - c.r. de la tr. slovène de *Lourdes*]

6375   ARRIGHI, Paul: "Zola en Italie: Zola et De Sanctis",
        RLC, XXVII, n° 4, oct.-déc., pp. 438-46.

6376   AUDIBERTI, Jacques: "Rencontres au cinéma", *La Pari-
        sienne*, n° 6, juin, pp. 813-20.   [LS]
        [Remarques sur *La Bête humaine*]

6377   A. B.: *"Thereza Raken"*, *Nin*, 25 oct.   [BUSM]
        [En serbo-croate]

6378   BANDY, W.T.: "Zola imitateur de Baudelaire", *RHLF*,
        LIII, n° 2, avril-juin, pp. 210-12.
        ["Les vieilles aux yeux bleus" et "Les vieilles"]

6379   BARJON, Louis: "La querelle des deux Zola. A propos
        d'un anniversaire: 1902-1952", *Etudes*, CCLXXVI, n°
        6, févr., pp. 160-75.

6380   BEDEL, Jean: "Zola a-t-il été assassiné? Une enquête
        de Jean Bedel", *Libération*, 29 sept.-2 oct.

6381   BORKO, Božidar: "Delo Emila Zolaja je ostalo živo",
        Knjiga (Ljubljana), n° 2, pp. 58-9.   [RV]
        [En slovène: "L'œuvre de Zola vit toujours"]

6382   BROWN, Calvin S.: "The Color Symphony before and after
        Gautier", *Comparative Literature* (Oregon University,
        Eugene), V, pp. 289-309.

6383   ---: "The Deaths of Doctor Pascal and Cyrano de Ber-
        gerac", *Sym*, VII, nov., pp. 372-4.
        [Influence possible de Z. sur Rostand]

6384   BULAJIC, Z.: *"Zerminal* - Roman iz rudarskog života",
        Rudar, 29 nov.   [BUSM]
        [En serbo-croate - Sur *Germinal*]

6385   BUSQUET, Raoul: "Les sources des *Mystères de Marseille*",
        Provence historique, III, n° 13, juill.-sept., pp.
        pp. 217-24.

6386   CAIN, Julien: "La genèse de *Germinal*", *FL*, 3 oct., p. 5.

6387   CANDILLE, Marcel: "De la réalite au roman. *Au Bon*

Marché de M. et Mme Boucicaut, et *Au Bonheur des Dames* d'Emile Zola", *Revue de l'Assistance publique à Paris*, IV, n° 21, janv.-févr., pp. 75-91.

6388 CAZAUX, Michèle: "Zola en Suède", *RLC*, 27e année, n° 4, oct.-déc., pp. 428-37.
[Avec une lettre de Brandes à Z.]

6389 CHAŁASINSKI, Józef, et Krystyna CHAŁASINSKA: "*Oskar-żam* - Emil Zola. Omówienie publikacji poswięconych Zoli z okazji 50-lecia śmierci", *Przegląd Nauk Historycznych i Społecznych* (Lodz), III, pp. 162-6.
[En polonais - sur "J'accuse" et sur Z. et la critique]   [BU Varsovie]

6390 CLOT, René-Jean: "A propos de Zola", *Europe*, 31e année, n° 93, sept., pp. 66-8.
[Hommage]

6391 DEBRE, Robert: "Emile Zola et l'enfant", *L'Education nationale*, n° 33, 10 déc., pp. 11-13. ExL. in *FL*, 10 oct., p. 7.
[Discours au pèlerinage de Médan, le 4 oct. 1953]

6392 DE GRAAF, Daniel A.: "Une source du dernier poème de Rimbaud", *Revue des Langues vivantes/Tijdschrift voor levende Talen* (Bruxelles), XIX, pp. 281-4.
[*Le Ventre de Paris* et "Rêve"]

6393 DESROCHE, Henri: "De Charles Fourier à Emile Zola. Aspects de l'humanisme phalanstérien", *Communauté*, VIII, n°s 6-7, oct.-nov., pp. 15-20.
[Sur *Travail* - Voir aussi pp. 27-30 - Cf. 6394]

6394 ---: "De Charles Fourier à Emile Zola. Aspects de l'utopisme phalanstérien", *ibid.*, n° 8, déc., pp. 23-31.
[Sur *Travail* - Cf. 6393]

6395 DUPUY, Aimé: "Comment Zola a vu et jugé Napoléon III", *Le Miroir de l'Histoire*, IV, n° 37, févr., pp. 81-4.
[Dans *La Curée*, *Son Excellence Eugène Rougon* et *La Débâcle*]

6396 ---: ""Un très grand primaire": Emile Zola", *Journal des Professeurs de l'Enseignement du Second Degré*, VI, n° 10, 7 févr., pp. 329-30.
[La valeur didactique de l'œuvre de Z. - sur *Vérité*]

*6397 ---: "Autour des personnages de Zola. Hommes politiques, fonctionnaires et magistrats dans les *Rougon-Mac-quart*", *RS*, n° 64, févr., pp. 173-91.

*6398   DUPUY, Aimé: "Le Second Empire vu et jugé par Emile
         Zola", *L'Information historique*, XV, n° 2, mars-
         avril, pp. 50-7.
         [Dans *Les Rougon-Macquart*]

6399   ---: "La France d'outre mer et ses problèmes vus par
         Emile Zola", *La Nouvelle Revue pédagogique*, VII, n°
         18, 15 juin, pp. 1-3.
         [Dans *Les Rougon-Macquart* et dans *Fécondité*]

*6400   ---: "Emile Zola et les médecins", *La Presse médicale*,
         LXI, n° 48, 11 juill., pp. 1015-7.
         [Les médecins et la médecine dans l'oeuvre de Z.]

6401   GENET: "Letter from Paris", *The New Yorker*, XXVIII,
         n° 47, 10 janv., pp. 56-7.
         [A propos de l'exposition à la Bibliothèque Nation-
         ale - Voir 6094]

#6402   GIRARD, Marcel: "L'univers de *Germinal*", *RSH*, XVII,
         n° 69, janv.-mars, pp. 59-76.
         [Etude thématique: paysages, monstres, pesanteur,
         néant, rêve, espace, couleurs]

6403   ---: "Zola visionnaire", *Montjoie*, I, n° 2, pp. 6-9.
                                              [VII, n° 16]

*6404   GIRARD, Marcel, et Vlasta d'HERMIES: "Emile Zola devant
         la critique tchèque: la critique littéraire", *Revue
         des Etudes slaves* (Paris), XXX, pp. 58-73.

6405   GRANT, Elliott M.: "Studies on Zola's *Son Excellence
         Eugène Rougon*", *RR*, XLIV, févr., pp. 24-39.
         [Surtout les sources du roman]

6406   GUERMANTES: *"La Joie de vivre"*, *Le Figaro*, 24 févr.

6407   HALOCHE, Maurice: "Une "course" Emile Zola-Camille
         Lemonnier", *Le Thyrse*, 4e série, 56e année, n° 10,
         1er oct., pp. 430-1.
         [A propos de la publication des deux romans: *Germinal*
         et *Happe-Chair*]

6408   HERGESIC, Ivo: "Junak svoga vremena - Emil Zola",
         Mjesečnik, I, n°s 4-6, pp. 34, 36-7, 39-41.   [BUSM]
         [En serbo-croate: "Le héros de son temps - Emile
         Zola"]

6409   HORST, Karl August: "Mythisierter Zola", *Merkur* (Stutt-
         gart), VII, n° 9, sept., pp. 898-900.
         [*Nana* et *Der Fall Gouffé* de Joachim Maass: comparai-
         son]

6410   JAKUNIN, F.: ["Emile Zola écrit sur la France bour-
       geoise"], *Leninskij put'* (Kyzyl-Orda).   [CN, n° 20]

6411   JOURDAIN, Francis: "Zola calomnié", *La Pensée*, n.s.
       n° 46, janv.-févr., pp. 11-16.
       [Cf. 6228 et 6323]

6412   KOSOVAC, M.: "Emil Zola - *Rad*", *Pobjeda*, 6 déc.   [BUSM]
       [En serbo-croate - Sur *Travail*]

6413   LAJUSAN, A.: "Figure de Zola", *Foi et Vie*, LI, n° 6,
       nov.-déc., pp. 557-60.
       [La pensée de Z. - à propos de 5914]

6414   LAPP, John C.: "The Critical Reception of Zola's *Con-
       fession de Claude*", *MLN*, LXVIII, n° 7, nov., pp.
       457-62.
       [Avec une lettre de Z. du 6 mars 1866 à propos de 17:
       un c.r. de *La Confession de Claude*]

6415   LAZIC, Danilo: "Emil Zola medju savremenicima", *Pob-
       jeda*, I-III, n° 10, p. 16.   [BUSM]
       [En serbo-croate: "Emile Zola parmi les contempo-
       rains]

6416   LECERCLE, Jean-Louis: "De l'art impassible à la litté-
       rature militante: *Les Trois Villes* d'Emile Zola",
       La Pensée, n.s. n° 46, janv.-févr., pp. 29-38.

6417   LEGOUIS, Emile: "*La Terre* de Zola et le *Roi Lear*",
       RLC, 27e année, n° 4, oct.-déc., pp. 417-27.
       [Comparaison]

6418   LEMAITRE, Henri: "Sur l'importance de Zola", *Terre
       humaine*, III, n° 25, janv., pp. 123-6.

6419   MACCHIA, Giovanni: "Zola 1953", *Il Tempo*, 12 févr. Rp.
       in *Il Mito di Parigi. Saggi e motivi francesi*. Turin,
       Giulio Einaudi, 1965, pp. 231-6.

6420   MAGNY, Claude-Edmonde: "Zola", *Preuves*, III, n° 24,
       févr., pp. 30-45.

6421   MAUROIS, André: "Zola, chevalier du droit", *LF*, n°
       485, 8 au 15 oct., pp. 1-2.
       [Discours au pèlerinage de Médan]

6422   MAZAURIC, Lucie: "Emile Zola à la Bibliothèque Na-
       tionale", *MF*, CCCXVII, n° 1074, 1er févr., pp. 513-5.
       [Voir 6094]

6423   MILACIC, Dušan: "Emil Zola", *Književnost*, VIII, n° 1,
       pp. 3-24.   [BUSM]
       [En serbo-croate]

6424 MURDOCK, Eleanor E.: "Oscar Levertin: Swedish Critic of French Realism", *Comparative Literature* (Oregon University, Eugene), V, n° 2, pp. 137-50.

6425 NIESS, Robert J.: "Hawthorne and Zola - an Influence?", *RLC*, 27e année, n° 4, oct.-déc., pp. 446-52.
[Influence possible de *La Lettre écarlate* sur *Thérèse Raquin*]

6426 NIKOLAEV, V.N.: "Emil' Zolja i sovremennost' (k 50-letiju so dnja smerti)", *Izvestija AN SSSR, Otdelenie literatury i jazyka* (Moscou), XII, n° 1, pp. 28-39.
[En russe - "Emile Zola et l'époque contemporaine" - Cf. 6730]

6427 RANDAL, Georges: "Emile Zola et l'Académie française", *AEsculape*, XXXIV, janv., pp. 18-23.

6428 REUILLARD, Gabriel: "L'amitié littéraire d'Emile Zola pour Gustave Flaubert", *Les Amis de Flaubert. Bulletin*, n° 4, pp. 11-20.

6429 RUPEL, Slavko: "Emil Zola: *Lurd*", *Primorski dnevnik* (Trst), n° 56, p. 3.   [RV]
[En slovène - c.r. de la tr. slovène de *Lourdes*]

6430 SHAANAN, Avraham: "Haroman hanaturalisti shel Emil Zola", *Orlogin*, n° 7.   [Jewish National Library]
[En hébreu: "Les romans naturalistes d'Emile Zola"]

6431 SIEBURG, Friedrich: "Zolas grosser Augenblick", *Die Gegenwart*, VIII, n° 1, pp. 9-11. Rp. in *Lauter letzte Tage. Prosa aus zehn Jahren*. Stuttgart, Deutsche Verlags-Anstalt, 1961, pp. 157-67.   [WH]
[Sur Z., "J'accuse" et l'Affaire Dreyfus]

6432 TAKEMURA, Mosuke: "Zora no sakuhin ni arawareta "yūjō" to "ren-aï", *The Review of the Osaka University of Commerce* (Osaka), n° 3, avril, pp. 178-92.   [KO]
[En japonais: "L'amitié et l'amour dans les œuvres de Zola"]

6433 ---: "Zora no sakuhin ni okera sōsakukatei", *Studies in the Humanities* (Osaka), n° 12, déc., pp. 12-22. [KO]
[En japonais: "Procédés de composition dans les œuvres de Zola"]

6434 TEXCIER, Jean: "Huysmans et Zola", *Populaire Dimanche*, 5e année, n° 234, 24 mai, p. 4.
[A propos de 6296]

6435 VINCHON, Jean: "Zola dîne avec les Goncourt", *AEsculape*, XXXIV, janv., pp. 1-7.

6436 VIPOTNIK, Cene: "Ob Zolajevem *Lurdu*", *Socialistična misel* (Ljubljana), n° 4, pp. 265-6. [RV]
[En slovène - c.r. de la tr. slovène de *Lourdes*]

6437 VITOROVIC, M.: "Poslednji dani E. Zole", *Borba*, 1-2 janv. [BUSM]
[En serbo-croate: "Les derniers jours de Zola"]

*6438 WEDKIEWICZ, Stanisław: "Notes bibliographiques pour servir à l'histoire des relations franco-polonaises. I. Zola en Pologne", *Académie polonaise des sciences et des lettres. Centre polonais de recherches scientifiques de Paris. Bulletin*, n° 11, mai, pp. 95-101.

6439 WEST, Anthony: "Books", *The New Yorker*, XXIX, n° 18, 20 juin, pp. 86-7.
[c.r. d'une tr. anglaise de *Pot-Bouille*]

6440 WEXLER, Alexandra: "Der romantische Zola", *Neue Schweizer Rundschau*, n s, XXI, n° 3, juill., pp. 158-69.

6441 ANONYME: "Ob Zolajevem *Lurdu*", *Socialistična Misel*, I, n° 4, pp. 265-6. [BUSM]
[En serbo-croate - Sur *Lourdes*]

[Voir aussi 6758]

1954

6442 BLUM, Léon: "Nouvelles conversations de Goethe avec Eckermann", in *L'Œuvre de Léon Blum* [I]. P., Michel. Article paru, sans nom d'auteur, dans *RB*, 19 mai 1900, et dans l'éd. des *Nouvelles Conversations*. P., *Revue blanche*, 1901; rééditions: Ollendorf, 1909 (avec le nom de l'auteur); Gallimard, 1937; Michel, 1957.
[Voir pp. 302-6: remarques sur *Paris*, *Rome* et la pensée de Z. - Cf. 3210 et 5499]

6443 FLAUBERT, Gustave: *Œuvres complètes de Gustave Flaubert. Correspondance. Supplément (1872-juin 1877). Recueillie, classée et annotée par MM. René Dumesnil, Jean Pommier et Claude Digeon*. P., Conard.
[Voir pp. 325, 328-9, sur *L'Assommoir*]

6444 FTERIS, G.: *Prosopa ke schimata*. Athènes, I Poria. 240p.
[En grec - Contient une chronique sur Z.] [BA]

6445 HENRIOT, Emile: "Lettres de Zola à Labori" et "Lettres de Zola aux Goncourt", in *Courrier littéraire, XIXe siècle. Réalistes et naturalistes*. P., Albin Michel, pp. 297-302, 303-9.
[Articles de 1928-1929]

*6446   LANOUX, Armand: *Bonjour, Monsieur Zola*. P., Amiot-Dumont.
         398p. Autre éd.: P., Hachette, 1962. 413p. Voir aussi
         Zola vivant, in *O.C.*, *I*, pp. 7-346. Ext. in *FL*, n° 418,
         24 avril 1954, pp. 1, 5-6. Tr. anglaise: *Zola*. Tr. Mary
         Glasgow. Londres, Staples Press, 1955. 318p. Tr. ita-
         lienne: *Buongiorno Monsieur Zola*. Tr. Marino Longhi.
         Milan, Mursia, 1956 et 1964. 490p. Tr. espagnole: *Buenos*
         Días Señor Zola. Tr. Jorge Onfray. Santiago, Ercilla,
         1957. Tr. polonaise: Varsovie, PIW, 1957. 594p. Tr.
         serbo-croate: Zagreb, Kultura, 1957. 571p. Tr. slovène:
         Ljubljana, Cankarjeva Zalozba, 1965. 429p. Voir sur la
         tr. anglaise: Martin TURNELL: "A Zola Revival", in
         Spectrum. A Spectator Miscellany. Londres, Longmans-
         Green, 1956, pp. 133-4.
         [Etude biographique et vie romancée]

6447   LEROY, Maxime: "Le prolétariat au milieu du XIXe siècle
         décrit par Denis Poulot dans *Le Sublime* et par Zola
         dans *L'Assommoir*", in *Histoire des Idées sociales en*
         France. [III]. *D'Auguste Comte à P.-J. Proudhon*. P.,
         Gallimard, pp. 246-57.
         [Cf. 6237]

6448   LICHTENBAUM, Joseph: *Misapre Haolam*. Jérusalem, Ahiasaf.
         2 vol.   [Jewish National Library]
         [En hébreu - Voir sur Z.: I, pp. 244-5]

6449   MOREAU, Pierre: *"Germinal" d'Emile Zola, épopée et roman*.
         P., Centre de Documentation Universitaire. 52p. (poly-
         typé). ("Les Cours de Sorbonne").

6450   M. R. [Maurice RAYNAL]: "Zola", in *Dictionnaire de la*
         peinture moderne. P., Hazan, pp. 327-8.

6451   TABARY, Louis Edouard: *Duranty (1833-1880). Etude bio-*
         graphique et critique avec une préface et un essai
         bibliographique de Maurice Parturier. P., Les Belles
         Lettres. 224p.

6452   UZAROV, Ju.: Pr. à une éd. soviétique de *L'Argent* en
         français. Moscou, Izd. Lit. na Inostr. Jaz. 444p.

6453   VAN TIEGHEM, Philippe: *Introduction à l'étude d'Emile*
         Zola: "Germinal" (documents inédits de la Bibliothèque
         Nationale). P., Centre de Documentation Universitaire.
         116p. (polytypé). ("Les Cours de Sorbonne"). [VII, n° 9]

6454   ALBREHT, Fran: "Emile Zola: *Rim*. Roman. Cankarjeva
         založba 1954", *Knjiga* (Ljubljana), LIV (2), n° 5, pp.
         214-8. Voir aussi *Naši razgledi* (Ljubljana), n° 10,
         pp. 13-14.   [RV]

[En slovène - c.r. de la tr. slovène de *Rome*]

6455 AUDISIO, Gabriel: "Problèmes du cinéma: Les films en
quête d'auteurs", *Les Cahiers du Sud* (Marseille),
XXXVIII, n° 321, janv., pp. 319-22.
[*Thérèse Raquin* au cinéma]

6456 BANDY, W.T. (éd.): "Quelques pages retrouvées de Zola",
MF, CCCXXII, n° 1094, 1er oct., pp. 359-63.
[Notes de Z. pour *Au Bonheur des Dames*, publiées dans
Le Panurge du 22 oct. 1882]

6457 BILLY, André: "Les amours de Zola. Le manifeste des
"Six". Un autodafé déplorable", *FL*, n° 419, 1er mai,
p. 2.
[Z. et Jeanne Rozerot - Z., Daudet et Goncourt - Cf.
6446, article in *FL*, 24 avril]

6458 ---: "Sur Mme Alexandrine Zola", *ibid.*, n° 425, 12 juin,
p. 2.
[Cf. 6457]

6459 BORKO, Božidar: "Emile Zola", *Obzornik* (Ljubljana), n°
10, pp. 375-8.   [RV]
[En slovène]

6460 BOUSSEL, P., et Ph. LEFRANÇOIS: "L'adaptation de
l'Assommoir à la scène ou les petites habiletés d'un
grand homme", *La Revue française*, nov.   [RM TT]

6461 BRAND, Robert F.: "The Family and Descendants of Emile
Zola", *South Atlantic Bulletin* (Athens, Ga.-Chapel
Hill, N.C.), XIX, n° 3, janv., p. 13.

6462 CALA, Romilio Portuondo: "Emilio Zola fué asesinado?",
La Havane-Cuba, 23 juill.   [CN, n° 2]

6463 CRESSOT, Marcel: "Les deux versions de *Sac au dos*",
Annales Universitatis Saraviensis (Sarrebrück), III,
n°s 1-2, pp. 16-58.
[Influence de Z. sur Huysmans]

6464 CROWTHER, Bosley: *"Human Desire"*, *NYT*, 7 août, p. 7.
[Film de Fritz Lang, adaptation de *La Bête humaine*]

6465 DAVIS, Gifford: "The Critical Reception of Naturalism
in Spain, before *La Cuestión palpitante*", *The Hispanic
Review* (Philadelphie), XXII, avril, pp. 97-108.

6466 DUMESNIL, René: "Création de *Lazare*, œuvre posthume
d'Emile Zola et Alfred Bruneau", *Le Monde*, 23 juin.
[Cf. 6467]

6467 ---: "Alfred Bruneau, *Lazare*", *MF*, CCCXXII, n° 1093,

1ᵉʳ sept., pp. 140-3.
[Drame lyrique joué à la radio française le 20 juin -
Cf. 6466]

6468 DUPUY, Aimé: "Esquisse d'un tableau du roman politique
français", *Revue française de Science politique*, IV,
n° 3, juill.-sept., pp. 484-513.
[Remarques sur *La Conquête de Plassans* et sur *Son
Excellence Eugène Rougon*]

6469 FERDY, Camille: "Zola à Marseille", *Marseille. Revue
municipale*, 3ᵉ série, n° 22, janv.-mars, pp. 51-8.
[En 1870-1871 et en 1877 - sur "Naïs Micoulin"]

6470 A. G. [Alfonz GSPAN]: "Zolajeva razstava v Ljubljani",
Knjiga 54, II, n° 2, pp. 75-8.   [BUSM]
[En serbo-croate: "L'exposition Zola à Ljubljana"]

6471 J. G.: "Czy Emil Zola został zamordowany?", *Nowa Kultura*
(Varsovie), V, n° 1, p. 7.   [BU Varsovie]
[En polonais: "Zola fut-il assassiné?"]

*6472 GIRARD, Marcel: "Naturalisme et symbolisme", *Cahiers de
l'Association Internationale des Etudes françaises*,
n° 6, juill., pp. 97-106.
[Z. et les poètes symbolistes - *Le Ventre de Paris* -
tendances symbolistes de l'œuvre de Z. - l'art de Z.:
"un Symbolisme matérialiste"]

*6473 GRANT, Elliott M.: "The Composition of *La Curée*", *RR*,
XLV, févr., pp. 29-44.
[Sur la genèse du roman d'après les dossiers de la
Bibliothèque Nationale]

6474 ---: "The Political Scene in Zola's *Pot-Bouille*", *FS*,
VIII, oct., pp. 342-7.

6475 GRAVIER, Maurice: "Herman Bang et le roman naturaliste
français: I. Herman Bang et Zola", *Etudes germaniques*
(Paris), 9ᵉ année, n° 4, oct.-déc., pp. 278-90.
[Influence de Z. et de *La Curée* sur l'écrivain danois]

6476 GROULT, P.: "La rose et la fleur. De Jacopone da Todi
à Emile Zola", *LR*, VIII, n° 1, févr., pp. 19-35.
[A propos de *Lourdes*]

6477 GUEHENNO, Jean: "Zola, l'homme du vrai", *FL*, n° 442,
9 oct., pp. 1, 4. Rp. in *CN*, I, n° 1, 1955, pp. 4-10.
[Discours au pèlerinage de Médan, 1954]

*6478 HEMMINGS, F.W.J.: "The Origin of the Terms *Naturalisme,
Naturaliste*", *FS*, VIII, avril, pp. 109-21.

6479   JONES, Mervyn: "The Cruel Earth", *Tribune* (Londres),
       27 août, p. 7.
       [c.r. d'une tr. anglaise de *La Terre*]

6480   JUNKER, Albert: "Das französische Schrifttum in der
       Zeit des Realismus und Naturalismus", *Germanisch-
       romanische Monatsschrift* (Heidelberg), n.s. IV, n°
       4, oct., pp. 312-23.

6481   KLABUS, Vital: *"Clovek zver"*, *Naši razgledi* (Ljubljana),
       n° 13, pp. 16-17.   [RV]
       [c.r. de la tr. slovène de *La Bête humaine*]

6482   LANOUX, Armand: "Emile Zola a-t-il été assassiné?",
       Carrefour, XI, n° 518, 18 août, pp. 11-12.
       [Propos d'A. Lanoux et de M. Boileau, spécialiste
       des histoires criminelles]

6483   LAPP, John C,: "Zola et Maurice de Fleury", *RSH*, XIX,
       n° 73, janv.-mars, pp. 67-75.

6484   ---: "Ludovic Halévy et Emile Zola", *RDM*, n° 14, 15
       juill., pp. 323-7.
       [Z. dans les carnets de Ludovic Halévy - chez Z. en
       1877 et 1881 - Cf. 7317]

#6485 LEDIG, Gerhard: "Ein danteskes Kapitel aus Zolas *Ger-
       minal*", *Deutsches Dante-Jahrbuch* (Leipzig), XXIII,
       pp. 87-93.
       [*Germinal* et *L'Enfer* de Dante - les mythes du roman]

6486   LOREDAN: "Echos et souvenirs. Pages rétrospectives
       (Deux lettres de Zola à Manet et à A. Wolff)", *Quo
       Vadis*, VII, n°s 74-6, oct.-déc., p. 124.
       [Lettres de nov. 1880]

6487   G. M.: "Ako zomrel E. Zola?", *Kult. život*, n° 34, p. 11.
       [En slovaque - sur la mort de Z.]   [BUKB]

6488   MANGERI, Giacomo: "Uno scrittore fa luce sulla miste-
       riosa fine di Zola", *Oggi*, 27 juin.   [CN, n° 3]

6489   MOREAU, Pierre: "Le *"Germinal"* d'Yves Guyot", *RHLF*,
       LIV, n° 2, avril-juin, pp. 208-13.
       [*Germinal* et *L'Enfer social:* comparaison]

6490   NIEDERSTENBRUCH, Alex: "Zola: "L'Inondation"," *Die
       Neueren Sprachen* (Marburg), n.s. III, n° 12, pp.
       564-7.   [WH]

6491   NIESS, Robert J.: "An Early Zola Letter", *MLN*, LXIX,
       févr., pp. 114-6.
       [Lettre du 20 nov. 1865, adressée sans doute à Edouard

Fournier, à propos de *La Confession de Claude*]

6492   NOWAKOWSKI, Jan: *"Germinal* (próba interpretacji)", *Twórczość* (Varsovie), X, n° 5, mai, pp. 118-47.
[En polonais]   [BU Łódź]

6493   PAINTER, George D.: "New Novels", *The Listener*, LII, n° 1338, 21 oct., p. 687.
[c.r. d'une tr. anglaise de *La Terre*]

6494   PRITCHETT, V.S.: "Books in General", *The New Statesman and Nation* (Londres), XLVIII, n° 1221, 31 juill., pp. 134-5.
[c.r. d'une tr. anglaise de *La Terre*]

6495   REMAK, Henry H.: "The German Reception of French Realism", *PMLA*, LXIX, n° 3, juin, pp. 410-31.

6496   REUILLARD, Gabriel: "Zola assassiné? Ce qu'en pense le docteur Jacques Zola, fils de l'écrivain", *Le Monde*, 1er juin.
[Interview]

6497   RIBEMONT-DESSAIGNES, G.: "De la mine à la moisson", *Guilde du Livre. Bulletin mensuel* (Lausanne), XIX, n° 10, oct., pp. 283-4.
[Sur *Germinal*]

6498   RICATTE, Robert: "A la recherche de Zola", *L'Information littéraire*, n° 2, mars-avril, pp. 67-72.
[Z. et la critique]

6499   RIVETTE, Jacques, et François TRUFFAUT: "Entretien avec Jean Renoir", *Cahiers du Cinéma*, n° 34, avril, pp. 3-22.   [LS]
[*La Bête humaine* au cinéma]

6500   SIMIC, Novak: *"Trbuh Pariza"*, *Borba*, 16 mars.   [BUSM]
[En serbo-croate: *"Le Ventre de Paris"*]

6501   SOSIC, Davor: "U kući zločina", *Slobodna Dalmacija*, 25 sept.   [BUSM]
[En serbo-croate: "Dans la maison du crime" - à propos de la mort de Z.]

6502   STOSSINGER, Felix: "Emile Zola", *Neue Schweizer Rundschau* (Zurich), n.s. XXII, n° 6, pp. 344-51.
[Postface de sa tr. de *La Curée*: Zurich, 1954 - Etude générale]

6503   M. T.: "Emile Zola: *Ežen Rugon"*, *Dnevnik*, 13 juill.
Voir aussi *Oslobodjenje*, 17 juill.   [BUSM]
[En serbo-croate: *"Son Excellence Eugène Rougon"*]

6504   THIEBAUT, Marcel: "Retour à Zola", *RP*, LXI, n° 10, oct.,
       pp. 140-6.
       [A propos de 6446]

6505   VITAL, Klabus: "Emile Zola: *Clovek zver*", *Naši Razgledi*,
       III, n° 13, pp. 16-17.   [BUSM]
       [En serbo-croate - Sur *La Bête humaine*]

6506   VOTKA, O.: "Allais et Zola (prière de faire la liaison)",
       Cahiers du Collège de 'Pataphysique (Paris), n°s 17-18,
       15 haha 82 E. P. [1954], pp. 97-102.
       [Z. dans la critique du *Chat noir*]

6507   WAIS, Kurt: "Zur Auswirkung des französischen natura-
       listischen Romans auf Deutschland", *Deutschland-
       Frankreich* (Stuttgart), I, pp. 149-68. Rp. in *An den
       Grenzen der Nationalliteraturen. Vergleichende Auf-
       sätze*. Berlin, Gruyter, 1958, pp. 215-36.
       [L'œuvre de Z. en Allemagne]

6508   WEST, Anthony: "Books. The Perils of Chastity", *The New
       Yorker*, XXX, n° 43, 11 déc., pp. 174-7.
       [c.r. d'une tr. anglaise de *La Curée*]

6509   ANONYME: "Emile Zola: *Clovek zver*", *Ljudska pravica -
       Borba*, n° 76, p. 7.   [RV]
       [c.r. de la tr. slovène de *La Bête humaine*]

6510   ---: "Emile Zola: *Clovek zver*", *Socialistična misel*
       (Ljubljana), n° 4, p. 254.   [RV]
       [Cf. 6509]

6511   ---: "Emile Zola: *Rim*", *Borbaljudska Pravica*, 27 avril.
       [En slovène: "Emile Zola: *Rome*"]   [BUSM]

6512   ---: "Emile Zola. *Tereza Raken*", *Susreti*, II, n° 2,
       pp. 167-8.   [BUSM]
       [En serbo-croate]

6513   ---: "Ljubezenska zgodba Emila Zolaja", *Tedenska Tribuna*
       (Ljubljana), n° 22, p. 7.   [RV]
       [En slovène]

6514   ---: "Notatki francuskie. Zarobki Zoli", *Wiadomości*,
       IX, n°s 36-7, p. 6.
       [En polonais: "Notes françaises. La contribution de
       Zola"]

6515   ---: "Trilogija mest. Emile Zola: *Rim*", *Ljudska pravica -
       Borba*, n° 101, p. 5.   [RV]
       [En slovène - c.r. de la tr. de *Rome*]

6516   ALAIN, [Emile CHARTIER]: [Propos du 23 mars 1908], in
       Propos d'un Normand 1906-1914. II. P., Gallimard,
       pp. 163-4. Rp. in *Propos II.* Texte établi, présenté
       et annoté par Samuel S. Sacy. P., Gallimard (Biblio-
       thèque de la Pléiade), 1970, pp. 61-2 (n° 369).
       [Balzac et Z.]

6517   BRUNEAU, Charles: "La phrase d'art dans la littérature
       française du XIXe et du XXe siècle", in *Studia ro-
       manica. Hommage à la mémoire de Eugen Lerch.* Ed.
       Charles Bruneau et Peter M. Schon. Stuttgart, Port
       Verlag, pp. 96-134.
       [Voir surtout pp. 118-9, 123, 125-6]

6518   CHAPMAN, Guy: "The Intervention of Zola", in *The Drey-
       fus Case. A Reassessment.* Londres, Rupert Hart-Davis,
       pp. 178-97.

6519   DASQUET, Marc: *Le Bon Marché. Présenté par Francis
       Ambrière. Illustrations de Suzanne Balkanyi.* P.,
       Editions de Minuit. 192p.
       [*Au Bonheur des Dames*]

6520   ERNST, Fritz: "Der Dichter der *Rougon-Macquart*", in
       Aus Gœthes Freundeskreis und andere Essays. Berlin-
       Francfort, Suhrkamp Verlag, pp. 189-209.
       [Article de 1952]

*6521 FRANDON, Ida-Marie: *Autour de "Germinal"; la mine et
       les mineurs.* Genève, Droz/Lille, Giard. 128p.

*6522 JAGMETTI, Antoinette: *"La Bête humaine" d'Emile Zola.
       Etude de stylistique critique.* Genève, Droz. 83p.
       Voir aussi sa réponse à un c.r. de l'ouvrage in *CN*,
       II, n° 4, pp. 197-8.

6523   LEKOVIC, Ananije: "Uloga Emila Zole u rasvetljavanju
       Drajfusove afere", in *Emile Zola: Optužujem... Tr.
       Ananije Leković.* Belgrade, Rad, pp. 1-69.   [BUSM]
       [En serbo-croate - Le rôle de Z. dans l'Affaire
       Dreyfus - *La Verité en marche*]

6524   LU YUEH HUA: *Shih Chiu Shih Chi, Fa Kua Wen Hsueh.*
       Tai-Pei.   [BU Tai-Pei]
       [En chinois: *La Littérature française du dix-neuvième
       siècle. II:* Voir sur Z. pp. 314-6.]

6525   REIZOV, B.G.: Postface à *Nasledniki Raburdena* [*Les
       Héritiers Rabourdin*]. Moscou, Iskusstvo. 84p.
       [En russe]

*6526   SANINE, Kyra: *"Les Annales de la Patrie" et la diffusion de la pensée française en Russie (1868-1884).* P., Institut d'Etudes Slaves de l'Université de Paris. 134p.
[Jugements sur Z. dans la revue russe]

6527   SOLARI, Juan Antonio: *Victor Hugo y Emilio Zola, abanderados de la libertad y la verdad.* Buenos Aires, [1955]. 29p.   [New York Public Library]

6528   TRUDGIAN, Helen: "Claude Bernard and the "Groupe de Médan"," in *Literature and Science. International Federation for Modern Languages and Literatures: Proceedings of the Sixth Triennial Congress.* Oxford, Blackwell, pp. 273-6.

6529   UNTERMEYER, Louis: "Emile Zola (1840-1902)", in *Makers of the Modern World. The Lives of Ninety-Two Writers, Artists, Scientists, Statesmen, Inventors, Philosophers, Composers, and Other Creators Who Formed the Pattern of Our Century.* New York, Simon-Schuster, pp. 156-64.
[Etude biographique]

6530   VANWELKENHUYZEN, Gustave: *Camille Lemonnier et Emile Zola.* Bruxelles, Palais des Académies. 15p. Rp. in *CN,* I, n° 2, 1955, pp. 62-80; in *Bulletin de l'Académie Royale de Langue et de Littérature françaises,* XXXIII, n° 3, 1955, pp. 141-53
[Conférence faite à la séance mensuelle du 11 juin 1955 de l'Académie Royale de Langue et de Littérature françaises de Belgique - Influence de Z. - correspondance: cf. *La Revue nationale* (Bruxelles), 15 juin 1945]

Sur "Nana", film de Christian Jaque:

6531   BARONCELLI, J. de: "Le cinéma. *Nana", Le Monde,* 3 sept.

6532   LEON, Georges: "Sur les écrans cette semaine. *Nana", L'Humanité,* 3 sept.

6533   MARC, Henri: *"Nana", Populaire Dimanche,* n° 344, 11 sept., [p. 6].

6534   MARTINE, Claude: *"Nana", Arts,* n° 532, 7 au 13 sept., p. 3.
["Un conte de fées"]

6535   MAURIAC, Claude: "Le cinéma. *Nana", FL,* n° 490, 10 sept., p. 10.

6536   MAZARS, Pierre: "Le cinéma a bien du mépris pour Zola. Mais il lui prend tout de même le titre de *Nana", ibid.*, p. 1.

6537   J. N.: "Un demi-siècle au cinéma", *Le Franc-Tireur*, 4
        sept.   [LS]

6538   NERY, Jean: "Le film du jour - *Nana*", *Le Franc-Tireur*,
        3 sept.

6539   TEXCIER, Jean: "A propos de *Nana*", *Populaire Dimanche*,
        n° 346, 25 sept., [p. 6].

                                *

6540   ALTMAN, Georges: "Emile Zola, dans son œuvre revit par
        un film de Jean Vidal", *Le Franc-Tireur*, 21 janv.

6541   BALDICK, Robert: "Zola the Poet", *The Listener* (Lon-
        dres), LIV, 8 déc., pp. 992-3.

6542   BARTHES, Roland: "La mangeuse d'hommes", *Guilde du
        Livre. Bulletin mensuel* (Lausanne), XX, n° 6, juin,
        pp. 226-8.
        [Sur *Nana*]

6543   BURNS, C.A.: "Emile Zola et Henry Céard", *CN*, I, n° 2,
        pp. 81-7.

6544   CARLIER, Pierre, et Pierre COGNY (éd.): "Situation
        actuelle du naturalisme", *CN*, I, n° 3, pp. 128-40;
        II, n° 4, 1956, pp. 174-88.
        [Enquête - Cf. 6573]

6545   CHAIKIN, Milton: "The Composition of George Moore's *A
        Modern Lover*", *Comparative Literature* (Oregon Univer-
        sity, Eugene), VII, pp. 259-64.
        [Influence de *La Curée*]

6546   ---: "Zola and Conrad's *The Idiots*", *Studies in Philo-
        logy* (Chapel Hill, Caroline du Nord), LII, juill.,
        pp. 502-7.
        [Influence de *La Joie de vivre* et de *La Terre*]

6547   ---: "Balzac, Zola and George Moore's *A Drama in Muslin*",
        RLC, oct.-déc., pp. 540-3.
        [Influence de *Pot-Bouille*]

6548   COGNY, Pierre: "Discours du pèlerinage de Médan 1954",
        CN, I, n° 1, pp. 18-22.
        [Hommage]

6549   ---: "Emile Zola écrivain de l'équilibre", *Le Maine
        libre*, 18 août.

6550   ---: "Emile Zola et la côte normande", *Paris-Normandie*,
        3 oct.   [RM III]

6551   COGNY, Pierre (éd.): "Lettres et politique. Un inédit
        de Zola: "Les esclaves ivres"," *CN*, I, n° 1, pp. 34-6.

6552   DEMONSABLON, Philippe: "La difficulté d'être", *Cahiers
        du Cinéma*, IX, n° 50, août-sept., pp. 44-6.
        [Sur l'adaptation de *La Bête humaine*]

6553   DUBROC, Julien: "Emile Zola ressuscité", *L'Humanité*,
        10 janv.
        [Dans le film de Jean Vidal: *Zola*]

6554   FLERE, Djurdjica: "Emile Zola nekdaj in danes", *Gleda-
        liški list gledališča Slovenskega Primorja* (Ljubljana),
        n° 1, 1955-1956, pp. 5-6.   [RV]
        [En slovène]

6555   FREVILLE, Jean: "*Germinal* est né d'une grève", *L'Hu-
        manité*, 21 févr.

6556   G.-TOUDOUZE, Georges: "Quelques souvenirs", *CN*, I, n°
        1, pp. 23-6.

6557   GASSNER, John: "Forms of Modern Drama", *Comparative
        Literature* (Oregon University, Eugene), VII, pp. 129-43.

6558   GAUTHIER, E.P.: "Zola on Naturalism in Art and History",
        MLN, LXX, nov., pp. 514-7.
        [Z. et *Le Messager de l'Europe* - l'emploi du mot "na-
        turalisme"]

6559   GIRARD, Marcel: "Emile Zola et la critique universi-
        taire", *CN*, I, n° 1, pp. 27-33.

*6560   ---: "Positions politiques d'Emile Zola jusqu'à l'Affaire
        Dreyfus", *Revue française de Science politique*, V, n°
        3, juill.-sept., pp. 503-28.

6561   GRANT, Richard B.: "The Jewish Question in Zola's *L'Ar-
        gent*", *PMLA*, LXX, déc., pp. 955-67.

6562   HANZ, Branko: "Emile Zola: *Zauzeće Plassansa*", *Norodni
        List*, 11 sept.   [BUSM]
        [En serbo-croate - Sur *La Conquête de Plassans* - Voir,
        dans le même numéro, l'article sur *L'Œuvre*]

6563   HEINEY, Donald: "Book Reviews", *The Western Humanities
        Review* (Salt Lake City), IX, n° 2, printemps, pp. 171-3.
        [c.r. d'une tr. anglaise de *La Terre*]

*6564   HEMMINGS, F.W.J.: "Zola on the Staff of *Le Gaulois*", *MLR*,
        L, janv., pp. 25-9.
        [Z. et *Le Gaulois* en 1869]

6565   HURET, Marcel: *"Désirs humains"*, *Radio-Cinéma-Télévision*,

n⁰ 288, 24 juill., pp. 37, 39. [LS]
[Adaptation de *La Bête humaine* au cinéma]

6566   IKOR, Roger: "Discours du pèlerinage de Médan 1955",
CN, I, n⁰ 3, pp. 116-23. Rp. in *Emile Zola: La Vérité
en marche*. Ed. Henri Guillemin. P., Fasquelle-Cercle
du Bibliophile, 1969, pp. 371-83.
[Hommage]

6567   JIRSAK, Mirko: *"Thérèse Raquin"*, *Slavonija Danae*, II,
n⁰ 1, pp. 14-15. [BUSM]
[En serbo-croate]

6568   B. K.: "Emile Zola: *Djelo"*, *Politika*, 25 juill. [BUSM]
[En serbo-croate - Sur *L'Œuvre*]

6569   V. K.: "Emile Zola: *Thérèse Raquin"*, *Glas Slavonije*,
25 janv. [BUSM]
[En serbo-croate]

6570   KANTOROWICZ, Alfred: "Heinrich Manns Essay über Zola
als Brennpunkt der Weltanschaulichen Beziehung zwischen
Heinrich und Thomas Mann", *Neue Deutsche Literatur*
(Berlin), III, n⁰ 5, mai, pp. 96-109.
[A propos de 4294]

6571   KAYSER, Jacques: "Zola journaliste", *LF*, n⁰ 588, 6-12
oct., pp. 1, 5. Rp. in *CN*, I, n⁰ 3, 1955, pp. 106-15.
[Discours du pèlerinage de Médan, 1955]

6572   KROKOWSKI, Stanisław: "Pisarz buntu", *Nowy Swiat. Dod.
do dziennika Głos Wielkopolski* (Poznan), VI, n⁰ 41,
p. 2. [BU Łódź]
[En polonais: "Ecrivain révolutionnaire"]

6573   LACRETELLE, Jacques de: "Survivances du naturalisme",
FL, n⁰ 491, 17 sept., pp. 1, 2.
[A propos de 6544]

6574   LANOUX, Armand: "Discours du pèlerinage de Médan 1954",
CN, I, n⁰ 1, pp. 11-17. Rp. in *Emile Zola: La Vérité
en marche*. Ed. Henri Guillemin. P., Fasquelle-Cercle
du Bibliophile, 1969, pp. 359-70.

6575   ---: "Une seconde vie", *Arts*, n⁰ 498, 12 au 18 janv.,
p. 7.
[Z. et la critique française]

6576   ---: "Comment Zola découvrit *Nana"*, *LF*, n⁰ 562, 31 mars
au 7 avril, pp. 1, 10.

6577   LAPIERRE, Marcel: "Dans *L'Assommoir* 1955: Coupeau et
Gervaise vont vivre leur sombre drame à l'écran",
La Presse, 2 août. [LS]

6578   LATCHAM, Ricardo A.: "Zola y el naturalismo hispano-
americano", *El Nacional* (Caracas), 29 sept.
[L'influence de Z. en Amérique de Sud]

6579   LE BLOND, Jean-Claude: "Hommage à Séverine", *CN*, I, n°
2, pp. 88-9.
[Z. et Séverine]

6580   LE BLOND, J.-C. (éd.): "Pages retrouvées: "Le Jour des
Morts" d'Emile Zola, présentées par J.-C. Le Blond",
CN, I, n° 3, pp. 124-7.

6581   LEECH, Clifford: "Art and the Concept of Will", *The
Durham University Journal*, XLVIII, n° 1, déc., pp.
1-7.
[Remarques générales sur Z. et son œuvre]

*6582   LEFRANÇOIS, Philippe: "L'adaptation de *L'Assommoir* et
de *Nana* à la scène", *Le Miroir de l'Histoire*, VI, n°
70, nov., pp. 597-605.
[Avec des lettres de Z. à Busnach et à Flaubert]

6583   LINDIC, Milan: "Emile Zola: *Thérèse Raquin*", *Ljudska
Pravica*, 26 oct.   [BUSM]
[En slovène]

6584   LOOS, Dorothy S.: "The Influence of Emile Zola on the
Five Major Naturalistic Novelists of Brazil", *The
Modern Language Journal*, XXXIX, janv., pp. 3-8.

6585   LOQUET, Francis: "La documentation géographique dans
Germinal", *RSH*, n° 79, juill.-sept., pp. 377-85.

6586   N. M.: "Emile Zola: *Trovačnica*", *Dnevnik*, 6 nov. Voir
aussi *Nin*, 18 déc.   [BUSM]
[En serbo-croate - Sur *L'Assommoir*]

6587   MANCEAUX, Michèle: "Pour tourner *Gervaise*, René Clément
a reconstruit tout un quartier de Paris", *L'Express*,
12 et 15 nov.   [LS]
[*L'Assommoir* au cinéma]

6588   MANCHIP WHITE, Jon: "Zola, the Man Who Could Say: "What
Swine Decent People Really Are!"," *Tribune* (Londres),
16 déc., p. 11.
[Sur une tr. anglaise du *Ventre de Paris*]

6589   MAYNE, Richard: "Novels in Translation", *The New Statesman and Nation* (Londres), L, n° 1293, 17 déc., p. 838.
[c.r. de la tr. anglaise du *Ventre de Paris*]

6590   MIKELN, Miloš: "Emile Zola: *Thérèse Raquin*", *Ljubljanski
Dnevnik*, 24 juin.   [BUSM]
[En slovène]

6591   MILACIC, Dušan: "Emile Zola: *Trovačnica*", *Politika*,
       14 janv.   [BUSM]
       [En serbo-croate - Sur *L'Assommoir*]

6592   PELLEAUTIER, Jean: "René Clément a terminé *Gervaise*",
       Combat, 1er [ou 6] déc.   [LS]

6593   PERRUCHOT, Henri: "Les quinze logis de Monsieur Cé-
       zanne", *L'Œil*, I, n⁰ 12, pp. 33-7.
       [Quelques remarques sur Z. et Cézanne et sur *L'Œuvre*]

6594   PETRICONI, Hellmuth: *"La Débâcle"*, *Wissenschaftliche
       Zeitschrift der Friedrich-Schiller-Universität Jena.*
       V, n°s 2-3, 1955-1956, pp. 329-39. Rp. in *Das Reich
       des Untergangs.* Hambourg, Hoffmann-Campe, 1958, pp.
       37-66; in Dieter STELAND (éd.): *Französische Literatur
       von Beaumarchais bis Camus. Interpretationen.* Franc-
       fort-Hambourg, Fischer, 1969, pp. 124-46.

6595   PIATIER, J.: "Autour des fidèles de Médan. Emile Zola
       journaliste", *Le Monde*, 8 oct.
       [Cf. 6571]

6596   PREMSELA, Martin J.: "Quelques remarques sur la litté-
       rature naturaliste en Hollande", *CN*, I, n⁰ 2, pp. 58-61.

6597   PRICK, Harry G.M.: "Bij drie brieven van Emile Zola",
       Roeping (Tilburg), XXXI, n⁰ 6, oct., pp. 362-6. Rp.
       in *Lodewijk van Deyssel. Dertien Close-ups.* Amsterdam,
       Polak-Van Gennep, 1964, pp. 9-13.   [BB]
       [3 lettres de Z. à van Deyssel: 6 févr. 1883, 2 mars
       1888 et 9 sept. 1889 - sur les premiers romans de Z.]

6598   QUEVAL, Jean: "Emile Zola", *MF*, CCCXXIII, n⁰ 1100, 1er
       avril, pp. 692-4.
       [Sur le film de Jean Vidal]

6599   V. R.: "Zola *Djelo*", *Nin*, 4 févr.   [BUSM]
       [En serbo-croate - Sur *L'OEuvre*]

6600   RACINE, J.: "Chronique de l'Affaire Dreyfus: un article
       inédit d'Emile Zola, présenté par J. Racine", *CN*, I,
       n⁰ 3, pp. 141-4.

6601   REIZOV, B.G.: "Voprosy estetiki Zolja", *Učenye Zapiski
       Leningradskogo Universiteta. Serija filologičeskih
       nauk*, XXII, n⁰ 184.
       [En russe - Sur l'esthétique de Z. - Cf. 7613]

6602   ROBIDA, Marcel: "Le salon Charpentier", *RP*, LXII, n⁰ 9,
       sept., pp. 42-60. Voir aussi du même auteur: *Le Salon
       Charpentier et les Impressionnistes.* P., Bibliothèque
       des Arts, 1958. 166p. (Coll. "Souvenirs et Documents").

[Biographie - *L'Œuvre* et *Le Rêve* - Lettres de Z. et de Charpentier]

6603 S.: "Emile Zola: *Djelo*", *Zivot*, IV, nos 7-8, p. 523.
[En serbo-croate - Sur *L'Œuvre*]   [BUSM]

6604 M. S.: "Emile Zola: *Optužujem!*", *Vjesnik*, 9 déc.   [BUSM]
[En serbo-croate - Sur "J'accuse"]

6605 SALAFA, [E.]: "Cézanne et Zola sur la Montagne Ste
Geneviève", *La Montagne Sainte Geneviève et ses Abords*,
n° 6, juin, pp. 1-22.
[Conférence du 21 mai 1955 - La jeunesse de Z. - Z.
et la peinture]

6606 SCHMIDT, Albert-Marie: "Le dernier prophète de la cour-
tisane", *Guilde du Livre. Bulletin mensuel* (Lausanne),
20e année, n° 5, mai, pp. 179-81.
[A propos de *Nana*]

*6607 SCHOBER, Rita: "Zolas ästhetische Auseinandersetzung mit
Balzac", *Wissenschaftliche Zeitschrift der Humboldt-
Universität zu Berlin. Gesellschafts- und Sprachwissen-
schaftliche Reihe*, 5e année, n° 2, 1955-1956, pp. 123-
38. Rp. in *Von der Wirklichen Welt in der Dichtung.
Aufsätze zur Theorie und Praxis des Realismus in der
französischen Literatur.* Berlin-Weimar, Aufbau-Verlag,
1970, pp. 185-213.
[Sur l'influence de Balzac sur Z. - l'esthétique et
l'idéologie de Z.]

6608 M. T.: "Emile Zola: *Trovačica*", *Nova Makedonija*, 14 oct.
[En macédonien: "Emile Zola: *L'Assommoir*"]   [BUSM]

6609 TAKEMURA, Mosuke: "*Germinal* ni arawareta rōdōsha no
kao", *Studies in the Humanities* (Osaka), VI, n° 1,
janv., pp. 36-44.   [KO]
[En japonais - Sur les ouvriers dans *Germinal*]

6610 THESPIS: "Plays and Films", *English* (Oxford), X, n° 60,
automne, p. 225.
[Sur une adaptation de *Thérèse Raquin* au théâtre en
Angleterre]

6611 TREWIN, J.C.: "The World of the Theatre", *The Illustrated London News* (Londres), CCXXVI, n° 6057, 21 mai,
p. 936.
[Cf. 6610]

6612 TRIPKOVIC, M.: "Emile Zola: *Trovačnica*", *Slobodna Dalmacija*, 19 nov.   [BUSM]
[En serbo-croate - Sur *L'Assommoir*]

6613   TSUNOEKA, Akira: "Emīru Zora to *Daïchi*", *Furansu-Bungaku Techō* (Fukuoka), n° 4, déc., pp. 1-11.   [KO]
        [En japonais: "Emile Zola et *La Terre*"]

6614   ZULJEVIC, Petar: *"Thérèse Raquin"*, *Varaždinske Vijesti*, 3 mars.   [BUSM]
        [En serbo-croate]

6615   ANONYME: "Ali je bil pisatelj Emile Zola umorjen?", *Ljudska Pravica*, 20 févr.   [BUSM]
        [En slovène - Sur la mort de Z.]

6616   ---: "Après *Nana, Gervaise:* Maria Schell sera une héroïne de Zola dans le prochain film de René Clément", *Le Parisien*, 3 sept.   [LS]

6617   ---: "Emile Zola kao novinar", *Vjesnik u Srijedu*, 2 nov.
        [En serbo-croate: "Emile Zola journaliste"]   [BUSM]

6618   ---: "Good Intentions", *The Times* (Londres), 8 déc., p. 13.
        [c.r. rapide d'une tr. anglaise du *Ventre de Paris*]

6619   ---: *"Thérèse Raquin"*, *The Times* (Londres), 24 janv., p. 3. Voir aussi *ibid.*, 30 nov. 1954.
        [A propos d'une représentation de la pièce de théâtre à Edimbourg]

6620   ---: "Winter Garden Theatre. *The Lovers*", *The Times* (Londres), 7 mai, p. 3.
        [Cf. 6610]

1956

6621   AHLSTROM, Stellan: *Strindbergs Erövring av Paris. Strindberg och Frankrike 1884-1895.* Stockholm-Upsal, Almqvist & Wiksell. 371,xviiip. *Acta Universitatis Stockholmiensis*, 2.
        [Résumé en français pp. i-xviii]

*6622   KAYSER, Jacques (éd.): *La République en marche. Chroniques parlementaires, 13 février à 16 septembre 1871.* P., Fasquelle. 2 vol.
        [Ed. des chroniques publiées par Z. dans *La Cloche*, 1871-1872]

6623   LANOUX, Armand: "Accusé Zola, levez-vous! L'Affaire Dreyfus à l'heure de la vérité", in Gilbert GUILLEMINAULT (éd.): *Le Roman vrai de la IIIe République. Prélude à la belle époque.* P., Denoël, pp. 161-257.

6624   MANN, Thomas: "Fragment über Zola", in *Nachlese. Prosa*

1951-1955. Berlin-Francfort, Fischer, pp. 153-5, 239.

6625 PERRUCHOT, Henri: *La Vie de Cézanne.* P., Hachette. 432p.
[Détails biographiques et *L'Œuvre*]

6626 RAMADAN LAWAND: *Emile Zola.* Beyrouth, Dar Beirut. 127p.
[En arabe] [BU Amman]

6627 SCHOBER, Rita: "Zola" et "Die Wirklichkeitssicht des
Germinal", in *Skizzen zur Literaturtheorie.* Berlin,
Deutscher Verlag der Wissenschaften, pp. 62-5, 70-162.

*6628 WALCUTT, Charles Child: *American Literary Naturalism.
A Divided Stream.* Minneapolis, University of Minnesota
Press. xii,332p.
[Voir surtout "Zola: The Fountainhead of Naturalistic
Theory and Practice", pp. 30-44 - Sur l'esthétique
naturaliste de Z. et son influence aux Etats-Unis]

6629 WEISKOPF, F.C.: "Das Beispiel Emile Zolas", in *Literarische Streifzüge.* Berlin, Aufbau, pp. 191-8.
[Article de 1939 - "L'exemple d'Emile Zola"]

*Sur "Gervaise", film de René Clément inspiré par "L'As-
sommoir":*

6630 H. A.: "Variations sur le thème "Adaptations"," *La Tribune de Genève,* 4 oct. [LS]

6631 ARLAUD, R.-M.: "Match nul dans l'affaire *Gervaise*",
Combat, 25 juin. [LS]

6632 ---: "Le film du jour. *Gervaise*", *Combat,* 13 sept. [LS]

6633 BARONCELLI, Jean de: "*Gervaise* et le palmarès du Festival
de Venise", *Le Monde,* 12 sept. [LS]

6634 BAZIN, André: *"Gervaise", L'Education nationale,* 12e
année, n° 25, 4 oct., p. 24.

6635 BOURGES, Hervé: "*Gervaise:* film français de René Clément
d'après *L'Assommoir* de Zola", *Témoignage chrétien,*
14 sept. [LS]

6636 L. C.: "Le commentaire critique", *Le Figaro,* 5 sept. [LS]

6637 CHARENSOL, Georges: "Le cinéma. *Gervaise*", *NL,* 20 sept.
[LS]

6638 CHAZAL, Robert: *"Gervaise", Paris-Presse,* 6 sept. [LS]

6639 DELAHAIE, Agnès: "La polémique autour de *Gervaise:* une
lettre de Mme Agnès Delahaie", *Le Figaro,* 3 juill. [LS]

6640 DUBREUILH, Simone: *"Gervaise", Libération,* 10 sept. [LS]

6641 DUBROC, Julien: "Merci, confrère!", *L'Humanité*, 12
sept.   [LS]

6642 DUTOUREL, J.: "*L'Assommoir:* un roman de ... Gustave
Flaubert", *Carrefour*, 12 sept.   [LS]

6643 FORESTIER, J.: "Maria Schell aura été "l'émotion toute
de rose vêtue" sur la lagune vénitienne", *La Tribune
de Genève*, 4 oct.   [LS]

6644 FORSTETTER, Michel: "Actualité de Zola", *Réforme*, 15
sept.   [LS]

6645 GUYO, Pierre-Jean: *"Gervaise"*, La Croix, 8 sept.

6646 JAUBERT, J.-C.: "*Gervaise*. Fidélité à Zola", *Le Parisien
libéré*, 6 sept.   [LS]

6647 JEANNE, René: "Remous dans les studios français: "L'affaire *Gervaise*" avec l'actrice Maria Schell pose enfin
le problème du doublage", *La Tribune de Genève*, 31
août.   [LS]

6648 LACHIZE, Samuel: "Un événement. *Gervaise*", *L'Humanité*,
8 sept.   [LS]

6649 LANG, André: "Les nouveaux films. *Gervaise*. Zola: un
monde; Clément: un artiste", *France-Soir*, 7 sept. [LS]

6650 LANOUX, Armand, et Georges SADOUL: "Inspirée par Zola,
Gervaise est, en 1956, une création originale", *LF*,
n° 636, 13 au 19 sept., pp. 12, 6.

6651 LAPIERRE, Marcel: "A son petit déjeuner La Blonde Maria
Schell mange des Orchidées", *La Presse*, 25 sept.   [LS]

6652 H. M.: "Une nouvelle affaire... Zola", *Le Monde*, 26
juin.   [LS]

6653 ---: "Première de *Gervaise*", *Le Monde*, 6 sept.   [LS]

6654 J. M.: "Affaire *Gervaise*", *Le Parisien libéré*, 30 juin.
                                                         [LS]

6655 P. M.: "L'envers de la caméra. *Gervaise* (Maria Schell),
de passage à Paris, est allée rendre visite à l'équipe
de *Reproduction Interdite*", *Libération*, 20 août.   [LS]

6656 MAHERT, Rodo.: "*Gervaise* ou "la tranche de vie" retrouvée", *La Tribune de Genève*, 25 oct.   [LS]

6657 MANEVY, René: *"Gervaise"*, *Rolet*, 15 oct.   [LS]

6658 MARTAIN, Gilles: *"Gervaise"*, *Arts*, 12-18 sept.   [LS]

6659 MAURIAC, Claude: "Le cinéma. L'affaire *Gervaise*", *FL*,
21 juill.   [LS]

6660 MAURIAC, Claude: "Le cinéma. *Gervaise*", *FL*, 8 sept. [LS]

6661 J. P.: "*Gervaise* n'ayant pas été la dernière sera la première", *Combat*, 3 sept. [LS]

6662 QUIGLY, Isabel: "To the Life: *Gervaise*", *The Spectator* (Londres), n° 6703, 14 déc., p. 865. [LS]

6663 SICLIER, Jacques: "Un film expérimental: *Gervaise*", *Cahiers du Cinéma*, n° 63, oct., pp. 42-4. [LS]

6664 LES TROIS MASQUES: "Le cinéma. *Gervaise*", *Le Franc-Tireur*, 9 sept. [LS]

6665 VALENSI, Raphaël: "*Gervaise* ... plus de talent que d'émotion", *L'Aurore*, 6 sept. [LS]

6666 WHITEBAIT, William: "A Brilliant Translation", *The New Statesman and Nation* (Londres), LII, n° 1345, 22 déc., p. 817. [LS]

6667 ANONYME: "L'affaire *Gervaise:* les techniciens prennent parti pour René Clément", *Le Figaro*, 6 juill. [LS]

6668 ---: "L'affaire *Gervaise* va être portée devant les tribunaux", *L'Aurore*, 26 juin. [LS]

6669 ---: "L'affaire *Gervaise* vue par René Clément: "J'espère une solution raisonnable et juste", nous déclare le célèbre metteur en scène", *Le Figaro*, 25 juin. [LS]

6670 ---: "Au Capitole: *Gervaise* de René Clément", *La Gazette de Lausanne*, 20 oct. [LS]

6671 ---: "Cette nuit au Palais de Chaillot: *Gervaise* a divisé les spectateurs, mais Maria Schell fait l'unanimité", *L'Aurore*, 5 sept. [LS]

6672 ---: "Chaudronnerie! Chef-d'œuvre! Trahison! c'est la Bataille de *Gervaise*", *Paris-Presse*, 15 sept. [LS]

6673 ---: "Le cinéma. MM. Aurenche et Bost ont délivré Zola de son "complexe petit bourgeois"," *Rivarol* (Paris), 13 sept. [LS]

6674 ---: "Le film de René Clément *Gervaise* a été présenté hier soir en première mondiale au Palais de Chaillot", *L'Humanité*, 5 sept. [LS]

6675 ---: "Le gala *Gervaise* se déroulera le 4 septembre au Palais de Chaillot", *L'Humanité*, 22 août. [LS]

6676 ---: "*Gervaise*", *Le Parisien libéré*, 5 sept. [LS]

6677 ---: "*Gervaise*", *La Presse*, 4 sept. [LS]

6678 ---: "Gervaise a trop de voix pour entrer à l'Opéra",

Combat, 19 juin. [LS]

6679 ANONYME: *"Gervaise:* un film de René Clément d'après *L'Assommoir* d'Emile Zola", *Le Franc-Tireur,* 3-8 sept. [LS]

6680 ---: *"Gervaise:* Film français de René Clément", *Le Parisien libéré,* 7 sept. [LS]

6681 ---: *"Gervaise.* Le film le plus discuté de l'année", *France-Dimanche,* 14 sept. [LS]

6682 ---: *"Gervaise* toujours sans voix", *Le Parisien,* 25 juin. [LS]

6683 ---: "In Defence of Film Realism", *The Times* (Londres), 31 déc., p. 3.

6684 ---: "Pas encore des robots", *Paris-Presse,* 4 juill. [LS]

6685 ---: "Porter *L'Assommoir* de Zola à l'écran...", *Le Parisien libéré,* 4 sept. [LS]

6686 ---: "La première de *Gervaise* sera donnée le 4 septembre au profit des polios", *Paris-Presse,* 21 août. [LS]

6687 ---: "Première mondiale de *Gervaise:* ce soir au Palais de Chaillot", *L'Humanité,* 4 sept. [LS]

6688 ---: "Première mondiale de *Gervaise* le 4 septembre au Palais de Chaillot", *Le Franc-Tireur,* 22 août. [LS]

6689 ---: "Le 4 septembre au Palais de Chaillot: Première mondiale de *Gervaise*", *Le Parisien libéré,* 23 août.[LS]

6690 ---: "René Clément: Pourquoi et comment j'ai fait *Gervaise*", *La Tribune de Genève,* 19 nov. [LS]

6691 ---: "Le syndicat des producteurs de films se prononce dans l'affaire du film *Gervaise*", *Combat,* 17 juill.[LS]

6692 ---: "La version non doublée de *Gervaise* sortira en septembre à Paris", *L'Aurore,* 30 juin. [LS]

6693 ---: "Zola's *L'Assommoir* as a Film", *The Times* (Londres), 10 déc., p. 5.

[Voir aussi 6760-75]

*

6694 ALBRECHT, K.: "Wie starb Emile Zola?", *Geist und Zeit* (Düsseldorf), n° 6, pp. 139-42. [WH]
[A propos de la mort de Z.]

6695 ALBREHT, Fran: "Emile Zola: *Tri mesta*", *Naši Razgledi,*

V, pp. 123-4. [BUSM]
[En serbo-croate - Sur *Les Trois Villes*]

6696 ARMANDI, Gabriele: "La verità su un'amicizia. Zola e Cézanne", *La Voce repubblicana* (Rome), 31 oct.

6697 BERTIN, Célia: "Dior, Balmain et Zola", *RP*, 63e année, n° 5, mai, pp. 120-3.
[A propos d'*Au Bonheur des Dames*]

6698 BROWN, Calvin S.: "Music in Zola's Fiction, Especially Wagner's Music", *PMLA*, LXXI, mars, pp. 84-96.
[Voir aussi Calvin S. BROWN et Robert J. NIESS: "Wagner and Zola Again", *ibid.*, LXXIII, sept. 1958, pp. 448-52. - polémique à propos de l'influence de Wagner sur Z.]

6699 CARTER, A.E.: "The Cult of Artificiality", *University of Toronto Quarterly*, XXV, juill., pp. 452-65.
[Cite *La Curée*]

6700 CAZEAUX, Michelle: "Vilhelm Moberg, un naturaliste suédois?", *CN*, II, n° 4, pp. 189-96.

6701 CEROVIC, Rajko: *"Zle pare"*, *Godišnjak Bjelopoljske Gimnazije*, n° 2, pp. 52-5. [BUSM]
[En serbo-croate: *"L'Argent"*]

6702 CHATKIN, Milton: "A French Source for George Moore's *A Mere Accident"*, *MLN*, LXXI, janv., pp. 28-30.
[Influence de *La Faute de l'abbé Mouret* sur l'œuvre de Moore]

6703 COLVERT, James B.: *"The Red Badge of Courage* and a Review of Zola's *La Débâcle"*, *ibid.*, févr., pp. 98-100.
[Le problème de l'influence de *La Débâcle*]

6704 DECAUX, Alain: "Nana et ses soeurs", *RP*, LXIII, n° 7, juill., pp. 92-114.

6705 EMILE-ZOLA, Jacques: "Emile Zola, Photographer", *Harper's Bazaar* (éd. de Londres), LV, n° 3, déc., pp. 70-1, 98. [VII, n° 22]
[En anglais]

6706 FELDMAN, A. Bronson: "Zola and the Riddle of Sadism", *American Imago* (South Dennis, Mass.), XIII, pp. 415-25. Rp. in *Psychoanalysis and Literature*. Ed. H.M. Ruitenbeek. New York, Dutton, 1964, pp. 272-81.
[Etude psychanalytique de *La Bête humaine*]

6707 FRANDON, I.M.: "Valeurs durables dans l'œuvre de

Zola", *CN*, II, n° 5, pp. 213-8.
[Texte d'une causerie prononcée à la radio française,
le 25 oct. 1955 - Voir la suite: 6708]

6708   FRANDON, I.M.: "Art et pensée de Zola d'après *Germinal*",
       ibid., pp. 219-23.
       [Causerie du 8 nov. 1955 - Cf. 6707]

6709   FRANZEN, Nils-Olof: "Emile Zola, homme d'affaires.
       Correspondance inédite avec son éditeur suédois",
       ibid., n° 4, pp. 169-73.
       [A propos de 9 lettres de Z. (1883-1900) à M. Bonnier]

6710   GEORGE, A.J. (éd.): "Some Unpublished Correspondence
       of Emile Zola", *Sym*, X, pp. 271-6.
       [Avec les Houssaye]

*6711 HEMMINGS, F.W.J.: "The Present Position in Zola Studies",
       FS, X, avril, pp. 97-122.
       [Bilan de la critique moderne sur Z. - signale des
       lacunes]

*6712 ---: "Zola, *Le Bien public* and *Le Voltaire*", *RR*, XLVII,
       avril, pp. 103-16.

*6713 ---: "Zola's Apprenticeship to Journalism (1865-1870)",
       PMLA, LXXI, juin, pp. 340-54.
       [Z. collaborateur du *Petit Journal*, de *L'Evénement*
       et du *Rappel*]

6714   IKOR, Roger: "Zola, combattant de la raison", *Les Cahiers
       rationalistes*, n° 153, févr., pp. 89-95.
       [Conférence du 9 janv.]

6715   JACQUINOT, Jean: "Une correspondance inédite d'Octave
       Lacroix et d'Emile Zola", *CN*, II, n° 5, pp. 227-39.

6716   JONES, Mervyn: "Zola on the Warpath", *Tribune* (Londres),
       5 oct., p. 10.
       [c.r. d'une tr. anglaise de *La Bête humaine*]

6717   JOURDAIN, Francis: "En dépit de la légende, seul Zola
       avait pressenti le génie de Cézanne", *LF*, n° 631,
       2-8 août, p. 11.

6718   M.K.-M.B.: *"Zle pare"*, *Politika*, 30 janv.   [BUSM]
       [En serbo-croate: *"L'Argent"*]

6719   LE BLOND-ZOLA, Denise: "Emile Zola et l'amour des
       bêtes", *CN*, II, n° 6, pp. 284-308.
       [Texte de 1932 - Voir *Emil Zola und die Tiere*. Berlin,
       1933]

6720   M. M.: "Emile Zola: *Optužujem...*", *Nin*, 22 avril, p. 277.

[En serbo-croate - Sur "J'accuse"] [BUSM]

6721 MATEVSKI, Mateja: "Zola, Gonkur, Dode, Anatol Frans i Manifestot na petminata", *Mlada literatura*, VI, pp. 57-66. [BU Skopje]

6722 MATTHEWS, J.H.: "Note sur la méthode de Zola. (Documents inédits)", *RSH*, n° 83, juill.-sept., pp. 337-46.

6723 MENDES-FRANCE, Pierre: "L'anniversaire de la mort de Zola. Un choix politique fondamental", *L'Express*, n° 276, 5 oct., pp. 10-11. Rp. in *CN*, II, n° 6, 1956, pp. 265-71; in *Emile Zola: La Vérité en marche*. Ed. Henri Guillemin. P., Fasquelle-Cercle du Bibliophile, 1969, pp. 385-94.
[Discours au pèlerinage de Médan 1956 - Hommage - Z. et l'Affaire Dreyfus]

6724 MENICHELLI, Gian Carlo: "Emile Zola e la critica francese", *Nuova Antologia* (**Florence**), CDLXVIII, n° 1872, déc., pp. 513-24.

6725 MILACIC, Dušan: "Zola i Draifusova afera", *Savremenik*, III, n° 1, pp. 63-81. [BUSM]

6726 ---: "Povratak Zoli", *Književne Novine*, 9 déc. [BUSM]
[En serbo-croate: "Retour à Zola"]

6727 MIRKOVIC, Mirko: "Emile Zola: *Optužujem* ...", *Narodni List*, 14 janv. [BUSM]
[En serbo-croate - Sur "J'accuse"]

6728 MONTANI, Harold: "Zola out of Focus", *Films and Filming* (Londres), III, n° 3, déc., p. 12. [LS]
[L'œuvre de Z. au cinéma, surtout *Thérèse Raquin* de Marcel Carné, *Nana* de Christian Jaque et *Gervaise* de René Clément]

6729 NIESS, Robert J.: "Henry James and Zola: A Parallel", *RLC*, XXX, n° 1, janv.-mars, pp. 93-8.
[*La Madone de l'avenir* et *L'Œuvre*]

6730 NIKOLAEV, V.N.: "Emil' Zolja i sovremennost'", *Učenye zapiski instituta mirovoj literatury imeni A.M. Gor'kogo* (Moscou), Izd. AN SSSR, II, pp. 165-79.
[En russe: "Emile Zola et l'époque contemporaine" - Cf. 6426]

6731 PERRUSSAUX, Charles: "La première œuvre de Cézanne? Un paravent peint avec Zola", *LF*, n° 631, 2-8 août, p. 10.

6732 RUPEL, Slavko: "Emil Zola: *Beznica*", *Primorski dnevnik*

(Trst), n⁰ 281, p. 3. [RV]
[c.r. de la tr. slovène de *L'Assommoir*]

6733 SARTHOU, Jacques: "Le naturalisme au théâtre... en
1956", *CN*, II, n⁰ 5, pp. 240-3.
[Sur *Les Héritiers Rabourdin*]

6734 SKERL, Ada: "E. Zola: *Beznica*. Slovenski knjižni zavod
1956", *Večer* (Maribor), n⁰ 272, p. 4. [RV]
[Cf. 6732]

6735 TAKEMURA, Mosuke: "*La Débâcle* ni arawareta mondaï to
sono hyōgen (1)", *Studies in the Humanities* (Osaka),
VII, n⁰ 7, août, pp. 51-60. [KO]
[En japonais - Sur *La Débâcle:* problèmes et formes
d'expression - Voir aussi 6819]

6736 TERNOIS, René: "Discours au pèlerinage de Médan 1956",
CN, II, n⁰ 6, pp. 272-83.
[Sur *Lourdes*]

6737 VAN VRECKEM, P.H.S.: ""Het Recht van den sterkste" en
Zola", *Nieuw Vlaams Tijdschrift* (Anvers), X, pp. 296-
309.
[Le darwinisme de Z. - Cyriel Buysse et Z.]

6738 VUCINIC, D.: "*Zle pare*", *Vjesnik u Srijedu*, 25 janv.
[En serbo-croate: *L'Argent*] [BUSM]

6739 WHITE, Lucien: "Zola's Commercialism", *FR*, XXX, oct.,
pp. 20-4.
[En anglais]

6740 WHITEBAIT, William: "Zola with Modern Conveniences",
The New Statesman and Nation (Londres), LI, n⁰ 1317,
9 juin, p. 652. [LS]
[*Thérèse Raquin* au cinéma]

6741 ANONYME: "Emile Zola: *Beznica*", *Sodobna pota* (Ljubljana), n⁰ 10, p. 622. [RV]
[Cf. 6732]

6742 ---: "Emile Zola *Slom*", *Studentski Zbor*, 17 mars. [BUSM]
[En serbo-croate - Sur *La Débâcle*]

6743 ---: "A Farce by Zola Revived. Modelled on Molière and
Ben Jonson", *The Times* (Londres), 21 nov., p. 3.
[*Les Héritiers Rabourdin*]

6744 ---: "Film of *Nana*. A French View of Zola's Novel",
The Times (Londres), 30 avril, p. 14.
[Film de Christian Jaque]

6745 ---: ["*Nana* à l'écran. En France"], *Inostrannaja lite-*

ratura, n° 1, p. 284. [CN, n° 20]
[En russe]

6746 ANONYME: *"Thérèse Raquin* as a Film. Zola Up To Date
in Marcel Carné's French Production", *The Times*
(Londres), 4 juin, p. 5.

[Voir aussi 6821]

1957

6747 COLLET, Georges-Paul: *George Moore et la France.*
Genève, Droz/P., Minard. 231p.
[Voir surtout "George Moore et Emile Zola", pp. 19-22,
et "L'influence de Zola", pp. 122-47.]

6748 COUPERUS, L.: "Intieme impressies", in *Verzamelde
Werken, XII.* Amsterdam, De Samenwerkende Uitgevers,
pp. 934-8. [BB]

6749 DECLERCK, Richard: "Wat hebben we nog aan Emile Zola?",
in *Gestalten en gedachten.* Anvers, Uitgeverij Ont-
wikkeling, pp. 127-31.

6750 HUTNIKIEWICZ, Artur: *Zeromski i naturalizm.* Wroclaw.
207p. [BU Główna, Poznań]
[En polonais - L'influence de Z. sur Zeromski]

6751 MARKIEWICZ, Henryk: "Spór o naturalizm", in *Tradycje
i rewizje.* Cracovie, Wydawnictwo Literackie, pp.
195-232. [BU Główna, Poznań]
[En polonais - Le naturalisme en Pologne]

*6752 MATTHEWS, J.H.: *Les Deux Zola. Science et personnalité
dans l'expression.* Genève, Droz/P., Minard. xi,100p.
[Etude générale de l'esthétique et de la méthode de Z.]

6753 PUZIKOV, Aleksander Ivanovič: *Portrety francuzskih
pisatelej.* Moscou, GIHL. 317p.
[En russe: *Portraits d'écrivains français*]

6754 ---: Pr. à *Sobranie sočinenij* [*Œuvres complètes* de Z.]
I. Kar'era Rugonov. Dobyča [*La Fortune des Rougon.
La Curée*]. Moscou, Pravda, pp. 1-27.

6755 RALEA, Mihai: "Arta şi urîtul", in *Scrieri din Trecut
in Literatura, I.* Bucarest, Editura Pentru Literatură
şi Artă, pp. 227-42.
[En roumain: "Art et laideur"]

6756 RIGAUD, Joseph: *A propos du Cinquantenaire de la mort
d'Emile Zola. L'Ingénieur François Zola père du
célèbre littérateur. Sa Vie, sa famille et son œuvre.*

Communication faite à l'Académie des Sciences, Agri-culture, Arts et Belles-Lettres d'Aix, en sa séance du 1ᵉʳ décembre 1953. Aix-en-Provence, Roubaud. 32p.

[BU Aix]

6757   ROBICHEZ, Jacques: *Le Symbolisme au Théâtre Lugné-Poe et les débuts de l'Œuvre.* P., L'Arche. 568p. [Voir surtout pp. 28-32]

6758   TRILLING, Lionel: "In Defense of Zola", in *A Gathering of Fugitives.* Londres, Secker-Warburg, pp. 12-19. [Article de 1953 sur Z. et *Pot-Bouille*]

6759   VANWELKENHUYZEN, Gustave (éd.): *J.-K. Huysmans: Lettres inédites à Camille Lemonnier.* Genève, Droz/P., Minard. ix,148p.

Sur "Gervaise" [*Cf. 6630-93*]:

6760   ALPERT, Hollis: "*SR* Goes to the Movies. Lower Depths", *The Saturday Review* (New York), 16 nov., p. 30.   [LS]

6761   AMENGUAL, B.: "*Gervaise,* une lyrique d'aliénation", *Image et Son,* nᵒ 98, janv., pp. 8-10.   [LS]

6762   BUTCHER, Maryvonne: "Realism on the Screen", *The Common-weal* (New York), LXVII, nᵒ 8, 22 nov., pp. 202-4. [LS]

6763   CHEVASSU, F.: "Les chemins de Zola", *Image et Son,* nᵒ 98, janv., p. 10.   [LS]

6764   CROCE, Arlene: *"Gervaise", Film Culture* (New York), III, nᵒ 5, déc., pp. 14-15.   [LS]

6765   CROWTHER, Bosley: "The Screen. *Gervaise*", *NYT,* 12 nov., p. 46.

6766   ---: "An Upbeat "Downbeat" French Film. *Gervaise* a Moving Tragedy", *NYT,* 17 nov., section 2, p. 1.

6767   DENT, Alan: "The World of the Cinema. A Blaze of Gloom", *The Illustrated London News,* 12 janv., p. 80.   [LS]

6768   HATCH, Robert: "Films", *The Nation* (New York), CLXXXV, nᵒ 17, 23 nov., p. 396.

6769   McCARTEN, John: "The Current Cinema. A Full Dose of Gloom", *The New Yorker,* 23 nov., p. 149.   [LS]

6770   MERAUD, M.: "Document *Image et Son: Gervaise* (1956) de René Clément", *Image et Son,* nᵒ 98, janv., pp. i-viii.   [LS]

6771   MOSKOWITZ, Gene: *"Gervaise:* From Zola to Clément", *NYT,* 8 déc., section 2, p. 11.

6772   POUILLON, Jean: "*Gervaise*, de R. Clément", *Les Temps modernes*, XII, n° 134, avril, pp. 1639-40.

6773   ANONYME: "Cinema. In the Meantime", *Time* (Atlantic Edition), 18 nov., pp. 64-5.

6774   ---: "Miss McKenna Wins Film Award", *The Times* (Londres), 11 févr., p. 3. Voir aussi *ibid.*, 11 juill., p. 5.

6775   ---: "Rising Star", *The New York Times Magazine*, 3 nov., pp. 78-9.
       [Sur Maria Schell qui joue le rôle de Gervaise]

                                    *

6776   P. A.: "Emile Zola: *Covek zver*", *Letopis Matice Sepske*, CXXXIII, n° 3, pp. 271-2.   [BUSM]
       [En serbo-croate - Sur *La Bête humaine*]

6777   AHLSTROM, Stellan: "Strindberg à la conquête de Paris", *CN*, III, n° 7, pp. 315-27.
       [Influence de Z.]

6778   ALEJNIKOV, N.N.: ["Certains problèmes du naturalisme et position de Zola"], *Etudes de la Faculté des Lettres de l'Université Kirghize*, n° 4, pp. 3-30.
       [En russe]   [CN, n° 20]

6779   ---: ["Questions de guerre et de paix dans le roman d'Emile Zola *La Débâcle*"], *ibid.*, pp. 103-20.
       [En russe]   [CN, n° 20]

6780   ANTONINI, M.: "Zola et le roman naturaliste", *L'Année propédeutique*, 10e année, n° 1, nov., pp. 12-24.

6781   BERGERON, Régis: "Zola, journaliste républicain", *L'Humanité*, 15 avril.
       [A propos de 6622]

6782   BOBOK, Jozef: "Potulky za divadlom. O inscenácii div. hry Emila Zolu *Dedičia strýka Rabourdina*", *Pravda*, 8 janv.   [BUKB]
       [En slovaque - Sur *Les Héritiers Rabourdin*]

6783   BOIVIN, Emile: "Mes années d'intimité avec Péguy. Notes établies par Auguste Martin", *L'Amitié Charles Péguy. Feuillets mensuels*, n° 60, août, pp. 7-22.
       [Voir pp. 10-13: lettre à Z. à propos de L'Affaire Dreyfus - Cf. *L'Aurore*, 23 janv. 1898]

6784   BRUEIL, Sophie (éd.): ""A propos de *Lourdes*" (interview du professeur Weill-Hallé, recueillie par Sophie Brueil)", *LF*, n° 691, 10 au 16 oct., p. 2.

6785   BRULAT, Paul: "Emile Zola: l'accueil. La veillée funèbre", *CN*, III, n° 7, pp. 328-32.

6786   BURNS, C.A.: "*L'Abbé Faujas*, une adaptation dramatique de *La Conquête de Plassans*", *ibid.*, n°s 8-9, pp. 378-81.

6787   CHAIKIN, Milton: "George Moore's *A Mummer's Wife* and Zola", *RLC*, XXXI, janv.-mars, pp. 85-8.
[Influence de Z. - la préface que Z. n'écrivit pas]

6788   CONDAMINE, Pierre de la: "L'avènement du tourisme au pays de Guérande", *Le Miroir de l'Histoire*, VIII, n° 93, sept., pp. 338-40.
[Le séjour de Z. en 1876 et "Les Coquillages de M. Chabre"]

6789   DRUON, Maurice: "Zola après le purgatoire", *LF*, n° 691, 10 au 16 oct., pp. 1-2. Rp. in *CN*, III, n°s 8-9, 1957, pp. 367-71; in *Emile Zola: La Vérité en marche*. Ed. Henri Guillemin. P., Fasquelle-Cercle du Bibliophile, 1969, pp. 395-404.
[Discours prononcé au pèlerinage de Médan - Hommage]

6790   DUPLAY, Maurice: "La première de *l'Assommoir*", *Le Miroir de l'Histoire*, VIII, n° 87, mars, pp. 337-8.

6791   FABRE, F.-E.: "Jules Vallès et le Naturalisme", *CN*, III, n°s 8-9, pp. 382-5.

6792   FADEEV, Alexandre: "Notes subjectives. Littérature française", *Europe*, 35e année, n°s 142-3, oct.-nov., pp. 124-36.
[Remarques sur le naturalisme]

6793   FRANDON, Ida-Marie: "La pensée politique d'Emile Zola", *CN*, III, n°s 8-9, pp. 372-7. Rp.: P., Champion, 1959. 29p.
[Discours au pèlerinage de Médan]

6794   FUCHS, Aleš: "Prvé stretnutie s dramatikon Zolom. K zvolenskej premiére hry *Dedičovia strýka Rabourdina*", *Film a Divadlo*, I, n° 1, 4 oct., p. 1.   [BUKB]
[En slovaque - Sur la première des *Héritiers Rabourdin*]

6795   GIRARD, Marcel: "Proust et Zola", *Adam. International Review* (Bucarest-Londres), XXV, n° 260, pp. 111-2.

6796   HARVEY, Lawrence E.: "Zola's *La Terre*", *Explicator* (Fredericksburg, Va.), XV, mai, item 48.

6797   HEMMINGS, F.W.J.: "Zola faux-frère de Manet? ou les Citations dangereuses", *CN*, III, n°s 8-9, pp. 386-9.

6798   M. J. [Mervyn JONES]: "Zola at His Best", *Tribune* (Londres), 7 juin, p. 11.
[c.r. d'une tr. anglaise de *La Conquête de Plassans*]

6799   JONES, Mervyn: "Sex v. the Church", *Tribune* (Londres), 15 févr., p. 10.
[c.r. d'une tr. anglaise de *La Faute de l'abbé Mouret*]

6800   LANOUX, Armand: "Le roman des grandes oeuvres: *L'Assommoir*", *NL*, n° 1567, 12 sept., pp. 1, 4.

*6801   LAPP, John C.: "Taine et Zola: Autour d'une correspondance", *RSH*, n.s. n° 87, juill.-sept., pp. 319-26.

6802   LATREILLE, André: *"La République en marche"*, *Le Monde*, 2 juin.
[A propos de 6622]

6803   CHM: "Emil Zola ako novinár", *Kulturný život*, XII, n° 12, p. 2.   [BUKB]
[En slovaque - à propos de 6622]

6804   T. M.: "Emil Zola: *U ključalom loncu*", *Sovremenost*, VII, n° 1, pp. 91-3.   [BUSM]
[En slovène: *"Pot-Bouille"*]

6805   MARCILHACY, Christiane: "Emile Zola "historien" des paysans beaucerons", *Annales (Economies. Sociétés. Civilisations)*, XII, n° 4, oct.-déc., pp. 573-86.
[Sur *La Terre*]

#6806   MATTHEWS, J.H.: "Zola's *Le Rêve* as an Experimental Novel", *MLR*, LII, avril, pp. 187-94.

6807   ---: "Zola and the Marxists", *Sym*, XI, pp. 262-72.
[La critique marxiste sur Z.]

6808   MONOD, Martine: *"Pot-Bouille*. Zola sans Zola", *LF*, n° 693, 24 au 30 oct., p. 6.
[Cinéma]

6809   PERRUCHOT, Henri: "Gloires officielles et talents insultés", *Le Miroir de l'Histoire*, VIII, n° 93, sept., pp. 307-10.

6810   PITOLLET, Camille: "Mi libro sobre Blasco Ibáñez", *Boletín de la Biblioteca Menéndez Pelayo* (Santander), 33e année, n°s 3-4, juill.-déc., pp. 221-365.
[Voir pp. 333-44 sur l'influence de Z. et sur Z. en Espagne]

6811   QUERLIN, Marise: "Le coeur inconnu de Zola", *Artaban* (Paris), I, n° 3, 26 avril, p. 12.
[Z. et l'amour des bêtes - Cf. 6719]

6812   RIFFAUD, M., Charles SPAAK, Julien DUVIVIER, André
CAYETTE, Jean VIDAL, Jean RENOIR, René CLEMENT,
Jacques EMILE-ZOLA, et Marcel PAGLIERO: "Zola "scéna-
riste" et ses metteurs en scène", *LF*, n° 694, 31 oct.
au 6 nov., pp. 1, 8; n° 696, 14 au 20 nov., pp. 1, 6-7.
[Réponses à une enquête sur l'œuvre de Z. et le cinéma]

6813   RIVETTE, Jacques, et François TRUFFAUT: "Nouvel entretien
avec Jean Renoir", *Cahiers du Cinéma*, n° 78, Noël, pp.
11-55.   [LS]
[*Nana* et *La Bête humaine* au cinéma]

6814   ROSTAND, Jean: "Zola homme de vérité", *CN*, III, n°s 8-9,
pp. 359-66. Rp. in *Emile Zola: La Vérité en marche*.
Ed. Henri Guillemin. P., Fasquelle-Cercle du Bibliophile, 1969, pp. 341-58.
[Discours prononcé à Médan, le 2 oct. 1949 - Contient
une lettre de Z. à L. Cuenot du 28 août 1896, à propos
du *Docteur Pascal*]

6815   SAUREL, Louis: "Cinéma et littérature: Emile Zola",
Larousse mensuel, XIV, n° 511, mars, pp. 227-30.

6816   F. T.: "Une parodie de *Gervaise*", *Cahiers du Cinéma*,
XIII, n° 77, déc., p. 58.
[*Pot-Bouille* au cinéma]

6817   H.H.T.: "*Nana*, Quite a Girl at Little Carnegie", *NYT*, 13
avril, p. 12.
[Cinéma]

6818   M.A.T.: "Emile Zola: *Vistina*", *Razgledi*, 5 mai, p. 10.
[En serbo-croate - Sur *Vérité*]   [BUSM]

6819   TAKEMURA, Mosuke: "*La Débâcle* ni arawareta mondaï to sono
hyōgen (2)", *Studies in the Humanities* (Osaka), VIII,
n° 8, sept., pp. 27-36.   [KO]
[En japonais - suite de 6735]

6820   THYS, Walter: "La culture néerlandaise à la fin du XIXe
siècle dans ses rapports avec l'étranger", *Etudes germaniques*, 12e année, n° 4, oct.-déc., pp. 305-11.

6821   TREVOL, Elisabeth: "Les écrivains, décorateurs imaginaires", *Art et Décoration*, Noël 1956-janv. 1957, pp.
29-32.
[Quelques remarques sur le décor de *Nana*]

6822   TRIPKOVIC, M.: "Emil Zola: *U ključalom loncu*", *Odjek*,
1er févr., pp. 1-2.   [BUSM]
[En serbo-croate - Sur *Pot-Bouille*]

6823   ---: "Emile Zola: *Istina*", *Zivot*, X, n° 6, pp. 423-4.

[En serbo-croate - Sur *Vérité*] [BUSM]

6824 VAL BAKER, Denys: "Zola the Prophet", *The Humanist*
(Londres), LXXII, n° 1, janv., pp. 23-5. Rp. in
Books and Bookmen (Londres), XV, n° 5, févr. 1970.
pp. 26-7.

6825 VANWELKENHUYZEN, Gustave: "Un Belge à Médan", *Bulletin
de l'Académie Royale de Langue et de Littérature
françaises* (Bruxelles), XXXV, pp. 152-66. Rp. in
Vocations littéraires. Genève, Droz/P., Minard, 1959,
pp. 113-23.
[Voir 622 - Francis Nautet à Médan]

6826 WHITE, Lucien: "Emile Zola's Romanticism Judged by His
Contemporaries and by Himself", *MLQ*, XVIII, sept.,
pp. 206-10.
[Le romantisme de Z.]

6827 YAMADA, Jaku: "Zora - Sakka to sakuhin", *Furansu* (France)
Hakusuisha (Tokyo), févr., pp. 38-42. [KU]
[En japonais: "Zola, l'homme et l'œuvre"]

6828 ANONYME: "Intimate Theatre, High Wycombe. Where There's
a Will", *The Times* (Londres), 19 nov., p. 3.
[*Les Héritiers Rabourdin* en Angleterre]

1958

6829 BARCALA, J.: *Ensayos ante una traducción. "Ensueño"*.
Madrid, Diana, [1958]. 561p.
[Voir pp. 5-277: sur le romantisme et l'idéalisme de
Z., étude biographique, sur *Le Rêve* et sur la tr.
espagnole du roman]

*6830 BORNECQUE, J.-H., et P. COGNY: *Réalisme et naturalisme*.
P., Hachette. 192p. (Coll. Les Documents France).
[Voir surtout pp. 50-63, 81-121]

*6831 BURNS, C.-A. (éd.): *Henry Céard: Lettres inédites à
Emile Zola. Publiées et annotées par C.-A. Burns
avec une préface de René Dumesnil*. P., Nizet. 428p.
Voir aussi l'article d'Emile HENRIOT in *Le Monde*, 14
oct. 1959.

6832 CADILHAC, Paul-Emile: "Le Lourdes de Zola et de Huysmans",
in *Demeures inspirées et sites romanesques, III*. P.,
Edit. de l'Illustration, pp. 235-44.

6833 CARTER, A.E.: *The Idea of Decadence in French Literature:
1830-1901*. Toronto, University of Toronto Press. 154p.

6834   CASSAGNARD, Jean-Marie (chanoine): *Science et pseudo-*
        science. Carrel et Zola devant le miracle à Lourdes.
        Lettre-préface de S.E. Mgr Théas. Lourdes, Editions
        de la Grotte. 136p. Nouvelle éd.: 1964. 200p.

*6835   FRANZEN, Nils-Olof: *Zola et "La Joie de vivre"; la*
        genèse du roman, les personnages, les idées. Stock-
        holm, Almqvist & Wicksell. 241p. *Acta Universitatis*
        Stockholmiensis. Stockholm Studies in Literature, 3.

6836   ---: *Emile Zola.* Stockholm. 91p. *Natur och Kultur.*
        Världsförfattare.   [BU Lund]

6837   GOBE, Jules: "La peinture d'une époque (le Second
        Empire) dans les *Rougon-Macquart,* d'Emile Zola", in
        Procès-verbaux des séances de la Société Académique
        d'Agriculture, des Sciences, Arts et Belles-Lettres
        du Département de l'Aube. 1952. Troyes, Paton, pp.
        42-4.
        [Résumé d'une communication portant sur *Nana, Au*
        Bonheur des Dames et *La Terre*]

6838   HERGESIC, Ivo: *Književne Kronike 1948-1957.* Zagreb,
        Skolska knjiga. 375p.   [BUSM]
        [En serbo-croate: *Chroniques littéraires 1948-1957* -
        Voir pp. 201-9 sur le cinquantenaire de la mort de
        Z., et pp. 215-8 sur *Les Mystères de Marseille*]

6839   JAHONTOVA, M.A., M.N. CERNEVIC, et A.L. STEJN: "Zolja",
        in *Očerki po istorii francuzskoj literatury.* Moscou,
        Ucpedgiz, pp. 315-29.
        [En russe]

6840   LESAGE, Laurent: "Emile Zola", in *Marcel Proust and*
        His Literary Friends. Urbana, University of Illinois
        Press, p. 71. *Illinois Studies in Language and*
        Literature, XLV.
        [Opinions de Proust sur Z.]

6841   LUNACARSKIJ, A.V.: *"Nana.* Perspektivy", in *O Teatre*
        i dramaturgii. Izbrannye Stat'i v 2-h tomah. II.
        Zapadnoevropejskij Teatr. Moscou, *Iskusstvo,* pp.
        121-5.
        [En russe - *Nana* au théâtre - Voir aussi, du même
        auteur: "Zolja živ", *Internacional'naja literatura,*
        n° 9, 1937]

6842   MANN, G.: "Reč' o Zolja v Prage", in *Sobranie sočinenij,*
        II. Moscou, Goslitizdat, pp. 105-79.
        [En russe: "Discours sur Zola à Prague"]

6843   NARDIN, Pierre: *Le Commentaire stylistique aux rendez-*

vous littéraires. P., Société d'Edition d'Enseignement Supérieur. 187p. (Publications de la Section de langues et littératures de la Faculté des Lettres de Dakar). [Voir "Zola", pp. 152-60, sur *Germinal* et le style de Z.]

\#6844 PICON, Gaëtan: "Le roman et la prose lyrique au XIXe siècle", in *Histoire des littératures III. Littératures françaises, connexes et marginales*. Ed. Raymond Queneau. P., Gallimard, pp. 1001-7. (Encyclopédie de la Pléiade, VII).
[Voir surtout "Zola, pp. 1088-93]

6845 ROY, Claude: "Sur *Germinal*", in *Descriptions critiques* [IV]. *La Main heureuse*. P., Gallimard, pp. 214-24.
[Etude générale de Z. et de *Germinal* - réponse à 6344]

*6846 TERNOIS, René (éd.): *Emile Zola: Mes Voyages. Lourdes, Rome. Journaux inédits présentés et annotés par René Ternois*. P., Fasquelle. 302p. Textes rp. in *O.C.*, VII. Ext. in *Prétexte*, n.s. n° 2, mars-avril 1958, pp. 65-9; in *La Table ronde*, n° 125, mai 1958, pp. 97-109; in *NL*, n° 1601, 8 mai 1958, pp. 1, 7.

6847 THALHEIMER, Siegfried: *Macht und Gerechtigkeit. Ein Beitrag zur Geschichte des Falles Dreyfus*. Munich, Beck'sche. 823p.
[Voir surtout "Anatole France und Emile Zola", pp.265-93, et "Zolas Prozess", pp. 294-375]

*6848 TISON-BRAUN, Micheline: *La Crise de l'humanisme. Le Conflit de l'individu et de la société dans la litterature française moderne. Tome 1. 1890-1914*. P., Nizet. 519p.
[Sur *Les Trois Ville, Les Quatre Evangiles* et la pensée de Z.]

6849 VAN GOGH, Vincent: *The Complete Letters of Vincent Van Gogh*. Greenich, Connecticut, New York Graphic Society. 3 vol.
[Plusieurs remarques admiratives sur l'œuvre de Z.]

6850 ZIVKOVIC, Dragiše (éd.): "Emile Zola", in *Francuski Realizam*. Belgrade, Nolit, pp. 65-91.   [BUSM]
[En serbo-croate]

6851 ADAMOV, Arthur: "Mars 1871-mars 1958. L'union sacrée des lettres contre les "Communeux"," *LF*, n° 713, 13 au 19 mars, pp. 1, 7.
[Voir aussi 6901]

6852 ALPERT, Hollis: "*SR* Goes to the Movies. All's Ferrer",

The Saturday Review (New York), 8 mars, p. 41.   [LS]
[Film sur l'Affaire Dreyfus]

6853   ALPERT, Hollis: "*SR* Goes to the Movies. Museum Pieces",
        ibid., 1er nov., p. 32.   [LS]
        [*Pot-Bouille* au cinéma]

6854   ARAGON, Louis: "Stendhal und Zola, Stendhal und Molière",
        Aufbau (Zurich), XIV, n° 1, pp. 79-98.   [WH]
        [La critique de Z. sur Stendhal]

6855   ARMSTRONG, David: "Cinema. *Gervaise* (Arts)", *The Cam-
        bridge Review*, LXXIX, n° 1924, 8 févr., p. 325.   [LS]

6856   BAEHRENDTZ, Nils Erik: "Skandalsuccén *Nana* (Emile Zola)",
        Folket i Bild, n° 42, p. 22. Rp. in *Röster i Radio*,
        XXXVI, n° 2, 1969, pp. 18-19.   [BU Lund]
        [En suédois]

6857   BELOFF, Nora: "An Algerian "J'accuse"," *The Nation* (New
        York), CLXXXVI, n° 11, 15 mars, pp. 227-9.

6858   BILLY, André: "Zola reporter à Lourdes et à Rome", *Le
        Figaro*, 30 juill.
        [A propos de 6846]

6859   CADILHAC, Paul-Emile: "Lourdes vu par un croyant, J.
        K. Huysmans, et par un incroyant, Emile Zola", *Salon
        littéraire du Printemps*, 9 avril.   [CN, n° 10]

6860   COCTEAU, Jean: "Zola, le poète", *LF*, n° 742, 9 au 15
        oct., p. 1. Rp. in *CN*, IV, n° 11, 1958, pp. 442-3.
        [Message lu à Médan]

6861   COGNY, Pierre: "Emile Zola et Edmond de Goncourt d'après
        le Journal inédit", *CN*, IV, n° 10, pp. 424-6.

6862   ---: "Une lettre inédite d'Emile Zola au directeur du
        Gaulois (1869)", *ibid.*, n° 11, pp. 468-70.
        [A Edmond Tarbé, 3 mars 1869]

6863   ---: "Zola et Huysmans pèlerins à Lourdes", *Le Lingue
        straniere* (Rome), VII, n° 6, nov.-déc., pp. 18-23.

6864   COLUM, Mary M.: "Origins of Naturalism", *The New York
        Times Book Review*, 6 avril, p. 2.
        [Contre le naturalisme]

6865   COULET, E. (éd.): "Lettres inédites et précieux documents
        sur la longue amitié littéraire entre Emile Zola et le
        Toulonnais Noël Blache", *République* (Toulon), 25-6,
        28-30 nov., 1er déc.

6866   CROWTHER, Bosley: "Screen: *Adulteress* from France", *NYT*,

14 janv., p. 42.
[*Thérèse Raquin* au cinéma]

6867   CROWTHER, Bosley: "French Flavor: The Varying Presence
and Absence of "Atmosphere" in Three Films", *NYT*, 19
janv., section 2, p. 1.
[Sur *Gervaise* et *Thérèse Raquin*, films de René Clément
et de Marcel Carné]

6868   ---: "Screen: Dreyfus Affair", *NYT*, 6 mars, p. 32.
[Film de José Ferrer]

6869   ---: "The Screen: Zola Story", *NYT*, 28 oct., p. 39.
[Sur *Pot-Bouille*, film de Julien Duvivier]

6870   J. D. [Johan DAISNE]: *"Pot-Bouille:* mondige kunst",
Nieuw Vlaams Tijdschrift (Anvers), XII, pp. 1014-7.
[Cinéma]

6871   DAFNIS, Greg.: ["L'Affaire Dreyfus et Zola"], *Néa Hestia*,
LXIII, nᵒ 736, pp. 316-21.   [BA]
[En grec]

6872   DAURENT, Serge: "Dráma se skončila. Po stopách Drey-
fusovej aféry. Spomienka na franc. spionážnu aféru
z roku 1899", *Pravda*, 26 avril.   [BUKB]
[En slovaque]

6873   DENT, Alan: "The World of the Cinema. Pieces of Acting",
The Illustrated London News, 22 févr., p. 318.   [LS]
[Cf. 6868]

6874   DESCOTES, Maurice: "Les comédiens dans les *Rougon-
Macquart*", *Revue d'Histoire du Théâtre*, 10ᵉ année,
nᵒ 2, pp. 128-37.

6875   DUPUY, Aimé: "Les grands magasins et leur "histoire
littéraire"," *L'Information historique*, XX, nᵒ 3,
mai-juin, pp. 106-12.
[A propos d'*Au Bonheur des Dames*]

6876   ESPER, Erich: "Schopenhauer in der Familie Les Rougon-
Macquart", *Schopenhauer-Jahrbuch* (Kiel-Minden), XXXIX,
pp. 183-7.

6877   ETKIND, E.G.: "O stile romana Zolja *Zapadnja*", *Učenye
zapiski Leningradskogo gosudarstvennogo pedagogičeskogo
instituta imeni Gercena* (Leningrad), CXXVII, pp. 185-
215.
[En russe: "Sur le style du roman de Zola *L'Assommoir*"]

6878   FREEMAN, Marilla W.: "New Films from Books. *Gervaise*",
The Library Journal (New York), LXXXIII, nᵒ 4, 15 févr.,
p. 588.   [LS]

6879   FREEMAN, Marilla W.: "New Films from Books. *I Accuse*",
        ibid., n⁰ 6, 15 mars, p. 835.   [LS]
        [Film de José Ferrer sur l'Affaire Dreyfus]

6880   GAHIDE, Françoise: "*Le Naturalisme au théâtre* d'Emile
        Zola ... ou les origines de la crise au théâtre",
        Théâtre populaire, n⁰ 31, sept., pp. 1-11.

6881   GIRARD, Marcel: "Emile Zola et Louise Solari", *RHLF*,
        58ᵉ année, n⁰ 3, juill.-sept., pp. 371-2.
        [Cf. 7043]

6882   GIRARD, Marcel (éd.): "Deux lettres inédites de Zola
        à Huysmans", *ibid.*, pp. 372-3.

6883   GRANT, Elliott M.: "Concerning the Sources of *Germinal*",
        RR, XLIX, oct., pp. 168-78.

6884   GRONDAHL, Henry G.: "Symbolismen hos Emile Zola", *Nya
        Argus*, LI, n⁰ 15, 16 sept., pp. 226-8.
        [En suédois]

6885   GUILLEMIN, Henri: "Zola et Lourdes", *Journal de Genève*,
        27-28 sept.

6886   GUIRAL, Pierre: "Emile Zola et *La République en marche*",
        L'Information historique, XX, n⁰ 1, janv.-févr., pp.
        12-14.
        [A propos de 6622]

6887   HARTUNG, Philip T.: "The Screen. Fun in Old Bailey",
        The Commonweal (New York), LXVII, n⁰ 20, 14 févr.,
        p. 513.   [LS]
        [*Thérèse Raquin* au cinéma]

6888   ---: "The Screen. Zola Says", *ibid.*, n⁰ 23, 7 mars,
        p. 593.   [LS]
        [Film de José Ferrer sur l'Affaire Dreyfus]

6889   ---: "The Screen. Billiard Balls and Paperweights: *Pot-
        Bouille*", *ibid.*, LXIX, n⁰ 6, 7 nov., p. 151.   [LS]
        [Cinéma]

6890   HATCH, Robert: "Films", *The Nation* (New York), CLXXXVII,
        n⁰ 16, 15 nov., pp. 366-7.
        [*Pot-Bouille* au cinéma]

*6891   HEMMINGS, F.W.J.: "Zola, Manet and the Impressionists
        (1875-1880)", *PMLA*, LXXIII, sept., pp. 407-17.

6892   HEMMINGS, F.W.J., et R.J. NIESS (éd.): "Un "salon"
        inconnu d'Emile Zola", *RSH*, n⁰ 92, oct.-déc., pp.
        519-29.
        [Dans *La Situation* du 1ᵉʳ juill. 1867]

6893   KAUFFMAN, Stanley: "Movies. Zola's Indictment of Paris", *The Reporter* (New York), n°s 18-19, 9 janv., pp. 42-3. [Sur le film *Gervaise*]   [LS]

6894   ---: "Gallery of Women", *The New Republic* (New York), CXXXIX, n° 19, 10 nov., pp. 21-2. [*Pot-Bouille* au cinéma]

6895   LAPP, John C.: "Zola et l'article défini", *FM*, XXVI, n° 2, avril, pp. 101-2.

6896   ---: "Zola et *La Tentation de Saint Antoine*", *RSH*, n° 92, oct.-déc., pp. 513-8. [Influence sur Z. - à propos de *Madeleine Férat* et de *Nana*]

6897   ---: "On Zola's Habits of Revision", *MLN*, LXXIII, déc., pp. 603-11. [Révisions de *Nana*, de *La Joie de vivre* et du *Docteur Pascal*]

6898   MATORE, Georges: "A propos du vocabulaire des couleurs", *Annales de l'Université de Paris*, 28e année, n° 2, avril-juin, pp. 137-50. [Dans *Germinal* et *La Bête humaine*]

6899   MATTHEWS, J.H.: "Emile Zola and Gustave Le Bon", *MLN*, LXXIII, févr., pp. 109-13. [*La Psychologie des foules* et *Au Bonheur des Dames*, *Germinal*, *Lourdes*]

6900   McCARTEN, John: "The Current Cinema. Wrong Focus", *The New Yorker*, 15 mars, p. 116.   [LS] [Cf. 6852]

6901   MITTERAND, Henri: "Zola devant la Commune", *LF*, n° 732, 3 au 9 juill., pp. 1, 5. [Réponse à 6851]

6902   ---: "Un jeune homme de province à Paris de 1858 à 1861", *LF*, n° 742, 9 au 15 oct., pp. 1, 9. Rp. in *CN*, IV, n° 11, 1958, pp. 444-53. [Discours au pèlerinage de Médan]

6903   MITTERAND, Henri (éd.): "Un projet inédit d'Emile Zola en 1884-85: Le roman des villes d'eaux", *CN*, IV, n° 10, pp. 401-23. ["Notes sur le Mont-Dore" et lettres de Céard à Z., 1881-1885]

6904   ---: "Deux lettres inédites de Courteline à Emile Zola (1898)", *ibid.*, n° 11, pp. 471-3. Voir aussi André BILLY: "Propos du samedi - Courteline, Zola et Hugo",

FL, XIV, n⁰ 683, 23 mai, p. 2.

6905 MODAVE, Jeanine: "Blasco Ibáñez et le naturalisme français", *LR*, XII, n⁰ 3, 1er août, pp. 287-301.
[Voir surtout pp. 287-90 sur l'influence de Z.]

6906 MOORE, Charles H.: "A Hearing on *Germinal* and *Die Weber*", *The Germanic Review* (New York), XXXIII, févr., pp. 30-40.
[*Germinal* et *Les Tisserands* de Gerhart Hauptmann]

6907 MORAVIA, Alberto: "Zola in vaudeville", *L'Espresso*, 26 oct.   [CN, n⁰ 30]
[Z. et le cinéma]

6908 PARAF, Pierre: "D'Emile Zola au temps du maccarthysme. La nuit de *J'accuse*", *LF*, n⁰ 704, 9 au 15 janv., pp. 1, 7.

6909 ---: "Lourdes et Zola", *ibid.*, n⁰ 719, 24 au 30 avril, pp. 1, 5.

6910 RICHARDSON, Joanna: "The Second Empire and the Novel", *Time & Tide* (Londres), XXXIX, n⁰ 21, 24 mai, pp. 650-1.
[c.r. d'une tr. anglaise de *La Bête humaine*]

6911 ROSSANI, Wolfgango: "Rileggendo *Thérèse Raquin*", *Nuova Antologia* (Rome), CDLXXIV, n⁰ 1895, nov., pp. 423-6.

6912 SAHAROVA, N.J.: "O nesobstvenno prjamoj reči (Na materiale romana Zolja *Razgrom*)", *Učenye Zapiski Leningr. Gos. Ped. Instituta Im Gercena* (Leningrad), CXXVII, pp. 125-39.   [CN, n⁰ 22]
[En russe: "Du style indirect libre (D'après le roman de Zola *La Débâcle*)"]

6913 SUFRIN, Mark: *"Pot-Bouille"*, *Film Quarterly* (Berkeley), XII, n⁰ 2, hiver, pp. 55-6.   [LS]
[Au cinéma]

6914 M. T.: "Emile Zola: *Kaljuga*", *Dnevnik*, 2 nov.   [BUSM]
[En serbo-croate - Sur *La Curée*]

6915 M.A.T.: "Emile Zola: *Kaljuga*", *Sovremenost*, VIII, nos 11-12, pp. 1007-8.   [BUSM]
[Cf. 6914]

6916 TAKEMURA, Mosuke: *"L'Assommoir* to sono moraru", *Studies in the Humanities* (Osaka), IX, n⁰ 5, mai, pp. 65-75.
[En japonais: *"L'Assommoir* et sa morale"]   [KO]

6917 TRIPKOVIC, M.: "Emile Zola: *Kaljuga*", *Zivot*, VII, nos 11-12, pp. 913-4.   [BUSM]

[En serbo-croate - Sur *La Curée*]

6918 VANTUCH, Anton: "Emil Zola: *Pariž*. Rec. románu",
Slovenské pohľady, LXXIV, n° 12, pp. 1344-6.   [BUKB]
[En slovaque - c.r. d'une tr. de *Paris*]

6919 VAULTIER, Roger: "Zola et la médecine", *La Presse
médicale*, LXVI, n° 91, 25 déc., pp. 2097-100.
[La documentation médicale et l'hérédite dans l'œuvre
de Z.]

6920 VISSIERE, Jean-Louis: "L'art de la phrase dans *L'Assommoir*", *CN*, IV, n° 11, pp. 455-64.

6921 ZIEGLER, Gilette: "Il y a soixante ans Zola criait
"J'accuse"," *Heures claires*, n° 49, 1er févr.

[CN, n° 10]

6922 ANONYME: "Ali je bila Zolajeva smrt nesreča ali umor?",
Obzornik (Ljubljana), n° 10, pp. 858-60.   [RV]
[En slovène - Sur les circonstances de la mort de Z.]

6923 ---: "Briefly Noted. Fiction", *The New Yorker*, XXXIV,
n° 31, 20 sept., pp. 160-1.
[c.r. d'une tr. anglaise d'*Au Bonheur des Dames*]

6924 ---: "Cinema. New Picture: *I Accuse!*", *Time* (New York),
n° 9, 3 mars, p. 66.
[Film de Jose Ferrer sur l'Affaire Dreyfus]

6925 ---: "Cinema. The New Pictures", *Time* (New York), 13
janv., p. 69.   [LS]
[*Thérèse Raquin* au cinéma]

6926 ---: "Duvivier Turns to Zola. Film of *Pot-Bouille*",
The Times (Londres), 15 déc., p. 3.

6927 ---: "Zolov *Pariž* v slovenčine. Rec. románu", *Lud*, 22
août.   [BUKB]
[En slovaque - Cf. 6918]

1959

6928 AYGUESPARSE, Albert: "Emile Zola 1840-1902", in *Petit
Musée littéraire*. Bruxelles, Centrale d'Education
Ouvrière, [1959], pp. 17-19.

6929 BEAUMONT, Maurice: *Aux Sources de l'Affaire. (L'Affaire
Dreyfus d'après les archives diplomatiques)*. P., Les
Productions de Paris.   [CN, n° 13]

6930 DIGEON, Claude: *La Crise allemande de la pensée française (1870-1914)*. P., P.U.F. 568p.
[Voir surtout pp. 271-87]

6931 DUMESNIL, René: *Le Rideau à l'italienne. Souvenirs.*
P., Mercure de France. 252p.
[Z., Céard et Hennique]

6932 DUPUY, Aimé: "Emile Zola, chroniqueur parlementaire
à Bordeaux et à Versailles", in *1870-1871. La Guerre,
la Commune et la presse.* P., Armand Colin, pp. 151-66.

6933 FISCHER, Ernst: *Von der Notwendigkeit der Kunst.* Dresde,
Verlag der Kunst. 203p. Tr. anglaise: *The Necessity
of Art. A Marxist Approach.* Tr. Anna Bostock. Harmonds-
worth, Penguin Books, 1963. 234p. Tr. française sur le
texte anglais: *La Nécessité de l'art.* P., Editions
Sociales, 1965. 221p.
[Voir surtout "le naturalisme", éd. française, pp.
75-8 - approbation d'un marxiste]

6934 HAMANN, Richard, et Jost HERMAND: *Deutsche Kunst und
Kultur von der Gründzeit bis zum Expressionismus,
Band II. Naturalismus.* Berlin, Akademie-Verlag, 336p.

*6935 HEMMINGS, F.W.J., et Robert J. NIESS (éd.): *Emile Zola:
Salons, précédés d'une étude sur Emile Zola critique
d'art de F.W.J. Hemmings.* Genève, Droz/P., Minard.
277p.

6936 KESTEN, Hermann: "Zola", in *Meine Freunde, die Poeten.*
Munich, Desch, pp. 545-54.
[Cf. 5959]

6937 LETHEVE, Jacques: *Impressionnistes et symbolistes devant
la presse.* P., Armand Colin. 302p. (Coll. Kiosque).
[Voir surtout pp. 35-51, 113-20]

6938 MENICHELLI, Gian Carlo: "Una fonte poco nota del romanzo
Rome di Emile Zola", in *Studi sulla letteratura dell'
Ottocento in onore di Pietro Paolo Trompeo.* Naples,
Edizioni Scientifiche Italiane, pp. 390-401.

6939 MIQUEL, Pierre: *L'Affaire Dreyfus.* P., P.U.F. 127p. Nouvelle éd.: 1961. (Coll. "Que sais-je?").
[Voir surtout pp. 43-71 - Cf. 7055 et 7118]

6940 PERRUCHOT, Henri: *La Vie de Manet.* P., Hachette. 344p.
[Voir surtout la 3e partie, chap. 2: "L'école des
Batignolles"]

6941 PIJLS, P.J.H.: *La Satire littéraire dans l'œuvre de
Léon Bloy.* Leyde, Universitaire Pers Leiden. viii,231p.
[Voir surtout chap. III: "Emile Zola"]

6942 PUZIKOV, A.: "Zolja", in *Istorija francuzskoj literatury,
III.* Moscou, Izd. AN SSSR.
[En russe]

6943   REWALD, John: *Cézanne, Geffroy et Gasquet, suivi de Souvenirs sur Cézanne de Louis Aurenche et de lettres inédites.* P., Quatre Chemins-Editart. 75p.
[Voir pp. 23-5 - Sur l'article de Z. "Peinture", *Le Figaro*, 2 mai 1896, rp. in *Nouvelle Campagne*]

6944   ROBICHON, Jacques: "Nana", in *Le Roman des chefs-d'œuvre.* P., Arthème Fayard, pp. 211-60. Nouvelle éd.: P., Perrin, 1969, pp. 411-48.

*6945   SALVAN, Albert J. (éd.): *Emile Zola: Lettres inédites à Henry Céard.* Providence, R.I., Brown University Press. 174p. (Brown University Studies, 22). Voir aussi *CN*, IV, n° 11, 1958, pp. 465-7.

6946   SPAZIANI, Marcello (éd.): "Zola et la reine Marguerite. *Le Crime*", in *Joseph-Napoléon Primoli: Pages inédites recueillies, présentées et annotées par Marcello Spaziani.* Rome, Edizioni di Storia et Letteratura, pp. 107-10.
[Anecdote sur Z. en 1894 pendant son voyage à Rome]

*6947   TURNELL, Martin: "Zola", in *The Art of French Fiction.* Londres, Hamish Hamilton/Norfolk, Conn., New Directions, pp. 91-194.
[L'aspect mythique de l'œuvre de Z. - Etude de 5 romans: *Le Ventre de Paris, L'Assommoir, Nana, Germinal* et *La Terre*]

6948   VALERY, Paul: [Sur Zola, 1932], in *Cahiers XV: 1931-1932.* P., Centre National de la Recherche Scientifique, p. 807. Ed. en fac-similé.
[Sur le "travail grossier" "sans *alchimie*" de Z., mais "composition musicale" et "instinct des symétries"]

6949   WALTER, Gerhard: *Emile Zola. Der Deuter des Fin de Siècle.* Munich, Max Hueber Verlag. 250p.

6950   ANONYME: "Emil' Zolja", in [*La Nouvelle française au XIXe siècle*], II. Moscou, GIHL, pp. 782-4.   [CN, n° 20]
[En russe - Cf. 6044]

6951   ALEJNIKOVA, A.: "Zolja v ocenke russkih sovremennikov", *Učenye Zapiski* ..., VIII, pp. 177-213.   [CN, n° 30]
[En russe: "Zola jugé par ses contemporains russes"]

6952   ANOSOVA, N.: "Literaturnoe nasledie Zolja na ekrane", *Iskusstvo Kino* (Moscou), n° 12, pp. 149-56.
[En russe: "L'héritage littéraire de Zola à l'écran"]

6953   AUBERY, Pierre: "Quelques sources du thème de l'action

directe dans *Germinal*", *Sym*, XIII, n° 1, pp. 63-72.
Rp. in *Pour une Lecture ouvrière de la littérature française*. P., Les Edit. Syndicalistes, 1969, pp. 31-44.

6954 BEDE, Jean-Albert: "The Secrets of the Bourse According to Balzac and Zola", *The American Society Legion of Honor Magazine* (New York), XXX, pp. 165-77.
[Sur *La Maison Nucingen* et *L'Argent*]

6955 BOLZONI, Francesco: "Zola e Guy de Maupassant dalla pagina allo schermo", *Bianco e Nero* (Rome), XX, n° 12, déc., pp. 19-35.
[Cinéma]

6956 BOROJEVIC, Rade: "Emile Zola: *Radost života*", *Borba*, 30 août.   [BUSM]
[En serbo-croate - Sur *La Joie de vivre*]

6957 BOULOUIS, Jean: "*La République en marche* ou les débuts de la Troisième vus par Emile Zola", *Politique*, n.s. n° 6, avril-juin, pp. 182-95.
[A propos de 6622]

6958 BURNS, Colin A.: "En marge du Naturalisme: Gabriel Thyébaut (1854-1922)", *Studi francesi*, III, pp. 231-42.

*6959 ---: "Zola et l'Angleterre", *CN*, V, n° 12, pp. 495-503.

6960 CARRY, Charles: "Zola au Vatican", *Ecclesia* (Vatican), n° 127, oct., pp. 23-8.
[En 1894 - d'après les archives de François Carry, rédacteur en chef du *Moniteur de Rome*]

6961 CLAMENS, Pierre A.: "Style descriptif chez Loti et chez Zola - Perspective statique et perspective cinétique", *MLN*, LXXIV, n° 6, juin, pp. 521-30.
[Dans *La Terre*]

6962 COGNY, Pierre (éd.): "Les lettres inédites d'Edmond de Goncourt à Emile Zola", *CN*, V, n° 13, pp. 526-42.

6963 DELHORBE, Cécile-René: "Zola et Bloy à l'assaut de Genève", *Journal de Genève*, 7-8 nov.
[Z. en Suisse - Z. et Louis Montchal]

6964 DUNCAN, Phillip A.: "The Fortunes of Zola's *Parizskie Pis'ma* in Russia", *The Slavic and East European Journal* (Bloomington, Ind.), XVII, pp. 107-21.
[Z. et *Le Messager de l'Europe*, 1875-1880]

6965 FRANZEN, Nils-Olof: "Emile Zola", *Studiekamraten*, XLI, pp. 34-9.   [BU Lund]
[En suédois]

*6966   GAUTHIER, E. Paul: "Zola's Literary Reputation in Russia Prior to *L'Assommoir*", *FR*, XXXIII, oct., pp. 37-44.

6967   GIRARD, Marcel: "Un billet de Zola à Tourguénev", *RLC*, 33e année, n° 1, janv.-mars, p. 102.
[Du 1er oct. 1874]

#6968   GRANT, Richard B.: "Confusion of Meaning in Zola's *La Faute de l'abbé Mouret*", *Sym*, XIII, pp. 284-9.

6969   GUILLEMIN, Henri: "Claudel et Zola", *CN*, n° 13, pp. 518-25. Rp. in 7003.

6970   ---: "Zola, cet inconnu. De *La Confession de Claude* à *J'accuse*", *FL*, XIV, n° 683, 23 mai, pp. 5-6. Rp. in 7003.

6971   ---: "Zola vu par Goncourt", *Journal de Genève*, 27-28 juin.

6972   ---: "Le "Sieur Zola" et la police. De 1873 à 1899", *FL*, n° 705, 24 oct., pp. 5-6. Rp. in 7003.
[Z. dans les archives de la préfecture de police]

#6973   HARVEY, Lawrence E.: "The Cycle Myth in *La Terre* of Zola", *Philological Quarterly* (Iowa University, Iowa City), XXXVIII, janv., pp. 89-95.

6974   HEMMINGS, F.W.J.: "Zola and *L'Education sentimentale*", *RR*, L, févr., pp. 35-40.
[Deux études de Z. sur le roman de Flaubert: 1869 et 1879]

*6975   ---: "The Secret Sources of *La Faute de l'abbé Mouret*", *FS*, XIII, juill., pp. 226-39.
[Surtout *Les Misérables* de Victor Hugo]

6976   JOHNS, Francis A.: "A Zola "Manuscript"," *The Journal of the Rutgers University Library*, XXII, n° 2, juin, pp. 26-7.
[Sur un article de Z. publié en anglais "War" ("La Guerre") - Voir 3711]

6977   JOVANOVIC, Branko: "Emil Zola: *Zerminal*", *Borba*, 8 nov.
[En serbo-croate]   [BUSM]

6978   KULCZYCKA-SALONI, Janina: "Między Paryżem i Petersburgiem. (Kilka uwag o recepcji Zoli w Polsce)", *Przegląd humanistyczny* (Varsovie), III, n° 4 (13), pp. 19-42.
[Z. en Pologne - cite des lettres de Z.]

6979   LABORDE, Albert: "Emile Zola à Médan", *LF*, n° 777, 11 au 17 juin, p. 9.

[Discours au pèlerinage de Médan en 1946, retouché
et augmenté]

6980   LAMBOTTE, Jean: "Hommage à Jacques Feyder", *Films et
Documents*, n°s 137-8, févr.-mars, pp. 9, 10, 19-20.
[*Thérèse Raquin* au cinéma]   [LS]

#6981   LAPP, John C.: "The Watcher Betrayed and the Fatal
Woman: Some Recurring Patterns in Zola", *PMLA*, LXXIV,
juin, pp. 276-84. Rp. in Hendrik M. RUITENBEEK (éd.):
Homosexuality and Creative Genius. New York, Astor-
Honor, [1967], pp. 313-30.
[Etude thématique: le voyeur et la femme fatale]

6982   MATTHEWS, J.H.: "Une source possible de *Nana? Le Ménage
parisien*, de Restif de la Bretonne", *CN*, V, n° 12,
pp. 504-6.

6983   MATVEJEVIC, P.: "Nepoznati Zola", *Oslobodjenje*, 24 mai.
[En serbo-croate: "Le Zola inconnu" - A propos de
6846]   [BUSM]

6984   MITTERAND, Henri: "La jeunesse de Zola et de Cézanne:
observations nouvelles", *MF*, CCCXXXV, n° 1146, 1er
févr., pp. 351-9.

6985   ---: "La publication en feuilleton de *La Fortune des
Rougon* (lettres inédites)", *ibid.*, CCCXXXVII, n°
1155, 1er nov., pp. 531-6.

6986   PERRUCHOT, Henri: "Zola et les impressionnistes", *La
Pensée française*, 18e année, n° 3, mars, pp. 22-7.

6987   PRYME, Eileen E.: "Zola's Plays in England 1870-1900",
FS, XIII, janv., pp. 28-38.
[Le théâtre de Z. en Angleterre]

6988   PSICHARI, Henriette: "Le rôle social d'Emile Zola",
CN, V, n° 12, pp. 490-4.

6989   ROY, Claude: "Emile Zola homme de vérité", *ibid.*, pp.
485-9.

6990   TRIPKOVIC, M.: "Emile Zola: *Kaljuga*", *Kulturni Radnika*,
XII, n° 5, pp. 59-60.   [BUSM]
[En serbo-croate - Sur *La Curée*]

6991   TSUNEOKA, Akira: "Emīru Zora to sono seirigaku-teki
genshō ni tsuite", *Bulletin de l'Université de jeunes
filles Junshin* (Fukuoka), n° 1, mars, pp. 12-21.   [KO]
[En japonais]

#6992   WALKER, Philip: "Prophetic Myths in Zola", *PMLA*, LXXIV,
sept., pp. 444-52. Rp. in *Myth and Literature. Con-

temporary Theory and Practice. Ed. John B. Vickery. Lincoln, University of Nebraska Press, 1966, pp. 369-76.
[Etude des thèmes mythiques dans *La Faute de l'abbé Mouret, Germinal* et *La Débâcle*]

6993 ZUKOVA, N.B.: "Prostorečie v romane Zolja: *Zerminal'"*, *Učenye Zapiski Mosk. Gos. Ped. Instituta Inostr. Jazykov*, XXIII, pp. 259-82.
[En russe: "Le langage populaire dans les romans de Zola: *Germinal*"]

6994 ANONYME: "Nepoznati putopisi Emila Zole", *Republika*, XV, n°s 2-3, p. 39. [BUSM]
[En serbo-croate - Cf. 6983]

[Voir aussi 7009]

1960

6995 ANISIMOV, I.: "Zolja", in *Klassičeskoe Nasledstvo i sovremennost'*. Moscou, Sovetskij pisatel', pp. 187-225.
[En russe - écrit en 1940]

6996 ---: "Zolja i naše vremja". Intr. à *Sobranie sočinenij E. Zolja v 26 tomah, I*. Moscou, Goslitizdat, pp. v-xxxi.
[En russe: "Zola et notre époque", intr. aux *Œuvres complètes en 26 vol.*]

6997 BARJON, Louis: "Le monde du réalisme. Emile Zola", in *Mondes d'écrivains. Destinées d'hommes*. P., Casterman, pp. 15-30.

6998 BOUSSEL, Patrice: "Les Affaires Esterhazy, Zola, Picquart ... (et Dreyfus)", in *L'Affaire Dreyfus et la presse*. P., Armand Colin, pp. 155-79. (Coll. Kiosque, 10).

6999 CHARENSOL, Georges (éd.): *Correspondance complète de Vincent Van Gogh*. Tr. M. Beerblock et L. Roelandt. P., Gallimard-Grasset. 3 vol.
[Cf. 6849]

7000 DE MICHELIS, Eurialo: *Tutto D'Annunzio*. Milan, Feltrinelli. 621p.

7001 EJHENGOL'C, M.D.: [Commentaire littéraire], in *Emil' Zolja: Dobyča [La Curée]*. Stalinabad, Ed. d'Etat de Tadjikie. [CN, n° 29]

*7002 GRANT, Richard B.: *Zola's "Son Excellence Eugène Rougon": An Historical and Critical Study*. Durham, N.C., Duke University Press/Londres, Cambridge University Press.

1960

146p.
[Etude de la genèse et des thèmes du roman]

*7003   GUILLEMIN, Henri: *Zola, légende et vérité*. P., Julliard.
187p. Voir les c.r.: 7049; Henri MITTERAND: "Le "Zola"
d'Henri Guillemin", *LF*, n⁰ 845, 13 au 19 oct. 1960,
p. 4 - réponse de Guillemin: "Zola vivant", *Rencontre*
(Lausanne), n⁰ 74, janv. 1961, pp. 42-3. Voir aussi
Conrad JANSEN: "Guillemin, Gide et Zola", *Cahiers des
Saisons*, n⁰ 24, hiver 1961, pp. 457-8; Albert LABORDE:
"Laissons parler Zola", *LF*, n⁰ 850, 17 au 23 nov. 1960,
pp. 1, 2; in *CN*, XIV, n⁰ 36, 1968, pp. 161-72.
[Reprend 6969, 6970, 6972, avec une étude inédite sur
Z. et le catholicisme - Titre travesti: *Zola, légende
ou vérité?*]

7004   HALLER, Johannes: *Lebenserinnerungen*. Stuttgart, Kohl-
hammer. 279p.   [YC]
[Voir pp. 152-3 sur la genèse de *Rome*]

7005   HOUGH, Graham: "George Moore and the Nineties", in
Edwardians and Late Victorians. Ed. Richard Ellmann.
New York-Londres, Columbia University Press, pp. 1-27.

7006   KRACAUER, Siegfried: *Theory of Film*. New York, Oxford
University Press. xix,364p. Réimpression: 1965.
[Voir pp. 241-2 sur *Gervaise* de René Clément]

7007   KRUPSKAJA, N.K.: *Pedogogičeskie sočinenija v 10 tt, VIII*.
Moscou, pp. 638-9.
[En russe]

7008   MANSUY, Michel: *Un Moderne: Paul Bourget. De l'Enfance
au "Disciple"*. P., Les Belles Lettres. 573p. (*Annales
de l'Université de Besançon*, 38).
[Voir surtout pp. 224-49]

*7009   MENICHELLI, Gian Carlo: *Bibliographie de Zola en Italie*.
Florence, Institut Français de Florence. xxvi,137p.
Publications de l'Institut Français de Florence. 4ᵉ
série. Essais bibliographiques, n⁰ 3. Voir aussi: "La
"fortune" de Zola en Italie", *Le Lingue straniere*
(Rome), IX, n⁰ 3, mai-juin 1959, pp. 19-34.

7010   PANCULIDZE, D.: *Francuzckie pisateli*. Tbilisskij uni-
versitet. 222p.
[En russe: *Ecrivains français:* Racine, Balzac, Z.,
etc.]

7011   RICATTE, Robert: *La Genèse de "La Fille Elisa"*. P.,
P.U.F. 219p. Publications de la Faculté des Lettres
et Sciences Humaines de Clermont-Ferrand.

526

[A propos de *L'Assommoir*]

7012 ROY, Claude: "Zola", in *L'Homme en question*. P., Gallimard, pp. 132-40.

7013 SOKOLOW, Nahum: "Emile Zola", in *Be-marot Ha-keshet*. Jérusalem, Bibliothèque Sioniste, pp. 515-8.
[Vol. II de ses *Œuvres choisies* - En hébreu]

7014 SYPHER, Wylie: *Rococo to Cubism in Art and Literature*. New York, Random House. 353p.
[Voir pp. 190-1 sur *Une Page d'amour*]

7015 VIRTANEN, Reino: *Claude Bernard and His Place in the History of Ideas*. Lincoln, University of Nebraska Press. 156p.
[Voir surtout chap. VI: "Claude Bernard and Literature", pp. 117-28]

7016 WYCZYNSKI, Paul: *Emile Nelligan, sources et originalité de son œuvre*. Ottawa, Editions de l'Université d'Ottawa.
[Voir p. 35 sur *Lourdes* et *Rome* au Canada]

7017 ANONYME: *E. Zolja: Metodičeskie materialy k večeru posvjaščënnomu 120-letiju so dnja roždenija E. Zolja*. Moscou. 18p.
[En russe - Soirée commémorative à l'occasion du 120e anniversaire de la naissance de Z.]

7018 ADHEMAR, Jean: "Le cabinet de travail de Zola - gravures, dessins, tableaux modernes appartenant à Zola", *GB*, LVI, n° 1102, nov., pp. 285-98.

7019 BILLY, André: "Goncourt et Zola. Zola et Jules Verne", *FL*, n° 730, 16 avril, p. 4.

7020 BRACHIN, Pierre: "Le "Mouvement de 1880" aux Pays-Bas et la littérature française", *La Revue des Lettres modernes*, VII, n°s 52-3, printemps, pp. 3-36.

7021 BRAESCU, Ion: "Un manifest antimilitarist din 1880: *Les Soirées de Médan*", *Revista de Filologie romanică şi germanică* (Bucarest), IV, n° 1, pp. 143-53.
[En roumain]

7022 BUENZOD, Emmanuel: "Moments littéraires. Un nouveau Panthéon pour Zola", *Gazette de Lausanne*, 23-24 juill.
[A propos de *RM, I*]

7023 P. C. [Pierre COGNY] (éd.): "Bonnetain a regretté le Manifeste des Cinq (extraits d'une lettre inédite à

Gustave Geffroy)", *CN*, VI, n° 14, pp. 579-80.

7024 CAMPOS LIMA, Manuel: "Zola e o Naturalismo", *Seara Nova* (Lisbonne), XXXVIII, n°s 1371-2, janv.-févr., pp. 32-4.

7025 CHEMEL, Henri: "Zola collaborateur du *Sémaphore* de Marseille (1871-1877)", *CN*, VI-VII, n°s 14 et 18, 1960 et 1961, pp. 555-67, 71-9.

7026 CHRISTIE, John: "Zola, Labori and *La Grande Revue* (1900): An Unpublished Correspondence", *Renaissance and Modern Studies* (Nottingham), IV, pp. 44-58.

7027 COGNY, Pierre: "Chez Zola, à Médan", *Bulletin de la Société J.-K. Huysmans*, VII, n° 40, pp. 155-9.

7028 LD: "Emil Zola: 2. apríla 1840 - 29 októbra 1902. Jubilejný článok", *Pravda*, 3 avril. [BUKB] [En slovaque]

7029 DIMITRIU-PAUSESTI, Al.: "Emile Zola", *Luceafarul* (Bucarest), n° 9, 1er mai, p. 12. [BU Iasi] [En roumain]

7030 DORT, Bernard: "Lisez Zola", *France Observateur*, 12e année, n° 535, 3 août, pp. 20-1. [Le milieu dans les romans de Z. - La portée sociale de son œuvre]

7031 DUNCAN, Phillip A.: "Genesis of the Longchamp Scene in Zola's *Nana*", *MLN*, LXXV, déc., pp. 684-9. [Genèse d'un épisode de *Nana*: le Grand Prix de 1875]

7032 DYER, P.J.: "Renoir and Realism", *Sight & Sound* (Londres), XXIX, n° 3, été, pp. 130-5, 154. [LS] [A propos de *La Bête humaine* au cinéma]

7033 GAUTHIER, E. Paul: "Zola as Imitator of Flaubert's Style", *MLN*, LXXV, mai, pp. 423-7.

7034 ---: "New Light on Zola and Physiognomy", *PMLA*, LXXV, juin, pp. 297-308. [La physionomie dans *Les Rougon-Macquart*]

7035 GRANT, Elliott M.: "The Newspapers of *Germinal*: Their Identity and Significance", *MLR*, LV, janv., pp. 87-9. [Sur les journaux dans *Germinal*]

7036 ---: "La source historique d'une scène de *Germinal*", *RHLF*, 60e année, n° 1, janv.-mars, pp. 61-3.

7037 GRANT, Richard B.: "Zola's *Germinal*", *Explicator* (Fredericksburg, Va.), XVIII, mars, item 37.

7038   GUILLEMIN, Henri: "Zola sous-préfet?", *Rencontre* (Lausanne), n° 67, mai, pp. 40-1.
[Cf. 4611]

7039   ---: "Zola et son *J'accuse*", *ibid.*, n° 68, juin, pp. 3-6.

7040   ---: "Zola dans l'orage", *ibid.*, n° 69, juill.-août, pp. 3-4, 46-7.
[Z. et l'Affaire Dreyfus]

7041   ---: "Péguy et Zola", *ibid.*, n° 70, sept., pp. 3-5.

7042   ---: "Une créature debout", *LF*, n° 845, 13 au 19 oct., pp. 1, 10. Rp. in *CN*, VI, n° 16, 1960, pp. 629-33.
[Discours au pèlerinage de Médan]

7043   HEMMINGS, F.W.J.: "Emile Zola et Louise Solari", *RHLF*, 60e année, n° 1, janv.-mars, pp. 60-1.
[Cf. 6881]

7044   HERIOT, Angus: "Emile Zola as Librettist", *Opera* (Londres), XI, n° 9, sept., pp. 595-9.
[Sur les drames lyriques de Z.]

7045   KANTOROWICZ, Alfred: "Zola - Essay - Betrachtungen eines Unpolitischen. Die paradigmatische Auseinandersetzung zwischen Heinrich und Thomas Mann", *Geschichte in Wissenschaft und Unterricht* (Stuttgart), XI, pp. 257-72.   [WII]
[A propos de 4294 et de la réponse de Thomas Mann]

7046   KLINGNER, Edwin: "Emile Zola", *Der Jungbuchhandel* (Cologne-Dellbrück), XIV, n° 8, pp. 321-4.   [WH]

7047   LAMBERT, Pierre (éd.): "Un reportage imaginaire d'Armand Masson (1880): "Joris-Karl Huysmans reçoit Emile Zola à l'Académie française"," *Bulletin de la Société J.-K. Huysmans*, VII, n° 40, pp. 171-8.
[Texte retrouvé dans *La Chronique parisienne* du 5 déc. 1880 et présenté à Médan le 26 juin 1960]

7048   LANOUX, Armand: "La nébuleuse des *Rougon-Macquart*", *LF*, n° 826, 26 mai au 1er juin, pp. 1, 4.
[Ext. de la pr. de *RM, I*]

7049   ---: "Zola, écrivain russe", *Démo* [*Démocratie*] *60*, n° 53, 27 oct.
[A propos de 7003]

7050   LEWUILLON, Ivan: "Emile Zola ou l'épopée ouvrière", *Socialisme*, VII, n° 42, nov., pp. 817-25.

7051   LUNEL, Armand: "Le puits mitoyen. Un souvenir d'enfance

d'Emile Zola", *L'Arc*, n⁰ 12, automne, pp. 85-9.
[Sur *La Fortune des Rougon*]

7052   H. M. [Henri MITTERAND] (éd.): "André Chevrillon et
        l'Affaire Dreyfus. Lettre inédite à Emile Zola", *CN*,
        VI, n⁰ 14, p. 579.

7053   MATTHEWS, J.H.: "The Railway in Zola's *La Bête humaine*",
        Sym, XIV, mai, pp. 53-9.

7054   ---: "*Things* in the Naturalist Novel", *FS*, XIV, juill.,
        pp. 212-23.

7055   MIQUEL, Pierre: "Zola et l'affaire Dreyfus", *CN*, VI,
        n⁰ 16, pp. 634-40.
        [Cf. 6939 et 7118]

7056   MITTERAND, Henri (éd.): "Six lettres de Steinlen à
        Zola", *LF*, n⁰ 810, 4 au 10 févr., pp. 1, 6.

*7057   ---: "Emile Zola à Marseille et à Bordeaux de septembre
        à décembre 1870. Lettres et documents inédits", *RSH*,
        n⁰ˢ 98-9, avril-sept., pp. 257-87.

7058   MITTERAND, Henri: "Les éditions originales des deux
        premiers *Rougon-Macquart* d'Emile Zola: *La Fortune
        des Rougon & La Curée*", *Le Bouquiniste français*, 40ᵉ
        année, n.s. n⁰ 19, mai, pp. 159-61.
        [Cf. *RM, I*]

7059   ---: "*La Conquête de Plassans*", *LF*, n⁰ 826, 26 mai au
        1ᵉʳ juin, p. 5.
        [Cf. *RM, I*]

7060   ---: "Emile Zola et *Le Rappel*", *CN*, VI, n⁰ 15, pp.
        589-604.

7061   MOMBELLO, Gianni (éd.): "Lettere inedite di Vittorio
        Pica ad Emile Zola", *Studi francesi*, IV, n⁰ 11,
        mai-août, pp. 267-75.

7062   MUNRO, Thomas: "Meanings of "Naturalism" in Philosophy
        and Aesthetics", *Journal of Aesthetics and Art Criti-
        cism* (New York), XIX, n⁰ 2, pp. 133-7.

7063   ORIOLI, Giovanni: "Emilio Zola e l'Italia", *Nuova
        Antologia* (Rome), CCCCLXXX, nov., pp. 419-21.

7064   PARAF, Pierre: "L'univers de Zola", *LF*, n⁰ 818, 31 mars
        au 6 avril, p. 5.

7065   ---: "Emile Zola et l'instituteur", *Europe*, 38ᵉ année,
        n⁰ˢ 372-3, avril-mai, pp. 106-10.
        [Sur *Vérité*]

7066   PARAF, Pierre: "Il y a cent-vingt ans naissait Zola", *Chantiers coopératifs*, XXIV, n° 6, mai-juin, pp. 21-3.   [KL, n° 3]

7067   ---: "Barbusse et Zola", *LF*, n° 826, 26 mai-1er juin, p. 4.
[Cf. 5225]

7068   POWERS, Lyall: "Henry James and Zola's *Roman expérimental*", *University of Toronto Quarterly*, XXX, oct., pp. 16-30.
[Influence des idées de Z. sur l'œuvre de James]

7069   PSICHARI, Henriette: "L'enfant, martyr de la mine", *MF*, CCCXL, n° 1168, 1er déc., pp. 654-66.
[A propos de *Germinal*]

7070   ---: "Zola, dieptatea şi pacea", *Orizonturi* (Bucarest), n° 107, avril, pp. 45-52.   [BU Iasi]
[En roumain]

7071   ROBICHON, Jacques: "Emile Zola: de *Thérèse Raquin* à... la Pléiade", *Carrefour*, n° 829, 3 août, p. 21.

7072   ROMANELL, Patrick: "Prolegomena to Any Naturalistic Aesthetics", *Journal of Aesthetics and Art Criticism* (New York), XIX, n° 2, pp. 139-43. Rp. en italien in *Rivista di filosofia* (Turin), LI, n° 4, oct. 1960, pp. 391-8.

7073   SABLE, J.: "Mondes imaginaires et univers romanesques. V. Emile Zola: *Les Rougon-Macquart* (1871-1893)", *L'Ecole*, 52e année, nos 2 et 4, 24 sept. et 22 oct., pp. 55-8, 143-8.
[Intr. à l'œuvre de Z.]

7074   SALVAN, Albert J.: "Zola's American Correspondents", *American Society Legion of Honor Magazine* (New York), XXXI, n° 3, pp. 153-63.
[Cf. 7324]

7075   SUWALA, Halina: "A propos de quelques sources de *l'Argent*", *CN*, VI, n° 16, pp. 651-4. En polonais in *Kwartalnik Neofilologiczny* (Varsovie), VII, n° 3, 1960, pp. 225-9.

7076   ---: "Stan badań nad warsztatem pisarskim Zoli", *Przegląd humanistyczny* (Varsovie), IV, n° 6, pp. 177-88.
[En polonais - état présent des recherches sur les techniques de Z.]   [BU Łódź]

7077   TAKEMURA, Mosuke: "*Germinal* no kōsei", *The Review of the Osaka University of Commerce* (Osaka), n° 13,

mars, pp. 89-106.   [KO]
[En japonais: "Composition de *Germinal*"]

7078   TERNOIS, René: "Zola, Pica et Cameroni (1895-1902, et
       au delà)", *Studi francesi* (Turin), IV, n° 12, sept.-
       déc., pp. 476-85. Rp. in 7486.

7079   ---: "Zola et Verga", *CN*, VI, n° 14, pp. 541-54. Rp.
       in 7486

7080   ---: "Zola et Giacosa (1882-1902)", *ibid.*, n° 15, pp.
       605-18. Rp. in 7486.

       [Voir aussi 7087]

1961

7081   ALTTOA, V.: *Pisateli zarubežnih stran XIX-XX veka.*
       Tartou, Tartusskij Gos. Un-t. 52p.
       [En estonien: *Ecrivains étrangers des 19e et 20e
       siècles*]

7082   ARAGON, L.: "Svet Stendhal-ja", in *Sobranie sočinenij*
       [*Œuvres complètes*], X. Moscou.
       [En russe - Cf. 5924 et 6854]

7083   BONNET, Marcel: "A propos des Fêtes Félibréennes de
       Saint-Rémy en 1868: Zola contre Mistral", in *Congrès
       de civilisation et de culture provençales*. Ed. B.-A.
       Taladoire. Avignon, Palais du Roure, pp. 31-8. (Publi-
       cations de l'Institut Méditerranéen du Palais du
       Roure, IV).
       [Lettre de Z. à Mistral, rp. in *Le Petit Vauclusien*,
       11 août 1907 - contre le séparatisme]

7084   BROMBERT, Victor: "Emile Zola and Anatole France: The
       Lay Apostle and the Lay Saint. 1. The Apostolate of
       Marc Froment", in *The Intellectual Hero: Studies in
       the French Novel (1880-1955)*. Philadelphie-New York,
       Lippincott/Londres, Faber-Faber, pp. 68-79. Nouvelle
       éd.: Chicago-Londres, University of Chicago Press,
       1964.
       [Sur *Vérité* et le rôle de l'intellectuel dans les
       romans de Z.]

7085   DIETRICH, Margret: "Emile Zola", in *Europäische Drama-
       turgie im 19. Jahrhundert*. Graz-Cologne, Böhlaus, pp.
       412-24.
       [Sur la théorie du théâtre naturaliste et sur *Thérèse
       Raquin* au théâtre]

7086   EOFF, Sherman H.: "The Deification of Unconscious

Process", in *The Modern Spanish Novel*. New York University Press, pp. 85-147. Autre éd.: Londres, Peter Owen, 1962.
[Sur l'esthétique naturaliste, l'influence de Z. en Espagne et *Germinal*]

7087 GUILLEMIN, Henri: "Une ignominie exemplaire: Judet contre Zola (1898)", in *Eclaircissements*. P., Gallimard, pp. 251-64. Articles de *Rencontre* (Lausanne), nov.-déc. 1960, pp. 3-4, 38-9, 5-7.
[A propos de 2802-6 et 3321]

7088 HANSON, Lawrence et Elisabeth: *Golden Decade. The Story of Impressionism*. Londres, Secker & Warburg. 312p.
[Voir surtout pp. 62-9, 98-101]

7089 HERBERT, Eugenia W.: *The Artist and Social Reform: France and Belgium, 1885-1898*. New Haven, Yale University Press. 236,xvp.
[*Germinal* et *Les Trois Villes* - la pensée sociale de Z.]

7090 LAUBRIET, Pierre: "Zola et *l'Œuvre*", in *Un Catéchisme esthétique: "Le chef-d'œuvre inconnu" de Balzac*. P., Didier, pp. 129-50.

7091 PRATSIKAS, G.: *To Tripticho mias epochis*. Athènes, s.éd. 216p.   [BA]
[En grec - Contient une étude sur Z.]

7092 PUZIKOV, A.I.: *Emil' Zolja. Očerk tvorčestva*. Moscou, GIHL. 183p.
[En russe: *Emile Zola. Esquisse de l'œuvre*]

7093 SANDER, Ernst: "Emile Zola (1840-1902)", in *Die Grossen der Kunst, Literatur und Musik: Frankreich. Unter Mitwirkung von Richard Biedrzynski, Ernst Sander und Otto-Erich Schilling. Herausgegeben von Hermann Missenharter*. Stuttgart, Union Verlag, pp. 135-49.
[VII, n° 18]

*7094 TERNOIS, René: *Zola et son temps. "Lourdes" - "Rome" - "Paris"*. P., Les Belles Lettres. 693p. (Publications de l'Université de Dijon, XXII). Ext. in *CN*, VI, n° 16, 1960, pp. 641-50: "La voyante de la rue de Paradis".

7095 VITNER, Ion: "Eugen Barbu (cu referiri la Zola)", in *Prozatorii contemporani*. Bucarest, Editura Pentru Literatură, pp. 165-223.   [BU Iasi]
[En roumain]

7096 ZURAVS'KA, I.: *Ivan Franko i zarubižni literatury*. Kiev, Vydavnyctvo Akademiji Nauk Ukr. RSR.   [BH]

[En ukrainien: *Ivan Franko et les littératures étran-gères* - Sur Franko et Z., voir pp. 191-276]

*7097 BRADY, Patrick: "La peinture de Claude Lantier. Contri-bution à l'étude de Zola, critique d'art", *RSH*, XXVI, n° 101, janv.-mars, pp. 89-101.

7098 ---: "Claude Lantier", *CN*, VII, n° 17, pp. 10-18.
[A propos de *L'Œuvre*]

7099 BRAESCU, Ion: "Emile Zola şi Rusia", *Revista de Filo-logie romanică şi germanică* (Bucarest), V, n° 2, pp. 379-84.
[En roumain]

7100 DEJARDIN, André: "Zola, "vulgaire avec grandeur"," *Synthèses* (Bruxelles), 15e année, n° 178, mars, pp. 81-7.

7101 DUNCAN, Phillip A.: "Zola's "An Election at Villebranche"," *Sym*, XV, pp. 286-96.
[Source d'un épisode de *La Terre*]

7102 DUPLAY, Maurice: "Emile Zola et les honneurs", *Le Miroir de l'Histoire*, n° 135, mars, pp. 383-4.
[Z., la Légion d'honneur et l'Académie française]

7103 GRANT, Elliott M.: "Marriage or Murder: Zola's Hesitations Concerning Cécile Grégoire", *FS*, XV, janv., pp. 41-6.
[A propos de l'élaboration d'un épisode de *Germinal*]

7104 GRANT, Richard B.: "The Problem of Zola's Character Creation in *L'Argent*", *Kentucky Foreign Language Quarterly*, VIII, pp. 58-65.
[Saccard dans *La Curée* et dans *L'Argent*]

7105 GUILLEMIN, Henri: "Zola et l'Affaire Dreyfus. Documents inédits présentés par Henri Guillemin", *LF*, n° 864, 23 févr. au 1er mars, pp. 1, 6-7. Rp. in 7087, pp. 265-85.

7106 ---: "Zola politicien?", *Rencontre* (Lausanne), n° 76, mars, pp. 40-1.

7107 ---: "Autour du *Travail* de Zola", *ibid.*, n° 77, avril, pp. 3-5.
[Cf. 3458]

7108 HEMMINGS, F.W.J.: "Zola pour ou contre Stendhal?", *CN*, VII, n° 19, pp. 107-12.

7109 JEAN, Raymond: "L'exemple de Zola", *Les Cahiers du Sud* (Marseille), 48e année, LII, n° 364, [1961-1962], pp. 301-5. Rp. in *La Littérature et le réel. De Diderot au "nouveau roman"*. P., Albin Michel, 1965, pp. 66-73.

7110 KANES, Martin: *"Il faudrait creuser l'histoire:* Notes on the Composition of *La Bête humaine"*, *RR*, LII, févr., pp. 17-26.
[Cf. 7146]

7111 LAPP, John C.: "The Play *Germinal:* An Unpublished Letter of Zola", *FS*, XV, janv., pp. 47-8.
[Lettre de Z. à Thomas Johnson, 25 févr. 1886, à propos d'une représentation de *Germinal* à Londres]

7112 LION, Ferdinand: "Die französischen Romanciers als Stilisten", *Akzente* (Munich), VIII, n° 3, juin, pp. 267-75.
[Voir "Zola", pp. 270-1]

7113 H. M. [Henri MITTERAND]: "Sur la correspondance d'Emile Zola", *CN*, VII, n°s 17-18, pp. 46, 92.

7114 MALRIEU, Ph. "Témoignages du romancier sur la psychologie ouvrière", *Journal de Psychologie* (Paris), LVIII, avril-juin, pp. 171-91.
[A propos de *Germinal*]

7115 MATTHEWS, J.-H.: "L'impressionnisme chez Zola: *Le Ventre de Paris"*, *FM*, 29e année, n° 3, juill., pp. 199-205.

7116 MAUROIS, André: "Qui était Zola?", *Atlas Magazine*, n° 7, avril, pp. 105-15.

7117 McCROSSEN, Vincent A.: "Zola, Werfel and the Song of Bernadette", *Renascence* (Milwaukee), XIV, pp. 34-40.
[Etude de *Lourdes* d'un point de vue catholique]

7118 MIQUEL, Pierre: "L'affaire Dreyfus", *Le Miroir de l'Histoire*, n° 136, avril, pp. 437-45. Voir aussi "L'Affaire Dreyfus. La révision", *ibid.*, n° 137, mai, pp. 628-35.
[Cf. 6939 et 7055]

7119 MITTERAND, Henri: "Zola parmi nous", *L'Ecole et la Nation*, n° 96, févr., pp. 35-7.

7120 ---: "La genèse et la publication de *L'Assommoir"*, *LF*, n° 886, 27 juill.-2 août, pp. 1, 8-9.
[Cf. *RM, II*]

7121 ---: "La genèse et la publication de *Son Excellence Eugène Rougon*, d'Emile Zola", *MF*, CCCXLII, n° 1176, 1er août, pp. 669-90.
[Cf. *RM, II*]

7122   MITTERAND, Henri: "Histoire d'*Une Page d'amour* d'Emile
        Zola", *Le Bouquiniste français*, 41e année, n° 33,
        août-sept., pp. 261-6; n° 34, oct., pp. 312-6.
        [Cf. *RM, II*]

*7123   ---: *"Thérèse Raquin* au théâtre", *RSH*, XXVI, n° 104,
        oct.-déc., pp. 489-516.

7124   NORMANNO, L.: "Lettere de Céard a Zola", *Culture fran-
        çaise* (Bari), VIII, n° 2, mars-avril, pp. 81-5.

7125   OZAKI, Kazuo: "Chōhatsu no bungaku - *Rūgon Makkāru*
        sōsho no ichi sokumen", *Sagami-joshidaigaku Kiyō*
        (Sagamihara-shi), n° 11, oct., pp. 100-17.   [KO]
        [En japonais: "La littérature provocatrice - un
        aspect des *Rougon-Macquart*"]

7126   PAVLICEK, Marija: "Kalendar dogadjaja Zolinih 20 romana
        za 20 godina", *Borba*, 2 oct.,   [BUSM]
        [En serbo-croate - Sur *Les Rougon-Macquart:* repères
        chronologiques]

7127   PENNETTI, Luigi (éd.): "Una lettera di Emilio Zola",
        Nostro Tempo (Naples), X, n° 80, janv., pp. 10-11.
        [Du 18 juin 1893 - Z. et De Sanctis]

7128   PICON, Gaëtan: "D'une esthétique contemporaine", *Les
        Cahiers du Sud* (Marseille), 48e année, LI, n° 361,
        juin-juill., pp. 339-64.

7129   RICATTE, Robert: "A propos de *La Fortune des Rougon*",
        CN, VII, n° 19, pp. 97-106. Rp. in *LF*, 5-11 oct.
        1961, pp. 1, 9.

7130   SALVAN, Albert J. (éd.): "Vingt messages inédits de
        Zola à Céard", *CN*, VII, n° 19, pp. 123-46. Rp.:
        Providence, R.I., Brown University Press, 1961. 32p.

*7131   SCHOBER, Rita: *"Réalité* und *vérité* bei Balzac und Zola
        (Teil I)", *Beiträge zur Romanischen Philologie* (Berlin),
        I, pp. 116-42.
        [Voir aussi 7264]

7132   TERNOIS, René: "La naissance de *l'Œuvre*", *CN*, VII, n°
        17, pp. 1-9.
        [Etude du dossier préparatoire du roman]

*7133   ---: "Les Zola. Histoire d'une famille vénitienne",
        ibid., VII, n° 18, pp. 49-70. Rp. in 7486.

7134   TERSEN, Emile: "Sources et sens de *Germinal*", *La Pensée*,
        n.s. n° 95, janv.-févr., pp. 74-89.

7135   TRIPKOVIC, M.: "Povodom izbora iz dela Emila Zole",

Susreti, IX, n°s 7-8, pp. 638-41.   [BUSM]
[En serbo-croate - A propos d'une coll. des œuvres de
Z.]

7136   WALTER, Rodolphe: "Emile Zola et Paul Cézanne à Benne-
        court, en 1866", *Le Mantois (Bulletin de la Société
        "Les Amis du Mantois")*, n.s. n° 12, pp. 1-40.
        [Etude biographique - Cf. 7137]

7137   ---: "Zola et ses amis à Bennecourt (1866)", *CN*, VII,
        n° 17, pp. 19-35.
        [Avec une lettre d'Emilie Zola à Z. - Cf. 7136]

1962

7138   BACCHELLI, Riccardo: "A Emilio Zola", in *Saggi critici*.
        Milan, Mondadori, pp. 130-3.
        [A propos d'une lettre à Z. du poète italien G. Carducci
        pendant l'Affaire Dreyfus]

7139   BLANQUET, Josette: "Le naturalisme espagnol en 1882: *El
        Amigo Manso* de Galdós", in *Mélanges offerts à Marcel
        Bataillon par les hispanistes français et publiés par
        les soins de Maxime Chevalier, Robert Ricard, Noël
        Salomon. Bulletin Hispanique*, LXIVbis/Bordeaux, Féret,
        pp. 318-35.
        [Œuvre que Z. n'a pas influencée]

7140   BOYLESVE, René: "Lettre pour Zola" et "Emile Zola", in
        Profils littéraires (romanciers et poètes). P., Nizet,
        pp. 57-63, 64-72.
        [Articles de 1892 et de 1902 - sur *La Débâcle* et
        hommage]

7141   CANTONI, Edda: *Appunti sull'ideologia di Zola*. Turin,
        Bottega d'Erasmo. 31p. Collana di studi e testi a
        cura dell'Istituto di francese F. Neri, Facoltà di
        Magistero - Università di Torino, 2.
        ["La situazione degli studi zoliani e la questione
        del realismo, pp. 5-12; "Zola critico di Balzac",
        pp. 13-19; "La "distruzione del personaggio"," pp.
        21-31]

7142   GIGLI, Lorenzo: *Edmondo de Amicis*. Turin, Union Tipo-
        grafico-Editrice Torinese. (Coll. La Vita Sociale
        della Nuova Italia, 4).
        [Voir pp. 249-54 sur Z. en Italie]

*7143   GRANT, Elliott M.: *Zola's "Germinal". A Critical and
        Historical Study*. Leicester, Leicester University
        Press. viii,224p. 2e édition revue: 1970. viii,224p.

#7144 GREGOR, Ian, et Brian NICHOLAS: "The Novel as Social Document: *L'Assommoir*", in *The Moral and the Story*. Londres, Faber-Faber, pp. 63-97.

7145 GUILLEMIN, Henri: *L'Enigme Esterhazy*. P., Gallimard. 262p. Nouvelle éd.: Lausanne, Guilde du Livre, s.d. 333p.

*7146 KANES, Martin: *Zola's "La Bête humaine"*. A Study in *Literary Creation*. Berkeley-Los Angeles, University of California Press. 138p. (University of California Publications in Modern Philology, 68).

7147 KAWACHI, Kiyoshi (éd.): *Shizen-shugi bungaku - kakkoku ni okeru tenkaï*. Tokyo, Keisō-shobō. 434p.
[En japonais: *La Littérature naturaliste - comment elle s'est développée dans chaque pays* - Contient des études sur le naturalisme français, Taine et le naturalisme, *Le Roman expérimental*, le déclin du naturalisme, le théâtre naturaliste, le naturalisme de Gerhart Hauptmann, la littérature russe et le naturalisme, la formation du naturalisme américain, la tradition japonaise et le naturalisme, l'influence de Maupassant au Japon, le théâtre naturaliste au Japon]   [KO]

7148 KOBAYASHI, T.: "L'influence du naturalisme français sur la littérature japonaise", in *Actes du IIIᵉ Congrès de l'Association Internationale de Littérature Comparée/ Proceedings of the IIIʳᵈ Congress of the International Comparative Literature Association: 21-26 août 1961*. La Haye, Mouton, pp. 242-51.

*7149 MITTERAND, Henri: *Zola journaliste. De l'Affaire Manet à l'affaire Dreyfus*. P., Armand Colin. 311p.

7150 PSICHARI, Henriette: "Silhouettes dreyfusardes", in *Des Jours et des hommes (1890-1961)*. P., Grasset, pp. 31-55.
[Z. et l'Affaire Dreyfus: souvenirs]

7151 RUPRECHT, Erich (éd.): *Literarische Manifeste des Naturalismus 1880-1892*. Stuttgart, Metzlersche. x,268p.
[Anthologie de textes annotés]

7152 SCHMIDT, Lieselotte: *Edouard Drumont-Emile Zola. Publizistik und Publizisten in der Dreyfus-Affäre*. Berlin, Druck Ernst-Reuter-Gesellschaft. 178p. Inaug.-Diss., Freie Universität, Berlin.   [VII, n° 17]

7153 VERNOIS, Paul: *Le Roman rustique de George Sand à Ramuz: ses tendances et son évolution (1860-1925)*. P., Nizet. 558p.

[Voir surtout pp. 130-43 sur *La Terre*]

7154 ZINEMANN, Jacob: *Emil Zola*. Tel-Aviv, Editions Menorah. 579p.
[En yiddish]

7155 AUBERY, Pierre: "Genèse et développement du personnage de Lantier", *FS*, XVI, n° 2, avril, pp. 142-53. Rp. in *Pour une Lecture ouvrière de la littérature française*. P., Les Edit. Syndicalistes, 1969, pp. 45-64.

7156 BONSANTI, Allessandro: "La Lutezia dei parigini", *La Nazione*, 5 juill. [CN, n° 30]
[Sur Paris dans *L'Assommoir*]

7157 BRAESCU, Ion: "A propos d'une lettre inédite d'Emile Zola", *Philologica Pragensia* (Prague), V, n° 3, pp. 166-9.
[A Paul Haller, 30 janv. 1880]

7158 ---: "Despre numele personajelor în operele realiştilor critici francezi din secolul al XIX-lea", *Revista de Filologie romanică şi germanică* (Bucarest), VI, n° 2, pp. 257-70.
[En roumain; résumé en français, pp. 269-70 - sur les noms des personnages dans les œuvres réalistes françaises du XIXe siècle]

7159 CHARDERE, Bernard (éd.): *"Nana"* et *"La Bête humaine"*, *Premier Plan*, n°s 22-4, [1962], pp. 61-74, 263-73.
[Numéro spécial sur Jean Renoir]

7160 CHRISTIE, John: "Zola, Labori and Frédéric Passy, an Unpublished Correspondence, Concerning Zola's *Travail* (1901)", *NFS*, I, mai, pp. 26-38.

7161 DUNCAN, Phillip A.: "Zola's Machine Monsters", *Romance Notes* (Chapel Hill, Caroline du Nord), III, pp. 10-12.

7162 ENGLER, Winfried: "Idyllen bei Zola und Vailland", *Zeitschrift für französische Sprache und Literatur* (Wiesbaden), LXXII, n°s 3-4, oct., pp. 147-54.
[A propos du *Ventre de Paris*]

7163 GIUDICI, Enzo: "Maupassant, Zola e altri personaggi del tempo in alcuni documenti inediti di Luigi Capuana", *Annali della Pubblica Istruzione* (Florence), VIII, n° 2, pp. 181-90. Rp. in *Le Statue di sale*. Naples, Edizioni Scientifiche Italiane, 1965, pp. 13-28.
[Z. en Italie - 2 lettres de Capuana à Z., 1897-1898]

7164   GRANT, Elliot M.: "Quelques précisions sur une source
        de *Germinal: La Question ouvrière au 19e siècle*, par
        Paul Leroy-Beaulieu", *CN*, VIII, n° 22, pp. 249-54.

7165   ---: "The Bishop's Role in Zola's *Le Rêve*", *RR*, LIII,
        avril, pp. 105-11.

7166   GUILLEMIN, Henri (éd.): "Quand Zola était pauvre ...
        Une lettre inédite commentée par Henri Guillemin",
        Journal de Genève, 10-11 mars.
        [Lettre du 24 mars 1875]

7167   HARMANT, Pierre G.: "Emile Zola, chasseur d'images",
        Le Photographe, 52e année, n° 1019, 5 nov., pp. 532-
        40.

7168   HARTLEY, K.H.: "Giovanni Verga and Zola", *AUMLA (Journal
        of the Australasian Universities Language and Litera-
        ture Association)*, n° 17, mai, pp. 70-6.

7169   HEMMINGS, F.W.J.: "Stendhal relu par Zola au temps de
        l'Affaire (documents inédits)", *Stendhal Club* (Lau-
        sanne), IV, n° 16, 15 juill., pp. 302-10.

*7170   KANES, Martin: "Zola and Busnach: The Temptation of the
        Stage", *PMLA*, LXXVII, mars, pp. 109-15.

7171   LANOUX, Armand: "*Le Bonheur des Dames* et le compartiment
        de troisième classe", *LF*, n° 909, 11 au 17 janv., p. 6.

7172   LAPP, John C.: "De nouvelles épreuves corrigées par
        Zola: *Germinal*", *CN*, VIII, n° 21, pp. 223-6. Cf.
        Cahiers laïques, n° 75, mai-juin 1963, pp. 71-4:
        "L'exemple de *Germinal*".

7173   D.N.M.: "Emil Zola", *Železničke Novine*, 5 sept.   [BUSM]
        [En serbo-croate - Sur *La Curée*, *Nana* et *Germinal*]

7174   MATTHEWS, J.H.: "The Art of Description in Zola's *Germi-
        nal*", *Sym*, XVI, pp. 267-74.

7175   MISTLER, Jean: "C'est la faute à Zola...", *NL*, 40^e
        année, n° 1802, 15 mars, pp. 1, 8.
        [La littérature populaire]

7176   MITTERAND, Henri (éd.): "La correspondance (inédite)
        entre Emile Zola et Michel Stassulevitch, directeur
        du *Messager de l'Europe* (1875-1881)", *CN*, VIII, n°
        22, pp. 255-79.

7177   MORGAN, O.R.: "Léon Hennique and the Disintegration of
        Naturalism", *NFS*, I, n° 2, oct., pp. 24-33.

7178   OZAKI, Kazuo: "Emile Zola no shisōteki tanjunsa ni

tsuite", *Bulletin de la Société de la Littérature française du Japon* (Tokyo), n° 13, pp. 69-73.   [KO]
[En japonais - étude de *L'Assommoir* - résumé en français, pp. 131-2]

7179   OZAKI, Kazuo: "Emīru Zora no shōgaï (1) - purobansu no seikatsu", *Sagami-joshidaigaku Kiyō*, n° 13, oct., pp. 66-82.   [KO]
[En japonais: "La vie d'Emile Zola (1) - sa vie en Provence" - Voir aussi 7321]

7180   PARAF, Pierre: "Emile Zola - Le témoin de sa vie", *LF*, n° 947, 11-17 oct., p. 6.
[Sur la femme de Z. - Cf. 7214]

7181   PICON, Gaëtan: "Sans Zola, pas de Céline", *NL*, 40ᵉ année, n° 1832, 11 oct., pp. 1, 9. Voir aussi *CN*, VIII, n° 22, 1962, pp. 235-40.
[Discours au pèlerinage de Médan]

7182   POLAK, Milan: "O rozhlasovej úprave a dramatizácii hry O. Draguna *Mor prichádza z Melosu* a románu E. Zolu *Germinal*", *Pravda*, 10 mai.   [BUKB]
[En slovaque]

7183   RUPEL, Slavko: "Emile Zola: *Nana*", *Primorski dnevnik* (Trst), n° 212, p. 3.   [RV]
[En slovène]

7184   SABLE, J.: "Comment lire Zola. Travaux pratiques sur le roman. I. *La Faute de l'abbé Mouret* (1875)", *L'Ecole*, 54ᵉ année, n° 3, 20 oct., pp. 113-4.

7185   SIGAUX, Gilbert: "Zola, un humaniste mal connu", *Démocratie 62*, n° 128, 5 avril, pp. 12-13.
[A propos de 7094, sur *Lourdes*]

7186   ---: "*Les Rougon-Macquart* en 1962", *LF*, n° 947, 11 au 17 oct., pp. 1, 6. Rp. in *CN*, VIII, n° 22, 1962, pp. 241-8.
[Discours au pèlerinage de Médan]

7187   N. T.: "Emile Zola: *Nana*. Beograd. 1962", *Naši Reč*, 14 déc.   [BUSM]
[En serbo-croate]

7188   TACK, Raoul: "Emile Zola. La vie, l'œuvre et la mort du grand écrivain", *La Dernière Heure* (Bruxelles), 25 oct.

7189   TERNOIS, René: "Zola sur les scènes italiennes", *CN*, VIII, n° 20, pp. 149-65. Rp. in 7486.

7190   ---: "En marge de *Nana*", *ibid.*, n° 21, pp. 218-22.

7191 TVEN, M.: ["Sur *La Terre*, d'Emile Zola"], *Literaturnaja gazeta*, 7 nov.   [CN, n° 29]
[En russe - c.r. d'une tr. russe]

7192 VISSIERE, Jean-Louis: "Politique et prophétie dans *Germinal*", *CN*, VIII, n° 20, pp. 166-7.

#7193 WALKER, Philip D.: "Zola's Use of Color Imagery in *Germinal*", *PMLA*, LXXVII, sept., pp. 442-9.
[Voir la polémique entre P.D. Walker et E.M. GRANT à propos de cet article in *ibid.*, juin 1964, pp. 348-54: "Concerning Color in *Germinal*"]

7194 WALTER, Rodolphe: "Cézanne à Bennecourt en 1866", *GB*, 104e année, LIX, n° 1117, févr., pp. 103-18.
[Cf. 7136-7]

7195 WALTER, Rodolphe (éd.): "Deux lettres inédites d'Emilie Zola à Gabrielle-Alexandrine Meley et à Emile Zola", *CN*, VIII, n° 22, pp. 280-3.
[Lettres d'août 1868]

7196 WARMOES, Jean (éd.): "Huit lettres de Charles Van Lerberghe à Max Elskamp", *Le Thyrse*, 64e année, LV, n°s 5-6, mai-juin, pp. 214-23.
[A propos de la préparation de 2587 - Cf. 7311]

7197 WHITE, Lucien: "Moral Aspects of Zola's Naturalism Judged by His Contemporaries and by Himself", *MLQ*, XXIII, déc., pp. 360-72.

7198 ANONYME: "Casanova inspirateur de Zola", *FL*, n° 861, 20 oct., p. 6.
[A propos de "Pour une nuit d'amour"]

7199 ---: ["*Germinal* à l'écran"], *Culture soviétique* (Paris), 4 oct.   [CN, n° 29]
[En russe?]

7200 ---: "Ljubav velikih ljudi. Dvostruki život Emila Zole", *Nin*, 22 juill.   [BUSM]
[En serbo-croate: "L'amour des grands hommes. La double vie d'Emile Zola"]

7201 ---: "Zola en Russie. Bibliographie établie par la Bibliothèque d'Etat de littératures étrangères. Juin 1960", *CN*, VIII, n° 20, pp. 180-4.

1963

7202 ANTONETTI, Pierre: "De Sanctis et le réalisme", in *Francesco De Sanctis (1817-1883). Son Evolution*

intellectuelle, son esthétique et sa critique. Aix-
en-Provence, Ophrys, pp. 142-6.
[De Sanctis critique de Z.]

*7203   BECKER, George J. (éd.): *Documents of Modern Literary
Realism.* Princeton, N.J., Princeton University Press.
xi,609p. Réimpression: 1967.
[Voir surtout la 2e partie "The Battle over Natural-
ism", ext. des écrits théoriques de Z., Huysmans,
Henry James, Goncourt, Maupassant, Heinrich et Julius
Hart, Pardo Bazán, etc. - Voir aussi l'intr. de G.J.
Becker: "Modern Realism as a Literary Movement", pp.
3-38 - Tr. anglaise du "Manifeste des Cinq", pp. 344-9]

7204   BOAK, Denis: *Roger Martin du Gard.* Oxford, Clarendon
Press. 223p.
[En anglais - Influence de Z.]

*7205   CARTER, Lawson A.: *Zola and the Theater.* New Haven,
Conn., Yale University Press/P., P.U.F. viii,231p.

7206   DENOMME, Robert T.: *The Naturalism of Gustave Geffroy.*
Genève, Droz. 219p.
[En anglais]

7207   DUBOIS, Jacques: *Romanciers français de l'instantané
au XIXe siècle.* Bruxelles, Palais des Académies.
223p.

7208   DUNCAN, Phillip A., et Vera ERDELY (éd.): *Emile Zola:
"Lettres de Paris".* Choix d'articles traduits du
russe.* Genève, Droz/P., Minard. 102p.
[Textes publiés par Z. dans *Le Messager de l'Europe* -
Voir l'intr. de P.A. Duncan, pp. 11-29]

7209   FRANCE, Anatole: *Vers les Temps meilleurs. Trente Ans
de vie sociale commentés par Claude Aveline et Henriette Psichari. III. 1909-1914.* P., Emile-Paul.
ii,312p.
[Voir surtout pp. 199-200: 10e anniversaire de la
mort de Z.; pp. 212-4, allocution à l'occasion du 5e
anniversaire du transfert des cendres de Z. au Pan-
théon]

7210   FRAZEE, Ronald: *Henry Céard: idéaliste détrompé.* Toronto,
University of Toronto Press. 191p.

7211   GUICHARD, Léon: *La Musique et les lettres en France au
temps du wagnérisme.* P., P.U.F. 354p.
[Voir surtout pp. 210-6, sur la répétition dans l'œuvre
de Z., sur ses drames lyriques et sur Z. et Wagner]

7212   HALL Jr., Vernon: "Emile Zola (1840-1902)", in *A Short History of Literary Criticism*. New York University Press, pp. 118-21.
       [A propos du *Roman expérimental*]

7213   KANES, Martin (éd.): *L'Atelier de Zola. Textes de journaux 1865-1870*. Genève, Droz. vi,258p.
       [Un choix d'articles et d'ext. d'articles - Voir l'intr. sur Z. journaliste]

7214   LABORDE, Albert: *Trente-huit Années près de Zola. La Vie d'Alexandrine Emile Zola*. Pr. de Pierre Paraf. P., Editeurs Français Réunis. 243p.

#7215 LEVIN, Harry: "Zola", in *The Gates of Horn. A Study of Five French Realists*. New York, Oxford University Press, pp. 305-71. Réimpression: 1966.

7216   MATILIOVA, T.: "Franţa. (Flaubert, Zola, Maupassant, Romains...)", in *Lev Tolstoi şi Literatură universala*. Bucarest, E.P.L.U., pp. 35-168.   [BU Iasi]
       [En roumain]

7217   MITTERAND, Henri, et Jean VIDAL (éd.): *Album Zola. Iconographie réunie et commentée par Henri Mitterand et Jean Vidal*. P., Gallimard. iii,333p. Bibliothèque de la Pléiade, Album 2.

7218   MONTHERLANT, Henry de: "Zola", in *Essais*. P., Gallimard (Bibliothèque de la Pléiade), pp. 1346-9. Réimpression: 1968.

7219   POMILIO, Mario: *Dal Naturalismo al verismo*. Naples, Liguori. 121p.
       [Voir surtout "Emile Zola", pp. 26-42]

7220   ROSSELLI, Ferdinando: *Una Polemica letteraria in Spagna: Il Romanzo naturalista*. Pise. 110p. (Istituto di Letteratura Spagnola e Ispano-Americana dell'Università di Pisa, 5).
       [Z. en Espagne]

7221   SALYAMOSY, Miklós: *Zola*. Budapest, Gondolat. 123p.[KL IV]

7222   SIMON, Pierre-Henri: "L'idéalisme de Zola", in *Le Domaine héroïque des lettres françaises, X^e-XIXe siècles*. P., Armand Colin, pp. 384-6.

7223   TWERSKY, Yohanan: "Emile Zola", in *Safrut Haolam* [*Dictionnaire de la littérature mondiale*], II. Tel-Aviv, Dvir, 1963-1964, pp. 286-90.
       [En hébreu]   [Jewish National Library]

7224 ANONYME: "Emile Zola", in *Encyclopaedia Hebraica, XVI*,
pp. 701-3.   [Jewish National Library]
[En hébreu]

7225 ARMANDI, Gabriele: "Cézanne e Zola", *Il Mondo* (Rome),
XV, n° 33, 13 août, p. 13.

7226 AUBERY, Pierre: "Faut-il récrire *Germinal?*", *La Révolution prolétarienne,* n° 483, mai, pp. 100-4. Rp. in *Pour
une Lecture ouvrière de la littérature française*. P.,
Les Edit. Syndicalistes, 1969, pp. 13-30.

7227 BATCHELOR, R.: "Unamuno devant la littérature française.
Première partie", *NFS,* II, n° 2, oct., pp. 35-47.

7228 BELLANGER, Claude: "Il y a cent ans ... Un débutant
nommé Zola", *NL,* 41e année, n° 1883, 3 oct., p. 3.
Rp. in *CN,* X, n° 26, 1964, pp. 5-44: "Il y a cent ans,
Emile Zola faisait à Lille ses débuts dans la presse.
Une correspondance inédite". Ext. in *La Voix du Nord,*
8 oct. 1964; in *Bulletin de la Librairie ancienne et
moderne,* 45e année, n.s. n° 71, févr. 1965, pp. 35-8.
[Z. et la *Revue du Mois* de Lille et *Le Journal Populaire de Lille*]

7229 BONSANTI, Allessandro: "Zola il vittorioso", *Il Mondo*
(Rome), XV, n° 27, 2 juill., p. 13.

7230 BRAESCU, Ion: "Emile Zola, critic şi istoric literar",
*Analele Universității Bucuresti. Seria Stiinţe Sociale
Filologie,* n° 28, pp. 137-52.   [BU Iasi]

7231 ---: "Clasicii marxism-leninismului despre literatura
franceză", *Revista de Filologie romanică şi germanică*
(Bucarest), VII, n° 1, pp. 69-82.
[En roumain: "Les classiques du marxisme-léninisme
à propos de la littérature française" - Cf. 6038]

7232 BROWN, Calvin S.: "Parallel Incidents in Emile Zola and
Tomasi di Lampedusa", *Comparative Literature* (Oregon
University, Eugene), XV, pp. 193-202.
[A propos de *La Faute de l'abbé Mouret*]

7233 BRYLINSKI, Denise: "*Les Quatre Evangiles. Travail*
d'Emile Zola", *Synthèse littéraire et sociale* (Toulouse), n°s 13-14, juin, pp. 11-19.

7234 BURNS, C.A.: "Zola in Exile. Notes on an Unpublished
Diary of 1898", *FS,* XVII, janv., pp. 14-26.
[A propos de 7300]

7235 ---: "Documentation et imagination chez Emile Zola",

CN, IX, nᵒˢ 24-5, pp. 69-78.

7236   CARILLA, Emilio: "Casanova, Zola y Ricardo Palma",
      Nordeste (Argentine), nᵒ 5, déc., pp. 165-89.
      [A propos de "Pour une nuit d'amour"]

*7237   CHRISTIE, John: "Naturalisme et naturisme: Les relations
      d'Emile Zola avec Saint-Georges de Bouhélier et Maurice
      Leblond", *NFS*, II, nᵒ 2, oct., pp. 11-24.
      [Cf. 7238]

*7238   ---: "Zola et le Naturisme", *CN*, IX, nᵒˢ 24-5, pp. 91-8.
      [Cf. 7237]

7239   CITRON, P.: "Quelques aspects romantiques du Paris de
      Zola", *ibid.*, pp. 47-54.

7240   DUBOIS, Jacques: "*Madame Gervaisais* et *La Conquête de
      Plassans:* deux destinées parallèles, deux compositions
      qui s'opposent", *ibid.*, pp. 83-9.

7241   GRANT, Elliot M.: "L'Affaire Poinsot-Jud, Mérimée, et
      Zola", *ibid.*, nᵒ 23, pp. 313-5.
      [Sur *La Bête humaine*]

7242   GUILLEMIN, Henri (éd.): "Lettres inédites de Zola (1898-
      1899), présentées par Henri Guillemin", *LF*, nᵒ 963,
      31 janv. au 6 févr., pp. 1, 5.
      [Lettres adressées à Mᵐᵉ Zola, écrites en Angleterre]

*7243   HEMMINGS, F.W.J.: "Zola par delà la Manche et l'Atlantique
      (Essai bibliographique)", *CN*, IX, nᵒ 23, pp. 299-312.

7244   ---: "Les sources d'inspiration de Zola conteur", *ibid.*,
      nᵒˢ 24-5, pp. 29-44.

#7245   KANES, Martin: "*Germinal:* Drama and Dramatic Structure",
      MP, LXI, août, pp. 12-25.

7246   KULCZYCKA-SALONI, Janina: "Dwie powieści kupieckie: *Au
      Bonheur des Dames* Emila Zoli i *Lalka* Bolesława Prusa",
      Przegląd humanistyczny (Varsovie), VII, nᵒ 1 (34),
      pp. 45-60.
      [*Au Bonheur des Dames* et *La Poupée* de Prus]

7247   ---: "Emile Zola en Pologne", *CN*, IX, nᵒˢ 24-5, pp.
      111-3.

7248   KULIG, Jan: "W pułapce naturalizmu", *Tygodnik Powszechny*
      (Cracovie), XVII, nᵒ 7, p. 6.   [BU Łódź]
      [En polonais: "Dans le piège du naturalisme"]

7249   LANOUX, Armand: "*Germinal* ou le nouveau *Maître de forges*",
      LF, nᵒ 996, 26 sept. au 2 oct., pp. 1, 14.

7250 LANOUX, Armand: "En hurlant "La Carmagnole". Comment
est né *Germinal*", *NL*, 41ᵉ année, n° 1884, 10 oct.,
p. 7.

7251 ---: "Naturalisme pas mort, lettre suit", *Arts*, n° 938,
27 nov.-3 déc., pp. 1, 2.
[Influence durable du naturalisme]

7252 LEONARD, Frances McNeely: *"Nana:* Symbol and Action",
MFS, IX, pp. 149-58.

7253 LOSITO, Luigi: "Zola giornalista", *Culture française*
(Bari), X, n° 4, juill.-août, pp. 197-200. Rp. in
Panorama. Bari, 1963, pp. 105-9.

7254 MARCABRU, Pierre: *"Germinal"*, *Arts*, n° 929, 25 sept.-
1ᵉʳ oct., p. 6.   [LS]
[Au cinéma]

7255 MATTHEWS, J.H.: "Zola et les surréalistes", *CN*, IX,
nᵒˢ 24-5, pp. 99-107.

*7256 MITTERAND, Henri: "Quelques aspects de la création
littéraire dans l'oeuvre d'Emile Zola", *ibid.*, pp.
9-20.

7257 ---: "La formation littéraire d'Emile Zola. La naissance
du naturalisme", *ibid.*, pp. 21-3.

7258 ---: "Remarques d'introduction à l'étude des techniques
de la composition et du style chez Emile Zola", *ibid.*,
pp. 79-81.

7259 OZAKI, Kazuo: "Zora to Baruzakku - *Daichi* to *Nōmin*",
Seijō Bungei (Bulletin de la Faculté des Lettres de
l'Université Seijo, Tokyo), nᵒˢ 33-4. juill.-août,
pp. 31-42, 1-20.   [KO]
[En japonais: "Zola et Balzac - *La Terre* et *Les
Paysans*"]

7260 PAPADIMA, Ovidiu: "Progamul estetic al naturalismului
francez", *Studi şi Cercetări de Istorie literară şi
Folclor* (Bucarest), XII, nᵒˢ 3-4, pp. 561-78.
[En roumain: "Le programme esthétique du naturalisme
français"]

7261 PSICHARI, Henriette: "Zola et la misère humaine",
Cahiers laïques, n° 75, mai-juin, pp. 55-70. (Paris,
Cercle Parisien de la Ligue Française de l'Enseigne-
ment).
[Conférence prononcée à Paris, au Théâtre Récamier,
le 15 nov. 1962 - a propos de *Germinal*]

7262 RAGUSA, Olga: "Felice Cameroni tra Italia e Francia: appunti bio-bibliografici", *Studi francesi* (Turin), VII, n° 19, janv.-avril, pp. 96-101.

7263 SABLE, J.: "Travaux pratiques sur le roman. Comment lire Zola. II. *Au Bonheur des Dames* (1883), étude sociale et morale", *L'Ecole*, 54ᵉ année, n° 10, 9 févr., pp. 445-6, 455-6.

*7264 SCHOBER, Rita: "*Réalité* und *vérité* bei Balzac und Zola (Teil II)", *Beiträge zur Romanischen Philologie* (Berlin), II, n° 1, pp. 127-38.
[Suite de 7131]

7265 SCOTT, J.W.: "Réalisme et réalité dans *La Bête humaine*. Zola et les chemins de fer", *RHLF*, 63ᵉ année, n° 4, oct.-déc., pp. 635-43.

7266 SHIMIZU, Masakazu: "Emīru Zora no sakuhin *Paris* ni tsuite - Zora no seikimatsu shakaï to no taïketsu", *Etudes de l'Université de Musique d'Osaka* (Osaka), n° 3, déc., pp. 43-55. [KO]
[En japonais - à propos de *Paris*]

7267 SOUFFRIN, Eileen: "Banville et Zola, avec des lettres inédites", *CN*, IX, nᵒˢ 24-5, pp. 57-66.

7268 STEFANESCU, Cornelia: "*Les Rougon-Macquart* de Emile Zola", *Studii şi Cercetări de Istorie literară şi Folclor* (Bucarest), XXII, nᵒˢ 3-4, pp. 579-97.
[En roumain]

7269 STOLTZFUS, Ben: "John Dos Passos and the French", *Comparative Literature* (Oregon University, Eugene), XV, n° 2, pp. 146-63.
[Influence de Z.]

7270 STONE, Edward: "Crane and Zola", *English Language Notes* (University of Colorado, Boulder), I, sept., pp. 46-7.

7271 TAKEMURA, Mosuke: "*La Terre* no kōsei to buntaï", *The Review of the Osaka University of Commerce* (Osaka), nᵒˢ 19-20, nov., pp. 238-76. [KO]
[En japonais: "Composition et style de *La Terre*"]

7272 TERNOIS, René: "Le stoïcisme d'Emile Zola", *CN*, IX, n° 23, pp. 289-98.

7273 VANHELLEPUTTE, Michel: "L'essai de Heinrich Mann sur Emile Zola", *Revue des Langues vivantes* (Bruxelles), XXIX, n° 6, pp. 510-20.
[A propos de 4294]

7274 WALTER, Rodolphe: "Zola et Monet", *LF*, n° 998, 10-16

oct., pp. 1, 12.
[Discours du pèlerinage de Médan - Cf. 7334]

7275   WALTER, Rodolphe: "Pyrame et Thisbé à l'Hôtel du Grand
        Cerf", *Nouvelles de l'Estampe*, n° 9, nov., pp. 238-41.
        [A propos de *Madeleine Férat*]

7276   ANONYME: ["Lettres inédites de Zola"], *Inostrannaja
        literatura*, n° 7.   [CN, n° 29]
        [En russe]

7277   ---: ["Références réfutées ..."], *Literaturnaja gazeta*,
        26 oct.   [CN, n° 29]
        [En russe - Z. journaliste, ses débuts]

1964

7278   ANTONETTI, Pierre: *Francesco De Sanctis et la culture
        française*. Florence, Edizioni Sansoni Antiquariato/
        P., Marcel Didier. 207p.
        [Voir surtout pp. 172-83]

7279   BAROLI, Marc: *Le Train dans la littérature française*.
        P., Editions N.M. 492,xlip.
        [Voir surtout pp. 230-74 sur *La Bête humaine*]

7280   CABANIS, José: *Plaisir et lectures*. P., Gallimard. 258p.
        [Voir pp. 226-7 sur *Thérèse Raquin*]

7281   CADILHAC, Paul-Emile: "Autour de *L'Assommoir*", in
        *Demeures inspirées et sites romanesques. IV. Textes
        et documents réunis par Paul-Emile Cadilhac et
        Robert Coiplet*. P., Baschet, pp. 193-200.

7282   CROCE, Elena et Alda: *Francesco De Sanctis*. Turin,
        U.T.E.T. 661p.
        [Voir surtout pp. 570-3 sur Z. et De Sanctis]

7283   CROUZET, Marcel: *Un Méconnu du réalisme: Duranty (1833-
        1880). L'Homme. Le Critique. Le Romancier*. P., Nizet.
        787p.

7284   GENUZIO, Joseph: *Jules Guesde et Emile Zola ou Le
        Socialisme dans l'œuvre d'Emile Zola*. Bari, Tipo-
        grafia Levante. 213p.

7285   GERBSTMAN, A.: "Emil' Zolja, 1840-1902", in *Pisateli
        francii*. Ed. E.G. Etkind. Moscou, Prosveščenie, pp.
        504-9.

*7286   GUILLEMIN, Henri: *Présentation des "Rougon-Macquart"*.
        P., Gallimard. 413p.

7287   KULCZYCKA-SALONI, Janina: *Zola en Pologne (fragment*

d'étude). Varsovie, Państwowe Wydawnictwo Naukowe.
16p. Académie polonaise des Sciences. Centre scientifique à Paris. Conférences, fasc. 55.

7288 LAM CHI PING: [*La Vie de Zola et son œuvre*]. Tai-Pei,
Wu Chou. 201p.   [BU Tai-Pei]
[En chinois]

#7289 LAPP, John C.: *Zola before the "Rougon-Macquart".*
Toronto, University of Toronto Press. x,171p.
[Etude thématique des premiers romans et des contes
de Z.]

7290 LAVERS, Annette: *L'Usurpateur et le prétendant. Essai.*
Le Psychologue dans la littérature contemporaine.
P., Minard (Lettres Modernes). 168p. ("Situation",
n° 4).
[Voir pp. 33-40]

7291 PRUNER, Francis: *Les Luttes d'Antoine. Au Théâtre Libre.*
Tome premier. P., Minard (Lettres Modernes). xi,442p.

7292 PSICHARI, Henriette: *Anatomie d'un chef-d'œuvre. "Ger-*
minal". P., Mercure de France. 204p.

7293 VENTURI, Lionello: "La critica dell'impressionismo",
in *Storia della critica d'arte.* Turin, Einaudi, pp.
269-75. 1re éd.: Florence, 1948 (voir 7009, p. 117).
Tr. anglaise: *History of Art Criticism.* New York,
Dutton, 1936.

7294 BANGE, Pierre: "Fontane et le naturalisme. Une critique
inédite des *Rougon-Macquart", Etudes germaniques,* 19^e
année, n° 2, avril-juin, pp. 142-64.
[Fontane sur *La Fortune des Rougon* et *La Conquête de*
Plassans]

7295 BETHKE, Frederick J.: "Realism in Zola: The Miners of
Montsou", *North Dakota Quarterly,* XXXII, pp. 64-5.
[Sur *Germinal*]

7296 BILLY, André: "Les propos du samedi", *FL,* n° 963, 1er
au 7 oct., p. 6.
[Lettre inédite de Z. du 25 juill. 1885 - Z., Goncourt, *L'Œuvre* et *Manette Salomon*]

7297 BRADY, Patrick: "Sources littéraires de *L'Œuvre* de
Zola (1885)", *Revue de l'Université de Bruxelles,*
XVI, n° 5, août-sept., pp. 413-25.
[Balzac et Goncourt]

7298 ---: "Les clefs de *L'Œuvre* de Zola", *Australian*

Journal of French Studies (Melbourne), I, n° 3,
sept.-déc., pp. 257-71.

7299   BRAESCU, Ion: "Emile Zola, auteur dramatique", *Beiträge
zur Romanischen Philologie* (Berlin), III, n° 1, pp.
18-29.

*7300   BURNS, Colin (éd.): "Emile Zola: *Pages d'exil*, publiées
et annotées par Colin Burns", *NFS*, III, n°s 1-2,
mai-oct., pp. 2-46, 48-62. Rp. in *O.C.*, *XIV*, pp.
1127-79.
[Notes inédites pour un journal, rédigées pendant
l'exil en Angleterre]

7301   CANTONI, Edda: "Letteratura e politica nel secondo
Ottocento francese: Zola e Vallès", *RLMC*, XVII, n°
3, sept., pp. 215-32.

7302   CHALENDARD, M.: "Le puits Devillain à la Ricamarie
est-il le puits de *Germinal?*", *Les Amis du Vieux
Saint-Etienne*, n° 56, déc., pp. 103-9.

7303   CHRISTIE, John: "Saint-Georges de Bouhélier (1876-1947),
Poet, Playwright and Novelist", *NFS*, III, oct., pp.
78-81.

*7304   COGNY, Pierre (éd.): "Emile Zola devant le problème de
Jésus-Christ d'après des documents inédits", *Studi
francesi* (Turin), VIII, n° 23, mai-août, pp. 255-64.

7305   CORNELL, Kenneth: "Zola's City", *YFS*, n° 32, oct., pp.
106-11.
[Paris dans *La Curée*, *Le Ventre de Paris*, *L'Assommoir*
et *Pot-Bouille*]

7306   A. D. [André DUBUC] (éd.): "Un article oublié de Zola
sur Flaubert", *Les Amis de Flaubert*, n° 24, mai, pp.
38-42.
[Ext. d'un article bien connu de Z. sur Flaubert,
retrouvé dans la revue *Le Pierre Corneille*]

7307   DUBUC, André: "Une amitié littéraire: Gustave Flaubert
et Emile Zola", *CN*, X, n° 28, pp. 129-36. Ext. in
Bulletin de la Librairie ancienne et moderne, n° 74,
mai 1965, pp. 106-7.

7308   DUMESNIL, René: "En relisant Zola dans la Pléiade",
Le Monde, n° 6181, 28 nov., p. 12.
[*Au Bonheur des Dames* et *Germinal*]

7309   EMMANUELLI, Enrico: "Speculazioni e parole", *Corriere
della Sera* (Milan), 17 janv.
[*La Curée* et le film italien *Le Mani sulla città*:
comparaison]

7310 FREY, Hans-Jost: "Combustio spontanea", *Schweizer Monatshefte* (Zurich), 44e année, n° 9, déc., pp. 870-82. [VII, n° 21]
[A propos du *Docteur Pascal*]

7311 GALAND, Robert: "Charles Van Lerberghe et le procès Zola", *Bulletin de l'Académie Royale de Langue et de Littérature françaises* (Bruxelles), XLII, n°s 3-4, pp. 187-208.
[A propos de 2587 - Lettre de Z. du 31 janv. 1898 - Cf. 7196]

7312 HAKUTANI, Yoshinobu: "Dreiser and French Realism", *Texas Studies in Literature and Language*, VI, n° 2, pp. 200-12.

7313 HELLER, Adolph B. (éd.): "Six Letters from Champfleury to Zola", *RR*, LV, n° 4, déc., pp. 274-77.

7314 KANES, Martin: "Zola, Balzac and "La Fortune des Rogron"," *FS*, XVIII, juill., pp. 203-12.
[A propos de *La Fortune des Rougon*]

*7315 ---: "Zola, Pelletan and *La Tribune*", *PMLA*, LXXIX, sept., pp. 473-83.

7316 LANOUX, Armand: "Le Docteur Jacques Emile-Zola et son père", *CN*, X, n° 26, pp. 1-3.

7317 LAPP, John C.: "Emile Zola et Ludovic Halévy: Notes sur une correspondance", *ibid.*, n° 27, pp. 91-100.
[Cf. 6484]

7318 LE BLOND, Jean-Claude (éd.): "Un "devoir" d'Emile Zola", *ibid.*, pp. 77-9.
[Z. et sa fille, 1899-1900]

7319 MITTERAND, Henri: "Le procès Duverdy-Zola", *Journal de Genève*, 15-16 févr. Rp. in *RM, III*.
[A propos de *Pot-Bouille*]

7320 NIESS, Robert J.: "Antithesis and *Reprise* in Zola's *L'Œuvre*", *EC*, IV, pp. 68-75.

7321 OZAKI, Kazuo: "Emīru Zora no shōgaï (2) - konkyū to musō no jidaï", *Sagami-joshidaigaku Kiyō*, n° 17, mars, pp. 110-26. [KO]
[En japonais - "La vie d'Emile Zola (2) - l'époque de sa misère et de son rêve" - suite de 7179]

7322 ---: "Zora ni okeru seishun no zasetsu", *Seijō Bungei* (Bulletin de la Faculté des Lettres de l'Université Seijo, Tokyo), n° 37, sept., pp. 13-25. [KO]
[En japonais: "L'échec du jeune Zola"]

7323 PERKINS, George: "Death by Spontaneous Combustion in Marryat, Melville, Dickens, Zola, and Others", *The Dickensian* (Londres), LX, n° 342, janv., pp. 57-63. [Sur *Le Docteur Pascal*]

7324 SALVAN, Albert J.: "Les correspondants américains de Zola", *CN*, X, n° 27, pp. 101-15. [Cf. 7074]

7325 SARTRE, Jean-Paul: "Jean-Paul Sartre et Emile Zola", *Le Monde*, n° 5996, 25 avril, p. 12. [Lettre de Sartre dans laquelle il signale deux erreurs dans un article du *Monde* du 18 avril - Z. et l'Affaire Dreyfus - Voir aussi Anthony HARTLEY: "Sartre & Emile Zola", *Encounter* (Londres), XXIII, n° 3, sept. 1964, pp. 94-5; l'interview de Sartre: *ibid.*, n° 6, juin 1964, pp. 61-3 (en anglais)]

7326 SCHOBER, Rita: "Observations sur quelques procédés stylistiques de Zola", *CN*, X, n° 28, pp. 149-61.

7327 SIMPSON, Harold L.: "Antimilitarism in the French Naturalist Novel", *EC*, IV, n° 2, pp. 102-8. [Influence de Z.]

7328 STIL, André: "Semeur d'orages", *L'Humanité*, 6 août. [A propos de *Germinal*]

7329 SUWALA, Halina: "Le krach de l'Union Générale dans le roman français avant *L'Argent* de Zola", *CN*, X, n° 27, pp. 80-90. [Sur *L'Argent*]

7330 TERNOIS, René: "Deux admirateurs italiens de Zola: P. Mantegazza et S. Sighele", *ibid.*, n° 28, pp. 162-73. Rp. in 7486.

7331 TSUNEOKA, Akira: "*L'Assommoir* ni okeru Coupeau no alcoolisme ni tsuite", *Etudes de Langue et de Littérature françaises* (Tokyo), n° 5, oct., pp. 37-42. [KO] [En japonais: "L'alcoolisme de Coupeau dans *L'Assommoir*"]

7332 WALKER, Philip: "Zola's Art of Characterization in *Germinal*. A Note for Further Research", *EC*, IV, pp. 60-7. [Sur les personnages de *Germinal*]

7333 WALSCHAP, Gerard: "De werkzame Zola", *Nieuw Vlaams Tijdschrift* (Anvers), XVII, n° 12, pp. 1216-7. [Z. et son culte du travail]

7334 WALTER, Rodolphe: "Emile Zola et Claude Monet", *CN*, X, n° 26, pp. 51-61. Voir aussi "Mise au point", *ibid.*, XIV, n° 35, 1968, pp. 81-2. [Cf. 7274]

7335 WURMSER, André: "Les marxistes, Balzac, et Zola", *ibid.*, X, n° 28, pp. 137-48. Rp. in *LF*, n° 1049, 8 au 14 oct. 1964, pp. 1, 8.

1965

7336 CHAZAL, Robert: *Marcel Carné*. P., Seghers. 191p. (Coll. Cinéma d'Aujourd'hui, 35).
[Voir surtout pp. 64-7, 166-7, sur *Thérèse Raquin*]

7337 COEUROY, André: "Le naturalisme", in *Wagner et l'esprit romantique*. P., Gallimard, pp. 287-301.
[A propos de Z. et Wagner - *Le Ventre de Paris* et *La Faute de l'abbé Mouret*]

7338 EMEL'JANIKOV, Sergej Pavlovič: *"Rugon-Makkary" E. Zolja*. Moscou, GIHL. 134p.

7339 ENGLER, Winfried: *Der französische Roman von 1800 bis zur Gegenwart*. Berne-Munich, Francke. 299p. Tr. anglaise: New York, Ungar, 1969. xi,286p.
[Voir surtout chap. IV sur le naturalisme de Z. et des Goncourt]

7340 HARNEIT, Rudolf: "Eine ideale Liebe in einem naturalistischen Roman. Zur Gestalt des Goujet in Zolas *L'Assommoir*", in *Aufsätze zur Themen- und Motivgeschichte. Festschrift für Hellmuth Petriconi*. Hambourg, Cram, de Gruyter in Kommission, pp. 151-70. (Hamburger romanistische Studien, série A, vol. 48).
[Gervaise et Goujet dans *L'Assommoir*]

7341 HARVEY, W.J.: *Character and the Novel*. Londres, Chatto & Windus. x,222p.
[Se réfère à *Germinal*]

7342 KREFT, Bratko: "Zola", in *Proti vetru za vihar*. Maribor, Obzorja, pp. 46-55.   [BUSM]
[En slovène]

7343 LEMAITRE, Jules: "Emile Zola", in *Impresije iz književnosti i pozorišta*. Tr. Nevenka Subotić. Belgrade, Kultura, pp. 166-75.   [BUSM]
[En serbo-croate: *Impressions de littérature et de théâtre*]

7344 NICOLETTI, Gianni: "Zola e i militari", in *Saggi e idee di litteratura francese*. Bari, Adriatica, pp. 259-74.

2e édition: 1967, pp. 267-80.
[Pr. à la tr. italienne de *La Débâcle:* Turin, U.T.E.T., 1955]

7345 PATTISON, Walter T.: *El Naturalismo español. Historia externa de un movimiento literario.* Madrid, Biblioteca Romanica Hispanica-Gredos. 190p.

7346 RAITT, A.W.: "Emile Zola (1840-1902): From *La Débâcle*", in *Life and Letters in France. III. The Nineteenth Century.* Londres, Nelson, pp. 127-34. Réimpression: Londres. 1970. (Nelson's University Paperbacks).

7347 WELLEK, René: "Emile Zola (1840-1902)", in *A History of Modern Criticism: 1750-1950. Vol. IV. The Later Nineteenth Century.* New Haven, Yale University Press/Londres, Jonathan Cape, pp. 14-22.

7348 WILSON, Colin: *Eagle and Earwig.* Londres, John Baker. 278p.
[Voir pp. 39-40: remarques sur *Thérèse Raquin*]

7349 ANONYME: *Epohe i pravci u književnosti.* Belgrade, Narodna Knjiga. 350p.   [BUSM]
[En serbo-croate - Voir sur le naturalisme pp. 133-53]

7350 ALEXEYEV, Nikolai (éd.): "Letters of Emile Zola on the 125th Anniversary of His Birth", *Culture and Life* (Moscou), n° 4, pp. 44-6.
[En anglais: lettres de Z.]

7351 ARBELLOT, Simon: "Curnonsky chez Zola", *RDM*, 15 sept., pp. 285-91.

7352 BAUDSON, Pierre: "Zola et la caricature, d'après les recueils Céard du Musée Carnavalet", *CN*, XI, n° 29, pp. 43-60.

7353 BEAUTE, Jean: "Utilisation du magnétophone: présentation de *l'Assommoir*", *Cahiers pédagogiques*, 20e année, n° 54, mai, pp. 41-3.

7354 BRUHAT, Jean: "Le bilan d'un centenaire: l'an 1864", *La Pensée*, n.s. n° 120, avril, pp. 3-24.
[Etude pertinente aux sources de *Germinal* - Voir p. 10]

7355 CENTORE, Denise: "Le 125e anniversaire de la naissance de Zola", *Les Cahiers littéraires de l'O.R.T.F.*, III, n° 14, avril, pp. 7-11.

7356 CONCHON, Georges: "Zola, celui qui ne jouait pas à la dînette", *NL*, n° 1988, 7 oct., p. 3. Voir aussi: "Un

jeune homme en colère", *CN*, XI, n⁰ 30, 1965, pp. 97-104.
[Discours du pèlerinage de Médan]

7357 CORDIE, Carlo: "Céard e Zola", *Il Mondo* (Rome), XVII, n⁰ 19, 11 mai, pp. 9-10.

7358 COULMEAU, Angèle et Jean: "Récit d'une expérience: *Germinal* en première", *Cahiers pédagogiques*, 20ᵉ année, n⁰ 54, mai, pp. 13-16.

#7359 DUBOIS, Jacques: "Les refuges de Gervaise: Pour un décor symbolique de *l'Assommoir*", *CN*, XI, n⁰ 30, pp. 105-17.

7360 EDWARDS, Oliver: "Talking of Books: One, Two ... Three", *The Times* (Londres), 1ᵉʳ avril.
[A propos de *Germinal*]

7361 ---: "The House at Médan", *The Times* (Londres), 27 mai, p. 15.
[Sur Médan et *Les Soirées de Médan*]

7362 FRANZEN, Nils-Olof: "Zolas värld utan nåd", *Röster i Radio*, XXXII, n⁰ 2, pp. 18-19.   [BU Lund]
[En suédois: "Le monde sans merci de Zola"]

7363 GIUDICI, Enzo: "Emile Zola in Italia", *Convivium. Revista di lettere, filosofia e storia* (Turin), XXXIII, pp. 412-6.
[A propos de 7009]

7364 GRANT, Elliott M.: "Les épreuves de *Germinal* conservées à New-York", *CN*, XI, n⁰ 30, pp. 153-7.

7465 GUILLEMIN, Henri: "Zola boucle sa boucle", *Gazette de Lausanne*, 24-25 avril, p. 20.
[Sur *Les Quatre Evangiles*]

7366 HEMMINGS, F.W.J.: "Emile Zola et le théâtre scandinave de son temps", *CN*, XI, n⁰ 29, pp. 25-33.
[Sur la réponse de Z. à une enquête sur l'influence des lettres scandinaves, févr. 1897]

7367 HERMAND, Jost: "Erik Regers *Union der festen Hand* (1931): Roman oder Reportage?", *Monatshefte*, LVII, n⁰ 3, mars, pp. 113-33.
[Influence de *Germinal*]

7368 HOEFERT, Sigfrid: "Emile Zola dans la critique d'Otto Brahm", *CN*, XI, n⁰ 30, pp. 145-52.

7369 KANES, Martin: "Zola, *Germinal* et la censure dramatique", *ibid.*, n⁰ 29, pp. 35-42.

7370 LANOUX, Armand: "Zola aujourd'hui", *Les Cahiers litté-*

raires de l'O.R.T.F., III, n° 14, avril, pp. 14-16.

7371 LAURSEN, Inge: "Zolas rolle i Dreyfusaffaeren", *Vejle Amts Folkeblad*, 15 févr.   [BNC]
[En danois]

7372 McINNES, Edward: "Naturalism and the English Theatre", *Forum for Modern Language Studies* (St. Andrews), I, n° 3, juill., pp. 197-206.

7373 MITTERAND, Henri: "Vers l'histoire *totale* d'Emile Zola", *Les Cahiers littéraires de l'O.R.T.F.*, III, n° 14, avril, pp. 12-13.
[Sur les recherches à faire sur Z. et son œuvre]

7374 MORGAN, O.R.: "Léon Hennique et Emile Zola", *CN*, XI, n° 30, pp. 139-44.
[Avec des ext. de lettres de Léon Hennique à Z.]

7375 NORMANNO, Luca: "Zola vivant", *Culture française* (Bari), XII, n° 3, mai-juin, pp. 183-5.

7376 OZAKI, Kazuo:"Mumei-jidaï no Zora no bungaku-kan", *Seijō Bungei* (Bulletin de la Faculté des Lettres de l'Université Seijo, Tokyo), n° 38, mars, pp. 63-71.
[En japonais: "Les opinions littéraires du jeune Zola"]   [KO]

7377 ---: "Shizenshugi no shōsetsu (1) - Jiten yori mita "shizenshugi"," *ibid.*, n° 41, déc., pp. 37-53.   [KO]
[En japonais: "Le Roman naturaliste (1) - les sens du mot "naturalisme" donnés par les dictionnaires"]

7378 POLANSCAK, Antun: "Emile Zola i francusko društvo II carstva", *Forum*, IV, n°s 11-12, pp. 450-9. Rp. in *Od Povjerenja do sumnje. Problemi francuske književnosti*. Zagreb, Naprijed, 1966, pp. 111-24.   [BUSM]
[En serbo-croate: "Emile Zola et la société française du Second Empire"]

7379 POUZIKOV, Alexandre: "Zola en Russie", *Œuvres et Opinions* (Moscou), n° 4, avril, pp. 171-5.

7380 POVCHANIC, Stefan: "Emil Zola (1840-1902)", *Citateľ*, XIV, n° 4, pp. 140-1.   [BUKB]
[En slovaque]

7381 STASTNY, J.: "*Šťastie Rougonovcov*. Roman Emila Zoly", *Roľnícke noviny*, 2 juill.   [BUKB]
[En slovaque]

7382 SUWAŁA, Halina: "Pielgrzymki medańskie", *Kwartalnik Neofilologiczny* (Varsovie), XII, n° 2, pp. 173-4.
[En polonais: "Les pèlerinages de Médan"]

7383 SYSAK, Myron: "Emil Zola", *Družno vpered*, XV, n° 4,
      p. 25.   [BUKB]
      [En ukrainien - revue publiée en Tchécoslovaquie]

7384 TERNOIS, René: "Au temps de l'Affaire Dreyfus. Lettres
      d'Italie", *CN*, XI, n° 29, pp. 1-23. Rp. in 7486.

7385 THERIVE, André: "Un vrai clerc, Emile Zola", *La Table
      ronde*, n° 208, mai, pp. 106-9.
      [A propos de 7304]

7386 THIBAULT, Albert A.: "Zola, aimé ou détesté?", *University
      of Windsor Review* (Windsor, Ontario), I, pp. 90-108.
      [Z. et la critique française]

7387 TREICH, Léon: "Pas de chance, Emile Zola!", *Le Soir*
      (Bruxelles), 18-19 avril.
      [Z. et l'Académie Française]

7388 TSUNEOKA, Akira: "Emīru Zora no igakuteki-shinrigakuteki
      chōsa", *Bulletin de la Société de la Littérature fran-
      çaise de Kyūshū* (Fukuoka), n° 1, nov., pp. 8-16.   [KO]
      [En japonais: "Enquête médico-psychologique d'Emile
      Zola" - Cf. 2373]

7389 VAN ITTERBEEK, Eugène: "Péguy et Zola", *L'Amitié Charles
      Péguy: Feuillets mensuels*, n° 113, avril, pp. 25-32.
      [Péguy critique de Z.]

7390 WALKER, Philip: "The *Ebauche* of *Germinal*", *PMLA*, LXXX,
      déc., pp. 571-83.

7391 WALTER, Rodolphe: "Zola à Bennecourt en 1867. Quelques
      aperçus nouveaux sur *Thérèse Raquin*", *CN*, XI, n° 30,
      pp. 119-31.

7392 ANONYME: "Emile Zola en U.R.S.S. (1960-1963): Biblio-
      graphie établie par la Bibliothèque d'Etat de l'U.R.S.S.
      pour la littérature étrangère", *ibid.*, n° 29, pp. 88-90.

      [Voir aussi 7770]

                            1966

7393 ANGEL, Pierre: "Kretzer et Zola", in *Max Kretzer peintre
      de la société berlinoise de son temps*. P., P.U.F.,
      pp. 155-60. (Publications de la Faculté des Lettres
      et Sciences humaines de Poitiers).   [YC]

7394 BLASCO IBANEZ, Vicente: "Emilio Zola", in *Discursos
      literarios*. Valence, Prometeo, pp. 137-62.   [CA]

7395 BUSMIN, A.S.: "Iz istorii vzaimootnošenij M.E. Saltykova-

Sčedrina i Emilja Zolja", in *Russko-evropejskie Lite-raturnye Svjazi-Sbornik statej k 70-letiju so dnja roždenija akademika M.P. Alekseeva*. Moscou-Leningrad, Nauka, pp. 360-71.
[En russe - Saltykov et Z.]

7396 ERNST, Paul: *Entwicklungen*. Munich, Claudius Verlag. 350p. Réédition légèrement abrégée de *Jünglingsjahre*. Munich, Müller, 1931. 407p. [YC]
[Voir surtout pp. 106-49, 199-200 (éd. de 1966)]

7397 GRANT, Elliott M.: *Emile Zola*. New York, Twayne. 207p.

*7398 MAX, Stefan: *Les Métamorphoses de la grande ville dans "Les Rougon-Macquart"*. P., Nizet. 220p.

7399 PEROVIC, Stjepan: *Iz Radionice Velikih Majstora. Kako su stvarali književnici. II.* Zagreb, Skolska Knjiga.
[En serbo-croate: *Dans l'Atelier des maîtres. La Création littéraire*] [BUSM]

7400 PIZER, Donald: *The Novels of Frank Norris*. Bloomington-Londres, Indiana University Press. 209p.
[Influence de Z.]

*7401 PROULX, Alfred C.: *Aspects épiques des "Rougon-Macquart" de Zola*. La Haye-Paris, Mouton. 182p.

7402 RAIMOND, Michel: *La Crise du roman. Des Lendemains du Naturalisme aux années vingt*. P., José Corti. 539p.
[Techniques du roman naturaliste - réaction contre le roman de Z.]

7403 RALEA, M.: "Emile Zola", in *Portrete, Carti, Idei*. Bu-carest, Editura Pentru Literatură Universală, pp. 57-74. [BU Iasi]
[En roumain]

7404 STRZAŁKOWA, Maria: "Influence ou parallélisme? Un cas d'influence probable du roman français sur Prus", in *Actes du IVe Congrès de l'Association Internationale de Littérature comparée*. La Haye-Paris, Mouton, pp. 1161-8.
[*Au Bonheur des Dames* et *La Poupée*]

7405 WAIS, Kurt: "Erstarrung und Bewegung. Die erzählerische Antithese Paris-Rom bei Gogol, Zola und Butor", in *Studi in onore di Italo Siciliano, II.* Florence, Olschki, pp. 1179-202. (Biblioteca dell'*Archivum Romanicum*. Serie 1.: Storia, letteratura, paleografia, vol. 86).
[Cite *Rome* et *Paris* de Z.]

Sur "La Curée", film de Roger Vadim:

7406 BARONCELLI, Jean de: *"La Curée"*, *Le Monde*, n° 6672, 26-27 juin, p. 20.

7407 CAPDENAC, Michel: "Cette semaine. Du cinéma pour le décor: *La Curée* film de Roger Vadim", *LF*, 30 juin, pp. 28-9.   [LS]

7408 CORNU, Marcel: "L'odeur chaude de la *Curée*", *ibid.*, 14-20 juill., pp. 23-4.

7409 DADOUN, Roger: "Vadim: Une Imagerie luxueuse", *La Quinzaine littéraire*, n° 14, 15-31 oct., p. 29.

7410 DURON, Michel: *"La Curée* ou l'assommoir?", *Le Canard enchaîné*, 51e année, n° 2384, 29 juin, p. 7.

7411 REGENT, Roger: "Le cinéma. Un été riche", *RDM*, 1er août, pp. 465-6.

Reprise de "La Bête humaine", film de Jean Renoir:

7412 AJAME, Pierre: "Orages désirés. *La Bête humaine* par Jean Renoir", *NL*, n° 2034, 25 août, p. 11.

7413 BUREAU, Patrick: "Un entretien avec Jean Renoir. *La Bête humaine:* mon meilleur souvenir", *LF*, 25 août, p. 13.   [LS]

7414 CHAPIER, Henry: "Le film du jour. *La Bête humaine* de Jean Renoir", *Combat*, 26 août.   [LS]

7415 CHAZAL, Robert: *"La Bête humaine:* Zola vu par Renoir", *France-Soir*, 15 oct.   [LS]

7416 COURNOT, Michel: "La Lison dans tous ses états", *Le Nouvel Observateur*, n° 93, 24-30 août, pp. 32-3.

7417 E. L.: *"La Bête humaine"*, *Le Parisien libéré*, 8 sept.[LS]

7418 LACHIZE, Samuel: "Sur l'écran. Vive Cabuche!", *L'Humanité*, 14 sept.   [LS]

7419 MARTIN, Marcel: "Renoir, le poète: *La Bête humaine* de Jean Renoir", *LF*, 1er sept.   [LS]

7420 MAZARS, Pierre: "Hommage à Jean Renoir: reprise de *La Bête humaine*", *Le Figaro*, 30 août.

7421 ANONYME: "A partir de demain: *La Bête humaine* de Jean Renoir, au Saint-Séverin", *L'Humanité*, 23 août.   [LS]

7422 ---: "Au cinéma. *La Bête humaine*", *L'Aurore*, 31 août.[LS]

*

7423   ALEGRE, Jacques: "Redécouvir Zola", *L'Education nationale*, XXII, n° 804, 10 nov., p. 27.

7424   ALLEN, Louis (éd.): "Letters of Huysmans and Zola to Raffalovich", *Forum for Modern Language Studies* (St. Andrews), n° 2, pp. 214-21.

7425   BAGULEY, David: "Les sources et la fortune des nouvelles de Zola", *CN*, XII, n° 32, pp. 118-32.

7426   BARATTO TRENTIN, Françoise: "Verga en France", *RLMC*, XIX, n° 3, sept., pp. 189-202.

7427   BASCHET, Robert: "La critique d'art d'Emile Zola (1866-1896)", *RDM*, 1er déc., pp. 360-70.

7428   BILLY, André: "Les propos d'André Billy", *FL*, 10 mars. [Hommage]

7429   BLANQUET, Josette: "L'hommage de Clarín à un prélat asturien", *Bulletin hispanique* (Bordeaux), LXVIII, n°s 3-4, juill.-déc., pp. 216-52. [Z., Clarín et l'Affaire Dreyfus - Influence de Z.]

7430   BONFANTINI, Mario: "De Sanctis e Zola", *RLMC*, XIX, n° 3, sept., pp. 183-8.

7431   BORNECQUE, Jacques-Henry: "L'influence des écrivains réalistes et naturalistes sur l'évolution des classes sociales au XIXe siècle", *Philologica Pragensia* (Prague), IX, n° 1, pp. 38-56.

7432   BRACHIN, Pierre: "Un ambassadeur de la culture française aux Pays-Bas: Frans Erens", *Etudes germaniques*, 21e année, n° 3, juill.-sept., pp. 417-31.

7433   BUTOR, Michel, Marcel SCHNEIDER, et Pierre de BOISDEFFRE: "Trois devant Zola", *Arts-Loisirs*, n° 57, 26 oct.-2 nov., pp. 29-30. [Michel Butor: "Une œuvre articulée", p. 29; Marcel Schneider: "En porte-à-faux", pp. 29-30; Pierre de Boisdeffre: "Zola et son temps", p. 30]

7434   CHRISTIE, John: "The Enigma of Zola's *Madame Sourdis*", *NFS*, V, mai, pp. 13-28.

7435   EHRENBURG, Ilja: "Zarándoklás egy kortárshoz (Részlet az iró beszédéből, amely elhangzott Zola a emlékezetére rendezett gyülésen)", *Utunk*, XXI, n° 43, oct., p. 10. [En hongrois - hommage - Cf. 7436]

7436   EHRENBOURG, Ilya: "Hommage à Zola", *CN*, XII, n° 32, pp. 97-103. Rp. in *Sinn und Form*, XIX, n° 6, déc. 1967, pp. 1305-13. [Cf. 7435]

7437 FARRELL, James T.: "On Zola", *Thought* (Delhi), XVIII,
n° 34, 20 août, pp. 15-16.
[A propos de *Nana*]

7438 GIRODIN, Jean: "Fiches queiroziennes", *Bulletin des
Etudes portugaises* (Coïmbre), n.s. XXVII, pp. 189-219.
[*La Faute de l'abbé Mouret* et *A Capital* d'Eça de
Queiros]

7439 GRANT, Elliott M.: "A Correction in the Manuscript of
Germinal", *FR*, XXXIX, févr., pp. 521-2.

7440 ---: "Zola and the Sacré-Cœur", *FS*, XX, juill., pp.
243-52.
[A propos de *Paris*]

7441 GREAVES, A.A.: "A Comparison of the Treatment of Some
Decadent Themes in *La Faute de l'abbé Mouret* and *La
Joie de vivre*", *Proceedings: Pacific Northwest Con-
ference on Foreign Languages*, pp. 98-107.

7442 GROSSOVA, Z.: "*Žiť pre niekoho*", *Roľnícke noviny*, 26
août.   [BUKB]
[En slovaque - c.r. de *La Joie de vivre*]

*7443 HEMMINGS, F.W.J.: "Emile Zola", *The Listener* (Londres),
LXXV, 21 avril, pp. 574-80. Voir aussi les lettres de
G. HAINSWORTH dans le même vol. de la même revue: n°
1937, 12 mai, p. 689, et n° 1940, 2 juin, p. 794; réponse de F.W.J. Hemmings: n° 1938, 19 mai, p. 727.
[Etude générale - rp. en français in *CN*, XIII, n° 33,
1967, pp. 1-11]

*7444 ---: "The Elaboration of Character in the *Ebauches* of
Zola's *Rougon-Macquart* Novels", *PMLA*, LXXXI, n° 3,
juin, pp. 286-96.

7445 IVANC, Stane: "*Clovek zver* v slovenščini. Kaj pokaže
pregled prevoda v prvem poglavju", *Naši razgledi*
(Ljubljana), n° 13, p. 278.   [RV]
[En slovène - c.r. d'une tr. slovène de *L'Assommoir*]

7446 KANES, Martin: "Autour de *Thérèse Raquin:* Un dialogue
entre Zola et Sainte-Beuve", *CN*, XII, n° 31, pp. 23-31.
[Lettres de Z. à Sainte-Beuve, 1868-1869]

7447 KULCZYCKA-SALONI, Janina: "Emile Zola en Pologne", *ibid.*,
n° 32, pp. 145-59.

7448 LANOUX, Armand: "Cézanne et Zola", *RP*, 73e année, n°
10, oct., pp. 56-75.

7449 LIPSCHUTZ, Léon: "Il y a soixante ans... La liquidation de l'affaire Dreyfus", *CN*, XII, n⁰ 31, pp. 64-82.

7450 MAURIAC, Claude: "Relire Emile Zola, c'est découvrir
un auteur inconnu", *Le Figaro*, 31 oct.
[A propos de *La Fortune des Rougon*]

7451 McVAY, Douglas: "The Darker Side of Life. The Films of
René Clément", *Films and Filming* (Londres), XIII, n⁰
3, déc., pp. 19-26.
[Voir sur *Gervaise* p. 22]

7452 MITTERAND, Henri: "Paul Signac correcteur d'Emile Zola",
LF, n⁰ 1159, 1ᵉʳ-7 déc., p. 33.
[Lettre à Z. du 8 févr. 1886 - à propos de *L'Œuvre*]

7453 MORGAN, O.R.: "The Plays of Léon Hennique", *NFS*, V, n⁰
2, oct., pp. 89-99.
[A propos de *L'Abbé Faujas*]

7454 NIESS, Robert J.: "George Moore and Emile Zola Again",
Sym, XX, pp. 43-9.
[A propos de *L'Œuvre*]

7455 OLRIK, Hilde: "A propos des *Rougon-Macquart*", *Revue
romane* (Copenhague), I, n⁰ˢ 1-2, pp. 88-103.

7456 PADOAN, Giorgio: "Guido Gozzano "cliente" di Emile Zola",
Lettere italiane, XVIII, n⁰ 2, avril-juin, pp. 226-35.
[Influence du *Ventre de Paris* sur *Torino suburbana*]

7457 PENNEC, Claude: "Après Zola", *La Quinzaine littéraire*,
n⁰ 12, 15-30 sept., p. 15.
[Déclin de la conception naturaliste du roman]

7458 PICON, Gaëtan: "Zola et ses peintres", *Médecine de France*,
n⁰ 176, pp. 33-40. Rp. en anglais in *YFS*, n⁰ 42, 1969,
pp. 126-42.
[Sur les Salons de Z.]

#7459 RIPOLL, Roger: "Le symbolisme végétal dans *La Faute de
l'abbé Mouret*: réminiscences et obsessions", *CN*, XII,
n⁰ 31, pp. 11-22.

#7460 ---: "Fascination et fatalité: le regard dans l'œuvre
de Zola", *ibid.*, n⁰ 32, pp. 104-16.

7461 SALVAN, Albert J.: "Sept autographes d'Emile Zola (pré-
sentation et annotation)", *ibid.*, pp. 133-44.
[A Vast-Ricouard (1879), François Coppée (1890), Lucien
Muhlfeld (1892), Séverine (1892), Jean Aicard (1893),
Alphonse Daudet (1895) et Pierre Berthelot (1895)]

7462 SHIMIZU, Masakazu: *"Au Bonheur des Dames ni tsuite"*,
Etudes de l'Université de Musique d'Osaka (Osaka),

n° 4, pp. 75-96. [KO]
[En japonais]

7463 STANCIU, Ana: "Emile Zola şi utopia pedagogică", *Analele Universităţii Bucureşti. Seria Stiinţe Sociale Filologie* (Bucarest), [7p.]. [BU Iasi]

7464 STIL, André: "Zola semeur d'images", *L'Humanité*, 8 déc. [CN, n° 33]

7465 TERNOIS, René: "Zola et ses amis italiens", *CN*, XII, n° 31, pp. 32-50. Rp. in 7486.
[Z. en Italie - Lettres à Z.]

7466 VAN VRECKEM, P.H.S.: "L'accueil fait au naturalisme dans les lettres flamandes", *ibid.*, pp. 51-63.

7467 WALKER, Philip D.: "Remarques sur l'image du serpent dans *Germinal*", *ibid.*, pp. 83-5.

7468 WONG CHUN KUEI: ["Zola et *La Tragédie de l'inondation*"], *Sun Tin Dey* (Tai-Pei), V, août, p. 20. [BU Tai-Pei]
[En chinois]

7469 ANONYME: "Les épreuves corrigées de *Pot-Bouille*", *CN*, XII, n° 32, pp. 193-4.

7470 ---: "Han Ryner et Emile Zola", *ibid.*, pp. 194-5.

7471 ---: "Pourquoi ce retour de Zola", *Arts-Loisirs*, n° 57, 26 oct.-2 nov., pp. 28-9.
[Z. et le public français]

1967

7472 BLASCO IBANEZ, Vicente: "Lettre à Julio Cejador", in J. L. LEON ROCA: *Vicente Blasco Ibáñez*. Valence, Ediciones Prometeo, pp. 569-76; rp. in V. Blasco Ibáñez: *Obras completas*, I. Madrid, Aguilar, 1967, pp. 14-20. [CA]

7473 BOGDANOVICH, Peter: *Fritz Lang in America*. New York, Praeger/Londres, Studio Vista. 143p.
[Voir pp. 92-7 sur *Human Desire*, film américain, adaptation de *La Bête humaine*]

*7474 BRADY, Patrick: *"L'Œuvre" de Emile Zola. Roman sur les arts. Manifeste, autobiographie, roman à clef*. Genève, Droz. 504p.

7475 CALINESCU, George: "Romanul experimental", in *Scriitori străini*. Bucarest, Editura Pentru Literatură Universală, pp. 748-53. [BU Iasi]
[En roumain]

*7476   EUVRARD, Michel: *Zola*. P., Editions Universitaires.
121p. (Coll. Classiques du XXe Siècle).

7477   FARWAGI, André: *René Clément*. P., Seghers. 186p. (Coll.
Cinéma d'Aujourd'hui, n° 48).
[Voir pp. 100-14 sur *Gervaise*]

7478   GUTH, Paul: "Emile Zola, le pionnier à gibus de la
littérature prolétarienne", in *Histoire de la littérature française. Des Orages romantiques à la Grande
Guerre*. P., Fayard, pp. 610-27.

7479   HERGESIC, Ivo: *Književni Portreti. Novi izbor*. Zagreb,
Stvarnost. 969p.   [BUSM]
[En serbo-croate - Voir pp. 445-68]

7480   HUDER, Marcelle-Denise: *Effets stylistiques de la con-
struction asyndébique dans quelques œuvres du XVIIIe,
XIXe et XXe siècle*. Zurich, Julis Druck. 118p.
[A propos de *La Débâcle*]

7481   JOSIMOVIC, Radoslav: *Naturalizam*. Cetinje, Obod. 263p.
[En serbo-croate - Voir pp. 1-86 sur Z. et pp. 91-144
sur le naturalisme dans les pays européens et aux
Etats-Unis]   [BUSM]

7482   RAIMOND, Michel: *Le Roman depuis la Révolution*. P.,
Armand Colin. 411p. (Coll. U, série "Lettres Françaises").
[Voir surtout "Le réalisme épique d'Emile Zola", pp.
106-18]

7483   ROBERTS, James L.: *"Nana": Notes, Including Life and
Background, General Plot Summary, List of Characters*.
Lincoln, Neb., Cliffs. 80p.   [VII, n° 20]

7484   SCHLEY, Gernot: *Die Freie Bühne in Berlin*. Berlin,
Haude & Spener. 163p.   [YC]
[*"Thérèse Raquin"*, pp. 94-6]

7485   SKWARCZYNSKA, Stefania: "Un cas particulier d'orches-
tration générique de l'œuvre littéraire", in *To Honor
Roman Jakobson. Essays on the Occasion of His Seven-
tieth Birthday. Volume III*. La Haye-Paris, Mouton, pp.
1832-56. (*Janua Linguarum*, XXXIII).
[Sur *Le Rêve*]

*7486   TERNOIS, René: *Zola et ses amis italiens. Documents
inédits*. P., Les Belles Lettres. x,155p. Publications
de l'Université de Dijon, XXXVIII.
[Reprend avec remaniements 7078-80, 7133, 7189, 7330,
7384 et 7465]

7487   VANWELKENHUYZEN, Gustave (éd.): *J.-K. Huysmans: Lettres inédites à Jules Destrée*. Avant-propos d'Albert Guislain. Intr. et notes de Gustave Vanwelkenhuyzen. Genève, Droz. x,187p. (Textes Littéraires Français).

7488   ALBERES, R.-M.: "Que révèle *L'Assommoir* en 1967?", *RP*, 74e année, n° 2, févr., pp. 51-9.

7489   BAGULEY, David (éd.): "Emile Zola en décembre 1870. Une lettre inédite à Glais-Bizoin", *CN*, XIII, n° 34, pp. 165-8.

7490   BAGULEY, David: "Maupassant *avant la lettre?* A Study of a Zola Short Story: *Les Coquillages de M. Chabre*", *NFS*, VI, oct., pp. 77-86.

7491   BEN SOUSSAN, Albert: "Zola et l'Espagne", *Le Monde*, n° 6884, 1er mars, p. VIII.

7492   BRINCOURT, André: "*L'Œuvre:* une grande réussite de Pierre Cardinal", *Le Figaro*, 23 oct., p. 20. [*L'Œuvre* à la télévision française]

7493   BROWN, James W.: "Heriberto Frías, a Mexican Zola", *Hispania* (Wisconsin), L, n° 3, sept., pp. 467-71.

7494   BURCH, Noël: "*Nana* ou les deux espaces", *Cahiers du Cinéma*, n° 189, avril, pp. 42-7.   [LS] [Film de Jean Renoir]

7495   BUTOR, Michel: "La revanche de Zola", *Le Nouvel Observateur*, n° 122, 15-21 mars, pp. 32-3. [Z. et la critique française - *Lourdes*]

7496   ---: "Emile Zola romancier expérimental, et la flamme bleue", *Critique*, 20e année, XXIII, n° 239, avril, pp. 407-37. Ext. in *La Quinzaine littéraire*, n° 24, 15-31 mars 1967, pp. 10-11; in *CN*, XIII, n° 34, 1967, pp. 101-13; in *LF*, n° 1215, 3-9 janv. 1968, pp. 12-14; (en anglais) in *YFS*, n° 42, 1969, pp. 9-25. [Conférence prononcée au Collège de France - Sur *Le Roman expérimental* et *Le Docteur Pascal* - Voir aussi *O.C.*, *X*, pp. 1145-71]

7497   CALAS, André: "Avec le petit-fils d'Emile Zola", *Lectures pour Tous*, n° 160, avril, pp. 4-11.

7498   CAPELLE, P.-J.: "A l'Académie des Sciences, Belles-Lettres et Arts. Emile Zola au Mont-Dore et à Clermont (séance du 6 avril 1967)", *Vieux Clermont*, n° 30, avril-juin, p. 13. [c.r. d'une conférence d'Aimé Coulaudon sur Z. en

Auvergne 1884-1885]

7499   CARGILL, Oscar: "A Confusion of Major Critical Terms",
The Ohio University Review, IX, pp. 31-8.
[A propos du terme "naturalisme"]

7500   CATRICE, Paul: "L'antisémitisme social français au
miroir de la littérature des XIXe et XXe siècles",
Revue de Psychologie des Peuples, XXII, n° 3, 3^e
trimestre, pp. 248-81.
[Voir surtout "Emile Zola", pp. 260-5 - Sur *L'Argent*,
Paris et *Vérité*]

7501   COSTE, Berthe: "Le souvenir de François Zola. Pour le
120me anniversaire de sa mort", *Aix-en-Provence. Revue
des Activités municipales*, n° 13, juill., pp. 16-17.

7502   CROHMALNICEANU, Ov.S.: "In problema naturalismului",
Gazetă literara, XLV, n° 31, 3 août, p. 7.   [BU Iasi]
[En roumain]

7503   CROWTHER, Bosley: "Screen. *Game is Over*", *NYT*, 10 janv.,
p. 34.
[Sur *La Curée*, film de Roger Vadim]

7504   J.-M. D. [Jean-Marie DUNOYER]: "L'audience à l'étranger",
Lo Monde, n° 6872, 15 févr., p. IV.

7505   DAIX, Pierre: "Introduction à *L'Œuvre*", *LF*, n° 1200,
20-26 sept., pp. 3-5, 7. Rp. in *O.C.: L'Œuvre*.

7506   DEMIS: "Un amour d'hommes dans *La Débâcle* de Zola",
Arcadie, XIV, juill.-août, pp. 342-8.

7507   DENT, Alan: "Cinema", *The Illustrated London News*, CCLI,
n° 6679, 5 août, p. 34.
[*La Curée*, film de Roger Vadim]

7508   DESCOTES, Maurice: "Les écrivains jugent les peintres",
Le Français dans le Monde, VI, n° 48, avril-mai, pp.
14-21.
[Voir pp. 18-19]

7509   DEZALAY, Auguste: "Cent ans après. Un journaliste bien
parisien: Emile Zola portraitiste", *CN*, XIII, n° 34,
pp. 114-23.
[Sur "Marbres et Plâtres", articles publiés par Z.
dans *L'Evénement* et dans *Le Figaro*, 1866-1867 - Voir
T32 et *O.C.*, X]

7510   DUBOIS, Jacques: "*L'Assommoir* d'Emile Zola", *Le Français
dans le Monde*, VI, n° 46, janv.-févr., pp. 9-15. Voir
aussi: "Pages commentées de *L'Assommoir*", *ibid.*, pp.
29-30.

7511   DUBOIS, Jacques: "L'année Zola", *La Wallonie* (Liège),
        28-29 oct., p. 15.
        [L'actualité de Z. - A propos des *O.C.*]

7512   DUNOYER, Jean-Marie: "Etude: Emile Zola, romancier et
        poète du monde moderne", *Le Monde*, n° 6872, 15 févr.,
        pp. IV-V. [*Le hebdomadaire*, n° 957, 16-22 févr., pp.
        10-11].
        [Hommage]

7513   ERICHSEN, Svend: "Realismen i den gamle folkekomedie-
        naturalismens sejr på teatret", *Aktuelt*, 23 et 24 oct.
        [En danois]   [BNC]

7514   R. G.: "En Province: *Germinal* adapté du roman de Zola
        à la Maison de la culture de Firminy", *Le Monde*, n°
        7048, 10-11 sept., p. 15.

7515   GILL, Brendan: "The Current Cinema. In the Dark", *The
        New Yorker*, 14 janv., p. 105.
        [Sur *La Curée*, film de Roger Vadim]

7516   GOLDBERG, M.A.: "Zola and Social Revolution: A Study
        of *Germinal*", *The Antioch Review* (Yellow Springs,
        Ohio), XXVII, n° 4, hiver 1967-1968, pp. 491-507.

7517   GOLDMAN, Bernard: ""That Brute" Courbet and Realism",
        Criticism (Detroit), IX, n° 1, pp. 22-41.

7518   GRANT, Elliott M.: "L'emploi de l'expédition à Rome
        dans *La Fortune des Rougon*", *CN*, XIII, n° 33, pp.
        53-6.

7519   GUILLEMIN, Henri: "Du "raté" à "l'homme de génie","
        Le Monde, n° 6872, 15 févr., p. IV.

7520   ---: "L'homme qui suscita la haine", *Magazine litté-
        raire*, n° 7, mai, pp. 8-12.

*7521   HAMON, Philippe: "A propos de l'impressionnisme de
        Zola", *CN*, XIII, n° 34, pp. 139-47.

7522   HEMMINGS, F.W.J.: "La critique d'un créateur: Zola et
        Malot", *RHLF*, 67e année, n° 1, janv.-mars, pp. 55-67.

7523   J.-F. J. (éd.): "Zola juge l'impressionnisme. (Inédit)",
        NL, 45e année, n° 2057, 2 févr., p. 9.

7524   KULCZYCKA-SALONI, Janina: "Emil Zola: kim być chciał -
        kim był?", *Miesięcznik literacki* (Varsovie), II, n°
        12, pp. 55-64.   [BU Varsovie]
        [En polonais: "Emile Zola: ce qu'il a voulu être -
        ce qu'il a été"]

7525   LAFFRANQUE, Marie: "A propos de *Lourdes*, d'Emile Zola:
       Angel Ganivet et le christianisme contemporain",
       Bulletin hispanique (Bordeaux), LXIX, nos 1-2, janv.-
       juin, pp. 56-84.

7526   LIPSCHUTZ, Léon: "Les fausses légendes de l'Affaire
       Dreyfus", *CN*, XIII, n° 33, pp. 73-8.

7527   LOUBERE, Roger: "Du sentiment tragique chez quelques
       artistes et écrivains provençaux (Emile Zola)",
       Bulletin de la Société des Amis du Vieux-Toulon, n°
       89, pp. 81-91.
       [La vie et l'œuvre de Z.]

7528   M. M.: "L'esprit et la lettre: *L'Œuvre*, d'après Emile
       Zola", *Le Monde*, n° 7076, 13 oct., p. VI.
       [Cf. 7492]

7529   MARCOU, Jean· "Emile Zola et le "Paradou"," *ICC*, 17e
       année, n° 201, déc., p. 1207.
       [A propos de *La Faute de l'abbé Mouret*]

7530   MATVIICHYNE, Vladimir: "Emile Zola en Ukraine", *CN*,
       XIII, n° 33, pp. 68-72.
       [Bibliographie des tr. ukrainiennes de l'œuvre de Z.]

7531   MITTERAND, Henri: "Henri Mitterand présente le "grand
       Zola" du XXe siècle", *Le Monde*, n° 6872, 15 févr.,
       p. V.
       [Les éd. de l'œuvre de Z.]

*7532 NEWTON, Joy: "Emile Zola impressionniste", *CN*, XIII,
       nos 33-4, pp. 39-52, 124-38.

7533   OSBORNE, John: "Zola, Ibsen and the Development of the
       Naturalist Movement in Germany", *Arcadia: Zeitschrift
       für vergleichende Literaturwissenschaft* (Berlin),
       n° 2, pp. 196-203.
       [Le naturalisme en Allemagne]

7534   PALMADE, Guy-P.: "*Les Rougon-Macquart* et l'histoire",
       Le Monde, n° 6872, 15 févr., p. V.

7535   PAVLIN, Mile: "Začetek velikega cikla. Emil Zola, *Vzpon
       Rougonovih*. Izdala Cankarjeva založba. Prevedel
       France Šušteršič", *Večer* (Maribor), n° 4, p. 9.   [RV]
       [En slovène - c.r. de la tr. slovène de *La Fortune
       des Rougon*]

7536   RHODE, Eric: "Films. Monsieur Vadim", *The Listener*
       (Londres), LXXVIII, n° 2003, 17 août, p. 220.
       [A propos de *La Curée*]

7537   RICHARD, Elie: "J'étais aux obsèques de Zola", *Magazine littéraire*, n° 8, juin, p. 8.

7538 RIPOLL, Roger: "Quelques articles retrouvés de *La Marseillaise*", *CN*, XIII, n° 34, pp. 148-64.

7539 ROSTAND, Jean: "Le scalpel de Zola", *NL*, 45e année, n° 2098, 16 nov., pp. 1, 10. Rp. in *O.C.: Le Docteur Pascal*.

7540 SACY, Samuel S. de: "La revanche de Zola", *La Quinzaine littéraire*, n° 25, 1er-15 avril, pp. 14-15.
[A propos des *O.C.*]

7541 SAUREL, Renée: *"L'Œuvre"*, *LF*, n° 1206, 1er-7 nov., p. 21.
[Cf. 7492]

7542 SCHICKEL, Richard: "Boy Meets Girl: Dad's New Wife", *Life* (Chicago), LXII, n° 5, 3 févr., p. 14.
[A propos de *La Curée*, film de Roger Vadim]

7543 STASTNY, Jaroslav: "Próza života", *Roĺnícke noviny*, 7 mars.   [BUKB]
[En slovaque - c.r. d'*Au Bonheur des Dames*]

7544 SUTTON, Geneviève: "Au pays de *La Terre*", *FR*, XLI, n° 2, nov., pp. 232-42.

7545 SYMONS, Julian: "In General: Gutter and Stamp", *The New Statesman* (Londres), LXXIII, n° 1874, 10 févr., p. 196.
[A propos de *La Curée*]

7546 TERNOIS, René: "Les sources italiennes de *La Joie de vivre*", *CN*, XIII, n° 33, pp. 27-38.

7547 TOPAZIO, Virgil W.: "A Study of Motion in *Germinal*", *Kentucky Foreign Language Quarterly*, XIII, supplément, pp. 60-70.

7548 VAN VRECKEM, Paul: "Cyrille Buysse: un disciple flamand des Naturalistes français", *RLC*, XLI, n° 1, janv.-mars, pp. 54-87.

7549 WALKER, Philip: *"The Octopus* and Zola: A New Look", *Sym*, XXI, pp. 155-65.
[Influence de Z.]

7550 WALTER, Rodolphe: "Zola à Bennecourt en 1867. *Thérèse Raquin* vingt ans avant *La Terre*", *CN*, XIII, n° 33, pp. 12-26.

7551 WEINBERG, Henry H.: "Zola: Some Early Critical Concepts", *MLQ*, XXVIII, juin, pp. 207-12.

7552 WURMSER, André *"L'Argent"*, *LF*, n° 1214, 27 déc. 1967-
2 janv. 1968, pp. 9-10. Rp. in *O.C.: L'Argent*.

7553 ZAKARIAN, Richard H.: "Zola's Anzin Visit: A Suggested
Revision of Dates", *American Notes and Queries* (New
Haven, Conn.), VI, oct.-nov.-déc., pp. 19-20, 40-1,
54-5.
[Sur *Germinal*]

7554 ZYLBERSTEIN, Jean-Claude: "Zola a-t-il été assassiné?",
Magazine littéraire, n° 7, mai, pp. 12-14. Voir aussi
Peter LENNON: "Was Zola Assassinated?", *The Guardian*,
2 juin; en danois in *Information*, 2 août.

7555 ANONYME: "L'Affaire Zola", *L'Evénement*, n° 12, janv.,
p. 69.
[Sur les éd. de l'œuvre de Z.]

7556 ---: "Letter from Paris", *The New Yorker*, XLIII, n° 16,
10 juin, pp. 139-40.
[Sur Z. et le public français - les éd. de son œuvre]

7557 ---: "Zola à l'écran", *Le Monde*, n° 6872, 15 févr., p. IV.
[*L'Affaire Dreyfus*]

1968

7558 ANDRIEUX, Maurice: "Emile Zola", in *Les Français à Rome*.
P., Fayard, pp. 420-3.

7559 BACHY, Victor: *Jacques Feyder: "Artisan" du Cinéma 1885-
1948*. Louvain, Librairie Universitaire. 255p.
[Voir pp. 90-2 sur *Thérèse Raquin*]

7560 BRETON, Guy: "Les étranges méthodes de travail de Zola",
in *Antiportraits*. P., Presses de la Cité, pp. 129-37.
[A propos de *Nana*]

*7561 DIETRICHSON, Jan W.: "Henry James and Emile Zola", in
*Americana Norvegica. Norwegian Contributions to
American Studies. Vol. II*. Ed. Sigmund Skard. Phila-
delphie, University of Pennsylvania Press, pp. 118-34.

7562 HRYNCZUK, Jan: "Naturalistyczna Krityca literacka",
in *Poglądy estetyczne naturalistów niemieckich*.
Wroclaw, Zakład Narodowy im. Ossolińskich, pp. 34-57.
Travaux de la Société des Sciences et des Lettres de
Wroclaw, série A, n° 124.   [YC]

*7563 KRANOWSKI, Nathan: *Paris dans les romans d'Emile Zola*.
Pr. de Jean-Albert Bédé. P., P.U.F. vii,156p.

*7564 MITTERAND, Henri, et Halina SUWALA: *Emile Zola journa-

liste. Bibliographie chronologique et analytique –
I. (1859-1881). P., Les Belles Lettres. 151p. (Annales
Littéraires de l'Université de Besançon, Vol. 87).

7565 NEWMAN-GORDAN, Pauline: ""La Blonde Vénus" de Zola", in
Hélène de Sparte. La Fortune du mythe en France. P.,
Nouvelles Editions Debresse, pp. 86-90.

*7566 NIESS, Robert J.: *Zola, Cézanne, and Manet. A Study of
"L'Œuvre".* Ann Arbour, The University of Michigan
Press. 300p.
[Etude historique et critique de *L'Œuvre*]

7567 PIVOT, Bernard: "Emile Zola", in *Les Critiques littéraires.* P., Flammarion, pp. 133-4, 190-1.

7568 POUILLIART, Raymond: *Le Romantisme. III. 1869-1896.*
P., Arthaud. 336p.
[Voir "Le naturalisme", pp. 107-33, et "Emile Zola",
pp. 187-95]

7569 RICHARD, Noël: *Le Mouvement décadent. Dandys, esthètes
et quintessents.* P., Nizet. 284p.
[Voir surtout pp. 133-5 sur Z. et la critique "déca-
dente"]

7570 SPAZIANI, Marcello: "Tra le pagine della vecchia *Tribuna:*
D'Annunzio e Zola", in *Studi di letteratura francese.
A Ricordo di Franco Petralia.* Rome, Angelo Signorelli
Editore, pp. 139-47.

*7571 SUWAŁA, Halina: *Emil Zola.* Varsovie, Wiedza Powszechna.
488p.   [IBL]
[En polonais]

7572 VAN VRECKEM, P.H.S.: *De Invloed van het franse naturalisme in het werk van Cyriel Buysse.* Bruxelles, T.U.B.
409p.
[En néerlandais]

*7573 WALKER, Philip: *Emile Zola.* Londres, Routledge & Kegan
Paul/New York, Humanities Press, 1968 [1969]. x,118p.
(Coll. Profiles in Literature).
[Ext. commentés de l'œuvre de Z. – les divers aspects
de son art]

*#7574 *Actes du Colloque sur Zola, Paris 1968* (voir Raymond
JEAN: "Colloque: Zola devant la critique moderne",
Le Monde, n° 7175, 7 févr., p. II):

7575 AGULHON, Maurice: "Aux sources de *La Fortune des Rougon*",
Europe, 46ᵉ année, nᵒˢ 468-9, avril-mai, pp. 161-7.

7576 BAGULEY, David: "Le supplice de Florent: à propos du

Ventre de Paris", *ibid.*, pp. 91-6.

7577 BALZER, Hans: "Bibliographie d'Emile Zola en République Démocratique Allemande", *ibid.*, pp. 232-3.

7578 BEVERNIS, Christa: "Balzac et Zola", *ibid.*, pp. 282-6.
[A propos de l'esthétique de Z.]

7579 BONNEFIS, Philippe: "Le bestiaire d'Emile Zola", *ibid.*, pp. 97-107.

7580 BOULIER, Jean: *"Les Trois Villes: Lourdes, Rome, Paris"*, *ibid.*, pp. 135-46.

7581 BOUVIER, Jean: *"L'Argent:* roman et réalité", *ibid.*, pp. 54-64.

7582 BOUVIER-AJAM, Maurice: "Zola et les magasins de nouveautés *(Au Bonheur des Dames)"*, *ibid.*, pp. 47-54.

7583 CITRON, Suzanne: *"La Curée* dans une classe de première", *ibid.*, pp. 235-40.
[Travail collectif de 25 élèves]

7584 COGNY, Pierre: "Zola évangéliste", *ibid.*, pp. 147-51.
[Sur *Les Quatre Evangiles*]

7585 COUDERT, Marie-Louise: "Zola, j'y crois", *ibid.*, pp. 425-36.
[Hommage]

7586 COURTHION, Pierre: "Petite note sur Zola critique d'art", *ibid.*, pp. 252-5.

7587 DASPRE, André: "Zola et les Intellectuels dans l'Affaire Dreyfus", *ibid.*, pp. 41-6.

7588 DELAS, Daniel: "Zola et la démocratie parlementaire 1871-1881", *ibid.*, pp. 27-36.

#7589 DEZALAY, Auguste: "Le thème du souterrain chez Zola", *ibid.*, pp. 110-21.

7590 DUBOIS, Jacques: "Représentations de Zola chez un public d'aujourd'hui", *ibid.*, pp. 257-66.

7591 EHRARD, Antoinette: "Zola et Courbet", *ibid.*, pp. 241-51.

7592 FOURNIER, Albert: "Itinéraire des logis de Zola", *ibid.*, pp. 440-56.

7593 GAUTHIER, Guy: "Zola et les images", *ibid.*, pp. 400-16.

7594 ---: "Filmographie", *ibid.*, pp. 416-24.

7595 GREAVES, A.-A.: "Religion et réalité dans l'œuvre de Zola", *ibid.*, pp. 122-9.

[A propos de *La Confession de Claude*]

*7596 GUEDJ, Aimé: "Diderot et Zola. Essai de redéfinition du Naturalisme", *ibid.*, pp. 287-324.

7597 GUILLEMIN, Henri: "Zola et le sens de son œuvre", *ibid.*, pp. 169-78.
[Cf. 7679]

7598 HAMON, Philippe: "Zola romancier de la transparence", *ibid.*, pp. 385-91.

7599 HEMMINGS, F.W.J.: "Emile Zola et la religion. A propos de *La Faute de l'Abbé Mouret*", *ibid.*, pp. 129-35.

7600 IKOR, Roger: "Zola et le lecteur d'aujourd'hui", *ibid.*, pp. 348-56.

7601 KULCZYCKA-SALONI, Janina: "La personnalité du romancier dans l'œuvre de Zola", *ibid.*, pp. 83-91.

7602 LE BLOND-ZOLA, Jean-Claude: "Zola acquéreur de biens", *ibid.*, pp. 64-70.

7603 LIVANSKY, Karel: "Zola en Bohême de 1880 à 1890", *ibid.*, pp. 219-22.

7604 LOCKSPEISER, Edward: "Zola et le wagnérisme de son époque", *ibid.*, pp. 324-8.

7605 MALSON, Lucien: "Histoire naturelle et sociale", *ibid.*, pp. 436-9.

*7606 MITTERAND, Henri: "Le regard d'Emile Zola", *ibid.*, pp. 182-99.

7607 ---: "Notes biographiques", *ibid.*, pp. 456-70.

7608 NARKIRIER, Fédor: "Zola, écrivain du XXe siècle", *ibid.*, pp. 341-7.
[Influence de Z.]

7609 PARAF, Pierre: "Zola et le mystère", *ibid.*, pp. 151-6.

7610 PILLU, Pierre: "Vallès et Zola", *ibid.*, pp. 328-35.

7611 PSICHARI, Henriette: "La limite entre le réel et l'imaginaire dans *Germinal*", *ibid.*, pp. 178-82.

7612 REBERIOUX, Madeleine: "Zola et la critique littéraire française socialiste et anarchiste. 1894-1902", *ibid.*, pp. 7-16.

7613 REIZOV, B.: "L'esthétique de Zola", *ibid.*, pp. 372-85.
[Cf. 6601]

7614 RICATTE, Robert: "Zola conteur", *ibid.*, pp. 209-17.

7615 RIPOLL, Roger: "Zola et les Communards", *ibid.*, pp. 16–26.

7616 ROBERT, Frédéric: "Vers ou prose? (A propos des poèmes lyriques de Zola)", *ibid.*, pp. 203–8.

7617 ROSTAND, Jean: "L'œuvre de Zola et la pensée scientifique", *ibid.*, pp. 360–9. Rp. in *Quelques Discours (1964–1968)*. P., Club Humaniste, 1970, pp. 145–57.

7618 SALVAN, Albert J.: "Zola critique de son œuvre dans sa correspondance", *Europe*, 46e année, nos 468–9, avril-mai, pp. 336–41.

7619 SCHOBER, Rita: "L'actualité de Zola en R.D.A.", *ibid.*, pp. 222–31.

7620 SUWALA, Halina: "La formation des idées littéraires de Zola dans les années 1860–1864", *ibid.*, pp. 268–80.

7621 WURMSER, André: "Zola et la haine", *ibid.*, pp. 74–82.

*

7622 J. B.: "Bêtes humaines et anges du rail", *La Croix*, 28 avril. [LS]
[*La Bête humaine* au cinéma]

7623 BELLET, Roger: "Quatre écrivains, quatre réalistes, une époque: Les Goncourt, Zola, Tourguéneff et Vallès (1863–1885)", *Europe*, 46e année, nos 470–2, juin-août, pp. 152–71.

7624 BELLET, Roger (éd.): "Une correspondance Vallès-Zola: Echos d'une correspondance Zola-Tourguéneff (1865–1879)", *ibid.*, pp. 171–81.
[Voir aussi 7778]

7625 BESSON, George: "De Préault à Rodin", *LF*, no 1242, 24 au 30 juill., p. 29.
[Cf. 7626]

7626 ———: "Emile Zola critique d'art", *ibid.*, no 1247, 4–11 sept., pp. 26–8.

7627 BROWN, Donald F.: "*Germinal*'s Progeny: Changing Views of the Strike among Latin American Literary Descendants of Zola", *Hispania* (Wisconsin), LI, no 3, sept., pp. 424–32.
[Influence de *Germinal* en Amérique du Sud]

7628 BURCH, Noël: "Revoir *L'Argent*", *Cahiers du Cinéma*, no 202, juin-juill., pp. 44–9. [LS]

7629 CANBY, Vincent: "*L'Argent*", *NYT*, 23 sept., p. 42.
[Au cinéma]

7630   CHABROL, Jean-Pierre: "Un écrivain entré dans le cœur d'un peuple", *CN*, XIV, n° 36, pp. 117-22. Rp. in *NL*, 46ᵉ année, n° 2142, 10 oct. 1968, p. 3.
    [Discours du pèlerinage de Médan]

#7631   CLAVERIE, Michel: *"Thérèse Raquin, ou les Atrides dans la boutique du Pont-Neuf"*, *CN*, XIV, n° 36, pp. 138-47.

7632   COLBURN, William E.: "Victorian Translations of Zola", *Studies in the Literary Imagination* (Georgia State College), I, n° 2, pp. 23-32.
    [Tr. victoriennes des œuvres de Z.]

7633   CORDEAUX, Paul: "Quel cinéaste eût-fait Emile Zola", *France-Soir*, 2 mai.   [LS]

7634   COTRUS, Ovidiu: "Despre naturalism", *Familia*, n° 8, août, p. 7.   [BU Iasi]
    [En roumain]

7635   DAVOINE, Jean-Pierre: "Métaphores animales dans *Germinal*", *Etudes françaises* (Montréal), IV, n° 4, nov., pp. 383-92.

7636   DELAS, Daniel: "Etude de vocabulaire. Les unités de compte dans *Nana*", *CN*, XIV, n° 35, pp. 34-41.

7637   DE RIENZO, Giorgio, et Giorgio MIRANDOLA: "Inediti francesi nell'archivio di Giuseppe Giacosa", *Studi francesi* (Turin), XII, n° 36, pp. 458-68.

7638   DEZALAY, Auguste: "Zola et le rêve", *Travaux de Linguistique et de Littérature* (Strasbourg), VI, n° 2, pp. 177-83.

7639   ELLIOT, William: "French Influences in *The Fortunes of Richard Mahony*", *Discourse* (Concordia College, Moorhead, Minn.), XI, n° 1, pp. 108-15.
    [Influence de Z. sur la trilogie de Henry Handel Richardson]

*7640   ESSLIN, Martin: "Naturalism in Context", *The Drama Review* (New York), XIII, n° 2, pp. 67-76.
    [Le naturalisme au théâtre - Influence de Z.]

7641   ETKIND, Efim: "Emile Zola: Beschreibung und Synphonismus (der Roman *Le Ventre de Paris*)", *Beiträge zur Romanischen Philologie* (Berlin), VII, n° 2, pp. 205-22.

7642   FIESCHI, Jean-André: "Autour du cinématographe: Entretien avec Marcel L'Herbier", *Cahiers du Cinéma*, n° 202, juin-juill., pp. 29-42.   [LS]
    [A propos de *L'Argent*]

7643 GREAVES, A.A.: "Mysticisme et pessimisme dans *La Faute de l'abbé Mouret*", *CN*, XIV, n° 36, pp. 148-55.

*7644 GUEDJ, Aimé: "*Les Mystères de Marseille* ou l'acte de naissance du naturalisme de Zola", *ibid.*, n° 35, pp. 1-19.

7645 ———: "Les révolutionnaires de Zola", *ibid.*, n° 36, pp. 123-37.

7646 HAMER, Douglas: "Mallarmé on Some French Men of Letters", *Notes and Queries* (Londres), n.s. XV, n° 5, mai, pp. 185-6.

7647 HEMMINGS, F.W.J.: "*Le Candidat* de Flaubert dans la critique d'Emile Zola", *RSH*, XXXIII, n° 131, juill.-sept., pp. 465-75.
[Articles de Z. dans *Le Sémaphore*, mars-avril 1874]

7648 KANES, Martin: "Zola, Flaubert et Tourgueniev: autour d'une correspondance", *CN*, XIV, n° 36, pp. 173-81.

7649 KHEL, Richard: "Emile Zola et son éditeur de Bohême (Lettres inédites)", *ibid.*, n° 35, pp. 61-4.
[Jos. R. Vilimek]

7650 KOT, Włodzimierz: "Chorwacki spór o Zolę", *Pamiętnik słowiański* (Wroclaw), XVIII, n° 49, pp. 18-39.
[En polonais: "Controverse croate sur Zola"] [BU Łódź]

7651 KULCZYCKA-SALONI, Janina: "Artystyczna inspiracja Zoli w świetle dotychczasowych badań komparatystycznych (Wstęp do badań nad naturalizmen polskim)", *Przegląd humanistyczny*, XII, n° 1, pp. 25-47.
[En polonais: "L'inspiration artistique de Zola, selon l'état actuel des recherches comparatistes"]

7652 LABORDE, Albert: "Laissons parler Zola [Et ceux qui, les premiers, l'ont compris]", *CN*, XIV, n° 36, pp. 161-72.
[Cf. 7003]

*7653 LENTRICCHIA, Frank: "Four Types of Nineteenth-Century Poetic", *Journal of Aesthetics and Art Criticism*, XXVI, n° 3, pp. 351-66.
[Voir pp. 358-9: "Zola: Literature as Naturalistic Transparency" - Sur *Le Roman expérimental*]

7654 MATVIJISYN, V.H.: "Obšyrne znannja žyttja narodnoho... (I. Franko pro Zolja)", *Radjans'ke Literaturoznavstvo*, XII, n° 9, pp. 49-51. [BH]
[En ukrainien - Ivan Franko sur Z.]

7655   MISSIR, Err.: ["Emile Zola et le miracle"], *Katholiki*
        (Athènes), XLI, n° 1592.   [BA]
        [En grec]

#7656   MITTERAND, Henri: "Corrélations lexicales et organi-
        sation du récit: le vocabulaire du visage dans *Thérèse*
        Raquin", in *Linguistique et littérature. Colloque de*
        Cluny, [1968], pp. 21-8. *La Nouvelle Critique*, n°
        spécial.
        [Voir aussi pp. 43-4, 115-21]

7657   NIESS, Robert J.: "Emile Zola and Impressionism in
        Painting", *The American Society Legion of Honor*
        Magazine (New York), XXXIX, n° 2, pp. 87-101.

7658   PORTIER, Lucienne: "Emile Zola à Rome", *Rassegna storica*
        toscana (Florence), XIV, n° 2, juill.-déc., pp. 231-7.

7659   RAGON, Michel: "Emile Zola, critique d'art", *Jardin des*
        Arts, n° 161, avril, pp. 12-21.

7660   RAYA, Gino: "I fagiani di Emilio Zola", *Nuova Antologia*
        (Rome), DIII, n° 2009, mai, pp. 99-102.
        [Z. et Jeanne Rozerot]

7661   RODGERS, Eamonn: "Galdos' *La Desheredada* and Naturalism",
        Bulletin of Hispanic Studies (Liverpool), XLV, n° 4,
        oct., pp. 285-98.

7662   J. S.: "Idyla myšlienky. E. Zola *Hriech pátra Moureta*,
        roman", *Rolnícke noviny*, 1er mars.   [BUKB]
        [En slovaque - c.r. de *La Faute de l'abbé Mouret*]

7663   SANDULESCU, Al.: "50 de ani de la moartea lui Delav-
        rancea. Ut Pictura Poesis", *Revistă de Istorie şi*
        Teorie literara (Bucarest), XVII, n° 2, pp. 219-26.
        [En roumain]   [BU Iasi]

7664   SICLIER, Jacques: "Marcel L'Herbier: Une re-vision",
        Le Monde, n° 7234, 16 avril, p. 9.   [LS]
        [A propos de *L'Argent* au cinéma]

7665   SPRINCHORN, Evert: "Strindberg and the Greater Natura-
        lism", *The Drama Review*, XIII, n° 2, pp. 119-29.

7666   TERNOIS, René: "Mélanges", *CN*, XIV, n°s 35-6, pp. 20-33,
        156-60.
        [*Rome* et *Lourdes* - Z. à Rome - une lettre-préface de
        Z. - Cf. 4075]

7667   TOUNY-LERYS: "Sur les pas de Zola, poète", *Revue du*
        Tarn, 3e série, n° 50, juin, pp. 129-36.
        [Lecture faite à l'Académie des Jeux Floraux, le 5
        janv. 1968 - hommage]

7668   VAN NUFFEL, R.O.J.: "Inventaire des documents du cabinet
Maeterlinck", *Fondation Maurice Maeterlinck. Annales*
(Gand-Bruxelles), XIV, pp. 41-5.
[Voir p. 41: ext. d'un texte du 8 oct. 1902 sur la
mort de Z. - "le plus haut exemple de courage civique"]

7669   WATRAK, Jan: "Problem powieści politycznej w eseju o
Zoli Henryka Manna", *Zeszyty Naukowe Uniwersytetu
Łódzkiego. Nauki humanistyczno-społeczne*, I, n° 56,
pp. 27-41.   [IBL]
[En polonais - à propos de 4294]

7670   ANONYME: "Adapter Zola", *Le Monde*, 2 mai.   [LS]
[Cinéma]

7671   ---: "Emilio Zola: escritor de la miseria amaba el sol
de la vida", *El Nacional* (Caracas), 1er nov.
["Emile Zola, écrivain de la misère, aimait le soleil
de la vie"]   [BU Caracas]

7672   ---: "Zola Documentary", *The Times* (Londres), 1er
juill., p. 7.
[Emission à la radio anglaise sur l'exil de Z. en
Angleterre]

1969

7673   ADHEMAR, Jean et Hélène: "Le critique d'art", in *Zola*.
P., Hachette, pp. 53-70. (Coll. Génies et Réalités).

7674   BOUVIER, Jean: "Le monde des affaires", *ibid.*, pp.
171-91.
[A propos de *L'Argent*]

7675   BURNETT, Edward: "Zola, 1840-1902", in *French Literature
and Thought*. Londres, Longmans, pp. 97-100.

7676   CHAILLET, Jean: "Emile Zola: *Germinal*", in *Etudes de
grammaire et de style. Tome second*. P., Bordas, pp.
198-206. (Etudes supérieures, 63).

7677   FONTANE, Theodor: *Aufzeichnungen zur Literatur. Unge-
drucktes und Unbekanntes*. Berlin-Weimar, Aufbau-Verlag.
xi,436p.   [YC]
[Voir pp. 131-51, 346-52]

7678   GUILLEMIN, Henri: "L'Affaire", in *Zola*. P., Hachette,
pp. 231-51. (Coll. Génies et Réalités).

7679   ---: "Zola. Signification d'une vie et d'une œuvre",
in *Pas à pas*. P., Gallimard, pp. 431-41.
[Cf. 7597]

7680 HAMILTON, George Heard: *Manet and His Critics*. New York, Norton. xii,295p. Voir aussi: New Haven, Yale University Press, 1954. Yale Historical Publications, History of Art, 7.
["Manet et Zola", pp. 81-111]

7681 IKOR, Roger: "Zola et nous", in *Zola*. P., Hachette, pp. 273-90. (Coll. Génies et Réalités).

7682 JACQUEMIN, Georges: "Emile Zola", in *De Jules Vallès à Jean Guéhenno. Petits Portraits d'écrivains socialistes ou progressistes*. Vieux-Virton, Editions de la Dryade, pp. 17-22. (Coll. Variétés, 18).

7683 JENSEN, Paul M.: *The Cinema of Fritz Lang*. Londres, Zwemmer/New York, Barnes. 223p.
[Voir pp. 186-9 sur *Human Desire*, adaptation de *La Bête humaine*]

7684 KLOTZ, Volker: "Die Stadt als Ausgabe. Emile Zolas Roman-zyklus *Les Trois Villes* (1894-1898)", in *Die Erzählte Stadt. Ein Sujet als Herausforderung des Romans von Lesage bis Döblin*. Munich, Hanser, pp. 194-253.

7685 KULCZYCKA-SALONI, Janina: "Estetyczna doktryna Zoli, a poglądy realistów polskich na istotę powieści i zadania powieściopisarza", in *Europejskie Związki Literatury polskiej*. Varsovie, Państw. Wydawnictwo Naukowe, pp. 349-74.   [BU Głowna, Poznań]
[En polonais: "L'esthétique de Zola et la conception réaliste polonaise de l'essence du roman et de la tâche du romancier"]

7686 LANOUX, Armand: "Vivre indigné", in *Zola*. P., Hachette, pp. 7-27. (Coll. Génies et Réalités).

7687 LEVIN, Harry: "On the Dissemination of Realism", in *Actes du Ve Congrès de l'Association Internationale de Littérature Comparée. Belgrade 1967*. Ed. Nikola Banašević. Belgrade-Amsterdam, Swets & Zeitlinger, pp. 231-41.
[Influence de Z.]

7688 LOSFELD, Georges: "La moisson de *Germinal*", in *Le Livre des rencontres*. P., Didier, pp. 182-93.

7689 MITTERAND, Henri: "Histoire indiscrète d'une oeuvre", in *Zola*. P., Hachette, pp. 105-27. (Coll. Génies et Réalités).

7690 MOLLET, baron Jean: *Lettres à Guillaume Apollinaire. Suivi de Guillaume Apollinaire: Souvenirs d'Emile Zola*. Liège, Dynamo. 20p. (Coll. *Brimborions*, 168-9).
[VII, n° 22]

7691   MULLER, Armand: "Emile Zola, 1840-1902", in *De Rabelais
        à Paul Valéry. Les Grands Ecrivains devant le christi-
        anisme*. P., Foulon, pp. 189-91.

7692   NICHOLAS, B.L.: "Zola", in *French Literature and Its
        Background. 5. The Late Nineteenth Century*. Londres-
        Oxford-New York, Oxford University Press, pp. 154-72.

7693   POULLE, François: "*La Bête humaine* ou "Le rendez-vous
        manqué", in *Renoir 1938 ou Jean Renoir pour Rien. En-
        quête sur un cinéaste*. [Paris], Editions du Cerf, pp.
        23-69.
        [Voir aussi pp. 112-4]

7694   PUZIKOV, A.: *Zolja*. Moscou, Molodaja Gvardija. 271p.
        Dans la série: Zizn' zamečatel'nyh ljudej, serija
        biografij osnovana v 1933 godu M. Cor'kim, n° 15.
        [En russe - Etude biographique - Voir aussi 7796]

7695   ROY, Claude: "Le génie de l'amour sublimé", in *Zola*.
        P., Hachette, pp. 153-70. (Coll. Génies et Réalités).
        [Cf. 7739]

7696   THIERRY, Robert (éd.): "*L'Argent*" *de Zola. Quinze mono-
        graphies par les élèves de Terminale B (sciences
        économiques) du Lycée d'Etat de Coutances. Préface
        de M. Georges Dupont. Etude de M. Robert Thierry*.
        [Coutances], Imprimerie Notre-Dame. 61p.

7697   THOMAS, Marcel: "Le journaliste politique", in *Zola*.
        P., Hachette, pp. 71-85. (Coll. Génies et Réalités).

7698   WURMSER, André: "Le monde du travail", *ibid.*, pp. 209-30.

7699   ADY, Endre: "Strófát (Zola Emile halálára)", *Ifjumnkas*,
        n° 5, 30 janv., p. 51.
        [En hongrois - hommage d'un poète]

7700   ALCORN Jr., Clayton R.: "The Child and His Milieu in
        the *Rougon-Macquart*", *YFS*, n° 42, pp. 105-14.
        [Le rôle de l'enfant dans *Les Rougon-Macquart*]

7701   ALEGRE, Jacques: "Emile Zola et l'école de la République",
        Cahiers laïques, n° 113, sept.-oct., pp. 113-40. Rp.:
        P., Cercle Parisien de la Ligue Française de l'Enseigne-
        ment, pp. 109-40.
        [Sur *Vérité*]

7702   AMAN, Anders: "I stället för Proust", *Konstrevy*, XLV, n°s
        5-6, pp. 211-3.   [BU Lund]
        [En suédois: "Au lieu de Proust"]

7703   AME.: "La Capital del Mundo", *Hispano-Americano* (Mexico),
LV, n° 1428, 15 sept., p. 66.
[c.r. d'une tr. de *Paris*]

*7704   BAKKER, B.H.: "Paul Alexis et Emile Zola, 1869-1969",
CN, XV, n° 38, pp. 115-27.

#7705   BORIE, Jean: "Les fatalités du corps dans *les Rougon-
Macquart*", *Les Temps modernes*, XXIV, n° 273, mars,
pp. 1567-91.

#7706   BOURNEUF, Roland: "Retour et variation des formes dans
La Curée", *RHLF*, 69ᵉ année, n° 6, nov.-déc., pp. 933-
1008.

7707   BRAESCU, Ion: "Primele romane ale lui Zola", *Analele
Universitătii Bucureşti. Literatură universală şi
comparată*, XVIII, n° 1, [i3p.].   [BU Iasi]
[En roumain: "Les premiers romans de Zola" - résumé
en français pp. 130-1]

7708   BRAUDY, Leo: "Zola on Film: The Ambiguities of Naturalism", *YFS*, n° 42, pp. 68-88.
[Z. et le cinéma]

7709   CHRISTIE, John (éd.): "Deux manuscrits inédits de
Saint-Georges de Bouhélier (1876-1947)", *CN*, XV, n°
37, pp. 76-90.
[Articles sur Z. et sur Z. et l'Affaire Dreyfus]

7710   CHRISTIE, John: "Zola and Bouhélier: Their Times and
Relationship, Based on the Unpublished Correspondence
of Saint-Georges de Bouhélier", *NFS*, VIII, n° 2, oct.,
pp. 83-100.

7711   CLAUDIAN, Al.: "Parnasianism şi naturalism: momente
literare şi sociale", *Orizont* (Timisoara), n° 4, avril,
pp. 51-60.   [BU Iasi]
[En roumain]

7712   CORDIE, Carlo: "Emile Zola", *Cultura e Scuola* (Rome),
VIII, n° 31, juill.-sept., pp. 36-43.
[c.r. d'études récentes sur Z.]

7713   COTNAM, Jacques (éd.): "Le "subjectif" d'André Gide ou
les lectures d'André Walter (1889-1893)", *Cahiers
André Gide*, I, pp. 17-113.
[Voir pp. 107-13: remarques sur *La Conquête de Plassans,
Germinal, L'Œuvre, Pot-Bouille* et *La Bête humaine*]

#7714   DEZALAY, Auguste: "Pour déchiffrer Zola; du goût des
symétries à l'obsession des nombres", *Travaux de Linguistique et de Littérature* (Strasbourg), VII, n° 2,

pp. 157-66.

7715   FLORIOT, René: "La presse devant la loi", *Les Annales.*
       Revue mensuelle des Lettres françaises, n.s. 76e
       année, n° 219, janv., pp. 21-40.
       [Voir pp. 25-6, sur Z. et l'Affaire Dreyfus]

7716   GARCIA LUENGO, Eusebio: "Novelas de Zola, versiones
       distantes, obsesión de la satira", *La Estafeta litera-*
       ria (Madrid), n° 431, 1er nov., pp. 34-5.
       [*Pot-Bouille* et *La Bête humaine* au cinéma]

7717   GREAVES, A.A.: "Emile Zola and the Danger of Optimism",
       Pacific Coast Philology (Northbridge, Californie), IV,
       avril, pp. 37-40.
       [A propos de *Travail*]

7718   GUYO, Pierre-Jean: "*Gervaise* de René Clément", *La Croix*,
       2 mai.   [LS]

7719   HEMMINGS, F.W.J.: "Fire in Zola's Fiction: Variations
       on an Elemental Theme", *YFS*, n° 42, pp. 26-37.

7720   HOFER, Hermann: "Richepin avocat de Barbey contre Zola",
       La Revue des Lettres modernes, n°s 199-202, pp. 117-22.

7721   JACQUEMIN, Gaston: "Emile Zola et l'Académie française",
       ICC, XIX, n° 225, déc., pp. 1162-3.
       [Cf. 7826]

7722   JEAN-NESMY, C.: "Barrès et Zola", *Livres et Lectures*,
       n° 244, juin, pp. 261-4.
       [Comparaison]

7723   KIMBALL, M. Douglas: "Emile Zola and French Impression-
       ism", *Bulletin of the Rocky Mountain Modern Language*
       Association, XXIII, pp. 51-7.

7724   KOZNIEWSKI, Kazimierz: "Zola mon amour. Charakterystyka
       twórczości E. Zoli", *Polityka* (Varsovie), XIII, n° 11,
       pp. 1, 6.   [BU Łódź]
       [En polonais - caractéristiques de l'oeuvre de Z.]

7725   LABORDE, Albert: "Emile Zola à Médan", *CN*, XV, n° 38,
       pp. 146-68.

7726   LERNER, Michaël G.: "Edouard Rod et Emile Zola I. Jus-
       qu'en 1886", *ibid.*, n° 37, pp. 41-58.
       [Voir aussi 7727 et 7799]

7727   ---: "Edouard Rod and Emile Zola, II: From *La Course à*
       la mort to Dreyfus", *NFS*, VIII, n° 1, mai, pp. 28-39.
       [Voir aussi 7726 et 7799]

7728   LINDSAY, Jack: "Cézanne and Zola", *Art and Artists*

(Londres), IV, n° 6, sept., pp. 23-7. Rp. in *Cézanne: His Life and Art*. Londres, Evelyn, Adams & Mackay, 1969. viii,360p.

7729 MACE, Gérard: "Etude de *La Bête humaine* de Zola", *Le Français Aujourd'hui*, n° 7, oct., pp. 52-3.
[Rapport sur un travail scolaire]

7730 MARQUEZ VILLANUEVA, Francisco: "Una reelaboración de Zola en Gabriel Miró", *RLC*, XLIII, n° 1, janv.-mars, pp. 127-30.
[Influence de *Lourdes*]

7731 MAURIN, Mario: "Zola's Labyrinths", *YFS*, n° 42, pp. 89-104.
[Etude thématique]

7732 MITTERAND, Henri: "The Calvary of Catherine Maheu: The Description of a Page in *Germinal*", *ibid.*, pp. 115-25.
[Analyse d'une page du roman]

7733 ---: "Français écrits et français littéraires", *Le Français dans le Monde*, n° 69, déc., pp. 12-17.
[A propos de *Germinal*]

7734 PARAF, Pierre: "Les aspects sociaux de l'œuvre d'Emile Zola", *Revue des Travaux de l'Académie des Sciences morales et politiques*, 122e année, 4e série, 1er semestre, pp. 315-27.
[Communication faite à la Séance du 23 juin 1969 de l'Académie - Voir aussi la discussion, pp. 327-34]

#7735 PETREY, D. Sandy: "The Revolutionary Setting of *Germinal*", *FR*, XLIII, n° 1, oct., pp. 54-63.

7736 PICHEROT, Annie: "Clovis Hugues et Emile Zola: Quelques documents inédits", *RHLF*, 69e année, n° 5, sept.-oct., pp. 837-42.

7737 RICKEN, U.: "Termes vestimentaires, dénominations de couches sociales", *Cahiers de Lexicologie* (Besançon), XV, n° 2, pp. 21-6.

7738 RIPOLL, Roger: "La publication en feuilleton des *Mystères de Marseille*", *CN*, XV, n° 37, pp. 20-8.

7739 ROY, Claude: "*Les Rougon-Macquart*, ce chant de la vie sublimée", *RP*, 76e année, n° 11, nov., pp. 43-54.
[Cf. 7695]

7740 SALVAN, Albert J. (éd.): "Vingt-deux lettres et billets d'Emile Zola (Collections de la Brown University)", *CN*, XV, n° 37, pp. 59-75.

[Lettres à Daudet, Paul Adam, Georges Charpentier, etc.]

7741 SANGUINETI, Edoardo: "Money in Literature", *TLS*, n°
3526, 5 sept., pp. 1065-6.
[A propos de l'article de Z. "L'argent dans la littérature", rp. in *Le Roman expérimental*]

7742 SCHOR, Naomi: "Zola: From Window to Window", *YFS*, n°
42, pp. 38-51.
[A propos de *La Fortune des Rougon*]

7743 SIMON, Pierre-Henri: "Un des derniers disciples de
Rousseau", *CN*, XV, n° 38, pp. 105-14.

7744 SUWALA, Halina: "Zola et les conférences de la rue de
la Paix", *ibid.*, n°s 37-8, pp. 1-19, 128-45.
[Textes de 1864 attribués à Z.]

7745 TANCOCK, Leonard: "Zola and Realism", *Folio* (Londres),
juill.-sept., pp. 51-7.

7746 THODY, Philip: "The Politics of the Family Novel: Is
Conservatism Inevitable?", *Mosaic* (Winnipeg), III,
n° 1, pp. 87-101.
[La famille dans *Les Rougon-Macquart*]

7747 VENTURINI, Joseph: "Le radieux *Assommoir* de Zola", *La
Nouvelle Critique*, XXIII, avril, pp. 33-5.

*7748 WALKER, Philip: "The Survival of Romantic Pantheism
in Zola's Religious Thought", *Sym*, XXIII, n°s 3-4,
pp. 354-65. *French Romanticism. Essays in Memory of
Albert J. George.*

#7749 ---: "The Mirror, the Window, and the Eye in Zola's
Fiction", *YFS*, n° 42, pp. 52-67.
[Etude thématique: miroir, fenêtre, regard]

7750 WALTER, Rodolphe: "Emile Zola à Bennecourt en 1868: les
vacances d'un chroniqueur", *CN*, XV, n° 37, pp. 29-40.
[Avec une lettre à Marius Roux du 6 juill. 1868]

7751 ---: "Critique d'art et vérité: Emile Zola en 1868",
GB, LXXIII, avril, pp. 225-34.

#7752 WOLFZETTEL, Friedrich: "Vertikale Symbolik in Emile
Zola's *La Curée*", *Germanisch-romanische Monatsschrift*
(Heidelberg), n.s. XIX, n° 4, oct., pp. 435-43.

7753 ZAMPARELLI, Thomas: "Zola and the Quest for the Absolute
in Art", *YFS*, n° 42, pp. 143-58.
[Z. et la recherche de l'absolu - à propos de *L'OEuvre*]

7754 ANONYME: "Books. Briefly Noted", *The New Yorker*, XLV, n° 8, 12 avril, p. 184.
[c.r. d'une tr. de 3 contes de Z.: "Pour une nuit d'amour", "Les coquillages de M. Chabre" et "Voyage circulaire"]

7755 ---: "Films: lequel choisir?", *Le Monde*, 25 avril.   [LS]
[Sur *Gervaise*]

7756 ---: "Zola: sus inicios en la vida y en las letras (1a. parte)", *El Nacional* (Caracas), 6 oct.
["Zola: ses débuts dans la vie et dans les lettres"]
[BU Caracas]

1970

7757 ABASTADO, Claude: *Emile Zola: "Germinal"*. P., Hatier. 63p. (Profil d'une OEuvre, 8).

7758 ANGELO, Ion: *La littérature française du 19e siècle*. Bucarest, Centrul de Multiplicare al Universităţii. [Voir pp. 215-21]

7759 BLOCK, Haskell M.: *Naturalistic Triptych: The Fictive and the Real in Zola, Mann, and Dreiser*. New York, Random House. viii,114p.
[Etude de l'esthétique naturaliste et de *L'Assommoir*]

7760 CHIARI, Joseph: *The AEsthetics of Modernism*. Londres, Vision Press. 224p.
[Voir pp. 49-95: "Realism and Naturalism" - point de vue marxiste]

*7761 DESCOTES, Maurice: *Le Personnage de Napoléon III dans les "Rougon-Macquart"*. P., Lettres Modernes. 79p. *Archives des Lettres modernes*, 1970 (6) (V), n° 114$392-6$.

7762 FERRERAS, Juan Ignacio: *Teoria y praxis de la novela. La Ultima Aventura de Don Quijote*. P., Ediciones Hispanoamericanas. 204p.
[Voir surtout pp. 79-85, 115-7, 135-8]

7763 FRANCE, Anatole: *La Vie littéraire. Cinquième série. Sixième série (inédite)*. Ed. Jacques Suffel. P., Cercle du Bibliophile.
["*L'Argent*", pp. 84-90; "Emile Zola. *La Débâcle*", pp. 530-6 - Cf. 1687 et 1844-5]

7764 HEITMANN, Klaus: *Der Immoralismus - Prozess gegen die französische Literatur im 19. Jahrhundert*. Bad Homburg v. d. H., Verlag Gehlen. 347p. (*Ars poetica*, Studien, IX).   [YC]

7765 KAWACHI, Kiyoshi: "Sutandāru to Zora", in *Seiyo-bungaku* [*La Littérature occidentale*]. Tokyo, pp. 1-19.   [KO] [En japonais: "Stendhal et Zola"]

7766 KUCBORSKAJA, E.P.: *"Kar'era Rugonov" kak realističeskij prolog k serii: "Rugon-Makkary" Emilja Zolja. Lekcija po kursu zarubežnoj literatury XIX v.* Moscou, Izd. MGU. 60p. [En russe - Sur *La Fortune des Rougon*]

*7767 LIPSCHUTZ, Léon: *Une Bibliographie dreyfusienne. Essai de bibliographie thématique et analytique de l'affaire Dreyfus.* P., Fasquelle-Société Littéraire des Amis de Zola. 103p.

7768 RUPRECHT, Erich, et Dieter BANSCH (éd.): *Literarische Manifeste der Jahrhundertwende 1890-1910.* Stuttgart, Metzlersche. xlii,579p. [Recueil de textes critiques allemands dans lesquels il est souvent question de Z. et de son œuvre]

*7769 SCHOBER, Rita: *Von der wirklichen Welt in der Dichtung. Aufsätze zur Theorie und Praxis des Realismus in der französischen Literatur.* Berlin-Weimar, Aufbau-Verlag. 464p. [Voir "Zola, sein Roman *Das Werk* und der französische Impressionismus", pp. 214-47, et "Stil- und Strukturfragen der *Rougon-Macquart*", pp. 248-66 - Cf. 6607]

7770 SICILIANO, Enzo: "Amari arrivisti", in *Autobiografia letteraria.* Milan, Garzanti, pp. 226-30. [Article du 10 oct. 1965 sur *Nana*]

7771 STEFANESCU, Cornelia: *Probleme de literatură comparată şi sociologie literară.* Bucarest, Editura Academiei Republicii Socialiste România.   [IBL] [Voir pp. 271-7 sur la réception de l'œuvre de Z. en Roumanie]

7772 TADIE, Jean-Yves: *Introduction à la vie littéraire du XIXe siècle.* Paris-Montréal, Bordas. 146p. Etudes supérieures, ES 34. [Voir surtout pp. 74-9 sur l'esthétique de Z.]

7773 VIENS, Jacques: *"La Terre" de Zola et "Trente Arpents" de Ringuet. Etude comparée.* Pr. de Jean Panneton. Montréal, Editions Cosmos. 150p. (Série: Profils).

7774 WEBER, Werner: "Emile Zola: "Voilà la gloire" (Bericht über Flauberts Tod)", in *Forderungen. Bemerkungen und Aufsätze zur Literatur.* Zurich-Stuttgart, Artemis, pp. 15-19.

[Hommage de Z. au moment de la mort de Flaubert]

7775   BAGULEY, David: "Image et symbole: la tache rouge dans l'œuvre de Zola", *CN*, XVI, n° 39, pp. 36-41.

7776   ---: "Les œuvres de Zola traduites en anglais (1878-1968)", *ibid.*, n° 40, pp. 195-209.
[Bibliographie]

7777   BARONCELLI, Jean de: "*La Faute de l'abbé Mouret* de Georges Franju, d'après Emile Zola", *Le Monde*, n° 8012, 17 oct., p. 25.
[Cinéma]

7778   BELLET, Roger, et Lucien SCHELER: "Supplément à une correspondance Zola-Vallès; une lettre et quelques fragments inédits", *Europe*, 48e année, n° 499-500, nov.-déc., pp. 272-3.
[Supplément à 7624]

7779   BONNEFIS, Philippe: "Situation chronologique et textuelle de "Printemps - Journal d'un Convalescent"," *CN*, XVI, n° 39, pp. 1-35.
[Voir aussi *O.C.*, *IX*, pp. 1166-7]

7780   BONNIER, Henry: "Nécessité de Zola", *NL*, n° 2216, 12 mars, p. 4.

7781   BORDIER, Roger: "Sur Zola et Proust. L'esprit de famille, l'art et le réel", *Europe*, XLVIII, n°s 496-7, août-sept., pp. 218-28.
[Voir aussi *LF*, 16 sept. 1970]

7782   BORY, Jean-Louis: "La faute de l'athée Franju", *Le Nouvel Observateur*, n° 310, 19-25 oct., pp. 56-7.
[Sur le film de Georges Franju, *La Faute de l'abbé Mouret*]

#7783   BOURNEUF, Roland: "L'organisation de l'espace dans le roman", *Etudes littéraires* (Québec), III, n° 1, avril, pp. 77-94.
[Voir surtout pp. 83-5 - *Le Ventre de Paris*, *La Faute de l'abbé Mouret* et *La Bête humaine*]

7784   BOURQUELOT-KIRSCH, Lucile: "Zola et les jeunes écrivains: présentation et publication de la correspondance échangée entre Zola et J.-H. Rosny aîné", *CN*, XVI, n° 40, pp. 186-94.
[Deux lettres inédites de Z., 1885-1886]

7785   COLLET, Jean: "*La Faute de l'abbé Mouret* de Georges Franju", *Etudes*, déc., pp. 719-20.
[Cinéma]

7786   DAVOINE, J.-P.: "Le pronom, sujet disjoint dans le
        style indirect libre de Zola", *FM*, XXXVIII, n° 4,
        oct., pp. 447-51.
        [Dans *L'Assommoir*]

7787   DELFAU, Gérard: "Zola collaborateur involontaire de
        La Fraternité", *CN*, XVI, n° 39, pp. 72-4.
        [Journal de Carcassonne - article du 11 févr. 1872]

#7788   DEZALAY, Auguste: "Le moteur immobile. Zola et ses
        paralytiques", *Travaux de Linguistique et de Litté-
        ature* (Strasbourg), VIII, n° 2, pp. 63-74.

#7789   ---: "Le Fil d'Ariane: de l'image à la structure du
        labyrinthe", *CN*, XVI, n° 40, pp. 121-34.

7790   DUBOIS, E.T.: "Un modèle insoupçonné de Souvarine",
        ibid., pp. 144-50.
        [J.-K. Huysmans]

7791   FALQUINA, Angel: "El naturalismo francés en la pantalla",
        La Estafeta literaria (Madrid), n° 436, 15 janv., pp.
        26-7.
        [Z. et le cinéma]

7792   GAVRINIS, Jean: "La semaine culturelle", *La France
        catholique*, n° 1245, 23 oct., p. 7.
        [A propos du film de Georges Franju, *La Faute de l'abbé
        Mouret*]

7793   GODENNE, Janine: "Le Tableau chez Zola: une forme, un
        microcosme", *CN*, XVI, n° 40, pp. 135-43.
        [Sur *La Curée*]

#7794   HOWE, Irving: "Zola. The Genius of *Germinal*", *Encounter*
        (Londres), XXXIV, n° 4, avril, pp. 53-61.

7795   KELEMEN, Jolán: "L'imparfait de Flaubert et des romanciers
        naturalistes du XIXᵉ siècle", *Acta Linguistica Academiae
        Scientiarum Hungaricae* (Budapest), XX, nᵒˢ 1-2, pp.
        63-85.
        [Sur le style de Z. et *Germinal*]

7796   KNIPOVITCH, Evguénia: "Un nouvel ouvrage sur Zola",
        Œuvres et Opinions (Moscou), n° 133, janv., pp. 163-4.
        [A propos de 7694]

7797   LaFRANCE, Marston: "Crane, Zola, and the Hot Plough-
        shares", *English Language Notes* (Boulder, University
        of Colorado), VII, n° 4, juin, pp. 285-7.

7798   LANGLOIS, Gérard: "Entretien. Georges Franju, *La Faute
        de l'abbé Mouret*: Zola était-il surréaliste?", *LF*,

n⁰ 1355, 14-20 oct., pp. 17-18.
[Cinéma]

7799   LERNER, Michaël G.: "Edouard Rod et Emile Zola: III.
L'Affaire Dreyfus et la mort de Zola", *CN*, XVI, n⁰
40, pp. 167-76.
[Suite de 7726-7]

7800   ---: "Autour d'une conversation chez Emile Zola", *LR*,
XXIV, n⁰ 3, 1er août, pp. 265-72.
[A propos de 503 et 530]

7801   LUNACARSKIJ, A.: "Na kisel'nyh beregah Sovremennaja
literatura na zapade", *Literaturnoe nasledstvo*
(Moscou), LXXXII.
[En russe]

7802   MALINAS, Yves: "Zola, précurseur de la pensée scientifique du XXe siècle", *CN*, XVI, n⁰ 40, pp. 108-20.

7803   MAREL, Henri: "Une source possible de *Germinal?*", *ibid.*,
n⁰ 39, pp. 49-60.

7804   MAURIAC, Claude: "Zola désensorcelé", *FL*, n⁰ 1274, 19-
25 oct., pp. 35-6.
[Sur *La Faute de l'abbé Mouret*, film de Franju]

7805   MENICHELLI, Gian Carlo: "Zola bizantino (con due testi
zoliani ritrovati)", *Quaderni francesi* [a cura di
Enzo Guidici] (Naples), I, pp. 519-55.
[Z. et la *Cronaca bizantina* - deux chroniques de Z.
et deux lettres du romancier adressées au directeur
de la revue, 1882]

7806   MILNE, Tom: "Songs of Innocence: Chabrol and Franju",
Sight and Sound (Londres), XL, n⁰ 1. hiver 1970-1971,
pp. 9-11.
[Sur le film de Franju *La Faute de l'abbé Mouret*]

7807   MITTERAND, Henri: "Les manuscrits perdus d'Emile Zola",
CN, XVI, n⁰ 39, pp. 83-90.

7808   MORAVCEVICH, Nicholas: "Chekov and Naturalism: From
Affinity to Divergence", *Comparative Drama* (Kalamazoo),
IV, n⁰ 4, hiver 1970-1971, pp. 219-40.
[Voir surtout pp. 220-2]

7809   MORGAN, O.R.: "Zola et Valtesse de La Bigne", *CN*, XVI,
n⁰ 39, pp. 70-1.
[*Nana* - Lettres de Léon Hennique à Z.]

7810   MURARASU, D.: "Aspecte ale luptei pentru realism în
presa noastră, de la sfîrşitul secolului al XIX-lea",

Limbă şi Literatură (Bucarest), n° 25, pp. 39–54.
[En roumain – controverses sur le réalisme] [BU Iasi]

7811 NIELSEN, Jens Peter Lund: "Klassekampens fysiologi i
Les Rougon-Macquart", *Poetik* (Copenhague), III, n°
2, pp. 108–29.
[En danois]

7812 NIESS, Robert J.: "Emile Zola and Edmond de Goncourt",
American Society Legion of Honor Magazine (New York),
XLI, n° 2, pp. 85–105.

7813 PAGEARD, Robert: *"La Terre* vue par la presse d'Eure-
et-Loir lors de sa publication (1887–1888)", *CN,*
XVI, n° 40, pp. 177–85.

7814 PAZ CASTILLO, Fernando: "Entre recuerdos lejanos", *El
Nacional* (Caracas), 29 août. [BU Caracas]
[Souvenirs]

7815 REFF, Theodore: "Degas and the Literature of His Time –
I.", *The Burlington Magazine* (Londres), CXII, n°
810, sept., pp. 575–89.

7816 REGENT, Roger: "Le cinéma", *RDM,* oct.-déc., pp. 486–8.
[Sur *La Faute de l'abbé Mouret* au cinéma]

7817 ROBERTS, David: *"Wirklichkeit oder Gedicht:* The Zola
Essay of Heinrich Mann", *Forum for Modern Language
Studies* (St. Andrews), VI, n° 3, juill., pp. 243–54.
[A propos de 4294]

7818 RUPEL, Slavko: "Emile Zola: *Trebuh Pariza.* Roman iz
cikla o *Rougon-Macquartovih"*, *Primorski dnevnik*
(Trst), n° 210. [RV]
[En slovène – c.r. de la tr. slovène du *Ventre de
Paris*]

7819 SABATIER, Robert: "Zola, poète de la nature", *CN,* XVI,
n° 40, pp. 101–7. Voir sussi *NL,* 31 déc.
[A propos de *La Faute de l'abbé Mouret*]

7820 SMITH, Paul: "On Blasco-Ibáñez's *Flor de Mayo"*, *Sym,*
XXIV, n° 1, pp. 55–66.
[Influence du *Ventre de Paris* et de *L'Assommoir*]

7821 STEIN, Barbara: "Physiologische Merkmale bei Klassen-
bezeichnungen im Wortschatz Emile Zolas", *Wissenschaftliche Zeitschrift der Martin-Luther-Universität
Halle-Wittenberg. Gesellschafts- und Sprachwissen-
schaftliche Reihe,* XIX, n°S 3–4, pp. 189–207.
[Etude stylistique et thématique]

7822 SUNGOLOWSKY, Joseph: "Vue sur *Germinal* après une lecture de *La Peste*", *CN*, XVI, n° 39, pp. 42-8.

7823   TOMIC, Josip: "Eugen Kumičić et Emile Zola", *Studia romanica et anglica Zagrabiensia*, n°s 29-32, 1970-1971, pp. 501-13.
[Influence de *Nana*, de *Pot-Bouille* et du *Roman expérimental*]

7824   TSUNEOKA, Akira: "Deteruminisumu ni tsuite - *Jikken-igaku kenkyū josetsu* to *Jikken-shōsetsu ron* wo chūshin to shite", *Bulletin de la Société de la Littérature française de Kyūshū* (Fukuoka), n° 6, nov., pp. 39-50.
[En japonais: "Sur le déterminisme - Concernant *L'Introduction à l'étude de la médecine expérimentale* et *Le Roman expérimental*"]   [KO]

7825   VANDEL, Jacqueline: "Quand Franju met Zola en images", *FL*, n° 1264, 10-16 août, pp. 36-7.
[*La Faute de l'abbé Mouret* au cinéma]

7826   VELLAY, Edouard: "Emile Zola et l'Académie française", *ICC*, XX, n° 227, févr., pp. 112-5.
[Cf. 7721]

7827   WEINBERG, Henry: "Les "Femmes du peuple" de Francis: une nouvelle source de *l'Assommoir?*", *CN*, XVI, n° 39, pp. 61-9.

7828   WELSCHINGER, Henri: "En évoquant Sedan, cent ans après la bataille (1er-2 septembre 1970)", *L'Information historique*, XXXII, n° 2, mars-avril, pp. 75-9.
[A propos de *La Débâcle*]

7829   WILSON, Nelly: "Propos de Zola sur le sionisme (1900)", *CN*, XVI, n° 40, pp. 151-66.
[Interview dans *l'Œsterreichische Wochenschrift*]

*7830 WOLFZETTEL, Friedrich: "Zwei Jahrzehnte Zola-Forschung", *Romanistisches Jahrbuch* (Hambourg), XXI, pp. 152-80.
[Etude de la critique récente sur Z. et son œuvre]

sans date

7831   Ph. B.: "Emile Zola", in *Grande Encyclopédie Larousse*, XXXI, pp. 1326-7. Voir aussi le *Grand Dictionnaire Universel du XIXe Siècle* de Pierre LAROUSSE, p. 1499; supplément, pp. 1318-9; 2e supplément, p. 2018.

7832   CLIMER, Ion: *Les Idées sociales dans la littérature française*. Bucarest, Luteția.   [BU Iasi]
[Voir pp. 87-99]

7833   PAPASTOPOL—STATE, Const. D.: *Petit Traité de littérature française. Etudes critiques et analyses littéraires.* Craiova, Scrisul Românesc.   [BU Iasi]
[Voir pp. 171-3]

THESES INEDITES

T1 ALCORN Jr., Clayton R.: The Children in the *Rougon-Macquart*. University of Connecticut, doctorat, 1968. 266p. Voir *DA*, XXIX, 1969, p. 2665-A. [Cf. 7700]

T2 ATER Jr., Leroy Earl: An Examination of Three Major Novels in World Literature in the Light of Critical Precepts Derived from Tolstoy's *What is Art?* University of Southern California, doctorat, 1964. 397p. Voir *DA*, XXIV, 1963-1964, p. 5379. [A propos de *Germinal*]

T3 AZIMA, Hourieh: Zola, peintre de la bourgeoisie dans *Les Rougon-Macquart*. Paris, doctorat d'université, 1961. ii,254p. [CT]

T4 BACCAR, Alia Bournaz: La Femme et les problèmes du mariage dans *Les Rougon-Macquart*. Aix-en-Provence, doctorat de 3e cycle, 1970. 192p. [CT]

T5 BAGULEY, David: The Short Story Form as Practised by Emile Zola during the Period 1875-1880. Leicester (Angleterre), maîtrise, 1966. 127p. [A propos des nouvelles de Z. - Cf. 7425 et 7490]

T6 BAGULEY, David (éd.): *Les Quatre Evangiles. Fécondité*. Edition critique, étude, notes, variantes. Nancy, doctorat d'université, 1969. cccxxxi,831p. (3 vol.)

T7 BAKER, Joyce Marie: The Symbolic Representation of Growth, Corruption, and Catastrophe in the *Rougon-Macquart*. Indiana University (U.S.A.), doctorat, 1968. 159p. Voir *DA*, XXIX, 1969, p. 3124-A.

T8 BANSEMER, Erwin: Abbild und Sinnbild im Werke Emile Zola's. Francfort, doctorat, 1951. 116p.[BU Francfort]

T9 BASCELLI, Anthony Louis: The Goncourts and the Naturalists: A Study of Theory and Criticism as Seen in the *Journal*. Rutgers-The State University (New Brunswick, New Jersey, U.S.A.), doctorat, 1967. 262p. Voir *DA*, XXVIII, 1967. 262p.

T10 BAUDSON, Pierre: Emile Zola, un écrivain et la caricature, d'après les recueils Céard du Musée Carnavalet; suivi d'un essai de catalogue. Université

Libre de Bruxelles, thèse de licence, 1962. liv,262p.
[Cf. 7352]   [KL IV]

T11   BECKER, Colette (éd.): *Pot-Bouille* d'Emile Zola. Genèse
      du roman. Edition et commentaire du dossier prépara-
      toire. Paris, doctorat d'université, 1970. 459p.

T12   BERG, William James: Visual Perception in Zola's *L'Œuvre*.
      Princeton University (U.S.A.), doctorat, 1969. 312p.
      Voir *DA*, XXX, 1969, p. 2012-A.

T13   BISCHOF, Gertrude: Etat des choses und état d'âme bei
      Gerhart Hauptmanns Romanen im Vergleich mit Werken
      von Zola und Bourget. Vienne, 1949. 102p.   [BU Vienne]

T14   BLACH, Alois: Das Papsttum in Zolas *Rome* und in Gutzkows
      Der Zauberer von Rom. Gratz, 1914. 155p.   [BU Gratz]

T15   BOND, David John: Zola's *La Joie de vivre:* A Critical
      Study. McMaster University (Canada), maîtrise, 1968.
                                                              [CAT]

T16   BOTTOMLEY, H.: The Popular Element in the Vocabulary
      and Syntax of *L'Assommoir* of Emile Zola. Manchester
      (Angleterre), maîtrise, 1931.   [CTA]

T17   BROWN, Donald F.: The Influence of Emile Zola on the
      Novelistic and Critical Work of Emilia Pardo Bazán.
      University of Illinois at Urbana-Champaign (U.S.A.),
      doctorat, 1935. 89p.

T18   BRUERE, Jean: Zola in the United States. Columbia
      University (New York), maîtrise, 1934.
      [Z. aux Etats-Unis]

T19   BUDKA, Monika: Die Wandlungen in der Zola-Kritik.
      Dissertation zur Erlangung des Doktorgrades an der
      philosophischen Fakultät der Universität Wien. Vienne,
      1970. 260p.   [BU Vienne]

T20   CARRON, Jacques: Les *Rougon-Macquart* (de *La Fortune des
      Rougon* à *Nana* d'Emile Zola). Etude sur le vocabulaire
      du vêtement. Université Catholique de Louvain, thèse
      de licence, 1964.   [BU Louvain]

T21   CHAIKIN, Milton: The Influence of French Realism and
      Naturalism on George Moore's Early Fiction. New York
      University, doctorat, 1954. 216p. Voir *DA*, XV, 1955,
      p. 1068.

T22   CHAUME, Elisabeth: La Campagne dans *la Fortune des
      Rougon, la Faute de l'abbé Mouret* et *la Terre* d'Emile
      Zola. Paris, d.e.s., 1965. 163p.

T23 CHEMEL, Pierre: Emile Zola correspondant du *Sémaphore* de Marseille. Aix-en-Provence, d.e.s., 1957. [KL II]

T24 CHESSHER, J.L.: The Portrayal of Woman in the French Naturalist Novel. Birbeck College, Londres, doctorat, 1961-1962. [ASLIB]

T25 CLARK, Beatrice S.: The Development of the Nature—Man Motif in the Rustic Novel from Rousseau to Giono. The George Washington University (Washington), doctorat, 1969. 239p. Voir *DA*, XXX, 1970, p. 3426-A.

T26 COLBURN, William Elliot: Zola in England, 1883-1903. University of Illinois (Urbana, U.S.A.), doctorat, 1952. 234p. Voir *DA*, XIII, 1953, p. 90.

T27 DARCY, Susan: *Nana* d'Emile Zola: étude critique. McMaster University (Canada), maîtrise, 1969. [CAT]

T28 DE GISI, Lucia: Le problème social dans *Les Rougon-Macquart*. Institut Universitaire Oriental de Naples, thèse de lauréat, 1962. 181p. [CN, nᵒ 34]

T29 DEKONT, Klara Merenyi: The Impact of French Realism on the Writings of Felipe Trigo. The Catholic University of America (Washington), doctorat, 1968. 332p. Voir *DA*, XXX, 1969, p. 276-A.

T30 DE MORI, Annie: La Description dans *La Curée* d'Emile Zola. Université Catholique de Louvain, thèse de licence, 1969. [BU Louvain]

T31 DEWART, Gordon Rohde: Emile Zola's Critical Theories on the Novel. Princeton University, doctorat, 1953. 449p. Voir *DA*, XIV, 1954, p. 121.

T32 DEZALAY, Auguste (éd.): Emile Zola: "Marbres et plâtres". Edition commentée par Auguste Dezalay. Strasbourg, 1967. lxvii,105p. [KL VII] [Cf. 7509]

T33 DICKSON, Phil R.: Analyse des thèmes dans *Germinal*. University of Alberta (Canada), maîtrise, 1970. viii,133p.

T34 DOERSCHUK, Elizabeth O'Bear: The Significance of France in the Writings of Heinrich Mann. Ohio State University (U.S.A.), doctorat, 1953. 294p. Voir *DA*, XIX, 1959, p. 1760. [Heinrich Mann, critique de Z.]

T35 DUNCAN, Phillip Aaron: Emile Zola's *Parizhskiie Pis'ma*. Indiana University (U.S.A.), doctorat, 1958. 183p. Voir *DA*, XIX, 1958, p. 1380. [Cf. 7208]

T36   ESTEBAN, Manuel Antonio: Aspects of Zola's Influence
      on Blasco Ibáñez. Calgary (Canada), maîtrise, 1970.
                                                      [CAT]

T37   EVANS, K.: *Germinal:* roman documentaire. University
      of Wales (Pays de Galles), maîtrise, 1954-1955.
                                                    [ASLIB]

T38   FEAR, W.: Emile Zola: A Critical Account of His Ideas.
      Leeds (Angleterre), doctorat, 1949.   [CTA]

T39   [FEJES, André: Le Théâtre naturaliste en France. Lau-
      sanne, doctorat, 1925. 163p. Cf. 4534]

T40   FLOSSMANN, Ferdinanda: Das Kind im Zola'schen Roman.
      Vienne, doctorat, 1942. 109p.   [WH]

T41   FREY, Hans-Jost: Emile Zola. Entwurf und Kapitelplan
      zu *Le Docteur Pascal,* nach der unveröffentlichen
      Handschrift in der Bibliotheca Bodmeriana heraus-
      gegeben und eingeleitet von Hans-Jost Frey. Zurich,
      doctorat, 1964. 311p.

T42   GASSTER, Susan C.: Point of View in the Novels of
      Zola, Galdós, Dostoyevsky and Tolstoy: A Study in
      the Development of the Novel. The George Washington
      University (Washington), doctorat, 1968. 273p. Voir
      DA, XXX, 1969, p. 1563-A.

T43   GAUKEL, Annelies: Einheit und Wandlung im Gesamtwerk
      Emile Zolas. Dargestellt auf Grund einer Untersuchung
      der Begriffe "terre", "nature", "vie", "amour".
      Tübingen, 1951. 281p.   [WH]

T44   GERACHT, Maurice Aron: Windows on the House of Fiction.
      James's Perspectives on Some French and English
      Figures. University of Wisconsin (U.S.A.), doctorat,
      1970. 380p. Voir *DA,* XXXI, 1970-1971, p. 54/1A.

T45   GOUDIN, Jean-Claude: Histoire et roman dans *La Débâcle*
      de Zola. Paris, d.e.s., 1963. 181p.

T46   GREAVES, A.A.: Paul Bonnetain, His Life and Works.
      Nottingham (Angleterre), doctorat, 1964-1965. 713p.

T47   GRIBELIN, Thérèse: Octave Mirbeau. Son Amitié litté-
      raire et politique avec Emile Zola (avec la publi-
      cation de lettres inédites d'Octave Mirbeau à Emile
      Zola). Besançon, d.e.s., 1965. 153p.   [VII, n° 21]

T48   GRUNFELD, Wilhelmine: Die Zusammenhänge zwischen Beruf
      und Charakter in Emile Zolas Romanreihe *Les Rougon-
      Macquart*. Vienne, 1937. iv,130p.   [BU Vienne]

T49   HAMBLY, Peter: La Pensée socialiste dans *Les Rougon-Macquart* d'Emile Zola. Paris, doctorat d'université, 1960. 615p.   [CN, n° 23]

T50   HENRY, Jacques F.: Le Monde des objets dans *Les Rougon-Macquart*. McGill University (Canada), maîtrise, 1970.   [CAT]

T51   HEPBURN, Johnston Sumner: La Religion du travail dans l'œuvre d'Emile Zola. McGill University (Canada), maîtrise, 1949.

T52   HEYWOOD, C.: The Influence of the French Realists on English Novelists and Their Critics 1880-1915. New College, Oxford, B.Litt., 1956-1957.   [ASLIB]

T53   HIFT, Nadia Sandra: Emile Zola et sa conception du roman dans *Les Rougon-Macquart*. Vienne, 1952. 205p.   [BU Vienne]

T54   HISCOCK, A.E.: Le rôle du milieu considéré dans ses éléments constants et dans ses variations dans quelques romans du cycle *Rougon-Macquart*. Exeter (Angleterre), maîtrise, 1968-1969.   [KL X]

T55   HODGES, Elizabeth Lowther: The Bible as Novel: A Comparative Study of Two Modernized Versions of Biblical Stories, Zola's *La Faute de l'abbé Mouret* and Faulkner's *A Fable*. University of Georgia (U.S.A.), doctorat, 1969. 164p. Voir *DA*, XXX, 1970, p. 5447-A.

T56   HOEFINGER, Konrad: *Nana* und die Gesellschaft am Hofe Napoleons III. 2. Der Hof Napoleons III in den Romanen Zolas und in der Geschichte. Gratz, 1922-1923. iv,112; xix,47p.   [BU Gratz]

T57   HOFMANN, Charles Frederick: Le Peintre dans le roman français 1830-1890. Yale University (U.S.A.), doctorat, 1958.

T58   HUDSON Jr., Benjamin Franklin: Zola and Schopenhauer: The Affinity of Some Aspects of Their Thought as Reflected in the *Rougon-Macquart* Series. University of Michigan (Ann Arbor, U.S.A.), doctorat, 1959. 80p. Voir *DA*, XIX, 1959, p. 3305.

T59   HUNTER, A.W.: The Structure of the *Rougon-Macquart* Novels. Southampton, maîtrise, 1956-1957.   [ASLIB]

T60   HUPPERT, Ellen Taylor: The Image of the City: The Paris of the Novelists from Stendhal to Zola. University of California, Berkeley, doctorat, 1970. Voir *DA*, XXXI, 1971, p. 5320-A.

T61   JANSSEN, E.L.: Dutch Criticism of Zola 1876-1902.
       Londres, maîtrise, 1921.   [CTA]
       [La critique hollandaise sur Z.]

T62   JANSSENS, Louise: Le "Beau Monde" dans *Les Rougon-
       Macquart* d'Emile Zola. Université Libre de Bruxelles,
       mémoire de licence, 1962-1963.   [BU Bruxelles]

T63   JENKEL, Gunhild: Die Zusammenfassung der *Rougon-
       Macquart* durch Leitmotive. Hambourg, 1954. 210p. [WH]

T64   JENNINGS, Léone Chantal: Les Romanciers naturalistes
       et la question de l'émancipation féminine. Wayne
       State University (Detroit, U.S.A.), doctorat, 1969.
       520p. Voir *DA*, XXXII, 1971, p. 2694-A.

T65   JOHNSON, M.K.F.: A Study of the Relations between the
       Sexes in the Novels of Emile Zola. Durham (Angle-
       terre), maîtrise, 1969-1970.   [ASLIB]

T66   JONES, Malcolm B.: French Literature and American
       Criticism, 1870-1900. Harvard University (U.S.A.),
       doctorat, 1936. 88p.

T67   [JOUBERT, Maurice Gaston Paul: La Notion de l'hérédité
       dans *Les Rougon-Macquart*. Contribution à l'étude de
       l'œuvre scientifique de Zola. Bordeaux, thèse de
       médecine, 1906. 37p. Cf. 4053]   [CT]

T68   KANE, Mohamadou Khalilou: Emile Zola et les milieux
       ouvriers dans *Germinal*. Dakar, d.e.s., 1959. 71p.
                                              [BU Dakar]

T69   KESSEN, Philippe: Echec de la pureté chez l'adoles-
       cente de Zola. Université Libre de Bruxelles, mémoire
       de licence, 1966-1967.   [BU Bruxelles]

T70   KIMBALL Jr., Merl Douglas: Illumination in Zola's
       Les Rougon-Macquart. Brigham Young University (Provo,
       Utah, U.S.A.), doctorat, 1970. Voir *DA*, XXXI, 1971,
       p. 5407-A.

T71   KITCHEL, Anna Theresa: Scientific Influences in the
       Work of Emile Zola and George Eliot. University of
       Wisconsin (U.S.A.), doctorat, 1921.

T72   KUPPER, W.L.: L. Alas Clarín und der französische
       Naturalismus in Spanien. Cologne [?], 1958. 93p.
                                                 [KL I]

T73   LABARRE, Micheline: Zola et les peintres. Index des
       peintres cités par Zola dans ses "Salons". Besançon,
       d.e.s., 1965.   [RM IV]

T74   LAGOS OTEIZA, Belen: El Desastre de las tragedias
grotescas: contribución al estudio de su estructura.
San Pedro de Montes de Oca, 1970. 175p.
[Sur *La Débâcle*]   [BU Costa Rica]

T75   LEBEAU, Michèle: Quelques Aspects de la féminité dans
Les Rougon-Macquart de Zola. Université Libre de
Bruxelles, mémoire de licence, 1967-1968.
                       [BU Bruxelles]

T76   LE MOEL, Michèle: Etude stylistique de *Germinal* de
Zola. Rennes, d.e.s., 1966. 132p.   [CN, n⁰ 32]

T77   LETHBRIDGE, Robert David: The Fall of the Second
Empire in the Work of Emile Zola: History and the
Vision of the Artist. McMaster University (Canada),
maîtrise, 1970. v,197p.

T78   LEWIS, D.G.: The Influence of Emile Zola on English
Literature. University of Wales (Pays de Galles),
maîtrise, 1944.   [CTA]

T79   LLOYD, Everett T.: The Evolution of the Attitude in
the United States toward Emile Zola. New York University, doctorat, 1946. 196p.
[Voir 6017]

T80   LO VERSO, Rosabianca Tuzzo: The Worlds of the Defeated
in Zola and Verga. University of California, doctorat, 1968. 162p. Voir *DA*, XXIX, 1969, p. 4460-A.

T81   MacDONALD, Mary Besse: The Influence of Emile Zola
on the Novels of Benito Pérez Galdós Produced
during the Years 1881-1885. University of Minnesota
(U.S.A.), doctorat, 1959. 341p. Voir *DA*, XX, 1959,
p. 2294.

T82   MADSEN, Børge Gedsø: The Impact of the French Naturalists and Psychology on August Strindberg's Plays
of the 1880's and 1890's. University of Minnesota
(U.S.A.), doctorat, 1958. 245p. Voir *DA*, XIX, 1958,
p. 140.

T83   McCUTCHEON, F.S.: Socialistic Tendencies of Emile
Zola as Expressed in His Dramatic Works. University
of Wales (Pays de Galles), maîtrise, 1938.   [CTA]
[Sur le théâtre de Z.]

T84   MELCHER, Edith: Stage Realism in France between
Diderot and Antoine. Bryn Mawr College (Pennsyl-
vania, U.S.A.), doctorat, 1928. 189p.
[Le réalisme au théâtre]

T85   MICARELLI, Charles Nicholas: Mines and Miners in French
and Spanish Literature of the XIX and XX Centuries.
Boston University (U.S.A.), doctorat, 1959. 255p.
Voir *DA*, XX, 1959, p. 673.
[A propos de *Germinal*]

T86   MINTER, Elsie G.: The Image in the Mirror: Henry James
and the French Realists. University of North Carolina
at Chapel Hill (U.S.A.), doctorat, 1963. 252p. Voir
DA, XXIV, 1963-1964, p. 3340.

T87   MORIN, Jacques: Le Cinéma et Zola: l'adaptation cinématographique de l'œuvre de Zola. Lille, doctorat
d'université, 1968. lxvii,473p.   [LS]

T88   MUCHLER, Fred.: "Pathologische" Syntax am Beispiel
Emile Zolas. Innsbruck, 1959. xi,124p.

T89   MUETZELFELDT, E.E.: La Psychologie féminine dans *Les
Rougon-Macquart* à travers le naturalisme de Zola.
Adelaïde, maîtrise, 1950.   [BU Adelaïde]

T90   MULLER, D.E.M.N.: Zola's Attitude towards Women as
Revealed in His Novels. University College, Londres,
doctorat, 1967-1968.   [ASLIB]

T91   MURTO, Sinikka: Some Female Types in the Novels of
Emile Zola. Waterloo Lutheran University (Canada),
maîtrise, 1968.   [CAT]

T92   NEUMANN, Max: Emile Zola als Dramatiker. Königsberg,
1923. iii,154p. Ext. in *Jahrbuch der Philosophischen
Fakultät (Inauguraldissertationen)*. Königsberg,
1923, p. 112.

T93   NEWTON, L.J.: The Influence of the Impressionist Movement on Emile Zola. University College, Londres,
doctorat, 1963-1964.   [ASLIB]
[Cf. 7532]

T94   NGUYEN QUOI: Etude historique et critique d'*Une Page
d'amour*. Paris, doctorat d'université, 1965. iii,
420p.   [VII, n° 18]

T95   PACEY, W.C.D.: A Study of the Reception of French
Realistic Fiction in Victorian England and of Its
Influence upon the English Novel. Cambridge, doc-
torat, 1941.   [CTA]

T96   PALAMARI, Demetra: The Forces Which Shape Destiny
in the World of the *Rougon-Macquart*. University of
Michigan (Ann Arbour, U.S.A.), doctorat, 1968. 188p.
Voir *DA*, XXIX, 1969, p. 905-A.

T97   PAULIN, R.C.: Le Petit Peuple de Paris chez Hugo et
      chez Zola. University of Otago (Dunedin, Nouvelle-
      Zélande), maîtrise, 1969.   [BU Otago]

T98   PAYZANT, Embert Ross: Les Théories et la pratique
      d'Emile Zola. Acadia University (Canada), maîtrise,
      1950.   [CAT]

T99   PETREY Jr., Donald Sanford: Zola's *Rougon-Macquart*
      Cycle: Politics and the Creative Imagination. Yale
      University (U.S.A.), doctorat, 1966. 262p. Voir *DA*,
      XXVII, 1967, p. 2541-A.

T100 PRYME, E.E.: The Reception in England of the French
      Naturalist Theatre between 1870 and 1890. St. Anne's
      College, Oxford, B.Litt., 1956-1957.   [ASLIB]
      [Cf. 6987]

T101 QUEVY, C.C.: Le Vocabulaire concernant les grands
      magasins dans *Au Bonheur des Dames* d'Emile Zola.
      Université Catholique de Louvain, thèse de licence,
      1966.   [BU Louvain]

T102 QUINTAL, Claire-H.: Emile Zola et Theodore Dreiser.
      Montréal, maîtrise, 1958.   [CAT]

T103 RAMSEY, John Anglin: The Literary Doctrines of Flau-
      bert, Maupassant and Zola. A Comparative Study.
      University of Illinois (U.S.A.), doctorat, 1956.
      283p. Voir *DA*, XVII, 1957, pp. 364-5.

T104 REYST, Klara Fredericka: Heredity in Emile Zola's
      Rougon-Macquart Family in the Light of Recent Genetic
      Studies. University of Pittsburgh (U.S.A.), doctorat,
      1940. 141p. Résumé in *University of Pittsburgh Bulle-
      tin. The Graduate School. Abstracts of Theses, Re-
      searches Completed, and Bibliography of Publications*,
      XXXVII, n° 3, 15 janv. 1941, pp. 274-8.

T105 ROBERTS, Alfred Dominic: Zola and Fourier. University
      of Pennsylvania (U.S.A.), doctorat, 1959. 169p.
      Voir *DA*, XX, 1959, p. 306.

T106 RONDEAU, Denise: *Au Bonheur des Dames*. Paris, d.e.s.,
      1958. 107p.   [RM III]

T107 ROSENBERG, Rachelle Ann Roth: Zola's Imagery and the
      Archetype of the Great Mother. University of Michigan,
      doctorat, 1969. 180p. Voir *DA*, XXX, 1970, p. 3956-A.

T108 RUCKER, Susannah: Emile Zola: A Bibliography. Toledo,
      Ohio, University of Toledo Library, 1939. 55p.

T109   RUSTON, C.Z.: Emile Zola as a Precursor of Jules
        Romains and "L'Unanimisme". Oxford, B.Litt., 1944.
                                                            [CTA]

T110   SAVESON, M.B.: The Influence of Emile Zola upon the
        Theory and Practice of Some English Novelists of
        His Time. Girton College, Cambridge, doctorat,
        1955-1956.   [ASLIB]

T111   [SCHLISMAN, A.R.: Beiträge zur Geschichte und Kritik
        des Naturalismus. Zurich, 1903. Cf. 3952]

T112   SCHMIDT, Günter: Das Problem der Vererbung bei Zola
        und im Drama des deutschen Naturalismus. Zum Ein-
        fluss des Darwinismus auf den literarischen Natura-
        lismus. Iéna, 1970. xii,354p.   [KL VIII]

T113   SCHOR, Naomi Ann: Le Cycle et le cercle: Temps, espace
        et révolution dans quatre romans de Zola. Yale Uni-
        versity (U.S.A.), doctorat, 1969. 203p. Voir *DA*,
        XXXI, 1970, p. 1292-A.
        [Sur *Les Mystères de Marseille, La Fortune des Rou-
        gon, Germinal* et *La Débâcle*]

T114   SCHRODER, Hans: Leitmotive in den Werken Emile Zolas.
        Hambourg, 1950. 157p.

T115   SCHURHOLZ, Gisela: Zola - Huysmans - Werfel. Das
        Wunder von Lourdes. Francfort, doctorat, 1952. 139p.
                                                    [BU Francfort]

T116   SCOLIEGE, Robert André: The Influence of French Natura-
        lism on the English Novel with Special Reference to
        George Moore. University of Waikato (Hamilton, Nou-
        velle-Zélande), maîtrise, 1969. xxi,169p.

T117   SHANTZ, Brenda Colleen: Violence in the Novels of
        Emile Zola. Waterloo Lutheran University (Canada),
        maîtrise, 1970.   [CAT]

T118   SIMPSON, Harold L.: The Soldier in French Prose Fiction
        from 1870-1914. Princeton University, doctorat, 1957.
        217p. Voir *DA*, XVIII, 1958, pp. 236-7.

T119   SONDEL, Bess Seltzer: Zola's Naturalistic Theory with
        Particular Reference to the Drama. University of
        Chicago (U.S.A.), doctorat, 1938. Cf. 5734.

T120   SONKIN, Jean: Etude de la langue populaire dans *L'As-
        sommoir* d'Emile Zola. [Paris?], d.e.s., 1939. vi,
        105p.   [RM II]

T121   STARCK, Joan J.: *Les Soirées de Médan* as a Manifesto of

Naturalism. Londres, maîtrise, 1948.   [CTA]

T122   STRONG, Charles MacAulay: L'Esprit scientifique et
        la foi sociale dans *Germinal* de Zola. Dalhousie Uni-
        versity (Halifax, Canada), maîtrise, 1968.   [CAT]

T123   SUWAŁA, Halina: *Pieniądz* Emila Zoli. Geneza historyczno-
        literacka. Varsovie, doctorat, 1962. 442p.
        [Etude de la genèse de *L'Argent* - Cf. 7329]   [IBL]

T124   TANCOCK, L.W.: A Contribution to the Study of the Social
        and Industrial Novel in France 1830-1900. Londres,
        doctorat, 1948.   [CTA]

T125   TESTA, Janice Hulett Mathes: The Novels of Verga and
        Zola: Contrasts and Parallels. University of Michi-
        gan (U.S.A.), doctorat, 1964. 241p. Voir *DA*, XXV,
        1964-1965, p. 7279.

T126   THIBAULT, Albert A.: T. Chesterton et la littérature
        française dans l'oeuvre de Chesterton. II. Jugements
        sur Zola à travers quelques revues françaises de
        1902-1914. Université Laval (Canada), doctorat, 1954.
        185p.

T127   VANDERLIP, Eldad Cornelis: Fate in the Novels of Zola
        and Couperus: A Comparison with the Greek Concept
        of Fate. University of Southern California (Los
        Angeles), doctorat, 1959. 177p. Voir *DA*, XX, 1959,
        p. 1358.

T128   VERHAEGEN, André: Les Evangiles de Zola. Etude cri-
        tique. Université Libre de Bruxelles, mémoire de
        licence, 1959-1960.   [BU Bruxelles]

T129   VERNON, John Edward: The Garden and the Map: A Pheno-
        menology of Literary and Cultural Schizophrenia.
        University of California, Davis, doctorat, 1969.
        273p. Voir *DA*, XXXI, 1970, p. 2405-A.

T130   WAGGONER, May Gwin: Emile Zola's Concept of Adolescent
        Love as Shown in *Les Rougon-Macquart*. Tulane Uni-
        versity (La Nouvelle-Orléans), doctorat, 1968. 137p.
        Voir *DA*, XXIX, 1968, p. 1550-A.

T131   WALCUTT, Charles Child: Naturalism in the American
        Novel. University of Michigan (U.S.A.), doctorat,
        1938.

T132   WALKER, Philip D.: A Structural Study of Zola's
        Germinal. Yale University, doctorat, 1956. 571p.
        Voir *DA*, XXVIII, 1968, p. 5075-A.

T133   WALLEF, A.: Le Vocabulaire financier dans *L'Argent*
d'Emile Zola. Université Catholique de Louvain,
thèse de licence, 1968.   [BU Louvain]

T134   WALTER, Felix Harold: Vicente Blasco Ibáñez and His
Relation to the French Naturalists: A Study in
Comparative Literature. McGill University (Canada),
maîtrise, 1924.

T135   WARDMAN, O.: Le Théâtre naturaliste, origine et développement. Londres, doctorat, 1930.   [CTA]

T136   WAWERSICH, Elisabeth: Vergleichende Betrachtung von
Zolas *Germinal* und Hauptmanns *Webern*. Vienne, 1950.
210p.   [BU Vienne]

T137   WEINBERG, Henry H.: Prefigurations of Emile Zola's
Fictional and Critical Writings in Selected *La Tribune* Articles. University of Michigan (U.S.A.),
doctorat, 1963. 417p. Voir *DA*, XXV, 1964, pp. 2523-4.

T138   WEISKE, Fritz: Die Landschaft im Werk Zolas. Iéna,
1949. 104p.

T139   WETHERILL, A.: The Significance of the Child in the
Works of Flaubert, Zola and Maupassant. Sheffield
(Angleterre), maîtrise, 1955-1956.   [ASLIB]

T140   WHITE, Lucien Wendell: Representative French Criticism
of *Les Rougon-Macquart*, 1873-1895. University of
Illinois at Urbana-Champaign (U.S.A.), doctorat,
1947. 206p.
[*Les Rougon-Macquart* et la critique française]

T141   WYLIE Jr., Harold Ayres: Machine Imagery in French
Literature to 1900: The Music of the Cogs. Stanford
University (U.S.A.), doctorat, 1965. 392p. Voir *DA*,
XXVI, 1966, pp. 6729-30.

INDEX DES SUJETS

[*Les numéros renvoient aux titres*]

ETUDES GENERALES

3988, 3991, 3994, 3996, 3998, 4003, 4014, 4016, 4020,
4030, 4046-7, 4056, 4061, 4076, 4079, 4087-8, 4095, 4100-2,
4136, 4149, 4163, 4169, 4174, 4176, 4186, 4201, 4203,
4207, 4212, 4232, 4254, 4266, 4296, 4301, 4305, 4309,
4315, 4324, 4328, 4330, 4332, 4334, 4339, 4343, 4356,
4358, 4371, 4373, 4381, 4390, 4392, 4401, 4408, 4436,
4447, 4477, 4512, 4514, 4519, 4533, 4537, 4541, 4543,
4546, 4548, 4565-6, 4588, 4607, 4612, 4620, 4636, 4643,
4647, 4649, 4651-3, 4657, 4659-60, 4662-5, 4667, 4669,
4671-2, 4677-8, 4687, 4690, 4693, 4734-5, 4738-9, 4742,
4748, 4755-6, 4770, 4779, 4829, 4834, 4882, 4891, 4901,
4933, 4944, 4946, 4949-51, 5015, 5056, 5058, 5092, 5103,
5113, 5121-2, 5125, 5131, 5149, 5159, 5167-8, 5180, 5182,
5200, 5204, 5209, 5211, 5226, 5228, 5232-3, 5236, 5245,
5255-7, 5261-2, 5270, 5273, 5276, 5283, 5290, 5311,
5314, 5317, 5321, 5328, 5334, 5376, 5384, 5394, 5397,
5414, 5470-1, 5478, 5480, 5484, 5510, 5512, 5515, 5524,
5530, 5540, 5544, 5547, 5619, 5629-31, 5642, 5655, 5712,
5731, 5733, 5766-9, 5773-5, 5777, 5780-3, 5785-91,
5794-5, 5810, 5816, 5824, 5829, 5831, 5833, 5840, 5847,
5857, 5864, 5867, 5884, 5887, 5896-7, 5921, 5932, 5935,
5941, 5943, 5959, 5964, 5972, 5974-5, 5995-6, 5998, 6000,
6008-9, 6018, 6023, 6032, 6035, 6041, 6055, 6062-4, 6082-3,
6093, 6097, 6100, 6102, 6111-2, 6114-5, 6117, 6119, 6124,
6126, 6128, 6132, 6134-6, 6138-9, 6142, 6146-7, 6153-5,
6157-8, 6162, 6164, 6171, 6177, 6181, 6188-9, 6200, 6211,
6219, 6225, 6227, 6231, 6235, 6249, 6251, 6255, 6257-8,
6272, 6282-3, 6288, 6291, 6319, 6333, 6379, 6390, 6396,
6403, 6413, 6418-21, 6426, 6430, 6440, 6444, 6459, 6472,
6502, 6504, 6514, 6516, 6520, 6524, 6527, 6541, 6549, 6554,
6575, 6581, 6624, 6707, 6714, 6730, 6749, 6753-4, 6758,
6814, 6824, 6827, 6830, 6838, 6839, 6844-5, 6850, 6928,
6933, 6936, 6942, 6947-8, 6965, 6970, 6996-7, 7001, 7010,
7012-3, 7022, 7029-30, 7046, 7048-9, 7064, 7071, 7073, 7091,
7093, 7100, 7109, 7116, 7119, 7135, 7140, 7181, 7188,
7215, 7218, 7223-4, 7235, 7256-7, 7285, 7335, 7342-3,
7355, 7362, 7380, 7383, 7399, 7403, 7433, 7436, 7443,
7464, 7478-9, 7481-2, 7520-1, 7524, 7527, 7568, 7597,
7621, 7667, 7671, 7675, 7679, 7682, 7686, 7689, 7692,
7702, 7724, 7734, 7745, 7758, 7780-1, 7794, 7801, 7831,
7833, T98, T124.

PREMIERS ROMANS

Etudes générales: 110, 160, 514, 615, 812, 3495, 3509, 3918,
  4261, 4365, 5940, 6981, 7289, 7313, 7707, 7714.

LES ROUGON-MACQUART

7483, 7560, 7565, 7636, 7761, 7770, 7788, 7809, 7823,
T27, T56.

Pot-Bouille: 540, 548-93, 655, 698, 703, 708-9, 729, 738,
741, 814, 957, 1028, 1414, 2089, 2152, 3286, 4166, 4209,
4767, 5162, 5340, 5373, 5639, 6062, 6397, 6439, 6474,
6547, 6698, 6712, 6747, 6758, 6804, 6822, 6945, 6958,
7054, 7061, 7177, 7305, 7319, 7469, 7713, 7823, T11.

Au Bonheur des Dames: 607, 655, 657-87, 715, 717, 721,
818, 924, 2254, 2354, 2357, 4092, 4831, 4916, 5224,
5521, 5651, 6081, 6087, 6264, 6382, 6387, 6456, 6519,
6697, 6837, 6875, 6899, 6923, 6945, 7061, 7099, 7171,
7246, 7263, 7308, 7404, 7462, 7543, 7582, T101, T106.

La Joie de vivre: 744-79, 874, 924-5, 1042, 1490, 1800,
2152, 2362, 3399, 4209, 4300, 4635, 4862, 4886, 5411-2,
5837, 5859, 5890-1, 6038, 6045, 6057, 6087, 6201, 6220,
6223, 6406, 6546, 6550, 6698, 6835, 6876, 6897, 6945,
6956, 7231, 7441-2, 7546, T15.

Germinal: 765, 828, 838-93, 902, 924, 955, 961, 1022, 1035,
1042, 1047, 1050, 1062, 1071, 1160, 1229, 1290, 1424,
1611, 1624, 1645, 1974, 1981, 1983, 2318, 2362, 2453,
2515, 3399, 3402, 3613, 3640, 3657, 3907, 3932, 4004,
4006, 4013, 4042, 4264, 4482, 4525, 4580, 4586, 4729,
4831, 4894, 4930, 5103, 5254, 5270, 5288, 5346, 5377,
5390-1, 5400, 5404, 5428-52, 5523, 5621, 5633, 5635,
5637, 5651, 5653, 5655, 5712, 5755, 5799, 5806, 5818,
5841, 5888, 5895, 5913, 5961, 5967, 5977-8, 5981,
6012, 6022, 6029, 6046, 6066, 6079, 6082, 6087, 6205,
6231, 6242, 6384, 6386, 6399, 6402, 6407, 6449, 6453,
6485, 6489, 6492, 6497, 6521, 6555, 6585, 6609, 6627,
6708, 6737, 6843, 6845, 6883, 6898-9, 6906, 6947, 6953,
6977, 6992-3, 7035-7, 7054, 7069, 7077, 7086, 7089,
7099, 7103, 7114, 7134, 7143, 7155, 7161, 7164, 7172-4,
7192-3, 7226, 7245, 7249-50, 7261, 7292, 7295, 7302,
7308, 7315, 7328, 7332, 7341, 7354, 7358, 7360, 7364,
7367, 7390, 7400, 7439, 7467, 7493, 7516, 7547-8, 7549,
7553, 7611, 7627, 7630, 7635, 7645, 7676, 7688, 7698,
7713, 7732-3, 7735-6, 7757, 7789-90, 7794-5, 7803,
7822, T2, T33, T37, T68, T76, T85, T113, T122, T132,
T136.

L'Œuvre: 898, 936, 940, 948, 953, 964-1018, 1052, 1066-7,
1290, 1334, 1396, 1429, 1488, 1791, 1800, 2100, 2141,
2331, 3890, 3904, 3912, 4268, 4284, 4300, 4336, 4362,

7493, 7506, 7638, 7761, 7763, 7828, T45, T74, T113, T118.

Le Docteur Pascal: 1577, 1942, 1955, 1972, 2015-56, 2096,
2140, 2144, 2147, 2261, 2267, 2272, 2291, 2323, 2326,
2342, 2355, 2440, 3275, 3315, 3394, 3519, 3893, 3902,
4025, 4209, 4299, 4772, 4781, 4887, 5650, 5730, 6027,
6400, 6483, 6897, 7272, 7310, 7323, 7496, 7539, 7638,
7802, T41.

LES TROIS VILLES

Etudes générales: 1942, 2289, 3236, 3280, 3389, 3412,
3516, 3978, 3999, 4028, 5347, 5533, 5754, 5765, 6382,
6416, 6695, 6848, 6899, 7016, 7089, 7094, 7580, 7666,
7684.

Lourdes: 1905-33, 1972, 1984, 2153-229, 2312, 2315, 2317,
2320, 2323, 2327-8, 2337, 2346, 2355, 2536, 3387, 3396,
3432, 4025, 4080, 4164, 4185, 4252, 4289, 4293, 4319,
4361, 4402, 5226, 5263, 5347, 6236, 6374, 6429, 6436,
6441, 6476, 6483, 6736, 6784, 6832, 6834, 6846, 6858-9,
6863, 6885, 6909, 6941, 7117, 7185, 7495, 7525, 7730,
7788, T115.

Rome: 1984, 2206, 2230-53, 2313, 2336, 2338, 2340, 2347,
2358-9, 2376-427, 2455, 2502-3, 2511, 2521, 2531, 2545,
3315, 3393, 3430, 3448, 3510, 3515, 3931, 4173, 4295,
4361, 4578, 4869, 4899, 5963, 6026, 6089, 6273, 6296,
6299, 6442, 6454, 6511, 6515, 6846, 6858, 6938, 7004,
7405, 7558, 7658, 7788, 7789, T14.

Paris: 2520, 2526, 2545, 2812, 3012, 3205-72, 3389, 3515,
3865, 4006, 4156, 5499, 5827, 6068, 6194, 6442, 6918,
6927, 7056, 7266, 7284, 7405, 7440, 7500, 7703.

LES QUATRE EVANGILES

Etudes générales: 3293, 3505, 3697, 3931, 3978, 4006, 4153,
4260, 4639, 5050, 5055, 5228, 5286, 5293, 5402, 5508,
5930, 6848, 7365, 7584, T128.

Fécondité: 1972, 3349-84, 3396, 3406-25, 3447, 3697, 3931,
3974, 4254, 4513, 4821, 4827, 4873, 5043, 5724, 6399,
6941, 7242, 7300, 7389, 7710, 7714, T6.

Travail: 3457-94, 3640, 3974, 3982, 4047, 4089, 4157,
4539, 4586, 4636, 5523, 5525, 5709, 6393-4, 6412, 6979,

7107, 7160, 7233, 7284, 7717, 7769, 7788-9, T105.

Vérité: 3505, 3892, 3915, 3928, 3954-72, 4041, 4166, 4188, 5053, 5522, 5827, 6396, 6818, 6823, 7065, 7084, 7500, 7701, 7829.

Justice: 3505, 4639, 4754, 4760.

CONTES ET NOUVELLES

Etudes générales et diverses: 534, 631, 1420, 1985, 1992, 3495, 3508, 4029, 5039, 5042, 5059, 5073, 6378, 7244, 7289, 7425, 7434, 7614, 7754, T5.

Contes à Ninon: 1-8, 14, 96, 514, 1037, 1209, 2457, 3509, 3894, 3918, 4352, 4931, 4936, 5395, 5641, 5713, 6713, 7228.

Nouveaux Contes à Ninon: 88, 792, 1037, 1043, 1421, 3509, 3918, 4931, 6713.

Le Capitaine Burle: 597-9, 703, 706, 712, 721, 725, 731, 4304, 5632, 6490, 7198, 7236.

Naïs Micoulin: 410, 697, 735, 782, 787, 794, 817, 1975, 5632, 5859, 6469, 6788, 7490.

Les Soirées de Médan: 381-96, 1056, 1968, 2077, 2084, 2098, 3446, 3611, 3896, 3921, 5026, 5089-109, 5290, 5381, 5389, 5407, 5609, 5855, 6045, 6049, 6051, 6057, 6463, 6831, 6930, 7021, 7361, T121.

THEATRE DE ZOLA

Etudes générales: 209, 218, 246, 277, 408, 484, 499, 523, 811, 1073, 1090, 1095, 1261, 1287, 1394, 1625, 1765, 1938, 1969, 2546, 3723, 3908, 4018, 4093, 4172, 4243, 4245, 4327, 4335, 4441, 4473-5, 4502, 4534, 4587, 4589, 4638, 4740, 4830, 4910, 4992, 5084, 5130, 5374, 5549, 5732, 5734, 5765, 5898, 5933, 5973, 6256, 6303, 6484, 6557, 6621, 6757, 6777, 6831, 6945, 6987, 7085, 7130, 7189, 7205, 7291, 7299, 7366, 7372, 7640, 7665, T39, T83-4, T135.

Madeleine: 1425, 1446-54, 1510, 6247.

Thérèse Raquin: 46-72, 192-6, 330, 724, 920, 1228, 1232,

L'Assommoir: 147, 209, 227, 230–49, 330, 346, 448, 451, 484, 601, 696, 733, 831, 943, 960, 1059, 1497, 1952, 1971, 1987, 2105, 3428, 4291, 4342, 4360, 4369, 4389, 4481, 4694–717, 4947, 5166, 5616, 5698, 6460, 6582, 6790.

Germinal: 894–910, 1020, 1031, 1055, 1061, 1244, 1261, 1272, 1311–29, 1363, 1413, 1483, 1612, 3933, 4718–29, 7111, 7245, 7369, 7514.

Jacques Damour: 1248, 1274, 1408, 5145.

Nana: 462–84, 1631, 4017, 4234–9, 4614, 5305, 5606, 5698, 6247, 6582, 6841.

Une Page d'amour: 1648, 2010–4, 2322, 4022.

Pot-Bouille: 688–95, 789, 807, 810, 957.

La Terre: 3938, 4830.

Tout pour l'honneur ["Le Capitaine Burle"]: 1405.

Le Ventre de Paris: 1072–84, 1256, 4730, 4749.

POEMES, INEDITS, MANUSCRITS, ETC.: 536, 1638–9, 2504, 2535, 4205, 4639, 5374, 6090, 6976, 7807.

ŒUVRES CRITIQUES DE ZOLA

Etudes générales: 292, 436, 459, 486, 489, 497, 647, 786, 1250, 1252, 1415, 1492, 1514, 1623, 1946, 2107, 2141, 2260, 2314, 2509, 3897, 4009, 4180, 4279, 4376, 4495, 4947, 5517, 5616, 5632, 5925, 5962, 6004, 6016, 6039, 6087, 6564, 6712, 7099, 7141, 7267, 7347, 7376, 7551, 7610, 7623, 7744, T19, T31–2.

Mes Haines: 26–7, 274, 319, 4897, 5112.

Le Roman expérimental: 224, 272, 284, 312, 316, 337–8, 347, 397–405, 455, 528, 542, 609, 624, 635, 797, 938, 1251, 1457, 1509, 1595, 2294–5, 2375, 3901, 4009, 4011, 4202, 4311, 4474, 4768, 4887, 4915, 4941, 5922, 6048, 6528, 6558, 7015, 7024, 7068, 7208, 7212, 7475, 7496, 7653, 7741, 7823, 7824.

Les Romanciers naturalistes: 197–202, 289, 296, 301, 318, 488, 490, 494, 831–2, 2123, 3390, 4011, 5278, 5925, 6854, 7141, 7208, 7765.

Le Naturalisme au théâtre: 212, 277, 333, 437, 485, 487, 492, 495, 501, 523, 1243, 1391, 1458, 1619, 2133, 3386, 4018, 4172, 4234, 4327, 4374, 4474-5, 4589, 4638, 5081, 5732, 5734, 5933, 6303, 6757, 6880.

Nos Auteurs dramatiques: 277, 491, 493, 496, 523, 1243, 1619, 3386, 4018, 4172, 4234, 4327, 4374, 4474-5, 4495, 4589, 4638, 4911, 5081, 5732, 5734, 5933, 6303, 6757.

Documents littéraires: 204, 328, 339, 498, 500, 502, 619, 638, 645, 4317, 4320, 4495, 4911, 7208.

Autres: 217, 300, 317, 420, 444, 805, 1622, 1644, 1986, 4569, 4746, 5080, 5692, 6005, 6289, 6451, 6854, 6974, 7019, 7108, 7169, 7208, 7213, 7366, 7522, 7647, 7774, T137.

JOURNALISME - ŒUVRES POLEMIQUES DE ZOLA

Etudes générales: 1946, 4226, 4623, 5632, 7588.

La République en marche: 2428, 5016, 5024-5, 5034, 5070, 6622, 6781, 6802-3, 6886, 6932, 6957.

Une Campagne: 409, 515, 529, 531, 539, 541, 547, 594-6, 717, 3183, 5041, 5106.

Nouvelle Campagne: 2433, 2442-4, 2461, 2508, 2522, 3315, 3635, 4899, 5497, 5532,

La Vérité en marche: 2530, 2554, 2842, 2918, 3020, 3330, 3345, 3364, 4898, 5466, 6523.

Autres: 165, 895, 1410, 2057-73, 2087, 2122, 3395, 7208, 7213, 7369.

ETUDES THEMATIQUES SUR L'ŒUVRE DE ZOLA: 215, 614, 728, 1004, 1428, 1431, 1634, 1723, 1874, 2096, 2332, 2363, 2513, 3309, 3313, 3350, 3516, 3663, 3802, 3899-900, 3917, 3946, 3980, 4005, 4032, 4035, 4053, 4181, 4209, 4214, 4297, 4300, 4310, 4355, 4392, 4394, 4539, 4586, 4644, 4762, 4774, 4831, 5210, 5263, 5335, 5345-6, 5349-50, 5398, 5434, 5502, 5522-3, 5529, 5538, 5827, 5871, 6008, 6068, 6082, 6180, 6214, 6266, 6297, 6391, 6397-8, 6400, 6432, 6698-9, 6706, 6719, 6833, 6874, 6899, 6919, 6981, 6992, 7030, 7034, 7050, 7054, 7084, 7125, 7141, 7158, 7161, 7239, 7305, 7326, 7378, 7398, 7401, 7405, 7460, 7496, 7500, 7563, 7579, 7589, 7593, 7606,

7609, 7615, 7638, 7645, 7674, 7695, 7698, 7700, 7705,
7708, 7714, 7719, 7731, 7739, 7742, 7746, 7749, 7761,
7775, 7788-9, 7821, T1, T3-4, T7-8, T22, T24-5, T40,
T43, T50, T54, T56, T60, T62, T64-5, T67, T69, T75, T77,
T80, T89-91, T96-7, T107, T113, T117-8, T127, T130,
T138-9.

ELEMENTS BIOGRAPHIQUES: 20, 38, 45, 157, 159, 162, 210, 269,
    282, 299, 313, 331, 379, 418, 442, 504-5, 508, 510, 514-5,
    527, 537, 543, 556, 606, 622, 651, 705, 736, 802, 828-9,
    883, 951, 963, 1025, 1038, 1160, 1237, 1247, 1280, 1282,
    1330-42, 1359, 1363, 1366, 1388, 1398, 1422, 1463-5, 1468,
    1470, 1472-4, 1477, 1479, 1488, 1492, 1534, 1558, 1590,
    1602, 1615, 1628, 1637, 1642-3, 1646, 1652, 1664, 1667,
    1767-8, 1776, 1783, 1786, 1801-2, 1843, 1854, 1893, 1905-34,
    1936, 1942, 1945, 1947, 1958, 1963-4, 1978, 1980, 1984,
    1988-9, 1991, 1993-5, 2058, 2060-2, 2065, 2067-8, 2072-3,
    2086, 2088, 2092, 2095, 2100-2, 2104, 2106, 2108, 2114,
    2120, 2124, 2127, 2129-32, 2134, 2138, 2149, 2154, 2158,
    2193, 2197, 2208, 2221, 2230-53, 2265, 2269, 2276-7, 2283,
    2288, 2290, 2296, 2298-9, 2307-8, 2313, 2320, 2327, 2335,
    2338, 2341, 2344-5, 2350-1, 2353, 2373, 2398, 2429, 2431-2,
    2435, 2438, 2441, 2447, 2452, 2454, 2463, 2507, 2510, 2514,
    2518, 2533-4, 2558, 2592, 2607, 2616, 2618, 2623, 2625,
    2628, 2641, 2648, 2686, 2693, 2707, 2716, 2721, 2731,
    2735-7, 2753, 2787, 2799, 2815-6, 2827, 2841, 2856, 2875,
    2901, 2922, 2929, 2934, 2980, 2982, 3002, 3004-7, 3009,
    3030-4, 3059-60, 3074, 3077-8, 3080, 3139, 3143, 3153,
    3155, 3160-1, 3173-6, 3181, 3187, 3191, 3192, 3198, 3273,
    3279, 3285, 3288, 3290, 3293, 3296, 3302, 3306-7, 3316,
    3321, 3329, 3335-6, 3339, 3341, 3343-4, 3346-7, 3432,
    3445-6, 3495, 3504, 3529-31, 3534, 3537-9, 3541, 3544,
    3546-9, 3551-2, 3556-7, 3562-3, 3565-6, 3569-72, 3576,
    3578-81, 3590, 3592-3, 3595-7, 3603, 3606, 3609-12, 3614-7,
    3619, 3622, 3624-5, 3631, 3636, 3638, 3641-5, 3648, 3651-2,
    3655, 3658, 3662, 3667, 3669, 3671-2, 3675-6, 3679, 3684,
    3689, 3695-7, 3703, 3706, 3708, 3710-11, 3716, 3719, 3725-7,
    3732, 3734-43, 3745-8, 3751, 3753, 3759, 3761, 3767-8, 3771,
    3780, 3787, 3789-94, 3795-6, 3798, 3803-6, 3808-47,
    3850-60, 3862, 3864, 3867, 3870, 3872-3, 3875-6, 3882,
    3885, 3887-8, 3893-6, 3898, 3910-11, 3914, 3916, 3919,
    3939, 3942-3, 3976, 3987, 3992-3, 3997, 4010, 4034, 4045,
    4060, 4063-4, 4066-8, 4070, 4075, 4090, 4098, 4100, 4104,
    4108-15, 4117, 4120-2, 4124, 4126-7, 4130-2, 4135, 4137,
    4139-45, 4147, 4150, 4152, 4159, 4165-7, 4182, 4190, 4197,
    4200, 4207, 4220, 4227, 4233, 4246, 4251, 4256, 4259,
    4270-1, 4273, 4275, 4277, 4280, 4284-5, 4290, 4309, 4312,

1540, 1614, 1648, 1653, 1736, 1786, 1795, 1799-800, 1865,
1872, 1981, 2043, 2058, 2103, 2143, 2277, 2320, 2355, 2373,
2439, 2460, 2509, 2675, 2994, 3048, 3050, 3220, 3289, 3303,
3445, 3473-4, 3556, 3697, 3724, 3753, 3781, 3831, 3846,
3894-5, 3907, 3929, 3931-2, 3934-5, 4010, 4021, 4023, 4071,
4091, 4100, 4155, 4161-2, 4166, 4196, 4230, 4232, 4274,
4284, 4317, 4332, 4352, 4396, 4470, 4487, 4508-9, 4520-1,
4525, 4530, 4562, 4564, 4577, 4622, 4730, 4749-50, 4781,
4783, 4787, 4807, 4821, 4824, 4858-67, 4872, 4875, 4877,
4879, 4899, 4922, 4925, 4935, 4937, 4940, 4992-5004, 5038,
5041, 5044, 5063, 5069, 5074, 5164, 5166, 5183, 5192,
5194-5, 5201-2, 5207-8, 5213, 5220-2, 5227, 5234, 5237,
5239-40, 5242-3, 5249, 5280, 5291, 5305-7, 5324, 5346,
5373, 5405, 5455, 5473, 5475, 5479, 5497, 5509, 5514, 5525,
5531, 5548, 5554, 5622, 5639, 5653, 5722, 5726, 5765,
5799-800, 5818, 5836, 5851, 5925, 5936, 5942, 5963, 5969,
5994, 6003, 6027, 6045, 6054, 6057, 6087, 6184, 6196, 6211,
6217, 6247, 6256, 6280, 6296, 6301, 6323, 6388, 6414, 6434,
6445, 6483, 6486, 6491, 6530, 6543, 6582, 6597, 6602,
6709-10, 6715, 6759, 6783, 6801, 6814, 6831, 6862, 6865,
6882, 6903-4, 6945, 6958, 6962, 6967, 6978, 6984-5, 7026,
7052, 7056-7, 7060, 7074, 7078-80, 7083, 7087, 7111,
7113, 7124, 7127, 7130, 7137-8, 7138, 7157, 7160, 7163,
7166, 7176, 7189, 7195, 7228, 7237, 7242, 7262, 7267,
7276, 7296, 7311, 7313, 7317, 7330, 7350-1, 7374, 7384,
7424, 7446, 7452, 7465, 7486-7, 7489, 7522, 7610, 7618,
7624, 7637, 7648-9, 7710, 7726-7, 7736, 7740, 7750, 7778,
7784, 7799, 7805, 7809, 7812, T47.

ZOLA ET LA PEINTURE - SALONS: 972, 1038, 2141, 2456, 3514,
    3663, 3890, 3904, 4190, 4213, 4262, 4282, 4284, 4336,
    4547, 4783-4, 4878, 4880, 5133, 5205-6, 5231, 5374, 5422,
    5457, 5463, 5483, 5485, 5548, 5735, 5847, 5864, 5911,
    5918, 5945, 5969, 6028, 6061, 6074, 6077, 6080, 6178-9,
    6268, 6283, 6309, 6450, 6558, 6602, 6605, 6717, 6797,
    6809, 6891-2, 6935, 6937, 6940, 6943, 6986, 7018, 7088,
    7097, 7137, 7194, 7274, 7293, 7334, 7427, 7448, 7458,
    7508, 7517, 7521, 7523, 7532, 7586, 7591, 7625-6, 7657,
    7659, 7673, 7680, 7723, 7751, 7769, 7815, T57, T73, T93.

HOMMAGES: 112, 156, 901, 959, 1049, 1598, 2085, 2117, 2367,
    2372, 2577, 2587, 2599, 2681, 3036, 3046, 3189, 3281,
    3308, 3385, 3426, 3522, 3525, 3528, 3535, 3540, 3547,
    3554, 3556, 3559-60, 3574, 3577, 3583, 3585-6, 3588-9,
    3598, 3606-7, 3610, 3612, 3621-3, 3628, 3638, 3646, 3654,
    3656, 3658-9, 3661, 3664, 3666, 3670, 3674, 3683, 3685,
    3688, 3690, 3693-4, 3698-9, 3701, 3705, 3715, 3720-2,

3726, 3728, 3760, 3766, 3679-70, 3772-5, 3777-9, 3782,
3784, 3788, 3790, 3794, 3798-9, 3801, 3803, 3810, 3814,
3858, 3860-1, 3866, 3877-80, 3883-4, 3936, 3949, 3950,
3977, 3981, 3985, 3990, 3998, 4000, 4015, 4024, 4052,
4058, 4065, 4074, 4078, 4088, 4090, 4098-9, 4101, 4106,
4115, 4118-9, 4125, 4133-4, 4136, 4146, 4148, 4158, 4160,
4168-9, 4177, 4188, 4191-4, 4204, 4208, 4210, 4217-9,
4221-6, 4228, 4242, 4247-9, 4254, 4265, 4272, 4278, 4326,
4332, 4367, 4370-2, 4385, 4387, 4390, 4394, 4397-9, 4401,
4403, 4406-7, 4414-21, 4423-5, 4428, 4430, 4433-6, 4438-40,
4442-9, 4451, 4453-7, 4460, 4462, 4472, 4476, 4489, 4493,
4496-7, 4517, 4550, 4552-3, 4557-61, 4568, 4608, 4612,
4615, 4617, 4619-21, 4624, 4643-6, 4649-51, 4654, 4656,
4658, 4661-3, 4667-8, 4670, 4672-3, 4675, 4678-82, 4684-5,
4672-3, 4675, 4678-82, 4685, 4735-6, 4744, 4756, 4792,
4802, 4829, 4870-1, 4883, 4895, 4902-4, 4912, 4923-4,
4926, 5005, 5007, 5009-13, 5015, 5018, 5032, 5037, 5048,
5050-1, 5054, 5056, 5065, 5113, 5117, 5137, 5141, 5155,
5185, 5200, 5233, 5236, 5244, 5255, 5259, 5261-2, 5269,
5274, 5285, 5309-10, 5320, 5323, 5326, 5329-30, 5333,
5338-9, 5378, 5403, 5423, 5445, 5447, 5450, 5456, 5466,
5472, 5504, 5506, 5512, 5528-9, 5534, 5552, 5570, 5576,
5581-2, 5607, 5609, 5617, 5620, 5634, 5644-5, 5705-7,
5712, 5716, 5772, 5788, 5792, 5796, 5831, 5863, 5920,
5924, 5926, 5930, 5935, 5970-1, 5984, 5989, 6006, 6013-4,
6030, 6064, 6072, 6091, 6094-5, 6101, 6103-8, 6110,
6120-3, 6125, 6127-8, 6130-1, 6137, 6139, 6145-6, 6150-1,
6153, 6155, 6159-62, 6164, 6166, 6168-70, 6172-5, 6235,
6241, 6292, 6302, 6305-6, 6310-3, 6316-7, 6322-3, 6325-6,
6330-2, 6334-7, 6339, 6341-2, 6347, 6381, 6390-1, 6401,
6408, 6411, 6448, 6477, 6527, 6548, 6556, 6566, 6572,
6574, 6629, 6714, 6723, 6789, 6824, 6849, 6860, 6928,
6988-9, 6999, 7017, 7028, 7066, 7070, 7100, 7140, 7209,
7356, 7382, 7394, 7428, 7435-6, 7512, 7519, 7556, 7585,
7617, 7630, 7667, 7682, 7699, 7780.

ECRITS POLEMIQUES ET SATIRIQUES CONTRE ZOLA: 20, 116, 200,
    220, 225, 268, 290, 308, 315, 336, 340-1, 343, 347, 365,
    372, 407, 415, 423, 426, 431, 453, 525, 544, 602, 610, 621,
    639, 652-3, 713, 797, 831, 833, 913, 958, 1126, 1131,
    1241, 1254, 1259, 1262-3, 1273, 1281, 1286, 1308, 1352,
    1386-8, 1390, 1401-2, 1406-7, 1436, 1471, 1515, 1601,
    1611, 1630, 1656, 1779, 1808, 1811, 1814, 1817, 1949,
    1990, 2041, 2106, 2111, 2146, 2149, 2153, 2169, 2231,
    2240-1, 2285, 2287, 2327, 2339, 2365-6, 2430, 2446, 2540,
    2542, 2551, 2564, 2568, 2573, 2576, 2579, 2642, 2744,
    2801, 2846, 2869, 3000, 3008, 3013, 3073, 3156, 3205,

3318, 3396, 3399, 3511, 3568, 3570-1, 3573, 3591, 3637,
3712, 3725, 3744-5, 3793, 3914, 3989, 4002, 4012, 4027,
4100, 4103, 4105, 4107, 4175, 4183, 4243, 4290, 4322, 4330,
4354, 4379, 4410, 4544, 4733, 4753, 5014, 5125, 5235,
5287, 5481, 5507-8, 5519, 5825, 6200, 6218.

PENSEE ESTHETIQUE - NATURALISME: 107, 111, 113, 153, 158,
166, 203, 220, 254, 256, 273, 277, 280-1, 285-7, 296-8,
308, 314-5, 341, 345, 347, 405, 413, 422, 427, 430, 432,
440, 454, 456, 460-1, 503, 506-7, 511, 517, 526, 530, 532,
542, 544, 546-7, 567, 600, 603, 608-9, 611, 624, 627-8,
635, 637, 644, 652, 654, 699, 702, 707, 710, 715-6, 723,
743, 781, 783, 786, 788, 791, 795, 797, 799, 801, 808,
837, 864, 911, 914-5, 917-8, 922, 930-1, 934-5, 937-9,
941, 946, 949, 958-9, 962, 972, 984, 1025, 1027, 1032,
1035, 1054, 1064, 1071, 1150, 1209, 1230, 1233-4, 1240-1,
1245, 1251, 1258, 1276-8, 1281, 1386, 1409, 1415, 1426,
1435, 1457, 1467, 1484, 1498, 1506, 1509, 1511-2, 1514,
1516, 1593, 1595-7, 1599-600, 1620-1, 1623, 1629, 1655
1658, 1660, 1771, 1773, 1775, 1780-1, 1797, 1805, 1810,
1814-5, 1948-9, 1959, 1961, 2109, 2112, 2150, 2275, 2281,
2330, 2333-4, 2375, 2506, 2543, 3291, 3309-10, 3312, 3404,
3431, 3443, 3444, 3521, 3896, 3901, 3903, 3914, 3944, 3952,
3978, 3983, 4009, 4016, 4035, 4048, 4097, 4181, 4189, 4202,
4216, 4263, 4267, 4279, 4283, 4308, 4327, 4374, 4376-7,
4379, 4437, 4510, 4514, 4556, 4573, 4583, 4606, 4642,
4686, 4734, 4746, 4768, 4901, 4947, 4954, 5031, 5081,
5083, 5099, 5111, 5208, 5326, 5331, 5344-5, 5350, 5420,
5454, 5477-8, 5517, 5520, 5734, 5763, 5767, 5788, 5849,
5853, 5858, 5860, 5885, 5897, 5916, 5922-3, 5931, 6004-5,
6018-9, 6047-8, 6206, 6238, 6260, 6272, 6340, 6478, 6480,
6528, 6558, 6581, 6601, 6607, 6628, 6778, 6780, 6792,
6814, 6864, 6930, 6934, 7024, 7042, 7062, 7072, 7086,
7128, 7131, 7141, 7147, 7203, 7219, 7220, 7248, 7260,
7264, 7290, 7304, 7339, 7345, 7349, 7377, 7385, 7472, 7481,
7499, 7502, 7513, 7562, 7578, 7596, 7601, 7613, 7617,
7634, 7640, 7653, 7685, 7711, 7745, 7759-60, 7762, 7772,
7800, T9, T31, T38, T53, T103, T111, T119.

PENSEE POLITIQUE ET SOCIALE: 460, 932, 945, 961, 1224, 1264,
1266, 1271, 1485, 1496, 1764, 1784, 1803, 1954, 2099,
2901, 3458, 3640, 3749, 3802, 3974, 3983, 4001, 4006, 4028,
4157, 4286, 4538, 4754, 4924, 5017, 5036, 5055, 5266, 5271,
5443, 5454, 5499, 5767, 5823, 5839, 5854, 6018, 6079, 6191,
6204, 6238, 6260, 6560, 6607, 6737, 6793, 6807, 6848, 6851,
6901, 7030, 7050, 7083, 7089, 7284, 7335, 7378, 7431, 7605,
7615, 7645, 7722, 7734, 7741, 7829, 7832, T28, T38, T49,

T83, T105.

PENSEE MORALE ET PHILOSOPHIQUE (ET RELIGIEUSE): 460, 723,
    801, 803, 919, 1255, 1422, 1456, 1527, 1603, 1772, 1781,
    1810, 1940, 2087, 2099-100, 2115, 2139-40, 2268, 2371,
    2436, 2445, 2451, 2516, 3248, 3502, 3901, 3903, 3905, 3978,
    3983, 4001, 4056-7, 4062, 4153, 4184, 4211, 4261, 4263,
    4267, 4288, 4359, 4814, 4881, 5035, 5111, 5233, 5326,
    5331, 5351, 5454, 5858, 6098, 6206, 6340, 6400, 6413,
    6442, 6737, 6814, 6848, 6876, 6885, 6992, 7222, 7272,
    7333, 7385, 7440, 7617, 7652, 7691, 7722, 7743, 7748,
    7802, T38, T51, T58.

METHODES DE TRAVAIL: 206, 716, 1052-3, 1660, 1793, 2112,
    2150, 3891, 3995, 4043-4, 4055, 4216, 4241, 4263, 4349,
    4412, 4514-5, 4607, 4817, 5023, 5053, 5760, 6206, 6238,
    6272, 6338, 6722, 6897, 6903, 7172, 7235, 7256, 7258,
    7560.

STYLE: 413, 547, 653, 868, 912, 2144, 2324, 2342, 2368, 3906,
    4281, 4363, 4790, 4809, 5260, 5760, 5803, 6186, 6233,
    6267, 6517, 6522, 6843, 6877, 6895, 6920, 6947, 6961,
    6993, 7033, 7112, 7115, 7181, 7207, 7258, 7326, 7356,
    7464, 7467, 7480, 7521, 7532, 7598, 7676, 7733, 7769,
    7786, 7795, T16, T20, T76, T88, T101, T120, T133, T141.

TECHNIQUES: 547, 927, 1514, 1521, 1793, 2258, 2453, 4046,
    4384, 4641, 4954, 5651, 5788, 5803, 5861, 5966, 6012,
    6076, 6213, 6382, 6433, 6472, 6698, 6722, 6884, 6898,
    6912, 6920, 6947, 6961, 7034, 7054, 7076, 7115, 7174,
    7181, 7193, 7207, 7211, 7235, 7258, 7326, 7332, 7401-2,
    7444, 7521, 7532, 7548, 7593, 7596, 7598, 7606, 7641,
    7706, 7737, 7769, 7793, 7821, T30, T42, T59, T63, T114.

INFLUENCES SUR ZOLA: 419, 431, 452, 455, 1051, 1182, 1265,
    1514, 1595, 2116, 3430, 3443, 3564, 3897, 4035, 4055,
    4077, 4279, 4281, 4633, 4635, 4741, 4873, 4886, 4901,
    5129, 5139, 5151, 5216, 5279, 5334, 5396, 5453, 5460,
    5606, 5637, 5721, 5811, 5956, 6004, 6074, 6098, 6276,
    6299, 6378, 6417, 6425, 6483, 6489, 6528, 6607, 6729,
    6801, 6876, 6896, 6975, 6982, 7015, 7033, 7090, 7147,
    7198, 7211, 7257, 7283-4, 7297, 7315, 7323, 7522, 7546,
    7596, 7604-5, 7620, 7824, 7827, T58, T71, T93, T105,
    T112.

INFLUENCE DE ZOLA: 137, 275, 390, 428, 439, 506, 512, 569,
    600, 602, 624, 628, 642, 715, 756, 781, 783-5, 797, 836,
    916, 922, 935, 944, 950, 954-5, 1021, 1023, 1026, 1034,

6518, 6523, 6579, 6600, 6604, 6623, 6629, 6720, 6723,
6725, 6727, 6783, 6847, 6857, 6871-2, 6904, 6908, 6921,
6929, 6939, 6941, 6998, 7039-40, 7052, 7055, 7074, 7087,
7089, 7105, 7118, 7138, 7145, 7150, 7152, 7196, 7229,
7242, 7284, 7300, 7311, 7325, 7371, 7384, 7429, 7436,
7449, 7526, 7587, 7630, 7678, 7715, 7767, 7799.

CINEMA (RADIO ET TELEVISION): 4341, 4351, 4395, 4526,
4590-605, 4815, 4836-57, 4868, 4889, 4900, 4909, 4921,
4955-91, 5020, 5045-7, 5062, 5076, 5110, 5114, 5127-8,
5135, 5154, 5156, 5173-9, 5190-1, 5198, 5217, 5219,
5230, 5275, 5294-304, 5308, 5319, 5336-7, 5352-69, 5393,
5461, 5486-94, 5583-605, 5611, 5654, 5657-87, 5659, 5689,
5708, 5715, 5736-51, 5801, 5805, 5813-4, 5821, 5872-82,
5947-55, 5965, 5979, 5987, 6021, 6025, 6175, 6182, 6195,
6211, 6222, 6226, 6234, 6246, 6262-3, 6279, 6281, 6283-4,
6286, 6300, 6321, 6348-73, 6376, 6455, 6464, 6499, 6531-9,
6540, 6552-3, 6565, 6577, 6587, 6592, 6598, 6616, 6630-93,
6728, 6740, 6744-6, 6760-75, 6808, 6812-3, 6815-7, 6852-3,
6855, 6867-70, 6873, 6879, 6887-90, 6893-4, 6900, 6907,
6913, 6924-6, 6952, 6955, 6980, 7006, 7032, 7159, 7182,
7199, 7249, 7254, 7309, 7336, 7406-11, 7412-22, 7451,
7473, 7477, 7492, 7494, 7503, 7507, 7515, 7528, 7541-2,
7557, 7559, 7594, 7622, 7628-9, 7633, 7642, 7664, 7670,
7683, 7693, 7708, 7716, 7718, 7755, 7777, 7782, 7785,
7791-2, 7798, 7804, 7806, 7816, 7825, T87.

ZOLA ET LA CRITIQUE FRANÇAISE: 108, 218, 266, 296, 324, 332,
342, 449, 459, 519, 717, 732, 753, 841, 845, 901, 904,
1063, 1080, 1099, 1117-9, 1121-2, 1124-5, 1132-3, 1135,
1143-4, 1148-9, 1154-5, 1158, 1160, 1164-5, 1168-70,
1173-7, 1182-3, 1186-7, 1189-90, 1194, 1201, 1210-11,
1214-6, 1219-21, 1225, 1239, 1253, 1332, 1404, 1493,
1643, 1659, 1769, 1898, 1922, 1942-3, 1953, 1973, 1976-7,
1993, 2077, 2182, 2196, 2447, 2486, 2504, 2507, 2519,
2525, 2527-8, 2629, 2969, 3274, 3283, 3297, 3385, 3446,
3567, 3584, 3599, 3611, 3697, 3724, 3750, 3781, 3863,
3882-3, 3926-7, 3936, 4031, 4100, 4112, 4123-5, 4170,
4180, 4198, 4219, 4259, 4280, 4287, 4338, 4345, 4353,
4357, 4368, 4371, 4411, 4459, 4461-71, 4490-1, 4498, 4506,
4520, 4527, 4536, 4542, 4559, 4570, 4575, 4616, 4624,
4633, 4648, 4666, 4679, 4681, 4691, 4742, 4745, 4756-7,
4763, 4765, 4769, 4788-9, 4803, 4808, 4811, 4821, 4827-8,
4861, 4896, 4929, 4992-4, 5000, 5027, 5029, 5040, 5052,
5056, 5066, 5071, 5108, 5118, 5123, 5126, 5129, 5132,
5160-1, 5166, 5181, 5214, 5236, 5242, 5246, 5252-3, 5258,
5290, 5309, 5313, 5427, 5455, 5467, 5469, 5471, 5474,

5508, 5519, 5537, 5554, 5557, 5559-60, 5570, 5579, 5642,
5724, 5776, 5793, 5798, 5826, 5915, 5970, 6036, 6055,
6058, 6087, 6108, 6123, 6129, 6140, 6148, 6163-4, 6171,
6231, 6256, 6258, 6283, 6296, 6328, 6330, 6414-5, 6422,
6428, 6434, 6498, 6506, 6544, 6549, 6559, 6574-5, 6711,
6724, 6726, 6739, 6795, 6801, 6807, 6826, 6840, 6861,
6941, 6971, 7008, 7023, 7041, 7047, 7067, 7141, 7147,
7160, 7186, 7197, 7206, 7210, 7229, 7237-8, 7255, 7306-7,
7317, 7335, 7352, 7370, 7375, 7386, 7389, 7402, 7423,
7446, 7457, 7470-1, 7495, 7511, 7531, 7540, 7567, 7569,
7574, 7600, 7610, 7612, 7681, 7688, 7709, 7712, 7720,
7727, 7736, 7764, 7813, 7830, T9-10, T108, T126, T140.

ZOLA A L'ETRANGER (ET CRITIQUE ETRANGERE)

Etudes générales: 2961, 3180, 3536, 3753, 3868, 3882, 3886,
3936, 4031, 4656, 4932, 5283, 5793, 6140, 6498, 6544,
6559, 6711, 6807, 7147, 7335, 7481, 7504, 7688, 7830,
T108.

Algérie: 4939.

Allemagne: 77, 151, 153, 159, 163, 169, 193, 237, 254-5,
268, 270-1, 285, 289-91, 299, 308-9, 312, 336, 344-5, 360,
365, 401-3, 408, 415-7, 419-20, 423, 429, 433, 441, 443,
454, 457, 459, 465, 478, 489, 499, 517-22, 524, 533, 535,
545, 550, 557, 562, 576, 587, 601, 605-6, 610-11, 613,
615, 620-1, 623, 630, 638, 640-1, 647-8, 656, 663, 670,
672-3, 675, 680, 682, 696, 704, 709, 714, 719, 727, 729,
740-1, 749, 756-7, 759-60, 771, 777, 780-1, 784, 790-1,
793-6, 809, 812, 819, 835, 837, 839, 848, 851, 861, 867,
875, 882, 911-3, 916-7, 919, 923-6, 928, 930-2, 941-2,
944, 949-50, 955, 959, 966, 982, 987-8, 1004, 1008, 1019,
1021-2, 1025-32, 1034, 1039, 1041-2, 1056-8, 1064, 1068,
1100, 1167, 1207, 1227-30, 1232, 1238, 1240-1, 1246,
1249-51, 1257, 1263-4, 1266, 1268-70, 1276-8, 1284-7,
1290, 1292, 1295-8, 1300-3, 1345, 1352, 1364, 1373, 1390-2,
1396, 1400, 1402, 1406-7, 1427, 1429-33, 1435-7, 1439-42,
1444, 1456-8, 1466-7, 1478, 1484, 1486-7, 1493, 1506,
1511-2, 1514-5, 1517-20, 1536, 1538-9, 1542-3, 1546-8,
1551, 1557, 1559, 1593, 1595-8, 1600, 1603, 1606-10, 1618,
1620, 1623-5, 1627, 1632, 1634-7, 1654-5, 1660, 1666,
1668-9, 1671, 1689, 1693-4, 1699, 1701-2, 1713-5, 1728,
1734, 1763-5, 1770-4, 1777, 1780, 1782, 1805-6, 1809-10,
1812, 1814, 1816, 1825, 1848-9, 1853, 1857-8, 1867, 1869,
1876, 1883, 1902, 1938-9, 1948, 1960-1, 1963-4, 1966,
1975, 1996-7, 2001, 2005, 2009, 2024, 2030, 2040, 2094,
2097, 2110, 2123, 2141, 2150-1, 2201, 2219, 2261, 2267,

Grèce: 5975, 6040, 6049, 6084, 6154, 6251, 6444, 6871, 7091, 7655.

Guatemala: 4049.

Hongrie: 3313, 3419, 5727, 5943, 5974, 6018, 6088, 6185, 6304, 7221, 7435, 7699, 7795.

Israël: 5972, 6011, 6134, 6325, 6430, 6448, 7013, 7154, 7223-4.

Italie: (Voir surtout 7009) 270-1, 330, 515, 626, 2544, 2582, 2601, 2612, 2743, 3041, 3053, 3164, 3179, 3185, 3342, 3402, 3505, 3540, 3543, 3554, 3568, 3674-5, 3728, 3785, 3797, 3910, 3927, 3931, 4023, 4524, 4752, 5237, 5482, 5543, 5963, 6018, 6041, 6222, 6329, 6375, 6419, 6446, 6488, 6724, 6907, 6938, 6955, 6960, 7000, 7009, 7061, 7063, 7078-80, 7127, 7138, 7141-2, 7156, 7163, 7160, 7189, 7202, 7219, 7220, 7262, 7278, 7282, 7284, 7293, 7309, 7330, 7344, 7357, 7363, 7375, 7384, 7426, 7430, 7465, 7486, 7570, 7637, 7658, 7660, 7712, 7770, 7805, T28.

Japon: 1967, 3911-3, 3984, 4060-1, 4151, 4356, 4378, 5061, 5119-20, 5124, 5129-33, 5138-40, 5150-1, 5157-9, 5766-8, 5871, 6015, 6024, 6267, 6327, 6432-3, 6609, 6613, 6735, 6819, 6827, 6916, 6991, 7077, 7125, 7147-8, 7178-9, 7259, 7266, 7271, 7321-2, 7331, 7376-7, 7388, 7462, 7765, 7824.

Liban: 6626.

Maroc: 4938.

Mexique: 2580, 3310, 3889, 5764, 5895, 5934, 6315, 7493, 7703.

Norvège: 604, 705, 743, 1260, 2020, 5080, 5520, 5546, 6071.

Nouvelle-Zélande: T97, T116.

Pays-Bas: 110, 160, 177, 195, 215, 228, 270, 274, 295, 305, 307, 393, 414, 440, 571, 573, 678-9, 706, 721-2, 724, 742, 768-70, 815, 844, 847, 887, 938, 948, 956, 985, 1002-3, 1012, 1197-8, 1217, 1225, 1288, 1301, 1304-5, 1336, 1341, 1363, 1366-70, 1376, 1485, 1489-92, 1560, 1562-4, 1571-2, 1637-40, 1718-22, 1735, 1746, 1758-60, 1787-91, 1798, 1874-7, 1897, 1982-3, 2006-7, 2042, 2044-5, 2053, 2081, 2117-21, 2200-1, 2211, 2289-91, 2414, 2465, 2522, 2555, 2586, 2590, 2648, 2899, 2926, 2978, 3035, 3086, 3292, 3334, 3370-1, 3378, 3478, 3483, 3631, 3676, 3798, 3946, 3968, 4014, 4365, 4376, 4383, 5063, 5086,

* * *

*Florence Montreynaud vient de nous signaler une importante
publication récente et très pertinente: G.I. Leščinskaja:
*Emil' Zolja. Bibliografičeskij ukazatel' russkix perevodov
i kritičeskoj literatury na russkom jazyke 1865-1974.* Moscou,
Izd. Kniga, 1975. 344p. [4420 entrées: traductions et critique
russes 1865-1974 - bibliographie analytique]

2459-60, 2511, 2516, 2518-20, 2536, 2770-1, 2853-4, 2857,
3014, 3072, 3083, 3162, 3186, 3191, 3225, 3231, 3267, 3287,
3299, 3332, 3359, 3382-3, 3413-4, 3432, 3482, 3486-7, 3490,
3494, 3499, 3509, 3553, 3600, 3618, 3626-7, 3629-30, 3633,
3636, 3649, 3660, 3673, 3677, 3680, 3686-7, 3692, 3713-4,
3718, 3754-8, 3776, 3867, 3909, 3922, 3930, 3969, 3996,
4044, 4063, 4092, 4100, 4152, 4156, 4215, 4229, 4244, 4250,
4252-3, 4289, 4292-3, 4295, 4304, 4309, 4319, 4360, 4366,
4386, 4389, 4402, 4518, 4573, 4578, 4664-5, 4679, 4686-7,
4738, 4797, 4812, 4893-4, 4933, 4937, 5121-2, 5163, 5170,
5196, 5204, 5225, 5244-5, 5266, 5271, 5273, 5276-7, 5283-4,
5312, 5314, 5317, 5321-2, 5325, 5327-8, 5330, 5343, 5377,
5390, 5392, 5398, 5400-1, 5404, 5410, 5424-5, 5437, 5530,
5599, 5603, 5617, 5628, 5631, 5635-6, 5641-2, 5644-9, 5733,
5755, 5758, 5771-3, 5775, 5777-82, 5785-7, 5789-90, 5793-4,
5807-8, 5810, 5822-3, 5834, 5839-40, 5844, 6016, 6018,
6039, 6047, 6051, 6075, 6083, 6118, 6126, 6133, 6136, 6138,
6160, 6163, 6167, 6190, 6199, 6224, 6229, 6244, 6252, 6254,
6282, 6285, 6333, 6374, 6377, 6381, 6384, 6408, 6412, 6415,
6423, 6429, 6436-7, 6446, 6454, 6459, 6470, 6481, 6500-1,
6503, 6505, 6509-13, 6515, 6523, 6554, 6562, 6567-9, 6583,
6586, 6590-1, 6599, 6603-4, 6608, 6612, 6614-5, 6617, 6695,
6701, 6718, 6720-1, 6725-7, 6732, 6734, 6738, 6741, 6776,
6804, 6818, 6822-3, 6838, 6850, 6914-5, 6917, 6922, 6956,
6977, 6983, 6990, 6994, 7126, 7135, 7173, 7183, 7187, 7200,
7342-3, 7349, 7378, 7399, 7445, 7479, 7481, 7535, 7650,
7818, 7823.

DIVERS: 216, 4195, 4321, 4337, 4478, 4627, 5144, 5212, 6073,
6094, 7373, 7555, 7564, 7590, T108.

INDEX DES NOMS

[Les numéros renvoient aux titres]

Auriant 391, 1359, 5089,
5238-41, 5305-7, 5370-5,
5415, 5453, 5554, 5606,
5688, 5798-800, 5846, 5925,
6184, 6247.
Auroch, Paul 5607.
Author of *An Englishman in
Paris*, The 3891.
autre, Un 508.
Aveline, Claude 5689, 6014,
6292, 7209.
Avenarius, Ferdinand 1019.
Avenel, Vicomte Georges d'
2254.
Avèze, André 2599.
Axelsson, J.E.M. 1592, 2255.
Ayguesparse, Albert 6928.
Aymar, Desplanz 3273.
Aymé, Marcel 6063.
Azevedo, Aluizio 5893.
Azima, Hourieh T3.

B. 1821, 2600-2.
B., A. 965, 1330, 1386,
2603-7, 6377.
B., A. de 2608-25.
B., Ad. 697, 746.
B., B. 5926.
B., C.I. 3328.
B., Em. 3529.
B., G. 2626-7, 3530, 4697.
B., H. 2628.
B., J. 550, 7622.
B., P. 4317.
B., Ph. 7831.
B., S. 398.
Bm., A. 408.
Br., J. 5242.
Baarts-Weissensee 3973.
Babić, Vladimir 4386.
Baccar, Alia Bournaz T4.
Bacchelli, Riccardo 7138.
Bachelard, Gaston 5650, 5862,
5967-8.
Bachy, Victor 7559.
Bacourt, Pierre de 4373.
Baczyński, S. 4634.

Badin, Ad. 2017.
Baehrendtz, Nils Erik 6856.
Baer, Elisabeth 5286.
Baeza, Ricardo 5831.
Baffier, Jean 2551.
Baguley, David 7425, 7489-90,
7576, 7775-6, T5, T6.
Bahr, Hermann 1519, 1593,
1655.
Baigneres, Arthur 966.
Baillot, Alexandre 4328, 4340,
4359, 4413, 4635.
Bainville, Charles 3209.
Bainville, Jacques 2629, 4544,
4636, 6129.
Baju, Anatole 1386-8.
Baker, Joyce Marie T7.
Bakker, B.H. 7704.
Baldensperger, Fernand 5086.
Baldick, Robert 6541.
Balkanyi, Suzanne 6519.
Ballerini, Le P. Raphaël 2153.
Balmain 6697.
Balzac, Honoré de 433, 1051,
1268, 2329, 3315, 3897, 3953,
3979, 4393, 4539, 5065, 5069,
5125, 5216, 5481, 5561, 5577,
5606, 5651, 5966, 6018, 6082,
6213, 6276, 6547, 6607, 6954,
7010, 7090, 7131, 7141, 7259,
7264, 7297, 7314, 7335, 7578.
Balzer, Hans 7577.
Banašević, Nikola 7687.
Bandy, W.T. 6378, 6456.
Bang, Herman 219, 6475.
Bange, Pierre 7294.
Bänsch, Dieter 7768.
Bansemer, Erwin T8.
Banville, Théodore de 48, 78,
381, 436, 7267.
Baquero, Gomez de 4731.
Bar, Ludwig von 2630.
Baratto Trentin, Françoise
7426.
Baratz, Léon 5497.
Barbereau, Félix 2631.
Barbey d'Aurevilly, Jules 9,

Bornecque, Jacques-Henry 6830, 7431.
Bornet, Paul 4371.
Bornhack, G. 1458.
Bornier, Henri de 5235.
Borojević, Rade 6956.
Borowski, Tadeusz 5977.
Borozna, N. 6107.
Bory, Jean-Louis 7782.
Bossuat, Robert 5941.
Bossuet, Jacques Bénigne 4658, 4816.
Bost, Pierre 5736, 6673.
Bostock, Anna 6933.
Botez, Octav 5477.
Bottot, Jean 4743.
Bottomley, H. T16.
Boubée, Simon 123, 1128.
Boucheron, Maxime 1129.
Boucicaut, M. et Mme 6387.
Boudry, Robert 6194.
Bougier, Louis 842.
Bougon, Dr 3544.
Bouissounouse, Janine 6026, 6195.
Boulier, Jean 7580.
Boulouis, Jean 6957.
Bourdet, Maurice 5090, 5500.
Bourdon, Georges 4558, 4744.
Bouret, Jean 6108.
Bourgeat, Fernand 1312.
Bourges, Elémir 3909.
Bourges, Hervé 6635.
Bourget, Paul 75, 487, 509-10, 2505, 3545, 3753, 4048, 4076, 4079, 4161, 5118, 5289, 6098, 7008, T13.
Bourget-Pailleron, Robert 5454.
Bourgin, Georges 6109, 6196.
Bourneuf, Roland 7706, 7783.
Bourquelot-Kirsch, Lucile 7784.
Boussel, P. 6460.
Bouthoul, Gaston 6307.
Boutique, Alexandre 4508.
Bouve, T.T. 2649.

Bouvier, Bernard 3944.
Bouvier, Emile 4279.
Bouvier, Jean 7581, 7674.
Bouvier-Ajam, Maurice 7582.
Bouwens, Nancy 5422.
Bowen, Ray P. 4361.
Bowie, Theodore Robert 6033.
Boyd, Ernest A. 4531.
Boyé, Maurice Pierre 5910, 6197.
Boyer, Amédée 4180.
Boyer d'Agen, A.-J. 1507.
Boylesve, René 7140.
Brachin, Pierre 7020, 7432.
Brady, Patrick 7097-8, 7297-8, 7474.
Brăescu, Ion 7021, 7099, 7157-8, 7230 1, 7299, 7707.
Brag, Eva 406.
Brahm, Otto 601, 784, 1232, 1345, 1391, 3439, 4257, 7368.
Braibant, Charles 5455.
Brainin, R. 3893.
Braive, Michel-François 6198.
Brand, Robert F. 6461.
Brandes, Georg 1233-5, 1392, 1523, 1941, 2256, 3440, 4026, 6388.
Brands, E. 6110.
Braudy, Leo 7708.
Braun, Sidney D. 5957.
Brausewetter, Ernst 1439, 1765.
Breiter, Emil 5246.
Breitinger, Heinrich 153.
Breton, Guy 7560.
Breton, Jules-Louis 4608.
Briac, Claude 5660.
Brieger, Adolf 1598, 1671.
Brieux, Eugène 4125.
Briffault, Herma 6063.
Brincourt, André 7492.
Brinn'Gaubast, Louis-Pilate de 2360.
Brisson, Adolphe 697, 746, 843, 971, 1130, 1346, 1524,

2837, 3450,
Cayette, André 5881, 6812.
Cazalbou, Jean 6203.
Cazaux, Michèle 6388.
Cazeaux, Michelle 6700.
Cé, Camille 5332.
Céard, Henry 531, 553, 832,
  845, 915, 1237, 1447, 1944,
  2077, 2258, 2384, 2470,
  2674-5, 3428, 3556-7,
  3896-7, 3975-6, 4017, 4311,
  4329, 4362, 4392-3, 4483,
  4525, 5106, 5109, 5306,
  5373, 5474, 5804, 6064,
  6201, 6543, 6831, 6903,
  6931, 6945, 7124, 7130,
  7352, 7357, T10.
Cejador, Julio 7472.
Céline, Louis-Ferdinand 5309,
  5511, 7181.
Cellarius, Albert 2676.
Cenić, Mita 700.
Centore, Denise 7355.
Cernevič, M.N. 6204, 6839.
Cerniševskij, N.G. 5797.
Cerović, Rajko 6701.
Cesbron, A.T. 6297.
Cézanne, Paul 4284, 4362, 4388,
  4521, 4530, 4878. 5133, 5202,
  5422, 5483, 5485, 5548, 5585,
  5726, 5759, 5784, 5812, 5910,
  5969, 6037, 6197, 6593, 6605,
  6625, 6696, 6717, 6943, 6984,
  7136, 7194, 7225, 7448, 7566,
  7728.
Chabas, Juan 4747.
Chabaud, Alfred 5021.
Chabot, Marcel 5285, 5310.
Chabrillat, Henri 52.
Chabrol, Jean-Pierre 7630,
  7806.
Chaikin, Milton 6545-7, 6702,
  6787, T21.
Chaillet, Jean 7676.
Chailley, Léon 2115.
Chainaye, Hector 846.
Chałasiński, Józef 6389.

Chałasińska, Krystyna 6389.
Chalendard, M. 7302.
Chambron, Jacqueline 6205.
Chambry 1331.
Champeaux, Georges 5294,
  5737, 5872.
Champfleury 2509, 7313.
Champion, V. 1460.
Champsaur, Félicien 162,
  205, 275, 1136, 1528,
  3719.
Chamson, André 5071, 5378.
Chantavoine, Henri 1347.
Chaperot, Georges 5115.
Chapier, Henry 7414.
Chapman, Guy 6518.
Chapron, Léon 251-3, 355,
  464, 4788.
Charasson, Henriette 5311.
Charbonnel, Abbé Victor 2385.
Chardère, Bernard 7159.
Charensol, Georges 4559,
  5116, 5738, 6309, 6351,
  6637, 6999.
Charles, Ernest voir J.
  Ernest-Charles
Charles-Albert 2549.
Charles-Brun [Jean] 4181.
Charlie, Robert 1674.
Charloteo 2259.
Charmoy, Roger 5873.
Charmy, Roland 5117.
Charnacé, Guy de 4002, 4027.
Charpentier, Armand 3558,
  3977, 4423, 4546, 5022,
  5247-8, 5379, 5610.
Charpentier, Georges 3795,
  3895, 4764, 6602, 7740.
Charpentier, Gustave 3451,
  4247, 4274.
Chartier, Emile 5344, 6516.
Chartier, Pierre 5949.
Charvay, Robert 972.
Chase, Eliza E. 2128.
Chassé, Charles 4363, 5380.
Châtaignier, Jean 4590, 4961.
Chateaubriand, François René,

Colombine 554.
Colum, Mary M. 5544, 6864.
Colvert, James B. 6703.
Combes, Colonel 2804-5, 3321.
Comte, Auguste 2566, 6447.
Conchon, Georges 7356.
Condamine, Pierre de la 6788.
Condroyer, E. 5505.
Connolly, Cyril 6295.
Conrad, Joseph 6546.
Conrad, Michael Georg 254,
    344, 454, 465, 489, 605-6,
    647, 1603, 2261, 3385, 3512,
    4050, 4825.
Conradi, Hermann 916, 1238.
Conybeare, F.C. 3331.
Cooke, J.G. 2386.
Cooper, Frederic Taber 3899.
Cooplandt, A. 847.
Coppée, François 1475, 2085,
    2460, 2985, 3499, 3610,
    4177, 4219, 4908, 5307,
    5459, 7461.
Coquard, Arthur 3452.
Coquerico 2472.
Coquet, James de 4701, 5739.
Coquiot, Gustave 4312, 4547.
Corbinelli 1313.
Corday, Michel 3954.
Cordeaux, Paul 7633.
Cordié, Carlo 7357, 7712.
Corneau, André 2473.
Cornell, Kenneth 7305.
Cornély, J. 1139, 1834, 2086,
    2687-93.
Cornu, Marcel 7408.
Cornut, Le P. Etienne 1808,
    1835.
Corra, Emile 1140.
Coste, Berthe 7501.
Coste, Numa 4058.
Cotnam, Jacques 7713.
Cotruş, Ovidiu 7634.
Cottalorda, F. 5023-4.
Coudert, Marie-Louise 7585.
Coulaudon, Aimé 7498.

Coulet, E. 6865.
Coulmeau, Angèle 7358.
Coulmeau, Jean 7358.
Coulon, Marcel 4201, 4996.
Couperus, L.M.A. 6748.
Courbet, Gustave 7517, 7591.
Cournon, Jean de 2694.
Cournot, Michel 7416.
Courrière, Emile 5506.
Courteline, G. 6904.
Courthion, Pierre 7586.
Couvreur, Jean 6115.
Crane, Stephen 6032, 7270,
    7797.
Cravenne, Georges 5611, 5666-8.
Crawford, Emily 1462.
Crémieux, Benjamin 4653.
Crepet, Eugène 22.
Crépet, Jacques 5692.
Crépieux-Jamin, Jules 4072.
Cressot, Marcel 4873, 5803,
    6463.
Crestey, Abbé Joseph 2156.
Crispi, Francesco 2249, 2612.
Cristaller, G. 848, 917.
Croce, Arlene 6764.
Croce, B. 4343.
Croce, Elena et Alda 7282.
Crohmălniceanu, Ov. S. 7502.
Cromwell, 6215.
Crouzet, Guy 4963.
Crouzet, Marcel 7283.
Crowther, Bosley 5979, 6464,
    6765-6, 6866-9, 7503.
Croze, J.-L. 2262, 2474, 4395,
    4591.
Cru, Jean Norton 4948.
Cudenet, Gabriel 4654.
Cuénot, Claude 6027.
Cuénot, Lucien 6027, 6814.
Cunliffe, J.W. 2374, 4373.
Curtiss, Thomas Quinn 6352.
Curtius, Ernest Robert 5119.
Curzon, Henri de 2475.
Cujko, V.V. 44.
Curnonsky, M.Ed. 7351.

Dietrich, Margaret 7085.
Dietrich, Marlène 5611.
Dietrichson, Jan W. 7561.
Digeon, Claude 6443, 6930.
Dikka Reque, A. 5080.
Dilthey, Wilhelm 1948.
Dimitrijević, I. 5325.
Dimitriu-Păuşeşti, Al. 7029.
Dinur, B. 6011.
Dior 6697.
Divoire, Fernand 5695.
Dlugač, G. 5384.
Dobert, P. 749, 851.
Döblin, Alfred 7684.
Dobrogeanu-Gherea, C. 4532.
Docquois, Georges 2362.
Doerschuk, Elizabeth O'Bear
    T34.
Dolezal, Georg 950.
Dollfus, Paul 3566.
Dombasle 3567.
Domingo Mambrilla, Clemente
    1949.
Dominique, Pierre 5071.
Dommartin, Léon 127.
Donatien 4526.
Doncieux, Georges 382.
Doniol-Valcroze, Jacques 6354.
Don Paolo-Agosto 3568.
Dons, Herman 6065.
Dordan, E. 4375.
Doré, Louis 54.
Dorison, Guy 6117.
Dorival, Bernard 5969.
Dorsel, Robert 1314.
Dort, Bernard 7030.
Dos Passos, John 7269.
Dostoïevski, Fiodor M. T42.
Douane, Alfred 607.
Doucet, Camille 2307.
Doucet, F. 4376.
Doumergue, Gaston 4106, 4498.
Doumic, René 1530, 1680, 2313,
    2390, 2542.
Dovijanić, M. 2270.
Dowden, Ed. 2314.
Doyon, René-Louis 5696.

Drault, Jean 3569.
Dreiser, Theodore 5819, 5858,
    7312, 7759, T102.
Dreyfous, Maurice 4246, 4259.
Dreyfus, Capitaine Alfred 2561,
    2567, 2837, 2916-7, 3325,
    3647, 3751-2, 3782, 3807,
    3881, 4065, 4069, 4126, 4135,
    4139, 4147, 4254, 5135, 5291,
    5479, 5585, 5594.
Dreyfus, Camille 5355.
Dreyfus, Mathieu 2939.
Drumont, Edouard 662, 750-1,
    2431-3, 2557, 2722-9, 3399,
    3570-3, 4107, 7152.
Druon, Maurice 6258, 6789.
Dubarry, Albert 2476.
Dubcian, I. 4189.
Duboc, Julius 1430.
Dubois, E.T. 7790.
Dubois, G. 2730.
Dubois, Jacques 7207, 7240,
    7359, 7510-11, 7590.
Dubois, Ph. 2731-3.
Du Bos, Maurice 4208.
Dubot, Paul 4108.
Dubreuil, J. 128.
Dubreuilh, Simone 5297, 5585,
    6640.
Dubroc, Julien 6553, 6641.
Dubuc, André 7306-7.
Ducamp, A. 2363.
Ducarme, Ch. 918.
Du Chastel de la Howarderie,
    Comte Eméric 2157.
Duclaux, Emile 2562.
Duclos, Jacques 5980.
Duc-Quercy, A. 894.
Dudziński, Bolesław 5981.
Dufay, Pierre 4485, 5315, 5692.
Du Four, A. 1239.
Dufour, Médéric 3978.
Duhamel, Georges 6064, 6312.
Duhamel, Henri 852, 2391.
Dujarric, Gaston 1681.
Duluc, Albert 6211.
Dulucq 2556.

6182, 6496, 6705, 6812, 7316.
Emmanuel, Maurice 3453.
Emmanuelli, Enrico 7309.
Engel, Eduard 255, 545, 557,
    663, 740, 919, 3576, 4324,
    4951.
Engels, Friedrich 5481.
Engler, Winfried 7162, 7339.
Engwer, Theodor 2141.
Eoff, Sherman H. 7086.
Epardaud, Edmond 4593-4.
Erbs, Frédéric 221.
Erdely, Vera 7208.
Erdmann, N. 2178.
Eremita 3219.
Erens, Frans 7432.
Erichsen, Ovond 5884, 7513.
Erlanger, Camille 2478.
Ernest, Alfred 2479.
Ernest-Charles, J. 3577, 4278,
    4397, 4658, 4757-8, 5298,
    5431.
Ernst, Alfred 2480.
Ernst, Fritz 6520.
Ernst, Otto 1240.
Ernst, Paul 1606-8, 2393, 7396.
Erslew, A. 2142.
Eschyle 6020.
Escobar, Alfredo 413.
Escoffier, Henri 5192.
Esper, Erich 6876.
Esplau, Marcel 4398.
Esslin, Martin 7640.
Estang, Luc 6258.
Esteban, Manuel Antonio T36.
Esterhazy 2561, 2563, 2756,
    2966, 3450, 6998, 7145.
Estlander, Carl Gustaf 1658.
Etkind, E.G. 6044, 6877, 7285.
Etkind, Efim 7641.
Eulenberg, Herbert 4169, 4759.
Euvrard, Michel 7476.
Evans, K. T37.
Evrehailles 976.
Eyraud, Clovis 4883.
Eyre, Jean 4594.

F. 2737.
F., A. 2738.
F., Ch. 2739.
F., E. 3578-9.
F., H. 2234, 2265, 2336,
    2435.
F., J.L. 664.
F., M. 4843.
F., P. 81.
Fr., J. 3580-1.
Fz., 2740.
Fabre, Emile 4125.
Fabre, F.-E. 6791.
Fabre, Lucien 5125.
Fabrice, W. 98, 170.
Fadéev, Alexandre 6792.
Faguet, Emile 1510, 1842,
    2021, 2394, 2436, 3515,
    3582.
Fagus 2539, 3583.
Faillet, Félicien 4844.
Faisant, Dr E. 4209.
Faison, S. Lane 6028.
Falquina, Angel 7791.
Fankhauser, H.-L. 4210.
Fanor 1023.
Fargue, Léon-Paul 6013.
Farnay, Lucien 4596.
Farquhar, Alfred 466.
Farrell, James T. 6048, 7437.
Farwagi, André 7477.
Fasquelle, Eugène 4371.
Fath, Robert 3443, 3901.
Faubert 3584.
Fauchois, René 4254.
Faulkner, William T55.
Faure, Elie 3585, 4211.
Faure, Félix 2589, 2722, 3450.
Faure, François 5983.
Faure, Gabriel 4036, 4082,
    4355.
Faustin, M. 2089.
Faÿ, Bernard 4533.
Fayard, Jean 4964, 5299, 5669,
    6356.
Fear, W. T38.
Fedorov, V.A. 6044.

Féjès [Fejès], André 4534, T39.
Feldman, A. Bronson 6706.
Félix II 2235.
Fels, Friedrich M. 1609-10.
Fenouil, Marc 1332.
Fenouil, Mario 1468, 1578.
Ferdas, Dr René 455.
Ferdinand-Hérold, A. 5032.
Ferdy, Camille 4760, 5009,
    5033-8, 5186-8, 5432, 5514,
    5558-9, 6216, 6469.
Ferguson, Otis 5586, 5805.
Fernand-Demeure 5126, 5253.
Fernández de Los Rios, Angel
    234, 256, 278-81.
Ferragus voir Louis Ulbach
Ferrer, José 6852, 6868,
    6879, 6888, 6924.
Ferreras, Juan Ignacio 7762.
Fester, Hildegard 5761.
Feuillet, Maurice 5318, 5387.
Feyder, Jacques 5230, 6025,
    6980, 7559.
Feyrnet, X. 34.
Fielding, Hubert 5654.
Fiérens-Gévaërt 2481.
Fieschi, Jean-André 7642.
File-ô-sof 356.
Filon, Augustin 1531, 1683,
    2395.
Finbert, Elian-J. 5071.
Finci, Eli 5773.
Finci, Emil 5755.
Findlater, Jane H. 3498.
Fischer, Ernst 6933.
Fiske, A.K. 357.
Flament, Albert 4597.
Flaubert, Gustave 1063, 1406,
    2290, 2350, 3953, 4076,
    4166, 4353, 4633, 4947,
    5081, 5095, 5107, 5129,
    5168, 5419, 5500, 6082,
    6201, 6428, 6443, 6582,
    6642, 7033, 7216, 7306-7,
    7647-8, 7774, 7795, T103.
    T139.
Flere, Djurdjica 6554.

Flers, Robert de 4236.
Fleury, Comte 2041.
Fleury, Maurice de 1752,
    2022, 2463, 3902, 6483.
Floriot, René 7715.
Flossmann, Ferdinanda T40.
Flower, B.O. 3466, 3587,
    3956.
Fodéré, René 5168.
Foerster, Norman 798.
Fokke, Arnold 1241.
Fontaine, C. 2437.
Fontaine, Léon 4761.
Fontane, Theodor 7294, 7677.
Forestier, J. 6643.
Forge, Henry de 5319.
Formentin, Charles 1953-4.
Formont, Maxime 3587.
Forster, Joseph 1611.
Forstetter, Michel 6644.
Fort, Paul 4125.
Foucher, Paul 55, 81, 2088-9.
Fouquet, Fernand 1242.
Fouquier, Henry 235, 527,
    566-8, 1148, 1176, 1243,
    1315, 1684, 1768, 2236.
Fouquier, Marcel 853, 977.
Fourcaud [B. de] 103, 171,
    282, 2075, 2482.
Fourier, Charles 3457,
    3473-4, 6393-4, T105.
Fournel, Victor 854, 978,
    1149, 1685, 1843.
Fournier, Dr A. 2015.
Fournier, Albert 7592.
Fournier, Edouard 56, 6491.
Fournier, Hippolyte 855,
    1150-1, 1686.
Fournier, Marc 325.
Fournière, Eugène 3220, 3355,
    3588.
Foveau de Courmelles, Dr
    2507.
Franc, Christian 1818.
Franc, Pierre 2741-4.
Français, Maurice 979, 1024.
France, Anatole 155, 689,

Gamut, David 1470.
Ganbini, Oscar 2746.
Ganderax, Louis 789, 1072, 1093.
Gandrey-Rety, Jean 4428.
Ganesco, Grégory 9.
Ganivet, Angel 2337, 7525.
Ganne, Gilbert 6120.
Ganneron, Edouard 2747-53.
Garborg, Arne 6071.
García de Franca, Mireille 5916.
García Luengo, Eusebio 7716.
Garcin, Hélène 5875.
Garçon, Maurice 6121.
Garland, Hamlin 6032.
Garmy, René 5986.
Garnier, Marie-Reine 4637.
Garrigues, R. 5741.
Garson, Claude 6357.
Gas, Marceau 6314.
Gašparović, Stanko 5775.
Gasquet, Joachim 4336, 4489, 6943.
Gassner, John 5898, 6557.
Gasster, Susan C. T42.
Gaston, J. 3903.
Gaucher, Maxime 88, 93, 99, 130, 172, 182, 192, 236, 284, 358, 384, 400, 468, 492-4, 598, 665, 688, 1143.
Gaufinez, Eugène 2144.
Gaukel, Annelies T43.
Gausseron, B.-H. 2338.
Gauthier, E.P. 6558, 6966, 7033-4.
Gauthier, Guy 7593-4.
Gauthier, Maximilien 5776.
Gauthier-Villars, Henry 1956, 2092, 3454, 4037.
Gautier, Jean-Jacques 6258, 6358.
Gautier, Judith 1690, 2179.
Gautier, Léon 456, 2316.
Gautier, Théophile 2509, 4200, 4246, 6382.
Gavault, Paul 2396.

Gavrinis, Jean 7792.
Gavroche 1915.
Gay, Ernest 4885.
Gebhard, Richard 4886.
Gebhart, Emile 2397.
Gedberg, T. 1617.
Geffroy, Gustave 753, 856, 896-7, 980, 1154, 3223, 3386, 3594, 6943, 7023, 7206.
Geiger, Albert 3279, 3517.
Geiger, Karl 3387.
Geiger, Ludwig 3224, 3387.
Geiger, Theodor 5256.
Geijerstam, G. af 1613.
Gendre, B. 558.
Genest, Joseph 2090.
Genêt 6401.
Genty, Maurice 4887.
Genuzio, Joseph 7284.
Georges, A.J. 6710.
Georges-Michel 4150, 4247.
Gérac, Michel 5127.
Geracht, Maurice Aron T44.
Gérault-Richard 2754-5, 3595-7.
Gerbstman, A. 7285.
Gerfault, Marguerite 3416.
Gerlach, H. von 3411.
Germain, José 4560.
Germier, O. 4704.
Gernoux, Alfred 5615.
Gérôme voir Anatole France
Gerstmann, Adolf 648.
Gestin, Robert 2756.
Giacosa, Giuseppe 7080, 7637.
Gibbs, Wolcott 5902.
Gibeau, Yves 6359.
Gide, André 4510, 5970, 7003, 7713.
Gigli, Lorenzo 7142.
Gignac, Pierre 6218.
Gilbert, Eugène 2364.
Gilder, Rosamond 5903.
Gilet Rouge 359.
Gil Fortoul, José 1245.
Gill, André 6184, 6280.

Gill, Brendan 7515.
Gille, Gaston 5826.
Gille, Philippe 94, 104, 173,
  208, 754, 857, 981, 1156,
  1350, 1534, 1691, 1846,
  2317, 3225, 3356.
Gilson, Paul 5356.
Gimmel'farb, B. 5082, 5806.
Ginard de la Rosa, Rafael E.
  2318.
Ginisty, Paul 858, 1066, 1157,
  1291, 1351, 1475-6, 1535,
  1692, 1769, 2000, 2025,
  4429, 4488, 4762, 5189.
Giono, Jean 5700-1, T25.
Girard, Marcel 6050, 6219-20,
  6402-4, 6472, 6559-60, 6795,
  6881-2, 6967.
Giraud, Albert 608, 666, 703,
  1847, 2026.
Giraud, H. Mme 4763.
Girodin, Jean 7438.
Giudici, Enzo 7163, 7363.
Glachant, Victor 5320.
Glais-Bizoin, Alexandre 7489.
Glasgow, Mary 6446.
Gleadell, W.H. 2093.
Gliha, Marta 6051.
Gliński, Henryk 257.
Gmelin, Hermann 6035.
Gobé, Jules 6837.
Goblet, René 910.
Godchot, Colonel 4613-4, 4888.
Godenne, Janine 7793.
Goethe, Johann Wolfgang von
  460, 4586, 5499, 6442, 6520.
Gogol, N.V. 7405.
Gohier, Urbain 2757-8, 3598,
  4074, 4175, 5459.
Goldbeck, Eduard 2558.
Goldberg, M.A. 7516.
Golder-Bouwens, Nancy 5918.
Goldman, Bernard 7517.
Goldmann, Karl 1512, 1770.
Goldschmidt, Arthur 3357.
Goldschmidt, Kurt Walter 3280.

Gomez Carrillo, E. 4005.
Gomez de Baquero, E. 1477.
Gomez Ortiz, E. 546.
Goncourt, Edmond de 832, 1282,
  1332, 1406, 1659, 2439, 4374,
  4858-67, 4880, 5027, 5049,
  5067, 5074, 5412, 5419, 5899,
  6299, 6435, 6445, 6457, 6721,
  6861, 6962, 6971, 7019, 7203,
  7296-7, 7339, 7623, 7812, T9.
Goncourt, Jules de 832, 1282,
  2439, 4374, 4858-62, 4864-6,
  4880, 5049, 5067, 5419, 5899,
  6299, 6435, 6445, 7339, 7623, T9.
Gonzague-Frick, Louis de 5039,
  5071.
Gonzalez de Mendoza, J.M. 6315.
González Serrano, Urbano 609,
  922.
Gordeaux, Paul 4598, 4966.
Gorki, Maxime 3496, 5796, 6018,
  6293.
Gor'kij, M. voir Maxime Gorki
Gorlova, V.A. 3937.
Gosche, R. 1025.
Gosse, Edmund 1616, 1957, 2759,
  4029.
Gossez, A.M. 4212.
Gottschall, Rudolf von 360,
  401, 415, 517-9, 610, 704,
  790, 923-5, 982, 1158, 3444.
Goudeau, Emile 1283.
Goudin, Jean-Claude T45.
Gouin, Félix 4430.
Goullé, Albert 3599.
Goullet, A. 2484.
Gourmont, Remy de 2760, 3947,
  4030, 4184.
Govekar, Fran 3600.
Goyau, Georges 2398.
Gozzano, Guido 7456.
Gramont 1073.
Gran, Gerhard 705.
Grand-Carteret, John 4031.
Grandfort, Manuel de 3226.
Grant, Elliott M. 6405, 6473-4,

Guyo, Pierre-Jean 6360, 6645, 7718.
Guyot, Yves 1953, 2561-2, 2763-7, 3358, 3606-7, 6489.
Gybal, André 4399.

H. 3359.
H., A. 258, 6125.
H., A. d' 5461.
H., E. 5309.
H., G. 3468.
H., J. 2486, 5010.
H., L. d. 1440.
H., M. 2094, 2768.
H., P. 361.
H., S. 4968.
H., T. 1617.
Haas, Willy 4815.
Hahn, Manfred 4294.
Hailly, Gaston d' 668, 792, 1537, 2027.
Haime, E. de 2562.
Haines, Lewis F. 5885.
Hainsworth, G. 7443.
Hakutani, Yoshinobu 7312.
Hale, William 3281.
Halévy, Daniel 6318.
Halévy, Ludovic 5616, 5698, 6484, 7317.
Halflants, Paul 4185, 4537.
Hall, Mordaunt 4889, 5190-1, 5357.
Hall Jr., Vernon 7212.
Hallays, André 1159, 2181-2, 2237.
Haller, Johannes 7004.
Haller, Paul 7157.
Haloche, Maurice 6407.
Halpérine-Kaminsky, E. 1397. 2115, 2143, 2268, 3445.
Hamann, Richard 6934.
Hambly, Peter T49.
Hamer, Douglas 7646.
Hamerling, Robert 1788.
Hamilton, George Heard 7680.
Hamon, A. 2399.
Hamon, Philippe 7521, 7598.

Hannigan, D.F. 2339.
Hanotaux, Gabriel 4381.
Hansen, Tage Rauch 4890.
Hanson, Lawrence et Elisabeth 7088.
Hansson, Ola 1618, 1810, 3469.
Hanstein, Adalbert von 3400.
Hanž, Branko 6562.
Hapgood, Norman 1619.
Hardekopf, Ferdinand 5259.
Harden, Maximilian 1478, 1538, 1620, 1693, 2094, 2769, 4186.
Hardy, Arthur Sherburne 1621.
Hardy, Jacques 5433.
Hardy, Thomas 6066-7.
Harel, Maurice 1160.
Harkness, Miss 5481.
Harmant, Pierre G. 7167.
Harnack, Otto 3311.
Harneit, Rudolf 7340.
Harris, Frank 2257.
Harry 1622.
Harry, Gérard 4432.
Hart, Heinrich 611, 793, 926, 7203.
Hart, Julius 611, 793, 1026, 7203.
Hart, R.E.S. 2440.
Hartley, Anthony 7325.
Hartley, K.H. 7168.
Hartmann, Georges 2487.
Hartung, Philip T. 6887-9.
Harvey, Lawrence E. 6796, 6973.
Harvey, W.J. 7341.
Hatch, Robert 5987, 6768, 6890.
Hatzfeld, Helmut A. 5853, 6080.
Hauptmann, Gerhart 3512, 4482, 4586, 5714, 6906, 7147, T13. T136.
Hauser, Fernand 2509.
Hautecœur, Louis 5847.
Havet, Louis 3608-9, 4099, 4191, 4254.
Hawkins, Richmond-Laurin 5192.
Hawthorne, Nathaniel 6425.
Hazeltine, Mayo Williamson 650.

Jagmetti, Antoinette 6522.
Jagow, Eugen von 756, 1400.
Jahontova, M.A. 6839.
Jakobson, Roman 7485.
Jakovlev, M.A. 4638.
Jakson, André 2341, 2783.
Jakubowski, Jan Zygmunt 6059.
Jakunin, F. 6410.
Jaloux, Edmond 4318, 5260, 5619.
James, Henry 100, 362, 798, 3388, 3979, 4325, 4637, 4953, 5838, 5886, 6729, 7068, 7203, 7561, T86.
Jamot, Paul 5231.
Janin, Clément 4770.
Jansen, Conrad 7003.
Janssen, E.L. T61.
Janssens, Louise T62.
Januszkiewicz, Jan 1541.
Janzon, J.K. 1106, 1757, 1976.
Jaque, Christian 6728, 6744.
Jasinski, René 5941.
Jaubert, J.-C. 6646.
Jaurès, Jean 2562, 2784-6, 3229, 3321, 3458, 3621-3, 4127, 4286, 5525, 5620.
Javary, F. 3624-5.
Jean, Raymond 7109, 7574.
Jean-Aubry, G. 1075, 1099, 4564.
Jean-Bernard 4491, 4771, 4807, 4892.
Jean-Maurienne 5168.
Jean-Monique 4214.
Jean-Nesmy, C. 7722.
Jean qui lit 5519.
Jeanne 614.
Jeanne, René 6226, 6321, 6647.
Jeanne d'Arc 3043.
Jehan de Paris 1579.
Jek 4319.
Jelavić, Vjekoslav 3626, 4152.
Jenio Sisolski 707.
Jenkel, Gunhild T63.
Jennings, Léone Chantal T64.
Jensen, Hans Cornelius 5520, 5854.

Jensen, Paul M. 7683.
Jeż, Tomasz Teodor 799.
Jinbu, Takashi 5129.
Jirsak, Mirko 6567.
Joachimescu-Graur, Théodosia 6227.
Johns, Francis A. 6976.
Johnson, M.K.F. T65.
Johnson, Thomas 7111.
Jolinon, Joseph 5071.
Jolles, André 4365.
Jollivet, Gaston 1695, 2787.
Jonas, Emil 1028.
Jones, Malcolm B. 5809, 5855-6, 5988, T66.
Jones, Mervyn 6479, 6716, 6798-9.
Jones-Evans, Mervyn 6295.
Jonson, Ben 6743.
Josephson, C.D. 4772.
Josephson, Matthew 4833, 5198.
Josimović, Radoslav 7481.
Jotem 5199.
Joubert, Louis 2788-9.
Joubert, Maurice [Gaston Paul] 4053, T67.
Jouglet, René 5071.
Jouhaux, Léon 4434, 4451, 5436, 6322.
Jourdain, Francis 3929, 5113, 5989-90, 6037, 6130, 6228, 6323, 6411, 6717.
Jourdain, Frantz 676.
Jourdan, Albert 2564.
Jouvenel, Bertrand de 5071, 5169.
Jouvin, B. 59.
Jouy, Jules 4575, 5579.
Jovanović, Branko 6977.
Jovanović, Slobodan 2270.
Jovanović, Zivorad P. 6229.
Joze-Dobrski, W. 1162.
Jud, Charles 7241.
Judet, Ernest 2632, 2696, 2790-806, 2816, 2963-4, 3084, 3203, 3348, 3438, 7087.

Klingner, Edwin 7046.
Kloos, W. 3631.
Klotz, Volker 7684.
Kneer, Georg 5349.
Knežević, Radoje L. 5325.
Knipovitch, Evguénia 7796.
Kobayashi, Tatsuo 5132, 7148.
Kogan, P.S. 5083.
Komatz, Kio 6327.
Koplewitz voir Kesheth, J.
Koschwitz, Eduard 2001.
Kosińska, Kazimiera 5995.
Kosovac, M. 6412.
Kosovel, Stano 6136.
Kot, Włodzimierz 7650.
Kotlarski, Antun 3231.
Kotula, Adam 6137.
Kovačević, Andrija 5392.
Kovačević, Božidar 5834.
Kovačić, Ivan Goran 5782, 5807.
Kovič, Joško 4893.
Koževnikov, V.A. 2145.
Kozma, Antal 5727.
Koźniewski, Kazimierz 7724.
Kracauer, Siegfried 7006.
Krack, Otto 2097.
Krains, Hubert 1698.
Kranowski, Nathan 7563.
Kranz, Henry B. 5866.
Kranz, K. 3980.
Kraszewski, Józef Ignacy 133,
    174, 286-7, 363, 424, 560,
    860.
Kraus, Otto 1997.
Krauskopf, Rabbi Joseph 3949.
Kreft, Bratko 4664-5, 5437,
    6138, 7342.
Kressner, A. 670, 757, 861,
    988, 1300, 1699.
Kretzer, Max 1021, 7393.
Kreyssig, Friedrich A.T. 1433.
Kristan, Etbin 4215, 4295.
Kritschewsky, B. 3232.
Krnić, Ivan 3414.
Krokowski, Stanisław 6572.
Kronenberg, M. 3632.
Kronenberger, Louis 6092.

Krumbholz, Karl Wilhelm 5421.
Krupskaja, N.K. 5623, 7007.
Krutch, Joseph Wood 5904.
Krzywicki, Ludwik 3295, 3365,
    3376.
Kučborskaja, E.P. 7766.
Kuhn, Gottfried 4587.
Kulczycka-Saloni, Janina 6029,
    6978, 7246-7, 7287, 7447,
    7524, 7601, 7651, 7685.
Kulig, Jan 7248.
Kulka, Julius 1543.
Kullmann, Wilhelm 1301.
Kumičić, Eugenije 707, 5808,
    5844, 7823.
Kummer, Alojzij 3633.
Kummer, Friedrich 1625.
Küpper, W.L. T72.
Kus-Nikolajev, Mirko 4309,
    4894, 5266.

L. 4293.
L-n. 3233.
L., B. 288, 424.
L., C. 2271.
L., E. 2098, 7417.
L-n., F. 2272.
L., G. 3634.
L., H. 3234, 3361.
jl. 5390.
L., J. 364, 2513.
L., J.S. 3635.
L., K. 3636.
L., L. 2273.
L., O. 758, 800, 933.
L., P. 4971.
L., P. de 2810-15, 3282,
    3637.
Lh., G. 2816.
Laban, Maurice 4895-6.
Labarre, Micheline T73.
La Bigne, Valtesse de 7809.
Laborde, Albert 6979, 7003,
    7214, 7652, 7725.
Labori, Fernand 2565, 2587,
    2814, 3638, 5038, 5324,
    5942, 6445, 7026, 7160.

6530.
Lemonnier, Léon 5071.
Lenauer, Jean 4847.
Leneveu, Georges 2100.
Lenin, V.I. voir Lénine
Lénine 5623, 6038.
Lennon, Peter 7554.
Lentillon, J.-M. 2149, 2568.
Lentricchia, Frank 7653.
Léon, Georges 6532.
Léon-Martin, Louis 4784.
Leon-Roca, J.L. 7472.
Léon XIII. 2250, 2253, 3543,
  3560, 3797, 4524.
Leonard, Frances McNeely 7252.
Lepelletier, Edmond 158, 175,
  183, 958, 1165-6, 1545,
  1918, 2098, 2401, 3645,
  4096.
Le Porrier, Herbert 6236.
Lerch, Eugen 4566, 6517.
Le Reboullet, Ad. 95.
Lerner, Michaël G. 7726-7,
  7799-800.
Leroux, Gaston 2820-1.
Le Roux, Hugues 991, 1098,
  1248, 1448, 1581.
Le Roy, Albert 671, 2402, 3957.
Leroy, Maxime 6237, 6447.
Leroy-Beaulieu, Paul 7164.
Le Roy-Wattiaux, Robert 5564.
Lesage, Alain René 7684.
Lesage, Laurent 6840.
Le Senne, Camille 4346.
Leser, Charles 1855.
Lesourd, Jean-Alain 5996.
Lesser, J. 5783.
Lessing, Otto Edouard 4187.
Lethbridge, Robert David T77.
Lethève, Jacques 6937.
Levaillant, Maurice 4863.
Levallois, Jules 385.
Levertin, O. 758, 800, 933,
  6424.
Levetzow, Karl von 4179.
Levi, Primo 3931.
Levin, Harry 7215, 7687.

Levin, Poul [Theodor] 4076.
Levstik, Vlad. 4215, 4229,
  4244, 4250.
Levy, J.H. 3646.
Lévy, Yves 5464.
Lewis, D.G. T78.
Lewuillon, Ivan 7050.
Leyda, Jay 6012.
Leyret, Henry 2822.
L'Herbier, Marcel 4841,
  4848-50, 4956, 4968, 4971,
  4973-4, 4988, 7642, 7664.
Lhermitte, G. 3647-8.
Liausu, Jean-Pierre 5360.
Libens 2569.
Lichtenbaum, Joseph 6448.
Lichtenberger, André 4114.
Lienhard, Fritz 1402.
Lillo, Baldomero 5895, 6046.
Lilly, W.S. 934.
Limanowski, Bolesław 288,
  425.
Lind, Ilse Dusoir 100.
Lindau, Paul 289, 365, 403,
  522, 562, 672, 759, 1249,
  1546, 1901, 4314.
Lindgren, Albert 2541.
Lindić, Milan 6583.
Lindsay, Jack 6238, 7728.
Linhart, Karel 3649.
Lintilhac, Eugène 2403.
Linton, E. Lynn 1403.
Lion, Ferdinand 6082, 7112.
Lionnet, Jean 3415.
Liotard, Emilien 4332.
Lipschutz, Léon 7449, 7526,
  7767.
Liseur, Le 1776, 1856, 2819.
littérateur républicain, Un
  223.
Littlefield, Walter 3284,
  3650, 3958, 4019, 5589.
Littré, Emile 502.
Litwos 426.
Livansky, Karel 7603.
Lloyd, Everett T. 6017, T79.
Lock, Frédéric 5, 17.

Lockspeiser, Edward 7604.
Loewel, Pierre 4667.
Loise, Ferdinand 563–4, 618, 652.
Loiselet, Pierre 6239.
Loize, Jean 386, 620, 5465, 5565–9, 5653, 5702.
Loks, K. 5394.
Loliée, Frédéric 3651.
Lombroso, Cesare 1962, 2507, 2514, 2823.
Longhi, Marino 6446.
Loos, Dorothy S. 6584.
Lopez, Dr D. José Francisco 2570.
Loquet, Francis 6585.
Lorand, Georges 4134.
Loredan 6486.
Lorm, H. 290.
Lorrain, Jean 1318, 5024.
Losfeld, Georges 7688.
Losito, Luigi 7253.
Lote, Georges 4310, 4901, 5933.
Lothar, Rudolph 2323.
Loti, Pierre 1811, 1943, 1977, 1990, 4507, 4522, 4835, 5024, 6961.
Lotsch, Fritz O.A. 2324, 2368, 3906.
Loubère, Roger 7527.
Loubet, Emile 3434.
Louis, Paul 4539.
Lounatcharsky, A. 4902.
Loutil, Edmond 2191, 2327.
Lo Verso, Rosabianca Tuzzo T80.
Loyson, Paul Hyacinthe 4192, 4218–9, 4272.
Lu Yueh Hua 6524.
Lubbock, Percy 4325.
Lublinski, Samuel 3401, 4007.
Lüdeke, H. 5835.
Ludwig, Emil 5866.
Lugeres 5937.
Lugones, Leopoldo 4326.
Lukács, György 5943, 5974, 6018.

Lunačarskij, A.V. 5225, 6841, 7801.
Lunel, Armand 7051.
Luquet, A. 5865.
Lynch, Arthur 2369.
Lynch, Hannah 3234, 3361, 3416.
Lynn, Jacques 4498, 5134, 5395, 5626, 5703–4.

M. 3652.
M., A. 2824–5, 3473.
M., Ad. 3653.
M., A.-H. 2826.
chm 6803.
M., C. d. 1963–4.
M., D.N. 7173.
M., F. 1547, 2101.
M., G. 2827–31, 4499, 6487.
M., G.E. 495–6, 619.
M., H. 6652–3, 7052, 7113.
M., J. 6654.
M., M. 3654, 6720, 7528.
M., N. 6586.
M., P. 6655.
M., P.E. 3959.
M., Dr S. 1356.
M., T. 6804.
Maass, Joachim 6409.
MacCarthey, Desmond 5894.
Macchia, Giovanni 6329, 6419.
MacDonald, Arthur 3285.
MacDonald, Mary Besse T81.
Macé, Armand 5951.
Macé, Gérard 7729.
Macedonski, A. 1965.
Mack, Gerstle 5422.
Macrobe, Ambroise 653.
Madsen, Børge Gedsø T82.
Maeterlinck, Maurice 2465, 4125, 7668.
Magnard, Francis 35, 39, 76, 852, 900, 2101.
Magny, Claude-Edmonde 5943, 6420.
Magog, H.-J. 4903.
Mahert, Rodo 6656.
Mähly, Jakob 1250.

Mendès, Catulle 134, 525, 3455, 4039, 4085.
Mendès-France, Pierre 6723.
Menéndez y Pelayo, Marcelino 427, 5849.
Mener, Erich 3982.
Meney, Adolphe 5707.
Menichelli, Gian Carlo 6724, 6938, 7009, 7805.
Ménippe 1168.
Menotti, Gian Carlo 6192.
Mensch, Ella 1812.
Méraud, M. 6770.
Merian, Hans 1285, 1548.
Merle, Victor 4176, 4440, 4670, 4709, 5756.
Mérimée, Prosper 5698, 7241.
Mering, F. 5524.
Méritan, L. 4464.
Merle, Robert 6258.
Merlet, J.-F. Louis 4501.
Mermillod, Mgr 114.
Merrill, Stuart 3664.
Mersus 5135.
Mery, Gaston 2838-41.
Merz, Ivan 4402.
Mesarić, Kalman 5327.
Messager, André 4441.
Métin, Albert 2842.
Métivet, L. 2136.
Meunier, Constantin 4432.
Meunier, Georges 2504, 2542, 3237, 3286.
Meuter, Hanna 4786.
Meyer, Erich 2543, 3665.
Meyer, George Wilbur 5858.
Meyer, Werner F. 5728.
Meyer, Wilhelm 4541.
Mezzanine 5745.
Micarelli, Charles Nicholas T85.
Michel, Adolphe 1169.
Michel-Ange 990.
Michelet, Emile 1170-1.
Michelet, Jules 4873.
Middleton, W.L. 4974.
Mielke, Hellmuth 1517.
Mien, J. 526.
Mikeln, Miloš 6590.

Mikhael, E. 1629.
Milačić, Dušan 6244, 6423, 6591, 6725-6.
Milanić, S. 1360.
Mill, John Stuart 5885.
Millaud, Albert 105-6, 1253, 1319.
Mille, Constantin 1254.
Mille, Pierre 4551, 4617, 4829, 5136.
Miller, Henry 5931.
Millevoye, Lucien 2843-7.
Millot, Léon 3666-7.
Milne, Tom 7806.
Milner, George B. 5812.
Minime, Dr 2447.
Minter, Elsie G. T86.
Miquel, Pierre 6939, 7055, 7118.
Mirandola, Giorgio 7637.
Mirbeau, Octave 708, 864, 901, 1146, 1172, 1334, 2848, 3363, 3782, 4220, 4254, 4507, 5509, T47.
Mirković, Mirko 6727.
Mirliton 2102.
Miró, Gabriel 7730.
Missenharter, Hermann 7093.
Missir, Err. 7655.
Mistler, Jean 7175.
Mistral, Frédéric 5112, 7083.
Mitchell, Hannah 5943.
Mitchell, R. 5888.
Mitchell, Stanley 5943.
Mitov, Dimitre 6245.
Mitterand, Henri 6901-4, 6984-5, 7003, 7052, 7056-60, 7113, 7119-23, 7149, 7176, 7217, 7256-8, 7319, 7373, 7452, 7531, 7564, 7606-7, 7656, 7689, 7732-3, 7807.
Moberg, Vilhelm 6700.
Mockel, Albert 2515.
Modave, Jeanine 6905.
Moigno, Abbé 460.
Moja y Bolivar, Federico 294.
Molière 6854.
Mollet, Baron Jean 7690.

Mombello, Gianni 7061.
Moncoq, D^r 2159, 2376.
"Monday" 1703, 1753.
Mondor, Henri 1075, 1099.
Monestès, J.L. 2377.
Monet, Claude 5735, 7274, 7334.
Moniquet, Abbé Paulin 2160.
Monjo, Armand 5953.
Monnier, Adrien 1813.
Monniot, Albert 2849.
Monod, Gabriel 1859, 2562,
   3668.
Monod, Martine 6808.
Mons, M. 1055.
Monselet, Charles 497.
monsieur de l'orchestre, Un
   82, 238, 470, 691, 1076,
   1320, 1754, 2080, 3456, 4086.
Montagnac, Elizé de 114.
Montagu, Ivor 5361.
Montaigne, Michel Eyquem de
   5139.
Montani, Harold 6728.
Montarlot, Léon de 3669.
Montchal, Louis 6963.
Montefiore Levy, I. 4347.
Montfort, Eugène 5397.
Montgon, A. de 5746.
Montherlant, Henry de 7218.
Montjoyeux 210, 1173.
Montorgueil, Georges 1174, 2186.
Monval, Jean 4908.
Mooney, V.R. 2103.
Moore, Charles H. 6906.
Moore, George 802, 936, 954,
   1361, 1480, 1549, 1860, 2257,
   2277, 2296, 3303, 4207, 4564,
   5268, 5799, 6545, 6547, 6702,
   6747, 6787, 7005, 7454, T21,
   T116.
Moravcevich, Nicholas 7808.
Moravia, Alberto 6907.
Mordell, Albert 669, 755, 983.
Moreau, Pierre 6449, 6489.
Morel, Colette 6246.
Morel, Eugène 3670, 4403.
Morel, Général Louis 2002.

Morello, Vincenzo 3402.
Morf, Heinrich 4541.
Morgan, Charles 4909.
Morgan, Claude 6000.
Morgan, O.R. 7177, 7374,
   7453, 7809.
Morhardt, Mathias 2551,
   4432, 4442.
Mori, André 865.
Mori, Ogaï 1967.
Morice, M. 5077.
Motillon, Michel 6365.
Morin, Jacques T87.
Morin, Jean 866.
Morizot, M. 4221.
Morlan, Edouard 4910.
Morlot, Emile 1101.
Morse, John T. 2850.
Morsier, A. de 2562.
Mortensen, Johan 4307.
Mortier, Pierre 5048.
Moskowitz, Gene 6771.
Mota, Benjamin 3325.
Motyleva, T. 6144.
Mourey, Gabrielle 1362.
Mourier, Gaston 5137.
Müchler, Fred. T88.
Muetzelfeldt, E.E. T89.
Muhlfeld, Lucien 1779, 7461.
Müller, Armand 7691.
Muller, D.E.M.N. T90.
Muller, Herbert J. 5547.
Müller, Karl 5084.
Müller, S. 458.
Muni, Paul 5589.
Munilla, Ortega 803, 1255,
   1550.
Muñoz Peña, Pedro 937.
Munro, Thomas 7062.
Munson, Gorham Bert 5850.
Murăraşu, D. 7810.
Murdock, Eleanor E. 6424.
Murray, David Christie 2851.
Murray, D.L. 4588.
Murray, Henry 3447.
Murto, Sinikka T91.
Muscade 2104.

Musset, Alfred de 5460.
Muther, Richard 4282.
Mythophylacte 6247.

N-n. 2279.
N., G-g. 1704, 1861, 2278.
N., J. 6537.
N., N. 366.
Näcke, P. 3983.
Nădejde, Ioan 2187.
Nagaï, Kafū 3911-3, 3984.
Nain Jaune, Le 2345.
Nakayama, Shōzaburō 5138.
Nałkowski, Wacław 4008.
Napoléon III 1830-1, 1833,
    1839, 1894, 6395, 7701,
    T56.
Nardin, Pierre 6843.
Narkirier, Fédor 7608.
Natanson, Wojciech 6145.
Nathan, P. 867, 2852.
Naudeau, Ludovic 3671.
Naudot, Abbé 2405.
Nautet, Francis 622, 804, 834,
    1175, 6825.
Navarro, F.B. 428.
Navel, Georges 6336.
Nazzi, Louis 4222.
Necker, Moritz 1034, 3238.
Nède, André 3672.
Nedić, Ljubomir 5328.
Nehajev, Milutin 2516, 3673,
    4366.
Nelligan, Emile 7016.
Nemi 3674-5.
Nemo 762.
Nenadović, Ljuboslav 993.
Néry, Jean 6366, 6538.
Nestor voir Henry Fouquier
Netscher, Frans 938, 1363,
    3676, 5220, 5836.
Netter, Moïse 4115.
Neugass, Fritz 5049.
Neumann-Hofer, Otto 1551.
Neumann, Max T92.
Newman-Gordan, Pauline 7565.
Newton, Joy 7532.

Newton, L.J. T93.
Newton, William 6066-7.
Newton, Winifred 5729.
Nexö, Martin Andersen 5283.
Nguyen Quoi T94.
Nicanor, P. 4671.
Nicholas, Brian 7144.
Nicholas, B.L. 7692.
Nicholescu, G.C. 5889.
Nicoletti, Gianni 7344.
Nicoll, A. 6020.
Niederstenbruch, Alex 6490.
Nielsen, Jens Peter Lund
    7811.
Niemann, August 709.
Niemann, Ludwig 5350.
Niess, Robert J. 5765, 5836-7,
    5859, 5890-1, 5934, 6001-2,
    6425, 6491, 6698, 6729,
    6892, 6935, 7320, 7454,
    7566, 7657, 7812.
Nieuwenhuis, Domela 3800.
Nijhoff, D.-C. 295.
Nikolaev, V.N. 6146, 6426,
    6730.
Nikolajević, Dušan S. 5271,
    5398.
Nikolić, Vladimir 2853.
Nilhoc, Hyren 1552.
Nimier, Roger 6258.
Nion, François de 1449, 1705.
Nivelle, Jean de 674, 1177-8.
Noaro, Jean 6248.
Noble, James Ashcroft 1968.
Noel, Edouard 960.
Noirot, J. 3474.
Nordau, Max 345, 623, 741,
    835, 1814, 2092, 3914.
Norman, Henry 710.
Normandy, Georges 4078.
Normanno, Luca 7124, 7375.
Norris, Frank 2448, 5288,
    5845, 5848, 5940, 6032,
    7400.
Nossig, Felicja 2517.
Noury, P. 4618.
Novy, Yvon 5675.

Pouvillon, Emile 2157.
Pouzikov, Alexandre 7379.
Povchanič, Stefan 7380.
Powers, Lyall 7068.
Pradelle, J. 389.
Prampolini, Giacomo 6041.
Prat, Pedro de 806, 902, 1102.
Pratsikas, G. 5975, 6154, 6251, 7091.
Préault, Auguste 7625.
Predan, Vasja 6252.
Pregelj, Ivan 5400.
Premsela, Martin J. 6596.
Prepeluh, Albin 4250.
Pressensé, Francis de 569, 765, 1036, 2551, 3520, 3688-9, 4134.
Prévert 6348.
Prévost, Ernest 4505.
Prévost, Jean 5362.
Prévost, J.-L. 6297.
Prick, Harry G.M. 6597.
Prieur, Albert 3288.
Prieur, François 4919.
Prigl, Josip 1037.
Prijmja, F. Ya. 5960.
Primoli, Joseph-Napoléon 6946.
Prins, A. 847.
Prist, Paul 4506.
Pritchett, V.S. 5841, 5961, 6053, 6253, 6494.
Prod'homme, J.-G. 3917.
Proelss, Johannes 433, 499.
Protić, Jovan 2520.
Protić, Miodrag 6254.
Proudhon, Pierre Joseph 6447.
Proulx, Alfred C. 7401.
Proust, Antonin 4262.
Proust, Marcel 4835, 5167, 5889, 6795, 6840, 7702, 7781.
Provence, Marcel 4571.
Prudhomme, Jean 4712, 4723, 4977.
Pruner, Francis 7291.
Prus, Bolesław 7246, 7404.
Pryme, Eileen E. 6987, T100.

Przesmycki, Leon 3501.
Przewóski, Edward 869, 994, 1481, 2107.
Psichari, Henriette 7069-70, 7150, 7261, 7611.
Psichari, Jean 2562, 2629, 4789, 7209, 7292.
Puškaš, Ante 5401.
Puyraud, Jean 5363.
Puzikov, A.I. 6255, 6298, 6753-4, 6942, 7092, 7694.
Pyrame 7275.

Queirós, Eça de 5912, 7438.
Queneau, Raymond 6844.
Querlin, Marise 6811.
Queval, Jean 6598.
Quevy, C.C. T101.
Quidam voir Anatole Claveau.
Quigly, Isabel 6662.
Quillard, Pierre 2409, 3690, 4194, 4224.
Quiller-Couch, A.T. 3962.
Quintal, Claire-H. T102.
Quisalt 1184.

R. 115.
Rt. 1443.
R., E. 4920.
E.-R. 3691.
R., F. 2108.
R., J. 434, 5052.
R., K. 3365.
R., M. 33, 5713, 6450.
R., P. 2865-6, 3333.
R., R. 5678.
R., T. 3692.
R., V. 6599.
R-m., J.A. 2192, 2282.
Raabe, Paul 6075.
Rabelais, François 4208, 7691.
Rabier, Elie 5248.
Raby, Henri 5210.
Rachilde 3241, 3366, 4829.
Racine, J. 6600.
Racine, Jean 1094, 7010.
Racot, Adolphe 66, 1103.

5826, 6791, 7301, 7610,
7623-4, 7682, 7778.
Vallette, Gaspard 4173.
Vallier, Robert 2374.
Valmont, Jean 5366.
Valmy-Baysse, Jean 4625, 4932.
Valter, Jehan 86.
Vandam, Albert D. 3891.
Vandel, Jacqueline 7825.
Van den Bosch, Firmin 2547.
Van den Broeck, A. 3526.
Vandérem, Fernand 1922.
Vanderlip, Eldad Cornelis T127.
Van der Meersch, Maxence 5511,
5634.
Van der Rost, Eug. 3480.
Van Deyssel, L. 573, 679, 724,
770, 1003, 1304, 1336, 1367,
1562, 1719, 2465, 6597.
Van Doorslaer, Hector 347.
Van Doren, Mark 5597.
Vandrunen, James 1108.
Van Gogh, Théo 5552.
Van Gogh, Vincent 2117, 5551-2.
6091, 6849, 6999.
Van Gogh-Bonger, J. 6091.
Van Hamel, A.G. 228.
Vanhelleputte, Michel 7273.
Van Itterbeek, Eugène 7389.
Van Lerberghe, Charles 7196,
7311.
Van Maurik, J. 3292.
Van Nuffel, R.O.J. 7668.
Van Rensselaer Wyatt, Euphemia
5905.
Van Santen Kolff, J. 307, 882,
948, 1004, 1305, 1368-70,
1489-92, 1563-4, 1637-40,
1720-2, 1736, 1758-60,
1787-91, 1874-7, 1982-3,
2006-7, 2042-5, 2081, 2118-21,
2200-1, 2289-91, 2350, 5063,
5221, 5765.
Van Tieghem, Philippe 5922,
6023, 6453.
Vantuch, Anton 6166, 6918.
Van Vreckem, P.H.S. 6737, 7466,

7548, 7572.
Vanwelkenhuyzen, Gustave
5087, 6530, 6759, 6825,
7487.
Vapereau, G. 4, 8, 21, 27,
29, 36.
Varennes, Henri 2909-10.
Varloot, Jean 6272.
Vašiček, Fran 3421.
Vast-Ricouard 7461.
Vaughan, Ernest 3520, 3724,
3726-7, 4254.
Vaultier, Roger 6919.
Vautel, Clément 4469, 4808-9,
5014, 5064, 5331.
Vauthier, Gabriel 4574.
Vauxcelles, Louis 3426.
Vauzat, Guy 5332.
Vedel, Valdemar 1044.
Veil, M. 5077.
Velghe, P. 5955.
Vellay, Edouard 7826.
Vendryes, Ch. 112.
Venturi, Lionello 5485, 5735,
7293.
Venturini, Joseph 7747.
Verga, Giovanni 4023, 7079,
7168, 7426, T80, T125.
Vergniol, Camille 3250.
Verhaegen, André T128.
Verhaeren, Emile 1565, 1723,
4125.
Verlaine, Paul 2442.
Verlot, E. 4678.
Vermersch, Eugène 20, 30.
Verne, Henri 5864.
Verne, Jules 2319, 5703,
7019.
Verne, Maurice 4311.
Vernois, Paul 7153.
Vernon, John Edward T129.
Vervoort, André 1724, 2911.
Veuillot, François 1878,
3251.
Vialle, E. 4164.
Vianu, Tudor 5923.
Viau, Raphaël 2912-4.

TABLE DES MATIERES